ELFRIEDE JELINEK

Coleção Textos

Dirigida por:

João Alexandre Barbosa (1937-2006)
Roberto Romano (1946-2021)
Trajano Vieira
João Roberto Faria
J. Guinsburg (1921-2018)

Equipe de realização – Supervisão textual: Luiz Henrique Soares e Elen Durando; Preparação de texto: Marcio Honorio de Godoy; Revisão: Rita Durando; Ilustração: Sergio Kon; Projeto de capa: Adriana Garcia; Produção: Ricardo W. Neves e Sergio Kon.

ELFRIEDE JELINEK

DO TEXTO IMPOTENTE AO TEATRO IMPOSSÍVEL

ARTUR SARTORI KON

ORGANIZAÇÃO, TRADUÇÃO E ENSAIOS

PERSPECTIVA

Obra traduzida com a contribuição do
República da Áustria, Ministério das Artes, Cultura, Serviço Civil e Esporte

Bundesministerium
Kunst, Kultur,
öffentlicher Dienst und Sport

CIP-Brasil. Catalogação na Publicação
Sindicato Nacional dos Editores de Livros, RJ

E39

Elfriede Jelinek : do texto impotente ao teatro impossível / organização, tradução e ensaios Artur Sartori Kon. - 1. ed. - São Paulo : Perspectiva, 2025.

480 p. ; 21 cm. (Textos ; 42)

ISBN 978-65-5505-238-1

1. Jelinek, Elfriede, 1946-. 2. Literatura austríaca - História e crítica. I. Kon, Artur Sartori. II. Série.

CDD: 833.009
25-96600 CDU: 82.09(436)

Gabriela Faray Ferreira Lopes - Bibliotecária - CRB-7/6643
25/02/2025 27/02/2025

1ª edição

EDITORA PERSPECTIVA LTDA

Praça Dom José Gaspar, 134
01047-912 São Paulo SP Brasil
Tel.: (11) 3885-8388
www.editoraperspectiva.com.br

2025

Ao Renan e à Maia, meus amores,
companheiros na tragédia e na comédia.

À professora Antonietta, que, em 2004, disse que essa ganhadora do Nobel era só pornografia e melhor nem conhecer, assim gravando indelevelmente o nome dela em minha memória.

À Elfi, meu *alter ego*, por concordarmos em tudo,
por fazer do feminismo algo meu,
por me desafiar a ler e traduzir e escrever e falar e encenar,
por nunca ter me dado nenhuma entrevista,
pela raiva que senti de você tantas vezes.

SUMÁRIO

CRONOLOGIA

1946 Nasce Elfriede Jelinek, no dia 20 de outubro, em Mürzzuschlag, no estado da Estíria, na Áustria centro-oriental. Filha de Olga Ilona, de família católica burguesa, e Friedrich Jelinek, judeu socialista da classe trabalhadora que sobreviveu ao regime nazista por trabalhar na estratégica indústria química. Logo mudam-se para Viena.

anos 1950 Estuda em escolas católicas bastante restritivas (num ensaio sobre o período, ela diria que "ir para a escola é como ir para a morte"). Sua necessidade de movimento, excessiva para as freiras, fez com que Elfriede fosse levada ao Departamento de Psiquiatria Infantil da Universidade de Viena, sob a direção de Hans Asperger.

c. 1959 É aceita no Conservatório de Viena, onde estuda órgão, piano, flauta doce e mais tarde também composição – Olga sempre planejara para a filha uma carreira como prodígio musical.

1967 Interrompe, após poucos semestres, os estudos de História da Arte e Teatro na Universidade de Viena, devido a uma crise de saúde mental que a fez ficar um ano sem sair de casa. Nesse período, começa a escrever, e publica seu primeiro livro de poemas, *Lisas Schatten* (A Sombra de Lisa).

1968 Escreve seu primeiro romance, *bukolit*, que, no entanto, só será publicado onze anos mais tarde.

1969 Morre Friedrich Jelinek, depois de muitos anos de grave sofrimento psíquico e demência. Depois disso, a filha começa a se recuperar.

Vence seus primeiros prêmios literários.

1970 Entra em contato com o pensamento de Roland Barthes, fundamental para a sua própria obra. Publica o ensaio "Die endlose Unschuldigkeit" (A Inocência Infinita), sobre a ausência de um senso de responsabilidade dos austríacos em relação ao nazismo.

1974 Filia-se ao Partido Comunista da Áustria, após anos de agitação na esteira dos movimentos de 1968.

Casa-se com Gottfried Hüngsberg, à época compositor da trilha sonora de diversos filmes de Rainer Werner Fassbinder. Posteriormente ele desistiria da carreira artística e passaria a trabalhar com informática. Os dois jamais moraram juntos, mas transitaram décadas entre Viena e Munique (onde ele vivia).

1975 Alcança visibilidade no meio literário com o lançamento do romance *Die Liebhaberinnen* (As Amantes), uma sátira feminista e marxista.

1979 Estreia no teatro com *Was geschah, nachdem Nora ihren Mann verlassen hatte; oder Stützen der Gesellschaften* (publicado no Brasil em 2023 pela Temporal, como *O Que Aconteceu Após Nora Deixar a Casa de Bonecas ou Pilares da Sociedade*).

1983 Publica o romance *Die Klavierspielerin* (publicado no Brasil em 2011 pela Tordesilhas, como *A Pianista*), seu maior sucesso.

1985 Estreia a peça *Burgtheater*, causando escândalo por criticar o colaboracionismo do maior teatro da Áustria durante o período nazista e apresentar como personagens artistas reais ainda vivos, sobretudo a famosa atriz Paula Wessely.

1989 Alcança sucesso comercial com o romance *Lust* (publicado no Brasil em 2013 pela Tordesilhas, como *Desejo*), sobretudo devido à classificação errônea do livro como literatura erótica em diversas livrarias, gerando nova polêmica.

1991 Com o fim do socialismo real e a dissolução do bloco soviético, Jelinek se desfilia do Partido Comunista. Mais tarde dirá que a filiação foi um dos maiores erros da sua vida. Contudo, mantém a relação com meios literários e acadêmicos marxistas e a ferrenha crítica anticapitalista em suas obras.

Estreia o filme *Malina*, dirigido por Werner Schroeter, com roteiro de Jelinek adaptado do romance homônimo de Ingeborg Bachmann.

1995 Anuncia sua retirada da vida pública e proíbe encenações de sua peça em solo austríaco após anos de recepção negativa no país, e sobretudo devido a ataques lançados a ela em *outdoors* eleitorais do FPÖ, partido de extrema-direita.

Publica o romance *Die Kinder der Toten* (Os Filhos dos Mortos), frequentemente considerado sua obra-prima.

Sua peça *Raststätte oder Sie machens alle* estreia em Berlim sob direção de Frank Castorf.

1997 Volta a encenar uma peça em Viena, com a estreia de *Stecken, Stab und Stangl*, no Burgtheater, com encenação de Georg Tabori.

1998 Estreia *Ein Sportstück* (Peça-Esporte) no Burgtheater, com encenação de Einar Schleef. A peça foi convidada para o prestigioso *Theatertreffen* (seleção das dez melhores peças do ano no mundo germanófono) e é até hoje considerada uma das obras mais importantes do teatro europeu da segunda metade do século XX.

Recebe o prestigioso prêmio Georg Büchner.

2000 Com a participação da extrema-direita na coalizão formada para governar a Áustria, Jelinek volta a proibir a encenação de suas peças, e intensifica sua participação no debate público, inclusive escrevendo a peça *Das Lebewohl* (O Adeus), um monólogo explicitamente atribuído ao presidente do FPÖ, Jörg Haider. No mesmo ano, contribui para a ação performática *Bitte liebt Österreich* (Por favor, Amem a Áustria), de Christoph Schlingensief.

Morre sua mãe, aos 96 anos.

2001 Estreia o filme *A Professora de Piano*, adaptação de seu romance *A Pianista*, dirigido por Michael Haneke e estrelado por Isabelle Huppert. Além de indicado para a Palma de Ouro, venceu em Cannes o Grand Prix e os prêmios de melhor atriz e melhor ator (para Benoît Magimel).

2002 Recebe pela primeira vez o Mülheimer Dramatikerpreis, pelo conjunto de peças *Macht nichts* – será novamente premiada em 2004 (por *Das Werk*), 2009 (por *Rechnitz*) e 2011 (por *Winterreise*).

2003 Escreve o libreto da ópera *Lost Highway*, adaptação do filme de David Lynch, composta por Olga Neuwirth.

2004 Fundação do Elfriede Jelinek-Forschungszentrum (Centro de Pesquisas Elfriede Jelinek), na Universidade de Viena. Recebe o prêmio Franz Kafka. Em outubro, é laureada com o prêmio Nobel de Literatura, o que lhe rende muitos ataques. Incapacitada de comparecer à cerimônia pela fobia social, envia um vídeo com seu discurso. A partir disso, a escritora se retirará cada vez mais da vida pública.

2005 Criação de uma versão cênica do ensaio "Eu Quero Ser Superficial" pela Kiwi Companhia de Teatro, em São Paulo.

2007-2008 Lança progressivamente em seu *site* os capítulos de seu "romance privado" *Neid* (Inveja), nunca publicado em livro (impresso, ele teria cerca de 900 páginas).

2012 A estreia de *Sports Play* pelo Just a Must Theatre, em Londres, traz a atenção do mundo anglófono para a dramaturgia de Jelinek.

2015 Estreia em São Paulo *Peça-Esporte*, primeira encenação de uma peça sua no Brasil, feita pela Cia de Teatro Acidental (direção Clayton Mariano, tradução Camilo Schaden).

2016 Na noite em que Donald Trump é eleito presidente dos EUA, começa a escrever a peça *Am Königsweg* (No Caminho Real), que estreia no ano seguinte sob direção de Falk Richter, alcançando grande sucesso e sendo eleita peça do ano pela revista *Theater heute*.

Estreia em São Paulo *Dramas de Princesas*, pela ciadasatrizes (direção Maria Tendlau, tradução Alexandre Krug).

2018 Estreia em São Paulo *Sem Luz*, obra coreográfica criada pelo Teatro do Fim do Mundo e pelo Pérfida Iguana a partir do texto de Jelinek (direção Cacá Callegaro e Renan Marcondes, tradução Artur Kon).

2019 Estreia o filme *Die Kinder der Toten* (direção Kelly Copper e Pavol Liska, da companhia americana Nature Theater of Oklahoma), baseado no romance de Jelinek.

2021 Recebe o prêmio Nestroy de Teatro pelo conjunto da obra.

Estreia a peça *Lärm. Blindes Sehen. Blinde sehen!* (Barulho. Cega Visão. Cegos Veem!), sobre a pandemia de COVID-19.

2022 Falece seu marido Gottfried Hüngsberg, responsável pela manutenção de seu *site* pessoal, que deixa de ser atualizado.

Estreia o documentário *Elfriede Jelinek: Die Sprache von der Leine lassen*, dirigido por Claudia Müller.

Estreia em São Paulo *O Caso Meinhof* (adaptação de *Ulrike Maria Stuart*), pelo Teatro do Fim do Mundo (direção Maria Tendlau e Clayton Mariano, tradução Artur Kon).

2023 Volta a publicar em uma versão atualizada de seu *site*.

É nomeada cidadã honorária da cidade de Viena; recebe o anel honorário do estado da Estíria.

2024 É condecorada comendadora da Ordem das Artes e Letras da França.

Recebe a Grande Condecoração de Honra em Ouro com Faixa por Serviços à República da Áustria, segunda classe da maior ordem honorífica de seu país.

Publica em seu site e estreia *Asche* (Cinzas), conjugando as experiências pessoais do envelhecimento e da recente viuvez à angústia em relação ao iminente fim da civilização humana.

Publica em seu *site* *Endsieg* (Vitória Final), novo texto sobre a segunda eleição de Donald Trump, novamente escrito em poucos dias e que estreia em Hamburgo com direção de Falk Richter.

2025 Durante a posse de Trump em seu segundo mandato como presidente dos EUA, o diretor suíço Milo Rau faz a transmissão *online* de uma dupla leitura dramática, em alemão e em inglês, do texto *Endsieg*.

Um momento! Silêncio, por favor! Hoje é de novo minha vez de condenar os assassinos. Estou sempre pronta para proscrevê-los e vaiá-los. Sempre viro para eles meu abajur, pois sou um farol que partilha toda sua luz de modo agradável, mas o mais das vezes fica só olhando, naturalmente. É terrível como sofro com o que acontece o tempo todo! Reúno ao meu redor os participantes mais engajados, para uma vez na vida, enfim, ser também mais de uma. Quero ser contada entre os bons, eis uma necessidade profundamente humana. Quero relatar e delatar. Não quero chegar atrasada, então prefiro sempre já prestar contas de antemão: contar sobre a economia paralela do horror e, sem sonegação, contar os mortos.

ELFRIEDE JELINEK, *Ein Sportstück.*

A ARTISTA ESTÁ AUSENTE

"A autora está em toda parte e em nenhum lugar", dizia Horace Engdahl, então secretário-permanente da Academia Sueca, quando da outorga do prêmio Nobel de Literatura a Elfriede Jelinek, em 10 de dezembro de 2004. Donde a "voz estranha, mista", a perturbar o leitor dessa escritora austríaca que "nunca se encontra de fato por trás de suas palavras, nem jamais cede a suas figuras literárias permitindo a ilusão de que elas existiriam fora da sua linguagem". Três dias antes, no prédio da Academia, ele sugerira aos que se preparavam para ouvir falar a laureada: "devemos imaginar que esta é uma cena de *Star Wars*, e uma princesa está falando conosco de um planeta distante". Não se sabe se a comparação foi feita a pedido da autora ou por escolha do orador. Mas, de fato, quando os convidados entraram na imponente Sala da Bolsa, não encontraram como de costume um escritor se mostrando em escala humana, mesmo agraciado com o maior prêmio literário do mundo. Em três grandes telas instaladas diante dos espectadores, foi projetado o discurso previamente gravado[1].

O vídeo abre com uma paisagem austríaca: poucas casas entre árvores e colinas. Ouvem-se algumas notas de piano. Estamos no subúrbio de Viena. Logo vemos a casa onde Jelinek mora desde criança. Enfim, a escritora aparece para ler o texto que dispôs em uma estante de partitura. Atrás

1. Elfriede Jelinek, Discurso no Prêmio Nobel de Literatura, *Nobel Prize*, 10 dez. 2004, disponível em: <https://www.nobelprize.org>. Acesso em: out. 2024.

dela, um grande quadro do pintor austríaco Jürgen Messensee: uma mancha azul-cobalto se destaca do fundo ocre, quase dourado; ao lado, uma mesa com flores, cartões de parabéns e um bibelô; a escritora veste uma jaqueta de grife e está, como sempre, muito maquiada e com o cabelo em um topete. É o que veremos por quarenta minutos, com variações apenas no enquadramento. Não aparecem as páginas do discurso de fato, mas os compassos e notas de uma partitura, como se viessem dali as palavras.

"Im Abseits", diz ela o título do texto com voz suave, porém firme e compreensível. A expressão significa "à margem", "à parte" ou "de lado", e pode ser vista como herdeira de certa tradição poética alemã desde Goethe ("Fácil é seguir a carruagem [...], mas quem fica à parte?", diz o poema "Viagem de Inverno a Harz"), passando pelo Nietzsche da *Gaia Ciência* ("quem fica à margem tem sempre contra si o gado todo"). Mas no contexto do futebol, "Abseits" também designa o "impedimento", chamado em Portugal "fora-de-jogo", mais próximo das múltiplas possibilidades do termo alemão. Podemos manter a duplicidade, que em si já diz muito sobre a posição de Jelinek, traduzindo o título como "De Escanteio". Que tal posição dúbia advenha de uma "autoencenação" hiperconsciente faz desse discurso um ponto de entrada especialmente produtivo para os textos teatrais aqui apresentados.

Não se trata propriamente de um discurso de agradecimento: não há menção à ocasião ou ao público ali reunido. Também não é um elogio do poder da literatura (como fazem outros laureados). Já a voz, que começa refletindo de modo geral sobre a relação entre escrita e realidade, passa rápida e, talvez, desajeitadamente do sujeito indeterminado para a primeira pessoa. De fato, muitos jornalistas censuraram o suposto narcisismo da autora, bem como sua ausência na cerimônia, vista ora como falta de educação, capricho ou coqueteria, ora como pose calculada para gerar mais ressonância e presença nas mídias. Mesmo defensores habituais da austríaca acusaram-na de fuga solipsista por se abster da referência política à atualidade, aos mecanismos patriarcais capitalistas e nacionalistas de poder e opressão.

Tais críticas somaram-se a outras feitas desde o anúncio do prêmio, em outubro de 2004. A revista austríaca *Profil* já antevira: "o discurso de Elfriede Jelinek, podemos esperar, não será adequado à ocasião, não virá a calhar para ninguém; suas palavras não soarão festivas e nem joviais, não elevarão ou celebrarão nem a academia e nem a própria autora". Ora, se jornalistas arriscaram a fazer previsões, é porque apenas persistiam em ataques contra a obra e a pessoa de Jelinek, iniciados muito antes do Nobel, e que teriam um ponto extremo quase um ano depois dele, quando o historiador e crítico de literatura Knut Ahnlund renunciou de sua posição como membro da Academia Sueca em protesto contra a premiação da austríaca, cuja obra teria "destruído o valor dessa honraria para todo o futuro próximo".

A atitude de Ahnlund não foi sequer a reação mais grosseira ao Nobel de Literatura entregue a Jelinek: outro jornalista dirigiu sua condenação à própria autora no texto "Cara Elfriede Jelinek": "Pegue seu prêmio em dinheiro e gaste-o com terapia – e seja feliz." A agravada respondeu sarcasticamente: "com certeza não vou gastar um milhão de euros com terapeutas, prefiro comprar uma roupa japonesa". Que ela apareça no vídeo do Nobel vestindo uma jaqueta do estilista Junya Watanabe (da sua marca favorita Comme des Garçons) pode ser visto como provocação. E o discurso foi considerado uma resposta à acusação de Iris Radisch de que Jelinek, "a santa dos matadouros", não promoveria com sua obra "qualquer experiência real, qualquer contato com uma realidade ainda não aparada e reduzida a farsa", numa "postura demagógica" e ideológica.

As reações agressivas ignoravam não apenas que ela já havia avisado que não iria à cerimônia por motivos de saúde (como também fez Harold Pinter no ano seguinte, sem sofrer as mesmas reprimendas), mas, mais ainda, que a ausência era até inevitável, já tendo se dado em outras premiações. A causa do não comparecimento da autora a premiações ou eventos está relacionada a uma fobia social extrema, que a afasta de qualquer atividade pública, confinando-a em sua casa. Tal retraimento foi intensificado desde o Nobel, que lançou ao centro das atenções uma escritora que sempre disse sofrer sob os olhares alheios, preferindo (ou apenas conseguindo) ficar "de escanteio". Na verdade, ela mesma se manifestou contra ser escolhida para o prêmio, pois o era apenas "como mulher", enquanto um conterrâneo, como Peter Handke, não apenas merecia como também poderia recebê-lo em seu próprio nome (o que faria quinze anos depois). Na ocasião, disse ainda: "Não quero ser uma pessoa pública. [...] Prefiro desaparecer imediatamente. Tomara que consiga."

No entanto, Jelinek parece não poder – e às vezes nem querer – evitar a publicidade. Afinal, as críticas contra ela se deviam menos à obra experimental do que ao engajamento político feminista e de esquerda (inclusive dentro do Partido Comunista Austríaco, até 1991), gerando uma presença constante na imprensa. Ainda que, resguardando as aparências, não se ataque todo feminismo, porém um "velho feminismo ultrapassado há muito", como colocou o jornal *L'Osservatore Romano*, do Vaticano (outro jornal, o tabloide alemão *Bild*, disse: "A tinta de seus livros foi o ódio aos homens, a das mulheres de hoje é a alegria de viver"). E por mais que a relação da escritora com o partido tenha sido sempre conflituosa, ela veio a considerar a filiação "o maior erro da sua vida". Também a relação conturbada com a terra natal é elemento-chave para compreender seu lugar à margem, que inclui o *status* de *Nestbeschmutzerin* (sujadora do ninho), ofensa comum na Áustria para quem difama a pátria.

A autora, nascida em 1946, constrói toda sua biografia em relação a um país que nunca teria acertado as contas com o passado nazista, vendo-se antes como vítima (devido à anexação pela Alemanha em 1938). Uma de suas primeiras incursões na dramaturgia foi *Burgtheater*, nome do principal teatro de Viena, patrimônio nacional desde a criação, em 1741. A peça trata do colaboracionismo durante a Segunda Guerra por parte de grandes estrelas: Paula Wessely (protagonista de filmes de propaganda nazista) e Attila Hörbiger, ambos ainda vivos e celebrados quando da estreia, em 1985. Não apenas a peça não foi apresentada na Áustria, mas também acusou-se a autora de acelerar a morte das duas celebridades. Já em 1986, foi descoberto o passado nazista do ex-secretário-geral da ONU e então candidato à presidência Kurt Waldheim, e nem o relato de seu envolvimento direto com os assassinatos em massa impediu que ele fosse eleito. A oposição feroz de Jelinek tornou-a alvo dos ataques da direita desde então. Em 1995, a campanha eleitoral do FPÖ, partido de extrema-direita, citava-a nominalmente num *outdoor* contra o financiamento público de artistas socialistas. Sem aguentar tal ódio, Jelinek deu início ao que chamou de "emigração interior": parou de dar entrevistas a jornais austríacos, afastou-se do olhar público e proibiu qualquer encenação de suas peças no país (repetindo em vida o gesto póstumo de outro *Nestbeschmutzer*, Thomas Bernhard, morto em 1989). Ela retomaria a proscrição em 2000, quando uma coalisão pôs no governo o partido de extrema-direita, sob a liderança de Jörg Haider. Em 2004, a autora insistiria que o Nobel não devia ser visto como "uma flor para a Áustria pôr na lapela".

Em 1996, justamente enquanto recuava do debate público austríaco, ela avançou em outra frente ainda pouco explorada na época dentro do meio literário germanófono; Jelinek cria o <elfriedejelinek.com>. O *site* se manteve por anos com o mesmo visual do momento em que foi lançado, dando-lhe uma aparência anarquicamente antiquada e anticomercial, e foi atualizado apenas com a ajuda do marido, técnico em informática, até a morte dele em 2022. Nesse *site*, publica ensaios, intervenções políticas, várias de suas peças de teatro e até um romance inteiro pensado exclusivamente para o meio virtual, nunca impresso. Assim ela se inscreve numa tradição de autores reclusos e, ao mesmo tempo, liga tal gesto às novas tecnologias, garantindo uma presença na ausência.

É notável a construção por Jelinek de uma autoimagem propositalmente paradoxal. Ela é escritora de obras herméticas abandonada pelo mundo e, ao mesmo tempo, celebridade de quem se discute não apenas a obra, mas também a maneira como se veste, maquia, penteia – interesse, aliás, estimulado por ela mesma, que a leva a defender a paixão pela moda a tal ponto de enfrentar acusações reiteradas não somente de colegas do Partido Comunista como também do movimento feminista. A cada livro lançado, Jelinek reelaborava o figurino para acompanhar o tema. Até mesmo a jaqueta do discurso do Nobel poderia ser vista assim: ainda em 2003, a autora publicara em seu *site* um ensaio sobre "esses maravilhosos conjuntos de *tweed* de Junya Watanabe, que ludicamente ironizam e parodiam os conjuntos (ainda muito mais caros) da Chanel, por sua vez vestidos pelas personalidades femininas elevadas". Como o estilista japonês "arranca parcialmente as costuras, desfia, corta 'errado' bainhas tortas", e no desfile fazia entrar modelos "tornadas deliberadamente feias [feiura que Jelinek muitas vezes cita entre os atributos que a tornam tão atacável], a própria riqueza codificada nessas peças é ao mesmo tempo zombada e ridicularizada", resultando em "farrapos", roupas que "os ricos não querem".

As roupas de Jelinek têm sido vistas como estratégia de distanciamento de si, mas também forma de ao mesmo tempo se esconder e se aumentar. Oscilando sem descanso entre *femme fatale* e *femme fragile*, mulher perigosa e doente, ela pareceria fria, não feminina, má e anormal. Ela cria várias versões de si, jogando com estereótipos de gênero sucessivamente adotados e recusados: dominatrix, bonequinha da moda, menina de trancinhas, bruxa. Se Jelinek é "uma cópia de uma cópia de uma cópia", a pergunta pelo original perde o sentido. Não há a "mulher natural" buscada atrás das aparências, apenas uma imagem cênica refinada e múltipla. A maquiagem que a empalidecia no vídeo do Nobel já revelava a artificialidade fazendo de Elfriede Jelinek uma máscara mortuária falante, sempre presente e ausente. Não apenas suas aparições devem ser entendidas como teatro, texto, ou ainda "autoencenação"; ela mesma passa a se parecer com a obra, ambas sempre acusadas de inautenticidade, ambas compostas pelo acúmulo contraditório de materiais, recortes, citações e clichês, gerando um resultado cujo mero tamanho já torna difícil de dominar.

Nesse sentido, o discurso do Nobel também introduz a obra da escritora ao pensar sua relação com a linguagem, comparada a um cão que deveria lhe servir e acompanhar no caminho da vida, mas que se volta contra ela ao mesmo tempo que ela perde o caminho. A referência é a Heidegger, interlocutor e rival preferido de Jelinek, visto sempre a partir da polêmica adesão ao nazismo (e do posterior silêncio a esse respeito). Contudo, a escritora diz não poder simplesmente condená-lo, não apenas porque lhe "faltam os pressupostos filosóficos" como também porque "se uma Hannah Arendt pode dizer que de fato ele tinha esse defeito de caráter, mas ao mesmo tempo é uma grande obra de pensamento, de modo que ela pode olhar para além do defeito, então eu também tenho que conseguir". Jelinek parece mesmo adotar uma concepção heideggeriana da linguagem. "A linguagem *fala*", diz o filósofo, e desdobra essa que é uma de suas mais célebres citações: "Isso significa primeiro e antes de mais nada: *A linguagem* fala. A linguagem? Não o homem?" Modo de se opor à visão "há séculos predominante" da linguagem como atividade do homem/sujeito, "expressão humana de movimentos interiores da alma e da visão de mundo que os acompanha". Eis o que Jelinek também critica no discurso, onde se afasta do "bom caminho" e é levada ao caminho *da* linguagem, esse "abrir-caminho" de Heidegger que parece revolver dentro da linguagem em vez de levar a algum lugar. Porém, é graças ao caráter *indomável* da "cadela linguagem" que Jelinek, mesmo "de escanteio", pode escrever: a linguagem se distancia dela, em direção às pessoas, para poder saber "como e o que é a vida". Assim, segue Heidegger: "o homem fala à medida que corresponde à linguagem"; ora, "corresponder é escutar", e "ele escuta à medida que pertence ao chamado da quietude"[2]. Há, pois, um chamado que "é a essência do falar", e que consiste em "deixar vir a intimidade de mundo e coisa"[3].

Mas o que acontece com esse "chamado" nas mãos de Jelinek? Se Heidegger ouve a linguagem, sobretudo a língua alemã, e guia seu pensamento por ela, Jelinek fará o mesmo, e inclusive com o vocabulário heideggeriano, mas assim o levará – ou se deixará levar por ele – para *outro caminho*. Pois o ouvido da escritora não se submete aos critérios impostos pelo filósofo, operando antes por ironia e rebaixamento (como aliás já estava explícito na comparação da linguagem a um cão raivoso, e mesmo no título juntando a nobreza da tradição literária alemã à mundanidade do futebol). Se a linguagem se volta contra ela, ela também se volta contra a linguagem. É a linguagem que fala, mas nem por isso a escuta do poeta é passiva e respeitosa. Pelo contrário, Jelinek descreve seu ofício como uma *violência mútua* pois, por um lado, ela mesma diz ter "uma constante compulsão de associação" que a faz "produzir aliterações, paráfrases, metáteses" (*metástases*, já ouve o tradutor, que passou os últimos anos lidando com

2. Ver Martin Heidegger, *A Caminho da Linguagem*, trad. Marcia Sá Cavalcante Schuback, Petrópolis/Bragança Paulista: Vozes/Editora Universitária São Francisco, 2003, p. 26.

3. Ibidem, p. 22.

a compulsão dessa autora) ao ouvir uma palavra, "mesmo no dia a dia". Mas trata-se também de forçar a linguagem a dizer a verdade, revelar-se ideologia. Aqui entra em jogo o marxismo de Jelinek em oposição à visão heideggeriana: "A linguagem mesmo fala, certo, e eu por assim dizer deixo seu conteúdo tendencioso irromper sempre de novo", o que é feito "mesmo que ela não queira" e "não sem juízo de valor".

Há aí uma importante influência de Roland Barthes, para quem toda língua seria fascista, "pois o fascismo não é impedir de dizer, é obrigar a dizer"[4] (e Jakobson já ensinara que um idioma "se define menos pelo que ele permite dizer do que por aquilo que ele obriga a dizer"). Só nos restaria "trapacear com a língua, trapacear a língua", num "logro magnífico que permite ouvir a língua fora do poder", combatendo-a "não pela mensagem de que ela é o instrumento, mas pelo jogo das palavras de que ela é o teatro"[5]. Curiosamente, esse *teatro* é como Barthes descreve a *literatura*. Se Peter Handke dizia que uma de suas peças mais importantes, *Kaspar*, encenava a tortura pela qual a linguagem se impõe ao sujeito, Jelinek inverte o jogo: "há que torturar a linguagem para ela dizer a verdade"[6]. A escritora não se entrega ao jargão da autenticidade (como Adorno chamava o pensamento heideggeriano[7]), mas mergulha de cabeça no inautêntico, no que Heidegger chamava de "falatório" ou "tagarelice"[8], pois, como diz no discurso do Nobel, é preciso fazer "errado certo", a realidade "tem sempre que ser descrita errado, não tem outro jeito, mas tão errado que qualquer um que a leia ou ouça perceba imediatamente o que está errado nela"[9].

Mas a menção a Handke nos traz a outra fonte do trabalho de Jelinek com a língua: a rica tradição literária austríaca que a precede. Rainer Nägele explica que a literatura experimental se tornou relevante na Alemanha Ocidental dos anos 1960, e até relativamente popular, graças a autores austríacos "que no jogo dos significantes não suprimiam justamente o jogo"[10]. Já W.G. Sebald vê a literatura austríaca centrada na melancolia, entendida como

4. R. Barthes, *Aula*, trad. Leyla Perrone-Moisés, São Paulo: Cultrix, 2004, p. 12-14.

5. Ibidem, p. 16-17.

6. E. Jelinek em entrevista a Adolf-Ernst Meyer. Elfriede Jelinek; Jutta Heinrich; Adolf-Ernst Meyer, Elfriede Jelinek in Gespräch mit Adolf-Ernst Meyer, *Sturm und Zwang*, Hamburg: Ingrid Klein, 1995, p. 73.

7. Ver Theodor Adorno, *Jargon der Eigentlichkeit: zur deutschen Ideologie*, Frankfurt: Suhrkamp, 1964.

8. Ver *Ser e Tempo*, trad. Márcia Sá Cavalcante, Petrópolis: Vozes, 1989.

9. Ver infra, p. 38.

10. R. Nägele, Peter Handke: Aspekte eines experimentellen, *Colloquia Germanica*, New York, v. 14, n. 3, jan.1981, p. 220.

"reflexão sobre o infortúnio acontecido" e "forma de resistência"[11], mas também na relação difícil, radicalmente crítica, com fantasmas que não cessam de assombrar a "pátria apátrida" – *Unheimliche Heimat*, "pátria inquietante" ou "infamiliar", falando com Freud[12]. A importante teórica da literatura Marjorie Perloff enfatiza nessa tradição um "*éthos* [...] que estranhamente antecipa muito do caráter sombrio e cínico – mas também do humor intenso – de nossa própria cultura desiludida do século XXI"[13].

Esses aspectos têm origem na história política do país: a união de línguas e culturas díspares no Império Austro-Húngaro desde 1867 e seu traumático desmembramento com o fim da Primeira Guerra Mundial. Daí adviria uma literatura sempre *à margem*. Autores nunca totalmente integrados, na maioria judeus e vindos das províncias, para quem o alemão em que escreviam não era língua materna. Numa "relação de amor e ódio"[14] com Viena e o centro do império, eles viveram alguma forma de exílio imposto ou escolhido, e viam o idioma de modo autoconsciente, como "objeto de contemplação mais que meio de comunicação"[15]. Daí advêm diversos "textos – fossem romances, ensaios, poemas, peças ou memórias – escritos, conscientemente ou não, sob o signo de Wittgenstein, cuja preocupação como filósofo era o processo de investigação, e não o produto, e para quem a certeza era o inimigo"[16]. Tais obras ecoam o interesse do filósofo pela linguagem, cujos limites "são os limites do meu mundo", de modo que "imaginar uma linguagem" significa "imaginar uma forma de vida"[17]. Se para Wittgenstein a linguagem não tem um *Jenseits* (além) de onde ver suas fronteiras, Jelinek responde da *Abseits* (margem), faz oposição de *dentro* da linguagem.

Por fim, há outra tradição austríaca guiando o trabalho da escritora com a linguagem: a musical. É o que ela sugeria ao escolher enunciar seu discurso como quem lê uma partitura, e também o que a Academia Sueca indicou ao justificar o Nobel "por seu fluxo musical de vozes e contravozes em romances e peças que, com extraordinário zelo linguístico, revelam a

11. W.G. Sebald, *Die Beschreibung des Unglücks: Zur österreichischen Literatur von Stifter bis Handke*, Salzburg/Viena: Residenz, 1985, p. 12.

12. Idem, *Unheimliche Heimat: Essays zur österreichischen Literatur*, Salzburg/Viena: Residenz, 1991, p. 16.

13. M. Perloff, *Edge of Irony: Modernism in the Shadow of the Habsburg Empire*, Chicago: The University of Chicago Press, 2016, p. xiii-xiv.

14. Ibidem, p. 11.

15. Ibidem, p. 12

16. Ibidem, p. 16.

17. Ludwig Wittgenstein apud Marjorie Perloff, *A Escada de Wittgenstein: A Linguagem Poética e o Estranhamento do Cotidiano*, trad. Elizabeth Rocha Leite e Aurora Fornoni Bernardini, São Paulo: Edusp, 2008, p. 75.

absurdidade dos clichês da sociedade e seu poder subjugador"[18]. Se para falar urge *escutar* a linguagem, o órgão de que Jelinek dispõe para a tarefa é um *ouvido musical*, treinado desde que era uma "criança prodígio" (pelo menos aos olhos da mãe, que imaginava para ela uma carreira genial na música, negando-lhe uma vida normal, mantendo-a *à margem*) aprendendo a tocar vários instrumentos, e mais tarde no ilustre Conservatório de Viena onde se formou organista. Eis o que inculcou nela a "compulsão de associação", gerando textos onde ressonâncias e ritmos têm mais peso que significados, cuja composição se dá por temas e variações, orquestrações de vozes e contrapontos, mais que como narrativa (linear ou não).

Esse trabalho linguístico sofisticado e musical, sensível e violento ao mesmo tempo, levou uma colega a ver a premiação como o triunfo do princípio poético sobre o político: "pela primeira vez na história do prêmio Nobel de Literatura" se homenageava "o princípio de vanguarda" ou "de negatividade", pois a obra de Jelinek responderia "às forças sombrias: ódio, obscenidade, grotesco, monotonia, morte"[19]. O *L'Osservatore Romano*, do Vaticano, criticou o prêmio dado a uma "difusora do niilismo absoluto"[20]. Ora, o engajamento marxista de Jelinek (na vida tanto quanto na obra) já poderia sugerir que sua escrita não é abstrata ou apartada da realidade. Porém, nela a politização parte de duas problematizações: primeiro, não abafar a consciência das limitações de qualquer agência política hoje, sem deixar de se posicionar radicalmente: "sou um tipo de fanática pela justiça e sempre tenho que dar uma voz àqueles que se dão mal"[21], diz. Segundo, recusar a noção ingênua (ideológica) de uma realidade acessível diretamente, sem mediações, a despeito da linguagem.

Resulta daí uma *tensão* produtiva entre os dois princípios, poético e político, sob o signo da negatividade. Isso, para Perloff, também é marca de um modernismo "menos carregado ideologicamente" que o da Alemanha de Brecht e Heidegger, cujas visões igualmente amplas e rigorosas (ainda que opostas) "parecem não ter tido muito apelo para o mundo irônico, satírico, erótico, de humor sombrio – e muitas vezes ligeiramente místico – da Áustria pós-imperial". O trauma histórico na nação que Karl Kraus chamara de

18. Disponível em: <https://www.nobelprize.org>. Acesso em: out. 2024.

19. Ina Hartwig apud Alexandra Tacke, "Sie nicht als Sie": Die Nobelpreisträgerin Elfriede Jelinek spricht "Im Abseits", em Christine Künzel; Jörg Schönert, *Autorinszenierungen*, Würzburg: Königshausen & Neumann, 2007, p. 192.

20. Artur Pełka, Elfriede Jelinek: Die österreichische (Literatur-)Insiderin aus dem, über das und im Abseits, em Krzysztof Ruchniewicz; Marek Zybura (Hrsg.), *Die höchste Ehrung, die einem Schriftsteller zuteil werden kann*, Dresden: Neisse, 2007, p. 306.

21. E. Jelinek, *Sports Play*, London: Oberon Books, 2013, [s.p.].

"laboratório de pesquisas para a destruição do mundo" abriu caminho para "um ceticismo profundo sobre o poder dos governos – qualquer governo ou, aliás, sistema econômico – de reformar a vida humana", resultando em "uma ironia menos ligada à sátira (que pressupõe a possibilidade de reforma) do que a um senso do absurdo". Ao longo do século passado isso se radicaliza: se a literatura do entreguerras (Roth, Kafka, Kraus, Musil) se distinguia pela "ironia beirando o cinismo que acompanhava uma desilusão extrema combinada à nostalgia por uma cultura amada e perdida", gerando "muito de engraçado, hilário, grotesco", tal ironia "culmina na ficção do pós-guerra de Thomas Bernhard, onde nada mais é sagrado exceto o poder da linguagem de veicular as mendacidades de seus vizinhos e compatriotas", enquanto em Paul Celan ela "é levada a sua conclusão lógica, quer dizer, a uma recusa de definir, afirmar, tomar posição", tornando a linguagem "crescentemente equívoca e o papel do leitor mais exigente"[22].

Não admira que nesse país "mudança passou a significar não revolução política [...], mas mudança de consciência"; o que "não impediu uma presciência extraordinária sobre a política" entre os escritores. Ela se baseava, porém, menos em uma visão de mundo anterior às obras do que na atitude imaginativa, não meramente alheia ao real, mas propícia aos aspectos centrais dessa literatura: "a transvaloração dos valores normativos, o gosto pelo paradoxo e pela contradição como modos de compreensão e, sobretudo, as arestas de sua ironia selvagem e grotescamente cômica". Se a realidade, por mais cruel e desagradável que seja, é menos um cenário fixo onde atores contracenam do que um depósito de possibilidades que eles podem deslocar e com as quais jogam, então aqui ela aparece não como tema, mas como *material*. Pela "absorção de outros registros de linguagem", o austro-modernismo literário, sobretudo de Karl Kraus, "prefigura o uso da documentação/apropriação" em nossos dias[23]. Não admira que seja em Kraus que Walter Benjamin encontra a "prática revolucionária" da *citação*, cuja teoria desenvolveria tão produtivamente: "Só quem se desespera descobre na citação a força: não de preservar, mas de purificar, de tirar do contexto, de destruir", mas essa é a única "esperança de que algo desse tempo sobreviverá – porque foi arrancado dele"[24].

Eis os antecedentes do "caráter parasítico" que Ahnlund, ao renunciar da Academia Sueca, censurou em Jelinek. Por isso mesmo não surpreende

22. Todas as citações desse parágrafo foram extraídas de M. Perloff, *The Edge of Irony*, p. 4-5, 13, 143.

23. Ibidem, p. 5-7.

24. W. Benjamin, "Karl Kraus", *Gesammelte Schriften II*, Frankfurt: Suhrkamp, 1991, p. 342.

que ela, com cinismo austríaco, tome para si a crítica no ensaio "O Drama Parasitário": pois "quem não vive, como eu, [...] também não desenvolve nada, precisa encontrar", tomando por realidade os muitos relatos que chegam até ela e "dos quais tento beber"[25]. E já antes do Nobel (e da crítica, portanto) a escritora se considerava "uma parasita nata", apropriando-se de outros (sobretudo filósofos) "para poder eu também irradiar alguma autoridade"[26]. Mas nem sempre suas citações vêm de fontes tão nobres: sem sair de casa, a autora não tem pudor de admitir que vê o mundo pela televisão. Pois a inautenticidade da representação midiática não deixa de refletir (e não nos deixa esquecer) a falsidade do próprio mundo. Eis "a 'singularidade' poética em nossa era pós-romântica": não "autenticidade de *expressão* individual", mas "sensibilidade para com o repertório linguístico que o poeta utiliza ao recriar e redefinir o mundo que encontrou". Eis uma "forma elevada de crítica social e cultural, um modo de desautomatização"[27].

Essa atitude também está na obra teatral de Jelinek. Desde o fim dos anos 1990 ela tem se dedicado cada vez mais à dramaturgia, ou à "literatura pós-dramática", pois escreve menos dramas tradicionais do que blocos de prosa. Nesse período, goza de popularidade crescente mesmo entre os diretores mais renomados, como Frank Castorf, Einar Schleef, Christoph Schlingensief, Claus Peymann, Christoph Marthaler, Falk Richter, Julie Mitchell, Karin Beier, além de Jossi Wieler e Nicolas Stemann, notabilizados pelas abordagens dos textos da autora. Interessa salientar que Elfriede Jelinek não apenas é uma dramaturga singularmente consciente do que significa escrever para o teatro contemporâneo, mas também aprofunda a tal ponto essa percepção que desenvolve um modo único de realizar essa tarefa, fazendo avançar o próprio estado do meio de que parte.

Para além das diferenças e contendas, várias teorias sobre a produção teatral recente convergem num ponto: contemporânea é a cena que rompe com o que sempre se considerou sinônimo de teatro, a saber, o drama. Esse teatro dramático tradicional e ainda hegemônico costuma ser caracterizado pela submissão ao texto, que desde meados do século XX se torna secundário ou mesmo ausente da cena, tomado como pretexto, desobedecido, desrespeitado, criticado, ridicularizado. Diante disso, parece haver

25. E. Jelinek, Das Parasitärdrama, *Elfriede Jelinek*, Mai. 2011, disponível em: <https://original.elfriedejelinek.com>. Acesso em: out. 2024.

26. Idem, Der Faule Denkweg, *Elfriede Jelinek*, Apr. 2004, disponível em: <http://original.elfriedejelinek.com>. Acesso em: out. 2024.

27. M. Perloff, *A Escada de Wittgenstein*, p. 230.

dois caminhos para um escritor de peças: ou contrariar essa concepção do contemporâneo, defendendo a imprescindibilidade do drama (caso do dramaturgo e teórico Jean-Pierre Sarrazac, e não à toa Jelinek está conspicuamente ausente de suas reflexões, incapazes de pensar sua obra radicalmente contemporânea), ou tornar-se encenador, escrevendo textos para a cena que o próprio autor concebe (é o que fazem René Pollesch, Rodrigo García, Angélica Liddell, entre outros). Ora, a posição de Jelinek parece-nos particularmente interessante e produtiva, justamente por não se encaixar em nenhuma das opções, adotando a posição tensa e dialética de quem reconhece o estado atual da criação cênica, mas segue na posição exterior ao processo de encenação. Ela escreve, por assim dizer, contra a própria autoridade. Mais um modo de se fazer *ausente*.

"A autora não dá muitas indicações, isso ela já aprendeu. Façam o que quiserem": assim começa a rubrica de abertura de um de seus mais importantes textos para o teatro, *Ein Sportstück*. Abundam comentários jocosos da autora, em ensaios e entrevistas, rubricas e falas das peças, a respeito da própria impotência, de sua incapacidade de controlar a própria obra, ou sequer de saber seu verdadeiro tema (depois de revelar aquilo de que "no fundo toda a peça trata", ela reconsidera: "mas talvez também trate de algo totalmente diferente"). Num dos seus *Dramas de Princesas*, após uma rubrica pormenorizada: "Mas com certeza você fará algo totalmente diferente." Enquanto na rubrica para *In den Alpen* se declara que "como todos já sabem a esse ponto, eu não poderia me importar menos com como você vai fazer", para o diretor Nicolas Stemann ela teria dito apenas "sinta-se livre para foder comigo", combinando uma suposta indiferença com uma atenta autoencenação como escritora mulher potencialmente vítima de violência por parte do diretor homem (afinal, não é acaso que dos diretores listados acima a maior parte seja do gênero masculino: a centralidade do encenador como figura de poder fálico define o *Regietheater* alemão para o qual Jelinek escreve).

De fato, as encenações de suas peças na Alemanha costumam ser marcadas por *uma desobediência quase agressiva*, verdadeiro enfrentamento da figura da autora pelos diretores e atores. O modelo para tal tratamento se estabeleceu com a montagem de *Raststätte* na Schauspielhaus de Hamburgo, em 1994, por Frank Castorf. Ele não apenas cortava e alterava o texto irrefreadamente como também retratava a própria Jelinek numa monstruosa boneca inflável, com enormes seios expostos, além das tranças e o topete característicos – perucas que seriam recorrentes em montagens posteriores de muitos diretores. Diante da encenação que buscava "o cerne das vaidades e vulnerabilidades" da autora, ela mesma diria, com o habitual senso de humor autodepreciativo, que a versão de Castorf, "apesar de absolutamente ofensiva, estava absolutamente correta para a peça"[28]. A partir daí, tornou-se comum confrontar e atacar abertamente a autora ao encenar suas peças, explicitando o conflito entre texto e cena. Einar Schleef subia ao palco e confessava: "*Frau* Jelinek, eu não te entendo!"[29] E Stemann relata sua perplexidade: "depois de ler três páginas de Jelinek, pelo menos eu tenho que pular para fora da janela gritando", e conclui: "esse grito então é a encenação"[30].

Mais ainda, a própria autora se apropriou do procedimento e passou a se incluir como figura nas peças, muitas vezes sob ataque das demais personagens, concretizando a visão de toda sua obra "como parte de um ritual de humilhação e uma encenação da humilhação"[31]. Tal representação de si foi explícita em *Ein Sportstück* e *Das Werk*, onde fala "A autora" ou a versão ao mesmo tempo mítica e diminutiva "Elfi Elektra"; mas também tem lugar em peças onde as figuras não têm nome (como *Winterreise* ou *No Caminho Real*), e mesmo em figuras de outras mulheres escritoras nos *Dramas de Princesas*, em *Ulrike Maria Stuart* e *Schatten* (*Eurydike sagt*). Jelinek, aliás, chegou a subir no palco uma única vez: ao lado de Schleef, na estreia da sua histórica montagem de *Ein Sportstück*, ambos pisando um enorme tapete onde parte do texto estava impresso. Mas já nas apresentações seguintes o diretor teve de entrar em cena sozinho, e os próximos a enfrentar a obra da autora foram forçados a buscar novos meios de apresentar sua figura: adereços, bonecos, fotos.

Em todo caso, vê-se que Jelinek não é "vítima involuntária". Com as indicações autodepreciativas ela ao mesmo tempo se expõe e se resguarda. Tal relação de presença e ausência, espelhando a de potência e impotência, encenação e dramaturgia, e ainda homens e mulheres, é central no seu teatro. Ainda que suas peças não possam ser chamadas sem mais de dramas, ali o "texto teatral não mais dramático" assume tal importância que nenhum diretor consegue evitá-lo ou tomá-lo como mero pretexto. Isso

28. E. Jelinek em entrevista a Gitta Honegger, Bodies That Matter: Ulrike Maria Stuart by Elfriede Jelinek, *Hotreview*, disponível em: <http://www.hotreview.org>. Acesso em: out. 2024.

29. Ibidem.

30. Nicolas Stemann apud Karen Jürs-Munby, The Resistant Text in Postdramatic Theatre: Performing Elfriede Jelinek's Sprachflächen, *Performance Research*, London, v. 14, n. 1, Mar. 2009, p. 51.

31. E. Jelinek em entrevista a G. Honegger, I Am a Trümmerfrau of Language, *Theater*, Durham, v. 36, n. 2, 2006, p. 28.

complexifica a narrativa habitual da história recente do teatro como recusa ou fim do "textocentrismo". Ainda mais se lembrarmos que o conceito de "superfícies de linguagem", proposto por ela, foi visto por Hans-Thies Lehmann como elucidativo de toda prática do texto no teatro contemporâneo[32]. Ora, é significativo que Castorf tenha inaugurado uma abordagem cênica desses textos. Pois suas encenações mostram claramente que a força ou mesmo a primazia do texto não implica a subordinação dos outros meios de expressão do palco; aliás, foi ele quem, formado artista na Alemanha Oriental, coordenou o Volksbühne de Berlim de 1992 a 2015, estabelecendo o tom do teatro alemão pós-unificação e definindo de certo modo o que seria teorizado por Lehmann em 1999 como "pós-dramático". Ao final, depois de nossas traduções das peças de Jelinek, voltaremos à relação peculiar entre texto e cena proposta por suas obras.

Este livro tem como objetivo enfrentar a lacuna que representa mais uma ausência de Elfriede Jelinek: aquela, quase total, tanto nos palcos quanto nos estudos literários e teatrais no Brasil. Dentre os ganhadores do Nobel de Literatura das últimas décadas, provavelmente foi ela a única que, não tendo nenhuma obra traduzida no país, também não foi publicada pouco depois do anúncio do prêmio. Ouvindo falar na autora pela primeira vez, o leitor brasileiro só encontrava o pequeno texto "Paula", impresso na *Folha de S.Paulo*, em 11 de outubro de 2004, na tradução de Marcelo Backes (feita antes do anúncio para integrar uma coletânea do "melhor do conto alemão do século XX"). Só em 2011 foi lançado o romance mais popular da autora, *A Pianista*, seguido do mais difícil, *Desejo*, em 2013. Permaneceram pouco lidos e discutidos, de modo que Jelinek segue até hoje mais lembrada pela adaptação cinematográfica do primeiro por Michael Haneke (*A Professora de Piano*, com Isabelle Huppert no papel principal).

De seu teatro, nada sabemos. Certamente a inovação formal de sua obra pode ajudar a explicar essa indefensável falta, à medida que a torna um desafio enorme para tradutores, diretores, atores e espectadores. Em um ciclo de palestras sobre a obra de Jelinek, em São Paulo, participaram dois dos maiores tradutores brasileiros da literatura de língua alemã[33]. Marcelo Backes contou que havia sido procurado para traduzir os dois livros, mas recusara por acreditar que deveriam ser vertidos por uma mulher. Já

32. Ver H.-T. Lehmann, *Teatro Pós-Dramático*, trad. Pedro Süssekind, São Paulo: Cosac Naify, 2011.

33. O seminário "Dramas de Princesas: Entre Fronteiras Artísticas" foi organizado por mim e pela Cia. das Atrizes, em 2016, em parceria com a Oficina Cultural Oswald de Andrade, como parte de um projeto contemplado pela Lei de Fomento ao Teatro para a Cidade de São Paulo. O encontro com Röhrig ocorreu em 14 de maio, e o com Backes, em 30 de julho.

Christine Röhrig brincou, dizendo-se aliviada por nunca ter sido chamada para traduzir obra tão complexa. No cenário editorial brasileiro, a ausência de Jelinek poderia continuar indefinidamente, com exceção, a esta altura, de *O Que Aconteceu Após Nora Deixar a Casa de Bonecas ou Pilares das Sociedades*, pela Temporal. Por isso decidi, talvez temerariamente, me fazer tradutor, depois de já ter começado a encenar e estudar essas peças. Poder agora começar a publicá-las é o que dá sentido a todo esse trabalho.

Dividi o material em três partes, cada uma delas contendo duas peças, que introduzo a cada vez com um ensaio. O primeiro bloco traz o feminismo de Jelinek, sua primeira e maior preocupação, em duas peças que mostram como o tratamento da condição feminina afeta os fundamentos do gênero dramático: *Doença ou Mulheres Modernas*, ainda de uma fase inicial, quando o drama ainda estava (apenas) prestes a se desfazer, e o "drama secundário" *Faust(a)(Não Tá)*. Porém a autora não se limita à própria experiência, não hesitando em explorar vozes com as quais não pode se identificar plenamente, seja o europeu branco xenófobo (seu concidadão) em *País.nas.Nuvens.*, seja o estrangeiro refugiado (seu outro, mas ao mesmo tempo semelhante na condição de excluído), em *As Implicantes*, textos corais do segundo bloco, os quais redefinem o lugar da personagem do teatro dramático tradicional. Por fim, o terceiro bloco traz peças que tematizam a ineficácia política do teatro diante de catástrofes como o genocídio nazista (em *Rechnitz: O Anjo Exterminador*) ou o acidente nuclear de Fukushima (em *Sem Luz*), impotência que se converte em uma *política do impossível* por vias de um retorno pós-dramático da tragédia, agora indissociável da comédia, produzindo o riso amargo que marca o teatro de Elfriede Jelinek.

DE ESCANTEIO
(DISCURSO DO NOBEL)

Será que a escrita é o dom de se achegar, de se aconchegar à realidade? Bem que a gente gostaria de um aconchego, mas aí o que acontece comigo? O que acontece com aqueles que sequer conhecem de fato a realidade? Afinal, ela é um tanto desgrenhada. Nenhum pente que pudesse alisá-la. Os poetas passam ali e desesperados juntam seus cabelos em um penteado, que de noite logo volta para lhes assombrar a casa. Agora tem alguma coisa errada com a aparência. O cabelo bem empilhado já pode ser expulso novamente da sua casa dos sonhos, mas de todo modo não se deixa mais domar. Ou volta a se desmontar e agora pende como uma cortina diante do rosto, mal tendo acabado de finalmente ser contido. Ou fica todo arrepiado de terror diante daquilo que acontece o tempo todo. Ele simplesmente não se deixa arrumar. Ele não quer. Não importa quantas vezes passem ali o pente com aqueles dois ou três dentes quebrados – ele simplesmente não quer. Agora tem alguma coisa ainda mais errada. O escrito, que trata do acontecido, escorre pelos dedos como o tempo, e não só o tempo de ele ser escrito, durante o qual não se viveu. Se não se viveu, ninguém deixou passar nada. Nem os vivos e nem os tempos mortos, e muito menos os mortos. O tempo, enquanto você ainda escrevia, se infiltrou nas obras de outros poetas. Como ele é o tempo, consegue fazer tudo ao mesmo tempo: se infiltrar no próprio trabalho e simultaneamente no dos outros, passar pelos penteados embaraçados dos outros como um vento fresco, ainda que sejam maus ventos, erguendo-se de repente e inesperadamente de lá da realidade. Uma vez que uma coisa se levantou, talvez não volte a se deitar tão rápido. O vento furioso sopra e carrega tudo consigo. E ele arranca tudo para carregar tanto faz para onde, mas nunca mais de volta para essa realidade que deve ser retratada. Para todos os lados, menos para lá. A realidade é aquilo que vai debaixo dos cabelos, debaixo das saias e simplesmente: leva tudo para outro lugar. Como é que o poeta vai conhecer a realidade, se ela é isso que vai até ele e dentro dele e o arranca dali, e o joga sempre para escanteio. De lá por um lado ele vê melhor, por outro lado não consegue ficar ele mesmo no caminho da realidade. Ali ele não tem lugar. Seu lugar é sempre fora. Só aquilo que ele diz de fora para dentro pode ser acolhido, afinal ele diz dubiedades. E aí também já há dois adequados, dois corretos, que insistem que nada ocorra, dois que o entendem em sentidos diferentes, se estendem até o fundamento impróprio, que faz muito que se quebrou como os dentes do pente. Ou isso ou aquilo. Verdadeiro ou falso. Isso tinha mesmo que acontecer mais cedo ou mais tarde, já que o chão era mesmo totalmente impróprio como fundação para construir. Também como é que se haveria de conseguir construir em um buraco sem fundo? Mas o impróprio que entra no campo de visão sempre serve para os poetas, apesar de tudo, para alguma coisa, que, no entanto, eles também poderiam deixar para lá. Eles poderiam deixar a coisa estar, e deixam. Eles não a matam. Eles só olham para ela com seus olhos opacos, mas nem através desses olhos opacos ela se torna uma coisa qualquer. O olhar acerta na mosca. Aquilo que o olhar acerta ainda diz, enquanto afunda, embora mal tenha sido olhado, embora ainda nem tenha sido exposto ao olhar público, o que foi acertado nunca diz que também poderia ter sido outra coisa, antes de ter sido vítima dessa descrição. Isso quer dizer exatamente aquilo que teria sido melhor permanecer não dito (porque poderia ter sido dito melhor?), o que sempre teve que permanecer incerto e infundado. Muitos já afundaram aí até a barriga. É uma areia movediça, mas não move nada. É infundado, mas não sem fundo. É um qualquer, mas o qual ninguém quer.

O lado de fora serve à vida, que não tem lugar exatamente ali, senão não estaríamos nós todos no meio, plenamente, em plena vida humana, e serve à observação da vida, que sempre tem lugar em outro lugar. Lá onde não se está. Por que xingar alguém só por não conseguir voltar a encontrar o caminho da viagem, da vida, da viagem da vida, se ela o levou – e esse levar não é nenhum se enlevar por outro alguém, mas também não é um relevar –, simplesmente levou, por acaso, como a poeira nos sapatos, perseguida implacavelmente pela dona de casa, mesmo que menos implacável do que a perseguição do estrangeiro pelo nativo. Que tipo de poeira é essa? É radioativa ou em si mesma ativa, assim simplesmente, estou perguntando só porque ela deixa esse estranho rastro luminoso no caminho? Isso aí, que corre aí ao lado e nunca mais se reconcilia com o escrevente, é o caminho, ou é o escrevente aquele que corre ao lado, de escanteio? Ele ainda não se destaca, mas já está destacado do mundo desde sempre. De lá ele vê aqueles que são distintos dele, mas também entre si, em sua variedade, para representá-los invariavelmente, para transformá-los em forma, pois a forma é o mais importante, de lá enfim ele os vê melhor. Mas isso também é registrado contra ele, então são rastros de giz e não partículas fluorescentes que marcam o caminho da escrita? De todo modo é um marcar que ao mesmo tempo mostra e volta a encobrir, e com cuidado apaga o rastro, que ele mesmo tinha lançado, logo depois. Nem se esteve ali. Mas de todo modo sabe-se o que se passa. Foi dito do alto de uma tela, de rostos ensanguentados contorcidos de dor, de bocas risonhas maquiadas, antes rebocadas especialmente para a maquiagem, ou de outras, que responderam corretamente uma pergunta no *quiz*, ou pessoas naturalmente desbocadas, mulheres que não podem fazer nada a respeito e nada a despeito, que se levantaram e vestiram uma blusa para segurar no enquadramento da câmera seus peitos recém endurecidos, que antes eram de aço e dos homens. Some-se a isso uma enorme quantidade de gargantas, das quais sai um canto como um mau-hálito, só que mais intenso. Isso é o que poderia ser visto no caminho, caso ainda se estivesse nele. Não se está mais no caminho do caminho. Talvez ainda se possa vê-lo de longe, onde se fica sozinho, e de bom grado, pois quer-se ver o caminho, mas não caminhá-lo. Essa vereda agora emitiu algum ruído? Ele quer chamar a atenção para si com ruídos também, não só com fulgores, de fulanos gritantes, fulgores gritantes? O caminho, que não se pode caminhar, tem medo de não ser sequer comentado, sendo que afinal tantos pecados são cometidos, tortura, crime, roubo, coerção grave, gravidade coerente com a produção de destinos mundiais significativos? Para o caminho tanto faz. Ele aguenta tudo, firme, mesmo que infundado. Sem fundo. A fundo perdido. Meus cabelos, como já foi dito, se arrepiam, e não tenho comigo gel firmador que pudesse forçá-los a voltar a baixar. Também em mim nenhuma firmeza. Nem comigo, nem em mim. Quando se está de escanteio, é preciso estar sempre preparado para pular mais um tanto e mais um tanto para o lado, no nada, que fica logo ao lado do escanteio. E o escanteio trouxe também a linha de impedimento, ela está preparada a todo momento, ela se abre, para te aliciar ainda mais. Essa aliciada é uma cilada. Por favor, eu não gostaria de perder de vista agora o caminho no qual estou. Eu gostaria é de descrevê-lo direitinho e sobretudo correta e exatamente. Se eu olho para ele, ele também devia oferecer algo. Mas esse caminho não me poupa nada. Não me deixa nada. Então o que me sobra? Também estar a caminho me é bloqueado, mal consigo sair do lugar. Não saindo, eu saí do jogo. E lá também eu gostaria, por segurança, de ser protegida das minhas próprias inseguranças, mas também da insegurança do chão onde piso. Ela corre ao meu lado, minha linguagem, por segurança, não só para me resguardar, e controla se eu também estou fazendo certo, se também estou fazendo errado certo, isso de descrever a realidade, pois ela tem sempre que ser descrita errado, não tem outro jeito, mas tão errado que qualquer um que a leia ou ouça perceba imediatamente o que está errado nela. Ela está mentindo! E essa cadela linguagem, que deve me proteger, afinal é para isso que eu tenho cachorro, agora ela vem atrás de mim. Minha proteção quer me morder. Minha própria proteção contra ser descrita, a linguagem, que, pelo contrário, está aí para descrever alguma outra coisa que não eu – para isso é que eu gasto tanto papel –, minha própria proteção me contraria e se volta contra mim então. Talvez afinal eu só a tenha para que ela, à medida que finge me proteger, se atire sobre mim. Porque na escrita eu busquei proteção, esse estar a caminho, a linguagem, que no movimento, no falar, me pareceu ser um abrigo seguro, se volta contra mim. Não admira. Eu suspeitei dela desde o princípio. Que raio de camuflagem é essa, que ainda por cima existe para nos tornar não invisíveis, mas cada vez mais legíveis?

Às vezes por engano a linguagem vai parar no caminho, mas do caminho ela não sai. Não é um processo voluntário, isso de dizer com a linguagem, é um que é involuntariamente voluntário, quer queira quer não. Bom para ela, eu é que não sei, e eu não sei os nomes. O falatório, o falar de modo geral, agora fala mais para lá, pois é sempre um falar mais, sem começo nem fim, mas não é um dizer. Então ele fala para lá, onde sempre pousam os outros, porque eles não querem repousar, eles estão muito ocupados. Para lá só eles. Eu não. Só a linguagem, que às vezes se distancia de mim, em direção às pessoas, não as outras pessoas, mas as reais, de verdade, se distanciam no bom caminho, bem sinalizado (quem é que ainda pode se perder aqui?), seguindo todos os seus movimentos como uma câmera, para que pelo menos ela, a linguagem, fique sabendo como e o que é a vida, pois então ela não é exatamente isso, e tudo isso depois ainda tem que ser descrito naquilo que ela justamente não é. Vamos falar sobre isso, sobre o fato de que deveríamos voltar para uma consulta preventiva. Mas de repente falamos, de uma só vez, com todo o rigor, como alguém que tivesse a escolha de também não falar. O que quer que aconteça, só a linguagem se afasta de mim, eu mesma, eu permaneço afastada. A linguagem vai. Eu fiquei, mas fora. Não lá fora. E a linguagem já tinha me dado um fora.

Não, ela ainda está aí. Por acaso ela estava aí o tempo todo, será que ela inferiu quem lhe seria inferior? Agora ela me notou aqui e imediatamente se atirou sobre mim, essa linguagem. Ela ousa adotar essa postura tirânica contra mim, ela levanta a mão contra mim, ela não gosta de mim. Ela bem que ia gostar das pessoas bacaninhas no caminho, ao lado das quais ela corre como a cadela que ela é, que finge obediência. Na realidade ela é desobediente não só comigo, também com todos os outros. Ela é por si. Ela grita pela noite, pois esqueceram de acender umas luzes ao lado dessa vereda, alimentadas somente pelo sol sem precisar de mais energia da tomada, para que o caminho mereça o nome de caminho. Ele tem tantos nomes que não se acabaria de chamar caso se tentasse. Eu grito para lá, aqui de fora, pisando por sobre os túmulos dos que se foram, pois uma vez que já estou correndo ao lado não dá para ainda por cima prestar atenção onde estou pisando, quem estou pisoteando, só gostaria de chegar lá de qualquer jeito, onde minha linguagem já está e de onde sorri para mim sarcasticamente. Ela bem sabe que, se alguma vez eu tentasse viver, ela já ia logo cortar minhas asinhas. Ela primeiro ia cortar minhas asinhas, e depois ainda jogar sal. Pois bem. Então eu também jogo sal no caminho dos outros, eu o jogo lá para que o gelo deles derreta, sal grosso, para que a linguagem perca seu chão firme. Mas já faz tempo que ela não tem fundo. Um descaramento infindo da parte dela. Se eu já não me encontro sobre chão firme, minha linguagem também não deve poder. Bem feito! Por que é que ela não ficou comigo, de escanteio, por que é que ela se separou de mim? Ela queria ver mais do que eu? No caminho principal para lá, onde há mais gente, sobretudo gente mais agradável, que conversam bonitinho uns com os outros? Ela queria saber mais do que eu? É verdade que ela sempre soube mais do que eu, mas ela sempre tem que ser ainda mais. Devorando-se a si mesma ela ainda vai acabar se matando, minha linguagem. Ela vai se empanturrar de realidade. Bem feito! Eu cuspi ela fora, mas ela mesma não cospe nada fora, ela não desperdiça comida. Minha linguagem chama por mim aqui de escanteio, ela gosta de chamar para o escanteio, não tem que mirar tão bem, e ela nem precisa também, pois ela acerta o alvo à medida que não diz qualquer coisa, mas fala com o "rigor de deixar estar", como diz Heidegger sobre Trakl. Ela faz uma chamada para mim, a linguagem, hoje qualquer um pode fazer isso, pois tem a linguagem sempre consigo em um aparelhinho para que possa falar, para que é que se aprendeu?, então ela me chama lá onde ora me encontro e grito e esperneio, mas não, não está certo, não é minha linguagem que chama, ela também se foi, minha linguagem ficou longe de mim, por isso ela tem que ligar, ela grita no meu ouvido, tanto faz de qual aparelho, um computador ou um celular, uma cabine telefônica, de lá ela berra no meu ouvido, que não faz sentido declarar nada, ela já faz isso sozinha, eu devo simplesmente dizer o que ela me dita; pois teria ainda menos sentido desabafar com uma pessoa querida, que te cai bem e em quem você pode confiar, porque ela caiu e não pode voltar a se levantar tão rápido para te perseguir e, sim, conversar um pouco. Não faz nenhum sentido. O dizer da minha linguagem mais para lá no belo caminho (eu sei, ele é mais belo que o meu, que na verdade sequer é um caminho, se bem que não o vejo bem, mas bem sei que também eu gostaria dc cstar lá), enfim o dizer da minha linguagem, à medida que se separou de mim, tornou-se imediatamente um pronunciar-se. Não, não um desabafar com alguém. Um declarar. Ela ouve a si mesma se pronunciar, a minha linguagem, ela corrige a si mesma, pois a pronúncia a todo momento e sempre pode ser melhorada; sim, ela sempre pode ser melhorada, inclusive é exclusivamente para isso que ela existe, ser melhorada e então encontrar um novo acordo linguístico, mas também esse só para poder logo voltar a derrubar os acordos. E esse então será a nova pista para a salvação, quer dizer, solução, é claro. Não uma pista falsa. Por favor, querida linguagem, você não quer antes pelo menos uma única vez escutar? Para você aprender alguma coisa, para que você finalmente aprenda as regras de pronúncia… O que é que você tanto grita e resmunga aí do seu canto? Você está fazendo isso, linguagem, para que eu volte a te tomar no meu favor? Eu pensava que você não queria mais voltar para mim de jeito nenhum! Você não deu a entender com nenhum único sinal que você queria voltar para mim, e também não teria sentido, eu não teria entendido os sinais. Você só se tornou linguagem para partir daqui e assim me assegurar a minha parte? Mas nada está seguro. E menos ainda da sua parte, se eu bem te conheço. Eu nem mesmo te reconheço mais. Você quer voltar para mim voluntariamente? Eu não te recebo mais, o que é que você diz agora? Quem partiu partiu. Partir não faz parte. Então se o meu isolamento, se a minha falta constante, meu estar sempre de escanteio viessem pessoalmente buscar de volta a linguagem, para que ela, bem abrigada comigo, finalmente em casa, chegasse a um belo som, que ela pudesse emitir, isso só aconteceria para que ela, com esse som, esse zumbido, esse ganido perfurante de uma sirene que corre pelo ar, me enxotasse ainda mais para escanteio. Com o coice dessa linguagem, que eu mesma criei e que correu de mim (ou eu a criei para esse fim? Para que ela logo corra de mim, pois eu mesma não consegui correr a tempo de mim mesma?), eu sou escorraçada cada vez mais para longe nesse espaço lateral. Minha linguagem já chafurda gostosamente no seu lamaçal, o pequeno túmulo provisório no caminho, e ela olha lá para cima para o túmulo nos ares, ela se contorce de costas, um animal manso que gostaria que as pessoas gostassem dele como toda linguagem correta, ela chafurda, estica as pernas, provavelmente para se deixar acariciar, por que mais seria? Ela é viciada em carinho. Isso a impede de procurar os mortos, para os quais eu, por minha vez, tenho que olhar, então é claro que sobra para mim. Por isso eu não tive tempo de refrear minha linguagem, que agora se espreguiça sem vergonha sob as mãos dos acariciadores. Há simplesmente mortos demais para os quais eu tenho que olhar, esse é um termo técnico austríaco para: dos quais eu tenho que me ocupar, que eu tenho que tratar bem, mas somos mesmo famosos por isso, por sempre tratarmos todos bem. O mundo já olha para nós, não se preocupem. Não temos que cuidar nós mesmos disso. Mas quanto mais nítida essa exigência de olhar para eles, os mortos, ressoa em mim, tanto menos eu consigo prestar atenção nas minhas palavras. Tenho que olhar para os mortos, enquanto isso os transeuntes acariciam e afagam a querida boa linguagem, o que não faz com que os mortos fiquem mais vivos. Ninguém tem culpa. Eu também, desgrenhada como eu sou e meu cabelo é, não tenho culpa se os mortos permanecem mortos. Eu quero que a linguagem lá do lado dela enfim pare de se fazer escrava nas mãos de estranhos, mesmo que eles lhe façam tão bem, eu quero que ela comece não precisando impor demandas, mas tornando-se ela mesma uma demanda, de finalmente se impor, não de afagos, mas uma demanda de voltar para mim, pois a linguagem sempre tem de se impor, acontece que ela muitas vezes não sabe disso e não me ouve. Ela tem que se impor, pois as pessoas que querem adotá-la, no lugar de uma criança, afinal ela é tão querida, se as pessoas por sua vez também a querem, as pessoas enfim jamais se impõem, elas decidem, mas não se impõem, muitas delas até destruíram, destroçaram, queimaram, sua convocação oficial para socializar, junto com a bandeira, então. Quanto mais gente responde a essa exigência da minha linguagem, de coçar sua barriga, de dar uma desgrenhada, de aceitar carinhosamente sua confiança, tanto mais longe eu me afasto tropeçando, eu perdi definitivamente a minha linguagem para aqueles que a tratam melhor, eu já estou quase voando, onde é que estava ainda agorinha esse caminho de que eu preciso para me mandar? Como é que eu chego onde para quê? Como eu chego no lugar onde possa desempacotar meus instrumentos, mas na realidade logo empacotá-los novamente? Do lado de lá alguma coisa brilha clara entre os galhos, será aquele o lugar onde minha linguagem vai primeiro bajular os outros, os aninhar em segurança, só para finalmente ser ela mesma carinhosamente aninhada por sua vez? Ou ela já está querendo morder de novo? Ela sempre só quer morder, é só que os outros não sabem disso, mas eu a conheço bem, ela já esteve comigo muito tempo. Antes, em primeiro lugar, são carícias e festinhas para esse animal aparentemente domesticado, que de todo modo todos já têm em suas próprias casas, por que então deveriam trazer um estranho para casa? Por que essa linguagem deveria ser diferente daquilo que já conhecem? E se ela fosse diferente, então talvez fosse perigoso levá-la consigo. Talvez ela não se dê com aqueles que já a têm. Quanto mais estranhos amigáveis quc sabem viver, mas por isso mesmo estão longe de saber o que é a vida, uma vez que perseguem suas intenções carinhosas, pois sempre têm que perseguir alguma coisa, tanto mais minha visão falha em vislumbrar o caminho de volta para a linguagem. *Miles and more*. Quem deveria vislumbrar alguma coisa, se não a visão? A fala ainda quer assumir a visão também? Ela quer falar antes de ter visto? Ela se espreguiça aí, é acarinhada por mãos, afagada por ventos, acariciada por tempestades, atacada pela escuta, até nem escutar mais. Pois bem, então: escutem todos! Quem não quiser ouvir tem que falar sem poder ser ouvido. Quase todos não podem ser ouvidos, embora falem. Eu posso, mas não possuo minha linguagem, mal consigo vê-la mais. Muitas coisas são ditas sobre ela. Então ela mesma não tem que dizer muito, que bom também. Ela é ouvida falando lentamente, enquanto em algum lugar um botão vermelho é apertado, que dispara uma explosão terrível. Só resta dizer: Pai nosso que estás. Com isso ela não pode estar querendo falar de mim, embora eu seja afinal pai, digo: mãe da minha linguagem. Eu sou o pai da minha língua materna. A língua materna já estava aí desde o começo, ela estava em mim, mas não havia nenhum pai aí que fosse apropriado. Minha linguagem muitas vezes foi imprópria, isso me foi dado a entender nitidamente, mas eu não quis entender. Culpa minha. O pai, junto com a língua materna, abandonou essa família nuclear. Certo está ele. Eu no lugar dele também não teria ficado. Minha língua materna agora foi atrás do pai, ela se foi. Ela está, como já se disse, do lado de lá. Ela escuta as pessoas no caminho. No caminho do pai, que partiu cedo demais. Agora ela sabe algo que você não sabe, que ele não sabia. Mas quanto mais ela sabe, tanto menos ela diz. Naturalmente ela está constantemente dizendo alguma coisa, mas ela não diz nada. E o retiro já se retira. Não é mais necessário. Ninguém vê que eu ainda estou lá dentro, retirada. Não há reparação para mim. Podem até reparar em mim, mas sem reparação. Como eu consigo que todas essas palavras digam algo de mim, algo que pudesse nos dizer algo? Não falando. Eu nem posso mais falar, minha linguagem infelizmente não está em casa no momento. Do lado de lá ela diz outra coisa, que eu também não encomendei para ela, mas meu comando para ela foi esquecido por ela desde o início. Ela não me diz, embora seja minha. Para mim a minha linguagem não diz nada, então como é que ela vai dizer algo para os outros? Mas ela também não deixa de dizer, isso vocês têm que admitir! Ela diz tanto mais quanto mais longe de mim, sim, só então se atreve a dizer algo que ela mesma quer dizer, então se atreve a não me obedecer, a me contrariar. Quando a gente olha, a gente se distancia do objeto, quanto mais tempo olhar para ele. Quando a gente fala, volta a apanhá-lo, mas não é possível ficar com ele. Ele se desprende e se apressa atrás das próprias nomeações, das muitas palavras que eu criei e que eu perdi. Já trocamos palavras suficientes, a taxa de câmbio é sinistramente baixa, e então ela é só: sinistra. Eu digo algo, e então já foi esquecido desde o começo. Ela aspirou a isso, ela queria se afastar de mim. O indizível é dito todo dia, mas aquilo que eu digo, ah, isso não deve poder ser dito. Maldade do dito. Mau dito! Nem mesmo a mim o dito quer pertencer. Ele quer ser feito, para que se possa dizer: dito e feito! Eu já me daria por satisfeita se ela negasse estar sob meu domínio, a minha linguagem, mas de todo modo eu devo dominá-la, sim. Como é que posso conseguir que ela cole em mim pelo menos um pouquinho? Afinal nada fica colado nos outros, então eu me ofereço a ela. Volta! Volte, por favor! Mas não. Do lado de lá, na trilha, ela ouve segredos que eu não devo saber, a minha linguagem, e ela os espalha, esses segredos, para os outros, que não querem ouvir. Eu bem que gostaria, seria meu direito, sim, também me serviria direitinho, por mim, mas ela não se endireita, não fica quieta, não fala comigo, também não. Ela está no vazio, que se destaca e se diferencia de mim justamente à medida que muitos se encontram lá. O vazio é o caminho. Eu estou até mesmo no escanteio do vazio. Eu abandonei o caminho. Eu sempre só falo. Muito foi falado sobre mim, mas é mentira quase tudo. Eu mesma só repeti e afirmo: essa agora é a fala verdadeira. Como se fala – não tem falha! Fazia tempo que não se falava tanto. Mal dá para acompanhar com a escuta, embora seja preciso escutar para poder fazer algo. Mas desse ponto de vista, que na realidade é desviar o olhar, também desviar o olhar de mim mesma, não é possível falar nada sobre mim, não há nada, não dá nada. Eu sempre só sigo a vida com os olhos, minha linguagem me dá as costas para poder oferecer a barriga para o carinho de estranhos, sem vergonha, para mim ela dá as costas, isso quando dá alguma coisa. O mais das vezes ela não me dá nenhum sinal e também não diz nada. Às vezes eu nem a vejo mais do lado de lá absolutamente, e agora eu sequer posso dizer "como eu já disse", pois é bem verdade que eu já disse isso muitas vezes, mas agora não posso mais dizer, faltam-me as palavras. Às vezes eu vejo suas costas ou as solas dos seus pés, com as quais elas não conseguem andar direito, as palavras, mas mais rápido que eu já há muito e sempre ainda. O que é que eu estou fazendo aqui? Por isso que ela se pôs a uma certa distância de mim, a querida linguagem? Então naturalmente ela sempre vai ser mais rápida que eu, pulando e correndo de mim, quando eu vier do meu posto de escanteio para pegá-la. Eu não sei por que é que deveria pegá-la. Para que ela não me pegue? Talvez ela saiba, ela que correu de mim? Ela que não me segue? Que agora segue o olhar e o dizer dos outros, e realmente não pode estar confundindo-os comigo. Eles são de outro jeito, porque eles são os outros. Por nenhum outro motivo além de que são os outros. Isso já basta para minha linguagem. O importante é que eu não faço isso: falar. Os outros, sempre os outros, para que não seja eu a possuí-la, a doce linguagem. Eu também ia gostar tanto de lhe fazer carinho, como os outros lá, se eu apenas pudesse apanhá-la. Mas afinal ela está do lado de lá para que eu não possa apanhá-la.

Quando é que ela vai escapulir silenciosa? Quando ela vai escapulir um pouco, para que haja silêncio? Quanto mais a linguagem escapa do lado de lá, tanto mais alto ela é ouvida. Ela está na boca do povo, só na minha boca é que não está. Eu estou obnubilada. Eu não estou impotente, mas estou obnubilada. Eu estou com a visão nublada de tanto seguir com os olhos a minha linguagem como um farol no mar, para iluminar o caminho de alguém para casa e por isso foi ele mesmo iluminado, e que girando sempre desvela uma coisa diferente da escuridão, mas que de todo modo está aí, quer se a ilumine ou não, é um farol que não ajuda ninguém, mesmo se se deseja isso assim tanto, para não ter que morrer na água. Quanto mais nitidamente eu tento distingui-la, tanto mais teimosa ela não se extingue, a linguagem. Eu agora apago mecanicamente essa chama de linguagem, eu deixo em fogo baixo, mas quanto mais eu tento me impor sobre ela, um abafador com um cabo longo, com o qual na minha infância se apagavam as velas na igreja, quanto mais eu busco abafar essa chama, tanto mais fôlego ela parece ter. Tanto mais alto ela grita, se contorcendo sob milhares de mãos que lhe fazem tão bem, o que infelizmente eu jamais fiz, eu mesma já não sei o que me faria bem, então agora ela grita para que possa ficar longe de mim. Ela grita para os outros, para que eles se juntem ao coro e gritem como ela, para que fique mais alto. Ela grita que eu não devo chegar perto demais dela. Ninguém absolutamente deve chegar perto demais de outro alguém. E o que é dito também não deve chegar perto demais daquilo que se quer dizer. Não se deve pisar perto demais da própria linguagem, isso é uma afronta, ela é perfeitamente capaz de falar algo por conta própria, berrando alto para que não se perceba que aquilo que ela diz lhe foi ditado previamente. Ela até me faz promessas, para que eu fique longe dela. Ela me promete tudo, se eu apenas não chegar perto. Milhões podem chegar perto dela, só eu que não! E, no entanto, ela é minha! O que é que vocês acham disso? Eu sequer posso lhes dizer o que eu acho disso. Essa linguagem bem que esqueceu seu começo, de outro modo eu não consigo explicar. Outrora ela começou comigo, desse tamanhinho. Não, como ela ficou grande, nem te digo! Assim eu nem a reconheço. Eu a conheci quando ela ainda era pequena assiiim. Quando ela era tão silenciosa, quando a linguagem ainda era minha filha. Agora ela de repente se tornou gigantesca. Isso não é mais a minha criança. A criança não se tornou adulta, mas sim grande, ela não sabe que ainda depende de mim, mas independentemente disso ela despertou. Ela está tão desperta que sobrepuja a si mesma com seu grito, e também qualquer outro que grite mais alto do que ela. Então ela progride até alturas inacreditáveis. Acreditem em mim, vocês realmente não querem ouvir isso! Eu não tenho orgulho dessa criança, acreditem nisso também, por favor! No começo eu queria que ela continuasse branda como outrora, quando ela ainda era infante, sem fala. Mesmo agora eu não quero que ela saia varrendo algo como uma tempestade que leva os outros a berrar ainda mais alto e levantar os braços e arremessar objetos duros, que a minha linguagem não consegue mais sacar nem pegar, afinal ela, também por culpa minha, sempre foi tão pouco atlética. Ela não pega. Ela bem que arremessa, mas pegar ela não pode. Eu sou pega por ela, fico presa, mesmo quando ela está longe. Eu sou prisioneira da minha linguagem, que é minha guarda penitenciária. Engraçado – ela nem presta atenção em mim! É porque ela confia tanto assim em mim? É porque ela confia tanto que eu não sairei correndo, por isso ela acredita que ela mesma pode fugir de mim? Aí vem alguém que já morreu e que fala comigo, embora isso não estivesse previsto para essa pessoa. Ela pode fazer isso, muitos mortos agora falam com suas vozes afogadas, agora eles se atrevem a fazer isso, porque a minha própria linguagem não presta atenção em mim. Porque ela sabe que não é necessário. Se ela gosta de correr de mim também, eu não me perco dela. Eu estou perto dela, mas mesmo assim ela se perdeu de mim. Mas eu fico. Mas o que fica, não são os poetas que põem isso aí. O que fica se foi. A decolagem foi interrompida. Não chegou nada nem ninguém. E se chegou, contra toda razão, alguma coisa que não veio, mas gostaria de ficar um pouquinho, então por isso aquilo que fica, o mais fugaz, a linguagem, desapareceu. Ela respondeu a um novo anúncio de emprego. O que deve ficar sempre se vai. De todo modo não está aí. O que é que nos resta então?

1

PROBLEMA DE GÊNEROS

Quando foi anunciado o Nobel para Elfriede Jelinek, já se esperava uma laureada mulher, graças à visibilidade crescente das pautas feministas. Mas se de lá para cá só aumentou o interesse pelas autoras, sobretudo as que tratam explicitamente do tema, ele não parece ter alcançado a austríaca. Quase uma década após o prêmio, ao ser lançada a tradução brasileira do romance *Desejo*, em entrevista ao jornal *O Estado de S. Paulo*, a autora foi solicitada a comentar o sentido do feminismo em sua obra, conhecida e reconhecida em primeiro lugar pela abordagem inflexível da opressão e exploração sistemáticas das mulheres. À pergunta da entrevistadora sobre se "a ideia de mulheres como seres oprimidos e submissos ainda faz sentido hoje em dia", Jelinek respondeu com evidente sarcasmo:

> Continuo a ouvir que essa ideia seria ultrapassada, um feminismo obsoleto. Não vejo dessa forma. Em alguns casos, a igualdade realmente foi alcançada, mas vejo apenas como conquistas ocasionais, progressos pontuais. Talvez as mulheres já tenham alcançado a igualdade de direitos no Brasil, ou os brasileiros estejam confiantes de que isso vá acontecer. A relação marido-mulher como senhor-servo não tem solução. Enquanto a mulher tiver todo o trabalho doméstico, [...] nada poderá mudar. Nenhum país teria PIB o suficiente para pagar a dívida dos serviços não remunerados (e não reconhecidos) feitos pelas suas mulheres. Meu método na literatura é dizer coisas presentes de forma exagerada para polarizar ainda mais as questões. Gostaria de reforçar a mulher

como ferramenta política, tenho feito muito isso em minha vida, mas tenho percebido que é em vão. Estou totalmente resignada.

O abismo entre pergunta e resposta é notável, e aponta para uma possível razão do relativo insucesso de Jelinek: a insistência num "feminismo ultrapassado", próximo ao niilismo. Seria fácil demais dispensar a crítica como puro conservadorismo antifeminista; na verdade, essa censura tem sido lançada contra a autora de diversos lados, não apenas pelo jornal do Vaticano, mas também por defensores de outro feminismo, em que a "alegria de viver" das mulheres não daria lugar ao "ódio contra os homens".

Nas peças deste primeiro bloco, vemos que tal ódio é, de fato, assumido na obra da austríaca, assombrada por um pessimismo sem concessões; nesse sentido, há que ler sua dramaturgia feminista como deliberadamente *exagerada*. Mas isso não resolve a questão. Pois o exagero pode ser método literário, como disse a autora na entrevista; mas se, quase no mesmo fôlego, também diz estar "totalmente resignada", talvez não se trate de recurso meramente retórico. Ou ainda, vale questionar o rebaixamento da retórica em prol da suposta representação objetiva, e apontar uma *indecidibilidade* entre o exagero como estratégia de distorção e como apreensão de uma realidade distorcida. Nesse sentido, se em Jelinek temos um *feminismo sem nenhuma positividade*, é porque o positivo não seria "mais que um ponto exato, sobre o qual não há nada a dizer", segundo o filósofo Alexander García Düttmann, contrapondo a isso uma *negatividade como paixão*, materializada em "uma declaração que permanece incongruente e unilateral, mas cuja seriedade não pode ser contestada"[1]. Destaco a visão da relação entre homem e mulher como uma entre senhor e servo, referência explícita ao célebre tema hegeliano. Note-se uma das preocupações centrais da autora, já mencionada: o trabalho (sobretudo artístico) das mulheres, fundamental para sua emancipação, mas ao mesmo tempo "submetido a critérios de avaliação especificamente masculinos" e, portanto, "uma forma de violência feita às mulheres". "Mesmo se meu marido não me bate, mesmo se me dá dinheiro e mesmo se não bate nos meus filhos", segue sendo "uma humilhação permitir que julguem meu trabalho segundo critérios masculinos". Violência inescapável, já que "não há nenhum critério estético de juízo artístico que seja emitido por mulheres"[2].

1. "Apenas pelo seu exagero, pela sua exorbitância, pela sua irresponsabilidade irredutível, o pensamento pode ser mais que a repetição de algo já sabido." A.G. Düttmann, *Philosophy of Exaggeration*, New York: Continuum, 2007, p. 53-54.

2. E. Jelinek em entrevista a Christine Lecerf, *L'Entretien*, Paris: Seuil, 2007, p. 59.

Ao menos desde o seu quarto romance *Die Liebhaberinnen* (As Amantes), de 1975, Jelinek se dedicou a investigar relações de violência, humilhação e exploração social, unindo reflexão feminista e análise de cunho marxista. Ali ela diz ter tentado pela primeira vez (após experimentos de juventude) "descrever uma realidade, mas sempre de um modo estrutural", isto é, "reduzindo-a a um esqueleto, desvelando a mecânica das relações sociais por meio do exemplo da juventude proletária"[3]. As duas protagonistas, Brigitte (dezessete anos) e Paula (quinze), trabalham numa fábrica de *lingerie* no interior austríaco. Ambas anseiam por uma possível – pequena, despretensiosa – melhora de vida; Brigitte por meio de um casamento com o eletricista Heinz e Paula em um trabalho de costureira (sonho abandonado em prol da relação com o marceneiro Erich). Contudo, os homens estão pouco interessados em se casar com trabalhadoras socioeconomicamente inferiores a eles. Quando os matrimônios enfim se dão (graças à força coerciva da gravidez indesejada), eles se revelam muito diferentes dos sonhos das moças que, por sua vez, agora odeiam os maridos. E se Brigitte ao menos consegue a casa e a loja que desejava, Paula precisa se prostituir para conseguir algum dinheiro que não seja dilapidado pelo alcóolatra Erich (até ser descoberta e perder tudo). Jelinek satiriza a comercialização das mulheres, forçadas a se vender e depois pagar o preço por isso, ambas simultaneamente "vítimas" e "cúmplices" do sistema patriarcal e capitalista.

São temas que seguirão presentes nos livros posteriores da escritora, inclusive nos romances mais conhecidos (únicos publicados no Brasil), *A Pianista* (1983) e *Desejo* (1989), onde são acrescidos de outra obsessão: a violência sexual e o sadomasoquismo como expressões dessa relação dialética, revelando o investimento libidinal da mulher na própria dominação e "o amor ideal adulto" como "forma mais comum de masoquismo"[4]. Tal aproximação não é aporte inédito da austríaca: se a descrição de Hegel da dialética de dominação e servidão influenciou notoriamente a concepção de Marx da luta de classes, também deixou marcas na teoria feminista, de *O Segundo Sexo* de Simone de Beauvoir aos *Problemas de Gênero* de Judith Butler, onde se pensa a formação do sujeito como "ato de negação e desconsideração" de uma "economia significante masculina" que faz do "feminino" o Outro do masculino "universal"[5]. Mas também a forma estética do drama clássico

3. Ibidem.

4. Segundo Jessica Benjamin (referência citada pela própria Jelinek), *The Bonds of Love: Psychoanalysis, Feminism, and the Problem of Domination*, New York: Pantheon, 1988, p. 116.

5. J. Butler, *Problemas de Gênero: Feminismo e Subversão da Identidade*, trad. Renato Aguiar, Rio de Janeiro: Civilização Brasileira, 2019, p. 16.

com sua lógica própria consiste "nas variações necessárias sobre um único tema: o confronto entre o mestre e o escravo", segundo Jean-Pierre Sarrazac, que nota uma recorrente "retórica do diálogo destinada a fazer com que o adversário se renda – ou melhor: obrigá-lo a conformar-se, a aprovar o seu próprio destino e, se necessário for, a aprovar a sua própria destruição"[6]. Ora, se Jelinek insiste na atualidade da dialética hegeliana para descrever relações entre homens e mulheres, talvez não devamos concluir tão depressa, com o teórico francês, que seria "inútil pretender perpetuar essa relação entre próximos como lugar de uma dialética teatral do mestre e do escravo", por mais que hoje em dia possa ser "falaciosa a proximidade dramática de dois seres humanos"[7]. Sarrazac sacrifica a dialética para preservar o drama, supondo aquela ultrapassada e este ainda atual; a austríaca parece inverter o diagnóstico, e exagera ambos até fazê-los transbordar dos limites convencionados.

Podemos ler as peças feministas de Jelinek como enfrentamento a um *problema de gêneros*, isto é, reflexão crítica sobre como as configurações dos gêneros (masculino e feminino) numa sociedade persistentemente patriarcal podem informar e afetar uma poética dos gêneros (drama, épica etc.) no campo da literatura e do teatro[8]. As obras incluídas aqui são dois momentos extremos dessa dialética de forma e conteúdo. Nos primeiros textos teatrais da autora, o gênero dramático ainda tinha alguma integridade, apesar de sempre e progressivamente torcido e deformado conforme as exigências do material trabalhado; *Doença ou Mulheres Modernas* é a última e mais radical dessas obras de juventude. Já em *Faust(a)(Não Tá)*, há a proposição de um "drama secundário" como forma nova e apropriada a suas preocupações e posições, levadas agora às últimas consequências.

Dos Pilares da Sociedade ao Espelho Vazio

Em 1979, Elfriede Jelinek estreou sua primeira peça teatral, continuando de certo modo o projeto iniciado alguns anos antes no campo do romance. *O Que Aconteceu Depois Que Nora Deixou Seu Marido ou Pilares das Sociedades* já trazia aspectos fundamentais do feminismo anticapitalista radicalmente crítico (inclusive das próprias ortodoxias feminista e marxista) que notabilizou a autora, e que seguem sendo desenvolvidos nas peças

6. J.-P. Sarrazac, *L'Avenir du drame*, Lausanne: Éditions de l'Aire, 1981, p. 110.
7. Ibidem.
8. Ver Jacques Derrida, A Lei do Gênero, trad. Nicole Marcello e Carla Rodrigues, *Revista TEL*, Irati, v. 10, n. 2, jul.-dez. 2019.

posteriores e até hoje. Porém, a obra não interessa apenas pela temática. Já nessa primeira tentativa de escrever para o teatro, principia seu enfrentamento com diversas das questões formais que marcarão sua maturidade, justamente a partir da busca pela expressão estética das questões tratadas, que não se adequavam plenamente ao estado do material dramatúrgico disponível historicamente para a autora – o que fica nítido desde o título, que explicita o texto como resposta à obra de Ibsen. O foco é *Os Pilares da Sociedade* (1877) e *Casa de Bonecas* (1879), precisamente as peças em que o norueguês empreende a crítica e desmascaramento da sociedade burguesa, e que "revelam uma verdadeira crise da Dramática pura"[9].

Escrevendo quase um século depois, porém, a austríaca tinha diante de si tanto um novo estado do material – o modelo brechtiano, aparecendo então (e até hoje, para muitos) como forma mais avançada, e até insuperável, disponível para os artistas – quanto um novo momento das lutas políticas na Europa, incluindo a socialista, a antifascista e a feminista. *O Que Aconteceu Depois...* buscará dar forma de drama épico à investigação das intersecções entre essas três frentes de combate. A peça é chamada pela própria autora de *Lehrstück* (peça didática ou de aprendizado), e se refere ao projeto de Brecht. Assim tenta explicitar os problemas ideológicos sedimentados na forma dramática – que, apesar dos duros golpes desferidos pela melhor dramaturgia do século XX, está longe de perder sua hegemonia.

Separada do marido, Nora busca em um emprego a realização e o desenvolvimento pessoal, para passar "de objeto a sujeito" – lugar-comum da linguagem do movimento de mulheres à época da escrita da peça. Esse desejo colidirá com a realidade dura do trabalho. A heroína do feminismo burguês criada por Ibsen será progressiva e pateticamente exposta em seus preconceitos de classe média, sempre ainda – e sempre mais – submetida ao sistema paternalista onde é mero objeto de troca. Ela não apenas traz do século XIX o sistema de crenças do ex-marido, mas tais crenças são atualizadas e intensificadas nos clichês das mídias de massas do século XX (por exemplo, em revistas femininas como a *Cosmopolitan*), revelando a falsidade dos discursos sobre os progressos da democracia liberal pós-Segunda Guerra Mundial. Uma vez que Nora se apresenta desde o princípio como personagem teatral, podemos descrever seu percurso como *a tentativa de se tornar protagonista do próprio drama, sem contudo questionar a própria forma dramática que determina o projeto*. Dentro da perspectiva épica-dialética da jovem Jelinek, tal intenção só pode estar condenada ao fracasso.

9. Anatol Rosenfeld, *O Teatro Épico*, São Paulo: Perspectiva, 1985, p. 84.

Assim, a diferença formal entre sua peça e a de Ibsen é progressivamente marcada: as personagens do norueguês, bem desenvolvidas, capazes de introspecção e de seguir leis morais, perdem toda emoção e se tornam tipos unidimensionais cujas únicas características são a luxúria e a cobiça sem limites. Falas citadas do original reemergem, nas bocas de zumbis exagerados, como frases de efeito automáticas. O realismo burguês não é apenas abandonado, mas revelado como ideológico pelos recursos brechtianos de estranhamento. E a própria Nora, para sobreviver, abandona qualquer desejo idealista de ser um indivíduo pensante. O tom pessimista do fim, todos, homens e mulheres, burgueses e trabalhadores, aparecendo sob a mesma impiedosa luz crítica, já é aquele que caracterizará toda a produção da autora até o presente (e ainda hoje há críticas feministas que censuram Jelinek pela ausência de personagens femininas positivas ou resistentes).

Mas se aqui Jelinek ainda via o teatro épico brechtiano como modelo maior para uma dramaturgia à altura do seu tempo política e formalmente, ela não se valerá dele de novo, ao menos não estritamente. E se Nora parecia querer tornar-se autora da própria história sem romper com o paradigma dramático, as peças seguintes terão como ponto central o que acontece àquelas que buscam a autoria de outras narrativas. Surge a mulher artista ou escritora como tema central para a austríaca – incluindo cada vez mais os impasses da própria autora na posição de artista de renome (sobretudo após o Nobel), mas ainda impotente frente aos "pilares das sociedades" burguesas e masculinas. Tais pilares, porém, não serão mais segredos a serem desvendados, estruturas das quais tomar consciência, mas algo de que *já se sabe*, sem que o saber possa se transformar em ação, quanto menos transformação.

Assim, retorna certa carga de subjetividade negada na elaboração da história de Nora. Isso pareceria corroborar a visão de Sarrazac de que a epicização (ou desdramatização) do drama não era uma via de mão única, sendo sucedida pela "relativa redramatização das peças de teatro", baseada não no diálogo, mas numa visão do homem como indivíduo isolado, separado dos demais, numa solidão generalizada que teria se tornado o principal tema dos dramaturgos[10]. O modelo principal desse drama seria Strindberg e seu teatro do íntimo, "onde *teatro do eu* e *teatro do mundo* são postos em tensão", íntimo que "se define como o mais interior e o mais essencial de um ser ou de uma coisa, por assim dizer, o *interior do interior*"[11]. Ora, há algo de

10. Ver J.-P. Sarrazac, *Poética do Drama Moderno: De Ibsen a Koltès*, trad. Newton Cunha, J. Guinsburg e Sonia Azevedo, São Paulo: Perspectiva, 2017.

11. Idem, *Sobre a Fábula e o Desvio*, org. e trad. Fátima Saadi, Rio de Janeiro: 7Letras/Teatro do Pequeno Gesto, 2013, p. 21.

strindberguiano tanto no final de *O Que Aconteceu Depois Que Nora Deixou Seu Marido* quanto em *Clara S.: Tragédia Musical*.

Clara é esposa do grande compositor Robert S., por quem sacrificou a própria carreira promissora de musicista para ser esposa e mãe. Ele agora está demente e à beira da morte, incapaz de criar uma nova obra que garantiria o sustento do casal. Novamente Jelinek parte de figuras prontas: trata-se do casal Schumann, transposto de meados do século XIX para a Itália fascista dos anos 1920. Diferentemente de Nora, Clara sabe ser um erro acreditar que se possa – por meio do Gênio do artista, por exemplo – "passar por cima do que já está aí", só é possível "colocar mais um natimorto no lençol"; diante dessa impotência, ela conclui, citando a famosa formulação de Lacan: "tudo já existe faz tempo. Só a mulher não existe e não pode existir"[12]. Ou ainda: "a mulher é um buraco que se cala, mas segue apodrecendo"[13].

Ao final, Clara estrangula Robert, é violentada e entra num delírio em forma de epílogo, onde escala uma montanha imaginária para, no topo, dar uma última réplica enquanto toca ao piano música de salão (gênero considerado *kitsch* por Schumann), antes de morrer: "Ela move os lábios com cada vez mais força, mas toca tão alto que não se entende mais nada. Todos a observam com atenção. O que vai quebrar antes, o piano ou ela?"[14] Sua fala ao marido morto já foi vista como uma declaração da própria Jelinek: "Agora eu não tenho mais medo da radicalidade feminina, e estou até escalando um símbolo fálico."[15] Há aí um momento de autorrealização; por trás das camadas de citações e imagens prontas ainda há um indivíduo com autonomia, mesmo que limitada. Ora, no texto ainda dramático de *Clara S.*, a manutenção desse ponto de apoio parece mesmo inevitável. Só outra forma de escritura teatral permitirá apresentar a subjetividade feminina como *pura mascarada*, jogo de cortinas ou superfícies, que, porém, não implicará na alienação que certas críticas supõem, pois já aqui o empoderamento só podia ser um delírio no momento da morte.

■ ■

Será a próxima peça feminista de Jelinek, *Doença ou Mulheres Modernas* (1984)[16], que dará ao tema da inexistência ou impossibilidade da posição feminina a expressão dramática mais interessante, antes da renúncia da

12. E. Jelinek, *Drei Theaterstücke*, Reinbek: Rowohlt, 2013, p. 103.
13. Ibidem, p. 108.
14. Ibidem, p. 127.
15. Ibidem, p. 124.
16. Trata-se do quarto texto de Jelinek para o teatro, depois de *Burgtheater* (ver introdução).

autora à forma herdada da tradição teatral. Já aqui ela é levada ao limite do reconhecível: intensifica-se a evisceração das figuras e a montagem de fragmentos literários, midiáticos e teóricos numa teia textual papagaiada por personagens semimortas, estranha mistura unindo o Grand Guignol à comédia farsesca, quase pastelão. É digno de nota sobretudo o surgimento dos mortos-vivos que viriam a se tornar recorrentes e centrais na obra da austríaca (como no romance *Die Kinder der Toten*, protagonizado por um trio de zumbis). Tais figuras, remetendo tanto aos espectros shakespearianos quanto aos corpos semidecompostos dos *trash movies* de Hollywood, voltarão na dramaturgia madura que dá voz a sujeitos excluídos do campo da vida – por exemplo, as mulheres e a própria autora – ou que se recusam a morrer, como o coro do povo alemão em *País.nas.Nuvens.* e o coro de refugiados de *As Implicantes* (incluídas neste livro). Em *Doença*, as vampiras lésbicas Emily (Brontë, a célebre escritora)[17] e Carmilla (personagem-título de obra de Sheridan Le Fanu, precursora de *Drácula*) afrontam a ordem natural que separa vida e morte e dita a heterossexualidade (excluindo os pares masculinos, ousadia a ser vingada).

Por isso, há quem considere a peça um ponto de virada paradigmático para Jelinek, em resposta à questão do *status* do sujeito na literatura, bem como no mundo social. Nesse sentido, há também mudança na consciência, e mesmo na posição subjetiva, das personagens femininas: não se trata mais de apenas conhecer a opressão, se dentro do léxico conhecido no mundo atual não se pode fugir dela. A partir de agora, o cerne da questão será destruir essa estrutura significante, isto é, este mundo. Na obra de maturidade de Elfriede Jelinek, só depois de mortas as mulheres podem desfrutar de uma existência outra, recriada num espaço não apreensível, repelindo o entendimento e o discurso dominante, a ponto de representar uma ameaça ao homem. A partir de agora, a morte da mulher não será mais ponto final e nem mero fracasso, abrindo espaço para algo inaudito.

A epígrafe ecoa declarações da austríaca, para quem só o escritor homem fala com uma subjetividade abstrata, enquanto a mulher traz sempre o texto

17. Em seu único romance, *O Morro dos Ventos Uivantes*, o protagonista (Heathcliff, traduzido por Jelinek como Heidkliff) é comparado a um vampiro, e os críticos muitas vezes apontaram a obra como próxima do gótico, vendo nas relações de desejo figuradas mais vampirismo que amor. Para Bataille, pelo contrário, o livro é "a mais bela, a mais profundamente violenta das histórias de amor". O Mal narrado não seria o interesse egoísta do "crápula", mas paixão, revolta nascida "da imaginação e do sonho", pela qual "a morte e o *instante* de uma embriaguez divina [...] se opõem às intenções do Bem, fundadas no cálculo da razão". "Contra esse mundo real, que a razão domina, que a vontade de subsistir funda", caberia a "recusa a renunciar o impossível". Geoges Bataille, *A Literatura e o Mal*, Belo Horizonte: Autêntica, 2017, p. 13-27.

para a concretude de seu lugar social de opressão. Um autor homem pode *construir*, e a mulher apenas *desconstruir*. Pois o homem fala "o discurso da autoridade", meio para alcançar objetivos; a mulher só pode articular a própria impotência em relação à linguagem e a impotência da própria linguagem: "Nas lendas chinesas está escrito que grandes mestres entravam em seus quadros e desapareciam. A mulher não é nenhum grande mestre. Por isso seu desaparecimento nunca será completo. Ela sempre reemerge, ocupada como está com desaparecer." *Doença* abre com a fala masculina do Dr. Heidkliff, "médico dentista e ginecologista". O estranho par de especialidades já adianta algo de surreal e sombrio (a cadeira do consultório lembra algum instrumento de tortura, o que ecoará na trama), além de relacionar o órgão sexual feminino aos dentes (como na lenda da *vagina dentata*), prenunciando as vampiras. A princípio, porém, as mulheres explicitarão sua posição feminina, isto é, subalterna – inclusive agradecendo aos homens muitas vezes ao longo da peça, quase sempre sem motivo aparente.

Aliás, de modo geral, os discursos se articulam de modo pouco lógico, já próximo a como aparecerão nas obras de maturidade, gerados por associações de imagens e palavras. As figuras discorrem sobre suas situações, relações e preocupações, elaboram reflexões mais que diálogos que avancem alguma trama. Tanto faz se os interlocutores estão em cena ou não. "Talvez as personagens simplesmente tenham medo de se perder caso não falem sem parar", diz Jelinek. O diálogo se desfaz em réplicas sobrepostas, sem relação; as personagens não falam uma para a outra, mas uma para *além* da outra, apenas colocam sua visão das coisas no espaço sem se influenciar ou se engajar. A descrição pode remeter a Tchékhov, mas aqui nada há de seu lirismo: antes a crítica ácida e explícita, o efeito farsesco e o autoenvolvimento de cada lado, homens e mulheres falando línguas distintas: narcisismo puro deles, autorreflexividade impotente delas. Aliás, não só os homens ignoram os horrores vividos pelas mulheres: a própria rubrica insiste em não ver neles "nada de estranho".

O ponto de virada será quando a enfermeira Emily, uma vampira lésbica, seduzirá o cadáver da parturiente Carmilla. Os homens só notam algo errado quando as duas deixam de ouvi-los, contrariando sua "natureza" feminina servil a ponto de a recém-defunta atacar e devorar os próprios filhos (de novo as rubricas sublinham o horror *gore* e a indiferença geral: "Aquele que Carmilla sugou simplesmente fica ali, ninguém se atenta. Simplesmente fica ali, assim, numa poça de sangue")[18]. Mas então, com

18. Ver infra, p. 91.

um inimigo em comum a combater, também os homens se encontram e se encantam um com o outro, e é por serem praticamente iguais, num narcisismo masculino cômico e quase homoerótico. Como diz Jessica Benjamin, em sua dialética de senhor e escrava: "os homens não veem mais as mulheres como outros sujeitos que podem reconhecê-los", mas "apenas em outros homens podem encontrar um igual"[19].

É no segundo ato, em conversa das amantes vampiras, que surge o discurso sobre a *doença* do título, que faz dela a própria posição feminina no mundo moderno: "existência é irritantemente feia" e impopular de seres apenas "pseudomortos"[20], que *são e não são*. A psicanalista Maria Rita Kehl lembra que, historicamente, "a fragilidade das mulheres foi um forte argumento contra a profissionalização, contra a exposição das mulheres ao tumulto das ruas e à vida noturna, contra quase todos os esforços físicos, contra o abuso nos estudos, contra os excessos sexuais"[21]. Aquilo que nas mulheres seria "uma forma de patologia, com sintomas de histeria para alguns médicos, de paranoia para outros", na realidade corresponde a "formas de alienação típicas do homem burguês", sem que este seja dito doente: isto é, "ilusões do eu, fantasias de ser um outro, crença no livre-arbítrio, insatisfações"[22]. Mas para as personagens, essa patologia também é bênção, condição de sua potência: sem poder alcançar a autonomia, só lhes resta desorganizar o sistema da ordem. Por isso mesmo ela é uma ameaça para os homens. Heidkliff pragueja contra essas mulheres que "não merecem a maternidade", pedindo permissão ao colega para "ceifar a cabeça de sua valorosa esposa" e insistindo que o outro "não deve levar isso para o pessoal"[23]. A réplica de Benno, chamando a esposa Carmilla de "repulsiva desperdiçadora de sementes"[24], apenas soma invectivas, revelando se tratar de um monólogo disfarçado de diálogo (afinal, os dois homens são idênticos, são *um*).

Ora, a relação lésbica apenas contribui para a recusa da determinação biológica à maternidade. Ao contrariar o suposto destino biológico, as duas mulheres rompem com a ordem simbólica dominada pelas personagens masculinas. Poderíamos lembrar da crítica de certa "teoria *queer* antissocial" ao "futurismo reprodutivo" heteronormativo, consenso social "impossível de se recusar", e contra o qual urge mobilizar "a pulsão de morte" como aquilo "que o *queer*, na ordem do social, é chamado a figurar: a negatividade

19. Op. cit., p. 171.
20. Ver infra, p. 100.
21. M.R. Kehl, *Deslocamentos do Feminino*, São Paulo: Boitempo, 2016, p. 54.
22. Ibidem, p. 66.
23. Ver infra, p. 106.
24. Ver infra, p. 107.

oposta a toda forma de viabilidade social", ou ainda "vontade de desfazer o que está instituído, de começar de novo *ex nihilo*"[25]. Como as vampiras, a pulsão é imortal (*undead*, não morta ou morta-viva, segundo o filósofo Slavoj Žižek), encarna a "negação persistente que não oferece segurança de absolutamente nada: nem identidade, nem sobrevivência, nem qualquer promessa de um futuro"[26]. Há que recusar ideias de "uma nova política, uma sociedade melhor, um amanhã resplandecente, já que todas essas fantasias reproduzem o passado, por meio de um deslocamento, na forma do futuro"[27]. Eis uma leitura possível para o pessimismo de Jelinek.

Na verdade, a oposição das vampiras abre nos homens uma ferida narcísica: Benno lamenta não poder "mais uma vez deitar minha cabeça no [...] avental branco" da esposa, mas também recusa a mulher fálica que "não me seduz mais" pois "se torna forte demais para mim", ganhando "um quê masculino que não me agrada"[28]. A revolta contra a ordem patriarcal aparece como masculinização, apropriação (indevida) do falo. Atrevimento que deve ser extirpado: avançando com cães de caça para matar as mulheres, os homens falam e uivam, como se eles mesmos se tornassem animais. Suas frases e palavras se deformam aos poucos, tornando-se quase incompreensíveis. Ao final, depois de assassinar as consortes anômalas, supostamente retornando à ordem natural das coisas, eles mesmos as vampirizarão.

O resumo da trama certamente não faz jus à peça. Os eventos são agitados, mas nem por isso constituem ação dramática, sendo antes mero pretexto para a profusão de discursos. Os diálogos são complexos, a relação com a (pseudo)ação muitas vezes é incompreensível – sobretudo duas intrusões de figuras alheias à narrativa, um "Santo" e uma "Mártir", que enunciam longos monólogos. Já aqui há certo mal-estar nos diálogos que constituem o gênero dramático, uma tendência à prosa, como se já estivessem sendo preparados os longos blocos de texto, as "superfícies de linguagem" da dramaturgia madura de Jelinek, inaugurada na próxima peça, *País.nas.Nuvens.*, de 1988 (incluída e discutida adiante). A autora toma o próprio gênero dramático como material e radicaliza suas formas, potencializando a teatralidade do texto em detrimento do conteúdo ficcional, do drama, ainda que ele ainda esteja presente. O foco principal é sempre esquadrinhar a linguagem.

25. Lee Edelman, *No Future: Queer Theory and the Death Drive*, Durham: Duke University Press, 2004, p. 2-9.

26. Ibidem, p. 48.

27. Ibidem, p. 31.

28. Ver infra, p. 108.

Para a teatróloga Ulrike Haß, *Doença* propõe um jogo de "reversão de espelhos" que vale não apenas "para a relação entre homem e mulher", mas também entre teatro e mundo, pondo em questão "a metáfora convencional do palco como espelho da realidade". Se o modelo brechtiano da *Nora* de Jelinek ainda visava à relação especular, à representação adequada de certa realidade exterior, à revelação dos "pilares da sociedade" por trás da falsa aparência cotidiana (contaminada pela ideologia da burguesia patriarcal) com vistas a formar as consciências do público, aqui a relação se inverte: a realidade passa a ser tomada "não como verdade, mas como imagem especular já elaborada", que "por sua vez não deixa surgir uma imagem outra ou 'correta', mas – como no caso do vampiro – nenhuma imagem. O espelho permanece vazio"[29].

Ao lado da doença, a feminilidade monstruosa será tema recorrente em Jelinek, que o explora por experiência própria: "para muitos eu não sou mulher nenhuma, mas um monstro assexuado", de modo que "o ser-mulher me foi muitas vezes negado no sentido de: Essa não é uma mulher de verdade". Surpreendente e significativamente, em vez de recusar as ofensas, a escritora as toma para si, dizendo: "e faz sentido", já que "o desejo de realizar algo que ultrapasse a gestação de crianças torna a mulher uma monstruosidade"[30]. Com isso, já afasta a colocação, comum a dramaturgias e visões de mundo melodramáticas, da mulher no papel de *vítima* de um algoz masculino visto como monstruoso, ambos "substancializados em perfis que os identificam, antes ainda que com os atos que praticam, com um caráter, uma natureza, um destino"[31]. Com Eliane Robert Moraes, podemos concluir que "o princípio de incompletude, manifesto nas mulheres e nos monstros, implica um espaço em branco, tal qual uma pergunta sem resposta", deixando lugar vago para "a inesgotável potência do particular"[32]. É essa potência degenerada que move os *textos monstruosos* de Jelinek.

Do Segundo Sexo ao Segundo Drama

Grande parte das peças de Jelinek são "*pós*-dramáticas" em um sentido bastante literal. Isso porque partem de dramaturgias anteriores e clássicas (como vimos com a Nora de Ibsen) para relê-las a partir de uma perspectiva

29. Ulrike Haß apud Bärbel Lücke, *Elfriede Jelinek*, Paderborn: Wilhelm Fink, 2008, p. 119.
30. E. Jelinek apud Teresa Kovacs, *Drama als Störung*, Bielefeld: Transcript, 2016, p. 234.
31. Daniele Giglioli, *Crítica da Vítima*, trad. Pedro Fonseca, Belo Horizonte: Âyiné, 2016, [s.p.]
32. E.R. Moraes, *Perversos, Amantes e Outros Trágicos*, São Paulo: Iluminuras, 2013, p. 196-197.

radicalmente politizada. Entre 2008 e 2012, Jelinek avançou na formalização desse procedimento desconstrutivo, criando, a partir de *Natan, o Sábio*, de Lessing, e do *Fausto Zero* (*Urfaust*), de Goethe, os "dramas secundários" (*Sekundärdramen*) *Abraumhalde* e *Faust(a)(Não Tá)*. A autora explica ironicamente a invenção como uma "nova ideia de negócios", "nova estratégia" que proporcionaria mais segurança para "uma artista secundária" como ela, "afinal as pessoas sempre veem os clássicos e sempre vão ver". Agora ela poderia se aliviar do fardo de escritora, transferindo-o aos Grandes, escrever a partir deles, isto é, "melhorá-los, tingi-los de loiro ou fazer neles um permanente", apesar de nada ser "menos necessário aos clássicos do que serem mantidos ou entretidos por mim" e de que "não entendo as instruções desses clássicos (ou entendo errado)". Por isso "escrevo o drama secundário certo para uma peça errada, totalmente diferente, ou não entendo o drama original e então escrevo algo totalmente errado sobre ele"[33].

Se o lugar do originário, do primário, é historicamente ocupado pelo homem (autores, como Lessing e Goethe, e personagens, como Natan e Fausto), caberá à mulher tentar ocupar esse mesmo *primeiro* lugar (de *protagonismo* e *autoria*) ou afirmar justamente o secundário como produtivo? Como vimos, Jelinek aponta a diferença nas possibilidades expressivas de escritores e escritoras: a mulher (como o subalterno de Gayatri Spivak)[34] *não pode falar*. "Mas o que ela *pode* fazer", diz a austríaca, "é o que estou fazendo, isto é, lidar com essa mudez, mostrar, usando essa linguagem depravada, quão depravada ela é e de onde vem essa depravação, e analisar essa linguagem de segunda-mão usando citações e mitologias *pop*". Se o homem "usa a linguagem" para dizer "precisamente o que quer dizer", a mulher (a própria Jelinek) "está dizendo que isso não é possível": invertendo a comum posição da verdade universal na boca do homem, a austríaca opõe "o desejo [masculino] desesperado de ser positivo" ao "saber [feminino] da absoluta futilidade disso". O único caminho, já que "a linguagem não pode ser autêntica", seria "uma desconstrução constante". Pois "como mulher, você não tem o direito de falar, você tem que catar os restos"[35].

Por mais contraintuitivo que soe, não poderá o lugar secundário da mulher ser um caminho de reafirmação do feminino? Isso implica levar em consideração a produtividade do desvio e do impróprio, da errância

33. E. Jelinek, Anmerkung zum Sekundärdrama, *Elfriede Jelinek*, Nov. 2010, disponível em: <http://original.elfriedejelinek.com>. Acesso em: out. 2024.

34. Ver Gayatri Chakravorty Spivak, *Pode o Subalterno Falar?*, trad. Sandra Regina Goulart Almeida, Marcos Pereira Feitosa e André Pereira Feitosa, Belo Horizonte: UFMG, 2010.

35. E. Jelinek em entrevista a Gitta Honegger, I Am a Trümmerfrau of Language, *Theater*, Durham, v. 36, n. 2, 2006, p. 29.

e do *erro*: "de todo modo tudo o que escrevo está sempre errado", diz Jelinek. Sua ação é perturbação, interferência, interrupção, estorvo, ruído. Depende, pois, da matéria-*prima* a ser trabalhada, atrapalhada. Os dramas secundários devem "correr latindo ao lado dos clássicos", ser "desenrolados e colados atrás deles como tapeçarias". São "dramas de acompanhamento", um deles "nunca pode ser encenado como a peça principal e sozinho": eis a única exigência da autora para conceder os diretos de montagem. Fora isso, "as possibilidades são ilimitadas": o drama principal pode "integrar cenas do drama lateral" ou este pode ser projetado ao fundo "por escrito, ou ouvido como peça radiofônica, em *off* ou executado por atores no palco [...] só falado ou também atuado" durante a apresentação do original; o drama secundário pode ser um entreato dentro do drama primário ou o secundário pode "substituir a peça principal em alguns trechos", ou então "os espectadores podem ler junto o texto em seus *laptops* ou celulares"[36]. Em *Abraumhalde*, a rubrica diz que "o texto talvez possa não ser mais que música de fundo" e até "quase inaudível, como uma litania, pano de fundo à apresentação de 'Nathan' (ou peça semelhante)", outras vezes "um pouco mais alto, no limite do audível"; "também se pode cortar pedaços dele, mais ou menos como de uma salsicha", inclusive "cortar frases no meio"[37].

Já em *Faust(a)(Não Tá)*, Jelinek sugere cenas do original em televisões. Nessa peça-comentário, o foco é colocado em Margarete, seduzida pelo protagonista de Goethe mesmo após o próprio demônio tentar demovê-lo, pois a menina de catorze anos era plenamente inocente, sem pecado. Ela engravida e cai no desespero (atormentada por um "espírito maligno" que alimenta sua culpa), afoga o filho recém-nascido e é condenada à morte. Fausto sente-se culpado e tenta ajudá-la a fugir do cárcere; enlouquecida e percebendo que ele não a ama, ela recusa escapar. Mefistófeles leva Fausto embora dizendo que a moça "foi julgada!". Assim termina o *Fausto Zero*[38]. A versão madura cria novo desfecho: um coro celestial, uma "Voz (do alto)" entoa o veredito de Deus: "Salva!"[39] Para Ian Watt, o fim "segue o código masculino burguês laureando a mulher com o prêmio de consolação da salvação espiritual em troca da escravidão doméstica que é seu quinhão comum na terra"[40].

36. E. Jelinek, Anmerkung zum Sekundärdrama, op. cit.

37. Idem, Abraumhalde, *Elfriede Jelinek*, Okt. 2009, disponível em: <http://original.elfriedejelinek.com>. Acesso em: out. 2024.

38. Ver Johann Wolfgang von Goethe, *Fausto Zero*, trad. Christine Röhrig, São Paulo: Cosac Naify, 2001.

39. Ver Idem, *Fausto*, trad. Jenny Klabin Segall, Belo Horizonte: Itatiaia, 2002.

40. I. Watt, *Myths of Modern Individualism: Faust, Don Quixote, Don Juan, Robinson Crusoe*, Cambridge: Cambridge University Press, 1997, p. 203.

Em Jelinek, outra história de violência patriarcal, ainda mais terrível, é somada e mesclada ao destino trágico de Margarete, como um ruído interferindo na referência clássica: ela começa a ser tratada como filha que deve obedecer e ajudar o pai. O público austríaco (sobretudo na época da estreia) provavelmente reconhecia aí a referência ao "monstro de Amstetten" Josef Fritzl, que manteve a filha Elisabeth presa no porão por 24 anos, desde 1984, quando ela tinha dezoito (o pai a violentava desde os onze), tendo com ela sete filhos: três criados ali mesmo, três na casa acima pela mãe de Elisabeth (que supostamente nunca soube de nada), o sétimo morto logo após nascer e jogado no incinerador[41]. Ela só foi libertada em 2008, depois de sua filha de dezenove anos ser internada no hospital com uma doença grave, revelando o crime (donde a irritação, na peça, com a mania das mulheres de irem sempre ao médico). O porão originalmente tinha vinte metros quadrados, com lavabo, banheiro e cozinha; conforme nasceram mais crianças, o pai duplicou a área, instalando chuveiro, dois dormitórios e uma sala de estar com televisão. Nunca houve janela ou sistema de ventilação, e as cativas lidavam com umidade, altas temperaturas no verão e ratos.

Jelinek escreveu sobre o caso já em maio de 2008, ligando-o ao contexto austríaco e negando se tratar de uma excepcionalidade monstruosa, meramente aberrante, inexplicável: "a Áustria é um pequeno mundo no qual o grande realiza seu ensaio", começa, citando um famoso dito do poeta oitocentista Friedrich Hebbel, ao qual acrescenta: "No porão-calabouço de Amstetten, ainda muito menor, é que tem lugar a apresentação, todo dia, toda noite." Enquanto isso, políticos "temem que a reputação da Áustria seja manchada": o chanceler Alfred Gusenbauer prometera proteger a imagem do país com uma campanha em países estrangeiros, dizendo: "Não permitiremos que o país inteiro seja mantido refém por um único homem." Para Jelinek, o resultado é que "já não se ouve mais os chamados que vêm do porão", isto é, "tudo deve ficar embaixo de nós, não queremos deixar nada sair" (como fez o próprio Fritzl), mas "divulgamos de bom grado a palavra do pai" (na veiculação midiática de seus depoimentos). Até a cultura se torna cortina de fumaça para o horror: "Por favor, ouçam nossas palavras no estrangeiro, ouçam o Baile da Ópera e o Concerto de Ano Novo [grandes eventos da cultura burguesa vienense], ouçam tudo!, mas por favor não ouçam nossos gritos! A isso, por favor, não se atentem, nós também enfim não nos atentamos."[42]

41. Cronologia: Fritzl Manteve Filha Presa por 24 Anos, *BBC*, São Paulo/Rio de Janeiro, 18 mar. 2009, disponível em: <http://bbc.com>. Acesso em: out. 2024.

42. E. Jelinek, Im Verlassenen, *Elfriede Jelinek*, Mai. 2008, disponível em: <http://original.elfriedejelinek.com>. Acesso em: out. 2024.

Com *Faust(a)(Não Tá)*, Jelinek resiste ao abafamento dos clamores vindos do porão, deixa-os falar, insiste neles apesar do horror e da repulsa. Não à toa, a longa peça se constitui em grande medida de repetições incessantes dos mesmos temas, das mesmas frases, dos mesmos fatos, intensificando a sensação de aprisionamento e tortura, bem como a ideia da recorrência desse tipo de crime, de Goethe a Fritzl e mais adiante[43]. Nesse sentido, interessa a observação de Slavoj Žižek, para quem Jelinek, "ainda mais que uma contemporânea", que comenta as notícias recentes, seria, na verdade, autora de "uma história do futuro, vendo no presente o potencial dos horrores vindouros"[44]. Nessa reversão temporal (pois Žižek escreve antes da estreia da peça, falando da obra da austríaca de modo geral), "a descrição simbólica precede o fato que descreve, a história como 'estória' precede a história como um processo na realidade"; isso seria "indicação da nossa modernidade tardia, em que o real da história assume o caráter de um trauma"[45].

O fundamento patriarcal da sociedade, reprimido na democracia liberal europeia, que supõe ter superado tais arcaísmos, retorna sintomaticamente em casos como o de Fritzl, onde o poder do Nome do Pai assumido abertamente se revela insuportável até para quem defende sua conservação. Para Žižek, o mais "medonho" no criminoso é que "seu exercício de poder e seu usufruto da filha não eram apenas um ato frio de exploração, mas eram acompanhados por uma justificativa ideológico-familiar". Fritz crê que só "fez o que todo pai deveria fazer, proteger os filhos das drogas e de outros perigos do mundo" e insistia em "demonstrações ocasionais de compaixão e consideração (ele levou a filha doente ao hospital, por exemplo)". Essa duplicidade se reflete na arquitetura: "o térreo e o andar superior sustentados (literal e libidinalmente) pelo espaço subterrâneo [...] de dominação total e gozo ilimitado", onde se "materializa o espaço familiar 'normal' reduplicado pelo domínio secreto do 'pai primordial' obsceno". Assim, "Fritz criou a própria utopia no porão de casa, um paraíso particular onde, como contou ao advogado, passava horas a fio vendo TV e brincando com as crianças enquanto Elisabeth preparava o jantar"[46]. A utopia do pai – o inferno da filha – lembra uma *sitcom* estadunidense dos anos 1950 (que talvez pudesse passar com o *Fausto* nas TVs do cenário).

43. A peça inclui ainda referências ao caso, também austríaco, de Natascha Kampusch, semelhante ao de Elisabeth Fritzl. Ela foi raptada aos dez anos, em 1998, ficando oito no cativeiro (escapando em 2006).

44. S. Žižek, *Vivendo no Fim dos Tempos*, trad. Maria Beatriz de Medina, São Paulo: Boitempo, 2015, p. 16.

45. Ibidem.

46. Ibidem, p. 317-318.

A peça explicita o arranjo: a casa subterrânea aquece a casa de cima com a respiração dos moradores-prisioneiros e o calor do corpo queimado do filho morto; a mãe que habita o porão disputa com a (sua) mãe que habita a casa. A estrutura dúplice habita diversas camadas da peça: há duas figuras, duas poltronas, duas televisões; cada figura que fala se divide em duas. Além disso, sempre são duplicadas as versões dos fatos narrados, rompendo o fluxo das falas com um "Não, diferente" que anuncia a variação. Nada é original, nada é próprio: o próprio é o campo do pai, de Deus, "Ele próprio", que tem lá em cima a "sua própria" mulher. A disputa pelo primeiro lugar ao lado do pai é inútil: "Embora sejamos as primeiras para o papai, somos as últimas. A cada uma o seu. A cada uma o seu próprio lar, é, o próprio Ser." Próprio para a mulher é apenas seu ser-segunda: "Não sou outra coisa senão a Outra."[47] Eis o mote do *drama secundário* daquela que se considera uma *artista secundária*.

Faust(a), em quem se reúnem Margarida e Elisabeth, embora nomead(a) como versão feminina do protagonista original, busca compreender a situação apesar de recusar "a merda da filosofia", que "não me diz nada", mas "sempre segue falando", truque discursivo para fugir dos problemas[48]. De novo o alvo primário de Jelinek é Heidegger, cujo vocabulário (o homem como "ser-no-mundo" ou "ser-com-o-outro") soa particular e cruelmente equívoco aqui, diante da situação da menina retirada do mundo e do convívio humano, estuprada pelo pai e encarcerada num espaço mínimo com os filhos-irmãos. Aqui há o "meu Ser-um-coto"[49] parodiando o "Ser-um-com-o-outro". Há que admitir, com Catherine Malabou, que a mulher "não é nada mais que essa violência pela qual seu 'nada de ser' continua a existir", um "coto ontológico formado por aquilo que o nega"[50]. Essa filósofa francesa insiste em "pensar a possibilidade da mulher a partir da impossibilidade estrutural de não ser violentada em que ela se encontra, na própria casa ou fora, em toda parte"[51]. O próprio conceito de "mulher" pode apenas designar "um sujeito superexposto a um tipo determinado de violência", uma "dupla constrição, ou pressão esquizoide, do trabalho social e da domesticidade"[52]. Nessa situação, caso a mulher ainda tente (apesar da ojeriza pela filosofia) elaborar um pensamento,

47. Ver infra, p. 156.
48. Ver infra, p. 190.
49. Ver infra, p. 163.
50. C. Malabou, *Changer de différence: Le Féminin et la question philosophique*, Paris: Galilée, 2009, p. 115.
51. Ibidem.
52. Ibidem, p. 108-109.

uma autorreflexão, enfrentará a força das ideias reificadas vindas de fora, através da única janela para a realidade disponível no cárcere: como o que Jelinek diz da própria ignorância sobre a realidade fora da casa onde vive reclusa, "O porão não tem fora, fora o que está dentro da TV", e isso "É meu fora e meu dentro ao mesmo tempo"[53].

A crueldade do texto chega ao ponto de provocar a prisioneira, questionando-a sobre o que de fato quer, o que espera, como imagina alcançar a liberdade que almeja: "Quer escapar do seu destino horroroso? Mas então tem que trabalhar nisso!"[54] Verdadeiro chamado à ação ou mais um ataque sarcástico responsabilizando a vítima pela própria sorte, visto que sua libertação dependeria do trabalho, e ela não faz mais que trabalhar? "Dar de beber a um filho: trabalho. Dar a morte a um filho: trabalho. Uivar e bater os dentes: involuntário, mas trabalho. Foder: trabalho. Fazer com isso um ser humano: trabalho."[55] Então o que haveria de trazer o trabalho de libertação senão uma nova posição de opressão, mesmo do lado de fora? Assim surge outra referência não explicitada: o "caso Emmely", ocorrido também em 2008, da funcionária de mercado demitida por roubar €1.30 em cupons, demissão considerada justa pelo Tribunal do Trabalho (o caso repercutiu e fez dela uma "heroína do anticapitalismo alemão")[56]. Entra em cena "Faust(a) 2", caixa de supermercado (talvez seu emprego após trabalhar para ser libertada do porão?) que rouba dois potinhos de sobremesa industrializada vencida. Adjetivo que passa a ser aplicado à própria enunciadora: "As pessoas são vencidas na luta por um emprego, [...] e esse emprego perco por causa de dois malditos danones vagabundos, que contudo já estão até vencidos."[57] Sujeito e objeto tornam-se equivalentes, compartilham a mesma situação: "Era tarde demais. Para eles e para mim."[58]

Ainda que se escape do cárcere, na era da precarização e pauperização generalizadas o exterior é tão sem perspectivas quanto ele. Talvez também por isso, mesmo se queixando dos maltratos e de não ser ouvida, Faust(a) segue agarrada ao opressor, esperando dele afeto e amparo: "Mas ainda é meu papai, sempre, mesmo como marido é meu papai."[59] Nas peças de

53. Ver infra, p. 152.
54. Ver infra, p. 161.
55. Ver infra, p. 161.
56. Fired Over 1.30 Euros: Supermarket Cashier Becomes German Anti-Capitalist Hero, *Der Spiegel*, Hamburg, 26 Feb. 2009, disponível em: <http://www.spiegel.de>. Acesso em: out. 2024.
57. Ver infra, p. 184.
58. Ver infra, p. 184.
59. Ver infra, p. 194.

Jelinek, o *drama* é criticado não apenas como ideologia (a se combater via entendimento, pela consciência), mas como modo de *adesão inconsciente do sujeito à própria sujeição*, fundando uma estética do ressentimento[60]. Fica a questão: como de fato alcançar a liberdade? Ainda que ela signifique apenas um passo mínimo: "Como chego do outro lado da rua? Sem faixa de pedestre. Sem passagem. É bem perigoso. Mas chego. Ainda chego lá! [...] Mesmo que demore até depois de amanhã. Liberdade! Já a vejo!"[61]

▪ ▪

Para Brenda Bethman, os textos de Jelinek seriam "perversões genéricas" que operam pela "reescrita ou negação dos gêneros familiares da baixa ou alta cultura", resultando em "uma intervenção fundamental na relação entre texto e leitor" (pois a pesquisadora considera apenas os romances da austríaca), "uma perturbação do entendimento convencional por parte do leitor do contrato, da instituição literária de um gênero particular"[62]. Há que pensar o modo específico como tal perversão passa do campo literário para o teatral. Para tanto, o dispositivo dos "dramas secundários" é particularmente fértil.

Faust(a)(Não Tá) estreou como parte de *Faust 1 – 3*, encenação *site-specific* de Dušan David Pařízek na Schauspielhaus de Zurique. A peça de Jelinek era assistida por trinta espectadoras ("mulheres terão prioridade na disponibilização de ingressos", avisava o site do teatro) fechadas com as atrizes num pequeno estúdio de ensaio lembrando o cárcere de Elisabeth/ Faust(a): uma sala à prova de som embaixo do palco principal, onde dois atores homens (Fausto e Mefistófeles) apresentavam a obra de Goethe. A divisão arquitetônica é transposta para o edifício teatral, levando a também sublinhar hierarquias convencionais da produção teatral europeia: os clássicos na sala principal, o teatro experimental no estúdio, menor e mais barato. A simultaneidade permitia interferências mútuas via vídeo ao vivo: no porão, televisões mostram a peça acima, onde por sua vez uma tela traz esporadicamente algo do que transcorre embaixo, recordação constante da "morta-viva" Margarete. Em dado momento, os homens abrem o chão do palco com um machado para "libertar" as mulheres:

60. "Não é fácil abrir mão de um sofrimento tão justificado", diz Maria Rita Kehl, *Ressentimento*, São Paulo: Casa do Psicólogo, 2015, p. 45.

61. Infra, p. 206.

62. B. Bethman, *"Obscene Fantasies": Elfriede Jelinek's Generic Perversions*, Amherst: University of Massachusetts, 2009, p. 4-6.

levar o público feminino (vestido como as atrizes) para cima, para o palco principal, sob o olhar da plateia "oficial". As peças seguem juntas até o fim, os textos entrelaçados.

Vemos que o "drama secundário" não é mera "novidade" formal, afetando a própria programação dos teatros, os ensaios e as montagens. Há uma força peculiar na palavra de Jelinek, uma potência para agir sobre todo o processo posterior de produção, e justo num contexto em que o texto é visto como puro pretexto, num *Regietheater* onde os diretores se tornam tanto mais respeitados quanto mais desrespeitam os materiais que encenam. A escrita sempre ressurge, atrevida, sobrevivendo aos mais duros golpes da encenação, morta-viva que segue avançando e atacando, para usar a imagem sugerida pela própria autora. Trata-se de um *textocentrismo* muito mais literal e rigoroso do que o habitualmente criticado no teatro dramático. Se lá o texto regia o fenômeno cênico, só podia fazê-lo apagando seus traços, não aparecendo *enquanto texto*, à medida que já era escrito para ser encenado (dramaticamente), para ser absoluto, primário. Já em Jelinek, a potência soberana do texto é precisamente o que desfaz o elo que unia texto, ficção e cena para formar o drama.

Isso importa tanto mais se lembrarmos que a maior parte dos encenadores (não só) alemães ainda é de homens. Diante de disparidades como essa, talvez a estratégia feminista mais comum seja a *demanda*: exigir mais espaço para artistas mulheres, mais peças de dramaturgas nos repertórios, mais protagonistas femininas, mais diretoras nas equipes para dirigir essas e outras peças. Assim se aplica ao campo da produção teatral a lógica cada vez mais difundida do "lugar de fala", mas também se corre o risco de perpetuar uma situação em que as mulheres parecem ter de pedir algo *dos homens*, ou pelo menos de um Estado paternal, um sistema patriarcal, esperar que eles tragam salvação e liberdade. Sem de modo algum desmerecer ou negar essa possibilidade (verdadeira *necessidade* no campo das lutas sociais), vale notar a diferença em relação à estratégia de Jelinek.

Com um enorme reconhecimento (compreensão e admiração) de seu contexto teatral, o do teatro pós-dramático e especificamente do *Regietheater* alemão, a autora insiste em se fazer de morta, num difícil projeto de perturbar o drama *apenas com textos*. Gesto de sujeição talvez irônico, fórmula fictícia de humildade por parte de uma das autoras mais encenadas e premiadas no teatro de língua alemã. Mas também parte da estratégia de exagero da autora: é preciso dar a ver que *mesmo a mulher mais celebrada* ainda está em posição secundária no campo majoritário e tradicional da produção cênica, qual seja, ali onde um diretor homem encena o texto de um dramaturgo homem. Jelinek consegue *se infiltrar, contaminar* essas produções hegemônicas com seu feminismo peculiar e provocativo. Ela não é "vítima involuntária" dos homens que desrespeitosamente (des)montam suas peças. Antes admite sua fraqueza (a impossibilidade de determinar os rumos das encenações como um verdadeiro Autor, Deus daquilo que Derrida chamava de "teatro teológico") apenas para sobrecarregar com um dilúvio de palavras as novas autoridades do teatro, que agora têm de lidar sozinhos com essas obras que – diferente do drama tradicional – não vêm com manual de instrução.

Assim, põe em movimento – e mais explicitamente em *Faust(a)(Não Tá)*, talvez sua peça mais pessimista e desagradável, mais exagerada no tratamento da violência sofrida pela mulher – uma dialética de potência e impotência como sua mais poderosa estratégia. Fica claro que não se trata, para ela, de fazer um pedido ou uma reclamação, uma exigência para o Outro, para os homens, para os diretores e programadores. Ela lança muito mais um *desafio* para eles. Com isso consegue, ao menos de modo virtual, no campo de um jogo ou de uma ficção, colocar os gêneros em pé de igualdade.

DOENÇA OU MULHERES MODERNAS

Nas lendas chinesas está escrito que grandes mestres entravam em seus quadros e desapareciam. A mulher não é nenhum grande mestre. Por isso seu desaparecimento nunca será completo. Ela sempre reemerge, ocupada como está com desaparecer.

EVA MEYER

Também agradeço: Jean Baudrillard, Robert Walser, Roland Barthes, Joseph Goebbels, Bram Stoker, Joseph Sheridan Le Fanu, o *Spiegel*, o Rádio, o Televisor etc.

Personagens

Emily - Enfermeira e vampira
Carmilla - Dona de casa, mãe e vampira, austríaca
Dr. Heidkliff - Médico dentista e ginecologista
Dr. Benno Hundekoffer - Consultor fiscal e marido de Carmilla
Um Santo
Uma Mártir
Cinco Pessoas com patins (diferentes tamanhos)

Uma Boneca Bebê falante com lindas fitas com falas
Dois Cães de caça bem-criados
Umas Mulheres em belos vestidos
Uma Criatura dupla (Emily e Carmilla, costuradas juntas)

Gostaria que o tom fosse quase direto, sobretudo os homens, rápido, ágil, dinâmico, leve.

Ato 1

Cena 1

O palco é dividido em dois, de modo que uma parte entra na outra. À esquerda: um tipo de consultório médico com uma cadeira que mistura cadeira de dentista e de ginecologista. Ao lado, uma mesa na qual há um sortimento de bolsas de sangue. O consultório à direita dá para uma paisagem selvagem de charnecas e rochas. À distância montes, água etc. Em palcos pequenos, a paisagem pode ser representada por uma piscina de criança. O senhor Dr. Heidkliff, médico dentista e ginecologista, entra correndo, arfando e arquejando como um lobo.

HEIDKLIFF: Eu tiro a roupa e nado na água. Estou aqui, mas não ali. Minha roupa eu dobro cuidadosamente. Fora os negócios, tenho apetite por passeios. Eu pago a quantia. Sem pensar, eu me confio ao elemento. Ele me sustém. Ele se mantém firme. Eu me ofereço ao olhar. Em mim silêncio. Eu olho para fora de mim e para baixo dos muros da minha fronteira. Eu cresço através daquilo que se anexou ao meu eixo central: matéria. Eu sou visível tanto bem de perto quanto à distância. Antes eu dou uma boa olhada para saber se alguém vem. Nada. Agora eu falo. Eu não poderia citar nenhum mau hábito meu. Eu pago. Eu desenho um padrão no chão. Eu alcanço de cima a baixo. A gravidade me sustém. Eu falo agora. Atravessar um caminho, pois nada vem à esquerda ou à direita. Ninguém vai me caluniar do estrangeiro. Eu escrevo onde quiser. Eu estou no registro de uma pensão no estrangeiro, por exemplo. Eu escavo a terra. Eu compro algo. Eu pergunto o preço. Isso me é permitido. De onde eu vim, para lá eu volto imediatamente. A princípio nunca atravesso o gelo. Ninguém me deslocou. Logo vou noivar corretamente. Estou em oposição.

Sou aquele contra o qual um outro se mede. Eu me inscrevo para um curso no tempo certo. Eu entro em uma paisagem e saio dela de novo. Eu faço uso do esporte. Lá eu encontro outros como eu. Pode-se rir da performance. Uma rodovia passa por aqui. Eu permito que ela passe. É normal. Melodia. Desordem é o que as pessoas conseguem. Garrafas vazias de formatos desafiadores se enterram na margem. A sujeira é repulsiva quando se é médico. Algo me repele. Eu pego meu novo carro de classe alta. Eu escolho um alemão contra a nação e pelo homem. Em boa hora eu descubro preservativos usados. O sêmen sacode inquieto em sua casinha inflada. Ele quer sair para a vida! Ele quer trabalhar. Ele não pode. Seu espírito, Emily, é completamente distinto do meu. Ele se decidiu finalmente por uma grandeza determinada. Correm rápido debaixo de mim. Os banheiros de rodovia estão entre as instituições mais humanas que existem. Eu me sirvo quando quero da sebe, de graça. Lavar as mãos. Muito bem. O céu está em cima, na extensão do meu eixo corporal. Surge um vento. Como prometido, eu não torturo mais a paisagem com meu peso. Terra à vista. Eu tenho um coração. Eu sou uma régua. Eu sou uma regra. (*Há algum tempo Emily chegou perto, rápida e silenciosa. Veste um vestido moderno e esvoaçante. De seu corpo saem discretamente uma, duas estacas, de onde escorre sangue. Heidkliff a nota após um tempo.*) Eu olho para você e não desejo voltar a ser jovem, pois ainda sou. Eu me sinto em forma. Você para mim é como uma decisão da maioria: imposta contra a vontade. Mas agora eu já te amo também. Muito bem. Eu te concedo a permissão para uma ou duas palavras. Eu me mantenho. Você não me perturba. Você em sua fraqueza descasca algo que gostaria de comer. Não se deve bater assim os pés na terra à noite. Barulho perturbador. Onde você esteve tanto tempo? O dinheiro está ficando raro, alguns estão nervosos.

EMILY: Você tem razão mais de uma vez. Eu estou fora de você. Agora sei exatamente onde começo e você termina. Você me perturba. Você capítulo aberto. Você cardápio. Muito obrigada. Eu me aproximo de você com cautela, pois você gesticula. De você cresce para fora algo que é impossível que a mãe natureza tenha desejado dessa forma. Eu estou aqui? Acho que sim. Uma presa em minha boca.

HEIDKLIFF: Com certeza, pois você é minha futura noiva. Por isso vale que, onde eu estou, você também está. Uau. Desse modo eu te poupo a longa busca. Seja bem-vinda! Eu sou útil para você. E sua cabeça é igualmente útil para você.

EMILY: Lá onde você não está, ali está a felicidade.

HEIDKLIFF: Uma unha encravada se inflama em você. Um apêndice purulento no conforto do meu sentimento. Pena! Poderia ser como uma adega aconchegante. Muito bem-vinda. Eu opero demais! É terrível. Você hoje finalmente teve dores femininas, Emily?

EMILY: Nem dor de dente nem cólica. Bem, obrigada. O que é o homem, ele pergunta o tempo todo. O que ele quer? Aí onde você mantém ocupado esse pedaço de terra, não posso entrar. Vai embora! Por favor, vai adiante! Eu não sou decomposição. Eu pago pontualmente minhas parcelas. Em um escritório.

HEIDKLIFF: Como dentista e ginecologista tive uma visão de você. Eu rezo a Deus. Por favor, que nós noivemos. Agora estamos noivos. O que você diz? A liberdade é uma má formação geográfica. De todo modo, você me agarra tão fundo, como só uma criança poderia.

EMILY: Eu te toco. Eu não te atinjo. Eu aponto um lápis. Outros são tocados por milharais. Eu logo me voltarei contra você? Não posso ir tão longe a ponto de apanhar para mim um pedaço de animal. Eu sou natureza, por isso frequentemente lembro a arte.

HEIDKLIFF: Mas não se iluda quanto à minha fidelidade. Você jaz tão reluzente diante de mim. Você poderia deslocar um círculo de gente que senta ao redor de uma fogueira e toca música country. Meu amor conhece seus limites. Muito do que eu vi pareceu estranho. Eu não sei bem. Você tem a vantagem de ser mulher, Emily. Não abuse dela!

EMILY: O tempo agora deve por favor parar por causa do amor. Obrigada.

HEIDKLIFF: Você não pode ser comparada a nada. Você é o caco de espelho, o prego enferrujado, que pode matar, a viagem para duas pessoas por um fim de semana para uma capital. Você tem um campo de atividades. Você está ao meu redor. Isso que eu traço como um compasso. Eu deixo para você um souvenir de mim. Mas de bom grado. Você não está morta. Se você morrer, eu ficarei de luto no meu apartamento.

EMILY: Eu acho que tenho que me ocupar de te servir profissionalmente, meu futuro marido! É preciso ajustar o tom. Muito obrigada.

HEIDKLIFF: Eu acho que tenho que me ocupar de te servir de modo puramente privado, Emily. Muito obrigado. Você fica presa na minha memória como uma castanheira alta. Eu tenho preferências e preconceitos. Isso é humano. Eu assumo.

EMILY: Sou o princípio e o fim. E no meio deles também apareço muitas vezes. (*Ri, vê-se seus dentes de vampira.*)

HEIDKLIFF: Agora eu te digo algo que eu nunca disse a uma mulher fora da TV: eu te amo, Emily. Meu Deus, eu sou mesmo um belo par de calças!

EMILY: Eu permaneço fiel a você por princípio. Neste momento eu tomo assento de bom grado nessa cadeira confortável, convidativa. Já estive aqui várias vezes, quando esta casa era um prado sob os pés das pessoas. Caibo bem aqui. Um milagre! Eu sou a outra, que, contudo, ainda existe também. Você tem que se acostumar. Muito obrigada por ter me escutado. (*Tenta desajeitadamente se colocar na cadeira de ginecologista, mas sempre cai para fora.*)

HEIDKLIFF: Você também me parece conhecida. Provavelmente é porque estamos noivos.

EMILY: Essa cadeira é como uma aldeia que não me suporta. Por outro lado, conheço de vista esse charco, há muitos anos e muito bem. Eu poderia estar tão bem aqui quanto em outro lugar. Isso arranha meu cérebro.

HEIDKLIFF: A roupa certa, rápido! Agora vou praticar esporte. Eu sorrio para as pessoas em um trem, em um avião. Não tenho problemas financeiros. Sempre tenho sorte com as consultas. Uma vem, uma não vem. Eu tenho um rosto e como com ele.

EMILY: Agora eu vou bater a testa contra a pedra de uma pirâmide. (*Ela simplesmente desaparece.*)

Como você vai fazer isso, senhor presidente, por mim tanto faz. Mas faça. Alçapão, espelho, subir puxada para o urdimento etc. À vontade. Heidkliff continua a falar, como se Emily ainda estivesse aí.

HEIDKLIFF: Agora, eu realmente não tenho culpa. A esse respeito, ninguém do conselho de medicina pode me acusar. Eu te dou atenção, de presente. Eu pergunto onde posso estacionar aqui sem ser multado. Eu sou eu. Movimento! Rápido quando quero, lento quando quero. Majestoso. Eu tenho articulações em tantos lugares e com elas ergo fardos pesados como braços e pernas. Maravilhoso. Por favor, você poderia prever o tempo para mim? Nessa mulher leia quem quiser. Você é para mim um enigma, Emily. Ordeira você não é, a não ser no trabalho. Você é enfermeira. Outras são assistentes sociais de solas gastas. São evangélicas e têm que se separar dos que têm afeto. A irmã cuida e então é enganada. Ela tem que dizer adeus com uma frequência desproporcional. O cliente vai. A água murmura atrás de suas têmporas. O paciente pode seguir vivendo em paz! Você é o sétimo céu para quem aguenta. Você ajuda e ama. Seu serviço é público. Eu adoraria ter uma letra ou um número para te chamar de forma abreviada, sem me esforçar. Você me permite criar uma versão resumida de você? Eu gostaria de te criar num aquário. Muito obrigado por talvez permitir. Já que você é como todas, não preciso procurar uma outra especificamente. (*Trabalha na cadeira de gineco.*) Olhe para mim com olhar profissional! Eu sou bem-feito. Eu funciono. Se necessário, no meio de odores e natureza. Eu gosto de ir aonde me integram com uma corda na decisão pública. (*Um morcego voeja gracioso sobre ele.*) Natureza! Anoitece sobre a terra. Pescadores ávidos estão à beira do canal. Como é que as bolsas de sangue sempre voltam a desaparecer do meu próspero consultório? Parece até que alguém está literalmente bebendo delas. Sim, o sangue é um néctar peculiar. Ele te puxa bem pela raiz. Eu gosto de pensar em números, eles têm uma bela forma. Eu ouço todo tipo de grupos musicais. Meu hobby é minha noiva Emily. (*Como se ela ainda estivesse aqui.*) Você não pode manter uma organização melhor? Se você fosse um cavalo, agora teria que pular sobre obstáculos. Como enfermeira você é financeiramente independente. A assistente social se atém a ideais como você. A mudança para um casamento vai ser difícil para você. Eu aguento. Das mulheres, não gosto daquelas que dizem sim. Que onda! Você reza e sobe um degrau. Como médico posso realizar meus desejos. Barcos a motor e iates. Para que brilhem com o sol da manhã. Você também é um receptáculo para alguém que gosta de respirar bem. (*O morcego volta a voar despercebido sobre a cabeça dele.*) Meu segredo profissional é a separação de cima e baixo. Essa separação é encorajada pela medicina e escorada na constituição. Bem-vinda ao hospital! No mercado social, as mulheres andam por aí de jeans e camiseta. Uma cabeça desaparece totalmente nas palmas das mãos. Deus a estrangula carinhosamente. É manhã cedo. Eu agora busco uma enseada silenciosa onde posso eventualmente me banhar sem roupas. (*Entra na paisagem, até o lago.*) Aqui já tem uma! Graças a Deus! Eu compro. Eu não compro nada. Ah, Emily, se eu pudesse te pregar no lugar! Não me abandone! Seu Dr. Heidkliff não permite. É Dr. Med. Essas mulheres usam bolsas grandes no ombro, dentro um formulário e roupas quentes, também notas bancárias, para quando se vem do leste. Também brinquedos de criança, pois elas perderam tudo, quando olham para nós com os rostos que há muito não veem nada atraente. No escuro vivem vermes. Todo refugiado conhece a sensação. Você, Emily, é geral e social. Você ajuda muito. Se eu pudesse apenas separar suas metades uma da outra e lhes dar tarefas separadas! Eu te amo. Eu amo mais a Deus. Eu aprendi isso na associação cristã. Está ficando escuro. Está ficando claro. Eu é que faço isso. Com que ajuda mnemotécnica eu simplesmente percebi que você estava aqui? Nem lembro do que me ajuda a pensar. Você sabe, Emily (*ele começa a se despir*), eu posso sempre reconhecer imediatamente que te amo. Eu olho para mim de alto a baixo, você vê, assim! E esse pequeno representante comercial de mim mesmo se agita ou infelizmente não. Olhe só! Agora é com você, solta a franga. (*Ele se despiu até a sunga de oncinha. Agora pula na água. Imediatamente se ouvem murmúrios vindos da água, gritos alegres de banhistas, vozes de crianças, risos, latidos de cachorros, uma praia lotada num dia bonito.*) Eu pratico a bela segurança da posse. Espero que ninguém me roube esse terno comprado pronto. Eu me banho. Eu pratico esporte nadando agora. Eu vou a lugares. Talvez até veja uma apresentadora de TV ou uma atriz de filme como pelada. Eu mergulho. Eu entro na água. A água é insegura. Ela não sabe o que fazer consigo. Eu vou me casar. Tudo azul claro. Meu sentimento é um bolo fecal quente no meu corpo. Eu sinto bem. Ele fica aí o tempo que eu quiser. Meu prazer é ilimitado. Muito obrigado. (*Ele nada. Sons de banhistas. Fala cada vez mais sem fôlego.*) A mulher já existe desde a Antiguidade, onde é mencionada em inscrições. Ela assombra a tradição! Não é, Emily, você bem vê! Teve algumas antes de você! Emily anda a pé quando precisa. Minha monstrinha! Você é diabólica e tagarela com as pessoas. Agora preciso prestar muita atenção (*sem fôlego*) senão não consigo mais te distinguir do exterior. Você então se torna mundo. Você é o mundo para mim, Emily. E por isso eu te amo. Você está aqui? Eu queria te apresentar meu amigo. O amigo não esteve aqui por muitos anos. Agora ele também não está aí. Mais tarde eu pego uma raquete de tênis e vou bater. Como devo te reconhecer, Emily, se alguma vez te encontrar inesperadamente fora do meu consultório? (*Os banhistas gritam.*) Oh esporte, esporte! Superesporte! Esporte competitivo! Por você, ó esporte, até desvio do caminho! Vocês, águas maravilhosas e ainda não poluídas! Eu quero afundar em vocês. Com movimentos treinados mantenho aberta para mim uma saída para o ar livre. (*Mal dá para entender o que diz. Barulho.*) Emily! Você leva jeito para ser uma grande artista, mas também para bibliotecária. Não menospreze isso. Adeus!

Uma claridade brilhante, como se o todo quisesse explodir por um instante. Barulhos muito altos dos banhistas. Então abruptamente escurece.

Cena 2

A paisagem à direita está quase no escuro. Em compensação, à esquerda há uma forte claridade sobre o consultório médico. O consultor fiscal Dr. Benno Hundekoffer entra. Conduz amavelmente sua mulher Carmilla, que está em estágio avançado de gravidez. Uma corrente humana se pendura no casal, do seguinte modo: cinco pessoas, que devem representar crianças, mas interpretadas por adultos. Todas vestem patins, se possível, e formam uma fila de tubos de órgão, isto é, a criança menor patina agachada, quanto maior a criança, mais o ator correspondente deve ficar ereto. Como nos espetáculos on ice. A corrente gira pela sala furiosamente, joga coisas para todo lado. Deve ter um efeito de loucura, se possível. (Em palcos pequenos, talvez sapatilhas de balé?)

BENNO: Meu nome é Benno Hundekoffer. Para que todos saibam desde o começo. Eu sou consultor fiscal. Minha profissão é curar e ajudar. Minha mulher já está mais uma vez no ponto para o parto. Eu queria poder te aliviar desse trabalho.

CARMILLA: O lar é meu. Eu não sou barro, como já havia lhe assegurado antes.

BENNO: Por ora você ainda está imóvel, como o jantar. Mas espere só, logo estará olhando por um buraco em forma de coração na porta ou tocando um instrumento novamente.

CARMILLA: Como sonhadora, já me contento com pouca realidade. Nunca aprendi a tocar violino.

BENNO: Você é tão fácil de reconstruir. Sempre me impressiono. Não há nada em você. Mas muito cresce dentro de você. Tenho um anseio vivaz por renovação completa. Sou um pneu bom e sólido. E você, Carmilla, grande mulherzinha. E já é a sexta vez. Lindo!

CARMILLA: Sou feita de material animado, afinal, não de poeira. Fui criada a partir de uma costela. Isso não diz algo a meu favor? Eu faço artesanato, mas não me seguro a nada. Logo voltarei a ter uma bela silhueta.

As crianças berram.

BENNO: Como vou descrever você para essas pessoas aqui, Carmilla? Minha mulher não tem conforto. Ela tomou uma decisão por um comando divino. A maior parte das vezes ela mesma toma. Ela aguenta um fardo corporal. Eu a entendo bem, por princípio. Eu te entendo como uma linha bem reta desenhada a lápis. O que devo dizer ao médico quando ele chegar? O que exatamente você está sentindo?

CARMILLA: Não sei aonde vou. A linha também não sabe. Falo a língua materna e também a ensino. Tenho um problema. Não impedi nada. Piso fora de casa.

BENNO: O médico já vem. Paciência! Primeiro, com certeza, pode se sentar nessa bela cadeira acolchoada, mesmo sem permissão. No seu lugar, eu adoraria sentar! Enquanto isso cuido, com meu jeito gentil, dos nossos pequenos. Eles são de nós dois. Não tem de quê. Eu os observo bem. Você percebeu que eles já sabem falar? Os mais velhos falam até mesmo línguas estrangeiras e se correspondem. De quem podem ter aprendido? Agora eu presto atenção nos meus filhos.

Força a mulher a sentar na cadeira de gineco, força-a alegremente a abrir as pernas, prende-as nos estribos. Ela geme. As crianças menores se aproximam apressadas e se acotovelam para olhar entre as pernas da mãe. Empurram-se, dão risadinhas etc. As crianças maiores patinam por aí e causam desordem.

CARMILLA: Estou preocupada, não sei se desliguei o gás. E a luz, essa fonte insaciável de gasto de energia?

BENNO: Não se preocupe, eu te digo. Eu ganho bem. É um enigma o que se passa na sua cabeça. Você é como uma bela tarde. Vivenciamos, mas depois não conseguiríamos dizer por quê.

CARMILLA (*geme*): Não sou metade de nada e nada inteiro. Sou algo no meio. Sou de uma insignificância adorável.

Benno a amarra cada vez mais forte na cadeira, Carmilla luta contra as amarras. Mas o tom de voz de ambos permanece corrente, cotidiano.

BENNO: Até o fio para o labirinto você ia perder em algum lugar, caso te distraíssem com um vestido bonito. Então coloco esse fio todo dia novamente em sua bolsa. A terra esbraveja contra sua beleza. Ela não entende. Mas e você? Nervosa! Por um parto! Olhe só quanto sol entra neste consultório. A caprichosa senhora Fortuna com certeza gosta de passar por aqui.

CARMILLA: Só tenho em mente o melhor e mais lindo. (*As crianças correm como loucas, berrando por aí.*) Não reconheço nada. Uma névoa domina. Uma regra domina. Por que de repente tenho que pensar obstinadamente num cemitério? Você tem uma figura pública tão calorosa de coração, Benno.

BENNO: Alegra-me sua vontade de disciplina nessa difícil matéria. Esse nascimento vai acontecer, garante nosso médico familiar. Ele não tem humor, e com essas coisas não brinca, absolutamente. Ninguém vai passar. Faça como for confortável, Carmilla.

CARMILLA: Tenho medo.

BENNO: A isso digo – bonita você não está.

CARMILLA: Por que você está contra mim?

BENNO: Que processo natural encantador! Desejaria poder aliviá-la dele. Encontro uma, duas pessoas. Por favor, sem rasgar!

CARMILLA: Você ajudou hoje a indústria nacional e seus políticos?

BENNO: Hoje ainda não. A última vez foi ontem. Um parto não é nenhuma desgraça.

CARMILLA: Não sou nenhuma obra engenhosa do senhor Deus. Ele é tão ingênuo de confiar o milagre da criação justo a alguém como eu.

BENNO: Não se preocupe! Ele tem uma finalidade racional em vista. Ele sabe melhor que você. Ele não é de lanchar antes do almoço. Ele toma lugar em você.

CARMILLA: Você acha que sou uma ofensa à criação dele, por tentar criar eu mesma? Ele está me punindo?

BENNO: Mas é para isso que eu exploro meus clientes. Carmilla! Meu palácio! Toda excitação dá passagem a pensamentos sombrios. Imagine que efeito isso terá no bebê! Ele já sofre. Que tipo de pessoa é você, afinal? Quer ser mencionada aqui, já estou vendo.

CARMILLA: Eu não tenho Deus. Sou uma diletante da existência. É um milagre que eu fale. Sou um nada sem resto.

BENNO: Não. Não é tão ruim, acredite em mim! Seu corpo se expandiu, mas no fim é por uma boa causa.

CARMILLA: O nascido será então do material do qual também eu sou feita, pobre criança, o que você quer dizer, Benno? Que amável do menino Jesus! Me tratar assim, tão elegante. Ele me fez como limite, mas em sua bondade às vezes me deixa olhar por sobre mim, para fora. Acho que uma tempestade se aproxima. Morte? Não, não pode ser isso! Ainda querem conduzir estudos e exercícios em mim.

BENNO: Não se preocupe! Eu percebo que vocês mulheres são dependentes de fatores externos em um grau muito mais elevado do que nós.

CARMILLA: Mas Benno. Falo do meu espaço interior. Aqui dentro. Não lá fora! Eu nem conseguiria ir tão longe. Eu tive lugar.

BENNO: Pois bem. Agora também acho: Aí dentro jaz a raiz de todo mal. Sua malandra! Mas esse médico, de acordo com todas as fontes que me são acessíveis, também é dentista, e pode a qualquer momento extrair suas raízes. Ele pode te tirar algo de onde ele quiser. Então vai declamar e ser público.

CARMILLA: Espero que você me dê mais uma chance, Benno. O que acha do nosso bando de crianças até agora, Benno?

BENNO: Muito obrigado.

As crianças gritam mais alto e patinam por aí. A paisagem é coberta por uma luz estranha, quase imperceptível.

CARMILLA: Não é verdade, Benno, me diz mais uma vez: Somos o bastante um para o outro, por princípio? Somos quase oito pessoas.

BENNO: Vocês, mulheres ambiciosas! De onde vem essa força que vocês sabem exercer sobre seus homens? Por que sempre querem nos ver estabelecidos nessas alturas comerciais e sociais?

CARMILLA: Onde estou? Eu cumprimento boazinha. Eu entrego as mercadorias.

BENNO: Eu sou consultor fiscal. Você me colocou ali para que você pudesse se colocar ao meu lado. O dinheiro precisa trabalhar. O homem também.

CARMILLA: Eu ainda queria levar para a lavanderia seu terno cinza de flanela. Por favor, perdoe! Onde quer que eu olhe... Manchas. Sujeira. Lama. Nenhuma variedade de espécies e formas. Antenas. Flora. Fauna. Bravo!

BENNO: Olho um pouco para nosso bando de filhos e já não consigo mais ficar bravo com você. Essas crianças se tornarão seguidores dos grandes clássicos.

CARMILLA: Cinco vezes deu mesmo certo, mas estou sim preocupada. O sexto era melhor vocês, você e Jesus, terem confiado a uma outra. A mocinha Maria ou a penitente Madalena. Seus rostos nunca apareceram na telinha ainda. Não estão gastos. Ainda não são personagens de nenhuma série.

BENNO: É mais bonito que você o faça. Você conhece melhor o caminho.

CARMILLA: Agora, incentivada assim por você, ouso seguir na condução do ofício que aprendi. Muito obrigada.

BENNO: Número oito. Siga seu caminho, por favor. Não saia do brilho burguês que vem de mim. (*As crianças gritam.*) Compre bons sapatos para você! Não vá para os vizinhos, eles olham dentro da gente! More bem, claro e abundante! Vamos para a Grécia, por exemplo! Volte de uma excursão. Segure meu braço.

Uma tempestade ameaçadora se aproxima.

CARMILLA (*fala com esforço*): Espero que tenha se preparado para dar a essa criança uma imagem humana. Só quero dizer. Para que mais tarde, onde se desejar, possa ser reconhecido como humano. Para que não seja apagado ou morto com gás. Faça seu show!

BENNO: Eu estava bem concentrado na coisa. Fiz a mim mesmo outra vez, exatamente. Fiz esse exatamente como os outros. Veja como deslizam e deslizam e correm e correm!

CARMILLA: Muito obrigada por enfiar esse assado no meu forno. Muito obrigada por assar esse pãozinho.

BENNO: Por favor. Não tem de quê. Afinal ainda poderíamos ter conversado.

CARMILLA: Espero que o médico venha logo até mim e finalize a tua obra. Ele deve por favor pôr o pingo no i. Como me chamo mesmo? Eu sempre esqueço.

BENNO: Quando você esquecer terei prazer em dizer de novo. Mil vezes se preciso! Ainda tem um pouco de urina na sua câmara. (*Beija-a.*)

CARMILLA: Vou pensar em você quando a criança sair. Eu te agradeço por ter me preenchido de novo.

BENNO: Eu digo – Deus é insondável. Ele tem sua decisão. Ele decide pela intervenção. Ele pode até intervir sob a forma de um fórceps.

Troveja.

CARMILLA: Não vai querer chover agora, né, Benno?

BENNO: Não. Eu não deixo chover agora.

CARMILLA: É impossível para você levar uma vida bela ao meu lado.

BENNO: Nossos pequenos compensam. Eu sou mole.

CARMILLA: Eu ainda tenho que fazer compras, mas de quê? E quanto? A blusa não vai caber em mim!

BENNO: Que sorte você tem. Sua vida é mesmo um único sono imperturbado.

As crianças agora vão juntas destruir a margem do lago. Elas jogam pedaços de isopor para todo lado. Berram terrivelmente.

CARMILLA: Esses pedaços não processados, que ainda vão ter que ouvir falar de Goethe, talvez não lhes agrade saber que sou a mãe deles. Prefiro me desfazer. Estou desfeita.

BENNO: Agora chega dessa turvação. Abra-se ao ar da cidade! Deixe o lago brilhar! Concentre-se no cotidiano! Pode ser belo. Deixe o parto acontecer! Você vai voltar a ver sua casa!

CARMILLA: Agora começa a luta. (*Tenta olhar para o ventre, mas está amarrada.*) Onde é o meu lugar? Ah, sim, aqui é o meu lugar.

BENNO (*inclina-se sobre o ventre dela*): Veja, a cabeça já se mostra no ralo. (*Olha fixamente entre as pernas dela.*) Infelizmente o médico ainda não voltou da visita a um doente. Pena. Uma chance desperdiçada! Você acha que vai sobreviver? Ops! Já tem alguém aí na vigia! Esse lugar é Viena, isso quer dizer Áustria. Está vindo! Está vindo! Incrível!

CARMILLA (*gemendo com o esforço*): Para isso você usou tanta arte e cuidado nesse produto. Ele não pode quebrar. Você foi tão parceiro e tomou conta de toda a produção. Eu me lembro, em uma certa noite você ficou ativo até de madrugada bem tarde!

As crianças demolem a paisagem. Troveja.

BENNO: A bacia está enchendo com uma água espumosa. (*Olha entre as pernas de Carmilla.*) Terra arrasada. Roupa suja. Vem logo! Sai! (*Como no esporte.*) Fora! Eu não tolero nada pela metade ao meu redor!

CARMILLA: Normalmente esse não é meu estilo.

Benno agarra decidido entre as pernas dela. Raio, trovão. Luz ofuscante, escuro. Pausa.

Cena 3

Luz clara, branca. Nada de estranho. Tudo como antes. As crianças se ocupam agora em silêncio, comem frutas, desenham num papel, brincam com brinquedos gigantes, correspondentes ao seu tamanho.

Emily entra. Veste um uniforme chique de enfermeira, da altura do peito (mas não do coração!) saem elegantes duas ou três estacas. Nem uma gota de sangue.

Carmilla está pendurada na poltrona, morta, ninguém parece perceber ou se incomodar. Entre suas pernas, sangue.

Dr. Heidkliff entra molhado em roupa de banho e, em seguida, se veste lentamente. Tudo bem cotidiano.

EMILY (*para Benno e Carmilla*): Por favor, não se prendam ao meu uniforme exterior. Por favor, olhem dentro do meu coração! Tudo aqui tem um brilho de decomposição, mas está totalmente em ordem. Fora uma mulher que morreu. De resto, têm razão; eu acumulo. Não partilho. Sou uma abelha trabalhadora. Se importam se eu pegar algo para mim rapidinho? Para vocês não vai mais servir mesmo. Não comi nada o dia todo. Vejo que a senhora é bonita, mas fraca. A senhora está mesmo morta! (*Olha curiosa entre as pernas de Carmilla.*) Onde ficou todo seu sangue, então? Mas antes com certeza ainda o tinha. Está num frasco?

CARMILLA: É. Infelizmente agora estou morta. Morri. Gosto de ver alguém comer, contanto que não tenha que preparar sua comida. A senhora também tem uma boa aparência. É como se você saísse da natureza com uma explosão! Como eu, antes. Acabo de viver uma aventura estúpida, supérflua. Estou tão morta.

EMILY (*busca algo por aí*): Não flui mais. Tempo demais exposto ao ar. Não flui mais como deve.

BENNO (*dá tapinhas nas costas da mulher, paternal*): Bem parido! Consequências precárias. A senhora enfermeira ainda não sabe; meu nome é Benno Hundekoffer. Consultor fiscal. Por natureza e inclinação. Eu curo e ajudo. Também testemunho. Sou o leão que põe a língua para fora depois de fazer um trabalho.

EMILY: Sou a enfermeira Emily. Muito prazer. Normalmente não sou bem-humorada. Penso, logo sou. Bebo, logo estou bem. Se bem que normalmente uma mulher também não está morta.

BENNO: Você viu que deliciosos três quilos e quarenta e cinco gramas essa criatura morta aqui, na qual ainda se vê o esforço, acabou de me dar de presente? (*Mostra o boneco bebê.*)

EMILY (*para Benno*): Bem, mas agora o senhor merecia uma pausa, né? Não é mau para alguém que faz seu trabalho sentado.

BENNO: Já vou mandar imprimir os cartões. Minha alegria é contagiante.

EMILY (*olha o boneco*): Meu ataque se dirige ao seu ponto mais fraco, Senhor Hundekoffer. A criança não está completa. Mas também não é menina.

Carmilla luta contra suas amarras, gemendo.

BENNO (*para Emily*): Vocês mulheres! Sempre manhosas. Sem nenhuma ternura ou amor pela humanidade. Isso deixa nós homens solitários. Por isso sempre buscamos apenas a nós. E ainda faltam conhecimentos.

EMILY: O importante é que é saudável. (*Começa a juntar várias bolsas de sangue, seletiva, enfileirando-as na mesa e colocando canudinhos. Como num bar.*)

CARMILLA (*gemendo alto*): Por sorte fiz um novo permanente na semana passada. Meu penteado é firme como arame farpado. Suor e sujeira se acumulam nele por meses. Alguém fala e não entendo nada. Descubro oportunamente uma visão humana como essa criancinha e me alegro com isso.

EMILY (*volta para ela, testa suas amarras*): Já vejo que a senhora também é uma dessas que não gosta de usar o cinto de segurança!

CARMILLA: Não sou nenhum prato preferido. Mesmo assim as crianças me devoram. Não tenho tempo para cinema. Por isso faço a faxina e fico feliz. Me ajuda!

EMILY: Para isso estou aqui. (*Solta Carmilla, parece se interessar cada vez mais por ela. Carmilla fica deitada voluntariamente.*) A senhora é uma mulher maravilhosa em um quarto maravilhoso. Em gavetas recém-desenhadas. Precisa mesmo dessa aventura?

CARMILLA: Eu não tenho culpa.

EMILY: A senhora não se curva?

CARMILLA: A morte não me ocupa. As crianças não me deixam tempo para entrar em algo. Eu já poderia enlouquecer de felicidade.

EMILY: Infelizmente, sou lésbica. Sou diferente da senhora. Não sei conceber como você. Só concebo querer você.

CARMILLA: Obrigada. Isso cai bem. Sou macia e fácil de cuidar. Só precisa me colocar numa máquina. Sou trabalhadora. Minhas ondas naturais são muito fracas para mim, por isso as fortaleço com ondas artificiais. O que mais te dói?

EMILY: Se alguém vai fazer esse tipo de perguntas, sou eu. Sou enfermeira diplomada. Mesmo morta você me agrada. Me agrada bastante. No meu tempo livre, posso fazer o que quiser, diz o Dr. Heidkliff. Faço poesia, ininterruptamente. Você me faz quase perder a cabeça! Nossas parturientes habituais não costumam ser melhores que clientes de uma feira de agricultura. Têm poder de compra, mas não sabem bem de que necessitam para o campo.

Benno quer o tempo todo chamar a atenção de Emily para o bebê. Mas Emily só se interessa por Carmilla, cujo pescoço explora suavemente.

CARMILLA: É mesmo verdade que a senhora tem uma predisposição?

BENNO (*enfia-se no meio, segura o boneco diante do nariz de Emily*): Veja você mesma. Corresponde perfeitamente à norma austríaca. Como estava na minha petição. Já está a caminho, firme. Vai ser como os outros, espero. Enfermeira! Por favor, me dê algo para a memória, para eu poder me lembrar dos outros. Por favor, uma bebida alcoólica! Gostaria de poder me lembrar de onde veio essa criança. Gosto tanto dela.

CARMILLA: Se você gosta, Benno!

EMILY (*no pescoço de Carmilla*): Na verdade, sou escritora. Não tenho filhos, nem tempo, nem conselho, nem marido. Nenhum desses e nenhum outro virá. Não me falta movimento. Eu corro atrás da carne. Não sirvo só para dar corda para um herói!

CARMILLA: O veneno no leite materno deixa claro que o ser humano extrapolou a autoridade dada por Deus para reinar sobre a natureza. Eu mesma gostaria de não ter que beber de mim. O que posso te servir?

EMILY: Eu prospero no meio de epidemias. Se um ser como eu fosse bom, que correntes poderiam sair dele!

BENNO (*procurando ao redor, simplesmente coloca então a criança no chão, desatento*): Para desanuviar, procuro algo com alto teor e efeito duradouro. Mas por aqui só tem sangue. Suco sem sentido.

EMILY: Meu pai, pastor e alcoólatra. Mas eu mesma também tenho fome às vezes. Então tenho sede. Eu me exprimo na arte. Sou internacional. Não sou abstrata, no entanto surjo em um lugar e de imediato em outro. Então sumi de novo completamente. Seria preciso trabalhar muito para me tornar simples novamente. Outrora tive duas irmãs. Mas, diferente de mim, elas não podem voltar. Estão em paz. Essas sem maldade. Elas se dissolveram faz tempo, enigmas fáceis que eram. Não especularam tanto com o mundo e suas possibilidades de publicação. Fora minha Charlotte talvez. Casou-se com um sujeito mediano. Ninguém pode fazer nada. Eu estava no charco e no bosque. Não era caçadora. Nenhuma alegria. Como se pode escrever só coisas sem sentido! (*Suga sangue por um canudinho, distraída.*) E então minha predisposição também deve ser outra. A tudo, oposição incansável!

CARMILLA: Meu marido pode te conseguir uma nova disposição com prazer! Ele é agradável. Entendo bem a senhora. Eu mesma não entraria numa casa cuja habitabilidade não fosse previamente assegurada.

EMILY: Você é amável! Espere! Você não vai ser uma criada quando eu estiver me alimentado de você. (*Examina de novo o pescoço de Carmilla, passa os lábios por ele.*) Eu sou o princípio e o fim. Aquele de que como, esse viverá eternamente. Estou aqui e ali. Ninguém mais me abençoa, no meu sono abençoado.

CARMILLA: Eu me visto de modo moderno. Estou na moda e elegante na medida certa. Como uma dama. (*Emily pegou o boneco bebê e o tateia distraída.*) Por favor, sirva-se!

EMILY: O sangue do recém-nascido infelizmente só é apropriado ao consumo humano a partir das primeiras semanas de vida.

CARMILLA: Me dá indicações do caminho? Obrigada, de coração. Ficando aqui deitada quieta, vejo pessoas batendo umas nos crânios das outras, e então indo a outro lugar, querendo repetir. Não dá. Algo irrefreável vem a mim, como o sopro de uma locomotiva. O quê, por favor?

EMILY (*distraidamente, deixa o bebê de lado*): Minhas malcriações aprendi nos charcos de uma pátria. Através de meus poemas, o visível também deveria ser perceptível. Flores florescem bobas nos bosques. E ficam lá, simplesmente.

CARMILLA: Já fui secretária, profissão feminina em vias de morrer. Pulei fora. Minha pele fica molhada. Olho no espelho. Faço todo tipo de passeios silenciosos no meu apartamento; misteriosamente, sempre encontro eletrodomésticos relativamente novos. Nasci em Graz, capital da Estíria. Agora estou morta.

EMILY (*docemente, no pescoço de Carmilla*): Eu antes morava na Inglaterra. Lá é democrático! Agora quero morar em você. Deixe-me entrar! Eu dou e tomo sangue, só as quantidades é que nem sempre correspondem.

BENNO (*impaciente se mete na conversa, que seguiu como uma partida de tênis, mas sem entender*): Estou feliz com nosso filho, Carmilla, eu digo agora. Mas logo o imaginário me toma – pergunte à enfermeira Emily pela cor do seu batom, que me agrada muito. (*Dá um soquinho na costela de sua mulher, com uma ternura grosseira. Emily se afasta assoviando baixinho.*) Volte logo para o nosso próprio apartamento!

CARMILLA (*para Emily*): Por favor, como chama a cor do seu batom?

EMILY: Terra pobre. Rua poeirenta. Minha pena não quer escrever isso.

BENNO (*para Carmilla*): Agora vai ter que abrir mão do seu plano de abrir uma loja, Carmilla. É por causa de um duplo fardo. E por motivo de falecimento.

EMILY (*para Carmilla*): Amanhã você virá até mim? Fale sobre sensações! Seja desonesta! Dê e tome sentimentos! (*Apoia a cabeça no ombro de Carmilla.*) Se para mim tivessem fluído tanto amor e tanto cuidado como para você, Carmilla, em geral teria me entediado. Uma outra. Eu ia tagarelar. Eu olharia para o chão. Por favor, salve-se imediatamente!

BENNO: Por falar nisso, nunca pudemos nos inscrever juntos como casal em um coral puramente masculino. Você sempre ficava sobrando, e no lugar errado, Carmilla! É um pouco minha culpa, um pouco sua também. Você tem que ser justa.

EMILY (*passa distraída a criança para Carmilla*): É só fazer um pequeno gesto com o punho, e a relação incipiente entre nós está acabada!

CARMILLA: Não. Que notável e bonito. Silêncio, filho! (*O bebê grita.*) Sem reclamar! Serenidade! Um tempo! Meu marido é consultor fiscal, honesto e domiciliado. Eu mesma me chamo Carmilla Hundekoffer e tenho no momento seis filhos.

EMILY: Acabada. Acabada.

BENNO (*pegando orgulhoso o filho*): Sou mão aberta!

EMILY (*para Carmilla, aproximando a boca de seu pescoço, decidida*): Não tem problema. Você me agrada exatamente como é, Carmilla. Você é visível e invisível como os cantos do seu apartamento claro e arrumado. Eu vejo você! (*Morde-a no pescoço, decidida.*)

Carmilla dá um grande grito. Benno nada percebe.

BENNO (*balançando com o bebê diante das duas mulheres que mordem uma à outra e não o notam*): Veja só, enfermeira! Quilos do melhor! Classe A! Meu sangue glorioso! Minhas propriedades em um espaço tão pequeno. Me admira que caibam todas. Viva, um filho, eu clamo alto. Um herdeiro! A árvore não balança nem um centímetro. (*As mulheres não lhe dão atenção, atracadas e mordendo uma à outra como estão.*) Veja! Coma! Beba! Contemple o que eu fiz!

EMILY (*se solta um instante, logo volta a sugar*): Infelizmente há muitas pessoas banais.

BENNO: Eu sou tão qualificado! Eu sou o qual e fico! Em mim se escondem obturações de ouro! Favor manter isso! Só não precisam ter vergonha!

As mulheres gemem. Emily suga. Benno admira o filho. Lentamente fica escuro.

Cena 4

Crepúsculo azulado. Dr. Heidkliff está vestido, fecha o avental. Carmilla pendurada na cadeira de gineco, a cabeça jogada para trás. As novas marcas de vampira visíveis em seu pescoço. Emily num vestido de seda leve e elegante. Está mergulhada em Carmilla, beija, acaricia. As crianças, amontoadas no chão, dormem em meio ao caos que causaram.

HEIDKLIFF: Vamos começar então. Agora profissional. Todo de branco. Sem noiva. Fã! Eu nadei, mas também tenho aparelhos para outros tipos totalmente diferentes. Eu tenho duas raquetes de squash totalmente diferentes uma da outra. (*Senta-se enérgico em um banquinho entre as pernas de Carmilla. O marido imediatamente se aproxima curioso, olha dentro do ventre.*) Eu bebo cerveja, coca-cola, soda. Quero que a humanidade fique bem. (*A Benno.*) Olhe concentradamente a tela! Vê o que sua mulher tem sob o coração. Vê o pequeno astronauta em sua cápsula tóxica. Não é maravilhoso? Um acontecimento extraordinário. Não acontece com muita frequência. Só é pena que o menino já deixou o útero!

BENNO: Bem-vindo, pode entrar, deixe a sorte acompanhar.

HEIDKLIFF (*a Benno*): Sim, eu vejo, somos intercambiáveis. Mas eu sou eu! Ganhamos mais ou menos o mesmo. Como então podemos dividir nossas falas entre nós de modo justo? Não dá. Somos indivíduos totalmente diferentes. Somos totalmente o mesmo. Não falamos com diferenças. Até nossas raquetes de tênis são diferentes! São iguais. Ouvem-se vozes distintas. Ouve-se sempre só a nós. Por isso não nos perturbam.

BENNO: Somos pessoas modernas. Somos desiguais, mas sem igual. Somos o mesmo. Trazemos escadas e subimos onde queremos. Somos iguais a nós.

HEIDKLIFF: Nosso sangue todo poderia ser trocado com frequência. Quem está anotando? Temos os mesmos interesses, mas duas mulheres diferentes. Não temos opiniões compartilhadas. Somos idênticos um ao outro. Temos preferências comuns. Que não nos trazem desvantagens comuns.

BENNO: Somos formas aparentes agradáveis de uma mesma coisa.

HEIDKLIFF: Cada um de nós se veste de um jeito. Mas nossos cérebros têm a mesma qualidade. Somos um. Somos nós.

BENNO: Ficar juntos no mictório. Fazer fila. Sem espiar! Mijamos alegremente ali dentro. Todos por um. Um por todos. Um e o mesmo. O sol sai. O bosque treme sob o chicote do clima.

HEIDKLIFF: Se me é permitido, abusando do meu papel timbrado de médico, emitir uma opinião... levando em conta a idade da sua mulher, devo relutantemente dizer; muito bem. Bravo. Saída letal.

BENNO: Não é mesmo?! Agora só me vem uma pergunta. Posso ousar entrar mais uma vez sem perigo nesse labirinto de bifurcações? Saiba que não sou nenhum herói.

HEIDKLIFF: Por mim, nenhuma objeção. Olhando medicamente. De todo modo, se estivesse no seu lugar, pensaria melhor. (*Revolvendo dentro do ventre de Carmilla.*) O senhor poderia, por exemplo, cuidar da ordem pública. O senhor já faz isso. O senhor poderia regular o tráfego! É só o senhor querer.

BENNO: Minha mulher me satisfaz mais. E melhor que um uniforme jamais poderia. Também, ser consultor fiscal me diverte. Pego coisas e as deixo em outro lugar.

HEIDKLIFF: Eu o admiro. Ousar colocar uma criança nesse ambiente destruído! Eu não exigiria isso nem de uma proveta! Sua mulher: uma passagem secreta. Uma Sociedade Anônima da ordem social!

BENNO: De fato, no caso da minha mulher Carmilla trata-se mais de natureza que de qualquer outra coisa. Prefiro a contemplação silenciosa dessa mulher a aventuras amorosas por fora. O tubo de ensaio está dispensado.

HEIDKLIFF: De homem para homem... Você não pode estar falando sério!

BENNO: Sobre o tema destruição do meio-ambiente, seriamente. Disso falam sobretudo pastores. Mas sou um inimigo declarado de cenas dramáticas. Jamais gozaria dentro de um vidro. Não sou apaixonado. Sou cuidadoso. Sinto-me capaz. Não sou só de falar.

HEIDKLIFF: Vale para a natureza como para a mulher: estudar, não estuprar.

BENNO: Uma conta se instala em minha mente. Bem-vinda. Sou racional. Deito-me estendido e descomplicado no colchão. Muitas vezes já permiti à minha mulher significar algo. Ela deve fazer mais de si. Muitas vezes ela já fez mais de si.

HEIDKLIFF: Tenha mais paixão pelo aplauso do mundo! Torne-se, graças a mim, virtuoso numa vocação tardia! Torne-se gigante! Torne-se atleta aquático como eu! Você tem isso. Tem isso em si! Eu, infelizmente, só uso o tempo com uma atividade secundária. Colha cogumelos no bosque! Seja, graças a mim, um rei no seu campo! Exija prestações de serviços! Eles são seus! Só, por favor, por favor, seja um pouco mais indiferente ao ventre dessa mulher. Além do mais, ela está morta. Morreu depois de cumprir sua missão. Como pessoa, ela está morta. (*Revolve no ventre de Carmilla, Benno assiste interessado.*)

BENNO: O senhor acha que poderia me prejudicar? Logo comerei meu pão com lágrimas.

Agora, ambos revolvem. Depois de uma curta pausa, o Dr. Heidkliff tira fora um órgão interno, observa-o e então o joga atrás de si, no chão, como uma coxa de frango. Ele se desfaz. Benno prontamente dá um salto, pega-o do chão, inspeciona, joga fora novamente. Volta ao ventre.

BENNO: As pessoas nem acreditariam o tanto que cabe aí. As pessoas dão importância demais a miudezas. É estúpido. É assim que as pessoas se causam danos.

HEIDKLIFF: De homem para homem, tem razão. E logo vem mais um! Opa! Que bom que a paciente está morta. (*Joga um órgão no chão.*) E mais um! Eu devia me envergonhar. Eu devia me envergonhar por esses utensílios de cozinha.

BENNO: Você realmente encontrou tempo, com todo seu trabalho, para cumprimentar educadamente minha pequena artista aqui?

HEIDKLIFF: Não no seu tempo de vida. Saudações!

EMILY (*sussurrando a Carmilla*): Torne-se comestível!

CARMILLA (*sussurrando a Emily*): Torne-se flexível!

BENNO: A esse respeito, não me ocorre dizer nada. Seria desejável levantar! Cantar! Bordar um cobertor! Descobrir, com perplexidade, um novo tempero!

HEIDKLIFF: Esse buraco aqui parece tão simples e, no entanto, é tão complicado que um homem como eu teve que estudar duro por anos para mal e mal encontrar o caminho aí dentro. Eu tive que fazer provas!

BENNO: Talvez desse para amarrar uma cordinha na entrada.

HEIDKLIFF: Não é má ideia. E curioso! Muitas vezes as paixões nos deixam desnorteados. Que opinião o senhor tem do outro sexo, se me permite perguntar?

Ele agora tira animais de borracha moles, infláveis, de dentro de Carmilla. Uma ou duas crianças acordam mais ou menos e começam a inflar os animais, como num transe. Animais flutuantes, patos, sapos, cisnes etc. Heidkliff joga os animais para as crianças.

BENNO: Sou sommelier e consultor fiscal. Vêm a mim os fornecedores. Sou bem ativo com as mulheres. Dou prioridade a uma. Intuo uma pulsão e uma profissão.

HEIDKLIFF: O amor passa pela barriga. O apetite vem com a comida.

BENNO: Estou entre amantes declaradas da tagarelice vazia. Minha mulher me serve algo assim todo dia. Ela se absorve por inteira no âmbito doméstico. Ela se foi. Ela permanece duvidosa.

HEIDKLIFF: Será que ela talvez ainda por cima também é acrobata e aristocrata? Magnética? Tola? Um sexo fácil, um hobby?

BENNO: Mas agora ganhei um bom lanche. (*Pega um dos pedaços de carne que o Dr. Heidkliff tirou, cheira, experimenta, mas logo cospe fora. As duas mulheres se mordem uma à outra.*)

HEIDKLIFF: Naturalmente a filosofia não pode contar com isso, pois isso destrói seu horizonte. Corta algo em uma máquina. O senhor observou antes se a placenta já saiu? (*Espia no buraco de Carmilla.*)

BENNO: Ah sim!

HEIDKLIFF: E o que o senhor fez com ela em seguida?

BENNO: Ela comeu. Minha mulher não deixa desperdiçar nada. Eu não deixo incendiar nada.

HEIDKLIFF: O senhor devia ter lhe concedido mais tempo tranquila depois do último filho. Ela é um desses últimos exemplares que ainda fazem as conservas elas mesmas?

BENNO: Hundekoffer, muito prazer. O sêmen ele não consegue conter. Ela faz – como a atriz de cinema Doris Day – até o seu ketchup de tomates frescos do jardim! Não dá para freá-la.

HEIDKLIFF (*revolve dentro de Carmilla, joga animais de borracha*): Não sou acostumado a nada tanto quanto à visão das mulheres. Aqui a mulher é paciente e mais nada. A placenta então se foi. Mas talvez ainda encontre algo de interessante!

BENNO: Onde eu não encontrei nada? Onde eu sei me achar como no meu banheiro? Isso eu gostaria de pôr em dúvida. Nesse caso, o senhor seria mais inteligente que eu!

HEIDKLIFF: Quem procura acha. Temos que ser capazes de ver a mulher como um todo. (*Tira um órgão inflável especialmente grande, amorfo e marrom, e o deita fora balançando a cabeça.*) Eu amo a natureza. Em relação a uma árvore, posso ser bem peculiar. Uma lagoa cercada de caniços pode me levar a cometer assassinato, caso eu veja ali impurezas industriais.

BENNO: E agora costurar, suponho?!

HEIDKLIFF: Exato. (*Costura o ventre de Carmilla.*) É porque amo a natureza que a mulher como tal me interessa. Comparado a um belo jardim, não sou só eu que prefiro a mulher.

BENNO: Tenho uma necessidade premente de arte e carinho. Já vou levar minha mulher. Embala ela para mim! Por sorte o senhor acabou, senhor doutor.

O Dr. Heidkliff se levanta e acende um cigarro. Emily simplesmente desaparece. Carmilla se levanta gemendo, se alonga. Pega um espelhinho e se maquia.

HEIDKLIFF: Lixo! Lixo! Até uma minhoca poderia fazer graves acusações contra nós, homens, do jeito que a gente lida com a terra.

BENNO: Se o senhor trabalha, é impossível não ter o temperamento pacífico e o coração bom. Alguns se alimentam do sangue de pessoas vivas, e eu, eu me alimento deles então. Minha mulher me pertence. Sou consultor fiscal e artista amador no setor de canto.

HEIDKLIFF: Há que saber separar pulsão e profissão.

BENNO: Carmilla, agora já pode ir! Não esqueça nosso novo filho. Viu, de novo não fui mão de vaca.

HEIDKLIFF: Tudo normal.

BENNO: Sou muito agradecido ao senhor, senhor doutor. O senhor ainda tem algum conselho médico para dar à minha mulher?

HEIDKLIFF: Madame. No melhor dos casos, a senhora é ocasião para que um herói corte fora sua cabeça. (*Dá-lhe um tapinha nas costas.*)

CARMILLA: Por que deveria rir agora, tão alegre? (*Ri.*)

HEIDKLIFF (*a Benno*): Se o senhor for se aventurar novamente, naturalmente deve antes amarrar uma cordinha na entrada. Para encontrar o caminho de volta. Você, um homem à moda antiga!

CARMILLA: Muito obrigada, senhor doutor. Mas a criança é tão pequena. Onde está a criança, por favor?

Benno mostra para ela. Ela examina seu pescoço.

HEIDKLIFF (*como se Emily ainda estivesse por ali*): Sabe, Emily, o que me faz falta? O som de um instrumento vindo da janela aberta! O senhor doutor Hundekoffer também canta! Você pode posar nesse quadro para mim? Depois que operei, posso me dedicar a minhas mais novas paixões: o canto dos pássaros e a observação de valas comuns.

Benno começa a vestir as crianças, que resistem. Ele acorda as criaças. Carmilla, de repente agressiva, tenta capturar as crianças. As crianças fogem correndo dela com seus patins. Ela corre atrás delas. Por fim, joga-se sobre uma delas, que se defende energicamente. Lutam. Os homens seguem conversando. Não percebem nada. Carmilla morde o filho, cujos movimentos tornam-se cada vez mais fracos.

A CRIANÇA: Ontem mesmo caguei no capim; hoje, mordida de vampiro em mim. (*Morre.*)

BENNO: Carmilla? Você não tem tempo para fazer cursos? E se o amante da música que agora sou pedir um disco novo? Como vai me seguir, por exemplo, numa contemplação de quadros?

Carmilla suga todo o sangue da criança. Então vai até as bolsas de sangue na mesa e bebe avidamente de diferentes bolsas com um canudinho.

HEIDKLIFF: Mantenham afastadas as crianças! Tirem daí! Aspirem o pó! Minha próxima paciente já está esperando. E minha assistente Emily sempre desaparece bem quando mais preciso dela.

CARMILLA (*interrompe, segue bebendo*): O senhor tinha é que lhe oferecer uma alimentação mais saborosa e nutritiva.

BENNO: Outros amigos da música com frequência nos convidam para noites musicais em suas casas. O que devo responder? Sons entram pelas janelas. Então nos perguntamos se é o senhor diretor ou a senhora diretora que toca tão bonito? (*Termina de vestir as crianças.*)

Carmilla parece satisfeita. Agora sopra com o canudinho no sangue, que borbulha. Como fazem às vezes crianças entediadas com suas bebidas.

HEIDKLIFF (*folheando seu arquivo*): Estou vendo que a próxima é um problema dentário. Uma extração me aguarda. Terrível! Que horror!

CARMILLA (*deixa o sangue e vem, lambendo os lábios, dos quais ainda pinga sangue, para a frente. Sorri atenciosa e assobiando*): Mercadorias novinhas, bem embaladas, isso seduz a dona de casa mais que uma pepita de ouro jamais poderia. Ainda mais belo que uma pedra preciosa é o alimento puro!

BENNO: Venha logo, mamãe! (*Arranca-a dali.*)

As crianças berrando atrás. Aquele que Carmilla sugou simplesmente fica ali, ninguém se atenta. Simplesmente fica ali, assim, numa poça de sangue.

HEIDKLIFF (*depois de um tempo, cutuca casualmente a criança com a ponta do sapato, mas não faz nada. Volta a cadeira à posição vertical. Limpa o sangue com um pano, inclusive o dos órgãos de Carmilla. Os panos ficam ensanguentados*): Eles fazem como se isso aqui fosse um lugar público. Não me incomoda em nada ser recitador e público ouvinte. Onde está minha noiva Emily? Esse é o trabalho dela! Ela já esteve aqui alguma vez hoje? Para mim, é quase assim que parece. Mas eu realmente como frutas suficientes. Florestas solitárias me atraem. Com minha espingarda, vou à caça. Vejo diariamente o que as mulheres fazem de suas armas dadas pela natureza, por isso ainda não tenho filhos meus. Não deixar nenhum se aproximar à distância de um fósforo! Cabelo longo, entendimento curto. Não serve para nada. Mal saíram do meu consultório e respiro como se estivesse num ar puro e fresco. Me dá pavor. Uma tempestade cai trovejando sobre casas. Volta a parar. Elas poderiam enrolar a nós homens no dedo mindinho, mas o que fazem? Deixam para Deus e para o tempo o que vai ser delas. Gostariam de realizar estudos e ao mesmo tempo recuam com medo. São rústicas e aquosas. Desarticuladas. Não têm nenhum ponto fixo no todo. Com elas, as linhas acabam em qualquer lugar. Elas são os desertos, nós, a rocha alta onde elas se agarram buscando apoio. Elas estão e não estão aí. Eu, do meu lado, não gosto de ficar em casa. Sou impelido para os campos. As mulheres se abandonam aos devaneios e aos sonhos com ações. Elas vão para o exterior com suas famílias extraordinárias e voltam decepcionadas. Cozinham para dez pessoas em cabanas à beira-mar. Com um sorriso extasiado no rosto, banham-se. Os filhos pingando água, e a mãe ansiosa. Elas oferecem uma vista deliciosa àqueles que as sabem ler. Eu. Elas aguentam mísseis! Elas são sexo. Se é que são, nada mal. Nunca deixam de fazer o almoço. Suas profundezas não brilham. Disso posso me convencer diariamente. Posso olhar dentro delas. Raramente escalaram uma montanha. Seus filhos passam correndo por elas em direção às profundezas. Elas não sabem fazer nada de mais racional que emitir gritos. O matagal as seduz mais que tudo. Querem estar escondidas, mas em seu desaparecimento guiar tudo o mais para o abismo. Elas querem nos levar junto! Um puxão no volante. Elas fizeram alguma besteira e não admitem. Elas são assim. Eu. O homem vai comprar algo e nunca mais volta. Eu. A mulher vai comprar algo e volta com várias vezes o seu peso. Eu. Ela se desculpa. Eu. Mas é tarde demais! Óbito. Eu agora vou para meu bunker privado e lá controlo escrupulosamente as provisões para a minha sobrevivência.

Cena 5

Um brilho vermelho sobre tudo, som baixo de trovões. Sobre a paisagem, rola um pedregulho. Vê-se uma ou duas cruzes de túmulos ali. Emily entra apressada. Está em traje de enfermagem, no qual agora escorre um pouco de sangue, mas discretamente! Ergue da mesa do consultório bolsas de sangue contra a luz, para ver se ainda há algo dentro. Bebe o resto, joga as vazias no lixo. Heidkliff, que fez entradas em seu arquivo, não a vê entrar.

EMILY: Imagina só, já faz duas horas que as palavras pulam de volta para mim. Provavelmente tenho que fazer poesia logo. Eu me recomendo. Branco e vermelho são as cores aqui. Isso me inspira muito. (*Bebe, sedenta, de uma nova bolsa.*) Onde está o sal e a pimenta?

HEIDKLIFF: O que está fazendo aqui? Eu te liberei.

EMILY: Sigo neste lugar tranquilo a minha paixão, a arte da palavra. Para uma pessoa que anda muito a pé, um sapato firme é o mais importante, diz a Associação Alpina. Para uma pessoa que sua muito, como eu, bebidas sem álcool são essenciais. Eu começo.

HEIDKLIFF: Quando estivermos casados, certamente serei mais ativo sexualmente. Vou aproveitar melhor as oportunidades.

EMILY: Dessa vez volto das minhas explorações no cemitério de mãos vazias. Os preços dos caixões estão difíceis de pagar. (*Examina casualmente o pescoço de Heidkliff.*)

HEIDKLIFF: Beber sangue é, em si, um capricho provocativo. Só que, o que de bom seria exercitado assim? Nada além de instilar horror em seus seguidores!

EMILY: Gostaria tanto de alguma vez poder ver no espelho, através de mim, alguma outra coisa. Mas infelizmente isso me é proibido. Muito obrigada.

HEIDKLIFF: Em tudo o que já fiz continuei sendo eu mesmo. Continue fiel a mim você também, Emily!

EMILY: Você poderia, por favor, sair um instante da pele de homem autônomo? Muito obrigada.

HEIDKLIFF: Ah, onde é o incêndio? No inferno, onde você estava agora há pouco? Numa casa aconchegante com formas femininas, onde gostaria de estar?

EMILY: Preciso de ajuda odontológica. Esses caninos sobressaem demais. Queria ter isso ajeitado cosmeticamente. Mesmo não podendo me ver no espelho.

HEIDKLIFF: Esse é seu risco ocupacional! Isso nunca tinha incomodado minha Emilyzinha antes!

EMILY: Mas estou me sentindo leve e lésbica.

HEIDKLIFF: Mais um pequeno desvio no caminho no claro mundo de Deus e do Homem. Entre gramas e árvores frutíferas. Encantador. Você vai para uma água tranquila e prateada?

EMILY: Desejo tornar retráteis esses meus dois dentes essenciais! Eles devem espreitar para fora e poder sumir de novo. Assim como eu também. Preciso de um dispositivo parecido com o que vocês homens têm! Queria conseguir impressionar. Queria exibir desejo. Tenho sucos, mas no dia a dia valem pouco. Queria também poder funcionar segundo um princípio!

HEIDKLIFF: Como especialista, digo, Emily: Para uma pessoa que se masturba muito, são necessários dedos ágeis e um organismo forte.

EMILY: Já me convenci faz tempo de que quero provar algo novo. Sempre essas bolsas, não é saudável. De noite aparece a lua e as estrelas. De dia infelizmente chove às vezes. Também pode fazer calor.

HEIDKLIFF: E para a pessoa que morde muito e forte, um bom dentista é indispensável. Você foi um pouco egoísta ao noivar comigo? Esperava um desconto?

EMILY: Não. Nada de remissão para mim. Quero, por favor, que algo salte adiante quando me der vontade. Peço por favor. E é só um dente!

HEIDKLIFF: E por que não quer seguir como é? Não se deu bem até agora? Não esteve próxima do mundo das plantas e dos animais? Não se divertiu de corpo e alma? Não teve o bastante para viver?

Um santo entra em cena no fundo e fica parado.

EMILY: Você podia instalar uma mola escondida. Algo artesanal. Faz um instrumento para mim. Queria ser um gabinete humano, tão pequeno que nada pudesse se passar ali. Meus dentes caninos devem poder saltar adiante, mas, por favor, não bem quando estiver sentada na mesa de fora de uma taverna com o rosto transfigurado degustando uma cerveja gelada. Raramente fico doente. Toda uma construção é derrubada. Mas esse pequeno desejo é o que tenho agora. Fazendo a poesia do canalizador, ocorreu-me que tudo pode ser dito. O que escolher?

HEIDKLIFF: Você, víbora! Você, butique! Você, povo! Que bom que o vampiro desaparece com a alvorada. O homem pode dispensar frisador, cremes para a noite, rugas, decomposição, mau hálito. Essa história não é nada saudável.

EMILY: Você está com sede. Uma irritação de pele. Eu estou apaixonada. Que lindo que você existe. Ganhar tempo é o sonho de todos nós. Tenho tempo suficiente. Eu era matéria originalmente, agora vou e venho a meu bel prazer. Se é para morder alguém, melhor que seja uma mulher. O homem é como um cão, a maior parte do tempo amarrado num muro.

HEIDKLIFF: Para mim, você já é suficiente. Não anseie por nada!

EMILY: Você me prometeu desertos, e recebi desertos. Por favor, construa para mim um mecanismo dentário! Amarre-se num muro. Ultrapasse com seu carro algum limite de velocidade!

HEIDKLIFF (*coloca-a à força na cadeira, trabalha com aparelhos*): Como é lindo estar com alguém. A gente percebe logo: a gente é algo especial! (*Bate com um martelo nos dentes de Emily.*)

EMILY (*grita*): Ai, dói! (*Chia como um gato, reclama. Heidkliff não se deixa irritar.*) Você simplesmente batendo aí não adianta nada. Melhor bater num tambor. Amasse uma série de coisas saudáveis.

HEIDKLIFF: Obviamente sou da opinião de que é necessário se esforçar quando se quer conseguir algo.

EMILY (*gemendo*): Com violência você não consegue nada comigo. Automaticamente afundo no solo, na hora, e falo com uma mulher morta há muito tempo.

HEIDKLIFF: Você não vai me ensinar a fazer o meu trabalho. Ano que vem, depois de um aniversário, vou comprar algo de novo e sólido para o consultório. Comigo dinheiro não falta. Infelizmente preocupações financeiras me atrapalham. Que você seja vampira, Emily, não me incomoda em nada, contanto que não negligencie a casa.

EMILY: Ai! Você acha que graças à felicidade eu vou logo voltar a me deixar ensinar? Uma gravidez psicológica? Uma água cheia de algas?

HEIDKLIFF: Que você seja lésbica não me incomoda em nada, contanto que essa predisposição não se estenda a mim e contanto que por conta disso você não perca de vista o lar.

EMILY: Estarei logo satisfeita? Tranquila em um grupo? Fazendo ranger o chão sob mim?

HEIDKLIFF: Logo também de fora nada mais se verá da sua constituição infeliz. Logo estará nova de novo. Logo destrancarei a porta para um quarto selvagem.

EMILY: Logo serei muito beijada, sem nojo?

HEIDKLIFF: Pois sim. Logo terá sido assimilada completamente nessa colônia de formigas. A confirmação é a missão do Cristo. Ótimo. É o passo seguinte. E a imprensa vai ter tanta inveja de você por ele!

EMILY: Ai! (*Chia*) Desse senhor não quero receber a vida eterna de presente! Olha, mas eles têm que poder sair de novo quando eu quiser, os dentes.

HEIDKLIFF: Dentes um pouquinho protuberantes em uma donzela de resto bonita nunca me incomodaram. Pronto! Tem que apertar esse botão escondido, quando o dente precisar ficar pronto para a sucção. (*Mostra.*) E eis a explosão. Por favor, experimente! Teste! Finalmente um mecanismo feito por mãos humanas sem efeito de veneno sobre o que foi dado pela natureza.

EMILY (*experimenta*): Esse botão, você disse? Uma persiana se fecha sem barulho.

HEIDKLIFF: Exato! Que teatro repulsivo! Por sorte, nele sou apenas espectador.

EMILY (*aperta*): Aperto o botão vermelho. Deu certo. Funciona! Vem! Nossas cordiais boas-vindas, Senhor!

HEIDKLIFF: Meu orgulho de artesão me proibiria algo contrário. Seu comportamento, no entanto, continua um mistério para mim. Seu fazer me parece sem sentido. Pessoalmente nunca esbarrei numa aparência. O mundo do visível é como um prédio administrativo do qual não se pode desinstalar os chuveiros: algo não está certo, mas, tanto faz.

EMILY: E como faço os dentes voltarem ao lugar?

HEIDKLIFF: Por um recurso ao proibido. Ao martelo. Um golpe baixo.

EMILY: O quê? Como? Por quê? (*Chia horrivelmente.*)

HEIDKLIFF: O corredor passa o bastão. (*Bate na cabeça dela com o martelo.*)

EMILY (*ruge, sua cabeça é puxada para trás*): Ai! Ai, dói! Dói!

HEIDKLIFF: Em casa, sento-me pouco. Olho ao redor casualmente.

O SANTO (*O monólogo seguinte também pode ser falado simultaneamente ao resto do diálogo. Não é preciso entender absolutamente tudo de ambos*): Aqui estou. Me admirem! Saudações. Um homem da província, acho que de Linz, morreu e acaba de chegar na minha casa. Ele e eu, nós não vamos mais entrar em cena. Nem sozinhos nem juntos. Olhem bem para mim! Nunca mais voltarão a me ver. Lamentem isso! Lamentem isso agora. Tenho que ir para o escritório. Santo santo santo. Trago uma bolsa que tem uma forma. Atrapalho a simetria. Passo coisas gostosas nos meus pães. Jogo e despejo. Chagas tomam minhas mãos santas, meus pés santos, minha cabeça santa. Eu me sento em terminais de ônibus, que já formam úlceras de tanta gente que tem lá, esse curioso truque da história. Sou uma luta estúpida. Sou um cara esperto. Meus olhos, com os quais todo dia olho para Deus deliberadamente, estão presos dentro do crânio por um cabo. Sai suco para fora. Humor aquoso e pus. O que vejo ganha uma dimensão. As presas, cada uma fornecida com o nome de seu local de trabalho, sangram em silêncio na sua caixinha da vergonha. A família se concede uma viagem de férias. A cona é buona. Trabalhadoras que realmente merecem esse nome enfiam as frutas podres que são seus filhos de volta no seu porta-joias entre as pernas. Pronunciam uma recusa. Carregam fardos negros. Quem pode dizer quais personagens devem completar uma fala no teatro? Deixo entrar em cena quantos forem, uns contra os outros, mas quem é quem? Não conheço essa gente, não! Cada um pode ser um outro, e ser representado por um terceiro, que é idêntico a um quarto, sem que ninguém perceba. Diz um homem. Diz a mulher. Um cavalo vai ao dentista e diz. Não quero conhecer os senhores. Adeus. Cegamente devora a placenta, torta servida na própria parturiente. Ela é medíocre. O filho dela também. Ela quer comprar um vestido branco para uma certa ocasião. Por favor, solte isso! Mas ela quer vesti-lo. Jesus, que vê tudo, descansa tranquilo no seu armário no aeroporto. Um fio ao redor dele. Gosto de falar, por exemplo, diante de uma lagoa de sangue. Por causa da acústica. Uma pessoa que faz teatro simplesmente vem e derrama algo aí na minha frente. Outras mulheres trazem soldas. Juntas fazem um dispositivo maravilhoso de ver. São fantasmas e vestem calças compridas. Enfiam uma na boca da outra uma maionese cerebral empelotada. Raspam algo de si e colocam como tempero. Não tenham vergonha. Então se está tão despido quanto uma abelha do mel? Não. Não é tão ruim. Conseguem ver bem aí dos seus lugares nas fileiras mais de trás? Animais selvagens como vocês! Um uivo dura pouco tempo. Deviam proibir vocês. Carne esfria sob uma luz neon. A vida escapa das amarras. Não me resta nada, tenho que entrar dentro da TV como um verme doente, transparente. Pois quero saber o que pensam de mim. Eu tiro de cada um de fato mais uma frase de conversa. Usarei de violência se desejarem. Arranco de vocês, com uma furadeira, a farinha branca de parasitas dos que foram passados para trás. Eu vejo vocês. Vocês me veem. Em toda parte, há esse revestimento de lã de madeira saído de vocês, vocês pacotes humanos, vocês fluidos humanos. Declaro aberta essa exposição. Venham em silêncio para a frente! Alguns de vocês com certeza já gorfaram em garrafas vazias de cervejas. Ao meu comando, escorre urina para fora de seus rins grudentos. Seus órgãos são baratinhos. A senhora, madame, no entanto acredita que é cara. Faz sentido, pois a senhora foi adquirida com suco humano. De gente. Se agachem, a calcinha cansada ao redor dos tornozelos. Quatro pessoas passam por mim se empurrando para dentro de uma câmara, onde suas línguas lhes são arrancadas. Essas admiráveis membranas falantes. Agora neles nada mais se encontra que pudesse testemunhar contra eles. Deus abandonou vocês. Agora também eu abandono vocês. Agora meu chefe bate o ponto em sua própria fábrica. Bolas correm sob muitos pés sobre uma tela. Diante dela, uma pessoa sozinha se rasga em sua raiva. Não ganhou nada. Agora aplaudam! Em alguns instantes vão lhes tomar as bolsas e carteiras todas. Eu arranco seus botões. Agora vão embora! Vocês são canais fedorentos, porque comem coisas tão péssimas. Eu simplesmente não aguento vocês. Agora vão se lavar!

EMILY: Você Deus! Você Deus! Você Deus! Você Jesus! Você jovem Maria! Você José pai adotivo! Você anjo! Muitas pessoas com intenções radicais e inclinações impetuosas.

HEIDKLIFF: Era só uma brincadeira. Puxe esse fio curto que instalei aqui especialmente. Não vai arrancar nada de você. (*Puxa para ela.*)

EMILY: As pessoas de fora não vão ver nem isso?

HEIDKLIFF: Vocês mulheres. Sempre vaidosas. Mesmo as menores sempre se olhando no espelho. A porcelana estilhaça. Seja boazinha comigo.

EMILY: Num espelho não vejo absolutamente nada.

HEIDKLIFF: Ah, sim. Faz sentido. Que sujeitas esquisitas vocês. Nós, pessoas que vivem e respiram, fazemos com vocês o mais belo contraste. Somos alegres. Tomamos banho de banheira. Experimente agora!

EMILY: Funciona. Agradeço. Venha senhor Jesus, seja nosso convidado e abençoe o que nos concedeu. (*Quer se jogar sobre Heidkliff, eles lutam. Heidkliff ameaça sucumbir.*)

HEIDKLIFF: Meu Deus, onde coloquei meu rosário? Ficou no outro terno! Mas você tem sempre que transferir o que tem dentro dos bolsos quando eu mudo de terno, Emily! (*Falando sufocado.*) Emily! Chega! Meu Deus, se você conseguir dessa vez, então não vou mais poder aproveitar das instalações esportivas e bélicas da minha escolha por um longo tempo! (*Procura e procura, enfim acha, no último instante, quando Emily já está perto de seu pescoço, a cruz de um rosário. Segura diante do rosto dela. Ela recua chiando, ergue a mão diante do rosto. Sai fumaça dela.*) Consagrado pessoalmente pelo bispo auxiliar Knötzl em Altötting. Eu sou membro do partido certo. Por sorte.

Emily volta, enraivecida, mas dando de ombros, até a mesa, e procura uma nova bolsa de sangue para si.

EMILY: Agora vou para outro lugar. Por sorte ouvi falar mais cedo, no rádio, de um engavetamento em massa. A massa está pronta, a mesa posta. Uma hora vamos acabar rompendo, Heidkliff.

Emily sai, em direção à cruz do cemitério. Escala rapidamente a colina. Heidkliff a acompanha com os olhos, balançando a cabeça.

HEIDKLIFF: No entanto, essa mulherzinha me parece mais amigável aos homens que odiosa. E sempre vestida de modo apetitoso. Esse é o alfa e o ômega em nossa profissão. Adeus! A lembrança fica comigo. Compaixão seria dizer demais. Ao lado do velho está a criança. Ambos se tornam grandes e inofensivos. Tornem-se comestíveis, cidadãos! Aproveitem suas vidas, iniciativas cidadãs! Na floresta, o eco se sente em casa. Hoje está animado. Fecho a janela. (*Faz isso.*)

O consultório fica escuro. Sobre a paisagem, ainda brilho vermelho, que se perde lentamente.

Pano.

Ato II

Cena I

Agora a cena aparece da seguinte forma: O consultório médico desapareceu. No seu lugar, um quarto de dormir charmoso no estilo dos anos 1950, cama de casal, cabeceira, cômodas, abajur, um rádio etc. Só que, em vez das camas, há caixões elegantes arrumados e cheios de terra no estilo desses anos 1950. Idílio. À direita, a paisagem permaneceu igual; há apenas uma iluminação de certo modo mais estranha. Várias cruzes de túmulos ou lápides. O nosso já conhecido morcego voeja por aí, por cima. Um pássaro de mau-agouro voeja por aí e grita. Assim está bom. Obrigada. À esquerda, na cama de casal, estão deitadas confortavelmente Emily e Carmilla; a última, com bobes no cabelo. Emily tem uma máquina de escrever portátil em uma estante sobre o seu caixão. Bem visíveis, dois freezers. "Família".

CARMILLA: Agora, quando usa os dentes, fica tão linda, Emily! Charmoso. Será que também devo mandar fazer os meus? Em que esteticista você foi? Em você, ele produziu de novo a eterna obra de arte humana.

EMILY (*distraída*): Fique aí e vá embora! Viva para sempre! Morra pouco! Dá um tempo!

CARMILLA: Não faço ideia do que quer dizer. Tudo fica engraçado quando a eternidade dura tempo suficiente para se poder aproveitar. Estou muito doente.

EMILY: Carmilla, um telefone pode salvar vidas!

CARMILLA: O que me incomoda pessoalmente é que muitos fecham a janela na nossa cara. Seria tão mais bonito se todos deixassem vir à luz abertamente suas relações íntimas. Deixar entrar o saudável ar fresco.

EMILY: E a nós. Isso dá a base. A associação cultiva algo e registra em um livro.

CARMILLA: Eles devem se tornar amplos, arejados e generosos. Devem respirar. Devem se vestir e se despir espontaneamente diante da janela aberta. Devem poder esperar um clima melhor, com direito. Devem examinar o céu sem nos notar. Nós viremos. Nós viremos. Devem pôr para fora os ouvidos invejosos. Devem examinar conscientemente o ar para ver como tudo se relaciona. Então viremos. É só vocês nos chamarem. Chamem-nos o mais rápido possível! Nossa agenda está cheia como um ninho.

EMILY: É o que você imagina. Você com os seus sacramentos duradouros!

CARMILLA: Exato. E na hospedaria eles mergulham numa refeição. Nunca têm medo de ser uma perturbação na natureza. Batem os pés pela floresta em meio a canções de passeio e não prestam muita atenção à paz dos animais. Nós levamos provisões conosco. Por isso não dependemos de humanos e seus restaurantes.

EMILY: Nós não perecemos. Somos mortas-vivas, Carmilla! Lembre-se disso de uma vez por todas! Não podemos nos expor plenamente. Nossa existência é irritantemente feia. Somos só pseudomortas. Somos as piores. Você morreu no parto do seu sexto filho! Lembre-se disso! Não somos mortas, não somos vivas! E não se pode tão simplesmente nos ressuscitar.

CARMILLA: Sua camisola já está com a gola suja. Já vou lavar para você.

EMILY (*com urgência*): Carmilla, entenda isso, somos e não somos! Eu, por exemplo, saio de um longo túnel; o passado. Me tirar dali é uma refeição sagrada, e me alimento dos vivos. Por minha própria conta e risco!

CARMILLA: Eu entendi. Nós, fúrias em trilhos de trem cintilantes, acelerando numa curva, invisíveis. Espera, quem está aí? Arte alemã! Boa arte alemã! Dueto!

EMILY: O gesto que a cadela indefesa no pátio faz em direção à casa. Zombamos da criação. Enquanto o homem é destinado, como acredita, a dar à mulher o descanso final. Ele diz isso.

CARMILLA: Como leio: o escândalo do queijo. Barra manteiga. Na fuça da meiga. Realizações ridículas.

EMILY: Agora que a natureza se foi definitivamente, será logo cantada. Uma pilha incontável de poemas e romances cai dos muros que formavam. Somos e não.

CARMILLA: Mas é melhor que totalmente mortas, né? É mais agradável!

EMILY: Vou embora. Então sempre de novo me recolho a mim mesma. Sem a ajuda de um assistente. Minha presa deve tocar a crosta terrestre materna e, por favor, aprender com a história que vivenciei em parte como verdadeira. Os mortos são uma pilha incontável de gente.

CARMILLA: Isso não me dá medo nenhum. Para mim isso tudo combina amigavelmente. Os velhos com as crianças. A floresta murmura. Ela nos é descrita muitas vezes.

EMILY: Foi um exagero da sua parte cortar seus dois mais velhos com a serra elétrica, no seu ardor de principiante. Também não precisava cozinhá-los e congelá-los. O freezer já está estourando de cheio. O sangue é um prato que se come fresco.

CARMILLA: Um erro de principiante. Agora os estragos me deixaram esperta. Os pedaços de vísceras arrancados do meu filho sob a guarda de uma mãe fria. Um congelador bem saudável. Dois congeladores! Um ventre de mãe dura muito pouco. Agora me movo apressada neste quarto, adiante. Eu me sento. Vejo algo fora da minha nova cama. Meus pensamentos ainda ficam como uma estaca no chão; estão presos. Ficam atrás do meu corpo. Respiro. E, logo em seguida, não mais. Sou amigável com o tempo que se move. Por isso ele sorri para mim.

EMILY: Agora toda essa comida congelada está aí estragando no chão todo. Cogumelos brancos. Terra congelada. E onde fica o seu prazer? Acaba! Na fonte, logo já coloco uma mão no jato e não sei para quê. Os mortos devem ser legíveis. Eu os estudo. A história deve poder se alimentar deles! Uma vez conheci um que queria ser exposto ao sol até a dissolução total.

CARMILLA: Devo pegar um copo para você? Ofereço com uma expressão amigável tudo o que tenho: Uma doença. Meus rapazes e meninas que ainda restaram logo voltarão. Estão lá onde aprendem. Um animal ergue a cabeça.

EMILY: Muita coisa do tempo passado simplesmente fica aí vegetando. Esteja honestamente morta, Carmilla! Também gostaria muito de estar.

CARMILLA: Temo as formalidades da doença fatal. Por isso estou doente, para zombar. Gosto de contar a todos das minhas doenças. Um círculo deve ser traçado ao meu redor para que as minhas doenças não possam escapar sem permissão. Estou obscurecida. O descongelamento da geladeira é um trabalho extra. Presto atenção nos meus filhinhos. É bom que me evitem por causa da doença.

EMILY: A morte pesa bastante. A gente percebe isso só quando quer suspendê-la de novo ou produzi-la artificialmente.

CARMILLA: As lojas penduram slogans ostensivos. Deve ser separado, por favor. Alhures e aqui. Estou enganada. Gostaria de gritar: Isso é o que sou! Possuo tantos talentos sob minha camada de argila. Gostaria de enfim me exibir!

EMILY: Eu também tinha um talento; o de escolher palavras. Devo agora fazer poesia, Carmilla? Isso iria te entreter? Infelizmente não posso me decompor. Ficam restos e pedaços de mim. Sabe, alguém diz que em última instância a história se baseia no corpo humano. Alimentação escassa! Roupas finas demais! Pele apodrecida!

CARMILLA (*começa a vestir roupas em Emily, uma sobre a outra, uma depois da outra. Pega as roupas de uma pilha alta. Como uma mãe com o filho. Emily levanta os braços, deixa isso acontecer, passiva. Segue assim até o fim da cena. Tranquila e amorosa*): A doença é bela. É essencial para mim. Sou doente, logo existo. Ligo para casa, ninguém atende. Logo me vêm pensamentos: um outro também está doente! Estou doente, logo tenho direito. Sem doença nada seria.

EMILY: Prefiro passar meus dias numa intranquilidade criativa. Masturbo-me diariamente enquanto xingo os homens. Sou impopular.

CARMILLA: Arranho-me num prego e logo penso o pior de mim. Sou demais para viver e pouco demais para morrer. Minha causa e meu objetivo é a doença, que eu amo. Sou fraca porque sou doente. Tomo remédios. Estou sempre doente e isso me alegra.

EMILY: Tenho um motivo totalmente diferente. Posso colocá-lo em palavras. Entre as palavras, então, procuro algumas para mim.

CARMILLA: Meu marido segue firme na União Cristã. Saindo da União Cristã volta à casa. Fui fertilizada. Não tenho emprego. Pois estou sempre doente. Por causa da doença, às vezes me encontro no hospital.

EMILY: Meus ossos brincam debaixo da minha testa. Sai sangue por toda parte; claro e arterial. Só gosto desse tipo. Sento-me no mesmo barco e respiro tranquila. Um coro não canta. Nenhum enterro. Positivo. O hospital também ficou doente. Você, Carmilla. Estou louca de amor.

CARMILLA: Estou doente, e está tudo bem. Sofro e me sinto bem. Estar doente é fácil. Eu consigo, e me sinto muito, muito mal. A saúde não é tudo, e meu corpo não aguenta mais. Diante de boas saúdes me transformo em uma peneira que deixa tudo passar e cair. Já estou doente! Doente! Doente! Doente!

EMILY: Cheia de pregos. Suspire sob o cobertor, Carmilla. Por favor. Vista sapatos e vá para a terra! Eu te amo! Me ame também!

CARMILLA: Você, dama! Você leitora! Você cliente fiel! Impostora!

Colecionadora de cupons de desconto! Gostaria tanto de ser espargida sobre as águas. Tudo vai tão mal!

EMILY: Ah, cotoviazinha! Você ia querer se erguer até mesmo contra o vento.

CARMILLA: Percebo como essa vida é muito diferente da minha anterior. Antes era alimentar lábios famintos. Agora é se alimentar efetivamente deles, se possível. Não posso mais escolher nenhum tipo de bebida, só existe sangue e água mineral para mim. Obrigada, para mim mais nada. Antes me tratava com um creme. Agora não trato bem os outros. É como aconteceu. É constrangedor. Fico ainda mais doente.

EMILY: As pessoas estão vivas e por isso têm uma relação com a natureza em que surgem. A relação consiste em falar sobre devastações que, contudo, só lhes ocorrem de modo obscuro. Átomo malvado! Escrever sobre isso faz bem. Separar-se dói.

CARMILLA: Somos meio vivas. Em toda parte, tudo vai mal. Ninguém é substituível. Tudo o que acontece e pode ser visto na natureza nos parece confiável. Os que moram ali são tão parecidos que dá para confundir. Sua carne não é singular, mas também não é sobrenatural. Eles somos nós. Eles comem. Nós comemos. Quantidades médias. Vou mal. Estou tão doente.

EMILY: Agora quer enfim ouvir meu poema? Sim ou não?

CARMILLA: Quero ouvir a mim mesma. Agora já matei dois, não, três dos meus filhos. Fui funcionária comercial. Administro aquilo que os mortos possuem. O fim dessas três crianças, assim como o fim de todas as pessoas, não pode ser perdoado. Mas, graças a ele, elas se tornam palpáveis. Para nós, assim como para os oficiais da história em seu ministério. Repassam informação sobre isso. Partidos têm relações. Fico pensando. Penso no que poderia ter sido dessas crianças.

EMILY: Agora me ouça finalmente. Falo agora com palavras livres! Eu mesma as tricotei. Também podia ter escolhido palavras totalmente diferentes. O poema traduzido diz mais ou menos o seguinte:

Eu virei quando estiveres mais triste
Deitada só, num quarto escuro
Quando a alegria do dia esvanecer
E o sorriso for banido

Da fria tristeza da noite.
Eu virei quando o real sentimento
Dominar por inteiro, sem resto

E minha influência sobre você crescer
O pesar mais fundo, a alegria congelada,
Levarei sua alma embora.

Ouça é bem a hora
O pior tempo para ti
Não sentes sobre sua alma
Uma corrente de estranhas sensações
Antecipando um poder severo
São meus arautos.

Pausa. Carmilla puxa Emily para si com ternura, tira-lhe os óculos de leitura, põe de lado seu livro e também a pequena máquina de escrever portátil de Emily, que ela pôs em uma estante (atravessada sobre o caixão da última!). Abraça Emily longamente.

CARMILLA: Com isso você fez bem ao meu senso de beleza, Emily. Onde aprendeu isso? Agora tenho coragem renovada para correr o risco de desagradar. Veja como me coloquei: Mobília! Mobília! Ah, minha querida mobília! Linda! Onde quer que o olho vagueie, há traços da minha imortalidade. E quase tudo sobre quatro patas cada. Como um animal de caça em um escritório. Sou uma feliz dona de casa. Agora estou passando mal. Provavelmente acabo de adoecer.

EMILY: Totalmente imortal eu não serei. Infelizmente! Também só pela metade, como tudo o que faz nosso desagradável gênero. Só pela metade posso agora pensar sobre o presente.

CARMILLA: Querem nos caçar com cruzes. Querem nos colocar num negócio assim. Um livro lhes disse. Inteligente: ser cristão significa ser contra o vampiro, por princípio. O cristão não deve beber sangue que pertence a outro, é pressuposto. Tenho uma febre de pelo menos 39 graus célsius. Acabo de ficar doente.

EMILY: Tem ainda o papa. Ele é representante. Ele voa e corre. Quem não o louvar será rasgado vivo! A multidão salta enlouquecida sobre ele! Por favor, não jogar nada para ele! Por favor, rezar agora! Ele ama até os dejetos. Ele fala. Agora fala o papa. Quem não gostar dele será recebido pela multidão com cuspidas.

CARMILLA: Também acho. Sim. Essa cristandade é vampira como nós. Ainda mais! Ela não vive, e também não está morta. Contemple-a numa televisão e tome conhecimento dela! Está com desconto. Ela deve enfim gentilmente se tornar uma morta honesta. Eu também gozo da minha doença!

EMILY: Os pobres se erguem contra nós, hostis. Como contra uma revolução. Eu, indomada, anseio sempre por algo tranquilo, inofensivo. Poderia ser uma repartição pública. Gostaria de comprar selos como todos os outros. Ou entrar numa loja de roupas. Num parque, pode ser. É um dia útil, um dia claro. Olho com prazer para as crianças.

CARMILLA: Isso não é bom. Não sou nenhum passeio público! Estou muito doente, o que consome muito tempo. Estou disponível nas lojas, com desconto.

De repente, uma luz clara e brilhante sobre a paisagem. Heidkliff e Benno Hundekoffer entram trotando em roupas de tênis e com raquetes, saltitando dinâmicos, passando por sobre a paisagem. Não ficam parados nenhum instante, explodem de tanta atividade. Pulos, saltos, batem com as raquetes no ar, batem em bolas. Aproximam-se do quarto que está na semiescuridão. Mal podem andar de tanta energia. As mulheres paralisam, agarram-se uma à outra.

Cena 2

Os dois homens, maniacamente, atravessados por longas risadas.

HEIDKLIFF: O enterro da sua mulher foi muito bonito. Obrigado por essa experiência!

BENNO: Sim, também acho. Sepultamento bem solene. Chorei. Mesmo assim, o reflexo involuntário, que de resto nos força a parar instintivamente diante de uma mulher, não pode nos conduzir. O reflexo instintivo de procurar amparo numa mãe está avariado.

HEIDKLIFF (*excitado*): Sim! Sim! Sim! Sim! A trituração da estaca ao perfurar o osso, o corpo se contorcendo, a espuma sangrenta diante da boca, o vomitado. Podemos nos lembrar disso. Tem que ser. Isso serve à humanidade. Como eu, enquanto médico. Passeamos por aí inofensivamente na tarde de uma quinta-feira normal. Assobiando, tiramos veneno do pulmão. Nós existimos. O mundo encolhe.

BENNO: Nós engatamos. Nós agarramos. Nós partimos. Nós encontramos formas de viver junto, caro colega. Com isso, apenas um único volta a viver? Os gases de escape, nós não amamos. Eu filho de Deus. Nós esporteamos. Nós planaviamos. Nós bicicletamos. Nós tênis. Olhamos sombrios para os seres rodantes na natureza. Devem ser radicalmente desfeitos. Por motivos de saúde! Também queremos ser incluídos no ritmo da mãe. Calor e amor nos aguardam. Somos os receptores legítimos. E vamos lutar por isso.

HEIDKLIFF: Posso ceifar a cabeça de sua valorosa esposa? Posso costurá-la? Muito obrigado e não tem de quê. O seguinte fazemos imediatamente; despejar cerveja dentro de nós. Bater no crânio com um peso. Elas não merecem a maternidade. Não lhes é devido o paraíso do parto. Cortar fora a cabeça, encher de alho a boca e a boceta. Estaca no coração com um golpe e foi. Finito. Mas o senhor não deve levar isso para o pessoal, Benno!

BENNO: Elas dão leite de suas valorosas pessoas e nos envenenam o filho com ele. Elas atacam mais a carne inocente do que a elas mesmas. Elas nunca poderiam dar leite, não entregaríamos a criança a elas livremente. Não estou certo?

HEIDKLIFF: O processo de procriação é indispensável. O homem não precisa estar presente em pessoa. Mas o óvulo sim.

BENNO: Comprar sementes para as crianças. Em um banco. Em um supermercado. Em um estabelecimento legal.

HEIDKLIFF: O feto em sua carroceria sob medida pensa sobre outro carro esporte. Logo vai querer sair para um novo departamento. Ele já é vida! Úteros se arrastam com dificuldade sobre o cascalho. Poderosos de países distantes mal valorizam a vida do indivíduo. Mas nós a protegemos com violência!

BENNO (*olha o relógio*): Rápido! Logo estará escuro! Noite! Aí elas saem! Se retiram para fora da caverna dos seus corpos, que não quer mais guardar nada. As damas sangrentas. Não há apelido para elas. Não comem carne, cospem fora no babador! Não engolem o melhor! As perdulárias! Nos sugam. A nós! A carne cospem fora como cascas. Só aquele filósofo ousou se conduzir assim. O sujeito! Querem nossos sucos, não nos querem junto. De tudo, só o melhor! O resto não aproveitam nem respeitam como deveria ser. Jogam fora! No lixo! Na lata, sem coração. São guardadoras frias. Esse tipo de cuidadoras! Não arrumam nada depois. As barrigas delas crescem para a frente. Elas as carregam para fora de casa para nós, e se vão! O mundo é o que cai, no caso, e isso vale para todos. Sem exceção. Mas elas nem o percebem direito. Se recusam a levar a termo a vida em desenvolvimento. Sendo que ela já fala dentro delas, anda por aí, canta! Parcimônia é uma palavra estrangeira para elas. Onde é que está minha ferramenta boa? Onde ela escondeu isso de novo? Meu machado, por favor! Por gentileza, traga e coloque diante de mim. Será logo! (*Procura ao redor mecanicamente, sem parar de saltitar.*) O médico da família já chegou, o machado da família ainda não. Excepcional! Bem-vindo! Um depois do outro. Uma missão pela vida! Sem golpes baixos, por favor!

HEIDKLIFF: A isso respondo: no lugar. Sempre pronto. Sem criado. Rápido! Se apresse! Logo poderemos voltar a sentar tranquilamente em um carro. Logo poderemos voltar a olhar o trânsito e talvez até mesmo transar, digo, transitar.

BENNO: O homem se vale sozinho! Ele exibe o sexo a plenos pulmões. Como um documento. Ele o recebeu! Tudo deve ser produzido. Tudo deve ser legível. Tudo deve poder ser visto. (*Procura ao redor em toda parte.*) Ela escondeu meu machado. A cadáver, quer dizer, canalha! Ainda ontem estava aqui, a companheira afiada dos meus hobbies! Enquanto eu cortava lenha por prazer. Por acaso sei bem. Carmilla! Repulsiva desperdiçadora de sementes!

HEIDKLIFF: Como assim seus filhos ainda não estão em casa? É perigoso lá fora. Tenha medo! Também é perigoso aqui dentro. É perigoso tanto no visível como no invisível, onde tem lugar a maior tentação. Cuidado! Quem faz algo, mostra. Quem vive do sangue de um outro, rouba desse outro o mundo e o transforma em seu contrário. O senhor deveria tomar mais cuidado, Benno! Como guardião legal.

BENNO: Eles gostam de olhar a rua, como as rodas passam girando. Eu sempre compro para essas crianças revistas de automobilismo. Agora eles buscam na rua. Homenageio o motor como princípio fiel. É mais confiável que minha fria cuidadora de aquário. Não entendo a Carmilla! Ela é como uma confissão, uma monstruosidade sempre pescada de novo. Mas depois a gente sempre fica mais esperto. Não podia ter confiado a ela minhas sementes. Não devia ter plantado nada na terra dela.

HEIDKLIFF: Mau, mau. É cinco para a meia-noite! Agora cuide dos seus interesses! (*Joga tênis, nervoso.*) Fareje, por favor, veja se lá dentro, onde moram essas garçonetes inférteis, não tem um fedor de decomposição! Se nesse meio tempo não nos tornamos mesmo desconhecidos para elas? Mas não vão se arriscar a sair para o mundo sem nós, né? Coma! Coma mais vitaminas, Benno!

BENNO (*uiva, ainda pulando*): Ah, Carmilla, se eu pudesse mais uma vez deitar minha cabeça no seu avental branco! Uma vez, por uma hora apenas!

HEIDKLIFF (*do mesmo modo*): Ah, Emily, se eu pudesse mais uma vez deitar minha cabeça no seu avental branco! Uma vez, por uma hora apenas!

BENNO (*uivando, mas pulando alegre*): Ela sugou completamente três filhos, entende?! E depois cortou assim todo aquele monte de carne com minha serra não é cozinhou em panelas e então guardou assim embalagens não é colocou assim em embalagens e no congelador, sim.

E disseram então, para onde levar a carne, não é! Fede tanto. Não dá para guardar. Tive que comprar um segundo congelador especialmente. O prazer também não mora no corpo? Me ocorre agora! E o corpo não é trespassado até pelo olhar? Agora minha consciência me morde em algum lugar!

HEIDKLIFF: Ouvi que ela se alimenta inteiramente de carne humana desde então.

BENNO (*chuta a porta do quarto*): Ela é obscena! Nada devasta seu corpo além do prazer. Que horror! Meu olhar é sugado pelo vazio dela. Meu sexo faz greve. Ela não me seduz mais!

HEIDKLIFF (*chuta a porta*): Ela se alimenta de pessoas e sequer chora. Sua matéria é indecisa. Ela deve ser má? Deve engordar? Deve ir visitar os alpes?

BENNO (*chuta a porta, brincando*): Em uma mulher, todos devem ver o sangue involuntariamente. Gosto de voar a lugares desconhecidos. Faço uma excursão. O sangue aumenta. Uma vez vai tão longe que a esposa tira força daí. De repente, não se enfraquece com seu sangue que corre. Esse mamífero! E não é o bastante! Agora busca o meu sangue, ainda por cima! Dos meus filhos! Essa beberrona. Ela se torna forte demais para mim, definitivamente.

HEIDKLIFF: Elas zombam de nós! De uma hora para a outra, o sexo não é mais mortal e sério para elas! Não o veem mais como higiene corporal. Ele irrompe para fora delas. Uma fonte. De repente, para elas o sexo é só uma amenidade entre muitas. Não querem mais nada de extraordinário! Essas baratas! Ladras de tesão!

BENNO: Eu acho, agora que minha mulher Carmilla come sangue, ganhou um quê masculino que não me agrada.

HEIDKLIFF: De todo modo, neste país, isso que chamamos de mulher é meio um homem. Não é muito melhor que minerais. Está ressequido, sem vida. É uma crise de amor. Minha Emily! Ela não obedece mais ao ciclo mensal natural. É tão malvada comigo! Ela é contra. Quer me machucar! Fico diante do Paraíso e tenho boas chances de me deixarem entrar. Mas sozinho! Eu sou eu. Eu não me renovo. Não troco de pele. Não abro mão de nada.

BENNO: Sim, pessoalmente também acho que fui bem construído, como uma casa. Mas logo vou ficar irregular se não achar esse maldito machado! (*Procura.*)

HEIDKLIFF: Hoje estou negligenciando minha profissão criminosamente. Fico por aí. Já estou há tempo demais nessa expedição punitiva.

Simplesmente não nos importemos mais! Não sejamos maus com elas! Não podem fazer nada, fracas como são.

BENNO: Erro! Essas quebradoras de ossos! Carmilla! Bruxa má! Por causa dela, não dá nem para fazer as compras. Logo vou fumigá-la para fora. No fim, terão sido só atrizes. Fora. Nunca mais vão rir! Nunca mais vão poder se inscrever direitinho. Vão ser trituradas entre nós. Onde está a ajudante familiar que encomendei da Associação Cristã? Hoje cedo ainda estava aqui. O que fizeram com ela? Vocês a viram?

HEIDKLIFF: Não. Não conheço.

BENNO: Agora odeio minha mulher Carmilla.

HEIDKLIFF: Agora odeio ambas! Elas fazem tudo! Mas ninguém deve ficar sabendo. Sobretudo os vizinhos. Maldosos e mesquinhos.

Benno segue saltitando, grita sons inarticulados através da porta fechada, atrás da qual as mulheres estão sentadas em suas camas-caixões, uma agarrada à outra, horrorizadas. Ele golpeia a porta, chuta. O Dr. Heidkliff faz igual.

BENNO: Vocês estão insuportavelmente presas às convenções, vocês!

HEIDKLIFF: Sou da mesma opinião. Não sejam como são! Sejam higiênicas! Sigam sua natureza! Limpem! Limpem! Limpem! Limpem!

BENNO: Abandonem esse ambiente infestado de bactérias! Raspem o bolor de vocês!

HEIDKLIFF: Vocês sangram horrorosamente, como seres sem casca. Qualquer um pode entrar em vocês. Dá para ver através de vocês. Nenhum de nós fica comovido por isso. Vocês são nuas demais. Não são nenhum estímulo para o amor. Eu gostaria mesmo de menos beleza e mais tempestades furiosas. Por favor, sejam mais aristocráticas! Atitude! Sentem direito! Não esqueçam de passar as roupas! Que diabo!

BENNO: Onde acha que estava o sexo, Heidkliff, antes de se falar disso?

HEIDKLIFF: A clínica nasceu. E o sexo depois também nasceu em algum momento.

BENNO: Por que o dinheiro tem um grande valor?

HEIDKLIFF: Emily! Emily! Saia! Por favor, por favor!

BENNO: Carmilla! Carmilla! Conceda-me sua visão roubada! Seja limitada! Não exista mais! Tenha crises! Você, fragmento de um corpo pingando.

HEIDKLIFF: Emily, somos quase uma família. Saia! Agora só o olhar vale. Olho você bem objetivamente. Eu me dou acesso puramente como espectador. Certamente fui seduzido pelo meu poder. Quero te alcançar. (*Bate raivoso na porta.*)

BENNO: Até na televisão as famílias conversam! Até na televisão as famílias conversam! Converse comigo também, Carmilla! Todos estão juntos. (*Joga-se contra a porta.*)

HEIDKLIFF: Sejam corretas! Sejam bem cuidadas! Sejam uma agência! Devolvam nosso tesão! Deem algo de vocês! Liguem-se a nós! Sejam femininas. Senão com o tempo nos tornaríamos igualmente seres obtusos de saias. Voltem a ser vazias! Nós ou vocês!

BENNO: Vocês são uma história geral da doença. Admitam!

Soa uma voz feminina monótona, que fala no estilo dos anúncios de tv: são exatamente vinte e duas horas, zero minutos e zero segundos. Ambos os homens paralisam e ouvem. Um momento de longo silêncio. Então a porta de entrada se abre de uma vez e as duas crianças restantes correm para dentro com seus patins, gritando, trazendo consigo o carrinho de bebê com o boneco, que jogam por todo o quarto selvagemente. Os homens tapam os ouvidos. Ao mesmo tempo o quarto se clareia estranhamente. Parece ter luz própria. Carmilla e Emily saem de seus caixões. Arrumam-se, penteiam-se, maquiam-se uma à outra, pois não podem se ver no espelho (que está pendurado). Lá fora as crianças correm por toda parte, gritando. Os homens tentam, sem sucesso, capturá-los. Depois de um tempo, as mulheres saem pela porta, radiantes e sem esforço, e entram no quarto. Vê-se seus dentes de vampiras. Emily deixou os seus para fora.

Cena 3

Luz misteriosamente abaixada. Emily e Carmilla caladas no quarto. Então a boneca no carrinho de bebê começa a grasnar. Por favor, uma fita com fala de verdade. Só por pouco tempo a voz do boneco na fita, enquanto as mulheres inspecionam o cenário. Então as duas mulheres saltam cada uma sobre uma das crianças como lobas, rasgando-as por inteiro. Há uma luta louca, pois as crianças se defendem. As mulheres mordem o pescoço das crianças. O bebê grasna: "Mamãe! Mamãe!" As mulheres bebem todo o sangue das crianças, os homens ficam ali indiferentes. Balançam a cabeça, esfregam as mãos, impacientes. Comportam-se um pouco como o juiz no boxe. Os homens falam o texto a seguir com indiferença, enquanto as crianças se contorcem na luta mortal. As mulheres sempre mexem apenas a cabeça, depressa, voltam logo a sugar.

BENNO: Carmilla, você ainda não revelou onde escondeu meu machado. O novo. Ontem ele ainda estava lá.

CARMILLA (*interrompendo rapidamente*): Ele está lá onde sempre está. As crianças são mesmo crianças.

BENNO: Mas não está lá! Não consigo encontrar!

HEIDKLIFF: Isso não é mais uma mãe. É uma menina!

BENNO: Também não está no armário da antessala.

HEIDKLIFF: Emily! Fico envergonhado por você.

EMILY (*interrompendo rapidamente*): O Poder é um circuito de sedução recíproca.

BENNO: Carmilla, te digo uma coisa... Em todo caso, você não se tornará uma Medeia! É e seguirá sendo uma dona de casa. Se agora morrer, será uma dona de casa morta.

HEIDKLIFF: Você não se tornará predestinada, Emily! É e seguirá sendo uma simples enfermeira.

BENNO: Carmilla, permita-me lembrar o seguinte, pro forma: Eles são sangue do seu sangue!

HEIDKLIFF: Insetos grosseiros, é o que vocês são! Vocês são a terra-mãe. Não dá para deixar vocês sozinhas uma única vez, que se organizam como abelhas. Vocês ficam por aí. Cegas. Que efeito benéfico a fertilidade de vocês poderia ter sobre a humanidade! Nós estávamos comovidos. E agora estragam tudo. Tornam-se mulheres jovens novamente! Tornam-se retrógradas. Uma sociedade cinzenta de tias e sobrinhas. Irmãs. Onde está o belo sexo de vocês? Como vão apreciar vocês? Pode-se cobri-las ou olhá-las. Não é possível fazer de vocês aias solares. São um veneno para todos! Não sejam assim, grávidas! Não interrompam, sem autorização, o lindo ritmo do seu sangue! Todo mês! Gostamos tanto. E, sobretudo, não saiam para o mundo. Obrigado pelo bom conselho.

BENNO: Vocês, belas aparições. Mas ser bela não é tudo. Por muito tempo foram o que agrada ao homem. Agora ninguém mais vai gostar de vocês na idade avançada. Não saberiam sequer escolher direito os ingredientes. E eu que costumava me curvar educadamente diante disso aí.

HEIDKLIFF: Aí estão vocês, enrubescidas. Não sabem fazer mais nada. Mas em um parto, aff, aí rasgam as tripas, querendo ou não. Aí são fracas e gritam! Pude me convencer disso na minha profissão.

BENNO: Não é verdade, doutor, que uma enchente leitosa e suja irrompe do orgãozinho mutilado delas, se preciso? Que horror! Li isso num livro, horrorizado, e recuei. O senhor, como médico, já viu isso, é claro.

HEIDKLIFF: Como especialista, posso confirmar isso para você, plenamente.

BENNO: Uma vez vi numa ilustração, representado de modo esquemático, como o chamado útero chora sangue de sua rede sem fim de fibras vermelhas, que parecem fios de seda, cabelos púrpuras. Isso não era para ser uma piada.

HEIDKLIFF: Isso posso te confirmar, tendo visto com meus próprios olhos. De todo modo, não consigo simpatizar. É horrível demais. Seria preciso inventar uma nova carne humana, que não fosse feita por uma mãe barata. Ficamos horrorizados. Elas não têm coração. Mas fingem conhecer o mistério da vida.

BENNO: Carmilla. Beijamão. Esses esforços que você empreende! Senão fica deitada na cama, no seu congelador refrescante. Esse é seu novo hobby? Você colhe flores?

HEIDKLIFF: A mulher perde mais sangue mensalmente do que um homem poderia tirar com a boca.

BENNO: Pois sim. Vocês são as mais fortes na verdade! (*Late brevemente.*) E diríamos que éramos nós. Somos nós!

HEIDKLIFF (*fala interrompido por curtos latidos, que então crescem*): Vocês têm essa felicidade de poder uma vez por mês desintoxicar por inteiro seu interior com a ajuda do sangue. Vocês, instâncias artificiais! (*Late.*) Não sabem nada de moderno sobre a técnica!

BENNO (*latindo*): Bagunça! Bagunça! Papel com lacerações marrons. Sopra! Flutua! Se defende!

HEIDKLIFF (*idem*): O delírio de uma empregada é o delírio de uma garçonete é o delírio de uma mulher de encanador é o delírio de uma cozinheira é o delírio de uma secretária é o delírio de uma barwoman é o delírio de uma designer industrial é o delírio de uma professora é o delírio de uma pedagoga é o delírio de uma faxineira é o delírio de uma aeromoça é o delírio da nutricionista é o delírio de uma fisioterapeuta é o delírio da assistente social é o delírio de uma vendedora é o delírio da enfermeira.

BENNO (*latindo*): Gosto de inventar algo eu mesmo. E tem o tédio também. Gosto muito de pensar. Tenho a força da reflexão, que é recusada aos vampiros. O vampiro mentalmente é uma criança. Faço experimentos científicos. Eu penso. Ajo. Me dedico a um objetivo e aí não penso em mim. Mas vocês buscam sempre só a utilidade prática. Ainda quero uma coisa bem pequena, mínima. Por favor, poder parir. Por favor, também poder ser estigmatizado! Muito obrigado. Mas também produzo sons em instrumentos. Então por que não uma pessoa autônoma? (*Late alto.*)

HEIDKLIFF: O que estava aí primeiro. A galinha ou o ovo? Pois bem.

BENNO (*latindo*): Vocês são simplesmente teimosas! São infantis! Sobretudo encostam onde acaba de ser pintado. Compramos joias para vocês! (*Late alto.*)

HEIDKLIFF: Sua pele natural não é mais suficiente. Vocês passam cremes! Seguem modas estúpidas. (*Late.*) Nunca encontram o amor. Acham que tudo o que acontece com vocês é amor. (*Late.*) Vivem estúpidas nos pelos corporais de vocês. Vocês têm lábios e usam em quê? Para quê? Para falar! (*Late terrivelmente.*)

BENNO (*ataque de latidos*): Por favor. Obrigado. Por favor. Obrigado. Vocês têm cabelo demais no crânio. Embaixo se separam, indecisas, em duas metades. São indecisas. Não são elétricas. Não brilham nem sob tensão. Fazem por merecer uma punição. Violam uma lei. Vêm quando querem, mostrar as chagas de Cristo. E o que fazem com isso?

HEIDKLIFF (*latindo*): Não há um único remédio contra vocês. (*Late. Tenta ainda dizer algo consistente, mas só pode latir horrivelmente.*)

Agora as crianças jazem por aí, imóveis. As mulheres limpam as bocas de onde pinga sangue, estão cheias de sangue por toda parte.

BENNO (*latindo, aos golpes, eruptivo*): Vocês dormem em camas. Moram em casas de família. Au! Au! A maioria de vocês não cresceu. Au! Vocês andam com os pés no chão. Sequer se vestem vocês mesmas! (*Quer seguir falando, mas só consegue latir. Ambos os homens latem raivosos para as mulheres. Elas se sentam no chão satisfeitas e sangrentas.*)

Escuro, lentamente.

Cena 4

Cena como antes, apenas a seguinte diferença: Tudo agora deve parecer meio gasto, podre. À esquerda, na paisagem, erguem-se, entre as cruzes, destroços de equipamento militar. E por ora, ainda isolados, levemente estranhos. Até o fim, a paisagem vai se encher de armas. As crianças jazem em suas poças de sangue. As mulheres, de cujos queixos escorrem riozinhos de sangue, apoiam-se cansadas uma na outra e não se movem. Os homens revistam a dispensa agitados e põem coisas em sacolas plásticas de compras.

BENNO: Agora estão quietasas[63]. Se eu penso bem… Que ainda temos todas aquelas coisas pra consagrar pra dar na igreja.

HEIDKLIFF: Mais bolachinhas? Precisamos! Urgente!

BENNO: Das nossas hóstias de casa, santas, santas, a minha, a minha minha, queria fazer pavê. Queria gastá-las, vaca. Hóstia pertence à casa de Deus.

63. Ver supra, na p. 52, a explicação do tradutor para a deformação de palavras que ocorre a partir daqui.

Nada contra domicilidade. O que eram essas mulhereses, antes de se falar delas? Sabe? Sabe resposta certa?

HEIDKLIFF: Se tivessenem me falado ontem de vampiro, eu teria rido. São devoradorasas! Mim ser agora grupos de risco? Um grupos comunistas radical? Perigo! Eu queriaria imediatamente excrementizar. Sim.

BENNO: Ouva só... Perigação por vampiro bastante subestimada. Muitas vezes acontecer em país livre atrás de fronteira.

HEIDKLIFF: Comprarar mim gás de alho a caminho. Ó lá. Nossas sacolinhas plástica autodestruir. Tá aí. Escrito. Entre no chão corajoso. Sem contra-argumentos, como da mulher. Antes mulher enterrada, fala muito tempo. Parou falar. Mim consciente comprar boas sacolas pro meio ambiente. Sempre ter na mão! Ecolósgicas!

BENNO: Nossas mulhereses não ser melhor que tosse com catarro. Ouve? Precisa sempre me limpar delasas com papel.

HEIDKLIFF: Nossas honras significam lealdade. Nosso dever o tribunal. Punição. Execução. Limpar os detritos. Onde e quem ainda pode acreditar nisso: político, verdade?

BENNO: Carmilla... Aviso, advertência, placa, tá escrito: contradizem saúde e regulação. Bandeira de sangue! Querer te comprarar com dinheiro! Me sugousou até os ossos dentro! Junto com salário meu! Alto!

HEIDKLIFF: Noite volta. Passa pela floresta escura de pinheiros. Lá já são acesasas luz. A cidade! A cidade! Retrato de desejo bom! Trabalho e motores humanos, diz, quem fez vestibular. Uma música tão Brahms toca no meu coração. Eu digo adeus oh dor e dou a mão pra alguém aí. Eu mim agachar feliz e fazer meu chamado poderoso da natureza!

BENNO: Agora elas bem quietinhas, são eczêntricas, é, eczemas. Uma dizer ainda: tem que ser destruída quando conseguir fazer de novo! Não poder liberar as vampiras e sua vida proteger, como não dá pra libertar o trabalho e o dinheiro proteger. Verdade, é!

HEIDKLIFF: Profavoz ser agitação de gente revolucionáro, meu Benno meu amigo! Caber bem você, acho. Erínias mortas! Levar fora! Exportizar!

BENNO: Agora pro princípio bater com contar história! Com pôster outdoor pra comprar alho. Mim besuntar com tempo inteiro nós dois. Ainda não acabar pronto eu. (*Late rapidamente, logo bate com a mão na boca assustado e volta a parar.*)

HEIDKLIFF: Um poder grande e convulsa na calça. Até garganta embaixo. Nós todo devido! Resistência fica fora. Nosso jogo parecer melhor que o delas! No buraco delas tatear pra degeneração e gayzice maior. Mim viveu esse medo. Filhos! Filhos! Porcos! Mas logos de novo sem medo tudo no fluxo! Mudos! O que precisavo eu agora é arma igual caçador.

BENNO: Nada tão fácil demais. Meu segundo amor do meu amador: caçar, rasgar, agarrar cadáver assassinamente. Sim. Dois cãoçadores. Apita pra eles agora e agora apito pare. (*Apita estridentemente. Dois cães vêm, ferozes. A partir daqui, seguem os comandos.*)

HEIDKLIFF: As balas também querem ser abençeadas! Pensar. Tiros normal nem risca crânio de vampira. Massa grande, ah, as pessoas nunca tão fermentano com o quejeirio. As ação sãos feita sempre por indivídeos como eus. A cidra também sai do pressionador.

BENNO: Munição. Aqui tá! Profavor. Enfia na sacolinhas tudo com cartucho igual. Nossa disposição contra a mulher é um atos criador. Sente! Épocas desmoronam. Fim disso! E agoras uns esporte pra nós cobrir. (*Ambos trocam de roupa: traje de caça. Rústico.*)

HEIDKLIFF (*trocando-se*): Eu mesmo! Mim mesmosmes! Livresmente! Prúcio! Mais uma arma duas?

BENNO (*trocando-se*): Kit de arma com tiros os caçadoros sempre têm pronta. (*Pega duas armas de caça. As duas mulheres se movem delicadamente no sono.*) Nós jovenzes poderemos logo também contar sobre guerra. Nós homem. O russo não é justo com a gentes. Ele não tem disso motivo pra isso. Gororoba!

HEIDKLIFF: O estrangeiro não vê o que debaixo dos nossos cobertores podres se esticam como carrapatos com sede. Eu jovenze ser antes pensamento, aliás, mas me arrancam de nós pro fazido!

As mulheres se levantam lentamente, lambem os beiços, seus olhos faíscam ávidos.

BENNO: Esforçar com força. Eu fazer ritual da morte todo de novo muito venerável. Nós podemos empacotar isso: munição. Balas. Voe balas. (*Fazem as malas, continuam se vestindo.*) Mulhereses com joelho abertos. Não punir por isso. Agachares. Esconderes. Elas pegam com as boca do chão seco. Ninguéns lá se importam. Murchar. Dentes mordendos nos ares. Comem nosso desejo completasmentes. Golpe! Agora a gente fazendo expediçãos. Amanhã nossos filhilhos deitado na camas deles morto de tossir. Quem sabem causas? Vocês! Mulhereses vocês em suspenseão. Ruins pra saúde. Machucam o ar. Devoradoras do ares! Mordedoras do sangue! Comendo tirando todas as coisas boas de oxigênio do ar! Mordendo a gente juntos, deixando nós com câncer de pulmão. Pegando por aí. Sujadoras! Alergias. Vocês sintomates respiratórias. Isso é indemocrático de vocês.

HEIDKLIFF: Vocês, medidas chegadas tarde! Eu me começo. Vocês causa pra morte súbita dos filhilhos. Mortes nos berço. Vocês doentes de civilização mas sem civilização. Vocês alarme de fumaça!

As mulheres ficam de pé num pulo, os homens recuam assustados. As sacolas caem de suas mãos. Só conseguem balbuciar sem sentido.

BENNO: Me peguei. Me pegaram. Agora eu quietou e cheio de suscetibilidade abençoada. Nós mulheres. Respira. Respira. Respira. Bom!

HEIDKLIFF: Ah eu também me peguei! Agora tô quieto. Bater aí. Ai. Agoras mim tudo novo e desconhecidamente bonito bem-vindo senhor!

BENNO: Logo sermos mim uma flor, um poemas, um retrato do quê? Vivências!

HEIDKLIFF: Obrigado Deu! Obrigados Deus! Pra casa! Pra frente! Derrubar portas abertas! Cereja floresta negra.

Emily salta sobre Heidkliff, Carmilla sobre Benno. Os cães balançam os rabos, animados.

BENNO (*quase sufocando*): Causar dias tranquilhos! Vem! Vem por favor! Quero realizar meu nome. Às armas!

HEIDKLIFF (*igualmente*): Lutar firme com Deus e o Diabo. Desdescançar. Brilhizar. Brigar também com mulheres guiar capitão. Por que não encontro realização por que não por que nada? Vazio. Aos aparelhos. Pra localização, vai. Se necessário ir direto pra lás!

As duas mulheres mordem seus homens. Emily é a primeira a interromper, com um grito de dor.

EMILY (*para Carmilla*): Está saindo algo para você?

CARMILLA (*erguendo a cabeça igualmente*): Penso de modo bem prático. Mas não tem sangue absolutamente nenhum nessas veias.

EMILY: Aqui também nada disponível digno desse nome, infelizmente. Que costuma jorrar abundante.

CARMILLA: Acha que outra se serviu antes de nós?

EMILY: Difícil. Uma pergunta paira no ambiente.

CARMILLA: Benno. Você já é quase tão terrível quanto toda a Suíça.

EMILY: Também interrompo por ora o processo de sucção. Você é totalmente oco por dentro, Heidkliff.

CARMILLA: Agora quero tentar no mínimo me tornar sexualmente ativa. Pelo menos o que entendo por isso. Na verdade é aí que você entra, Benno. (*Joga-se sobre Benno como uma Mênade. Nenhum resultado.*)

BENNO: Mas isso é bem desagradável para mim, Carmilla.

EMILY: Isso me agrada ainda menos, Carmilla.

CARMILLA: Começo de modo simples e patético. Não dá certo para mim. Escondemos um forte paganismo. Somos passionais. Não temos nenhum sofrimento. Sem medo, temos compaixão, temos que nos esconder. Não temos poder.

EMILY: Agimos com o homem como a ideia com o instinto.

CARMILLA: Não podemos fazê-los sangrar, não sai nada quando os furamos. Seus pensamentos já nos ultrapassam. Agora desejam ocupar países estrangeiros.

EMILY (*olha ao redor*): Tenho alguma coisa pesando na consciência por causa dessas crianças, Carmilla?

CARMILLA: Nós duas, Emily. Mas não podemos responder legalmente. Somos as partes dos nossos corpos, e eles estão sob guarda alheia. Estamos cansadas de tantos tribunais.

HEIDKLIFF (*se metendo com avidez*): Exato! Isso faz perfeito sentido. Vocês desfazem e destroem todos os muros. Nada é forte o suficiente. Então no tiro nos confiamos a essas coisas, digo, balas abençoadas. São mais temidas por vampiras que o dia claro.

BENNO: Agora vocês são o alvo, digo, o alce selvagem. Deixar virar o espeto. Nós disputamos ter sido consumível.

HEIDKLIFF: Querem ser redimidas, amores?

BENNO: Acho tão astuto. O homem é eleito para dar a vocês de presente o descanso eterno. Nós fazemos!

HEIDKLIFF: Usamosos o garfo da ciência e do pensamento, proibido pra vampiro. Vampiro burro e astuto.

As mulheres recuam.

BENNO: Não podemos parir, então podemos sempre arquiteto. Não. Profanar cartas no envelope.

HEIDKLIFF: Mim pode falar a favor pro tio Deus. Num copinho.

BENNO: Mim pode redimir.

HEIDKLIFF: Mim podia também dirigir. Julgar salvar.

BENNO: Mim vai derrubar vocês com tiro. Aí mentiras tchau, descabeçadas, boca fechada. Jogar alho; vampiro impotente. Aí estaca nos coração, dor. Fim.

HEIDKLIFF: Podermos cortar fora cabeça das suas valorosas dona de casa? Grande, bonzinho! Obediente!

BENNO: Mas claro. Acordo mútuo. Minha pediu isso expressamente. Com certeza ela mesma ia implorar. Minha pequena condutora.

HEIDKLIFF: Antes a benção das balas. Pura formalidade. Paciência, minhas damas. Sem dramas.

BENNO: Logo sereseis libertas dessasas coisas salientes informes e desseses cabeços impróprios. Logo sereseis redimida dessa existência no próprio ares ruins.

HEIDKLIFF (*joga-se sobre as mulheres*): Fiquem quietas! Esperenhem serenhem aceitas. Sentir já o futuro de vocês comigo. Guerra é luta ardente. Inquieto. Guerra é gás. Cospe!

BENNO: Eu sair pra mim fora dessa nossa caverna de aparensolidão e fazer terras de vocês. Vocês decompor em pó imediatas. Vocês mulher velhas!

HEIDKLIFF: Mim agora pega arma na corcunda e vai. Põem as armas no ombro. Os cães de pé, obedientes, às ordens! Os homens pegam as sacolas plásticas.

BENNO: Logo dá a hora de vocês blom blom blom.

HEIDKLIFF: Os pensamentos já em marcha marcha.

BENNO: Quem dá ordem pradiante? Eu dar ordem adiante. Bem dado. Bendito. Sou pessoa compaixonada! De vocês bestas.

HEIDKLIFF: Não, euzes! Euzes! Eu fazer sinal! Alistar! Alistar livre e espontânea! Adiante! Adiante! (*Marcham para cima das mulheres.*)

CARMILLA (*grita*): Por favor, me dê sua mão, e sem mais, Emily!

Emily simplesmente desaparece, Carmilla grita por socorro.

BENNO: Mim não te odeiar não.

CARMILLA: Socorro! Socorro! Emily volte! Não vá!

HEIDKLIFF: A iluminação do espírito fala em mim. Volto a acreditar! Materiais artificiais! Plastiquilina!

CARMILLA: Socorro! Não me deixa aqui sozinha!

BENNO: Amanhamanhã escrevo um drama. O herói é a pedra é o Jesum Cristrum. Não sou receptivo a embriões. Mesmo assim proteger a vida! Embrião vida desde começo. Natureza florescer tão bonito. Aproveite! Me alisto com vontade livre pra natureza. Acordado pra natureza nascente. Me jogo sobre a vida e já! já! já! Proteção.

HEIDKLIFF: Vocês são responsáveis. Mas não puníveis. Quem punir vocês punirá a si mesmo. E tem que ser. Ruindade pra todosos!

CARMILLA: S.O.S.! S.O.S.! Aula de flauta doce!

BENNO: Pra que eu poder viver muiter, vocês tem que estar morter. Claro! Mim precisa mais espaço e tomar de vocês aqui mesmo. Um clima bom seré saudável.

HEIDKLIFF: Estou sozinho. Me dá náuseas. Quero foder até o absoluto fim.

BENNO: Mim vocês redimir agora mesmo! (*Está perto de Carmilla, tenta apanhá-la, no último momento surge Emily e arranca Carmilla daí. Os homens ficam paralisados, as mulheres fogem em câmera lenta.*)

HEIDKLIFF (*indiferente*): Fota-se! Desagradável seria com tempo vem conselho de uso que vocês do banheiro público fazeram abortos! Tem que vocês limpar do sangue que escorra pra foras de vocês. Precisam espaço nós! Muito!

BENNO: Todo homem em sua palestra pode entender que os envenenamentos em seu corpo só podem ser causados por vocês.

HEIDKLIFF: Sim. Falar normal. Resposta descarada: descarreguem gente e florestas e natureza! Bom humor natureza! Estejam finalmente mortas! Mim precisisar de espaço! Mais espaço! Dá! Mais luz! Mais! Mais luzes! Mais escuta! Au! Au!

BENNO: Diz sobre isso... Lágrimas vêm aos meus olhos e na boca. Continuar! Continuar adiante! Falar normal. Solizar! Esportizar! Claridade! Saúde! Ventiladores! Peguem! Brinde! Hora de comer! Oba!

HEIDKLIFF: Falar como outros. Responde alto isso... Vocês meus irmanãos da mina e da usina... eu me redimo por vocês. Eu redigo oi pra vocêses! (*Se joga adiante com armas e cães, começa a latir de novo. Persegue as mulheres.*)

BENNO: Normales. Fala. Fala. Diz disso: faz bem! Maré alta e maré caixa. O gordo e o magro. Assado de pouco e bolinhos. Carmilla e Hemelina. Eu tenho saudade direta do seu pãozinho orgulhoso na cabeça! Agórea não nos desgastar mais em briguinhazinhas por favor. O vento canta canção nas árvoros. Adiante. Normal! Adiante! Normal! (*Se joga atrás latindo a duas vozes junto com o cão.*)

Cena 5

Fica claro. À esquerda, o apartamento se tornou um banheiro feminino com sala de banho, visto de lado. Na antessala, diante dos lavatórios e espelhos, estão duas ou três belas mulheres em vestidos e chapéus maravilhosos, extravagantes. Com seus sapatos de salto alto, furam a areia que cobre o chão alguns centímetros. Embelezam-se diante dos espelhos. Atrás das portas dos toaletes, vê-se duas privadas. Uma ao lado da outra. A paisagem à direita se transformou em um imenso monte de lixo. Detritos, sacos de lixo etc. As armas também se multiplicaram. Clima de fim dos tempos. Uma pilha de ferro velho militar.

Emily e Carmilla correm de mãos dadas descendo o monte de lixo. Atrás delas, a uma pequena distância, os homens com suas armas e cães. Os cães marcham obedientes. No último segundo, as mulheres alcançam o banheiro, abrem a porta e se jogam dentro. As belas mulheres não as percebem e vice-versa. Depois de algum tempo, as mulheres com os belos vestidos se jogam no chão, rolam de um lado pro outro, sujam as roupas com areia, rasgam as mangas umas das outras etc. A bela composição é destruída. Benno e Heidkliff são repelidos pela porta fechada do banheiro como o vampiro pela cruz.

BENNO (*respirando fundo esportivamente*): Aqui estamos, no lugar onde até o rei vai a pé. Para mulheres.

HEIDKLIFF (*igualmente*): Aqui é um porto seguro. Para mulheres. O lugar onde não podemos entrar. Nossa atividade foi interrompida.

BENNO: Aqui é só para mulheres. Essa consagração das balas – uma vivência para a vida toda! Velhas canções de Natal. Penso em estar em casa.

HEIDKLIFF: Ladies only. Penso bem parecido. Os cartuchos estão dentro agora? Para podermos abrir cavidades craniais e abdominais? Para podermos destruir crânios duros completamente?

BENNO: Sim senhor. Pelas mocinhas. Com munição de ponta oca, disponível no mercado e abençoada. Aumenta 37 vezes o orifício de entrada. As feridas tremem, vibram. Isso derruba.

HEIDKLIFF: É maravilhoso como trabalham nos buracos corporais, os tiros! Explodem certinho na carne. Abrir um orifício com o armamento propício.

BENNO: Oh, montanhas! Torres de pedra! Faço um balanço... A mulher agora não tem mais propósito.

HEIDKLIFF: A isso digo: Pai, será completado. Vamos voltar à branca virgindade das montanhas. Lá vamos voltar a nos encontrar. Vamos respirar fundo. Dê-me esse cálice. Imediatamente! Vai logo!

BENNO: A isso digo: Só aqui não podemos entrar. Desaceleramos. Sem raiva, pôr fogo à árvore de Natal! Mas para quem?

HEIDKLIFF: A isso digo: Eu sou eu mesmo. Obrigado a você, que como camarada é meu consolo e minha força, Benno.

BENNO: A isso digo: Eu te agradeço igualmente. E se atirarmos pelo buraco da fechadura? Nós nos desgastamos nessas briguinhas.

HEIDKLIFF: A isso digo: Estamos próximos do espírito do mundo. Esperamos. Ouvimos ser cantada a mais antiga canção da terra.

BENNO: A isso digo: abençoada caminhada. Agradável descanso. Verde tapete no chão do bosque. Efeito que bebo! Som distante. Barulho dominante. Deliciosa ilusão de odor. Sensíveis caminhantes. (*Aos cães*) Sentido!

As duas mulheres horrorizadas se jogam cada uma dentro de uma cabine e trancam a porta atrás de si. Encostam-se nas paredes dos cubículos. Os homens acampam diante da porta da frente, fumam etc. Mas sempre mantêm as armas engatilhadas nas mãos.

HEIDKLIFF: Nós não engravidamos. Nós não desejamos. Nós não convencemos. O alho que compramos fede tanto que pode acordar os mortos.

BENNO: A isso digo: uma boa refeição faz esquecer a preocupação. (*Desembala um pão. Comem e bebem.*) No espelho, os não mortos parecem o Nada que de fato são. Meleca. O alimento cai através deles. Logo vamos lhes consolar, fazê-las esquecer a provisoriedade da sua existência, somos tão bons com elas.

HEIDKLIFF: A isso digo: Esse alho! Acho ruim. Não, não acho ruim. (*Fuma.*) Um cigarro ajuda. Mas mesmo inspirar o ar pode fazer maravilhas. Respire, Benno, respire! Tenha um destino! Ande de esqui! Aproveite! Aumente os efeitos! Beije! Seja silencioso! Tenha preguiça de escrever! Admita honestamente os erros! Escale as montanhas! Apareça quem quiser!

Os homens fumam, testam suas armas etc. Os cães estão deitados, obedientes. E a mártir de fato aparece, envolvida em uma nuvem de luz. Em paralelo com o famoso santo, também entra em cena como um tipo de ícone, talvez traga os seios numa bandeja, ou sua roda. Hábito de freira?

MÁRTIR: Tenho muitos nomes. Nunca fui acariciada nos meus sapatos novos. Posso comprar eu mesma o que produzi na linha de montagem para o público geral. Meu marido, no entanto, diz: economize para o carro. Subir na bicicleta ainda molhada do gozo da noite anterior, partir para a fábrica. Lá são como eu e constroem um cantinho para Deus em seus salões. Com dezesseis o primeiro filho, ainda ilegítimo. Não é um consolo saber que mesmo num trabalho temporário ainda se é uma pessoa, só mais burra? Agora quem vai pagar nossa casinha, se nossa força diminui aos poucos? Que ridículo, não tem creche, às cinco da matina trago os pequenos para a vovó. Já desaprendi como é na Itália. Uma vez férias, quando se estava em casa no mundo. O homem bebe toda noite, até que é como que arrancado da minha cama. Erva daninha! O médico logo vai vir me evacuar. Ele se dá tanto trabalho só por minha causa! O mais velho economiza para comprar uma motoca, para poder, entediado, lançar fora de si seus membros, ali, vejam, na ponte da rodovia! Agora acho que está fechada, única condição em que posso dormir, de tanta dor. Fora eu, não tenho mais nada sobrando, nem mesmo para o marido. Estou cansada e agora vou embora. Eu ainda tenho tanta roupa para lavar! Quem vai me compensar pelos danos causados por mim? (*Volta a desaparecer.*)

Agora as mulheres na antessala do banheiro começam a falar uma por cima da outra. Como o zumbido de abelhas. Montagem de som em uma gravação em off. As frases se sobrepõem umas às outras. As mulheres arrancam suas roupas, rolam na areia, que cobre os corpos. Espetam pela areia com seus sapatos de salto alto, sujam-se, rasgam as mangas etc.

VOZ DE MULHER (*gravação*): Somos íntimas nossas. Recebemos cartas. Nós com nossas testas humanas. Não somos fáceis. Conhecemos a saída. Compramos algo. Não se deve nos segurar sem necessidade. Uma vez aconteceu algo conosco. Fizemos por merecer? As colunas de toda a cultura desmoronam imperiosas sobre nós. Andar se torna quase um prazer. Pode-se ler em nós, sem pesar no cérebro. Os pensadores só têm um sexo, o da ideia. São cadáveres secos. Não oferecem nada. Ainda temos que ir ao açougue comprar salsicha. Também temos que ser inspecionadas. Bem que poderíamos ser vermes em uma carne! Parasitas. Poucos conseguem tomar uma substância que lhes impeça de morrer. Nós mesmas nos tornamos implausíveis, ora isso, ora aquilo. Temos que ter algum segredo qualquer, que não seja suficientemente esclarecido só pela vida. Só poderíamos cobrir curtas distâncias. Não somos loucas. Colorimos o cabelo e gritamos, ilesas, sobre machucados. Ser genuína não é tudo. Ser alegre requer pouco. Cantando mal assim entramos oficialmente numa grande casa. As pessoas ficam admiradas conosco. Escolhemos gravatas e meias. O que cozinhamos? Nossa atividade se orienta para a suspenção do esquecimento. Vivemos de modo parecido com os órgãos no corpo: fixados em canais e hastes. Mesmo assim é possível ser bonita! Nos destacamos pela pele pálida. Também somos formigas. Muitas e ágeis. Nós, sociedade de insetos! Somos vistas: ousadamente despidas. Somos idiotas na família. Que prazer adicional para você! O que mais queriam era ser nossos criados. Guardiães de nossos segredos. Eles nos comem. Mas nós decidimos o menu. Sopa também. E sobremesa. Eles nos deixam de lado indefesas. Ouvem um quarteto de cordas de quem bem de Mozart naturalmente. Não reconhecemos só de ouvir. Beethoven, por outro lado, lhes revela, é o que acham, o fim. Mas persiste uma diferença em relação à morte de verdade. Tropeçamos. Puxam pelos nossos dedos vivos. A mulher e o corpo pertencem um ao outro inseparavelmente. Onde o corpo vai, a mulher também vai. Em muitos países a mulher pertence ao cotidiano da paisagem urbana. Em muitos países a imagem da mulher pode ser retraçada cotidianamente. O cotidiano da mulher se realiza por inteiro diante da imagem da mulher. Depois da mulher só vem mais cotidiano. Umas mulheres grandes, outras pequenas. Mais. Diante da imagem da mulher até o todo se desbota. As mulheres têm dias. A mulher é o pequeno ao lado de sua imagem. A capacidade da mulher depende do seu tamanho. O tamanho da mulher consiste nessa dependência da natureza. A mulher é natureza. A mulher natural, em virtude de seu suporte interior, representa a mulher que só entra em cena como imagem. Nenhuma mulher apresenta nada. A imagem da mulher é que traz o conteúdo. É a sua deixa, mulher. A natureza é a imagem. A imagem da mulher permanece muito tempo. O interior da natureza se encarna na mulher. O corpo da mulher vai para o interior. O corpo e a mulher vão juntos para a natureza. Nenhuma mulher mais. A natureza as força às imagens. Uma imagem não é toda mulher. A natureza nunca é cotidiana. Vai logo, mulher. A natureza conhece a encosta. A mulher é capaz. Em geral, a natureza continua a existir na mulher. Fora com a imagem. Uma verdadeira encosta é o corpo da mulher. Naturezas encostadas, dependentes, saem da mulher. Vai junto, mulher! O corpo da mulher é mantido colado pela natureza. Dentro é menor. Da rua a imagem é diferente. O universo se tornou paisagem urbana. A mulher é capaz do corporal. Capacidade forma dependências. A mulher serve seu corpo. Por favor, trazer o conteúdo. Natureza conjunta. Nem todo encosto tem que sair. Grande natureza. A imagem precisa ir para o interior. Tamanho do corpo. A mulher precisa sair. Separem o corpo da terra. A realização amanhece. Todos os dias mulheres. Bem grandes. Naturalmente uma imagem do conteúdo. Fora com a mulher. Naturalmente a separação dos corpos. A imagem é vaga. As mulheres levam chutes. A correlação no universo. Natureza de dentro. Dependente de imagens. Nenhum conteúdo na natureza. Corpo na terra. Mulherzinha. Realização da natureza. Países cotidianos. O dia faz a imagem. Entra no interior da mulher, separando. Uma imagem a mulher. Vem, natureza. Fora, mulher.

CARMILLA (*chamando através da parede*): Imagine, Emily, se estivéssemos cobertas por centímetros de larvas duras! Enxames de mosquitos nos circundariam. No escuro do bosque de Viena incharíamos até ficar com muitas vezes nosso volume.

EMILY (*igualmente*): Sou lésbica, digo para o arcebispo que há aqui.

CARMILLA: Não estou mais aí para os outros. Benno, por favor, não me considere intrometida. Obrigada.

EMILY: Caríssimo Senhor Kaplan! Ponho-me sob sua guarda.

CARMILLA: Em mim, um medo poderoso, cortante.

EMILY: Em mim, uma fenda profunda. Indescritivelmente anseio por uma forma complicada de salvação.

CARMILLA: Em mim, toda vontade de viver se foi, totalmente. Não tenho nada a confessar. Sou uma úlcera tenra em uma dobra na pele.

EMILY: Que horas são, por favor, Carmilla?

CARMILLA: Bem tarde. Um brilho no rosto! Sou o arbusto que se estende vivo sobre o pequeno morro.

EMILY: Um peixe se contorce aí para você, com um tumor maligno, talvez um câncer, um caranguejo no anzol? Muito bem. Por que nos tiraram do nosso elemento? Devem nos jogar de volta no mau cheiro de aborto.

CARMILLA: Eu me faço uma pergunta moderna. Posso abandonar a latrina? Obrigada. Uma comida. E Munique significa uma multidão única. O que é que eu queria saber antes?

EMILY: Nos separamos uma da outra. Teve que ser.

CARMILLA: É divertido seguir no corpo o caminho da comida!

EMILY: Por que não somos melhor habitáveis? Por que só tomamos?

CARMILLA: Gostaria de visitar meus filhos uma vez por semana, por favor, e poder me alegrar com o contato. Obrigada.

EMILY: Somos um exame de sangue.

CARMILLA: Somos um fator com que é preciso contar. Não morremos. Não nos matamos de trabalhar. Não compramos nada.

EMILY: Eu me sinto independente lésbica e sádica. Gostaria de compreender os sofrimentos. Gostaria de formar um catálogo.

CARMILLA: Eu salvo da morte certa. Eu mesma também não gostaria de morrer. Muito obrigada.

EMILY: É possível amar até um assassino, acho, se ele olha suas mãos sangrentas e estremece. Pode-se curvar por uma mulher. Pode-se dormir no leito conjugal. Pode-se ter lugar um ao lado do outro como espécie ameaçada.

CARMILLA: É necessário e seja feita uma vontade. É a vossa?

EMILY: Não. Eu gostaria de poder infligir sofrimentos sem controle. Muito obrigada.

CARMILLA: Eu gostaria de ser vista com compreensão, Emily. É pedir demais?

EMILY: Não. Eu gostaria que nada fosse colocado no meu caminho, quando por minha própria conta faço uso do meu direito de castigar. Não quero que nenhum pai me proíba isso. Só porque quer ele mesmo bater.

CARMILLA: Pessoalmente não queria estar totalmente morta. Queria que se pudesse seguir meus rastros na neve funda por muito tempo ainda. Gostaria de ser visível. Como uma poça de mijo amarela fazendo um buraco na neve no meio de uma pista de descida.

EMILY: Eu te permito isso, Carmilla.

CARMILLA: Obrigada! De coração!

EMILY: Eu, do meu lado, gostaria de viajar através do país num ônibus totalmente climatizado. Com muitos rostos atrás das janelas.

CARMILLA: Sim, bom. Eu não gostaria de ser turista em um pacote de viagem, obrigada. Sou mais individualista, prefiro assim.

EMILY: Às vezes erro a mira da privada de propósito. Para que algo aconteça. Eu gostaria de ser vista.

CARMILLA: Eu te vejo. Tinha um gosto bom. Pode-se dizer tudo! O tribunal e a autoridade dizem tudo.

EMILY: Como vai, Carmilla? Muito obrigada.

CARMILLA: A sua empresa me entregou alguma coisa que é abominável para mim.

EMILY: Tenho vontade de viver e por isso tenho que despertar a aparência de que eu teria pegado um lugar na janela para isso. Centro da cidade!

CARMILLA: O apartamento está cheio de vapor. Um poço de sangue. Benno está no balcão em roupa de banho e me joga para os cães mordiscarem. As crianças ainda não se decidiram. Basta não me odiar. Não sou uma gravata apertada que se poderia soltar.

EMILY: Ainda falta alguma outra coisa? Sal? Pimenta? Vinagre?

CARMILLA: Não, obrigada. Excelente. Não sei nada. Adeus e muito obrigada. O sol não deve brilhar por muito mais tempo, por favor.

EMILY: Eu faço isso, Carmilla.

CARMILLA: Agora gostaria de sugar novamente, por favor. Não queria que me sugassem.

EMILY: Sugue você mesma! Entre em consideração! Despeça-se agora! Não marque mais encontro algum!

CARMILLA: Muito obrigada e adeus.

Cena 6

O toalete à esquerda está cheio de pilhas humanas cobertas com lençóis brancos. Nos lençóis grandes, manchas de sangue. Sobre a pilha de lixo, um brilho vermelho, como fogo. O sol nasce. Tudo brilha com armas. Ouve-se baixinho música de elevador, música constante típica, como em mercados, de um pequeno rádio portátil. O rádio pertence, vê-se quando ela entra em cena, a uma mulher enorme, gorda, a CRIATURA DUPLA. *Essa mulher (também pode ter enchimentos) é a gêmea siamesa Emily/Carmilla, costuradas em um traje único. A criatura dupla tem uma faixa da cruz vermelha no antebraço. A criatura passa por cima das armas e detritos, se equilibrando. Traz uma cesta de piquenique e o rádio. O rádio toca. Depois de um instante, a criatura se senta, gemendo e desajeitada. Pega comida da cesta para si. Morde uma coxa de criança, como se morde uma coxa de frango. De vez em quando, a criatura bebe sangue vermelho luminoso de uma garrafa de vinho de dois litros. Depois de um tempo, os dois caçadores alegres entram com seus cães. Remexem os detritos com os canos das armas, interessados. De vez em quando, pegam algo, mostram um ao outro e enfiam em suas sacolas plásticas. A princípio ainda não percebem a criatura dupla. Ela segue devorando.*

HEIDKLIFF: Quem procura acha. Espero que tenham tido um bom espetáculo.

BENNO: As bactérias têm vidas próprias. Às vezes elas irrompem. Querem expandir seu horizonte.

HEIDKLIFF: Somos cavaleiros que retornam. Todo gênero tem um último exemplar. É o que diz a história natural.

BENNO: Somos pessoas genuínas. Como a eletricidade! Como o átomo!

HEIDKLIFF: O mundo das ideias não vai invadir a realidade por muito mais tempo.

BENNO: Nós mesmos somos! Eu me entrego, me ponho para fora. (*Vomita.*) Feito.

HEIDKLIFF: Que belo casaco sobre os ombros dessa terra! Veja só! O olhar ainda não conhece seus limites. Nenhum campo escapa ao meu olhar nesse nascer do sol. Enterro fundo minhas raízes, não podem me arrancar. Pertenço aqui. Antes de tudo pertenço aqui!

BENNO: Eu também, por favor, estou aqui presente de fato e de direito.

HEIDKLIFF: Simplesmente crescemos aí, selvagens. Olham para nós. Nós olhamos para fora de nós.

BENNO: Dependendo do temperamento, o trabalho é feito para nós.

HEIDKLIFF: Nosso pescoço some imperceptivelmente em nossa estrutura corporal. (*Benno alimenta os cães, que chamou para si, com pedaços de salsicha.*) Posso dar o sangue de milhões de pessoas por artigos de luxo. Com aprovação, coloco-o no balcão da loja ao comprar. Até recebo troco!

BENNO: Gostaria de ser um paciente conhecido. Gostaria que houvesse uma abundância de mim.

HEIDKLIFF: Na lama da minha linguagem técnica sobre o tema medicina, gostaria de fermentar, fétido.

BENNO: Gostaria de exigir vítimas. Gostaria de ser a guerra!

HEIDKLIFF: Gostaria de tomar de assalto, junto com outros, a história, como um campo de restolho.

BENNO: Beijar com a boca! Algo pequeno!

HEIDKLIFF: Lá dentro, todas desapareceram de algum modo. Falam algo em voz alta para fora, para que escrevam sobre elas. Elas dizem muito e se dividem em muitos papéis. Enquanto insetos, peixes e répteis estão mudos de espanto pelo que os cerca. Não é pouca coisa aniquilar com tiros algo assim!

BENNO: Elas expiram um ar que não volta.

HEIDKLIFF: Uma distância monstruosa entre cabelo e entendimento é o que as caracteriza.

BENNO: Eu prefiro uma sulista fogosa. Por favor, me deem uma Carmem!

HEIDKLIFF: Meu coração é mau. Ele nada com febre em mim. Tenho o desejo urgente de afeto e procriação.

BENNO: Sinto muito. Agora sei o segredo da vida e também não estou mais inteligente. Minha calça está terrivelmente cortada. Dou uma explicação e não a peço de volta.

HEIDKLIFF: Tenho absolutamente que passear. O caminhante precisa de contato com o mundo vivo. Vitrolas dançam. Olhar um vilarejo por ali. Sem andar, bem que eu podia estar morto. Preciso de natureza!

BENNO: Permita-se caminhadas. Permita também relatar. O que não se vê de milagres da vida, quando se anda. (*Percebem a criatura que come.*) Eu vejo. O que você não vê. A natureza seria mais bela sem isso!

HEIDKLIFF: Eu pago meus impostos. Nunca vi algo assim antes. Não pagaria por isso. Amo meus deveres.

BENNO: Avalanches de banha. Delas escorre gordura.

HEIDKLIFF: Ter essa aparência – bom. Mas se vestir assim não. Desfavorável. Com fendas pelas quais a carne escapa. Melhor virem ao banco de correção. Nós mesmos projetamos. À direita visto daqui.

BENNO: Sebo. Monte de margarina. Mártir. Composto de colesterol. Amarelo e tagarela sob os sapatos. Vem como oferta pelo correio, cordão incluso. Especialidade regional. Um assado em uma rede.

HEIDKLIFF: Granadas de gordura. Bombas de gordura. Cortar desde já a comida. Se conter, e é para já! Melhor adiar a procriação, vocês!

BENNO: Nauseante. Monstruosidade. Excrescência na paisagem. Por fim, poder pôr fim. Bum! Refrear suas protuberâncias. Arrancar-lhe as espinhas da pança. Enrolá-la em um cordão contínuo.

HEIDKLIFF: Acabar com isso, com força.

BENNO: Pessoa rançosa. Bolinho do Tirol. Melhor manter distância e rápido. Ela não deve afrontar um soldado estacionando no lugar errado. Não montar um cavalo vienense assim. Não deixar para fora. Defenda-se, cavalo!

HEIDKLIFF: Bater uma. Com um mata-moscas.

BENNO: Arrancar fora os olhos, instrumentalmente. Futucar nas órbitas com dedos sangrentos como formigas. Dói! Tributos e tribunas emergem daquela região. Uma batalha animal. Mortos. Católico de sangue. Desligar os cátodos romanos. Apagar. Dói. Dói.

HEIDKLIFF: Ostensório inchado para o Corpus Christi. Logo entra em decomposição. Um verme gordo! Melhora o solo. Ousa se pôr e decompor em público.

BENNO: Mas no campo aberto, que legalmente pertence a todos, queixar-se, isso ela pode! Impedir que organizações se instalem aí. Também podenhem!

HEIDKLIFF: A fala e o olhar devem vir juntos. Mim cutucar seus pacote de gorduras. Vocês pegar a fruta errada do ventre. Feliz, Benno?

BENNO: Feliz como uma criança na primeira comunhão. Também comemos as hóstias. Mas não tão impulsivos.

HEIDKLIFF: Logo dissecar seus ventres! Farrapos de pele jogados fora, com poros assim. Sêmen, acompanhado silenciosamente por um caminhante. Esse foi o oficial reclamando alto atrás de sua mesa. Formações de nuvens notáveis cheias de tempo.

BENNO: A aparência não tem valência.

HEIDKLIFF: Minha genitália é falha. O ar aí em cima nos pertence. Até lá em cima!

BENNO: Derrubar as montanhas austríacas de carne. Depois será engraçado, divertido. Pena. Um destituído deve afivelar agora sua cinta-pau. O caixa fica feliz em pagar. Nos montes fora da cidade.

HEIDKLIFF: Sabem pegar o transporte? Com alegria jogamos nossa última cartada, cobiçosos.

BENNO: Seria bom atacar. Por favor, venhanham cá! Rancar e rasgar vestimentas.

HEIDKLIFF: Cavarmos um buraco em nossas partes moles! O que elas dizem sobre nós?

Investe com o armamento sobre a criatura. Os cães ficam parados. Benno investe igualmente sua arma.

BENNO: Grandioso. Voluptuoso. Trepadeira. Especialidade.

HEIDKLIFF: Eu me admiro. Erro. Irreparável.

BENNO: Queiram esperar, com prazer. Esperar de propósito, em ordem. Mesmo Goethe – como Deus – era impaciente quando queria alguma coisa.

HEIDKLIFF: Creditar essa quantia em nossa conta, broto de manteiga!

Ambos começam a atirar na criatura. A criatura vira, se contorce, jaz imóvel.

BENNO: Copos de porcos! Volta pro túmulo!

BENNO e HEIDKLIFF (*até o final, sempre os dois juntos, mas também um sobre o outro, cada um alternadamente levantando a cabeça. Eles dois sugam no pescoço da criatura dupla*): A um bloco opaco pertence uma corda firme. Mim terminou. Com cinquenta ser professor vai. Certeza. Ter quantidade de açúcar. Certeza. Tão pouco quanto o vinho de Brünnerstrassen. Admiração pra nós! Batendo palmas! Batendo os pés! Normal. Algo beloelo é sempre previsível. Muitas quereram respirar por oitenta anos. Muitas imodestas também a vida eterna. Nada aí! Bebendo de um balde. Como bichos. Senhor, nós agórea até a nossa morte vamos olhar ao redor, em um monte sob uma árvore. Até o fim estamos aí. Mim não conhece medida! Vamos lembrar os nossos. Viver bem! Mim vai lembrar muito tempo. Então obrigado. Mando saudações cordiais pra vocês! Também minhas. Adeus. Agore por favor vão embore. Acendam a luz e saiam pra claridade! Vai logo! Imediatamente! Corre, pra fora! Acendam a luz na sala e saiam! Saiam logo! Logo que agórea sair pra claridade! Vão embora! Desapareçam! Mergulhem! Vão à merda! Me errem! Luz acesa e fora! Vão rápido! Ainda não tá claro? Ainda tão aí? Então agora façam clarear imediatamente! Agora luz e imediatamente fora por favor! Agora! Agora luz e tchau! Agora!

Pano.

FAUST(A)(NÃO TÁ)

Drama Secundário ao "Fausto Zero"

Duas TVs, onde talvez passem cenas do Fausto Zero, *que em parte poderiam ser representadas também no palco, filmadas e projetadas. Só uma sugestão. Duas poltronas de TV, em cada uma delas senta-se um coro-de-uma-pessoa-só: Espírito(a) e Faust(a), quem quer que seja. Mas ao menos Faust(a) deve ser uma mulher, então, sentam-se nas poltronas de ver TV, diante da tela. Nem preciso dizer que também pode ser diferente. Talvez o Fausto original só como filme? Também podemos fazer diferente. Só eu infelizmente não posso fazer nada.*

ESPÍRITO(A): Ensinar a dirigir, as mulheres? Tem muito mais motivo para torná-las inofensivas. Pois já faz tempo que elas dirigem! Elas seguram firme na mão o caderno onde se inscrevem, e só o delas é que deveria estar valendo. Só esse penteado deveria ser absolutamente arrasador. Hoje em dia elas dirigem a palavra em todo lugar. Aprender a dirigir com as mulheres. Mas tem desvantagens. Ninguém mais ousa nomeá-las. Esse ai e ui o tempo todo, qualquer entonação errada as dilacera, qualquer palavra dura as atravessa, qualquer observação desdenhosa sobre seu cabelo, sua silhueta, sua roupa, suas coxas, suas tetas atinge ela fundo, e aí ela nunca mais consegue esquecer. Qualquer um que faça observações ofensivas sobre o queixo duplo e a bunda caída dela vai machucá-la profundamente, ela não consegue mais esquecer isso. Algo apita fundo lá dentro, talvez o médico tenha esquecido o celular ali, de novo nada está certo, e elas já têm que voltar ao médico. Têm depressão e querem tratar. Trabalham nisso, e querem ser bem tratadas. Não fazem nada e sempre voltam para se tratar. O negócio delas, que nem é delas, vai à falência e elas querem um bom trato, porque não conseguem aguentar algo assim. O negócio elas não deixam tratar, naturalmente. Também não adiantaria nada. Ele é desenrolado como o fio que escorre das mãos das mulheres e com o qual se embaraçam, pois percebem tarde demais que são os fios do seu destino, uma hora eles acabam, e agora como que as mulheres vão fazer seus trabalhos manuais? Virar a mão, dos pés à cabeça? Trabalho cabeça naturalmente só pode ser uma piada, pois de novo: onde é que estão com a cabeça? Onde é que ela estava, agorinha mesmo? Acabar seria bom. Não podemos pagar nada mais barato, porque não valemos a pena. As mulheres são valiosas para nós, como o meio-ambiente, que se desvai, que nos distrai, porque na realidade não está nem um pouco ameaçado. As mulheres pedem ajuda, os homens não. As mulheres buscam tratamento. Ficaram velhas, e então buscam um bom trato mesmo assim. São alegres e jovens, para poderem ser tratadas sem motivo aparente. O motivo é psíquico e/ou subterrâneo e/ou está no ar e/ou sei-lá-o-quê. Voltam a se recuperar. Não se recuperam. Não se vê nenhum motivo, a água já está chegando no pescoço, mas em algum lugar há um motivo aí. Mas não dá para ver. Perdem controle do relacionamento, e vão no médico para serem tratadas. A roda fica parada, nenhum conselho mais, nenhum lugar onde ainda pudessem parar, e vão direto para o médico, e é por depressões. Nesse caso específico, até sei. Isso teria que ser tratado, e a tempo. Depressões exigem tratamento, e a mulher vai a todo lado onde seja tratada, tanto faz como. Saem das florestas, as mulheres, das planícies, de longe, do deserto, de uma fazendona nas montanhas, de uma fazenda normal, de uma fazendinha, de vielas, quintais, lixeiras, garagens, escritórios de fundo de quintal, campos esportivos, do nada e para nada elas vêm, elas vêm, para empacotar e enviar mercadorias ardentemente desejadas, ardentemente imploradas. A empresa delas vai à falência, mas elas vão ao médico, em vez de simplesmente seguir adiante em uma outra empresa. Fora que não tem nenhuma outra empresa. Então vão para o Nada. Passam, simplesmente. Um incidente lamentável é quando lhes roubam a roda com a qual teriam que dirigir para trabalho nenhum. Ficam deitadas na cama, até que venha o médico. Correm por aí com os pés como se fossem ao Monte das Oliveiras, onde já cortaram para elas uma cruz que terão que carregar. É isso que nos dizem, quando enfim vão embora. Dizem quando voltam. Sempre têm algo a carregar. Compras. Muito provavelmente teriam tido sucesso, caso tivessem tido sucesso. As mulheres são Jesus, todas em um frasco, todas um fracasso, todas fracas, essas mulheres. Não têm nada. Não têm nada. Nem têm mais o que carregar. Não têm nada para vestir. Não têm nada. Não têm mais trabalho. Perderam. Se perderam. Atravessam as ruas e caminhos de seus vilarejos e cidadezinhas, como todo dia, em seus carrinhos enferrujados, que já engasgam desde a partida, no trem, no comboio para o trabalho. A enfermeira no carro francês moderno, que não se dirige a nada que ainda se conhece. Um carrinho, mas ele toca todas as peças, toca para ela a canção da morte. Ele se dirigiria a ela, mas não ao seu assassino. Seu assassino não pode dar a partida, pois no estudo do álcool não avançou até o pendrive que dá a partida nos carros modernos nesses últimos tempos. A essa mulher simplesmente ninguém mais se direciona. Mas o carro dela sim se dirigiria. O assassino girou uma chave, mas esse veículo só pega com um chip. O assassino nunca ouviu falar disso, mesmo assim mata a mulher. Assassina a enfermeira, porque quer ter o carro dela. Agora não tem nada, mas a mulher está morta. Ele se dirigiu à mulher, e agora ela está morta. Ixi. O carro não vai, não tem chave nenhuma disponível. Não precisa de nenhuma chave, mas isso o assassino não entende. Com o pendrive o assassino não está habituado. Não sabe o que é isso e como funciona. A morte da enfermeira não serve de nada a ninguém, nem mesmo ao assassino. Não faz o carro andar. A enfermeira está morta. O assassino agora pega o ônibus. A enfermeira está morta a partir de agora. As mulheres dirigem para o trabalho. Agora perderam tudo. Perderam seu lugar de sempre no comboio, aquele na janela, o lugar bacana que ocupa há anos com ela mesma, gostava desse lugar, podia olhar para fora, no lugar da janela. Lá podia se ocupar por muito tempo com os mistérios da vida, sem revelá-los a ninguém ou precisar se levantar para cuidar de coisas e com isso se sujar. Isso veio depois, muito mais tarde, veio depois de mais de trinta anos no mesmo negócio, primeiro bater o ponto, depois cuidar das coisas. Primeiro bater o ponto na saída, daí tomar cuidado direitinho. As sacolas de compras ainda na mesa da cozinha, ainda não esvaziadas, a massa já devia estar no congelador, esses dois ovos quebraram nos seus pontos fracos. Aí jaz a mulher. Foi arrastada pelos pés e tirada do seu lugar. Todos conhecem esses lugares bacanas na janela. Por tanto tempo tudo bem, por tanto tempo andando bem aí. Perdido.

Tudo perdido. Também matam as mulheres. Mas elas preferem ir ao médico, se têm escolha. Tudo nelas seria curado nesse um ponto, nesse ponto fraco pelo qual se poderia pará-las, como a linha de montagem que, contudo, também está parada. Com um dedo é possível fazê-las calar, quem é que não quer isso, calar a boca dessas mulheres feias, das outras ainda se quer ouvir mais e para isso se lê as revistas delas. A política foi fundada para que as mulheres feias também tenham uma chance, mas as simpáticas, que não foram feitas para tudo, fazê-las calar, não, falar, pois o que está dizendo essa modelo que está grávida de novo? Fazer calar as mulheres mais simpáticas, fazer calar todas, umas por causa disso, outras por causa de qualquer coisa, e sempre porque se tem outros planos para elas, é isso que demanda o homem, é isso que demanda o homem, que salta exultante com sua presa, para se tornar responsável por ela, com um descontrole impressionante. A mulher é levada embora, na conexão doméstica sob a qual os números devem ser apertados. O telefone chamado não existe, isso também enfurece o homem. Tudo o enfurece, pois ele se sente oprimido. A mulher fala e domina. A mulher rege e regula o trânsito. Ela assumiu deveres. Assinou o empréstimo, e agora está dentro. Ela também é importante. É a mais importante, se faz importante o tempo todo. Tanto faz. Não se pode fazer, não se pode nada, não se pode fazê-las calar. Pode-se fazer muito com as mulheres. Ainda desencarregadas do transporte, dos tampões higiênicos e das durezas da reprodução, são por exemplo palcos ideais para mecanismos de precificação e orientação racional dos lucros. Agora ganham o concurso de modelo. Isso é tão legal! Eu me alegro contra elas, pois também queria ter ganhado, mas como poderia se nem participo? Se tivesse participado, teria tido uma chance de vitória. Entre todas as mulheres eu também. Elas são facilitações artificialmente realizadas dos livres movimentos do mercado. São novos postos de informação, onde algo cresce. Ah, se apenas soubessem quem foi o senhor hoje, que era tão bonito e que olhou para uma na cantina, então, vocês já sabem! Sabem, aqui a natureza em sonhos leves formou o anjo nativo. Desculpem! Por favor, perdoem, não vai acontecer de novo. Pode-se fazer parar a linha de montagem, pode-se fazer parar o carro no semáforo, pode-se fazer calar o rádio, a TV, não, por favor, não!, pode-se fazer calar qualquer pessoa com uma arma, não, por favor, não!, mas não se pode fazer calar as mulheres. Elas falam e falam. E então vão ao médico e falam mais. Não se encontra o ponto. Não se vê o interruptor, mas se se visse então se teria tudo em harmonia, e, na verdade: essa pessoa seria um médico. Então a mulher ia querer casar com ele. Mas isso não dá. Com esse título, pode-se torná-las amigáveis, as mulheres, aí se aproximam de você como o pássaro se aproxima de migalhas de pão. O médico é intitulado e infelizmente casado. Não custa tentar. A mulher vai ao médico. O homem menos. A mulher, com sua depressão, vai agora ao médico, a quem amigavelmente se despe e se dispõe. A arte do médico supera todas as outras artes, pois sabe tornar a mulher amigável. A mulher vai a ele e chora e pede ajuda, se tem depressões. Clama e reclama. Outros olham das cascas dos morros e do pico dos pães para elas lá embaixo, veem os fios escuros no cabelo, não há tempo para retingir, veem os filhos em roupas usadas compradas ou trocadas revirando no parquinho, na areia suja, na qual os cães cagaram e mijaram e infestaram e gozaram, essas crianças não foram vacinadas, de fato criança é criança, e brincadeira é brincadeira, mas mesmo assim: esses cachorros não foram desparasitados, as mulheres são vistas, e elas mesmas veem, veem pessoas usadas, usadas como ela, o esmalte nas unhas está quase totalmente descascado, as unhas falsas quase totalmente arrancadas, elas se afastaram da natureza, as sobrancelhas crescem, mas nos lugares errados, pelos corporais também há onde não devia, o cabelo cresceu e perdeu o permanente, ou nunca tiveram isso, o cabelo cresce e perde o corte, feio, a criança é que não cresce, o cachorro está doente, mas não tão doente quanto elas, as mulheres, sim sim, as mulheres!, elas percebem bem rápido que têm que ir ao médico. E se não percebem, uma revista as lembra. Dizem a elas: vá ao médico. E ele então pega as coisas dela. É para isso que existe, já ao dar as boas-vindas o médico pega a mulher. A mulher quer isso, só quer assim, só quer isso dele, se o homem é médico, um outro poderia rondá-la por muitos anos, mas ao médico ela se abre logo. Ele nem queria ter visto tanto dela. As mulheres sempre mostram mais do que se quer ver. O hobby delas: esse médico. Perseguem ele no fim de semana, fotografam com o celular escondidas. Esperam por algo que não recebem. Não vão receber isso desse médico. Espionam ele, olham a mulher dele, mas eu sou mais atraente, pensam consigo. Não, diferente. Sempre se mostram menos do que se poderia ver. Isso que a mulher faz, só pode fazer até chegar o médico. Aí acabou. Aí o médico está lá, e a mulher vai até ele, porque tem depressões tão fortes. De repente eu não conseguia mais olhar meu querido cachorro, e no momento seguinte já me cortei o braço com a faca. Isso exige tratamento. Ele sente o pulso dela e mede a pressão, isso vem com o pacote. Ele estudou, às vezes com a maior paciência, e às vezes o estudo o entediou, às vezes também o exauriu, mas finalmente completou, ele completou seus estudos, o médico, mas ei-lo aqui, pobre ignorante, não mais sabido do que antes. Segura aberta a porta do consultório. Sua recepcionista escreve num computador. Anota tudo o que o médico não consegue notar. Nota a mulher com um olhar ardente e astuto. Ele a nota com um olhar cansado e desinteressado, porque não é bonita. Ele é uma pessoa como qualquer outra também. A linha de montagem machucou a mulher. Como é que o médico pode saber isso? Ele não tem nada com isso. A mulher quer que ele tenha algo com isso. A linha de montagem lhe deu a vida de presente. Ela só se lembra ainda da linha. Das alças das mercadorias embaladas, luvas de inverno, roupas de baixo, um urso para o filho, uma boneca para a filha, um massageador íntimo – na verdade é a primeira empresa que oferece algo assim, a primeira empresa que ousou, quando as mulheres ainda não tinham nenhuma parte íntima, pois eram responsáveis por tudo menos por si mesmas – um bastão a bateria, assim, para si e para a consciência de si, mesmo se não se é um si mesmo e/ou não se tem um si mesmo e/ou nenhuma consciência de si mesmo, mesmo se se está inconsciente, aí compramos algo do tipo faça-você-mesmo, não podemos comprar mais, nós mesmos temos que fazer, então as partes para fazer você mesmo também são empacotadas, por outras mulheres, que também têm que fazer tudo elas mesmas, então, algo bonito para vestir no verão também, juro para vocês, nesses pacotes tem coisas dentro, uma princesa em folha de ouro para ganhar!, mais de uma!, não, ela não empacota para si mesma, essa mulher, está aí com muita frequência, não compra nada para si mesma, alguma coisa na moda para vestir no inverno, não, não para ela mesma, para as crianças, para as crianças não, para o cachorro, para o cachorro não, o cachorro ela não pode mais olhar, e já se corta com a faca, para o homem?, para o homem não, para si mesma nada de bonito, mas algo que já foi nomeado no folheto e tem que ser colocado na linha empacotado por outras mulheres. A linha agora está parada, e a mulher vai no médico. Primeiro vai para casa, troca de roupa, calcinhas limpas, o sutiã novo, e daí sim ao médico! A mulher tem que ir ao médico. A mulher está doente. O homem não vai a lugar algum. A mulher vai ao médico por causa das depressões, ele pega nos quadris dela, onde no entanto não acha nada. Não acho nada, diz o médico. O quadril com certeza não tem nada. O médico não acha nada nessa mulher. O médico não acha nada dela. Examina-a rigorosamente, mas simplesmente não acha nada nela. O estudo não foi fácil, mas ele não acha nada. Apalpa ela, mas não acha nada. Apalpa procurando a calcinha, mas não acha nada. Pois a mulher não está enlaçada. Só a nova calcinha para emagrecer aperta ela um pouco. Mas isso o médico não pode saber, pois hoje é aquela com os laços. Os laços estão aí, a mulher agora vem aí. Está psiquicamente doente. Ele apalpa por ela, não acha ela. Nem acha os laços que a mantêm ereta, não acha a costura e a postura dela, pois ela não tem nenhuma. O posto ela perdeu, ela não tem postura. Está psiquicamente doente. A vida dessa mulher está enlaçada, amarrada por falta de dinheiro, filhos, marido – igualmente desempregado – e além disso pelo desemprego generalizado. Mas não é uma mulher solta. Tem pontos de vista firmes, que, no entanto, abandona imediatamente caso se queira. Essa mulher tem muito trabalho. Ela se sente doente. Não se sente doente, mas está. Está psiquicamente doente. O médico não acha nada. Receita algo para ela. Não tem sentido. Mas a mulher está depressiva e vai ao médico, em quem não vai acreditar se ele não achar nada. Está claro que ele não acha nada nela. De repente ela se sente como se estivesse sendo cozinhada viva. Essa não é uma boa sensação, desde que a linha está parada, teve isso mais vezes, ser cozinhada, mas não comida, e não ter nada de comer para as crianças, sempre só macarrão com algum molho, e apesar disso duas toneladas de comida de gato ou cachorro, o bicho tem que comer, as crianças não precisam, as crianças não precisam de nada, mas também não podem nada. Mesmo assim fazem. Nada de comer em casa, hoje não, esqueci, hoje não cozinhei. Esqueci de fazer as compras. Isso com certeza é uma depressão. Estou psiquicamente doente. Diz a mulher. Esse é o único sinal. Juro para vocês, ela está perdendo a cabeça. As dívidas e as crianças crescem acima da cabeça dela. Por isso tenho que ir ao médico, o médico-chefe só tem que aprovar. A mulher se distribui e com isso fica doente, e por isso ela tem que ir ao médico. Melhor que ir ao filósofo. Ela nem conhece um filósofo. Toda mulher vai ao médico porque tem depressões. Não vai ao lógico, não vai ao advogado, não vai ao filósofo e não vai ao metafísico, não vai ao químico e não vai ao físico. Não conhece esses todos. Vai ao médico, porque é depressiva. A mulher acorda, se vê esquisita no espelho, não vai até o carrinho usado comprado dela, não dirige até a estação de trem, para ir com o comboio até a fábrica, não, hoje não, hoje não. Nada de café da manhã para as crianças. O que tem que ser feito não é feito. Nem as camas. Não, agora vejo, ela dirige, sim! Ela vai embora! Vai a um cruzamento com a ferrovia onde não tem cancela, fica um tempão ali e espera o trem, porque tem essas ou outras depressões. Então vai mesmo ao médico. Então não faz nada e vai ao médico, que deve fazer alguma coisa. Em algum lugar no caminho ela perdeu o trabalho e agora não acha ele mais, embora procure tanto. Não acha nenhum. Mal sabe ler e escrever e fazer conta. Vem de um vilarejo remoto, que continua estando lá onde outrora foi assassinado. Não tem nenhuma loja, ninguém é alojado, umas balas de baixo calibre se alojam ali e assim é abatido. Lá ficam as montanhas, ali a floresta, uma rua dá a volta no vilarejo, mas até o vilarejo pode ficar bem barulhento. Lá atrás, bem silencioso. Não se pode comprar nada, nesse vilarejo não tem sequer uma única possibilidade de compra, o vendedor vem uma vez por semana com a caminhonete, é preciso prestar atenção, para pelo menos pegar um vício. A maior parte das vezes não resta nenhum, nem um único. O que resta a essa mulher senão morrer de fome. Mas ela ainda pode encomendar um massageador, que sempre levam no abastecimento, já faz muitos anos, e que uma outra mulher empacotou, ela mesma levada. Não, isso não é nada para mim. Nenhuma possibilidade de compra. Mais nada aí. Nenhum pedaço de pão. Nenhum queijo. Nenhuma carne. Nenhum detergente. Nenhum sabão em pó. Nenhum lenço. Nenhum papel higiênico. Isso tudo não cresce no quintal. Você não ganhou refrescos se não cresceram no próprio quintal. Então. Agora ainda tem o granizo que esmaga o canteiro de pepinos, o canteiro de abóboras e o canteiro de abobrinhas. Vou me mandar. Eu trabalho. Estou psiquicamente doente. Sou uma mulher. Mas a mulher não tem tempo de se deitar. O vilarejo sim. Simplesmente fica aí. O vilarejo tem uma vida boa, mas a vida nele não é boa. Não tem possibilidades de compra, e se tem, então seria apenas uma possibilidade muito vaga. A mulher tem que se deitar agora. Ela conta com o pior. Tem na frente um nó no corpo. De onde vem e o que significa? Preciso de um nome para o nó, para que a vida tenha um novo significado e então também passe mais rápido. Por isso vai ao médico. A vaga no médico não pode ser comparada à vaga no ônibus, na pousada, no trem, no banco do parque, no parquinho, a vaga no médico é bem mais importante, pois a mulher agora vai lá direto, onde se espera que um lugar na sala de espera espere por ela, pois a mulher vai sempre ao médico, para ser tratada contra depressões. O médico é insubstituível para ela. Ela pode facilmente ser substituída, mas não precisa, pois a empresa dela está falida. Ela faliu. A mulher não vai a lugar algum. Também, aonde ir? Enquanto a empresa ainda ia, ela ia. Agora que a empresa não vai mais, nós também não vamos. As crianças não têm mais que ir no parquinho. Podem brincar em casa também. A mulher está psiquicamente doente. A vida não é uma brincadeira. Isso eles têm que aprender. Não há tempo. Não há trabalho, não há tempo. O médico não pode ser substituído. Não, diferente. Nenhum médico pode ser substituído por outra coisa. Um médico pode ser substituído por um garrafão de vinho. De repente ela não pode mais olhar seu querido cachorro, e no momento seguinte já se corta no antebraço. Tudo o que a mulher vê ou ouve a dilacera como se fosse com as próprias facas de cozinha, que partilham a comida em favor do homem, que faz tempo que já foi embora. Ele ganha o pedaço maior. Ele se foi e mesmo assim não paga pelas crianças. Talvez não tenha mais trabalho. Tem um novo. Mas talvez não tenha mais trabalho. Talvez ele não tenha mais seu antigo trabalho. Por isso a mulher vai ao médico, porque aqui e ali corta tanto, incha tanto ou dói de qualquer outro jeito, tem que ter sido a faca de carne, tem que ter sido o pulso, que burra!, eu não devia ter segurado bem embaixo. Acontece algo incisivo, a mulher não sabe mais explicar. Tem uma incisão. Ali tem comprimidos que juntamos, que cortamos e juntamos, e agora colamos nesse cartãozinho aqui esses selinhos de desconto para nossa vida, então, quando o cartão estiver cheio, quando estiver todo colado, ganhamos algo em troca, não, não podem enviar pelo correio suas vidas com esses selinhos, podem enviá-la, mas não com esses selinhos. Enviem sua vida, então receberão em troca esse lindo conjunto de panelas, mas só se ganharem. Vocês nunca ganham, mas compram um cobertor contra reumatismo ou um cobertor elétrico ou um edredom ou uma pele animal. A mulher vai ao médico, que, no entanto, se recusa sequer a tocá-la. Vai de ônibus ao médico na cidade, chama ele de terapeuta, para ser tratada contra suas depressões. Sabe que esse médico não vai tocá-la, nunca na vida, por isso não vai nele. Enfim, alguém que não vai tocá-la. Infelizmente não vai tocá-la, embora ela quisesse tanto. Quer ser tocada por um médico, e justamente por um desses. Não pode escolher. Não, diferente. Não quer mais ser tocada, porque não pode tocar mais nada. Ninguém tocaria nela nem com um garfo de churrasco. Mas não que ela seja quente. Aí trabalham até estarem totalmente despenteadas e terem que ir ao médico. Aí não trabalham mais e também vão ao médico. Ninguém sabe o que fazer com as mulheres. A mulher vai ao médico e foi. Agora ela vai ao médico e foi.

UM SEGUNDO ESPÍRITO (ESSE É FEMININO, É UMA ESPÍRITA) TALVEZ UM CONSULTOR, ENFIM, ALGUÉM QUE SABE O QUE FAZ, ENQUANTO ESTUDA A REVISTA COM A PROGRAMAÇÃO E AO MESMO TEMPO TAMBÉM PASSEIA PELOS CANAIS UM POUQUINHO: Então ele diz para mim, ouve só, você tem que conseguir essa moça para mim, essa que acabou de passar. Com certeza ela quer vir a mim, pois a mulher vai ao médico, elas vão sempre ao médico, assim podemos pegá-las. Dizemos que somos médicos, e aí pegamos elas. Depressa, já vejo ela vindo! Na idade avançada, vai-se sempre ao médico, caso além disso também se seja uma mulher. Só com a filha. Morta a filha, queimada e os restos enterrados de improviso na beira do rio. Essa filha já se mandou de casa pela terceira vez. A mãe não aguenta mais, mata ela, põe fogo e aí enterra. Não, ela não, ela não foi morta pela mamãe. Eles lá em cima. Morta, queimada, restos enterrados. Sepultados em um lugarzinho lindo à beira do rio. Mesmo assim foi desenterrada de novo. A mãe não aguentou mais com a filha. Se apenas tivesse ido mais cedo ao médico! Na maioria dos casos é tarde demais, não sei o quê. As mulheres preferem ir ao médico, e ali preferem expressar suas vontades. Os homens calam a maior parte das vezes. Bom. A filha nos interessa mais. Não, aquela lá não mais. Está morta. Não sei: Será que devo? O que aconselha à minha concupiscência? Poupar a bela e boa luz do dia, o meu incômodo e a paciência? Ah, o quê, não é incômodo nenhum! Simplesmente dizemos à filha, me ajude a levar lá embaixo essa coisa pesada, bom que você chegou, senão teria te procurado, vem cá, aí pode me ajudar, já já acaba, essa coisa dura tem que ir pro porão, decidi isso agora há pouco, mas já tenho semanas de escavações e outros trabalhos nas minhas costas, tudo por você, minha filha, e você não está disposta, então preciso usar a força, então vou usá-la, você não é como uma filha deve ser, não obedece, agora me ajuda com a coisa pesada, não vejo exatamente o que é isso, mas agora me ajuda, a coisa que vê aqui tem que ir lá embaixo, sozinho não consigo fazer isso, aí você tem que me ajudar, como minha filha, me ajudar, sim, aí tem que me ajudar. Me ajuda! Vai me ajudar agora, senão! Já vou te ajudar! Então vem, me ajuda logo! Só demora um instantinho! Um minuto. Mas essa é a última vez, papai, que te ajudo. As últimas vezes não foram muito boas, foram médias, não, foi tudo horrível, e fiquei feliz quando você acabou, feliz que você finalmente gozou. Com você isso sempre demora tanto. Não posso imaginar que aguente tanto tempo dentro da sua filha, até despejar a semente somente. Em troca me dá os brincos? Posso escolher algo assim? Não,

não posso escolher. De que me servem a beleza, o sangue jovem? De que me serve meu sangue? Sempre que preciso dele não aparece. Só debaixo da faca, debaixo da gilete, aí ele vem então. De que me serve minha respiração? Sempre que preciso dela, não está aí. De que me serve uma joia, de que me serve minha juventude, de que me serve? Sempre que preciso delas, não estão aí. Tenho mais o que fazer do que ser fodida por você, papai. Sim, filha, me ajuda só mais essa vez, essa coisa pesada é feita de um material ruim, acho que madeira, ferro ou algo assim, de todo modo é pesado e difícil de carregar, ao contrário de você, minha filha, mas você ainda não está tão disposta a servir a sociedade, para mim você não está feliz o bastante em servir, tem uma resistência em você, talvez queira ir embora, quem sabe, eu sei, quer ir embora, quer ter uma profissão, já está aprendendo direitinho, os direitos vêm primeiro, a quem então poderia pertencer seu esplendor? Esse pensamento é insuportável para mim. Sou seu pai. Sou o pai. As pessoas louvam vocês, crianças, quase com compaixão, dizendo que não temos nada melhor que vocês, e algo melhor que vocês sempre podemos conseguir. Sempre podemos conseguir tudo. Nós conseguimos. Quer terminar a escola de hotelaria? Não vai dar. O estágio no restaurante? Não vai dar. Que você saia em público, isso não posso aceitar. É horrível rastrear seus maus hábitos antes de estarem totalmente formados, suportar suas calúnias e ameaças. Conheço um lugar onde gostaria de me exprimir, e é em você, sobre você, sob você, em cima de você, em você toda, isso dá para fazer, esse lugar é pequeno, eu mesmo que fiz, fiz tudo, sim, você também, e conheço um lugar, fiz ele também, lá é tranquilo, cabe tranquilo duas pessoas, nós dois, tranquilo, e agora por favor me ajuda, essa coisa, o que quer que seja, bem que poderia ser um banco, não, não o banco certo, ele não, lá pego emprestado o dinheiro para minhas realidades, não, não para a realidade, agora, uma porta também seria possível, se me pergunta o que deve ser isso, o que deve ser carregado para o porão, tem que ir para lá, o papai com a porta, você tem que ir para lá, todos temos que ir para lá, todos temos que ir para debaixo da terra, isso é certo. É isso que nos cabe. Escape? Escapar do papai, isso não dá. Um bilhete de loteria, isso cabe no orçamento, mesmo que não faça nenhum sentido, nenhuma chance, nenhuma chance, mas escapar do papai, isso não dá. Eu me dei ao trabalho e me absolvi a cada enxadada das acusações, que, no entanto, ninguém levantou por décadas. Nada foi levantado além dessa enxada. Você tem que pôr fim a tudo o que já viu e ver apenas a mim.

Ninguém me perturbou quando cometi o pecado, e ninguém vai perturbar nós dois agora também. Aqui ninguém perturba, aqui nada perturba, aqui não se é perturbado por nada nem ninguém. O senhor nada e o senhor ninguém não perturbam aqui. Espero até que sua forma surja na curva da escada do porão, sua silhueta já certinha de mulher, que ainda se esforça com a porta pesada e comigo também, desaparece um instante, então te agarro. Finjo ajudar a carregar, mas já cavei seu buraco no chão faz tempo, escavado para suas curvas, à luz elétrica a porta do porão já esboça inibir todos os seus impulsos vitais, exceto um. Para manter as aparências, abro essa porta, algo tem que entrar, que você vai ter que carregar. Imaginei por muito tempo isso que se esboça. Não vou te dizer que as suas carícias me deixaram feliz, pois não há nada que me faça feliz, só algo que tenho que fazer. É uma obrigação, é mais forte que eu. Não há nada de que possa me abster. Não me deixa feliz, mas faço. Talvez eu não tenha o dom de ser feliz? Tudo isso dá tanto trabalho que depois nem dá mais para se alegrar direito. Cavei esse buraco, ou foi alguma outra pessoa?, para o bunker?, para todos estarmos protegidos?, e também fiz essa porta pesada, moldada em concreto, uma porta cimentada aqui em baixo, que ainda é muito mais pesada que essa coisa, porta ou banco ou o que quer que seja, que ainda tem que ir lá para baixo, a porta pesa cem quilos, cuidado para não cair de costas no chão enquanto me ajuda a carregar, se bem que seria prático até, isso não tem mais importância, papai!, bebê não é para cair!, senão vou ter que te carregar lá para dentro, você simplesmente tem que entrar no porão, mas ainda não sabe, agora me ajuda a carregar isso para baixo, e então está livre para fazer ou deixar o que quiser. Dois metros de liberdade é o que você tem para isso, para ir até um pote e comer de outro pote. Só o ser humano cava um buraco na terra para seu próprio prazer, pois também pode construir torres, casas, cidades, mas também quer cavar, esse é seu livre-arbítrio, seu arbítrio está livre, balançando nas calças, sempre pronto, sempre querendo algo, querendo aquilo que ele quer. Os animais também cavam seus ninhos, suas construções, tudo no chão, tudo na terra, o ser humano cava por prazer, um buraco no qual possa ter seu prazer, tantas vezes quanto quiser, porque na superfície da terra não dá. Sobre a terra se vai diligentemente no médico. Debaixo da terra se fode, até não vir médico nenhum. Ele não vem. Nunca. Ninguém viria a ter a ideia de cavar um buraco na terra só para seu prazer, para então perseguir ali o seu prazer. Mas eu sim. Uma pessoa precisa fazer alguma coisa. É um ímpeto. É uma obrigação. É toda a sua alegria. Fora ele, não faz nada. Seu instinto o instrui a cavar um buraco para perseguir seu prazer. Sobre a terra não tem espaço para as pessoas. Vocês têm que pegar sua vontade, que não conseguem libertar, pois ela não existe, casem com seus professores, se não acreditam em mim!, as pessoas então têm que descer debaixo da superfície terrestre. Para ter um prazer consigo e com os outros, menos superficial que a maioria dos outros prazeres. Então. Agora entra aí. Como pai, a gente faz algo assim. Como um pai amável, a gente faz algo assim. Vai fazer isso pro papai, sim! O que em cima não dá, com certeza dá embaixo. O médico vai confirmar que com as mulheres é assim e não de outro modo também, senão isso seria ir embora. Também dá de outro modo, mas assim também dá. O que não dá em cima, dá embaixo portanto, talvez não portanto, mas dá, e dá para descer. Dá lá embaixo. Essa moça devo conseguir como Espírito? Ah é, eu devo ser o Espírito, o Espírito deve ser eu, a moça não precisa ser nenhum Espírito nem ter nenhum, só precisa simplesmente estar aí. Ok. Isso é difícil. Mas não, não é difícil, mesmo que também não seja fácil, atraímos ela para o porão, ali a acorrentamos, batemos no crânio dela com alguma coisa, até que não se defenda mais, também podemos fazer diferente, mas esse não é um mau método, e então carregamos ela para dentro do porão. Sim, essa moça carregamos lá para baixo para dentro do porão e então rolamos a pedra para cima. A pedra em cima e pronto! Acolchoamos tudo com uma espécie de isolamento, com uma espuma de isolamento, para nenhum som passar, para nenhum som escapar, espuma de um frasco ou sei-lá-de-onde e nenhum som mais sai, nem um piu é ouvido. Pipi se faz no balde. O concreto é aplicado lá embaixo, assim não é preciso carregar lá para baixo a pedra de fechar de concreto que eu mesmo mexi e moldei. Não tem nenhum Deus ali que a role de volta para fora. Eis a punição por não acreditarmos nele. Como a filha é amável! Ela nós guardamos. Que bom que temos ela. Ela nós guardamos conosco. Ela nós guardamos para nós. Cai bem que ela já esteja a caminho lá de baixo sozinha. Ela vem ao meu pedido. Só eu venho a estar aqui. Só nós dois agora devemos estar aqui. Ela deve nos ajudar a pôr essa coisa pesada no porão. Até que então pare de viver e pareça morta, isso vai demorar umas semanas e uns meses. Tempo demais? Mesmo nesse tempo, não se colocam limites para o sentir. Nossos movimentos também nunca hesitam debaixo da terra. Uma joia! Uma gema! Onde quer a corrente? No tornozelo. Ok. Então no tornozelo. Aproximadamente dois metros de comprimento, a corrente, né?, dá tranquilo, ela senta intranquila, mas dá tranquilo, dá para a filha sentar, deitar, ficar de pé, cagar e mijar. Por sorte não está completamente morta, só parece estar, pois ainda precisamos dela, porque ela tem essa aparência, porque tem uma aparência tão linda, porque é simplesmente linda. Essa moça é simplesmente linda. Se eu a visse morta, então não poderia mais ser socorrida. Mas assim eu a socorro. O médico também socorre. Isso ele já faz. Ela já está vindo até mim, para o único senhor doutor. Não. Eu não sou aquele que eu sou. Essa mulher também vai ao médico. Já tem mais de quatorze. Graças a Deus. Não. Tem dez e agora vem para o porão. Isso ela tem que ter bem claro. Não vai poder fazer nada diferente, com dez já se tem algumas coisas bem claro, com doze é inquestionável. Com dezesseis então tudo fica claro, mas ainda vai demorar para acabar. Na escuridão, outras coisas ficam bem claras. Mais claro que isso não fica. A luz é desligada. Pego o ônibus da Volkswagen. Então ainda temos que cavar o túnel, o buraco na terra, para plantá-la lá dentro e aí encher. Então. Já foi cavado. Porta em cima, concreto grosso, a prova de som com a espuma e pronto. Um balde para merda e mijo e pronto. Um ventilador para cortar, circular e retirar o ar e pronto. Pode-se regular como um secador de cabelo, super prático, e está acabado! Sempre acaba cedo demais, mas com a respiração se pode domar qualquer um. As pessoas simplesmente preferem ar a comida. Não faço ideia por quê. O ar lhes é mais caro que qualquer comida: Com isso pode-se trabalhar. Com isso pode-se planejar. Com isso pode-se fazer algo. As pessoas preferem respirar a comer. É estranho, mas é verdade. Já conferi. Sem ar as pessoas simplesmente fazem tudo, só para conseguir ar. Se arrastam de joelhos na sua frente. Sem comer, ainda dá. A comida pode ser uma arma. Comida demais, bem como de menos, pode ser uma arma perigosa para a mulher e para seu corpo. Mas respirar, todas precisam, isso eu confirmei. Pode-se tirar a comida delas, mas não o ar. Embutimos esse ventilador, o único suprimento de ar, só para essa moça, e sabe qual é o melhor?, o melhor é que ela teve que cavar junto o seu calabouço!, teve que cavar junto, a pequena, ordenamos expressamente com a respiração, mas ela também teve que cavar junto, no começo não estava preparada o suficiente, todos não estávamos preparados o suficiente, aí algo deu errado, ela teve que cuidar, teve que cuidar direitinho do seu calabouço, senão não teria ficado pronto a tempo. Com a respiração, o calabouço fica mais elaborado, mais colaboração e labor para o ventilador, o ar, que, contudo, está sempre aí, precisa de preparação.

Preparação elaborada. Sem preparação não tem respiração. Então ela já estava lá, mas o calabouço ainda não, a respiração estava lá, mas o ar ainda não, ainda não tinha chegado, o ar, o ventilador também não, a criança teve que ajudar a cavar o próprio calabouço, senão quem teria nos ajudado? Ela trabalhou duro no seu calabouço, a pequena, minha bonequinha, teve que labutar bonitinha no seu calabouço, ralar, rancar a terra, cavar, cavar, cavar, eles cavaram e cavaram, a criança e seu mestre, a criança e seu novo senhor, cavaram e cavaram, sim, éramos nós que cavávamos!, o calabouço formando e ornando o calabouço, sim, seu cabelo dourado, Margarete!, tudo só para ela, algum ar, insuflado só para ela, para outra moça embaixo, Grete no submundo, seu cabelo dourado, Margarete!, muito bem, Elisabeth também no submundo e mais várias outras no submundo, muitas quantas?, quem sabe?, ninguém conhece os nomes, ninguém as contou, não, nós também não, só conhecemos nosso próprio censo populacional, e a população cresce constantemente, ainda enquanto estamos contando ela já cresce, às vezes também diminui, às vezes um pedaço da população se vai, às vezes a gente perde um pedaço, mas de modo geral somos os senhores sobre o chão, o porão, o rádio, a revista e o ar. É melhor do que ser senhor sobre a terra. Senhor sobre o ar: Isso é o melhor de tudo! A soberania do ar, isso é uma externalidade, porque o ar sempre está fora, em primeiro lugar, fora quando a gente respira, aí está dentro um tempinho, mas também tem que voltar a sair, mas já está bom, essa soberania. Essa soberania superior sobre o espaço aéreo e o espaço do porão. O mais alto. Já provei tudo – nem comparação! Elas precisam de ar. De vez em quando querem pegar um ar, é simplesmente natural. De comida ficam mais tempo sem precisar, para a comida há tempo, a comida pode esperar, não vai ficar melhor esperando, mas pode esperar, do ar precisam imediatamente, todas as pessoas. O ar de fato também não fica melhor, mas as pessoas precisam dele e só. Simplesmente não podem ficar sem. Estranho, mas verdade. Então. Colocamos lá para ela um fosso, um buraco na terra, já basta. Um balde como privada. É o que as jovens damas recebem. Isso elas recebem imediatamente. O que quer entrar tem que sair. O que quer sair tem que entrar de novo. O que quer entrar também pode entrar. Quem vai nos impedir? O que diz o livro?, o que diz aquele que estudou o livro, o Senhor Doutor de Direito, sim, quer dizer: estudou jurisprudência, o que ele diz?, provavelmente ela estava melhor lá embaixo do que em cima com a mamãe e o papai, é o que ele diz, não, com certeza lá embaixo no porão estava muito melhor, aquilo era o paraíso comparado com lá em cima com mamãe e papai, é o que diz alguém que decorou artigos e parágrafos, não diz: seu cabelo dourado, Margarete!, sim, mesmo só com a mamãe, só com a mamãe: nada bom!, embaixo melhor, o senhor doutor, que estudou parágrafos, o Heini, que nunca estremece, todo um estudo, para depois só dizer o que está no livro. O senhor mestre louvado, que deve nos deixar satisfeitos com a lei, mas não nos deixa, ele não nos deixa. Lá em cima era ruim, debaixo é péssimo, é o que se diz. Mas embaixo ainda sempre melhor que em cima com a mamãe. Aí o papai ainda tem uma palavrinha a acrescentar. O diabo ainda tem uma palavra a acrescentar, ainda quer palpitar, e o diabo não dorme. Ele diz: não é tão simples como vocês estão imaginando! E o que lhe diz o papai? O papai não tem vergonha de um doutor. Não tem vergonha de ninguém. Ele é um por todos. Ele é por nada. Ele é contra, quando lhe perguntam algo. Ele é o Espírito que sempre diz não. Diz não até quando não lhe perguntam nada. Diz curto e grosso: se o sangue jovem e doce não descansar em seus braços ainda hoje, aí sei lá o que vai fazer, aí sempre faz qualquer coisa, não teria que fazer nada, pois de todo modo vai fazer tudo. Já faz isso há quatro anos. Sim, ele já faz. Não, diferente. Não faz mal que ele faz tudo, senhor doutor de direito. O papai pode. O papai não precisa de livros para poder tudo. Quando você conseguiu fazer uma pessoa, pode fazer tudo com ela. Se ele tivesse apenas sete dias de descanso, não precisa do doutor de direito para isso, então seduzir uma criaturazinha, nisso estão de acordo, aí estão de acordo. Quem com quem? Até para o diabo é uma tarefa difícil, mas não para o senhor doutor de direito. Ele cura vocês de todos os seus direitos! Ele diz algo que sabe, lê um livro e diz algo que então sabe, lê muitos livros e diz que ali tem algo que já sabia. Digo o que está aí. E o que está no livro, o que está no livro do direito? Debaixo ela provavelmente estava melhor que em cima com a mamãe! Seu cabelo dourado, Margarete!, por favor, onde diz isso, não encontro o lugar, onde diz isso no livro por favor?, no livro isso não está, não está em livro nenhum, mas basta que eu diga. Mas os senhores estão com o livro errado! Claro que nele não tem nada. Os senhores têm que ler um outro livro! Digam-nos o que diz aí! Já sei, os senhores têm apetite mesmo sem isso. Mesmo sem francês. Mas leiam o outro livro, está lá! Está lá sim: Ela tem mais de catorze. Já tem mais de catorze. Então dá! Então dá! O que vocês estão dizendo? Lá em cima com a mamãe, lá era pior que embaixo provavelmente. Três vezes ela fugiu, duas vezes voltou, uma vez por conta de dificuldades com a fala, uma vez por conta de dificuldades com a saúde, duas vezes retornou de livre e espontânea vontade, para casa, para o calabouço doméstico, para a pátria, na terceira vez não, na terceira vez o galo cantou, na terceira vez então todo galo cantou por ela, e isso teria sido um cativeiro em ordem? Não foi. Não foi. As mulheres só trazem dificuldades, mesmo em cativeiro, mesmo quando o cativeiro não é nenhum cativeiro, mesmo no calabouço, e elas também têm algumas, agora estou falando especialmente da pequena Margarete, essa é outra, é outro sangue jovem, um outro jovem tesouro angelical, cujo local de descanso deveria ser visitado, cujo calabouço deveria ser enchido, ela mesmo deveria preenchê-lo consigo mesma, seu cabelo dourado, querida M., lhe cai tão bem, me cai tão bem! Só um problema, não, um outro, o lugar é o problema, aí pisa gente demais para mim, a gente consegue um outro, um local de descanso no porão, tranquilamente, um lugar tranquilo no porão. Por que todas lá embaixo?, eu me pergunto. Por que todas as moças no porão? Por quê? Simplesmente por quê? Também podiam ser mantidas em uma torre, mas uma torre não é todo mundo que tem, e aí é preciso subir muitas escadas, possivelmente seria cansativo, o papai já está ficando mais velho, um porão também não é todo mundo que tem, mas a maior parte das vezes um porão está incluído e integrado na casa, seu uso já não, mas está aí, nem tudo o que está aí se pode usar também, foi o que se disse aos inquilinos, esse porão só pode ser usado pelo senhor da casa, é o que o homem é em sua própria casa, ele de fato está aí, mas só pode ser usado pelo senhor em sua própria casa. E ainda tem mais uma vantagem, o porão: esse lugar no porão permite a qualquer momento levar o gasto para fora, levar para baixo, para dentro, não, levar cachorros não, não dá para levar cachorro sem ter cachorro, então só levar para dentro e para baixo, já está lá tudo o que está lá, também é usado, usado para a esperança de alegrias vindouras, e então também usado para as próprias alegrias, para pastar em sua órbita até ficar cheio, no porão dá, no porão, com o balde, dá. Com o balde ela ainda vai ter muitas alegrias mais, a filha. Ainda vai se alegrar por tê-lo. Se é torre, sótão ou porão, de todo modo é tudo igual, lá podemos entrar, lá devemos tê-la, ela deve ser vista, deve ser possuída, as moças devem ser vistas, e então também devem ser possuídas. Senão, qual seria o sentido delas? Você deve tê-las. Deve ver e ter. Ver e ter as moças é a mesma coisa. Tudo é uma só coisa. Elas todas são coisas pequeninas com seu ai e ui eterno. Todas mantidas pequenas como espécies de anãs. Preferimos elas pequenas. O porão também é pequeno. No porão, são todas iguais, lá encolhem sob nossos olhos, mas para ninguém é igual, para ninguém é mais igual lá no porão, as moças no porão, ali uma, lá uma outra, moças de todas as idades: marchar para dentro do porão, fora com vocês!, lá pelo menos não podem mais fazer nenhuma estupidez com falsos amigos. E de todo modo provavelmente vai ser muito melhor lá embaixo do que em cima com a mamãe e o papai, e se morrerem de fome ainda é melhor, e se sufocarem é ainda melhor! Morrer de fome em cima é ainda melhor que sufocar embaixo. Aquela uma pôde até levar o papai junto lá para baixo, ou foi ele que levou ela? Agora já não sei. O papai tá lá deitado como um monte escuro, o papai levou ela, não levou ela para a terra dos pés juntos, não levou ela dessa para a melhor, ou levou?, tem uma melhor?, não faço ideia, mas não matou ela, levou ela para baixo, pois elas têm que ficar embaixo, todas têm que ir para baixo, todas têm que sair, não, entrar!, é como na guerra, mas uma guerra justa é o que isso não é, vocês não recebem nada em troca, mas têm que descer, para embaixo estarem melhor, moças, nenhum falso amigo, ficam muito mais resguardadas lá embaixo, isso ainda não sabem, o que estão perdendo, o que lhes falta, mas não tem nada de que sentir falta, estão melhor aqui, nisso o senhor doutor de direito também vai concordar comigo, infelizmente não vou mais vivenciar isso, mas acreditem em mim!, nada de fumar, nada de beber, nada de más companhias, pois lá em cima ainda podiam ter uma porção, um pratão disso, caso déssemos isso para vocês, não o pratão, o prazer. Seu cabelo dourado, Margarete. No porão profundo vocês se sentam, aqui, moças, é melhor que em cima, para alguns é melhor em cima, para alguns é melhor embaixo, sim. E podem cagar e mijar nesse balde aqui, que colocamos só para vocês, que colocamos só para vocês duas, esse aqui, outro ali, para fazer o que for, e isso de fazer as fezes vai vir, em todos esses fatos em que algo veio, em fatos que vieram, tem esse balde, esse balde é recomendado, esse balde é obrigatório, não devemos esquecer dele, esse balde é essencial, o que faríamos sem esse balde? Seria insuportável aqui embaixo. Com o balde dá. Se não se pode ir a lugar nenhum, um balde é necessário. Aqui embaixo é provavelmente melhor que em cima com a senhora mamãe, até mesmo com o próprio balde!, mas também não é tão bom assim. Bom, mas não é tão ruim como seria sem balde. Mas não segue assim. Não é bom, mas melhor aqui embaixo, e até vai ficar cada vez melhor assim que se acostumarem. Melhor que em cima com a mamãe: sempre! Teu cabelo dourado,

Margarete! Vai mesmo ficar tudo melhor do que teria sido lá em cima, onde era ainda pior, provavelmente ainda pior, diz o senhor Juris Doctor, que ainda nos parece estúpido, como se um moinho girasse na cabeça dele, o doutor de direito, não é nenhum doutor de esquerdo, que se preparou bem em casa, filho e neto de proprietários de bens, ele possui um bem maior, possui o Direito, e fez direitinho em se assegurar no tempo certo!, estudou, estudou bem os parágrafos, sim, o senhor *doctor honoris juris* ou seiláoquê, diz o seguinte: Embaixo provavelmente ela estava melhor do que em cima com a mamãe. Melhor no porão. Com um balde ainda melhor! Em cima pior. Isso faz sentido no cérebro da pessoa. O cérebro da pessoa é exatamente tão grande quanto aquilo que deve entrar. Podem observar isso aqui. Esse cérebro humano é tão grande, e o que entra aí e o que não entra aí, há sempre uma palavra esplêndida a nosso serviço, e é essa. Esse verbo. Que no começo era. No início era o Verbo e a procriação. E só repetimos isso. Em cima pior. Embaixo melhor. Então. Deixamos o bom ainda melhor, esse sabão em pó já foi muito melhorado, nos últimos dez anos foi melhorado ao menos trinta vezes, se não mais, nada é tão bom que não possa melhorar, não é mesmo: Aí teria um vaso, pode cagar e mijar aí dentro. Você está aí no vaso. Não se pode fazer nada. Mas resta a esperança, sempre resta a esperança: Mais tarde até um banheiro. É o melhor de tudo. Não pode ter sido tão bom lá em cima que agora não nos alegramos com o próprio banheiro. É quase mais do que se pode suportar. Um banheiro próprio. Lá ela pode jogar seus filhos, a filha, não, não no banheiro, mas não tão longe. Aqui nada é tão longe. Aqui nada pode ser jogado muito longe. Não dá. Por favor, talvez ela gostasse disso, pois os filhos são meus, mas não pode, não tem espaço. A que foi partida, mesmo que não tenha partido, ainda não foi, ainda vai demorar, uma criancinha, um bebê!, eu lhes peço!, o que é que podem esperar de um bebê!, enfio no forno e tiro. Não podem deixar estragar abertamente num espaço tão pequeno, não dá. Ainda por cima sem nenhuma abertura. Não devia ter jogado, não devia ter jogado fora, mas me ocupo disso. Amo todos os meus filhos, alguns são até ao mesmo tempo meus netos. Não há espaço, mas é espaço que basta. Vai se acostumar. Lá não entra nenhum médico. Mesmo se precisássemos de médico, lá nenhum entraria. A outra mulher vive lá em cima e dirige a casa. Cuida das crianças. Come e bebe. Fica doente e vai ao médico. Pega alguma doença e tem que ir ao médico. Pode ir ao médico. Vai agora mesmo. As outras crianças lá em cima também vão ao médico. Antes preparou a comida, está na geladeira para quem quiser esquentar. Lá embaixo no porão: nenhum médico. Lá nenhum médico entra. Nunca! Então também não há nenhuma mulher lá embaixo. Então aquela lá embaixo não é nenhuma mulher! Pois a mulher tem que ir ao médico. Se não pode, então também não vai ao médico e por isso não fica doente também. Vejam, não é absolutamente necessário o médico, a mulher só acha isso. Não só, mas mesmo quanto está doente, ela vai ao médico.

FAUST(A) (*sua tela fica escura*): Então. Enfim chegamos. Abaixo a realidade da corporeidade. Encontrar enfim a própria corporeidade! Despir a coercitividade do Ser. A civilidade também. Me ofereço ao vulto em chamas. Me ofereço ao tear sibilante do tempo. Me ofereço do nascimento ao túmulo. Me ofereço ao ruído de um hálito. Me ofereço à ruína das paredes. Meu Deus, como é lento! Realmente! O que está aí na frente e não vai embora? A realidade? Fora com ela! O que é que vou fazer com isso aqui? Me ofereço ao lugar vago. Me ofereço à balsa para a morte. Mas não tem nenhuma aí. Não tem ninguém. Provavelmente os passageiros que convidei precisam primeiro vir junto, para valer a pena. Gente como eu nunca é esperada e nunca é convidada. Nunca nos convidam. Parece que eu mesma tenho que esperar que me contem os últimos segredos, mas que de todo modo já sei. Como assim, ninguém me resgata? Não está previsto que alguém como eu seja resgatada. Mas o caixão é tão pesado. O que o mundo faz comigo, o fato de ele ser como é? Como explicar? Como me explicar, se só tenho eu para me explicar a partir de mim mesma? Outros também me explicaram só a partir de mim. Sou uma sádica psicopata. Sou uma pobre porca. Sou uma pobre coitada. A mulher domina. No fundo sou só uma pobre porca. Tenho problemas de tempo. Tenho problemas de saúde. Um homem não vai no médico com tanta frequência quanto uma mulher. O homem é mais inibido, mesmo que não sempre. Alguma coisa começa a aparecer para o homem. Parece-lhe que a mulher lhe é superior. A mulher só sobrevive porque é super considerada e considerada superior. O homem tampa um calabouço com espuma. Inibe o som. Nada escapa, e ele também não gosta de falar com um médico. O médico é para a mulher. O homem tem uma cabeça de educador e uma cabeça de broca e espuma, tem espuma de isolamento, para que alguém não ouça nada, para que ninguém ouça algo, o médico também não pode ouvir nada, apesar do tubo para escutar, apesar da faca para medir, um médico é o que a mulher precisa, o homem não precisa, ele puxa a mulher até ela caber nele, até ela ser cabível para ele. Não tem muito espaço aqui embaixo, mas ele ainda adapta a mulher para ele, mesmo que demore até a semana que vem! Tem espaço até na menor cabana. A mulher não pode sair, então tem que ser esclarecida desde o interior, ela se esclarece a si mesma sob demanda também, embora não se entenda bem, embora também não se entenda bem com seu papai. Sob encomenda também se pode receber a mulher como autoexplicativa e abatedora de impostos, porém não na versão autolimpante. Mas não era necessário, esclarecemos a mulher com prazer. Pois é como se ela mesma tivesse se esclarecido. Nos declaramos a ela com flores. Se ela mesma quiser fazer isso – por favor. Mas ninguém a escuta. Nessa versão autoexplicativa além do mais ela não é lavável, tem que ir para a lavanderia. O estofado sai mais barato. Para poder arrancar a pele, quer dizer, a roupa, a mulher fica mais cara. Quero dizer, para poder tirar as capas. Podem escolher. Recebem a mulher que quiserem, quero dizer, recebem essa mulher assim, como a quiserem, isso é óbvio. Criamos do cheio. Ela está disponível em qualquer produto que compramos para ela. Também no produto especial: próprio para porões. Vamos bem fundo. Essa mulher não foi esclarecida sobre a sua sorte, mas já sabe tudo, explicamos para ela. Ela não vai tirar a sorte grande. Ninguém deseja isso: entender. A quem interessaria? Dá para entender que tem que existir algo como a mulher. Não, diferente. Como posso remeter a pergunta por mim mesmo de volta ao fato de que EU era, porque eu tinha que ser assim? Mas remeto sempre só a mim, também não tenho mais, nada mais pode dar errado, mesmo sem isso já mal dá para andar por aí aqui no porão, não tem espaço, vejam, e é como se quisessem esclarecer algo por si próprios, mas para isso se precisa de apoio, e de um ponto de apoio, e eventualmente da ajuda de uma empregada. Ajuda! Nada. Aqui a compressa de água quente, precisamos disso, se uma das crianças tiver dor de barriga, dor de dente ou cólica. Não tem médico. Tenho que ficar aqui. Não posso explicar. Nem sei o quê. Alguém pode por favor me explicar rapidinho essa peça de teatro? Obrigado. Eu já sabia antes que não dava. E a outra peça lá? Também não. É inexplicável. Colocaram a filha na posição de se decidir ou não se decidir, e ela se decide por não decidir nada. Ela deixa tudo me decidir. Também não teria que ser assim. Então ainda tenho que fazer isso. É difícil para o homem, pois a mulher lhe é superior, é só pensar um pouco. Aqui. Foi assim que fui planejada. Foi assim que fui pensada, para não ter que seguir pensando. Agora olho para dentro, empreendo uma visão interior, pois na TV, que conosco aqui embaixo também se encontra do lado de dentro, pois não tem um lado de fora, não para nós, não conosco!, sem querer ofender!, lá também me olho: na TV, só lá vejo meu mais íntimo. Também não tem um fora. Por causa da falta de chuva e da falta de sol e da falta de nuvens, a TV e a minha vida interior, que vem da TV, têm lugar no porão, e na TV hoje não tem nada. Em mim também nada. Não é nada. O que está na TV não se pode resolver de passagem, pois aqui não se pode absolutamente passar, não se pode passar por nada. Tudo passa na TV. Na TV está tudo o que dá para ver. A TV é tudo o que é prazer. No rádio está tudo o que pode ser ouvido. No livro está tudo o que pode ser livrado. Nada mais. Faz tempo que não penso mais nas categorias da materialidade, mas nas categorias da necessidade. Tenho que respirar. Tenho que mijar. A criança tem que comer, o homem tem que comer, nenhum cão também tem que comer, e todos com um cuidado, é, um significado deficitário, deficiente. Mas não significo nada. Espero significar algo para alguém, para alguém criar minha vida. Não, diferente. Pulo por cima de tudo o que não entendo, então: tudo. Até meu ser. Onde estou? Venho por último. Mas então como assim: Ladies first? Venho até mais baixo que o cachorro que pode comer antes de mim. Também comprei a maior parte da comida para ele. As melhores mordidas são dele. Juro. De repente não consigo mais olhar o querido cachorro, e logo me corto no pulso. Não sei como isso aconteceu. Não posso manter um cachorro aqui embaixo. Mas o imagino. Teria que entrar em outro lugar para poder ter um querido cachorro. Fico só eu, fico só comigo. Tenho que poder me explicar de fora, isso começa, mas não dá, pois só tenho a mim. Meu interior pertence ao papai. Meu exterior pertence ao papai. Tudo pertence ao papai. Ele fez tudo. Cavou o buraco. Expandiu o porão. Soluçamos por misericórdia, mas ele não tem misericórdia. Mas faz compras para nós. Pelo menos. Espero que volte logo e nos alimente. Espero que volte logo da Tailândia, onde sempre foi tão divertido. Espero que volte logo e nos alimente e também seja divertido conosco. Para mim é inexplicável. Um país tão lindo, a Tailândia. Já foi suficientemente esclarecido. Declaro que a Tailândia está criada e é um país muito lindo. Lá trabalham pessoas. E a TV nos explica outros locais para as férias, que, no entanto, ela não criou, isso não pode dizer que fez. Alguém está na TV e se explica extensivamente, explica por que se entrou em contato com ele para começo de conversa. Mas nem posso me estender, me explicar. Não tem espaço. O porão não tem fora, fora o que está dentro da TV. É meu fora e meu dentro ao mesmo tempo.

Ninguém deve dizer nada contra a TV, ou vai se ver comigo. Queria que tivesse que se ver comigo. Mesmo se a TV não me dá nada, ela me dá tudo. A natureza é explicada. Para nós não há natureza, mas mesmo assim ela nos é explicada. Isso é uma Graça. Então vou continuar sempre inexplicável e ter que me agarrar à minha própria consciência como alguém que se afoga agarra um galho de salgueiro na margem. Não segura. O goleiro também não segura. Quem segura? Essa porta ali segura, e ainda tem alguém que segura essa segurança infinitamente fraco em suas mãos. Ai! Deixou cair! E então: de novo nada! Então volto a não sair. A porta não se abre, e não se fecha, só quando queremos. É tão raro sair. Voltar a sair, isso seria algo! Teria que vir aí um Espírito para me carregar para fora. Tenho que carregar comigo outros seres, e então teria que ter outra aparência e na verdade ser outra, para poder me tornar apreensível. Aí há homem, crianças, cachorro, não, cachorro não tem, aqui embaixo não dá. Aqui nenhum cachorro ia querer viver. Aqui nem mesmo um cachorro poderia viver. Meus filhos: sim, um cachorro: não. Mas não me esclarecem, minhas queridas não me esclarecem, meu marido, que é meu pai, minhas crianças, que são minhas irmãs, elas só me esclarecem a guerra, sempre contra mim. Elas param com isso, porque não se pode fazer guerra contra a única coisa que se tem. Não leva a nada. Ninguém faz outro lance nesse leilão. Quem me quer? Silêncio. As ondas logo voltam a ser aplainadas. A conta mandei para fora. Como pendurar uma corrente em alguém. Minha única possibilidade. Pergunto a ela, talvez, se ainda está brava comigo. Mas sou orgulhosa demais, acho. Não gostaria de ser esclarecida por outros. Me sentiria próxima de qualquer outra, mesmo se ela só descobre a si mesma, mesmo se se encobre, mesmo se não pode sair da casa, de todo modo não sozinha, só com seu supervisor, só com cobertura, só com acompanhamento, só acompanhada por seu supervisor homem, só para acertar uma conta, como motivo para uma guerra, como enriquecimento, como pão diário no sentido amplo ela pode sair de casa, como labuta de dia e de noite, muito obrigada: não há de quê!, sinto-me próxima a todas elas, são como eu, elas são eu, são aquelas que são como eu. Não acho ninguém que seja como eu, pois sou única. Com certeza há outras na minha situação. Mas como jamais provar? Tem alguém aí? O pensamento me agrada, de que só tem eu e que só posso me esclarecer por mim mesma, já disse, só por mim mesma, como se eu fosse Deus. Mas sou a última de todos. Que realize e arrebate só o Nada que eu sou. Não sou Deus, só porque aqui nada mais tem lugar. Só Deus, eu, minhas crianças, nenhum cachorro. Mas ele não conta comigo. Deus não conta comigo, pois ele nunca me contou. Contam homem, crianças, cachorro. Ah sim, cachorro seria bacana. Ele não me incomoda, o homem, sempre faz tudo, então isso não pode nunca ser um incômodo. Ele sempre faz tudo. Faz sempre algo, faz tudo, mas nunca aquilo que quero. Mas o que deveria fazer então, não tem mais ninguém aí? Ele é Deus. É melhor e mais que um Deus. Mas nisso não é o único. Ele me diz que é o único que é Deus, mas não acredito nele. Por favor, sei que não sou Deus, mas tem que ter ainda outros! Ele diz que ele é isso, um Deus. A calculabilidade total do meu papai não pode se tornar o signo único do ente! No cárcere não há acasos, a porta caiu no fecho, e simplesmente porque meu papai e eu estamos aqui juntos no cárcere, mas isso não pode ser signo de nada! Não. A porta caiu e fechou. A porta caiu para mim. Toda a minha família caiu na minha vida. A porta está minada e ligada no gás, dessa porta sai gás, se for preciso, essa porta pode dar gás, ele fez isso, meu Deus. Embutiu isso aqui, o gás, a porta, a espuma de isolamento, tudo. Nos deu a eletricidade de presente, que presentemente usamos com habilidade. Pela expressão no rosto d'Ele, de Deus, quando ele vem, já vejo o que me aguarda. O que tem no estoque para mim. Eu calo ou vejo TV com meus filhos. Não consigo nada pior. O caráter de Deus não precisa de interpretação, embora nos aninhemos a ele precisando de apoio, para então interpretar infinitamente esse encontro. Também o que mais a gente deveria fazer? Tenho que interpretar sem preconceitos meu encontro com Deus, senão ele ainda me põe em desvantagem. Meu pai é Deus. Ele me pega por trás e pela frente e por todos os outros lados possíveis também. Eu deito ali, eu leio ele, ele me deita lá. Ele quer assim. Se apenas finalmente me ocupasse dele sem preconceitos! Seria minha tarefa, mas ainda tenho preconceitos, sempre ainda. Outros também podem se ocupar só dele. Mas, para os outros, pelo menos um outro é o Deus deles. O que acontece em cima, na casa, na casa de verdade com as paredes cheias de verdade, cheias de estantes? Só posso contar com as narrativas. Mas preciso delas, senão me desfaço. Senão fico chupada e depois mordida de impaciência. Sou a exceção do que quer que seja. Estou embaixo. Esse é meu lugar. Essa é minha tarefa. Ah. Como consigo algum proveito sem preconceito? Cortando fora o coração de uma outra pessoa? Então entro aqui, mas nunca mais saio. Foi o que ele me disse, o Deus. Deus Pai me disse isso, Deus nos proíbe tudo o que é divertido, fora a diversão d'Ele próprio. Fora ele, ainda tem uma segunda mulher, em outro lugar. Fora, ele vai primeiro até a outra mulher e só então para a sua própria. Sua própria: agora a número dois. Então isso é permitido. Deus permite mais uma, a outra menos. Tanto faz qual, ele quer se medir por mim, pois também só pode interpretar o seu mundo, que ele criou, a partir de alguém como eu, como um ente criado por ele e deparando com ele. Blá-blá-blá. Então como assim ele não me vê? Então como assim ele só me vê? Então como assim eu não sou? Então como assim não sou mais? Esse Ser me parece estar planejado, senão meu pai poderia me ter simplesmente terminado e enterrado, e pronto. Enterrar algo ainda mais fundo – não teria chegado mais a tanto. Meu pai era e tem o órgão executivo. Então como assim ele não me olha, e por que não posso olhá-lo? Deus! Senhor Deus! Claridade! Não, ele não me suporta. Só me suporta. As crianças também, pelo menos. Mas só comigo enquanto mãe e filha ao mesmo tempo. Enquanto sua segunda mulher, enquanto sua amante, que ele prefere em relação à sua esposa. Isso traz problemas, mas ele pode superá-los. Qualquer um sempre pode superar esses problemas. Sou uma trindade, para isso ele me treinou, eu sou, vamos ver, filha, mãe, irmã em uma. É mesmo prático. Quem é que é isso tudo? Sou muitas em uma? Quem é isso? Não sou valorizada enquanto tal e, no entanto, existo três vezes de uma só vez. Mas por mim tanto faz. De todo modo sou melhor que Deus, isso é claro, pois sim, pelo menos tão boa quanto, pois posso olhar para mim mesma. Como se existisse até quatro vezes. Não, até seis vezes! Duas vezes três dá seis. Quem pode fazer isso, tornar-se muitas?! Também é bem exaustivo, admito. Muitas vezes obrigada. Finalmente ele me deixou um espelho, um desses de banheiro, com uns decalquezinhos, as crianças adoram aquele polvinho, mas o que as crianças gostam elas gostam de destruir. O filho arrancou um tentáculo dele. Quem foi? Pronuncie-se imediatamente. Temos livre escolha. Então. Agora o polvinho lindo está machucado, machucado para sempre e por toda a eternidade, pois agora quem vai me dar uma perna nova para o polvo aqui embaixo?, não vão trazer pro filho nenhum outro polvo, nem mesmo sua metade de perna. Ele berra, o filho. Lamenta. Perturba o pai-vô. Uiva. Esperamos que aprenda algo com isso. Queria que tivesse se preocupado antes de puxar e raspar e rasgar e arrancar a perna. Também estou aí. Sou o Também, pois não posso ser mais ninguém. Sou o Também e o Ao Lado, mas não mais. Sem espaço. Também estou aí. Sou a segunda, que agora é a primeira, a primeira esposa, ainda antes da segunda, mas ninguém sabe disso. Estou aí, mesmo que não sozinha. As segundas serão as primeiras. Meu pai gosta mais de mim do que da mamãe lá em cima, que sempre chora e mal ousa comer. Isso não seria visto no seu corpo. Seu corpo já bem vigoroso, com acréscimos de gordura, com bolas de gordura e bolsas de gordura. O papai agora tem outra, que, no entanto, é a única e a primeira. Ele a procura primeiro, por que procura, sabe onde ela está, foi ele que cavou o buraco para ela afinal! Mesmo assim ele não me aguenta. De forma alguma. Em nenhum outro lugar. Só me suporta à medida que não me suporta. Sou um fardo para ele. Isso ele naturalmente não pode: me reconhecer. Aqui embaixo talvez, mas fora isso simplesmente não pode me reconhecer. O que não dá não dá. Com certeza sou um fardo para ele, ele não está ficando mais jovem. As crianças também são fardos para ele. Posso vagar pelo mundo e ser eu. Não. Não posso vagar pelo mundo, e não posso ser eu. Não dá. O porão é simplesmente pequeno demais. Mas também não posso ser uma outra. A terra não é uma fatia do ente como um todo. Meu todo uma fatia da terra no ser. Meu ser partido em uma única fatia, uma parcela do porão. Somos distribuídas pelo porão. Embora sejamos as primeiras para o papai, somos as últimas. A cada uma o seu. A cada uma o seu próprio lar, é, o próprio Ser. Ele não me deixa. Não me deixa sair. O pai não me deixa fazer nada fora o possível. O pai tem prioridade. Tem prioridade aqui embaixo. Minha noção do mundo está cravada na terra. Meu edredom e minha fronha estão convidados e cravados na máquina de lavar. Bem confortável com o tempo aqui embaixo. Sem brigas. Sem brigas por uma prioridade de algo ou alguém. Nós permanecemos aquelas que somos. Não tem outro espaço. Quem grita é posto para fora sem misericórdia. Sortudo. Quem grita ou briga pode respirar lá em cima por conta disso. Somos sempre aquelas que somos. Também Deus só pode ser aquele que ele é, e só pode se tornar quem ele é. Como eu. Também não posso me tornar nada fora aquela que sou. Não tenho possibilidades aqui embaixo. Mas o papai gosta de mim, ele goza em mim, mas me deixa gozar primeiro. Não, ele goza de qualquer jeito. Se eu gozei ele nem sabe. Não posso sair, então nada sai de mim. Sou a única que apreende a si mesma. Dizem-me sem parar quem eu sou. Sou uma buceta. Não sou nada mais que uma buceta. Sou um fardo para ele. Sou a filha e ao mesmo tempo a mulher do meu pai. Sou uma só, simples. Sou dividida em três – rasgada. Sou rasgada uma vez debaixo dele, mas não tem problema. Ele diz que o que se dá debaixo dele não importa para ele. Não interessa quem manda debaixo dele.

Não interessa quem faz o trabalho doméstico debaixo dele. Sou pressuposto de mim mesma, mas tudo o mais também é pressuposto de si mesmo! Não tenho nenhuma prioridade, e aqui também não dá para brigar. Não sou outra coisa senão a Outra. A cada um o seu. Cada um ao seu. A cada um as suas. Eu não. Queria ser todas. Mas aqui não tenho essa possibilidade.

ESPÍRITO(A) (*enfim achou um filme que quer ver*): Sim, mas estou falando isso o tempo todo: Você se iguala ao espírito que apreende. Não a mim. A ninguém. Pois você não compreende nada. Claro. Não me olhe desse jeito idiota! Não tenho que me interpretar, e você não pode me interpretar, claro. Como Espírito não tenho que me decifrar, pois como Espírito já sou significativa o bastante. Sou inconcebível. Eu me basto. Para Deus não bastei, mas basto para mim. Claro. Todos podem me interpretar, mas eu mesma não preciso. Cada um só é concebível em seu próprio chão. Mas não tenho que conceber nada. Claro. Esclarecer é ver o incompreensível e viver o ainda incompreendido. Vocês não querem viver o fato de não poderem me ver? Mas ver o incompreensível também não seria absolutamente compreendido pelo esclarecer! Não se incomodem! Podem desistir, pois tudo fica no incompreensível, e o incompreensível nunca poderá ser compreendido pelo esclarecimento, está bem claro e claramente incompreensível, não? Agora cavo um buraco, para acharem onde morar até eu terminar com vocês. Está claro?

Bem e daí, vejo que vocês já têm o buraco! Eu querendo me dar ao trabalho e agora isso! O que querem de mim então? Para dentro com vocês e pronto! Precisam de um médico? Como assim justo agora? Não posso buscar nenhum, já sabem disso. Aqui não pode entrar nenhum médico. Vocês têm que ir até ele. Então vão ao médico, se estão sentindo falta de algo! Pois bem. Agora vocês vão ao médico. No lugar de vocês também iria. Como está lhes parecendo isso aqui? Aqui não podem trazer nenhum médico! Vão ter que ir até ele então! Não, também não podem se matar. Vocês mesmas estão vendo: não dá. Nos seus antebraços já não tem mais espaço de tantos cortes que tem. Onde querem cortar mais? Têm que continuar aí para seus filhos! Se baterem as botas, um médico não vai vir atendê-las aqui. Do jeito que a coisa está parecendo, não podem trazer nenhum médico. O papai não permitiria. Não podem arrumar tudo? Vocês têm que ir ao médico, pois ele não vai vir até vocês. Era de se esperar que com tão pouco espaço vocês iam pelo menos arrumá-lo. Acho que precisam de um médico. Mas ele nunca virá a vocês! Vocês, sim, têm que ir a ele.

FAUST(A): Que burra! Já estou com mais de catorze anos. Já tinha mais de dez na época em que vim aqui para baixo. Agora mais de catorze, a outra dama lá já dezesseis. Já fomos preparadas para tudo. Minha bela senhorita, posso ter a vã ousadia de lhe oferecer minha van usadinha e minhas surras? Pode se dirigir desacompanhada para casa, vão se dirigir para importunar outra, inoportuna eu venho, não, muito oportuna, venho, acabo de passar, e agora estou aqui. Quem é? Como assim já vem isso de religião agora? Como lido com isso? Ah sei. Como vocês lidam com isso! Obrigada. Isso já faz mais sentido. Sobre mim, todos têm poder. Todos simplesmente. Primeiro Deus, depois qualquer outro. Deus talvez até depois. Primeiro um outro. Aí vem um qualquer. Não, sempre só vem ele. Eu venho justo do único ser que um dia conheceu Deus pessoalmente e imediatamente o imitou, o que significa o mesmo que: reconheceu, senão o papai não poderia copiar ele, macaquear, não é verdade, e qual foi o resultado? Que depois ele não queria mais ser como ele, mas sim mais que ele! Blá-blá-blá. Isso só acontece comigo, também, conhecer justamente alguém assim! Venho ao único que compreendeu o incompreensível, à medida que não queria ser Deus, o que na época bem que poderia ter sido. Ele teve a escolha. E aí isso. Mas Deus jamais poderia ser tão repugnante, para não quererem ser como ele por preço nenhum! Bem, por esse preço pode ser. Não vi antes que o preço estava na etiqueta. Paga-se, e então se é Deus. Paga-se, e então se está de férias na Tailândia. Paga-se, e então se recebe uma massagem. Lá entra-se em cena em massas, é o que me dizem. Lá não têm que conhecer nenhuma medida. É bem engraçado. Eles se divertem com mulheres e crianças. Se divertem com outras mulheres e outras crianças. Paga-se, e então se tem o carro novo. Paga-se, e então se tem o bem desejado, que bem que gostaríamos de ser nós mesmos. Mas não valemos a pena. Somos vendidos. Somos traídos e vendidos. Esse espírito impuro em sua ascensão híbrida nada ecológica de fato seria a imitação de uma imitação, pois Deus deve ser um bom imitador de pessoas, é o que se diz, no entanto nunca consegue totalmente, embora supostamente já deva ser bem perfeito, ele se aproxima direitinho das pessoas, quando se dá ao trabalho, mas isso ainda seria sempre melhor do que ser eu! Ser Deus, ser tudo: ainda sempre melhor do que eu. Blá-blá-blá. Mas Deus não vai acreditar em mim quando digo isso, não vai acreditar que vivo num buraco no porão, que alguém se deu ao trabalho de cavar especialmente, dificilmente já se fez tanto por outra pessoa. Mesmo assim, vivo aqui à força, mas com um papai que me ajuda a gozar dessa situação e que pode ele próprio gozar também. Mas ele vai saber, Deus vai saber, não vai poder acreditar mas já vai saber, ainda antes de ser dito para ele. Ele é onisciente. Então os outros devem acreditar. Ele quer ser humano e andar no mundo. Tive que andar para dentro e para fora do porão, não, fora não, só para dentro, entrei no porão e nunca mais saí do porão, como se o porão já tivesse sido a vida eterna. Mas é só uma fatia, que pertence à casa e está inclusa no aluguel. Preferiria que o mundo finalmente se abrisse para mim. Não que se partisse. Se abrisse! Fora do meu quartinho aconchegante, para o aberto. Reconhecer que o Ser é o Nada. Não vale a pena. Ah, seria lindo reconhecer algo! Gostaria de começar a estudar. Mas infelizmente... não tem iluminação! Iluminação: ainda não chegou. Deixo uma vela acesa para ela na entrada do porão, caso ainda venha. Sou possivelmente uma imitação daquele que imitou um outro só para me dizer quem devo ser. Deus diz. Qual? Sei muito bem que um homem assim experiente não pode corresponder à minha conversa pobre. Isso já sei por causa do meu papai. Todos os outros também, naturalmente. Eles acham, isso seria natural? Pois bem. Deus também não será muito diferente. Os homens são mesmo todos iguais. Só eles existem. Procuro sempre só o que necessita de interpretação, e só reconheço minha própria necessidade. Então pelo menos a semelhança Deus/Espírito não deveria ser disputável. Com o Espírito já estou falando esse tempo todo. Ele sempre quer ver um outro programa na TV, para se alimentar. Esporte, na maioria das vezes. Quando o papai está aí: esporte. Quando o Espírito vem sobre mim: Esporte. Meu espírito está bem alimentado. Eu muitas vezes não. Desconheço ambos, tanto Deus quanto Espírito. Tanto Deus quanto Espírito. Só o Pai. Só conheço o pai. E o que rolou com a natureza? Não preciso esclarecê-la para mim, ela é simplesmente linda. É verdade que faz tempo que não a vejo mais, mas sim, sim, a natureza não é uma senhorita, mas é linda, querem vê-la mesmo assim. Na verdade, é vista muito raramente, a natureza, isso dizem as pessoas na TV, que cortam a natureza em porções pequenas para nós, para caber na telinha, é picotada no tamanho da tela, e então é mostrada, sim, na tv a natureza aparece como uma criança na escola, a única natureza que me é acessível, mesmo que não percorrível, lá não dá para não ver. Lá pode-se ver e não: não ver. Não dá para cansar de ver. Passa por nós muito raramente, a natureza. Mas sabe que não podemos passar por ela. O universo passa na TV, e eu assisto. Aqui comigo ele nunca passa, mas posso ver na TV. Talvez a natureza venha passar a Páscoa? Bom timing. É quando sentimos falta dela particularmente. É quando ela é desejada. Seria sua próxima chance de se mostrar. Nenhum passeio infelizmente. O passeio este ano, como todo ano, fez água, fez tanta água que fez um riacho, que só quer sair correndo. A natureza não fica quieta. A natureza pode ser explicada, se apenas estudamos o bastante, se pesquisamos as leis naturais, mas o que vamos fazer se ainda mal a vemos, se só vemos as árvores e não a floresta, na qual, contudo, já perambulamos o tempo todo? Quer dizer, não posso perambular, sinto que isso é seguro. Sento aqui, que é seguro. Minha existência é dirigida em segurança de algum modo, mas também não posso dirigir. Aqui embaixo posso estudar e aplicar fórmulas, ok. Quer dizer, poderia, mas não posso. Blá-blá-blá. Quer dizer, poderia poder isso algum dia, se tivesse aprendido. E como fórmulas, com um supletivo, talvez se tornassem compreensíveis para mim, e mesmo assim aquilo de que elas falam, que elas interpretam, continuaria sendo o incompreensível. Por ora tudo incompreensível. Blá-blá-blá. Mi-mi-mi. Então já aterrissei de novo ao lado de um Criador, do meu pai, que é meu criador, cuidador e carcereiro, isso é confortável, para isso não preciso aprender nada. Meu pai e esposo aprende por mim. Não tenho que me preocupar com nada. Ele até busca as fraldas para o bebê, sim, aquele, o que sobreviveu, fraldas Pampers num supermercado distante das montanhas distantes só para um bebezinho. Se tivesse dois, ele teria que comprar o dobro da quantidade, um pacote gigante. Aí já ia chamar a atenção. Ah, o quê, ninguém presta atenção! Para onde quer que eu corra, um, dois metros quadrados, mais não tem, mas nesses um ou dois metros também posso saltitar, não saltar por cima, mas saltitar, isso poderia, onde quer que esteja, em toda parte um criador fica me encarando, meu pai, que me preparou essa vida e agora quer explicar seriamente que me queria assim como ele mesmo jamais quereria ser. Ele sempre realizou o outro, mas quantas vezes alguém como eu aparece! Como se eu pudesse espiar por cima da borda do meu prato e me apreender como um outro, que também realizou o feito de ser realizado! Os dejetos dele, o lixo do pai criador, mas também o nosso, preciso ser justa, as crianças também cagam muito, o lixo então sobra para mim, como existência, a terra e o lixo ficam para mim, as crianças, a terra, o lixo, nenhum cachorro, ficam para mim, pois o pai não me queria, de todo modo não assim, me queria como uma outra, me queria, mas como filha, ou não, me queria não como filha, só precisou escolher, e então me teve, me teve, a mãe vinha antes de mim, mas agora venho antes dela. Ele me colocou antes da mãe. Por isso me colocou no porão. A mãe pôde ficar lá em cima. Sortuda! Mas continua sendo minha mãe. Ele me fez, e então me fez até um lugar para viver, no porão, no fundo do porão me sento, aqui, meu pai! Você sabe do que estou falando, hein! Fui desejada como uma outra, que eu mesma adoraria ter conhecido, mas era sempre eu que tinha que aparecer, sem poder sair para espairecer, sou eu!, na verdade nem sempre, mas pelo menos na metade dos casos sou eu que estou aqui, não, ainda tem mais crianças aqui, mas nem por isso tenho uma boa chance de não ser vista. E de fato o criador não deixa de ver nada, nenhum cabelo cai da cabeça que não seja visto pelo espírito criador, não adianta se dar ao trabalho, ele se despeja sobre mim e respira sobre mim, sinto o cheiro do que ele comeu, algo com cebola, algo assim sempre sai, eu nunca saio daqui, ele me faz, ele me faz!, embora eu já esteja pronta, pronta faz tempo, ele me aprontou, me terminou direitinho. E agora também terminou, finalmente. Se sacudiu. Bebeu e esporrou e balançou a arvorezinha. Blá-blá-blá. Mi-mi-mi. As outras metades seriam as piores. Eu sou a melhor. Me tornei a metade melhor do meu pai. Foi bem fácil. Da primeira metade ele não gostava mais. Foi bem fácil. Não, diferente. Foi terrivelmente difícil. Me faltam as palavras. Sei que vocês não se sentem mal por isso, pois já estão aí de novo, as queridas palavras, naturalmente, só deram uma saída rapidinho. Diferente de mim. Estou fora de mim de saber que minhas palavras voltaram para mim. Como também voltei para mim novamente, e não tive outro caminho e não tive outra saída, mal podia acreditar, onde e sob quais condições tinha que ser o meu eu. Sou um campo mal-ajambrado, que da grade do portão, sob o brilho dos holofotes parecia bem diferente, mas não se viu o tamanho, simplesmente não se viu o meu tamanho. Ninguém mais viu nada de mim. Daria tudo para saber quem foi meu senhor hoje de novo. Ah sim, já sei! Agora lembrei. Não tenho muita escolha. Preencho o campo agora, como esperam de mim. Eu também preencheria mais, mas não me dão o questionário, não me questionam o que quero e o que não quero. Fui encomendada e então enganei o comprador. Agora ele me devolve. Sempre me devolve. Mas só tem ele aí para me pegar de volta. E o lixo, que sou eu, ainda tenho que levar para baixo também. Todo dia descer a escada. Primeiro homem, depois criança, depois nenhum cachorro.

ESPÍRITO(A): Você quer seu assassino como seu libertador ou o quê? Acredita que poderia escolher? Quer escapar do seu destino horroroso?

Mas então tem que trabalhar nisso! Tem que trabalhar em tudo. Não dá para você não trabalhar, enquanto todos têm que trabalhar. Vida é igual trabalho. Tudo é igual trabalho. O trabalho não é igual às pessoas. Também não torna iguais as pessoas. O trabalho te incita com um brilho de mil luzes, isso está claro. O céu também trabalha, quando penetra em você com seu abraço na forma de um homem. Mas tudo isso dá trabalho! Até o beijo, como se quisesse te sufocar em uma morte voluptuosa, dá trabalho. Beijem-se! Isso já lhes dá trabalho! Seus lábios estão frios e você tem que aquecê-los: trabalho. Responder: trabalho. Dar de beber a um filho: trabalho. Dar a morte a um filho: trabalho. Uivar e bater os dentes: involuntário, mas trabalho. Foder: trabalho. Fazer com isso um ser humano: trabalho. Mil vezes trabalho. Libertar um ser humano: trabalho. Vir, não importa de onde: trabalho. Ir, não importa para onde: trabalho. Permanecer: trabalho. Cuidar dos túmulos: trabalho. A vida em si: trabalho. O lucro, que é arrancado da vida: sim, ele também, trabalho. E quem avalia esse trabalho? Como assim eu sequer digo isso? De onde tirei isso? Que valor tem? Pois se é trabalho, também tem que ter um valor. Como Espírito(a) digo: o capital financeiro, o capital financeiro, o capital financeiro nesse meio tempo é a única instância que pode estabelecer padrões de medida para o valor do trabalho. Não precisam mais trabalhar agora, pois o capital trabalha. De todo modo não o de vocês. Valor por nascimento, valor por morte, valor por trabalho, trabalho por trabalho, medida por medida, trabalho vira trabalho, e de volta outra vez: o trabalho agora também se torna: trabalho. O trabalho também aniquila: trabalho. Tudo isso não significa mais nada. De onde tirei isso? De mim mesmo(a), do meu trabalho, de onde mais seria? Isso tudo não significa mais nada, pois o trabalho é sempre trabalho, mas nem sempre tem trabalho. Mesmo assim: o trabalho é metade da vida, e agora ainda é a outra metade também. Vocês não vão notar diferença. Só o trabalho vai notar diferença. Trabalho é vida, e vida é trabalho. Trabalho é um banheiro. Trabalho é fluido, e somos mergulhados nisso. Somos embebidos e comidos. O trabalho nos devora, pois tudo é trabalho e por isso nada é trabalho. Espírito ocupado, como me sinto próximo(a) de você. Trabalho, trabalho, trabalho! Ah, pobres de nós! Onde está o seio que criou e carregou e cuidou de um mundo em si?, mas isso dá trabalho!, e com alegria crescerem os tremores para nos elevar, a nós, Espíritos?, mas isso também dá trabalho! Um mar de trabalho que engole qualquer ferramenta usada contra ele. Mas isso também dá trabalho! No rio da vida, na tormenta da ação, ando de cima a baixo, tecendo para lá e para cá! Isso dá trabalho, posso lhes dizer! Não podemos escapar da água exatamente como não podemos escapar do trabalho. A água é como sujeira. Toda sujeira é como água. Trabalho é sujeira. Trabalho é tudo. Quando se pisa aqui dentro, é preciso escapar. A sujeira escapa quando pisamos nela. Não dá para combatê-la. Combater o trabalho também não dá. O capital agora se tornou o socialismo, pois ele é o único que ainda realiza alguma coisa, quando trabalha. Mas não se torna sempre mais quando trabalha, também pode se tornar menos, embora trabalhe tão diligentemente. Todos os outros só trabalham porque não há mais nada além de trabalho. Mas o capital, o capital, o capital trabalha com um objetivo. Antes você também tinha um objetivo. Agora só o capital tem um objetivo. De onde tirei isso? O Espírito não sabe. A Espírit(a) também não sabe. Vivemos no trabalho, mas o único que realmente trabalha é o capital. O capital é seu próprio socialismo. As sociedades anônimas são hoje o socialismo do capital, do capital, do capital. Mesmo se não pertencem a todos. Não importa, pois tudo é trabalho. De onde tirei isso? Não faço ideia. O Espírito não sabe. A Espírit(a) também não sabe. O capital é igual. Tudo é igual para o capital. É desigual, e por isso tem que trabalhar, só para se tornar mais. Para se tornar tanto quanto os outros têm. Mas muitas vezes se torna menos. Quem pode trabalhar trabalha. Quem não pode mais também trabalha. Na atividade social permanente, no quartinho de cima, no quarto de verdade, no porão. Em toda parte atividade social, mas trabalho real só se pode esperar do capital, do capital, do capital. Quem trabalha? Todos trabalham e ninguém. Só o capital trabalha. Ninguém consegue se excluir. Ninguém tem permissão para se excluir. Quem impede o capital de trabalhar ganha. Mas ninguém pode impedir o capital de trabalhar. Por isso ninguém ganha. Todos almejam isso, ele já trabalhou de novo um mês, o capital, onde estão os frutos para a colheita? É como se as mãos tentassem agarrar a água, é como se agarrassem a sujeira, todos querem mais capital, e para isso há que trabalhar, contra isso também há que trabalhar. É irrefreável. O trabalho do capital nunca termina. Nunca pode ser parado, pois todos têm que trabalhar e ninguém não tem que trabalhar. O capital está pronto para retirada, mas até aí ele trabalha. Trabalha em sua retirada. É retirado quando trabalhou. É retirado quando trabalhou, mesmo se não tiver se tornado mais. Também é tomado se se tornou menos, então se toma menos também. Tudo está pronto para retirada. Tudo trabalha. Ele é o único que ainda trabalha, o capital, não, é um de todos que trabalham. Ele ganha, bem, não ganha, embora tenha trabalhado tão diligentemente. Mesmo que se torne menos: trabalho. Mas não faz mal, absolutamente, pois trabalhar todos precisamos. Tudo trabalho. Tudo trabalho. Tudo trabalho ou o quê? Tudo: o quê?

FAUST(A) (*agora vê outro filme, que parece lhe agradar mais. Se aconchega na poltrona e tira o som da concorrente na outra poltrona com o controle remoto*): Meu lixo. O que quer dizer, Espírito? Então tenho mesmo que continuar empacotando mercadorias do estoque, com a etiqueta do endereço, já consigo colar mais uma, e foi para a linha de montagem. Minha fonte! Minha fonte são esses pacotes, ainda, mas a fonte secou. A proposta de manutenção é insustentável. De acordo com relatos o sortimento está desde já limitado, sem mim. O liquidador concorda? O liquidador não vai concordar. Esses pacotes que agora estão parados, coisas tão lindas dentro!, ah se vocês tivessem apenas uma vez visto de dentro como eu, como eu!, não enche o tanque do meu Ser-um-coto e nem meu Ser-um-com-o-outro, meu ser-no-mundo também não, como as pessoas vão se alegrar quando receberem esses pacotes no Natal! Pela última vez. A fonte secou. O fim está à vista. Mesmo carregado, o comprador se encarregaria, e os trabalhadores não seriam sobrecarregados. As mulheres todas juntas. Registradas para o cancelamento, para a queda no pouco que já antes também não tinham. Surgem empregados livres, livres livres livres!, os coros nos entoam esse discurso corajoso: Enfim livres, antes você podia ser preso por uma coisa dessas, querer ser livre. Agora é permitido. A liberdade é permitida. Já está aí. Já vou aí! Já chegou, a liberdade. Só esperamos que ainda sobre esperança! Os empregados não estão condicionados ao prazo, a qualquer prazo, a todo prazo e podem ser liberados a qualquer momento. Livres, finalmente livres! Infinitamente livres! Uma palavra dada não é cumprida, e caímos na liberdade. Não precisamos fazer nadinha para isso. Ela nos é dada de presente! O que significa: liberdade finalmente batalhada? Não significa nada, pois a ganhamos de presente! Nossas mãos de mulher não empacotam mais nada e não empreendem mais nada. Eu mesma também faço alguns, alguns pacotes só para mim, para marido, filhos, cachorro! No meu trabalho na linha de montagem, onde coloco os pacotes empacotados por mim, querem entrar todos que produziram as mercadorias. Mãos de mulher empacotam direitinho e nisso colocam tudo de si mesmas ali dentro e nisso colocam a si mesmas ali dentro, antes que outra pessoa o faça. Elas são sempre colocadas lá dentro. Você está sob consideração para a aposentadoria antecipada? Quem está sendo considerado? Quem for trabalhadora próxima da aposentadoria, no ano anterior ainda elogiada, agora sem, agora sem meios, agora nem é mais trabalhadora? Por favor busquem qualquer uma que esteja próxima da aposentadoria e construída não muito próxima da água! Vão encontrar só umas poucas que construíram perto da casa vizinha, na casa de família que ainda não foi paga, perto da estrada, perto da ferrovia, perto do aeroporto, perto da rodovia. Essas vocês encontram em toda parte, então por que aqui? Onde há ofertas de emprego? Aqui há ofertas de emprego. Nada. Mas não tem nada! Fora. Fora. Fora. Viemos de áreas rurais bem remotas, era nosso único local de trabalho, que secou, o vencedor leva o resto, mas não tem mais nenhum. Quando a água seca, nada fica. Nossas rezas morosas não são ouvidas, nossos restos mortais estão cansados, mesmo assim seguiríamos adiante se nos deixassem. Temos lugar na linha de montagem, isso podemos, nós mesmas somos todas, já somos todas, nós mesmas somos mesmo todas como que produzidas na linha de montagem, uma como todas. Os pacotes não são perdidos. Não são como nós, embora cuidemos deles para os outros. Somos cuidadosas remetentes de pacotes. Somos cuidadosas, e cuidamos de tudo o que quiserem. Para nossos cuidados: pouco tempo apenas. Com cuidado vamos para o mundo, então nunca encontraremos tempo para aprender e nunca o encontramos. Nunca. Nunca. Nunca. Desde a infância não encontramos tempo algum, e se tivéssemos encontrado, então naturalmente teríamos suspendido. Pois teríamos tido mais disso, mais tempo, mais do tempo. Mas também não estava previsto. Vamos com cuidado para o mundo, querendo dar cuidados, para os quais com frequência não há tempo. Mesmo assim eles são cada vez menos. Falta de dinheiro. Revogação. Vazio. A fonte secou, mas os negociantes ainda querem continuar. Queremos continuar com ela, se a fonte de suprimentos secou? Estou só perguntando. Estou só perguntando. Seguir negociando com o investidor potencial. Não posso dizer nada a respeito. O mundo cuidou de nós direitinho. Ninguém entoa um discurso. Todos registrados para o cancelamento no sistema de aviso prévio. Não sobra ninguém. Essa é nossa última saída cuidadosa para o mundo, sim, tem que ser. Blá-blá-blá. Mi-mi-mi. Sabemos o que estamos fazendo. Fazemos isso todo dia, ir para o mundo, com cuidado, cuidando de algo, pois ninguém mais cuida de nós, direitinho, faz tempo que nem tentam. Somos só nós, mas infelizmente ganhamos muito peso. Muito pouco movimento, pois é preciso ver TV. Mas aqui tem um investidor que quer tentar. Que esse seja o fora definitivo, pura e simplesmente não faz sentido. Que alguém cuide direitinho de nós, pura e simplesmente não faz sentido. Que os liquidadores nos passem uma lista de exigências, isso faz sentido, só não faz sentido que ela nos tenha sido passada. Somos ultrapassados. Fomos ultrapassados. Está acordado. Uma oferta está acordada. Mas não conosco. A continuação dos negócios precisa ser assegurada. Não conosco. Nós só poderíamos assegurar a insegurança. Então estamos conosco, mas: Minha existência é uma coisa. E as outras, as coisas, as quaisquer coisas ou o que quer que sejam as outras, elas, ah, o quê, elas ainda tão aí, as mulheres estão aí para foder, assim as moças cantam nas faixas de pedestres, que atravessam e extravasam com os rapazes, estão ambiental e instrumentalmente disponíveis, extensiva e intensivamente disponíveis, poderíamos dizer, caso pudéssemos mesmo dizer algo, então por que nunca estão aí quando precisamos dela? E agora tudo! Eu sou, eu sou, eu sou, não faço ideia de quem sou, mas de todo modo sou, eu sou, mas só porque os outros também estão aí, marido, filhos, cachorro, as colegas da linha de montagem. Ainda. Só por meio deles eu sou. Ainda. Meu próprio criador. Os outros não só aparecem ao meu lado simplesmente, eu faço eles. Eu faço eles. Eles se fazem bem. E faço pacotes para eles. Você já se sentiu às vezes como um criador, ao empacotar esses pacotes, não é?, eu não empacoto isso!, você já foi quase um Deus, foi como ele, ele não te amou justamente por isso, é o que me ocorre, quem é que quer cultivar concorrência na própria casa?, e agora você também aterrissou em si próprio novamente! Uma difícil aterrissagem. Quer avisar alguém? Colapso circulatório. Colapso circulatório da economia. Colapso circulatório da linha de montagem. Fim da circulação como um todo. Logo a linha paralisa. A última gravação, quer dizer, a última degradação. Nem um único pobre pacote mais à mão. Nenhuma alegria mais da parte dos destinatários. Os mercados são instáveis por princípio, e agora isso nos atingiu. Falamos de bolhas. O homem fala de bolhas. Só não sei para quem. Não, também não entendo nada de apitar, mas toco tuba como *hobby* na banda dos bombeiros. Não serve para nada. Toco no meu tempo livre. Não me serve de nada. Só tenho tempo livre, mas não posso chupar, digo, soprar o tempo todo. Muitos mercados são sobrevalorizados ou subvalorizados, são assolados por fatores externos, que têm todos a ver com as pessoas e suas características, os comportamentos ou delírios coletivos, impulso diletante, comportamento de jogador, ganância. Nada disso acontece comigo. Eu perdi meu trabalho como milhares de outras mulheres também. Ladies first. Nada a fazer. Pode-se ler na nossa testa que não podemos fazer nada. Também não teríamos sido tão atrevidas se pudéssemos fazer algo ou tivéssemos aprendido algo. Essa moça quer se tornar vendedora de flores e nem sabe fazer adição. Não se pode fazer nada, e sem isso não se pode nada. Jogadoras demais, ações incompetentes nas bolsas, tendências sinistras, irracionalidade. As pessoas não conseguem se decidir se querem ganhar dinheiro ou perder dinheiro. Eu não decidi nada e mesmo assim estou desempregada, um joguete em uma situação econômica excepcional, na qual agora nada mais vai crescer por um longo tempo. Essa situação tem que ser abandonada. Qualquer um chamaria isso de descida, mas eu não. É uma subida, pois você aterrissou na própria criatura! Feito! Isso é a sorte grande! Eu aterrissei no meu amor, que paga pela mulher, que só paga a conta para a mulher, que paga a conta para a mulher só, a mulher que está sozinha, mal temos algo e já não queremos mais, por sorte nunca temos nada. Só o amor é que conta. Agora o homem foi embora. Foi demais para ele. Só as crianças já eram demais para ele, o cachorro nem veio ao caso. Mas eu, eu pago minhas dívidas. O amor paga. Mas eu pago também!, pago minhas dívidas. As subtraio do amor, que o homem levou consigo. Filhos e cachorro largou aí. Não, por isso não me largo faz tempo, não relaxo. Estou quase pirando. A criatura está sempre descontente, e o que foi criado é sempre maior que o criador, que a qualquer momento perde o poder de disposição sobre aquilo. Tudo implode: nuvem de poeira! Do homem só vejo ainda uma nuvem de poeira. O homem só é ainda uma nuvem de poeira. O namorado novo quinze anos mais jovem. Só sentamos no computador, cada um no seu! As crianças não ganham nada para comer. O cachorro às vezes ainda ganha algo, as crianças não ganham nada. Elas gritam, brigam e não limpam o quarto. Não arrumam. O namorado novo senta, como eu, sempre só no computador. Nós jogamos. Não cuidamos de nada. Criador e criatura a qualquer momento colidem de todo modo. Então por que arrumar? Neles só tem ar quente. Blá-blá-blá. O que estou dizendo? Não faço ideia do que estou dizendo! Quê? Quê? A criatura é o ente, que, no entanto, não tem o caráter de algo que está aí, de um ser-aí, de um estar-lá-fora, consumido por estar-lá-fora, consumido pelos bens de consumo lá fora, porque ele, esse ser, porque ele arranca um para fora de si, porque sempre tem que estar-aí para os outros, um para-os-outros, seria melhor um para-outra-coisa, mas esse jogo eles não jogam, então não se chega a nada, então não se chega a si. Ninguém chega até mim. Com a desordem que as crianças fazem, não dá mais para entrar pela porta. Meu novo namorado e eu, nós jogamos joguinhos de computador. Meu ser é apenas ser-com, pois os outros de fato aparecem, mais, na TV, mais, mas por muito tempo não vou mais conseguir fazer isso, pagar pelos outros na mesa da vida, liberar os outros da conta, é que agora eu mesma estou livre! Libertada! As crianças brincam com a comida e não arrumam o quarto. Como mulher: espaço livre batalhado, mas na liberdade isso não é mais necessário. Nenhum espaço livre é necessário mais. Tudo é espaço livre, imediatamente usado para joguinhos de computador e para o caos no quarto das crianças. Liberdade: tem que ter coragem! Algumas pessoas temem a liberdade. Eu também. Marido, filho, cachorro, linha de montagem. Ainda. A linha: ainda! Enquanto a existência é o ente que é compreensível por princípio, eu só sou compreensível para mim através dos outros, homem, filho, cachorro, linha, trabalho, trabalho ainda, sem o qual simplesmente não dá para me compreender, mas quem é que quer me compreender mesmo?! Pode-se compreender a liberdade? Não. O homem deu no pé. Posso compreender a liberdade? Não. Ou se a tem, ou não se tem. Não dá para me entender sem os outros, que agora foram embora, o homem, que agora foi embora, por isso tenho o de vinte anos, com o qual só fico jogando no computador. O rastro das crianças é derramado. Caos no quarto das crianças. Liberdade? Quem é que pode entender a liberdade? Eu sim, eu entendo a liberdade de algum modo, consigo entendê-la bem, pois, sim, pois!, não à medida que, mas pois a compreensão pertence ao seu próprio ser aí no mundo, seu Ser É compreender, senão teria ido embora. O homem foi embora. O novo namorado mal passou dos vinte, e nós jogamos no computador. Blá-blá-blá. Só rindo! Assim o mundo é compreensível para o ser-aí, o ser aí está aí no mundo, mas sempre incompreensível. Espírito!, no caráter da significância você me encontra. É uma grande honra. Posso te oferecer algo? Chá? Café? Suco? Ou algo alcoólico? O quê? O quê? Você não tem nenhum caráter, sempre diz só não, Espírito negador, já me acostumei com isso por causa do marido, filhos, cachorro, até o pacote muitas vezes nega minhas mãos fracas, que enfiam encomendas ali dentro como se essas fossem pertencer a elas, mas ele sempre teve que me abandonar, o querido pacote, tão cuidadosamente empacotado, a etiqueta com o endereço colada com tanto cuidado, isso tem que parecer alguma coisa, não é verdade. Para isso você agora tem a mim,

Espírito, em mim pode ver Deus novamente, diante de quem, porém, fugiu daquela vez! Prematuramente. Lá teria sido melhor para você. Quando se tem uma posição, é melhor mantê-la o tempo que for possível. Você podia ter tido tudo, teve tudo! Seu Espírito estúpido! Mas não vou te exorcizar, sou fraca demais para isso. Seu idiota! Até isso você rebate? Prefere me bater? Agora ousa, porque o marido saiu e o namorado só joga joguinho! O mundo, que cada um de nós cria, e seria na tela que o cria cada um que ainda pode apertar os botões e o cano, que cada um cria, antes que criem alguém, ele iguala a imagem da divindade, quer dizer, iguala aquele que não existe, é igual a nada, é sem igual, quer dizer, sequer iguala uma cópia de alguém que não existe, não me igualo a você, Espírito! Mas fico com você, Espírito! Naquela vez, Deus diante dos olhos, era melhor você ter calado a boca! Acho. Eu nunca ousaria dizer não. Muito menos para Deus. Tenho que ser aquela que diz sim, ou nada dá certo. Sequer posso arriscar isso, estar-junto com marido, filhos, cachorro, no sentido do cotidiano, não posso arriscar um não-é-da-sua-conta, não posso me arriscar a não-parar-de-mexer, temos tão pouca comida aqui, temos que ficar de olho na comida, não parar de mexer, carne é um bem raro, e estar-junto com marido, filhos e nenhum cachorro – não, um cachorro sim!, aqui em cima dá para ter cachorro também, esqueci – toma algo, toma algo de mim, não só me deprime como me deprava, blá-blá-blá, leva algo meu, pois esse estar-com-os-outros é sempre um estar-dependendo-de-um-outro, e a fonte agora secou. E o homem também foi embora. Por favor retirem agora vocês mesmos o homem de tudo isso. Sabem subtrair, espero. Minha fonte! Blá-blá-blá. Meu emprego foi embora. Meu emprego foi embora. Sou igual ao que imagino sobre, não, sob você. Desde que a fonte secou, desde que a fonte da transportadora ficou seca, não ouso mais imaginar algo sob, não, sobre mim mesma. Sob ou sobre as mercadorias posso imaginar algo, empacotei elas por anos, e podia comprovar na realidade, mas sobre mim nem posso imaginar nada. Aí estão: opcionalmente marido, não, marido não mais, filhos, cachorro, pacotes. Mas isso era uma vez. Não é mais. Caí fora do meu mundo, e esse mundo era para mim pressuposto de tudo, desse um-com-o-outro, do meu ser-no-mundo. Para tudo. Para o homem, não, homem não mais, filhos, cachorro. Tudo. Mas me atormenta um possível erro que cometi, bem, agora é tarde demais, pois os pressupostos não fazem mais sentido, o erro foi cometido, a ponte desabou, a fonte secou, mas me atormenta por assim dizer retroativamente, pois poderia ter efeitos retroativos sobre mim, que não seriam previsíveis: O que é, se o ser não é? Se nesses pacotes não tivesse nada além de vazio? Se eu tivesse empacotado o próprio vazio, e todo desejo por um bem próprio, que ainda pode distinguir entre valor real e fictício, fosse sufocado imediatamente ainda no germe? Pois isso ele encomendou, sim, o real, mercadorias de valor real, pois sim, não para mim, mas para os clientes, troca monetária e precificação sob condições capitalistas, ok, elas valem para mim e para os clientes, confere, tira da lista, bom, agora já passou, bom para vocês, caso não tenham sido nossos clientes, não, na verdade tanto faz, ruim para mim, a ilusão de uma segurança graças a substância de valor: não vale mais, o ouro não é mais ouro, do ouro não depende, para o ouro não tende mais tudo, embora alguns loucos não queiram acreditar nisso e ainda continuam comprando ouro, embora alguns loucos ainda deem dicas de que se deve comprar moedas de ouro e até mesmo onde, melhor no exterior, impostos mais baixos!, pois o ouro também vive por conta própria, é o que acreditam, os que sempre compram ouro: pois é, ainda é bom, enquanto não se pretender com isso nenhuma segurança de valor e nenhuma segurada no valor, enquanto o ouro puder cobiçar e acompanhar seu solo ao violino, só o ouro: muito bem, mas nada mais depende dele, fora nós, e então dizemos, e fora nós ninguém, e realmente realmente, dizemos, a economia capitalista capitalista capitalista só só só pode ser entendida definitivamente como economia de crédito e o dinheiro só como crédito de dinheiro, não é verdade, ouro já foi conferido, ouro, ouro, ouro foi tirado da lista, não é verdade, os idiotas ainda compram e compram, mais do que nunca, mas faz tempo que foi tirado da lista, bom, ainda existe algo, quem ainda não tem, quem ainda quer algo?, quem tem um caminhão para isso?, ouro pode ser comprado ou não comprado, mas foi tirado da lista, não é mais tema, realmente, mas é tão simples, mesmo se vocês não acreditam: o desejo da criança que abre um pacote empacotado por mim seria extinto, todo desejo se extingue assim que esse pacote é aberto. E o ouro se extingue assim que ninguém mais depende dele. O valor das modas, é, das moedas, não depende mais do ouro, mas vocês seguem fazendo! Vocês idiotas seguem fazendo! Então acreditam que seriam mais fortes que uma moeda? Vocês devem saber que não conseguem nada, que há muitas moedas valendo, mas vocês não estão entre elas, e só ganham ouro por ouro, um cancela o outro, do ouro depende, para o ouro pende e assim por diante, então, o que que é agora? Ouro dura mais tempo?

Eu também duro, e um tempo até relativamente longo, e o que ganho em troca de mim? Nada! A criança, mal tendo aberto o pacote de Natal, já quer um novo. Sempre quer algo novo. É bem simples. Vale sempre. Que sempre se quer algo que valha para sempre. E se tem algo, quer ainda mais, a criança. Vejam, sou uma mulher simples, nem me deixam mais empacotar pacotes, o que eu fazia bem, também não é tão simples, mas eu aprendi, que todos que se dispõem a algo, que deseja qualquer coisa, compra qualquer coisa, pois então, que todos todos todos caem no futuro e com isso no vazio, esvaziam. Todos que se dispõem a algo caem no vazio. Todos que se dispõem a outra coisa não caem. Sobem. Quem se dispõe a outra coisa também pode subir. Isso sim isso sim isso sim. Vejam, senão têm que deitar aqui no trilho do trem, se a sua taxa de juros não sobe. A cada um o seu. Cada um artífice da própria sorte. Não posso fazer nada, mas mesmo assim perdi meu emprego, embora fosse bem adestrada. Isso sim, isso é assim, e de fato assim, e de fato porque agora a esfera da circulação está separada da esfera da produção, faz tempo, embora a parada ainda funcione e ainda não tenha sido rompida, e nunca mais nunca mais, de modo algum pode ser convertida em trocas simples. Nunca mais! Nunca mais! Nunca mais! Impossível retornar! Nada mais pode ser devolvido em uma troca, fora no mercado de escambo de roupas infantis, onde logo me encontrarão, se eu não achar um novo emprego e não puder comprar mais nada. Afinal as crianças querem ter algo para vestir, as crianças sempre querem algo novo, as crianças têm que ter algo novo, que no nosso caso, na nossa casa, pode ser velho também, tanto faz, as crianças têm que ter algo novo para vestir. As crianças querem ter algo para arrumar. No seu quarto sempre ainda caos, embora eu não tenha podido comprar mais nada para elas faz tempo. Esse caminho está fechado. Agora esqueci qual, então simplesmente: todo caminho. Esse pacote está fechado. E nem eu sei o que está dentro, embora tenha empacotado eu mesma. Agora isso passou. Peguem agora seu próprio pacote, vão ser despachados cinco contra zero, com esse pacote vocês cinco contra zero pegam um pacote! Agora lhes digo, como assim meus pacotes trouxeram algo para todos, enquanto ainda tinha correios, sim, o correio trouxe algo para todos, mas para mim na verdade não dá mais nada, não, mesmo a música, a arte, a TV não me dão mais nada agora, isso nunca me deu nada, nem a TV eu entendia direito, só meu celular eu entendia, mesmo que não tudo dele, ele pode fazer muito mais do que eu consigo, e agora naturalmente eu ficaria alegre se tivesse me dado algo, a televisão, então agora eu teria justamente isso, então eu teria a tal visão de algo distante, e ainda poderia ver, mas só apareci na minha família, isso me deu algo, ninguém mais me deu nada, então, isso tudo não me dá mais nada, tudo isso que nunca me deu nada não me dá mais nada, olho a tela e vejo: isso não me dá nada. Ninguém me dá nada. Embora a TV seja a única coisa que me resta. A TV não pode ser apreendida, ela é a vida, é e pertence à vida, pertence simplesmente a nós, é a própria vida. Mas não me dá nada. Ninguém me dá nada. Tudo tudo tudo fora a TV, onde nunca vou poder entrar em cena num show de talentos como modelo requisitada, porque ninguém me requer e muito menos como modelo, não, também não como estrela dançarina, tudo tudo tudo é uma promessa não redimida, até quando a promessa é cumprida, até então permanece não redimida para mim, pode ser cumprida, mas nunca redimida, pois tudo tem uma dimensão futura fundamental, tudo é deixado para mais tarde, e é típico que tenham que enrolar e prometer. Agora mais nada. No momento nada tem lugar. No momento tudo é apenas retido, bem, eu não, para depois ser emitido, é, eu não. O programa é emitido. Eu não emito luz. Tudo está no futuro, onde, no entanto, também não está. O futuro então será produtivo, mesmo que não para mim. E no seu centro está o princípio de todas essas promessas não redimidas, por exemplo, se vou poder participar desse programa de auditório, agora tenho mesmo tempo, bem, naturalmente não me prometeram nada, as senhas já tinham sido distribuídas, o dinheiro também, e se tivessem prometido eu não teria acreditado; já disse, o futuro: nada além de uma promessa não redimida!, sim, para mim não, não recebi nada e sequer posso redimir, resgatar um cupom, e também ninguém me prometeu nada. Me enrolaram, mas não me prometeram nada. Ninguém me prometeu o que quer que seja, o futuro muito menos, nem mesmo em parte. Eu não poderia partilhar, o homem foi embora, o novo namorado está grudado na tela. O que me resta senão olhar a tela. Até o computador pode mais que eu. Pode mais do que posso imaginar. O que posso fazer nele não é nada, é muito pouco, ele pode muito mais que eu. O namorado grudado na sua tela, eu na minha. Não podemos fazer nada. Podemos muito pouco. Podemos pouco e ficamos grudados no computador, que pode muito mais que nós. Quem é que devia ter redimido uma promessa? Conhecem alguém? Por isso é uma promessa (e permanece também uma promessa vazia), porque não é redimida e assim permanece, e agora e agora e agora digo: o câmbio, isto é, comércio e mudança, uma invenção do Espírito que sempre diz sim, que sempre diz sim, mas é sim o diabo. O diabo é aquele que diz sim. Mas no joguinho a tela me devolve ainda mais do que jamais seria fornecido pelo diabo. Ele diria sim, isso é claro. Prometeria tudo, diria: sim, pode ter isso, se apenas desistir das comidas congeladas e do fast-food e das comidas prontas e do McDonald's e assim por diante e em vez disso comer gafanhotos, antes deles te comerem. Mas todas as suas promessas seriam como um tumor cancerígeno, a proliferação de uma dívida impagável, só adiada adiada adiada através de si mesma. O diabo é a promessa que é adiada através de si mesma. E se o diabo jamais se recolher, é nos detalhes que o reconhecemos. Querem um crédito? Para o futuro? Acreditam que, com as garantias de vocês, que vocês não têm, vão conseguir de nós um crédito? Só consegue crédito quem já tem tanto quanto o crédito daria. Comigo, conosco, com todos, com ninguém vai a nenhuma parte, pois não dá garantias, só promessas. O dinheiro não é nada mais que uma promessa daquilo que já se tem, não, uma promessa daquilo que se poderia receber por aquilo que já se tem, ah, sei lá. Não sei. Deveria ir para o futuro, onde tudo isso será redimido, mas não dá, não se trata de morrer uma morte horrível, não dá para entrar aí. Essa vaca não entra no celeiro. Também não entra no quarto das crianças, porque lá domina uma desordem tamanha que ela não conseguiria passar da soleira. Então. Por princípio não dá para continuar. Blá-blá-blá. Pelo menos uma vez estou dizendo a verdade, mesmo assim não consigo um emprego, e mesmo assim o homem foi embora. O novo namorado não é ruim. Temos um computador cada um, e agora nos ocupamos dele. Ele precisa disso. Precisa que se ocupem dele. Mas também recebemos um tanto em troca. O computador nos dá muito nesse meio tempo. Mais ninguém nos dá nada. Mas talvez eu não devesse ter dito a verdade. Então, segunda tentativa: sou uma promessa que no futuro seguramente será redimida, pois no futuro tudo vai se passar, pois o futuro adia tudo, inclusive o pagamento dos juros sobre o novo sofá e a nova cozinha embutida, os computadores compramos com a minha indenização, que não recebemos, os computadores então adquirimos a prestações, não é mau negócio. O computador traz. Ele me dá mais do que meu emprego me dava antes. Oferece uma infância eterna. Jogar jogar jogar. Sim, o computador traz isso. Pequenas causas – grandes efeitos. Ele dá o que tem, o computador. Não toma nada, só dá. Todos trazem algo, todos são devotados, todos trabalham, mesmo quando não trabalham, agora só a TV não me dá mais nada. Todos os outros me trazem alguma coisa. Vejam: o carpinteiro, por exemplo, o carpinteiro também traz de algum modo, mas não tudo, o carpinteiro tem algo para tudo, mas precisa ser pago, pois o futuro adia tudo, inclusive meus pagamentos, mas esses escasseiam ou logo o farão, pois é, o banco não vai ver assim, mas sem dinheiro não tem música, não é verdade, tudo escasseia e carece, e o banco endurece e não acredita no meu futuro, não acredita que no futuro vou poder pagar. O banco não acredita em mim. Agora gostaria de me rescindir, por favor, e redimir já agora meu capital humano para o futuro, é o que digo ao banco, também estou pronta para abdicar aos rendimentos, veja, banco, abdico prontamente!, vocês me olharam de lado, e já abdico, enquanto você ainda quer ter ter ter!, eu poderia por favor já ter agora o meu futuro?, não?, eita! Sim, também quero ter, mas não recebo nada, o banco diz não, não sou dinheiro, não sou bens, mas o banco me quer, quem me quer?, o banco!, ele quer algo de mim, e então quer tudo o que tenho, enquanto ainda tenho algo, pois ele não recebe nada de mim e não me dá mais nada, pois então já não tenho mais nada. Merda, ai ai ai, do ouro depende, ah, já sabem, ah, pobre de mim, pobre de mim!, tanto faz de quem dependo, homem, recém-saído, filhos, igualmente saídos, o cachorro também, principalmente ele, tanto faz tanto faz tanto faz, blá-blá-blá, tanto faz, minha promessa para o futuro não pode ser redimida, por ninguém, também não dei minha palavra, não tenho nada para dar, para mim também ninguém dá nada, para mim ninguém dá algo para meu futuro, não, para meu presente também não, pois só tenho o valor que um outro me atribui, e no meu caso infelizmente preciso dizer: nenhum. Não tenho valor nenhum. Não dá para contar com o meu cheque pré-datado, não tem data para que minha conta cheque. Não sou donzela e nem bonita. Melhor não fazer negócio nenhum comigo. Meu único valor é não ter nenhum. Ninguém me dá uma garantia de retirada, nem é garantido que eu possa reter peso, embora quisesse!, pelo menos ganhar cinco quilos, mas não ganho nada, não recebo nada, e também não tenho permissão para dar nada, nem mesmo a mim mesma, nem mesmo algo de mim mesma. Então nenhum contrato para minha retirada como mercadoria, minha retraída como mercadoria, para um novo emprego por vir, mas para uma taxa de juros predefinida. A última vez que olhei lá dentro, essa taxa já estava cheia, pena, bem podia ter me beneficiado dela!, pois é, e minha taxa também está no chão, mas de fato. Queria obrigar contratualmente um outorgante, que no entanto não tenho, a tratar de trazer para mim um futuro, o meu, mas ninguém me toma para si, quem me quer?, ninguém, e como ninguém aposta nem minimamente no meu futuro, nem mesmo um mínimo depósito seria realizado, também não posso obrigar ninguém para com o meu futuro, e não posso mais me obrigar a mim mesma a tratar do meu futuro. Sempre só obrigações, mas não tenho mais nenhuma. O futuro se tornou tão importante, importante tanto para os negócios quanto para mim, e aqui, justo aqui, justo aqui o futuro se detém. Súbita e abruptamente. Agora ele está aí e imediatamente se deteve, porque me viu. Não estou preparada para isso, caio dentro do meu futuro, sim, eu significo futuro!, como de fato jamais me disseram, mas eu simplesmente não sei mais o que sei, quando me disseram algo assim, provavelmente nunca, tanto faz, ninguém me busca, ninguém me pega, ninguém me tira nada, ninguém me dá nada, ninguém dá nada por mim. E ninguém dá nada por aquela que vou ser, no futuro. Só que ela já está aí. Se não tivessem me dado um empurrãozinho, eu não teria percebido. Se não tivessem me dado uma empurrada, eu não teria comprado o computador. Meu namorado e eu jogamos o tempo todo. Agora todos já sabem que não vale a pena apostar em mim. Como correu rápido a notícia de que eu só sento e jogo no computador. Meu namorado também não faz mais nada. Por que então eu não? Nós nos jogamos e nos perdemos no jogo. Perdemos um ao outro no jogo. O computador traz isso. Nos trouxe mais do que nunca. Não tem consequências. Temos tempo. Que gastamos nos nossos computadores. As pessoas pressupõem que o tempo, isto é, o futuro, seja um estoque inesgotável, que já foi investido, e no qual se pode assegurar negócios, no qual se jogam negócios, lá dentro do futuro, pois é, e eles voltam a sair como nada ou como mais, asseguram-se especulações com especulações, vagueia-se de pântano em pântano, mas só me asseguram que na minha velhice não terei mais nenhum lugar onde pudesse investir a mim mesma no meu próprio futuro, já faz tempo que não tenho nenhum lugar, nenhuma vaga, nem mesmo aquela na qual já estava, ainda não tenho lugar nenhum onde possa aparecer, lugar nenhum onde possa seguir alguém, ninguém dá nada por mim, não tenho lugar, onde devo ir?, onde há um lugar que esteja livre?, não vejo nenhum aonde pudesse ir, não tenho nenhum, pois mesmo um emprego é uma segurança de futuro, a gente investe a gente mesmo, não recebemos nada em troca, perdemos tudo, podemos perder tudo a qualquer momento, e assim o futuro também perde o sentido, riscos são criados para proteger dos riscos, para proteger o futuro, e então um futuro é criado para o futuro e descontado dos riscos dos futuros futuros, todos descontam e perdem a conta, mas continuam contando, tudo é descontado de tudo, para os futuros do futuro. Só comigo ninguém conta, para mim ninguém dá nada, paro meu futuro também ninguém dá coisa alguma, nenhuma mínima vaga, nem mesmo algo mínimo, nem uma carcaça, nem uma carona, num avião talvez, antes da qual vão nos revistar por inteiro, nos apalpar, nos escanear, nos tornamos tão importantes!, bem, eu não sou importante, não sou digna dessas férias, também não tenho emprego. Tudo é férias, tudo está aí, mas só para mim ninguém dá nada, nem mesmo o detector de metais no aeroporto, que vai me mostrar totalmente nua. Ele me devolveria, me libertaria, pois para mim ninguém dá nada, me devolvem, mas não me dão nada. A um outro pode-se dar algo assim, só a mim não dão nada, nada me dá algo fora o computador, que me dá algo. Só comigo não se fazem negócios. Com muitos outros também não se fazem mais negócios. Comigo não! Comigo também não! Não comigo! Agora não, isso é certo, mas dizem: no futuro também não, ainda menos que agora, isso já sabem. Perdi meu trabalho e não recebo mais nada mais nada mais nada. Então naturalmente cometi erros, faltei ao meu propósito, e foi retroativamente que faltei, a algo que era uma promessa vaga, sem garantias reais. Meu propósito não é proposto nem confirmado por ninguém. Meu propósito não é assegurado por ninguém. Agora de todo modo perdido, tudo perdido. Mas eu também seria extinta pelas costas. Não pelas costas, como uma facada, mas de trás para frente, retroativamente. Eu teria, caso o Ser SEJA (que isso fosse possível eu nunca teria pensado antes, o que talvez tenha sido um erro), caso exista de fato algo assim tão idiota quanto o Ser, que determina o ente em si no seu próprio ser, cozinha-o no próprio suco, mas não posso deixar ele descansar aí, com homem, filhos, cachorro não posso deixar descansar, eles sim descansam quando cansam de mim, ainda me dão as costas! Blá-blá-blá. Balabala. Bolobolo. Idiota! Pode rir! A fonte secou, não posso mais escapar, e também não posso suportar marido, criança, cachorro, bem, o marido não, já foi embora, o resto só posso no máximo mandar para um seminário de suportivo, quer dizer, supletivo, um curso que invista no futuro, esses cursos não sobem e não caem, na verdade nem são cursos, e o futuro já está penhorado para outros futuros, que têm como garantia os quais, os futuros futuros do futuro, então absolutamente nada, me asseguram, desse curso, ele traz, com ele conseguem um emprego, garantido, mas só podemos assegurar isso para os futuros dos futuros desse futuro futuro, não para agora, não para o presente, não para hoje, só para amanhã, para amanhã podemos garantir que depois ainda vai ter tempo, algum tempo, precisamos de algum tempo, daí dá novamente, só precisamos de algum tempo, mas hoje não podemos garantir nada, pois nosso curso segue muito baixo, a taxa afunda, por favor, tem que ficar melhor algum dia, com certeza num dos futuros, muito provavelmente, um deles eu consigo!, um eu consigo mudar, mas agora não está bom, agora está até afundando, o curso, o curso da taxa, gostaria de um outro, gostaria de fazer um curso aprender a ficar mais alto, mas o curso da minha taxa só afunda a cada dia. Eles virariam as costas para mim, meus clientes da vida, homens, mulheres, crianças, cachorros, todos me virariam as costas, se eu os deixasse para trás sozinhos e só colocasse pacotes vazios na linha de montagem, até que não pudesse mais colocar nada na linha (nisso sou melhor que Deus, que viu que era bom, mas bateu as botas, digo, pendurou as chuteiras, também enviadas pela nossa transportadora, mesmo que não tenham sido empacotadas por mim, e não fez mais nada), eu teria que seguir perguntando sempre, o que diz isso que eu digo disso, o que diz isso que outros dizem, o que é dito de todo modo, o que é recitado e rescindido ao mesmo tempo.

A OUTRA FAUST(A), QUE AINDA VAI ENTRAR MAIS TARDE E TAMBÉM SE COLOCAR POR ALGUM TEMPO, PASSA CAMBALEANDO, TENTA FALAR, OCORRE UMA BRIGA, MAS A OUTRA É EMPURRADA RUDEMENTE PELA FAUST(A) ORIGINAL. A ORIGINAL SEGUE PAPAGAIANDO: Vaca idiota! Ainda não acabei! Se manda! Vou continuar: E eu não poderia escapar do dilema – pois de onde é que entra agora a merda da filosofia? Mas ela ainda não entra, não! Mas aqui diz que entra! Não sabe ler? – de que o Ser seria determinável como ser-apreendido, e para isso eu teria que desistir imediatamente de todo sujeito que gostaria de interpretar, mas isso não dá, embora eu não tenha estudado filosofia, nem filosofia da experiência e nem filosofia da expiração, mas isso não coincide com a filosofia, que ainda esclarece todo o resto, bem, não a mim, mas todo o resto, e que esclarece tudo fora o nascimento e a morte, nos quais por minha vez sou expert, cuidei por muito tempo da minha sogra, feridas constantes com a luz do sol, a boa luz do sol, com proteção UV plus, não custa nada, tratei, o sol, deixou-se entrar o sol para o seu decúbito, nenhum outro fez isso, e eu não podia deixar entrar nenhum outro nesse fedor, então, o esclarecimento, isso tudo também não dá, a interpretação não dá, o significado também não, pois todo sujeito, que eu quereria interpretar, estaria comigo no mundo, estaria comigo, estaria aqui dentro comigo, e através da sua interpretação eu poderia me apropriar dele, o que por minha vez não poderia, pois à medida que o interpretasse ele se tornaria EU, já que estaria junto comigo no mundo, cairia em mim e desapareceria em mim, seria eu, seria eu, seria passado já, mas isso só depende dos futuros dos futuros do futuro. Tudo cai para a frente, atrás o navio afunda, caímos para a frente para dentro dos futuros, e enfim eu não teria mais que me esclarecer a mim mesma, pois para quê?, pois para quando?, e o Ser seria sempre algo possivelmente reconhecível, pois é, não por mim, não comigo, blá-blá-blá e assimpordiante e etc. e etc., bocejo, que bom que não estudei filosofia, nem me dei ao trabalho, absolutamente não, mas como isso é reconhecível, o quê?, o Ser naturalmente!, sempre quando e onde não se sabe mais continuar, é só inserir a palavra Ser, fundamos um circuito do Ser, então discutimos ali, no circuito do Ser, que às vezes cruza o circuito do sentido e a crise do sentido, então discutimos lá, e a filosofia já está pronta, não é preciso se dar ao trabalho, é bem fácil, blé-blé-blé, então o Ser teria sempre que ser um Outro, pois só quando é um Outro, afastado de mim, não é verdade, na medida em que o empurro um pouco para longe de mim, por assim dizer, empurro para a estação de deslocamento de pensamentos, para a estação de manobra de pensamentos, em direção à fronteira absoluta, em direção à minha fronteira, sim, isso dá, pois todo pensamento é deslocamento, se fosse explicável, se o Ser se tornasse um explicável, só para mim inexplicado, para os outros explicável, mesmo que ainda não futuro, ainda não digno do futuro, meu Ser indigno de qualquer futuro, antes um tipo de fossa séptica, uma fossa cética, um poço cego, seria uma fossa esclarecedora, na qual se chafurda, remexedores de merda, dizíamos quando crianças, no interior, onde mais!, sim, tudo o que eu tentasse esclarecer, na minha subjetividade, perderia imediatamente o próprio status de sujeito. Tudo foi embora. Posso colocar tudo nesse curto-circuito curto. Não demora muito. Seu Ser pode ser só, ah como poderia ser feliz! Ah, o que eu sei?, nada!, pobre de mim! O que dirão homem, filhos, cachorro, pacotes? Pelo menos agora o homem cai fora. Tudo está vazio. Tudo é vazio. Tudo é vazio total. Minha fonte! Minha fonte seca! Tudo vazio. Eu me vou, tenho que ir, pois o curso é na cidade, o curso é em outro lugar, ele se encontra, mas não me encontra, não me acha adequada, ele se encontra sem mim, e está pendurado alto demais para mim, pulo, mas não o alcanço, tenho mesmo que ir, para me encontrar, é como os ativos tóxicos, que primeiro têm que ser imprudentemente assegurados, então imprudentemente vendidos e então imprudentemente colidem, são tão imprudentes, e no entanto e no entanto e no entanto: posso ser traída, vendida, não assegurada, e então colidir, sem por isso fazer tanta confusão quanto esses derivativos de crédito, pelos quais todos fazem tanto barulho, embora ninguém os tenha visto, já gritam antes, sim, fazer dívidas para eles está mais barato do que nunca, os outros não podem fazer nenhuma, eu posso sem problemas: fazer nenhuma dívida, pois não me deixam fazer nenhuma, nenhuma dívida, nenhum crédito para o futuro, pois lá onde eu estava agora já teria me encontrado faz tempo, caso estivesse lá. Não sou nada, e ainda por cima não estava em lugar nenhum. Upa! Upa! Upa upa cavalinho! Se meu Ser, se meu servo cai, ele grita assim. Mas eu não estava lá quando caiu. Sua queda me foi informada em segunda mão. A mão pertence ao mensageiro. Deve-se festejar as datas festivas quando caem. E não caem lá onde estou. A data de validade, a expiração, está lá onde estou, mas as datas festivas nunca caem lá. Então, agora pode vir! Já acabei.

FAUST(A) 2: Só entro em cena esta única vez, se enfim me deixarem! Para me manter de cara limpa, mas então vocês não verão mais minha cara, não podem reparar nela, minha cara, que já amanhã não poderei mais encontrar inesperadamente, no espelho ou em outro lugar, pois já amanhã estarei mais velha, um pouquinho envelhecida, talvez um pouco desvanecida. Ouçam! Minha mão cai na estante, cai em dois danones. Já estão guardados para jogar fora, pois a sua data, a data da expiração, a que todos estamos sujeitos, a data de expiração passou com este dia, o danone não pode mais ser vendido, mas talvez sim, quem sabe, talvez se encontre alguém que não lê direito. Mas não, não não, esse danone está bloqueado para o público, mas segue sendo propriedade do supermercado para o qual trabalho. Então ele expirou como todos nós, só mais cedo, quem sabe, talvez nem mais cedo, vocês também poderiam já morrer neste instante, não é verdade. Eu pego os danones vencidos, que são propriedade do supermercado, e levo para meus filhos. O que tem aí? Não tem ninguém aí. Essa mercadoria não pode mais ser vendida, é levada para uma sala trancada e declarada vencida. Estão vencidos, os danones, e por isso são trancados para fora. Estão vencidos e são trancafiados apesar de inocentes, guardados para serem jogados. São trancados para fora e expiram ainda mais. Mas quem penetra na sala trancada do lixo será denunciado por roubo. Nada vale nada, disso que está aí dentro. Nada vale a pena ser trancafiado. Só a expiração vale. Trabalho aqui, não, não como uma enguia que se enfia em qualquer parte, mas como arrumadora das estantes e faxineira. Eu mesma declaro vencidos esses danones, mas a data diz isso também. Eu não os abandono, não os deixo para trás. São destinados ao lixo, mas propriedade do mercado, que me emprega, que é meu empregador. Opa! Ai de mim! Procurei tanto para encontrar algo firme enfim. Esse homem, que pegou os kiwis amassados que não estavam mais próprios para venda, mas para consumo sim, também não foi pego. A mulher com suas piras, quero dizer com as peras, que pegou sem perguntar, porque estavam amassadas, essa mulher também. Está em tudo. Por que não eu e os danones? Porque tenho que escapar. O homem é como a erva e tem que escapar. Esses danones são especialmente empacotados um a um. Lá fora vemos impresso o que então se imprime aí dentro, nos olhos de vocês. No meio um ar podre. Gases de escapamento. Aqui já arrumo faz tantos anos as estantes, separo, separo a mim mesma e volto a me misturar, mas não tem mais estante, se nem quero me misturar. É a regra, que não se pode roubar. Aí está o nada. Lá estou eu. Eu quero me misturar, em algum lugar, quero cuidar de algo para mim, quero me jogar fora em algum lugar, para saber onde é o meu lugar, e aí faço o erro e levo algo para casa, de todo modo aqui não é mais seu lugar, pois está vencido. Vai ser jogado fora, é o seu destino, mas permanece propriedade, não minha, é o seu destino, mas propriedade do supermercado. Ele sabe seu lugar, a propriedade, o que é apropriado. Então. O danone eu peguei. Me pegaram, o diretor da filial me pegou, mas não para eu sair correndo com um danone vencido, me ocorre. Mas é preciso festejar as datas comemorativas, como o danone que expira, não é verdade. E é isso que ele está agora: expirado. Encolhida: minha camiseta depois de lavada na água quente. Expirado: o danone. Aqui não tinha nada em que se poderia confiar, só a câmera de segurança. Ela se moveu, diligente. Ela assiste a todos nós. Dá assistência a todos nós. Com meu salário mal posso me mover. Com ele eu não tinha nada de estável. Agora sou arrumadora de estantes e logo terei sido. É o que terá sido. O danone venceu, venceu a batalha mas perdeu a guerra, não dá mais, não pode mais ser vendido, vencido que está. Levo ele, pobrezinho, que mal vai poder encontrar mais alguém que o queira. Eu quero. Ele está vencido como eu mesma. Quase. Mas com certeza ainda está bom. Ainda está próprio para consumo sem prejuízos à saúde. Como eu mesma. Quase. Mas ainda está bom. Dá para mim, obrigada, bom. Tão contente com essas constantes, essas estantes, isso de arrumar estantes, finalmente um emprego. E passou a data de expiração. Aí o danone vence. Não, ele não vence nada, nem pode lutar, potinho intacto, danone vencido. Ainda está bom, mas vencido. Como um crédito. Ainda bom, mas expirado. Eu não seria boa para crédito nenhum. Mas esse danone com toda certeza ainda está bom, mesmo não valendo nada. Está seguro, está bom. Os créditos festejam as próprias datas, festejam novamente as datas em que caem, os créditos caem como se fosse de longe, caem, upa, caem assim, e na entrada dos funcionários revistam rigorosamente minha bolsa, se estou levando algo, mas quem ia querer ir comigo de livre e espontânea vontade?, nunca eu levaria algo de valor, mesmo se fosse algo mínimo, sem pedir permissão ao meu empregador, sem perguntar se tudo bem! Não me pergunte o que aconteceria se não fosse assim! Se querem ir comigo têm que entender palavras, aqui está, não sabem ler? Proibido roubar. Sou selecionada aleatoriamente, mas então revistada rigorosamente, mas isso só vale para os valores de verdade. Esse danone não tem valor, vencido assim, mas ainda vale algo para mim. Não pode mais ser vendido. Estava na sala do lixo, trancado, onde é possível entrar a qualquer momento. Sempre, pois ela não tem horário de funcionamento. Fora quando vem o caminhão do lixo. Aí sim. Então agora pego o danone. Quem isso prejudica? É propriedade do mercado, mas não pode mais ser vendido. Escolhi a propriedade do meu empregador para mim mesma, e então meu empregador deve temer que eu não faça nenhuma diferença entre mercadorias para jogar fora e mercadorias de verdade, isto é, todas as outras mercadorias. Em que pode se apoiar meu empregador? Ele não me conhece pessoalmente. Não sabe que eu só pegaria o que não vale nada. Como vai saber? Isso é falta de escrúpulos. A propriedade sobre os produtos é do meu empregador, que os vende. O que tem de incompreensível nisso? Nada. Eu teria que perguntar, pedir. Todo mero CEO que arruína sua empresa também pergunta antes se tudo bem. Os milhões também não desaparecem assim tão simplesmente. Eles perguntam antes se tudo bem. A porra do danone para as crianças, agora cai na minha cabeça, quebra a minha coluna. Não foi pensado para isso. Eu não tinha nem considerado pagar, devo confessar. Esse danone, dois potinhos, é absolutamente sem valor, mas propriedade. Propriedade do supermercado. Vai ser jogado fora, mas permanece propriedade. Por que motivo deveria ir para uma sala trancada própria para isso, se não fosse propriedade? Eu sei: O julgamento do kiwi. O julgamento da pera. Quem sabe mais? Talvez também possa ser vendido mesmo sem valor? Pois tudo encontra seu comprador, mesmo se ele não pode pagar e se a mercadoria é sem valor. Mercadorias vencidas empilhadas no caixa: passou a data de vencimento. Pego para mim dois danones. Infelizmente eu estava nas gôndolas resfriadas e peguei o danone para as crianças, dois potinhos, com calda misturada, data: passou com a data de hoje. Só é idiota que o dia ainda não terminou. Também não perguntou antes se tudo bem terminar. Mesmo assim passou, sem dúvida. Então. A data de vencimento entra em operação, o produto entra em expiração, a doença entra em cena, gases começam a se formar. Antes tinha calda em cima, agora está misturada no danone. Alguns nunca se misturam, outros, sim. Sempre depende! Essa calda conseguiu. Agora danone! Agora sou danone. Meus joelhos tremem. Não podia ter feito isso. Isso justifica minha demissão, senhor diretor da filial?, por favor! Senhor, senhora tribunal do trabalho? Por favor! O que dizem? Como é que faço uma coisa dessas, levar sem pedir mercadorias expiradas, em vez de expirar eu mesma? Um pouquinho de roubo não seria permitido? Não, me diz o tribunal. Mas eu expirei, então não estão vendo?! Minha luta, eu mesma, vencida, acabada! Simplesmente levar um papel higiênico, papel do escritório, ou o julgamento da holandesa? Eu devia ter lembrado antes do julgamento do tiramissu, roubo de um pedaço de tiramisu, e acabou. Vinte anos vendendo tiramissu, então uma única vez ele mesmo tirou o missu, e acabou. Senhor, senhora tribunal, por que acabou aí? Por conta de uma vez? Mesmo que mínima? Tudo bem, outros também não eram mínimos. Outros têm valor e por isso não são julgados. Eu sim. Me dizem que isso teria a ver com falta de escrúpulos, que eu tenha pegado esses dois potinhos vencidos. Escrúpulos contra expiração. Como isso expirou, que os escrúpulos se perderam? Hoje já não sei mais. Esses dois potinhos de danone não eram mais liberados para a circulação de mercadorias e, portanto, também não para consumo. Nem mesmo para venda. Só para a sala do lixo. Trancar para fora e pronto. Mas quem sabe? Talvez entre lá alguém, para quem ainda valham algo, os danones? Mas então realmente ainda têm que valer alguma coisa! Há alguém para quem significam algo! A linha de montagem segue correndo, a esteira rolante segue rolando no caixa sem sentido, mas não rola mais para mim. Essa mercadoria foi tirada da esteira. Expirou. Mas se ninguém diz a vocês e vocês não olham direito, compram a mercadoria, se deu rápido, se deu em prol do supermercado. Por favor. Não, aí não rola mais nada. A esteira não rola mais, expirou. Fui demitida. Meu limite de crédito é nulo. Meu crédito está para sempre ausente. Minha posse é lixo. Os dois doces também lixo, lixo tóxico, plástico reciclado, sem valor para ninguém, para mim sim, admito. Não dá. O empregador então já tinha que contar com isso, que de repente um monte de coisas esteja no ponto para o lixo, se ele alguma vez deixa passar, não? Mas aqui, a data, estão vendo? A data não se pode falsificar. Essa mercadoria não pode mais ser vendida, mas com bastante frequência é, sim, vendida. Só digo: meu leite duas semanas antes. Vendido. Mesmo vencido. Mas agora também estou azeda! Por causa de dois danones! Ainda queriam rolar com a esteira, para ter algum valor, mas foram afastados, vencidos os danones como eu, ainda queríamos valer algo, ainda queriam ser vendidos, mas não tem nada aí, não mais adequado para a esteira. Peguem esses doces, os danones da esteira, estão vencidos, vou já buscar para vocês uns novinhos, frescos, com garantia de frescor, um instantinho! Um momento! Novos danones saindo! Por favor, desculpem. Peguei o sem valor e fui demitida. Nesse mundo do trabalho, os empregados não podem ter permissão de simplesmente se servir dos restos. Devem eles mesmos servir, mas não devem: se servir. Esses danones, esses bandidos, agora me quebram a coluna! Chega! Por favor, esperem! Eles ainda queriam pular na esteira e ter algum valor, mas não podiam. Eu também não podia. Como pude? Necessidade? Não! Tem a ver com falta de escrúpulos, diz o tribunal do trabalho. Uma senhora tribunal do trabalho diz isso. Uma insignificância – não, não a senhora tribunal! –, mesmo assim motivo para demissão. Para a senhora tribunal. Despedida sem aviso prévio. De fato, uma demissão por roubo plenamente justificada, embora a mercadoria não valha mais nada. Mesmo assim, ainda e sempre propriedade do supermercado. Sentimos muito. Fora com você! Pegue seus danones e não volte! Venha junto! E vá! É definitivo. A data de validade era válida, definitivamente. Já tinha passado. Nada vai te adiantar. Não vai te adiantar nada. O danone não vale, mesmo que ainda possa ser valer para você, é o que diz o tribunal. Eu digo: Por favor, retire isso, não pronuncie esse veredito tão duro, por favor! Pensem no julgamento do kiwi, no julgamento das peras, por favor! Tudo corre, salva, foge. Os danones não podiam mais ir para a esteira, embora já estivessem, os dois desesperados, agora eu também desesperada. Você também não pode mais vir, você! Você nos roubou, roubou seu empregador, que sempre foi tão bom para você. Leve os seus danones, mas nunca mais volte! Demitida sem aviso prévio. Pegue as suas coisas. Ele sempre me observa, o senhor diretor da filial, agora ninguém mais me vê. Aqui nada foi pego de um anúncio. Foi feito. O anúncio foi feito, pois legalmente o roubo não depende do valor da mercadoria roubada, e se o valor é nulo, o roubo obviamente é válido, vale para você me demitir, vale mais, o valor da mercadoria vale mais do que você pensaria. O roubo não é nulo, mesmo se o roubado não vale nada. Depende de: para quem! Então ele me olhou uma vez e não uma segunda vez, o senhor diretor da filial, que me conhece. Agora sinto muito, mas tarde demais. Os danones totalmente sem valor, ainda e sempre propriedade do mercado, embora sem valor, invendáveis, ficam para mim, ficam para mim, como consolo! Não duram muito mais, já começam a se formar gases de decomposição. Os danones tornam-se sobras para mim, só os gases é que escapam. Já fui embora. A demissão continua em pé. Eu não continuo em pé. Meus joelhos tremem, as pernas todas tremem. Vou para outro lugar. A esteira está parada. A esteira paralisou. Os danones ainda queriam sair no dia de seu vencimento, rápido, no último momento, quem sabe!, talvez consigamos passar, hoje ainda não acabou, hoje passou, embora o hoje seja hoje! Data de expiração transcorrida. Tribunal: transbordando, meio de transporte: parado no trânsito, desejo: transação não realizada. Não podem vir junto, meus queridos irmãos danone. Eu ainda queria ficar, mas também não posso. Essa foi a última gravação, e foi rasgada. Agora está tudo parado como a esteira. Paralisação geral. Tenho que ir. Mesmo assim lá para onde eu viria agora, se talvez tivesse objetos suficientes para minha livre escolha. Só que, arrumá-los nas estantes, isso não posso mais. Cometi essa ofensa em uma posição de particular confiança, como arrumadora de estantes. O valor desses danones não é baixo, é igual a zero, mas são propriedades. Meu valor é baixo, é igual a zero, mas ninguém me quer como propriedade. Agora tenho que ir. O danone eu não empacotei, mesmo assim está no seu potinho, vejam: a embalagem é mais cara que o conteúdo, o conteúdo expirado, vencido, ainda não está podre, mas vencido, tenho que ir. Minha data passou. Tenho que seguir. A senhora tribunal do trabalho diz: quebra de confiança. Mas o que quebrou em mim, isso não interessa a ninguém. Mas isso é loucura! Isso é mercadoria, que está vencida mas não desajustada, afinal eu mesma arrumei. Eu teria sido a primeira a perceber se esse danone estivesse desajustado. Arrumo durante o julgamento o justo valor, o valor mínimo, não existente dessa mercadoria roubada por mim. É a última que ainda posso arrumar. O potinho é mais caro que a mercadoria! Tenho que devolvê-la. Não se pode fazer nada. Está vencida, mas tem que ser devolvida. Então. Desapareço. Não me verão nunca mais. Os danones eu olhei nos olhos, olho no olho por um piscar de olhos, uma mancha de calda na pele escura: seus olhos, nos olhos do danone tudo é tranquilidade. Tudo o mais: vencido. As pessoas são vencidas na luta por um emprego, eu tinha um tão lindo, próprio para uma força de trabalho sem formação, que, no entanto, não tem mais força, e esse emprego perco por causa de dois malditos danones vagabundos, que, contudo, já estão até vencidos. Só ficaram me olhando que nem dois idiotas, os dois espertinhos. Era tarde demais. Para eles e para mim. Ora, se isso não é engraçado, então sei lá. Bem, agora de novo você!

Desaparece e é substituída pela Faust(a) restante.

ESPÍRITO(A): Por favor, estou vendo, agora você é uma outra. Mas fico contente, pois sua antecessora, como a minha, sim, justo essa de antes, ela já estava aí antes, mas até agora sempre tinha sido possível contê-la, reprimi-la, nós duas, ela e eu, as duas de algum modo eram inquietantes para mim. Sim. Ambas. Simplesmente nada acontecia com elas. Essa Espírit(a) de antes era como um espaço no qual até o Espírito perde seu poder. Mas você me é familiar. E eu também estou aqui de novo. Estamos aqui juntas na forma de mulher, no fórum da mulher. Sempre estamos lá onde se trata da mulher. Estamos na nossa melhor forma, mesmo que feminina. A forma infelizmente nos diminui. Queria que de algum modo nossas formas fossem ainda menores, mais magras. Mas tudo bem, não se pode fazer nada. Somos como somos. Só Deus é aquele que é, foi e será. Mas nossa silhueta se transforma. Se adapta à comida. A comida infelizmente não se adapta a ela. Onde estávamos? Você ainda tem algo para expirar, digo, expressar? Algo para engordar? Acredito em você, com prazer. Aí está você várias duras horas na caminha do seu pequeno capital, suas economiazinhas queridas, e olha preocupada, mal pode chover e já acorda, mal começa a se debater e já estuda as taxas, numa telinha que tem sempre consigo, enquanto troca fraldas, enquanto amamenta, enquanto cozinha, enquanto arruma não para de percorrer, infinitamente, percorrendo e percorrendo, as taxas também correm, como numa esteira, as taxas se debatem, se desgastam, só para nós, mas para você não tem nada dentro, nada aí. Para você nunca nada dentro. Não te serve de nada. Elas correm, e correm de você. As taxas fogem de você. Se mandaram. Se foram. Nada me serviu também. Sou a imagem e semelhança de Deus, só que pior, naturalmente. Infelizmente. Senão seria mais considerada, com certeza. Mas até eu sei que não se pode medir nem a beleza e nem a escalada do dinheiro. Tudo o que acontece deixa a expectativa de que você dirige o que acontece, só de entrar aí. Nada é seguro. Nada é estável. Tudo é o que você espera, ops, não é, não, é o que espera sempre uma outra pessoa, que embolsa o lucro! Que imbecil! Ficou idiota! Como os futuros dos futuros do futuro ficam sempre piores, ainda que especulemos que ficarão melhores, afinal algum dos futuros tem que ser melhor, não?, sou uma péssima imagem e semelhança. Me assemelho a Deus de algum modo, já quase fui ele, quase teria conseguido, vocês não podem comparar, já que nunca viram ELE, mas acreditem: sou pior. Mesmo que não dê para ver. Pois é, também não sou nenhum objeto de novo, embora: para meu criador eu era mesmo só uma bola de tênis, lançada por uma máquina e de novo recolhida. Mil vezes eu, lançada por ele e de novo recuperada. Mas eu queria mais. Todos sempre queremos mais do que tudo. Agora infelizmente não podia me tornar tudo, só semelhante, uma imagem e semelhança. Nunca esqueçam disso se quiserem me interpretar! Pelo curso de suas taxas talvez até possam. Mas então! Mas então! De fato poderão me apreender, mas nunca vão me ultrapassar. Não, também não vão me superar. Querem esclarecer e declarar o mundo como ser-apreendido, e querem objetivar a realidade do real como conhecimento! E aí o que dizem a alguém como eu? Que ui, ui, ui, com muito esforço estudou filosofia? Vocês me dizem o que podem dizer sobre mim. Pois tudo o que não é Deus é pior, e de todo modo o contrário. Isso nos martelaram. Tudo sempre pior que o original. E o ser humano de todo modo já é ruim o suficiente.

FAUST(A): Quê? Nem a você me igualo? Claro que não posso me igualar a um espírito. Se nem sei direito fazer conta, escrever e ler. A quem então? Você não? À natureza? Sou realmente natureza? Mesmo? Então seria o incompreensível de modo geral, e justo porque seria explicável então! Sinto algo? Não. Ainda não sinto nada, pois o que deve ser esclarecido nunca se aproxima de mim, quando só esclareço a partir do que está presente. Você, Espírito, pelo menos está ausente, à medida que está presente. Isso já ajuda imensamente minhas tentativas de esclarecimento, muito obrigada. Não posso escrever isso aqui, porque não sei escrever bem, obrigada pelos aplausos. Mas posso dizer: mas filosofia, falando sério! Agora ela vem, agora ela vem! Falo em línguas estranhas, mas mesmo a língua se enrola na minha boca. Vou tentar esclarecer a essência da ausência. Uma bela mudança, pois pelo menos não vou precisar vê-la. Senão fico sempre só esclarecendo a ausência da essência, da qual, contudo, sempre cuido, marido, não, marido não, filhos, cachorro. Eu sou. Eu sou. Eu sou. Acreditaram que não seria, mas sou sim! Eu sou sim! Se nem vocês acreditam em mim, então quem? Esclarecer o futuro, disso desisti, e dependeria disso! O que estou falando? Está em toda parte. Infelizmente não vai resolver o ser-sozinho do ser-aí, que o homem, não, ele não mais, crianças, cachorro, vários exemplares do gênero e de um outro gênero, mas semelhante, fiquei aí do lado e talvez ainda dez outros a mais, quando temos convidados pro lanchinho de aniversário das crianças, mesmo que todos esses seres estejam aí e eu tenha que cuidar deles, mesmo assim a existência pode ser bem solitária, não acha, Espírito? Ai ai! Quem dera! Desliga! Então, desse jeito a gente teria cortado fora a filosofia, infelizmente precisamos para isso de pelo menos dez minutos, quê, quase duas horas, que teríamos podido gastar melhor, como meio analfabetas que tentam desesperadamente se tornar um todo, horas que podíamos ter gastado em outra coisa, quer dizer, em nada, em falar, não em escrever, ler e fazer conta, obrigada pelos aplausos!, cortada fora, à medida que avançava, a filosofia?, sim, ela, não vejo quem mais seria, ninguém mais se coloca no caminho dela, então por que ela avança?, cortada fora, à medida que damos corretamente a partida pela primeira vez e prevemos verdadeiramente o futuro, mesmo que não a verdade: quanto menos a minha existência é um sujeito sem mundo e um interior, pois tenho marido, não, ele não mais, filhos, cachorro, um interior onde sempre entra um pouquinho de mundo, então quanto menos minha existência recebe do mundo, quando empacoto pacotes e coloco na esteira, empacotados, colocados, quero dizer, tanto menos com isso se torna um ser-com, para o qual o marido, os filhos, o cachorro se fazem sentir e se deixam estar comigo. E como tenho que fazer esse curso do seguro desemprego, para poder ser empregada de novo em outro lugar, enquanto lá onde gostaria de ser empregada outra pessoa é liberada, liberada do serviço, mandada embora, tem que ser, agora isso também não me serve de nada, ops, então assim todas caímos gritando dentro do futuro, também os cursos das bolsas, tudo cai de um futuro para o próximo, só que ele nunca está aí, e agora perdi de fato minha vaga! Minha fonte! Seca! Vencida sem vencer! Mandou tudo à merda, a fonte. Seria preciso imitá-la! Agora preciso ir para outro lugar. A fonte secou e expirou. Tenho que ir embora. Tenho que aprender algo, reconheço. Para o marido, não, marido não, filhos, cachorro, tudo paralisado, não seco, mas paralisado, isso não teria sido necessário. Por favor, não precisam se incomodar! Porém, agora é necessário, aprender, é necessário, mas não vai me servir de nada, eu aprendo, mas não me serve de nada, eu aprendo a dirigir o computador e tiro a minha carta, para poder ser empregada novamente, para poder ser explorada novamente, venha para o seco, amigo!, vai lá para baixo, inimigo!, antes que o clima seco venha! Preciso de um emprego de mulher! Preciso, sim, pois do que é que preciso?, já vejo, essa frase nunca vou poder dirigir até o seu fim, nunca poderei dizer do que preciso, preciso preciso, agora vem o Se, e se o Se já se foi, não sei mais do que preciso, o que me falta, então, se o ser-com-um-outro significa um ser-com-um-outro em um e o mesmo mundo, onde todos são o que são, onde todos somos o que não queremos ser, num mundo que nos aplaina a todos, não, não nos deixa planos, muito mais invertidos, mas faz isso a todos, o que talvez também seja o inverso, tanto faz, então se, então se, então se esse ser-com-um-outro que já estabelecemos e definimos como um no-mundo, o qual necessariamente também pode ser indiferente e inconsciente para os indivíduos, bem, não para mim, mas talvez para o marido de antes, filhos, cachorro – para eles o seu Ser é a maior parte das vezes inconsciente, porque eu tenho que alimentá-lo, tenho que cuidar dele, eles não têm que se perguntar nada, pois de todo modo quem tem que responder sou sempre eu! – então se, então se, então se esse ser-com-um-outro, do qual já falei que seria um em um e o mesmo mundo, senão não tem graça, não é verdade!, e se nosso Ser nos fosse totalmente inconsciente, embora não pare de nos arrombar, arrotar como se tivéssemos comido algo estragado, não é verdade, blá-blá-blá-blá, então preciso de algo?, se é algo, preciso de algo?, sim, do que preciso se todos estamos uns com os outros, precisamos dessas balas de caramelo que grudam nos buracos dos dentes, que agridem o esmalte dos dentes, que nos fazem ficar mais juntos até que nos grudemos uns aos outros inescapavelmente, como nos é mostrado com imagem e som, muitas vezes em alta resolução, não, nem por isso a coisa se resolve, se dissolve, é mostrado como valendo o esforço, o frasco de gemada, a nova garrafa térmica, mais o óleo, mais o gás, para nos aquecer bem, do que precisamos, do que precisamos?, então se, então se, então se é assim, como não sei se é, inconsciente pros indivíduos, a vida totalmente inconsciente, como sei e como foi dito, então se a vida bloqueia para mim as minhas possibilidades, à medida que ganha forma, mas sempre para outros, então o quê? Isso tudo não oferece nenhum sentido. É totalmente sem sentido. Obrigada pelo aplauso que não vem. Nem ele vem. Estão cansados, posso entender. A filosofia diz –não compreendo, ela sempre segue falando, perdi ela uma meia hora atrás, mas ainda segue falando – também sempre fala qualquer coisa. Todos dizem algo, mas não nos dizem nada. A nós ninguém diz algo. A gente deixa o fone de lado e vai lavar a louça e as superfícies horizontais lá na cozinha, não, as verticais não, a não ser que estejam na frente, de modo que sejam vistas quando se olha, e quando a gente pega o fone de volta ela ainda está falando, a filosofia! Mas a mim não diz nada. Mas fala e fala e fala, e até repete a fala, não faço ideia de quantas vezes já repetiu isso enquanto eu estava sem o fone, que isso não oferece nenhum sentido, mas não diz O QUE não oferece nenhum sentido. Mas enquanto isso lavei toda a minha louça! Para nada. Espero que não fale mais, a filosofia. Como posso otimizar minhas possibilidades e ainda estar com os outros no mundo? Não posso. Ainda está falando! Bolobolo. Mimimi! Talvez otimizar o aproveitamento com o coração? Subaproveitado! O Ser como habilidade, que nos habilita para a verdade, de que então logo procuramos escapar habilmente? Alienação, cujas raízes jazem numa generalizada e irracional falta de pátria e portanto naturalmente também na natural falta de casa? A habilidade do Ser, que é decidida em alguma repartição pública, mas pela qual a apatridade só pode ser escondida por pouco tempo? Pelo menos trabalho? O que é então? O processo da produção incondicionada, a objetificação do real pelo ser humano, que só pode experienciar a si mesmo como sujeito? O ser humano um sujeito? Morro de rir! (*Começa a rir, mal pode falar o seguinte, que sai em meio a roncos de riso.*) Pois, como veem, o ser humano, digam de uma vez! Vocês o veem como vítima da técnica, a metástase no cérebro, na mão, o mouse, tateando pela essenciazinha mole que lhe dá tanta alegria? A técnica em sua essência é uma habilidade histórica do ser, da verdade do ser, dormente no esquecimento? Blá-blá-blá! É absurdo. Tudo é absurdo. Tudo. (*Grita de tanto rir. Só com muito esforço consegue se levantar.*) E tudo só se relaciona a si mesmo, pois o que deveria ser o futuro do futuro dos futuros senão aquilo a que se refere no presente? E lá está agora meu ordenado miserável, de fato indisponível. Nada de ordenado mais. Nenhum ordenado sobre os quais valeria falar, mas a filosofia fala e fala. Nada mais pode ser valorizado, porque não se dá mais valor e não tem mais valor, o que quer que seja não tem valor nenhum. E de dia cedinho já está na máquina de lavar roupa, até que ela finalmente trabalhe sozinha, todos precisamos trabalhar, e na máquina de lavar prato, que não trabalha sozinha, embora ainda nem tenhamos acabado de pagar, então ir ao mercado e cuidar do fogão, e é sempre assim, hoje e amanhã. Aí vai, meu senhor, nem sempre corajoso, mas experimenta a comida e a paz. Cedo, quando os galos cantam e as estrelinhas baixam, tenho que estar ao fogão, tenho que acender o fogo. Pois é, então não iria tão longe, também não precisaria, pois o fogão está: aqui em casa. Ele não anda. Infelizmente não anda, o gás foi desligado, mesmo que não por mim. O moço da empresa já está a caminho. Vai pelo menos arrumar a máquina de lavar louça para mim, espero. O que estão falando? Eu com certeza teria sentido a mais pura felicidade com isso? Felicidade no trabalho? Bem, obrigada. Mas isso não tinha sido falado. Mas se vocês acham... Agora sei melhor. Já teria sabido mais cedo, teria deixado marido, filhos, cachorro morrer e a esteira parar. O marido talvez de todo modo já esteja morto. Mas eu não teria aguentado. Não tinha sentido. Tudo sem sentido. Como o mercado avalia algo presente, também avalia o futuro depois. E mais nada é reconhecível, nem mesmo oferta e procura. Não tenho nenhuma oferta de trabalho, então sou avaliada no presente como nula, e daí tiram em geral a conclusão de que serei sempre uma nula. Bobagem. Apostam em mim, mas eu nem fico a postos. Quem aposta em mim? Ninguém. Nem eu. Está certo. Não tem sentido. Meus sentidos também não têm mais sentido. E se têm, então ninguém diz qual é. Sempre que se precisa da filosofia, ela não está aí. Para que, por que sentidos? Leiam! Eu li. Li esse conselheiro, embora fizesse pouco sentido para mim. A leitura me traz dificuldades. Também ninguém tenta nem adivinhar o que eu poderia querer dizer, o que outros por sua vez querem dizer, o que outros dizem que outros por sua vez querem dizer, mas o que quero dizer não importa para ninguém. Não significo nada. Pois ninguém me daria um nome, um emprego, as parcelas para a casa, o dinheiro para o estudo do meio da filha, a contribuição com a taxa para a cremação do filho, ah, não, quero dizer com a taxa de crédito do filho quase crescido, que no entanto segue morando em casa. A garantia para seu crédito, quero dizer. Será que devo encontrar uma pessoa que passeia sozinha e, em retrospecto, que talvez se torne um futuro, olhar na sua cara? Bela mudança. Talvez. Mas o Mesmo permanece, embora na verdade o Outro seria mais interessante, permanecem marido, filhos, cachorro. Um deles permanece menos. Mas isso permanece. Quem ainda está aí também permanece. A fonte secou. De onde isso veio, marido, filhos, cachorro, lá não tem mais nada. Mas todo o resto permanece comigo. Não tem nada aí, e isso permanece comigo. O cachorro às vezes não permanece comigo, mas todos os outros permanecem. Rindo alto! Simplesmente me joguem fora e pronto! Me deixem! Não me preservem! Vocês, anjos, não, vocês também não! Não me salvem! Não me ajudem! Me julguem! Já me juntei tantas vezes, podiam tranquilamente me julgar por isso! Não, seis dos bons também nunca tive. Já tentei várias vezes, várias vezes me enfiei de manhã cedinho na tabacaria, cruzei uns números, com certeza não cruzei com eles, eu saberia, mas a três foi o sentimento mais elevado. Não sabia os números certos. Então. Estou salva. Estou preparada, mas para quê? Para quem? Marido? Filhos? Cachorro? Para quem, pergunto a vocês! Quê? Vocês não me deixam? O que não me deixam? De todo modo, não sou deixada! Não me deixam? Estou acostumada com isso, que não me deixem! Com isso não me assustam. Vocês tiveram algo a ver com a minha salvação? Anjos? Querem preservar algo em mim, comigo? Então o que é, pergunto! Querem me preservar para meu próprio futuro? Tenho horror! Tenho horror! Tenho tanto horror, é realmente terrível. Pois é, o filme hoje à noite não é mau. Vamos dar uma olhada...

ESPÍRITO(A): Devemos ainda por cima trazer aquilo da religião? Isso aqui já está longo demais! Obrigado(a) pela desatenção! Estou vendo, já não prestam atenção faz tempo. Não estão mais curiosos. Bem, então não agradeço mais. Devemos ainda fazer aquilo da religião, o que quer que seja? Mas vocês gostam tanto de fazer isso, se não sabem mais como continuar, se para vocês algo é alto demais, então logo vão até lá em cima. Um truque, mas as pessoas não conseguem perceber. Bom para vocês! Tudo isso soa ótimo, mas não é, pois não vão guardar muito disso. E se morrerem, se ela os tiver nas garras, já lhes digo antes. Se trazem algo de que não se guarda muito, então não se impressiona ninguém. Ninguém ainda. Não está certo, pois há que acreditar nisso. Eis o pressuposto fundamental, se não ninguém entende patavinas.

O que acham, quantos então têm que acreditar nisso, todo dia! Tenho estimativas aproximadas. Mas é preciso que acreditem nelas. Todos têm que acreditar. Sou quem menos acredita em alguma coisa, mas tenho que dizer que é um número impressionante, que impressiona até a mim, quantos têm que acreditar nisso. É preciso? Sim, é preciso. Esses números não mentem. Todos os números mentem, mas esses não. São os números certos. Pode pegar. Sim, é preciso pagar sempre.

FAUST(A): Pois bem, por mim. Resguardo sempre a religião, até que caia da minha mão. De todo modo, não posso dizer muito sobre isso. Posso dizer que minha alma vaga por aí como na maior agonia, falando e perguntando a si mesma: Onde está seu Deus? Ela não ficou sabendo. Notável. Como se alguém pudesse se recordar de mim sem minha intervenção. Como se eu fosse o Espírito que sempre pode ser acordado, chamado, só para então dizer não! Estou sem dormir, como um pardal solitário no telhado. Deus é chamado aí, os anjos são chamados aí, aí Deus muda de operadora, porque as chamadas para ele são caras demais, e sempre dá linha cruzada. Aí já está ele novamente, o senhor Deus, só que dessa vez existe mais barato. Clientes novos só pagam metade do custo básico. Clientes velhos pagam inteiro. Aí já mudamos de novo a operadora, ou inscrevemos outro membro da família como cliente novo. Enquanto espera pela sua ligação, a alma está numa situação, por um lado, nem está no céu, nem recebe consolo do céu, e por outro lado nem está na terra, nem gostaria de receber consolo da terra. Então está aí pendurada entre céu e terra, como que crucificada, e sofre sem que de nenhum dos lados venha ajuda. Está ficando louca! Pois a ajuda que tem do céu, e é o conhecimento de Deus, que supera de longe tudo o que se poderia desejar, sempre cai no vazio. Desculpa, só estou dizendo o que li. Mas um pouco tonta, ou digamos melhor: simplória, isso ela é sim, a alma. É simples, não tríplice como Deus. Podem dizer outra coisa sobre isso, se quiserem. Na religião não tem importância o que se diz. Se não se acredita nela, tudo isso não adianta nada. Então digo justo isso. Vocês dizem outra coisa, por mim. Pois a ajuda que vem do céu só aumenta o tormento da alma. Com isso seu anseio por Deus cresce de tal modo que, pela minha modesta experiência pessoal, a intensidade da dor que daí emerge às vezes, mesmo que por pouco tempo, rouba a alma idiota dos sentidos, e sem sentidos a alma não tem sentido. Quase não dá para perceber, porque a alma é meio tapada. Como um lápis sem ponta. Mas essas situações se aproximam muito das agonias da morte. O que querem? Mas posso sim dizer isso. Isso ainda vamos poder dizer, não? É religião, e a religião ainda vamos poder praticar, mesmo sem ter praticado antes. Esse tormento amargo, mesmo que doce, ainda vamos poder vivenciar. Se podemos viver nosso impulso animal ou nosso amor pelos animais, então também podemos viver nossas necessidades espirituais, não? Tudo tem que sair. Todo impulso tem que sair. Não se pode conter nenhum impulso, pode-se cortá-lo, mas tem que sair, sempre sai. Tudo tem que sair do corpo, e se podemos nos vivenciar corporalmente então também podemos fazer isso com o espírito, então podemos exercer esse doce tormento do anseio por Deus sem mais, sem vocês resmungarem. Não acha, senhor Espírito? Tem que achar, muito especialmente, mesmo que acredite que deve sempre dizer não. Você viu Deus uma vez, então queria ser ele, então não viu mais a floresta, só as árvores. E agora está aqui, apenas.

ESPÍRITO(A): Nisso você tem razão de algum modo, sabe. O problema é que, quando já se viu Deus, como eu vi, então tudo o que possa se apresentar na terra, na minha opinião também a alma, sim, também, então tudo de que talvez se cuide para ser doce e confortável, não é mais nada que a alma pudesse aceitar. Ela simplesmente não aceita. Que luxo, não aceitar algo! Justo isso consegui! Mas ela não aceita, a alma. Ela incha, ela se infla. Tudo o que é quer se inflar, para pelo menos parecer mais. Mas assim alguém sempre parece mais claro, assim alguém sempre me parece ser ainda mais claro! Eu aceito, ela quer aceitar, a querida alma, mas não consegue. Eis o problema, quando você já viu Deus em pessoa. Então não quer ver mais nada, então não aceita mais nada, então não consegue aceitar mais nada, ou empurra tudo o que pode te encontrar no mundo para longe, imediatamente. A gente bem que reconhece que não amou nada que não Deus, infelizmente reconhece tarde demais, pois, à medida que queria ser como ele, ou seja, queria ser igual a ele, labuta em si mesmo como artesão, até que todo o gesso tenha caído para fora da gente, e então não aspira mais por ele em interesses particulares, e com isso não se dá mais satisfações, mas quer sempre ele inteiro de novo, todos querem tudo, a gente quer tudo, a gente quer Deus inteiro, se é para fazer faz direito, a gente quer ter o Deus inteiro, tarde demais, eis o problema, a gente sempre quer ele de novo tarde demais, já que uma vez o viu e teve, a gente quer ele, então sempre quer ele de novo, quanto mais longe dele mais necessária e urgentemente a gente quer ele, quer sempre ter ele de volta, sem saber qual parte dele a gente ama, a gente quer tudo, mas não poderia nem aguentar uma partezinha dele, não poderia nem aguentar o amor por uma parte de Deus. Por favor, a alma não pode imaginar nada de Deus na primeira tentativa. Eu o vi, e agora posso imaginar tudo, tudinho. Mas isso não é um estado da luz, da iluminação. Se a gente pode imaginar tudo e fazer tudo, isso podem ver em vocês mesmos, então a gente não pode imaginar nada nem fazer nada. Também nem quer. A gente quer voltar para Deus, mas ele não aceita a gente mais. Nem se a gente queria ser ele, então ele não aceita a gente mais, naturalmente. Quem quer concorrência na própria casa? Mais alegria por um pecador convertido que por tantos e tantos sérios respeitados. Como tantos e tantos sexos retalhados. Mas não se a gente quer ser ele. Concorrência, na própria casa ainda por cima, ele não suporta. A gente anseia por ele, mas sempre só tarde demais. Assim também eu. O que outrora era graça se torna dor, o que outrora era lã se torna poliéster, o que outrora eram boas ações se torna falta. Assim também eu. Não sou o Espírito que sempre diz não, sou a falta. Sou a falta em si. Ah, nem posso começar a tentar dizer o que quero. Então já deu!

FAUST(A): Eles não têm pena de mim. Nem de um fio de cabelo meu. Ninguém tem. Minha alma, podem esquecer. Eu já esqueci. Fiz um monte de acusações. É uma situação terrível ser esquecida, pense isso, oh, Alma!, ninguém pode me dizer o que é. A maior parte do tempo minha alma é atormentada pelo medo da morte, talvez com direito, talvez não, não sei. A suposta aproximação da morte – na verdade para quê? Como assim tenho que aguentar isso? E ainda por cima em breve, espera só, breve!, sob a terra! Eles vão para a luz, os espíritos abençoados, e eu? Sob a terra, sem nenhuma utilidade a não ser para o meu pai, pois para Deus não fui usada aqui! – me afasta com medo, pelo menos a minha alma, sim, todo dia medo da morte!, e não dá para eu cortar ela fora de mim, não dá para cortar ela do meu corpo! Cortar dói. É tão intenso que mal consigo aguentar. Muitas vezes não bate mais nenhum pulso em mim, por conta disso, não tenho mais pulso, tenho testemunhas disso. As crianças, minhas únicas testemunhas, sentem meu pulso e notam que não tenho mais pulso. Aí minhas mãos ficam tão duras que não consigo suportá-las e não consigo suportar nada com elas. Então, isso aí agora foi a religião. Está petrificada e tirada da lista. Mais religião não vão obter da minha parte. Meu papai é que obtém tudo. O que era e o que vem e o que é, é para o meu papai. Tudo me dói tanto, como se tivesse deslocado os membros. Logo estou aí, e não têm pena de mim. A passagem escura, o quartinho, um banheiro pelo menos, como bônus, com azulejo, não é preciso sair pela passagem para tomar banho, mas para todo o resto sim, como o meu papai fazia tudo isso? Deve ter sido monstruosamente difícil, carregar tudo isso para baixo. Só para nós. Só para nós cometeu esse ato, só para poder meter, digo, me ter quando quisesse ele cometeu isso. A que trabalho se submete para nos meter aqui embaixo? Mas ainda é meu papai, sempre, mesmo como marido é meu papai. Pai! As palavras ficam ásperas para mim, engasgo, preciso beber um gole d'água, senão não consigo fazê-las descer, as palavras, mas não devem vir para baixo, têm que sair. Falei o bastante. Obrigada pelo aplauso. Ah, não teve nenhum? Tanto faz. Basta. Se minha filha mais velha não tivesse sido entregue e admitida como paciente necessitando de cuidados médicos, teria continuado assim infinitamente. Poderia ter continuado assim infinitamente. Mas foi aberto de repente por motivos de doença. Nossa lojinha aqui foi aberta por motivos de doença. Essa criança se sacrificou por nós, talvez não voluntariamente, mas mesmo assim. Antes disso meu marido e pai se sacrificou por nós. Mas na sua idade não consegue fazer isso infinitamente. Pois tem que procurar supermercados distantes, para não dar nas vistas que ele é mais do que só alguns. Que ele é muitos. Que está junto conosco, porque também pode estar junto com outros. Que tem uma carga dupla a carregar, que um tem que carregar para outros. Eu bem que ajudaria ele, mas ele não me deixa sair. Ele conseguiu descer com tudo isso, minou e gasificou a porta, para nos gastar e expulsar, foi o que ele disse, ele confessou, confessou isso mas não era verdade não: Não foi gás, não tinha nenhum ar malvado no seu bom jogo, nenhum ar maldito, nenhuma armadilha que pudesse pular para cima, mas sempre só ele pode ir lá para cima, nós ficamos embaixo, infelizmente temos que ficar embaixo, mas era meu papai querido, não tinha nenhuma única mina malvada lá embaixo conosco. Ele só disse isso para nos dar medo da liberdade. Como se não tivéssemos de todo modo! Éramos a única clientela dele, a clientela do papai, ele podia ter lidado melhor com a gente, mas sempre nos alimentou, éramos sua família. Éramos sua segunda família. Tem gente que não tem nem uma, ele tinha duas. Minha língua acaba de encontrar uma palavra, ela não consegue encontrar palavras suficientes, mas agora tem uma, a palavra pertence aos poucos que podem se movimentar por aqui, tão pouco espaço, minha língua se agita como um peixe, encontra palavras, encontra as palavras adequadas, uma vez se exibiu como se eu estivesse lá fora, agora diz o que a levou a fazer isso. O que a levou a fazer isso era tão bom e tão amável que ela gostou de ver, obrigada, gostei de ver, de nada. Se levamos ela a essa selvageria, me desculpem, não encontro as palavras, tenho tão poucas aqui, e são absolutamente transparentes, eu poderia facilmente achar uma outra palavra no meu estoquezinho, mas sempre encontro só essa: Se fomos trazidas para cá, por mais selvagem que tenha sido, não tão selvagem, em todo caso não da minha parte, fora que aqui tem muito pouco espaço para isso, não, só aqui tem espaço para isso, não tínhamos outro, então se fomos levadas juntas, então aqui não teria tido nenhum espaço para se evitar. Nenhum espaço para se inverter. Nenhum espaço para estacionar. Devíamos ter evitado os filhos, e os filhos a nós? Nessa rua minúscula? Mordido forte de todo modo as beiradas, o banquete de água corrente, de gás, de spray, de espuma, de sei-lá-o-quê? Deportados aqui foram só os doentes, os que gritavam, que recusavam a refeição noturna para continuar gritando. Ninguém aguenta algo assim por muito tempo. Os saudáveis aqui no penico, os doentes para cima. Acho que tinham pensado, aqueles que ficaram doentes. Gritaram muito aqui embaixo. Meu túmulo treme, meu túmulo aqui treme, é meu único espaço, meus filhos também não têm nenhum outro, nós todos só temos esse único espaço que o pai nos deu, ele quase não dá, não dá, não daria a ninguém, esse espaço, não dá para nós. Nunca dá. Tremem os túmulos e o teu coração, da paz das cinzas aos martírios da chama, o que estou falando, um fogo, isso ainda nos falta aqui embaixo!, aí a gente não precisaria mais do gás e do propulsor para nos impulsionar. Nós, de novo incluídas, de novo excluídas, incluídas, exclusivas, excluídas, mais um filho e mais um filho, concluído! Um não era suficiente para ele, um não bastaria para o papai, tinha que vir mais, as crianças emergiam exultantes, livres, da minha buceta, que pertence ao papai, como tudo, às vezes dois juntos, uma dupla, uma dualidade. Isso não basta. Fica tão apertado para mim, não admira o malogro, um milagre!, Deus, Deus, Deus!, por favor, um milagre, por favor, um milagre agora e depois mais um, se possível!, para mim fica tão apertado, os muros, a terra, a terra, meu buraco na terra, cavado pelo papai, só para nós, só para nós, para mim fica tão apertado, a terra me prende, nada se aprende, nada me prepara para nada, só os filhos, os filhos, é para eles que vivo, a terra me pressiona, a terra pressiona sobre nós, ar! Ar! Luz? Sim, por favor, luz também! Mas o ar é mais necessário.

Respirar. Por favor respirem, logo serão obrigados. Ai de você, se para de respirar. Essa é a musiquinha de espera, mas mesmo assim você tem que respirar. O segundo, parecido com o primeiro ou exatamente igual ao primeiro, não respira. A criança não respira. O que tenho que fazer para ele respirar? Bater nele? Tentei tudo – nem comparação. Não respira. Mover o pobrezinho? Não respira. Pena para os outros aqui, quero dizer: minhas pernas por alguma outra pessoa aqui. O pobrezinho tem perna, pena que não respira. Ar! Vizinha! Não tem vizinha. Em parte alguma, vizinhos, e se tem, então não nos escutam. Estão muito alto lá em cima. No segundo e no terceiro andares. Não tem nada para ouvir por causa da espuma de isolamento. O papai pensou em tudo, não só em se isolar. Ele não tem isolamento nem inibição. O porão: isolado. A criança não respira e é jogada no forno e queimada, para a família lá em cima ficar quentinha. Sim, nós também. A família aqui embaixo alimenta a família lá em cima com aquecimento barato, ecológico, feito aqui mesmo, e eles também vivem bem com o aquecimento da terra, o aquecimento global, lá em cima vivem com mais aquecimento que o que o aquecimento global tem para oferecer, embora moremos na terra e teríamos que saber. Esse calor vem de nós. Porque podemos respirar, podemos também aquecer. Testemunho que a criança foi jogada no fogo para aquecer a casa, mas não só. Uma criança tão pequena não pode aquecer uma casa inteira, é claro, é preciso somar mais um tanto de massa, somar biomassa. Como somos capazes de ter essa ideia, aquecer a casa com uma criança? Também vai se somar a isso, para o aquecimento, o calor da nossa respiração. Nós embaixo aquecemos a casa. Nós embaixo aquecemos a casa em cima, assim eles lá em cima economizam um tanto com o aquecimento e sequer estão cientes!, pois nós embaixo temos que respirar, inspirar, expirar, só às vezes não dá, mas temos que respirar, e o aquecimento global e a criança na caldeira e nós todos embaixo levamos o calor para as veias da casa. O pai vem para nosso porão como se fosse para sua morte. Aqui é aquecido, aquecemos a casa toda com nossa atividade, não sozinhas, naturalmente não sozinhas, não poderíamos aquecê-la sozinhas nem por um minuto, mas nossa existência aqui embaixo economiza energia para a segunda, para a família de verdade lá em cima, duas verdadeiras, não é muito, não se recebe nada em troca, nem mesmo vale o esforço, quer dizer, isso sim, cada pessoa é um pouco de esforço e também se recebe em troca. Isso é tudo, isso é nada, somos execrados, os de cima escolhidos, uma energia de marca barata, isso sim vamos trazer, para a primeira família lá de cima, que também é a minha família, uma mãe, uma segunda mãe, os primeiros filhos, os segundos filhos, os segundos filhos que por gritarem demais são mandados para junto dos primeiros lá em cima, quem, se eu gritasse, entre as confusões dos anjinhos me ouviria? O papai te ouve, o papai te atende, se você grita pode sair, consegue o lugar ao sol, bem, pelo menos lá em cima estão bem, lá fora, e aproveitam o calor das nossas respirações, que mandamos para a casa de debaixo, não, não andamos no ar, a casa é nosso ar, nosso hálito, que aquece os lá de cima sem que saibam, aquece-nos embaixo, é nossa vida inteira, o ar, não é bom, mas mesmo assim é ar, e ar é nossa vida inteira. O pai diz que a alegria do céu não é nada nos meus braços. Nesses a alegria é ainda maior do que poderia ser no céu. Com certeza. Com certeza. Onde haveria alegria maior? Ah, pobres de nós! Respiro com cuidado, temos que respirar, ele não tem que ser aquecido, o papai. Nessa chama não é preciso mais soprar. Já arde sozinha, já arde por mim faz tempo. Já arde por mim antes de ele ter embutido a caldeira. A caldeira colocada depois. O bebê jogado dentro, o gêmeo. Um só de dois é suficiente. A natureza ainda pode uma vez, mas depois chega. Ela lançou um segundo dado, a natureza. Mesmo se o papai vai para a Tailândia, ele arde sob o sol só por mim. E antes de morrermos de fome aqui ele volta. Embora pudesse arder em toda parte, mas é só por mim e sobre mim. Queima tudo direitinho. O que se pode fazer. Ele arde, o refugiado, o desalojado, o bi-alojado, alojado em cima e embaixo, mais interessado no embaixo comigo, em cima tem tudo, comigo antes o embaixo, que o atrai, as profundezas, debaixo nas profundezas, disso ele tem, aí está dentro, totalmente, isso também tem, isso está dentro dele, o embaixo, que sempre o atraiu, nos seus, nos estranhos, em todos, papai!, as pessoas gostam de estar por cima, mas o papai sempre quer só descer. O abalo, o calor, ele gosta disso sim de certo modo, senão por que sempre voltaria então, até que uma hora a porta explode. A porta nunca vai explodir, foi só o que o papai disse. Uma vez que ficou bravo. Não é para ser levado a sério. Mas nós acreditamos. Mas ele disse. Para termos medo. Não tinha mais nada a dizer a ninguém. Ele disse isso. Para termos medo da liberdade. A porta não sai voando pelos ares, e nós também nunca saímos para tomar um ar, aquecemos a casa, aquecemos a caldeira de aquecimento com nossos filhos, bem, pelo menos um tivemos que sacrificar para o aquecimento ecológico, biomassa, biocombustível, sistema de aquecimento autoalimentado, não, onde pensam que estão indo? Queimar pessoas ainda não basta. Nunca basta. O que estão pensando? Pensam que uma criança tão pequena só poderia aquecer a casa por um segundo? Ela desaparece sem deixar rastros na fumaça, na fumaça, esse calorzinho ninguém percebe, que passou e acabou como nosso próprio fôlego, também pode ser sem fumaça, esse hálito não é nada, nem fumaça. A criança não é nada. Isso não é absolutamente nada! O pai, o monstro sem causa e sem paz, uma pessoa que chicoteia como queda d'água sobre o vale, um refugiado, um fugitivo que precisa justamente de nós para ter um lar, e que ainda por cima precisa de nós aqui embaixo para ter um lar. E embora tenha até mesmo dois lares – lá em cima também tem um – ele tem que descer até nós no chão, descansar conosco, descansar pesado conosco como pedras, como mineral, como guizos soando, chocalhando contra eles mesmos como uma bandeira congelada que se agita ao vento, tem um nome, o nome do nosso senhor, o nome do proprietário, dois lares têm essa queda d'água, essa quebra na tubulação, isso nos faria falta aqui embaixo, mas o papai é um encanador habilidoso e impede que a tubulação quebre. Nenhum cano quebra nele, nenhum fôlego esfola ele, nenhuma eletricidade falha com ele, nenhuma parede desaba, a respiração estanca e é consertada, alguém estanca, mas não pode ser consertado, por isso é usado para aquecer a casa, mas não tinha nenhum fôlego nele. O refugiado, que perde seu lar, não é contra, o desalojado, que perde seu nada, não é contra, pois cuida que o desalojado não receba nada, mas sempre perca, disso cuida o papai, o bi-alojado, ele tem mais de tudo, trata-se disso, sim, de ter mais de tudo! Ter mais que todos de tudo. Mais que água: a queda d'água, a queda de ar, o desastre aéreo, o que cai, o anjo, papai, o anjo, Lúcifer, o anjo caído, de outro modo ele não teria vindo aqui para baixo conosco, para nos trazer a escuridão, só por uma queda ele veio, o único que cuida de nós, o anjo que nos provém de alimento, água, ar, ninguém pode entrar aqui, só ele, mas ele cuida de nós, caindo no abismo como água, ele é nossa providência. Nunca dá para ir mais fundo. Para a queda d'água não dá para ir mais fundo, ela não vai mais fundo do que o porão. Sinto muito, mais fundo não dá mais, estamos no chão, aqui somos o chão, nós SOMOS o chão, aqui já chegamos no chão do porão, que é rebaixado, a casa rebaixada como um carro esporte, só não tão dinâmica, aerodinâmica, não, isso não, onde dá para conseguir um ventinho aqui?, não tem nenhum, e não podemos cavar mais um pavimento embaixo de nós. Não podemos passear pelo pavimento, pois não tem pavimento para nós, só o porão. Conhecemos o mundo pela TV, mas sempre nos dizem, e repito aos meus filhos: ele não está certo. Meus filhos devem aprender a reconhecer o certo. Venho por meio desta atestar que há outro mundo, de cuja memória cuido com atenção, atenciosa como meus filhos, mas não é este. Este não é o mundo certo. O mundo é feito na TV, digo a eles. Mas não está certo. Não está certo e não é certo. Não é verdade, mas está certo. Na verdade, é barato e saudável, digno e certo, te dizer obrigada por isso, papai. Não faço ideia pelo quê. Não existe imagem e semelhança de algo que não existe. Lá está a fábrica da realidade. Na TV. Lá tem cabanas nos campos alpinos, sim, lá, na TV, enquanto a criancinha arde e nos aquece, não aquece o pai, é ele que aquece o filho, o pai, odiado por Deus, quem se importa. Realmente criança é criança, e brincadeira é brincadeira. O que eu queria dizer com isso? Não sei. O céu não se move lá em cima? A terra não fica parada aqui embaixo? Não sei. Por mim, o céu também podia ser embaixo, mas debaixo de nós só estamos nós, debaixo de nós não tem mais nada. O papai se esforça, quando está debaixo de nós, mas não dá para ir mais fundo. Um segundo porão não dá para ele cavar para nós. Não tenho nome para isso. Meu papai também tem sentimentos! E ele também não tem nome para isso. Sentimento é tudo, nome é só som e fumaça, fumaça a criança, a criança escrita na fumaça, som e fumaça que encobre o ardor celeste. Som não, mas fumaça, a criança. As outras crianças som, mas essa só fumaça. Nenhum nome, só fumaça. Não foi suficiente para ela? Que abraçasse a terra, colocasse de lado, embutisse a porta, embutisse a mim também, me embutisse como um aparador numa cozinha embutida, não foi suficiente? Ainda tinha que ter essas crianças todas, penduradas, carregadas, transportadas para lá e para cá?, ele as olha, olhos nos olhos, ouve seus gritos, então se decide, invisivelmente visível ao lado delas: os maus para cima, os bons, os quietos aqui embaixo, os tranquilos dos quais quero sempre mais. Os tranquilos ficam aqui e nunca mais têm tranquilidade. Satisfazem o coração do pai, que é abençoado pelo sentimento de ser o senhor deles. Senhor deles. Para aquela uma criança, embora senhor dos nomes, nenhum nome. O inferno enfim terá sacrifício, sacrifício aqui embaixo, lá em cima os seis bons, aqui embaixo só sacrifício, com o papaivovô encontram tranquilidade, ali encontram tranquilidade, mas já eram tranquilos antes, por isso puderam ficar, não tiveram que subir para ficar com os saudáveis, puderam ficar embaixo e tiveram que evitar todos os outros, não tiveram que evitar nada, não tiveram nada, minha tranquilidade se foi, ah, realmente se foi!, infelizmente temos que ficar embaixo, mas talvez outros achem a tranquilidade e a tragam de volta para mim, mas ela se foi, está quebrada, minha tranquilidade está quebrada, a traquitana desse treco, desse relógio, também está quebrada, a criança se foi, a criança foi queimada sem deixar traços, tão pequena a criança, quando sua cabecinha encontrou a saída, já tinha quase ido, um lá, outro aqui, um filho dentro, fora com os outros. O que não vê saída imagina que tudo é o fim. Essa criança: por um lado saiu, pelo outro entrou de novo, no forno, a criança foi. A meiga, desgraçada criatura: foi, se foi. Minha tranquilidade se foi, a criança também. Tudo se foi. Nós respiramos, respiramos, ah, pobres de nós!, respiramos, semprc, viramos os olhos para dentro da cabeça, mas sempre veem a mesma coisa, veem na cabeça o que vimos na TV, é muito mais longe do que qualquer coisa, vem de bem longe e chega até nós, longe, mas a TV não estava certa! Certo? Não! Sim! Eles veem o papai, as crianças agora veem um programa ao vivo com o papai. Ele nos traz nossa vida de cima aqui para baixo, na forma de alimentos não perecíveis, arroz, macarrão, conservas, enquanto viaja para a Tailândia para foder. Não, não enquanto. Sempre um depois do outro. Mas um depois do outro, tem que ser. Tem que ser tanto tempo. O todo-poderoso, todo-abrangente e todo-sustentante não abraça e não sustenta, a mim, a você, a si mesmo, sim, a si mesmo particularmente bem, isso já é mais do que sustentar, quer dizer: receber. Ele vai para a Tailândia. O papai vai amanhã para a Tailândia. Lá supostamente tem tudo para o todo-abrangente e todo-sustentante e solo-viajante. Lá ele recebe algo pelo seu dinheiro. Lá recebe algo como equivalente pelo dinheiro. Lá recebe o maior equivalente. Ele ri. Ri. Ri e recebe. Ele ri e nós recebemos macarrão e conservas. Fez provisões, o todo-abrangente e todo-sustentante, que sustenta todos nós. Antes ainda mede nosso tempo aqui embaixo. Calcula metro por metro de tempo. A terra aqui embaixo é firme, isso ele fez, estrelas eternas sobem de vez em quando, isso não foi ele que fez, mas mesmo assim é verdade. Temos que acreditar nele, pois a isso nos impelem nossas cabeças e corações. Pois o que mais podemos fazer? Temos que nos deixar impelir. Temos que deixá-lo tecer segredos eternos, ou não nos dá sossego, pois só quando está na Tailândia ele dá sossego, só deixa um pelo pubiano invisível ao meu lado, invisivelmente visível o papai ao meu lado. Se algo acontece, aí não dá tempo para provisões. Tempo para provisões: tem que ser tanto tempo. Se algo alguma vez acontece, nunca tem tempo. Então nunca dá tempo de chamar o resgate ou os bombeiros ou a assistência ou o telefone de assistência. É preciso prever. Nem podemos nos resgatar, para que precisamos do resgate?, ele não se resgata também. Não nos ajuda a nos resgatar. Só o médico vai nos ajudar. Vai nos ajudar a nos ajudar. Ajude a si mesmo, então o médico te ajudará. Esse programa está certo, o papai entra ao vivo, é um programa ao vivo, nesse não podem trapacear, as crianças sabem, tudo está certo, embora aqui embaixo nada esteja certo. Eles veem a mamãe, ela está certa, veem cachorro nenhum, veem-se no espelho, nos vemos no espelho, nos aninhamos em nossas alegrias, aninhamos nossa comida durante o sono, aninhamos nosso filho dentro do forno, para enfim ficar quente aqui, mas não fica quente, lançamos nosso hálito alto no ar, não é necessário, pois ar e hálito dão na mesma. Quem pode nomeá-lo, quem professa aquele que nos deu de presente o alento. Papai. Acredito no que diz. Acredito nele. Posso dizer isso. Acredito nele, ele é aquilo em que acredito. É minha crença. Eu professo. Cada centímetro cúbico de ar já foi respirado por outra pessoa, pois é, tão parecido, desde então já foi de novo enriquecido com oxigênio, mas de onde pode vir? Como o oxigênio vem aqui para baixo? A escada do porão ele não consegue descer, fica genioso porque não pode mais ser oxigênio, ai de mim, desculpem, sou ainda mais profunda que esse porão, perdão!, mas o fato é: aqui embaixo tem muito pouco muito pouco muito pouco. Aqui embaixo tem muito pouco oxigênio. Fico tão geniosa por conta disso! E já que já estou aí: aqui embaixo tem muito pouco de tudo. Demais de uma coisa. Demais de uma coisa. Se não é demais para o papai depois de um tempo? Muito medo nosso e conosco e sob nós. Ele não é mais o mais jovem. Eu não teria precisado do papai. Um papai assim, dele ainda precisei. Ele ainda me fez falta. Oh, meu papai! Converta ele, espírito sem fim, pai, converta, o que quiser, por mim, converta o verme de volta à forma de cachorro, por favor por favor, pois gostaria de ter um cachorro aqui embaixo também, um cãozinho querido, eu sei, nunca tenho o suficiente. Não posso ter um cachorro aqui embaixo, então está bem, papai, não precisa necessariamente converter esse verme em um cachorro, eu aceito. Um cachorro não dá aqui dentro. Para nós também não dá direito, mas um cachorro, isso realmente não daria. Então não tem que converter esse verme, verta suas forças para outra coisa, mas não, não para mim, não para mim! Para mim de novo, tão cedo, não! Pendure as crianças no seu ombro, deixe eu me pendurar em você, deixe isso pender, pendente, pendurado aí, pelo menos uma vez, você sempre nos deixa pendendo, por que então seu pau está sempre de pé?, não pode pedir isso dele, também não peço isso dele, pessoalmente não gostaria que sempre ficasse em pé, mas, por favor, não converta esse verme, não poderíamos aguentar um cachorro aqui, por mais que queiramos. E se você já converteu o verme, se já jogou o pobre verme no aquecedor, então converta-se de volta na sua forma predileta, que somos nós, que fomos todas feitas por você, somos sua forma predileta, mesmo que não tenhamos nos formado, também onde?, mas tudo o que se forma em nós foi formado por você. Ele que tudo abrange. Que tudo sustém! Somos o que você formou, você nos formou do seu corpo, a mim, a filha, e nossos outros filhos, que você formou, por que teria que converter um verme em um cachorro quando já nos fez, foi muito mais difícil que transformar um verme num cachorro, não é verdade? Fazer pessoas é o mais difícil. Nós rastejamos com o ventre na areia diante de você, papai, na terra, na poeira, rastejamos para você pisar ou não pisar em nós com os pés, mas por favor não converta nenhum verme. E o seu verme por favor também não deve se converter. Deve permanecer como está e onde está. Deixe o verme nas calças, papai, deixe o pobre verme em paz, pode antes jogar esse pobre verme no forno, mas deixe, mas deixe, mas deixe, não sei o quê, mas deixe isso! De todo modo: deixe isso! Aqueça a casa com essa criança, mas deixe o verme em paz! Pegue esse vermezinho, mas deixe o verme no chão em paz! Também não precisamos de cachorro aqui. Ele nos tira todo o ar para respirar. Dor! Dor! Incompreensível para a alma humana, que todas estejamos aqui embaixo, pelo papai trazidas, pelo papai criadas aqui embaixo, por quê?, para vocês também poderem estar aqui agora! Por favor leiam também a continuação amanhã! Estar aqui basta, Ser-aqui é tudo. Criaturas nas profundezas de nossa dor. Que esse bebê não caia na caldeira, que essa criatura não caia nas profundezas da dor, que a primeira se debatendo na agonia da morte tenha bastado para resgatar os pecados das outras. Então, isso é que é a religião! Que alguém faça isso para descarregar ou redimir todos os outros, a criança no forno, vamos de uma vez, nos redima! Vai logo, por favor! Alguém tem que fazer! Como assim continuamos não redimidas? Agora não acredito mais em nada. Diante dos olhos do Eterno não somos nem um bebê que acaba numa caldeira. Revira-me medula e vida, o sofrimento dessa única, da criança no forno, e tu te divertes solto, sobre o infortúnio nosso, não, não somos milhares, mas somos muitas para este espaço, nossa dor não te move, nossa dor não move ninguém, a criança no forno sumiu, em segundos, minutos, sumiu como a dor de todos. Diante do senhor Deus, diante do papai, um piscar de olhos, mais nada. Muito bem. Como ficamos com a religião? Ficamos com ela, mas ela não fica, não fica conosco. Sempre se vai novamente. Agora a pregamos, também podemos pregar o papai, mas ele nos prega antes, e antes disso já voltou a cair da parede, a religião. Nem mesmo a parede aguenta a religião. Como ficamos? Como aguentamos? Como aguentamos ficar? Salve-nos, papai, ou não nos salve! Salve-nos ou não nos salve! Para você a salvação é só um piscar de olhos, nada mais. Depende de você. Por que fez essa sociedade, essas relações conosco aqui embaixo, se nem consegue nos aguentar, se não consegue nos dominar, nem consegue ficar no porão? Você queria voar, mas está no porão! Queria rir e para isso vai ao porão e faz pessoas e mais pessoas ainda. Nós te forçamos ou você a nós? Nós te forçamos ou você a nós? Como acaba? Isso acaba? Salve-nos, papai, ou ai de você! Que a mais terrível maldição caia sobre você, se não nos salvar! Por milhares de anos! Em segundos, minutos a criança queimou na caldeira, nem queimou: derreteu, sumiu!, mas você pode nos salvar! Por favor! Simplesmente abra o ferrolho, desative o gás, estanque o explosivo e nos salve! Nos salve!

ESPÍRITO(A): Quem as lançou na perdição? Eu ou você?

FAUST(A): Ele. Ele. Ele! Você, então. Você é ele. Só que sem espírito. Para isso o fogo foi dado na mão dos homens? Para queimarem? Todos ardem por alguma coisa, mas a maioria queima sem jamais ter ardido. Minha mãe, a puta que lá em cima cozinha e cozinha e leva meus filhos para o grupo folclórico e para o ensaio da banda, onde assopram nuns instrumentos, meu pai, o safado que também faz alguma coisa, esqueci o quê. O que faz aqui embaixo? Faz algo, nos come, acho, mas não pode ser isso, ainda estamos aqui, menos aquele, o filho, que foi para o forno. Agora não sei se o batizou ou não, se fez o batismo de emergência depois de me estuprar de novo? Não sei. Minha pequena criancinha, minha filhinha, minha irmãzinha ergueu a perna num lugar mais fresco, não, a criança queimou no forno e acabou. Não voa embora, não voa embora. Também para onde? Também onde? Mais longe do que no forno não dá. Papai, tenha misericórdia! Agora não posso fazer sua comida, que tenho que dar de mamar a essa criança, a outra queimou mas essa ainda está aí e tem que mamar, ainda tinha acabado de fazer isso, onde está, onde está? Não vai ter ido para o forno, atrás do irmãozinho, né? Ah sim, aqui. Então. Dei de mamar. Ainda tenho que foder o papai, foder e ser fodida, é o tempo de uma lavada, talvez hoje as crianças ajudem a limpar, aí vai mais rápido. Você pegou a criança de mim e diz que eu a teria matado. Então isso decididamente vai longe demais. Não pode ser para mim que você diz isso. Não é sobre mim. Sobre mim só meu pai. Nenhum céu. Terra. Terra. Terra. Sobre mim meu pai e marido. Em minha volta, só terra. Mas para uma sepultura não bastou. Tanta terra, mas teve que ser necessariamente uma cremação. Para o papai: só o fogo é uma opção. Onde meu pai foi agora?, onde está, não pode ser longe, aqui não tem espaço, aqui só tem espaço para ele, mas também estamos aí. Aqui está ele, não podia estar longe. Aí está ele de volta. Traz com ele as compras. Fraldas, chás contra cólica, coisas que dispensam receita, uma compressa de água quente. Nenhum médico. Homem! Homem! Deem ele para mim, façam ele para mim, se não podem dar ele para mim, mas tenho que ter ele. Homem! Homem! Papai! Onde está? Ah, mas está aqui! Não podia ser longe. Aqui está, e estou aqui também. Voltou da Tailândia e logo repõe a nossa alimentação. Obrigada! Muito obrigada! Muito mais tempo não teria tido. Já estávamos quase. Quase sem comida. Já tínhamos TÃO pouco disso! Não digo do quê. Já tivemos que raspar as panelas, para não ir comer capim pela raiz. Que bom que está aqui, papai! Obrigada obrigada obrigada! Também cheguei lá, papai. Mas nunca fui embora. Que bom que mesmo assim você me busca na porta do porão, sim, aquela com a espuma na boca, a espuma de isolamento na toca, certinho, que bom que me busca lá embora eu nem tivesse saído. Você me trouxe e me buscou de volta. É assim que tem que ser. É você. Termino junto. Por que não? Chego lá junto. Fora com as correntes! Você me liberta. Eu termino junto. Quem liberta você? Você sabe? Estou chegando lá. Estou chegando lá. Não chego. Mas chego lá. Você está chegando lá, finalmente? Vai chegar lá logo, papai? Já chega! Por que tem que demorar tanto? Ainda tenho que preparar a comida das crianças. Por que demora para sempre para terminar? Vai logo! Goza logo e nos liberta! Sim, a criança já queimou faz tempo, não se preocupe, mas ainda estamos aqui! Ainda estou molhada. Se limpa logo, por favor, papai, te peço, goze enfim, se limpe, aí também me limpo, e daí todos podemos comer. Se finalmente terminou todos nós, as crianças, eu, nenhum cachorro, então todos podemos enfim comer. O que está olhando, papai? Você vai sobrar. Vai sobrar. Pois quem cuidaria do nosso túmulo se não sobrasse? O pai vai ficar. Ao lado dos mortos eu também gostaria. Gostaria de descansar em paz ao lado dos mortos. Então goze enfim, limpe-se, aí também me limpo, e então podemos comer. Me dá uma mãozinha, papai, gozando logo para a gente enfim poder comer!

ESPÍRITO(A): Liberdade.

FAUST(A): Lá fora? Não pelo mundo. Lá está a caldeira. Vê mexer? Mas eu não! Não vou lá fora. Salve o pobre verme, ele ainda mexe! O que, não quer? Jogá-lo no forno? Corre! Rápido! Salve o verme para poder fazer dele um cachorro! Um cachorro seria tão legal. Pelo menos tente! Talvez uma hora funcione. É só cruzar a ponte, entrar direto na floresta, à esquerda no lago. Lá poderia nadar e caçar, o querido, bom cachorro, melhor que uma pessoa. Corre! Salvem! Salvem!

ESPÍRITO(A): Salvem? Salve-se!

FAUST(A): Não está lá minha mãe numa pedra? Ah não, está lá em cima com os outros! Não acena, não sabe de nada, sabe, não se mexe, sua cabeça está pesada, mas ainda se mexe, não, não se mexe, sua cabeça está pesada, tem dor de cabeça. Está lá. Simplesmente sentada lá. Ah não, não está lá. Não nos acena. Ela pode dormir. Nós podemos nos alegrar. Ela pode dormir. Ela deve dormir, para que possamos acordar e nos alegrar todos juntos.

ESPÍRITO(A): Salvem? Salve-se!

FAUST(A): Grito bem alto, tão alto que todos vão acordar. Mas quem me ouviria? O forno? O verme? O cachorro que não tenho? As crianças? O dia, que está clareando, antes de nos ver. Mas aqui embaixo ele não nos vê, não. O dia.

ESPÍRITO(A): Exato. Bem notado. É dia. Liberdade! Não te solto. Não te solto. A liberdade é tanta, que não se solta nada, mas se fica solto. Estou bem solto. Bom. O mais alto bem. Liberdade! Lá acena ela! Acena de lá da tela. Mas não creio que seja como liberdade. Talvez disfarçada. Desgraçada. Aí no meio há uma rua bem movimentada. Mas deviam ter dito antes. Essa rua não está sinalizada em lugar nenhum. E o GPS sempre cala quando deve dizer algo. Como chego lá? Como chego do outro lado da rua? Sem faixa de pedestre. Sem passagem. É bem perigoso. Mas chego. Ainda chego lá! Digo que chego lá! Mesmo que demore até depois de amanhã. Liberdade! Já a vejo! Boa recepção hoje. Liberdade!

FAUST(A): What?

From hell:
Goethe: Fausto Zero
Joseph Vogl: Die voranlaufende Verpfändung der Zeit[64]
Sta. Teresa de Jesus
Martin Heidegger
Eu mesma
Outros[65]

64. A Penhora Corrente do Tempo

65. Cito por vezes o *Fausto Zero* na tradução de Christine Röhrig, da editora Cosac Naify. (N. da T.)

2

NÓS DO DISCURSO

Jelinek dá seguimento à tradição austríaca que sublinha o papel da linguagem na construção da realidade, ao menos desde Wittgenstein e Freud. Ora, se o fundador da psicanálise costuma ser associado a um tacanho psicologismo dramático, as formações do inconsciente – chistes, sonhos, sintomas – que expunha eram justamente pontos onde (como queria Heidegger) fala a linguagem, não o indivíduo. Há que distinguir psicanálise de psicologia, igualadas no senso comum; a segunda muitas vezes traz consigo o individualismo ao teorizar um "mundo interior isolado", que só admite relações interindividuais, marcadas pela visão da subjetividade como propriedade privada e pela inserção no núcleo familiar. Tal sujeito psicológico (dramático) é marcado pela "autodisciplina" e pelo egoísmo profundamente introjetado, pela racionalidade estratégica autocentrada e, finalmente, pela necessidade de se expressar individualmente[1].

Mas a linguagem não apenas exprime ou "exterioriza o interior". Base necessária dos laços sociais, ela também interioriza o exterior, pondo em questão a própria divisão dentro e fora. A continuidade entre externo e íntimo (o "êxtimo" de Lacan) é o campo do *discurso*. No teatro de Jelinek

1. Para um aprofundamento dessa crítica, remeto ao trabalho de David Pavón-Cuéllar: Metapsychology on the Battlefield: Political Praxis as Critique of the Psychological Essence of Ideology, em Samo Tomšič; Andreja Zevnik (eds.), *Jacques Lacan between Psychoanalysis and Politics*, Abingdon: Routledge, 2016, p. 269.

"os atores SÃO o falar, não falam"[2]. Abundam trocadilhos, livres associações sonoras, atos (propositalmente) falhos. Assonâncias, paranomásias, repetições, anáforas e paralelos sintáticos organizam o processo do texto, permitindo, de modo errático mais que programático (sem a ênfase na consciência do teatro político habitual), apontar e desatar os nós dos discursos que promovem diversas e perversas configurações subjetivas, a exemplo das identidades femininas "melodramáticas". Para Jelinek, não importa "o que as pessoas são ou fazem", elas seriam "intercambiáveis" ("não conheço e nem quero conhecer as pessoas")[3]. Há que "desmentir publicamente, ou antes: ocultar que os fatos que se estabelecem sejam os atos de pessoas individuais" e, para tanto, cabe "impedir de sugerir que os seres sobre o palco são diversos"[4]. Não interessam condutas e relações de personagens: "só tenho uma única relação, aquela com a linguagem"[5]. Importa "aquilo que é igual no seu agir, a estrutura do seu agir, ou seja, aquilo pelo que as figuras se conduzem, sem ser" – "fora do seu falar elas não existem"[6]. A proposta é ilustrada com a curiosa imagem de "uma revolução invertida, na qual tudo das pessoas é cortado, menos a cabeça, afinal, algo tem que falar"[7].

Esses atores que não falam, que são o falar, apenas cabeças ou antes apenas discursos, põem em questão outro pilar do teatro dramático: a atribuição do texto a *personagens*. Essa "entidade psicológica e moral semelhante aos outros homens" e "encarregada de produzir no espectador um efeito de identificação" pertence ao que Jelinek *perverte* desde as primeiras peças feministas, uma dramaturgia burguesa que vê nessas "ilusões de pessoas humanas" a representação mais bem acabada de "suas aspirações ao reconhecimento de seu papel central na produção de bens e ideias"[8]. A trajetória da *Nora* até *Faust(a)* é, entre outras coisas, uma progressiva *despersonalização*. Modo de concretizar o "luto pela personagem *viva*" que habita o teatro moderno e contemporâneo para Sarrazac, levando tanto à "intrusão na cena ocidental dos fantasmas e de outros espectros".

2. Elfriede Jelinek, Sinn egal. Körper zwecklos, *Elfriede Jelinek*, disponível em: <http://original.elfriedejelinek.com>. Acesso em: out. 2024.

3. Idem, Die Leere öffnen (für, über Jossi Wieler), *Elfriede Jelinek*, Nov. 2006, disponível em: <http://original.elfriedejelinek.com>. Acesso em: out. 2024.

4. Ibidem.

5. Ibidem.

6. Ibidem.

7. Ibidem.

8. Patrice Pavis, "Personagem", *Dicionário de Teatro*, trad. Maria Lúcia Pereira, J. Guinsburg, Rachel Araújo de Baptista Fuser, Eudinyr Fraga e Nanci Fernandes, São Paulo: Perspectiva, 2008, p. 285.

Mas esses fantasmas citados pelo francês – assim como a "impersonagem" (termo preferido do teatrólogo) de Beckett, "transpessoal", "aberta a todos os papéis" e "possibilidades da condição humana", ou ainda "jogo pelo qual a personagem não é mais que a confrontação e a diferença de suas máscaras" – *seguem sendo personagens depois de mortas*: "o fio da personagem é rompido, e depois precariamente reatado"[9].

O caso de Jelinek é outro: o que ela produz, para Hans-Thies Lehmann, "não seriam pessoas, não *dramatis personae*, mas muito mais FIGURAS"[10]. Se em alemão *Figuren* pode indicar personagens de uma obra dramática, uma distinção é essencial ao traduzir, como no trecho acima em que "a própria Jelinek usa o conceito", talvez ecoando como "na retórica fala-se igualmente de Figuras, que apresentam apenas certa constelação de significantes"[11]. A referência à retórica é bem adequada aqui. Os blocos de texto que marcam a escrita da austríaca muitas vezes prescindem da separação entre falantes, trazendo discursos de sujeitos indeterminados, argumentando em defesa de alguma (igualmente incerta) posição, dirigindo-se não tanto a companheiros de cena quanto diretamente ao público. No *Teatro Pós-Dramático*, já se apontava a tendência de "recuo do eixo intracênico" e ênfase na "comunicação entre o palco e o local da plateia"[12]. Uma virtual eliminação do diálogo em prol do monólogo, tanto que "são raros aqui os textos dramáticos; há sobretudo cantos, récitas e discursos"[13]. Jelinek também indica essa tendência em suas peças: as "cascatas de palavras", as "muitas palavras que são trocadas" seriam, na verdade, "monologadas", já que "tanto faz quem diz algo"[14].

Mas Lehmann não aceita certas "interpretações improdutivas para a teoria do teatro", segundo as quais "o monólogo exprimiria solidão, distanciamento

9. Sarrazac inclui como (im)personagem a figura que, na *Máquina Hamlet*, de Heiner Müller, diz: "Eu não sou mais Hamlet." Acreditamos, pelo contrário, ser essa peça um ponto de virada, passando da "crise da personagem" para um texto teatral sem personagens, não mais dramático, como o de Jelinek. Jean-Pierre Sarrazac, *Poética do Drama Moderno*, São Paulo: Perspectiva, 2017, p. 196.

10. H.-T. Lehmann, *Ich mache ja nicht das, was Menschen sind oder tun, zu meinem Thema...: Postdramatische Poetiken bei Jelinek und anderen*, Gottingen: Vienna University Press, 2017, p. 24.

11. De fato, o termo "se impôs, mais ou menos instintivamente, no discurso em torno das escrituras teatrais", sendo usado amplamente (em várias línguas), mesmo "sem ser realmente definido", para falar desse novo sujeito enunciador. Jean-Pierre Ryngaert; Julie Sermon, *Le Personnage théâtral contemporain*, Montreuil-sous-Bois: Éditions Théâtrales, 2006, p. 10-11.

12. H.-T. Lehmann, *Teatro Pós-Dramático*, trad. Pedro Süssekind, São Paulo: Cosac Naify, 2007, p. 211.

13. Ibidem, p. 218.

14. E. Jelinek, Die Leere öffnen, op. cit.

interpessoal, incapacidade de comunicação ou mesmo 'comunicação perturbada'"[15]. Defensores de um teatro brechtiano estrito, por exemplo, viram na tendência monológica um narcisismo das linguagens "pós-modernas". Caberia afirmar, pelo contrário, "que um monólogo, como discurso que tem o público como destinatário, intensifica o fato da comunicação – nomeadamente, daquela que se desdobra *hic et nunc* no teatro"[16]. De modo semelhante, desde os gregos a retórica é a arte "de como abordar nossas preocupações mais fundamentais na forma mais vívida do estar uns com os outros que é a prática do falar uns com os outros", "sobre todo tipo de coisas que são vitais"[17]. Para isso, há que empregar "tanto a razão quanto as emoções e o *éthos*"; afinal, como dizia Aristóteles, "o intelecto mesmo [...] não move nada"[18]. Se o teatro épico já dava força ao eixo extracênico introduzindo a figura do *narrador*, em Jelinek, na ausência de fábula a ser narrada, há antes a figura do *orador*, naquilo que se poderia chamar um "teatro retórico".

Verifica-se uma tendência do texto teatral à prosa, semelhante ao que acontece na história do romance, que se afasta da narratividade tradicional do épico em direção a um *antigênero*. Em seus textos maduros, Jelinek passa do diálogo à *dialogicidade*[19]. Transitando entre vozes e materiais sem submetê-los a um princípio de autoria-autoridade, gera verdadeira *polifonia*, superando a habitual personalização de questões (*fulanização* que enquadra tudo no embate de protagonistas e antagonistas) e instaurando uma não presença das falas sufocadas pelas representações correntes. É o que vemos nas peças deste bloco. Jelinek é conhecida sobretudo como feminista, mas supor que só escreve sobre mulheres seria um erro (reduzindo a importante ideia de "lugar de fala" a seu oposto, à reafirmação em vez da redistribuição de papéis). Pelo contrário, o *questionamento* da identidade é central em sua obra, a começar pela cultural e nacional: ao se posicionar diante dos mais prementes problemas políticos da atualidade – o ressurgimento de nacionalismos protofascistas e a herança do nazismo na Alemanha e na Áustria, a crise de refugiados e a xenofobia –, a autora

15. H.-T. Lehmann, *Teatro...*, p. 213.

16. Ibidem.

17. Rodolphe Gasché, *Un Arte Muy Frágil: Sobre la Retórica de Aristóteles*, Santiago: Metales Pesados, 2010, p. 25.

18. Ibidem, p. 38-39.

19. Conceito elaborado por Bakhtin em relação ao romance – mas também *em oposição ao drama*. Pois justamente no diálogo dramático há "um atrito objetivado do enredo entre duas posições representadas, inteiramente subordinado à instância suprema e última do autor", de modo que "o contexto monológico não se interrompe nem se debilita". Mikhail Bakhtin, *Problemas da Obra de Dostoiévski*, trad. Sheila Grillo e Ekaterina Vólkova Américo, São Paulo: Editora 34, 2022, p. 162.

põe radicalmente em questão a própria identidade, ou suas possíveis identificações – europeia, branca, austríaca e falante do alemão. Pois o campo da linguagem e do discurso comanda não apenas a construção do sujeito, mas do próprio laço social; não somente o "eu", mas também o "nós"[20].

Isso significa propor uma fala explicitamente *coral*. Talvez isso soe estranho, ao menos acreditamos no veredito inflexível de Sarrazac de que "o coro está ausente das dramaturgias modernas e contemporâneas". Para ele, o coro se funda "numa multiplicidade *unitária*" que exigiria uma "coesão de conjunto", um "uníssono", hoje "praticamente impossível por falta de uma comunidade autêntica". Nas dramaturgias analisadas pelo francês, "não temos mais da comunidade senão uma nostalgia torturante e, do coro, um avatar longínquo: a *coralidade*", definida como "coro disperso, disseminado e, sobretudo, *discordante*". Poderíamos supor que é isso que Jelinek cria. Mas o teatrólogo é explícito em chamar essa "polifonia rompida" de "formação de compromisso entre a personagem individual e o coreuta", fornecendo exemplos de dramas onde a individualização incompleta das personagens geraria o efeito de coralidade[21].

Mas as peças de Jelinek trazem verdadeiros coros, experiências coletivas, ainda que não massas uníssonas submetidas à mesma ideologia. A visão de Sarrazac só requenta a velha ojeriza a qualquer experiência que ultrapasse o campo do indivíduo, conservadorismo e falta de imaginação política (para não dizer estética). Como na célebre máxima arquidramática de Margaret Thatcher: "não existe essa coisa de sociedade, apenas indivíduos e famílias"[22]. Não à toa, Lehmann vê no coro a figura privilegiada do teatro pós-dramático, ao lado do monólogo e, de modo talvez contraintuitivo, quase sinônimo a ele: "É um traço do teatro pós-dramático o fato de que a estrutura dialógica seja dissolvida em favor de uma estrutura de monólogo e coro"[23]. Há uma afinidade basilar entre ambos, e mesmo a "tendência do monólogo de passar a uma locução em coro", à medida em que "o centro do teatro é ocupado justamente por essas duas

20. Barbara Cassin remete à tradição sofística (retórica, portanto) para propor "a *polis* como criação contínua da linguagem": modo de apontar na identidade política do cidadão algo semelhante à identidade feminina para Butler, afirmando que "a cidade é antes de mais nada uma performance". B. Cassin, *Sophistical Practice*, New York: Fordham University Press, 2014, p. 110.

21. J.-P. Sarrazac, op. cit., p. 162-163.

22. M. Thatcher, Interview for "Woman's Own" ("no such thing [as society]"), *Margaret Thatcher Foundation*, Sept. 1987, disponível em: <https://www.margaretthatcher.org>. Acesso em: out. 2024.

23. H.-T. Lehmann, *Teatro...*, p. 214-215.

formas de locução que rompem com o fechamento dialógico do universo dramático"[24]. Contra Sarrazac, "o desaparecimento do coro talvez seja uma realidade apenas superficial, que mascara uma temática mais profunda", um interesse de diversos artistas pelo modo como o coro pode contrariar "a concepção do indivíduo inteiramente desligado da coletividade", mas também transformar "o *status* da linguagem: quando os textos são pronunciados em coro [...], a realidade própria da palavra, seu tom e seu ritmo são percebidos de um modo novo"[25]. Jelinek não poderia deixar de se interessar por essa junção de elocução impessoal e trabalho sonoro com a linguagem. Que tal "manifestação do som não-apenas-individual de uma pluralidade de vozes" seja também "reunião dos corpos individuais em uma massa, como 'força'"[26], abre uma dimensão política que a austríaca fará coincidir e colidir com as urgências do presente.

"Não Foi a Língua Alemã Que Enlouqueceu"

País.nas.Nuvens., de 1988, é a primeira experiência de Jelinek com o novo modo de escrever para o teatro, que se tornaria sua marca registrada: longos blocos de texto sem diálogos ou personagens definidas, sem indicações de tempo e espaço ou de encenação. Ao desaparecerem cenário e *dramatis personae*, restam apenas falas. O procedimento basilar é a colagem de materiais díspares, de diversas fontes. Aqui ela se torna tema e questionamento explícito. São entretecidas palavras de grandes poetas e pensadores da história alemã desde o Romantismo, como se esclarece em nota ao fim do texto: de Hölderlin e Hegel a Heidegger e a RAF (Fração do Exército Vermelho ou Grupo Baader-Meinhof, célula terrorista de esquerda dos anos 1970). A nota bibliográfica nos convida ao trabalho detetivesco de buscar as origens das citações para compreender plenamente a obra. Mas, sendo ela parte da peça, não é só o espectador erudito que reconhecerá as fontes ao ouvir ou ler o texto: mesmo aquele não familiarizado com a tradição filosófica e poética alemã poderá, a partir do momento em que tem disponível essa informação, projetar sobre o que é dito as possíveis procedências.

Já o título *Wolken.Heim.* cita o *Wolkenkuckucksheim*, a "Cucolândia-nas-Nuvens" imaginada por Aristófanes na comédia *As Aves*; a palavra se tornou sinônimo de uma utopia conceitual ou imaginária, desligada

24. Ibidem.
25. Ibidem.
26. Ibidem.

da realidade. Talvez se refira também a outra célebre peça do grego, *As Nuvens*, que satiriza o discurso sofístico (encarnado em Sócrates) por privilegiar a retórica e fazer vencer o injusto na disputa contra o justo. A palavra reaparece em pelo menos três importantes autores de língua alemã: Schopenhauer, que censurava outros filósofos por habitar o reino celeste e não a realidade; Nietzsche, segundo o qual "como toda coisa ama seu símile, o alemão ama as nuvens e tudo o que é turvo, cambiante, crepuscular, úmido e velado: todo tipo de coisa incerta, inacabada, evasiva, em crescimento, ele sente como 'profundo'"[27]; e Karl Kraus, austríaco admirado por Jelinek, que escreveu, em 1923, *Wolkenkuckucksheim*, versão moderna de *As Aves*, onde expressa a decepção com a "república sem republicanos" pela qual seu país substituíra a monarquia sem lhe corrigir as falhas, permitindo a continuidade da corrupção sob o progresso e idealismo aparentes. Algo análogo é tema de *País.nas.Nuvens.*: a sobrevivência do que os alemães recalcaram, sem poder eliminar, após a Segunda Guerra.

Como é frequente em Jelinek, a obra não se dá a compreender facilmente. Constrói-se aos poucos uma imagem complexa, e até contraditória: um Nós autolaudatório mas confuso, sugerindo a ideia de um grupo forçado ao esquecimento, à reclusão, a observar de longe a vida de seu país (deixado vazio, mas "cheio de sinais nossos"), percorrendo-o como andarilhos (*Wanderer*, figura maior do romantismo alemão) ou motoristas. Agora ele parece poder se erguer de novo e talvez voltar a ter voz – pelo menos nós, leitores ou espectadores, somos obrigados a dar-lhe ouvidos. Esse "Nós" se encontra em casa outra vez, no lar, *Heim*, como no título, ou talvez na *Heimat*, pátria, terra preferida em relação a qualquer outro lugar. Aos poucos, são introduzidos termos e ideias reconhecíveis, advindos das fontes idealistas citadas. Enunciadas por esse "Nós", porém, as filosofias supostamente profundas e nobres adquirem ar mesquinho, talvez até perigoso, dizendo algo que a princípio talvez não quisessem. Estar "consigo" ou "em casa" revela-se um valor duvidoso, lembrando que para Adorno "pertence à moral não se sentir em casa em sua própria casa"[28]. E Jelinek pergunta, justamente numa reflexão sobre a tradição literária em que se insere e citando um poema da conterrânea Elfriede Gerstl: "Afinal quem é que está em casa consigo, quem afinal é seu próprio Senhor?"[29]

27. Friedrich Nietzsche, *Além do Bem e do Mal*, trad. Paulo César de Souza, São Paulo: Companhia das Letras, 1992, p. 152.

28. Theodor W. Adorno, *Minima Moralia*, trad. Gabriel Cohn, Rio de Janeiro: Beco do Azougue, 2008, p. 35.

29. E. Jelinek, Nicht bei sich und doch zu Hause, em Elfriede Jelinek; Brigitte Landes (Hrsg.), *Jelineks Wahl: Literarische Verwandschaften*, München: Goldmann, 1998, p. 12.

É a *nossa* casa, diz o "Nós" de *País.nas.Nuvens.*. Cada vez mais o coro que enuncia o texto depende, para entoar sua identidade, da diferença e separação em relação a outros. Poderíamos supor que encontramos aquilo que Sarrazac recusou no coro: a univocidade de uma ideologia, que aqui só poderia aparecer em chave crítica. Aliás, essa posição não lhe é exclusiva, tendo grande respaldo na sociedade alemã à época da escrita de *País.nas. Nuvens.*: as formas corais ainda eram associadas a coreografias militares do período nazista e à *Thingspiel* (apresentação teatral coletiva ao ar livre, popular na Alemanha dos anos 1930); só em 1998, *Ein Sportstück*, texto de Jelinek encenado por Einar Schleef, abriu caminho para o renascimento do coro nos palcos de língua alemã, não sem sofrer censuras por flertar com uma estética considerada fascista (o que de modo algum era acidental na encenação)[30].

Mas Jelinek não cria um discurso unívoco, um Nós meramente bélico e seguro de si como "vilão". Pelo contrário, sua ironia se revela nas contradições do texto, como quando o coro duvida de si, de sua capacidade para realizar os elevados desígnios que o Espírito lhe reserva e promete. Tais contradições e tropeços são um atrito ou dialogismo constante e interno ao discurso, nunca movem um desenvolvimento dramático, isto é, qualquer revelação ou reviravolta, uma alteração na trama do discurso que possa sugerir uma narrativa (no sentido tradicional) que requeira algum tipo de transformação ou desenlace. Ao longo do texto, há muito mais a reiteração e variação dos mesmos temas e trechos que surgiram desde o início, retomados como resposta a alguma nova citação, de modo a se tornarem até mesmo bastante previsíveis. Não se trata de surpreender o leitor/espectador com algum conteúdo guardado para o final ou uma revelação gradual ao longo da peça. Nem são inéditos e desconhecidos os trechos citados em que grandes filósofos do idealismo alemão proferem atrocidades racistas.

Portanto, não é ao efeito de choque que a colagem visa. Opera-se pela demonstração da repetição, ou ainda da absorção e achatamento dos materiais sintetizados num só Espírito alemão – mesmo os que parecem díspares, como o terrorismo antifascista dos anos 1970. Assim, o procedimento literário de Jelinek torna-se operação do próprio discurso-Nós retratado. Em outras palavras, não se elabora uma construção literária/ficcional para ilustrar uma identidade alemã persistente. Mostra-se, antes, que tal identidade é justamente uma (*essa*) construção literária e ficcional. Não por acaso sempre se retorna ao próprio "Nós", ao "estar conosco", "em nossa

30. Ver Erika Fischer-Lichte, *Theatre, Sacrifice, Ritual: Exploring Forms of Political Theatre*, Abingdon: Routledge, 2005. Ver também o ensaio final deste livro, infra, p. 462.

casa", como se o fim de toda tentativa original (ou até insurgente) de pensamento fosse contribuir com a grande história da cultura alemã. Talvez se deva a tal operação antidramática o fato de a peça ter sido vista como injusta, superficial e até mesmo "sonolenta": igualando os materiais, apagaria particularidades e complexidades, especificamente as intenções e projetos filosóficos ou poéticos de cada autor, impossíveis de serem reduzidos apenas a um tipo de fascismo *avant la lettre*. Para alguns críticos, nenhuma das citações vale como "prova" de que o pensamento romântico e idealista seria responsável pelo horror nazista. Resta saber se a peça tenta provar algo ou antes propor uma experiência de pensamento a partir do repertório da língua alemã.

Quando perguntaram a Hannah Arendt "o que resta da Alemanha em que nasceu e cresceu?", ela teria citado justamente a língua: "não foi de maneira alguma a língua alemã que enlouqueceu" (isso se a negação, que a filósofa diz repetir "a si mesma", vale como proposição objetiva e não uma *negação* no sentido freudiano). Comentando a resposta, o filósofo italiano Giorgio Agamben indaga: "Mas o que é uma língua *como resto*, uma língua que sobrevive ao mundo do qual era expressão? E o que nos resta quando nos resta apenas a língua? Uma língua que parece não ter mais nada a dizer e que, todavia, obstinadamente resta e resiste, e da qual não podemos nos separar?" Ele mesmo responde: "a poesia". A linguagem poética é "o que resta da língua depois que desta desativaram uma a uma as normais funções comunicativas e informativas". Não "uma língua mais pura" que a cotidiana, mas "o indestrutível que resta e resiste a toda manipulação e corrupção, a língua que resta mesmo depois do uso que dela fazemos nos SMS e *tweets*, língua que pode ser infinitamente destruída e, todavia, permanece" (correspondendo ao próprio ser humano que seria "o indestrutível que pode ser infinitamente destruído"); a poesia seria a língua que "resta e chama, chama justamente o que se perde"[31].

Eis uma possível definição de todo o projeto literário de Jelinek: escrever em uma língua sobrevivente e sobreviver pela língua, falar a língua enlouquecida sem enlouquecer. Para ela, "não se pode ouvir os velhos textos sem filtrá-los pela experiência que tivemos", sempre "projetamos neles nossa consciência da culpa alemã", fazendo-os surgir sob o signo do horror[32]. Žižek aprecia o modo como a autora põe a questão "com

31. Giorgio Agamben, O Que Resta? Notas de Giorgio Agamben, *Instituto Humanitas Unisinos*, jun. 2017, disponível em: <http://ihu.unisinos.br>. Acesso em: out. 2024.

32. E. Jelinek apud Bärbel Lücke, *Jelineks Gespenster: Grenzgänge zwischen Politik, Philosophie und Poesie*, Wien: Passagen, 2007, p. 17.

extraordinária clareza: 'A linguagem deve ser torturada para dizer a verdade'", deve ser "torcida, desnaturalizada, estendida, condensada, cortada e reunificada, posta para funcionar contra si própria": a poesia como "forma mais elementar de tortura da linguagem"[33]. A luta de Jelinek contra o alemão vai muito além do que se pode supor a princípio. Se logo reconhecemos na peça trechos de Hegel e Heidegger, e se é imediata a associação com o passado totalitário e genocida da Alemanha, há também outras citações menos óbvias. Mas são elas que estruturam a proposta e permitem ler, ao lado da figuração quase caricatural do Nós alemão fascista, outro tipo de discurso. Só assim o *coro* será mais que a "multiplicidade unitária", censurada por Sarrazac. Sem quebrar a unidade coral em indivíduos contrapostos, Jelinek cria uma divisão *dentro da coesão*, fazendo do coletivo algo necessariamente dúbio, não no sentido de contestável, mas como o palco mesmo de uma contestação: *o coro é o lugar da disputa pelo sentido do coro*[34], entre bloco monolítico potencialmente fascista e ponto de abertura para o indeterminado.

É outro o autor mais citado, a ponto de estruturar (musicalmente) toda a peça. Diz Jelinek: "quem dá o ritmo é [o poeta Friedrich] Hölderlin"; é ele "quem entrega o ritmo da fala, a batida, quer dizer, o poderoso metrônomo que sempre volta a mover o todo". E isso por um motivo nítido: "o idealismo alemão não teria sido possível sem Hölderlin, ao mesmo tempo ele também o superou – o triunfo da poesia sobre a filosofia, por assim dizer"[35]. Em seus longos poemas, expressões como "pátria" e "povo", tornadas tabu pela história alemã posterior, ainda evocavam o desejo de uma "renovação mítica do povo"[36]. Ora, a fonte hölderliniana aponta para uma leitura menos unívoca de *País.nas.Nuvens.*. Isso porque a tradição literária e filosófica encarnada no Nós da peça é um território *em constante disputa*. Ou seja, não basta a crítica unilateral à identidade alemã como inerentemente autoritária,

33. Slavoj Žižek, *Less than Nothing: Hegel And The Shadow Of Dialectical Materialism*, London: Verso, 2012, p. 871.

34. De modo semelhante, para o filósofo francês Jacques Rancière, a política é sempre "discriminação ativa daquilo que, em última análise, insere-se sob o nome de povo [...], é sempre um povo sobre outro, um povo contra o outro". Ver J. Rancière, Povo ou Multidões?, trad. Cláudia Sachs, *Urdimento*, Florianópolis, v. 2, n. 15, out. 2010.

35. E. Jelinek apud Stefanie Kaplan, *"Fern noch tönt unser donner": Zur literarischen Transformation der Lyrik Friedrich Hölderlins in Elfriede Jelineks Wolken.Heim*, Dissertação (Mestrado em Filosofia), Universidade de Viena, Viena, 2006, p. 84.

36. Não por acaso, Hölderlin foi objeto de disputa ao longo do século XX, desde sua apropriação nacionalista sob Goebbels, até a reapropriação pelo movimento estudantil alemão em 1968, passando por figuras como Adorno e Heidegger. Ver Werner Hamacher, *Two Studies of Friedrich Hölderlin*, Stanford: Stanford University Press, 2020.

nacionalista e, em última análise, ainda nazista, o que reduziria a obra a mera denúncia ou ao proselitismo. É verdade que a própria autora corrobora tal interpretação, vendo como cerne da peça a ideia de que "a história alemã do século XX se desenvolveu a partir dessa história aparentemente inocente do século XIX", de modo que retrospectivamente "Auschwitz ou o campo de concentração alemão pende acima de tudo como uma ameaça"[37]. Mas a polifonia ou dialogicidade do texto não faz convergir a mensagem; pelo contrário, a profusão de citações a torna difusa.

A retórica do ser-alemão não é exclusiva aos "*outros* alemães", os conservadores, mas também é enunciada pelos "esclarecidos" (como a própria autora). E *em ambos os lados* uma confusão de imagens, metáforas, figuras de linguagem embaralha o desejo de emancipação universal e o de coletivização nacionalista, a dissolução do indivíduo e seu assassinato pelo coletivo, a aspiração poética e a positivação bélica. Quando o coro proclama "Viver o novo ou ao menos deixar o fútil decididamente", quando diz que "caso não tenhamos ido tão longe, ao menos ter uma ideia da liberdade e não odiá-la ou temê-la, mas amá-la", não exprime um anseio com que o espectador pode se identificar?[38] E se logo acrescenta uma exclamação do patriotismo mais tosco e velho, o que se dá com a identificação? Se o coro fala contra a "crença na morte" e a "calma submissão à necessidade do Ser, como resignação de toda melhora de nós mesmos ou dos outros pela liberdade"[39], subscrevemos? Mesmo quando o alvo da crítica é descrito como "coisa de estrangeiro"? O anseio pelo novo e o elogio da vida e da liberdade não podem ser simplesmente abandonados; o mesmo vale para a linguagem que exprimiu tal aspiração. Não há outra, livre do perigo, pura, intocada pelos mal-entendidos. Há que enfrentar a confusão, mesmo sob o risco de contribuir para ela justamente no trabalho de desconstrução. As figuras de linguagem não são apenas instrumento da construção ideológica da identidade nacional; pode-se e deve-se usar a retórica também como arte de combate. Só assim a identidade nacional deixará de aparecer como Ser fixo e imutável.

Talvez por isso sejam ressuscitadas na peça também figuras pouco suspeitas de relação com a extrema direita. O "Nós" da peça se identifica com o célebre "anjo da história" de Walter Benjamin, e anseia por um "fim da História" (um ano antes de Francis Fukuyama retomar o tema hegeliano sob perspectiva neoliberal, como fim já alcançado no capitalismo), entoa o

37. E. Jelinek em entrevista a Brenda Bethman, My Characters Live Only Insofar as They Speak: Interview with Elfriede Jelinek, *Women in German Yearbook*, Nebraska, v. 16, 2000, p. 63.

38. Ver infra, p. 239.

39. Ver infra, p. 240.

desejo utópico de paz e emancipação, de descanso, de pôr fim à guerra, fim que não traga a glória, mas o esquecimento: "O fim da história fracassou em nos atingir. Ela sempre retorna para nós, frenética sobre seus trilhos. Por que é que ela não morre? O que nós fizemos? O que nós fizemos? Por que sua mão sai para fora do túmulo? E gesticula em nossa direção?"[40] A imagem da mão saindo do túmulo é central, e remete a outra fonte maior da literatura alemã: os irmãos Grimm. O conto "A Criança Teimosa" fala de um menino teimoso e desobediente, que desagrada a Deus e por isso adoece e morre; seu braço insiste em escapar da sepultura, mesmo se tentam enterrá-lo melhor, e só quando a mãe bate no braço com uma varinha ele aceita descansar em paz. Muitas vezes se comparou a imagem com a do passado nazista recalcado que retorna. Por mais que essa leitura deva de fato ser incorporada à peça, vemos no trecho citado que não é o "Nós" o dono da mão teimosa, mas sim a História, que aponta para o coletivo enunciador acusadoramente[41].

Não vejo aqui a típica posição "centrista" (isto é, de direita liberal) igualando extrema direita e (extrema) esquerda, acusando de totalitarismo toda tentativa de criar um mundo melhor apenas para não precisar agir contra as injustiças do presente (e até poder se beneficiar delas sem culpa). Há que levar a sério a pergunta do coro: "Quem não quer, pela ação ou pensamento, plantar uma semente que traga o aperfeiçoamento infinito e contínuo de sua raça, lançar no tempo algo novo e que nunca existiu antes, que ali habite e se torne uma fonte inesgotável de novas criações; pagar pelo seu lugar nesta terra e pelo curto tempo de vida que lhe foi conferido com algo que durará para sempre aqui embaixo?"[42] Deve-se levar a sério tal pergunta por mais indeléveis e indesejáveis que sejam as implicações da palavra "raça" aqui empregada. Pois não é o que a própria Jelinek faz ou busca fazer? A própria peça não seria algo novo, e a (des)construção proposta, uma contribuição para o aperfeiçoamento dos povos germanófonos, fonte de encenações diversas e sempre novas? Além da repulsa pelo chauvinismo germanófilo, a peça também gera uma indecidibilidade, uma indeterminação, jogo de identificação e desidentificação em relação ao discurso desse Nós. Ela não pode ser acusação simples da autora a seus conterrâneos, que por um acaso falam sua língua. Trata-se do autoquestionamento dessa língua e dessa aspiração poética, a partir de dentro.

40. Ver infra, p. 238.
41. Ver Jacob e Wilhelm Grimm, *Contos Maravilhosos Infantis e Domésticos*, trad. Christine Röhrig, São Paulo: Cosac Naify, 2012.
42. Ver infra, p. 242.

Isso corresponde à questão real de um momento histórico específico. A obra é de 1988, vigésimo aniversário do turbulento ano de 1968 e um ano antes da queda do Muro de Berlim. É o fim de uma era (ainda que não da própria História, como queria Fukuyama). Reina uma sensação paradoxal de fim e inacabamento, expectativa e incerteza. Para parte da crítica, Jelinek responde a isso apenas com "um anseio por transformação social separado de qualquer contexto em que pudesse factivelmente ser posto em prática", deixando "a imaginação política da plateia em ruínas" sem oferecer "um ponto de partida alternativo"[43]. Mas, se para Walter Benjamin todo fascismo dá testemunha de uma revolução fracassada, *País. nas.Nuvens.* tenta – no momento histórico em que tanto fascismo quanto comunismo estão (aparentemente) fora do jogo – nos trazer de volta a um ponto de virtualidade, em que ainda não está decidido se é uma serpente ou outro animal o que o ovo chocará.

Para a crítica, falta "ouvir o anseio e atribuí-lo a uma pessoa", isto é, "os seres humanos que se adaptariam e corresponderiam à revelação da linguagem se perderam nas declarações incessantes de um *Nós*"[44]. Assim, não ficaria claro "que tipo de relação um público de teatro poderia estabelecer com os fragmentos discursivos entretecidos"[45]. Ou seja, o que se censura em Jelinek é justamente o que indicamos como um dos principais procedimentos de sua nova escritura dramatúrgica: a demolição da categoria da personagem, a separação da linguagem, autonomizada, de um indivíduo localizado que de fato falaria. Quando "a diferença entre a linguagem e o falante colapsa, e a linguagem se torna impessoal e sem contexto reconhecível", não há mais "indivíduos que tomariam responsabilidade política"[46]. Contra essa posição, vejo como essencial a dúvida sobre quem articula o anseio ou de onde o discurso é falado[47]. É o que permite desafiar o desejo de nos vermos refletidos em personagens sobre o palco (sem deixar de nos ouvirmos ecoados nos discursos). O que implica também contrariar

43. Ben Morgan, The Limits of Political Hope in 1988: Jelinek's "Wolken.Heim". in Context, *Austrian Studies*, Cambridge, v. 22, 2014, p. 173.

44. Ibidem.

45. Ibidem, p. 174.

46. Ibidem.

47. A peça não tem rubricas, mas Jelinek disse que imaginava a encenação como "um canto alemão para uma Norna [Deusa que controla os destinos na mitologia nórdica]", onde "uma velha tricota uma longa mortalha, e segue tricotando a cada apresentação", enquanto "o texto é emitido por um pequeno *Volksempfänger* [rádio criado a pedido de Joseph Goebbels]" (Entrevista concedida a Anke Roeder, Ich will kein Theater. Ich will ein anderes Theater, em A. Roeder (Hrsg.), *Autorinnen*, Frankfurt: Suhrkamp, 1989, p. 156.) Não apenas o texto não seria distribuído entre personagens, mas sequer sairia de bocas humanas.

o desejo do crítico de garantir "efeitos positivos" (a eficácia *instrumental*, como no teatro político mais tacanho) de uma peça cujo mérito é antes pôr a língua em movimento, mostrando que ela não é expressão de sujeitos prévios, mas antes criadora de seres, identidades e identificações.

A *figura* em Jelinek diz a verdade ideológica da categoria que substitui: a personagem. O Nós de *País.nas.Nuvens.* não diz somente o que é verossímil ao seu "ser". Cabe ao público projetar ali não uma ligação determinista com uma identidade passada, mas a abertura ao indeterminado, a possibilidades futuras de identificação, construção e desconstrução. De certo modo, Sarrazac tem razão: o coro é impossível. Isso não implica apenas uma grande dificuldade de o encenar sem reduzi-lo à unidade estanque ou quebrá-lo numa coralidade. É *como impossível* que ele advém (para Lacan, o real é impossível e *acontece*), rompendo com o quadro do que já é possível. O discurso do Nós criado por Jelinek permanece ambíguo – quer dizer, repleto de virtualidades (inclusive leituras e encenações) contraditórias – até o fim.

As Falas Fora de Lugar

Gosto de contrapor *País.nas.Nuvens.*, em que Jelinek explorava pela primeira vez as "superfícies de linguagem" de sua estética dramatúrgica madura, a uma peça posterior: *As Implicantes*. O texto foi publicado no *site* da autora (como boa parte de suas obras recentes) em junho de 2013. Uma segunda versão, ampliada, apareceu em novembro do mesmo ano, uma terceira em novembro de 2014 e uma quarta em setembro de 2015. Mesmo "disponível para todo o mundo" (e gratuitamente), demorou para a obra ganhar atenção: a estreia mundial foi em maio de 2014, e só um ano depois outros teatros na Alemanha, Áustria, Suíça, Polônia e Itália começaram a encenar a peça. Foi celebrada em 2015 como "o texto do momento" na Europa, contando com mais de trinta montagens diferentes até hoje[48].

Não por acaso, 2015 também foi o ano em que a Europa experimentou enormes fluxos migratórios vindos sobretudo da África e do Oriente Médio, estourando a chamada "crise dos refugiados" no continente;

48. A escritora ainda seguiu trabalhando na obra e refletindo nela os novos eventos, acrescentando em seu *website* quatro textos anexos ao primeiro: um "Apêndice" (setembro de 2015), uma "Coda" (setembro-outubro de 2015), um "Epílogo no Chão" (março de 2016) e um último adendo intitulado "Filémon e Baucis" (abril de 2016). Em 2018, a peça foi publicada em livro, e o *link* para o texto deixou de aparecer no menu do *site* da autora, sem que tenha saído do ar. Em setembro de 2024, Jelinek publicou mais uma nova versão em seu site e na revista *Theater Heute*, com o subtítulo "Was danach geschah" (O Que Aconteceu Depois).

o sucesso crescente da peça se deve à premência desse assunto explícito, que ainda recebia pouca atenção do público em geral quando Jelinek a escreveu. Não foram poucos os que, por isso, viram ali uma "profecia". Mas a urgência da situação já era visível para observadores mais atentos. 2012 assistiu a uma das maiores séries de protestos de refugiados na Áustria, durante os quais um grupo marchou por trinta quilômetros de um centro de recepção para candidatos ao asilo em um vilarejo no sul da Áustria ao centro de Viena, instalando-se em uma importante igreja, primeiro diante do prédio, depois dentro, parcialmente acolhidos pelos religiosos. Exigiam melhores condições de vida, melhores intérpretes, acesso a aulas de língua e o direito de trabalhar; alguns dias depois do Natal de 2012, o grupo foi dissolvido à força pela polícia, mas sessenta integrantes seguiram com o protesto até março. O caso dificilmente poderia passar batido para uma autora "obcecada por uma ideia" única, retrabalhada em diversas obras, qual seja, a da justiça: "sou uma espécie de fanática da justiça e sempre tenho que dar uma voz para aqueles que são sacaneados"[49].

O título da peça, *Die Schutzbefohlenen*, é um jogo com *As Suplicantes* de Ésquilo (em alemão *Die Schutzflehenden*), um dos principais materiais que deram base à escrita. Significa algo como "Aqueles (ou Aquelas) Que Demandam Abrigo", soando quase como um sinônimo arcaico de *Asylbewerber*, justamente o "requerente de asilo" (como os envolvidos nos eventos de 2012-2013), aquele que não é considerado um refugiado – muito menos um imigrante – ou pelo menos ainda não, não tendo direito a proteção ou autorização de residência. Apesar de ter menos atenção nas mídias do que os próprios refugiados, é a posição mais vulnerável e incerta no contexto de crise. E parece ser também a do Nós que fala na peça, num constante apelo a uma segunda pessoa que não fala, não está em cena, talvez a própria plateia, pensando no "eixo extracênico" de Lehmann. Ou seja, a peça tem estrutura de *endereçamento*, interpelação pela qual um Outro elabora e enuncia a alguém uma solicitação, que nós espectadores/leitores podemos ou não receber. Segundo Judith Butler, "somos vulneráveis à interpelação dos outros de maneiras que não podemos controlar plenamente", ou melhor, "não mais do que controlamos a esfera da linguagem"[50]. O que indica que tal operação de apelo ou desagravo pode ser vista como uma dimensão linguística fundamental parte da própria *possibilidade de falar*, transformada assim em *imperativo de ouvir*. Chave para uma dimensão

49. E. Jelinek, Entrevista a Simon Stephens, *Sports Play*, London: Oberon, 2013, [s.p.].
50. J. Butler, *Giving an Account of Oneself*, New York: Fordham University Press, 2005, p. 84-85.

ética da peça (e de toda a obra) de Jelinek, na qual o leitor ou espectador precisa assumir (ou recusar) certo papel: identificar-se (ou não) com o "vocês" enunciado, tornar-se destinatário.

Mas os próprios falantes já exprimem a dificuldade de se fazerem ver e ouvir, pois a própria possibilidade de falar e aparecer é o que une, desde o início, *estética* e *política*: ambos marcam a entrada numa configuração do sensível de uma *parte dos sem-parte*, um sujeito que não entra na conta oficial daqueles que contam em uma sociedade, e que por isso podem ser tratados como se não existissem[51]. Não fazer parte, não contar, é o modo de essa parcela fazer parte e contar para a totalidade: ela não é simplesmente exterior à configuração do todo, é uma excrescência basilar para sua constituição. Por isso não pode desaparecer e deixar aquele que interpela em paz: "ficamos aqui como uma obrigação para vocês"[52]. Desde Aristóteles, a possibilidade de efetivamente *tomar parte* na pólis dependia da capacidade não apenas de ter voz, como qualquer animal que expressa dor e prazer, mas de falar com *logos*, arrazoando sobre o justo e o injusto. É como animais que são vistas as *Implicantes*, como uma praga invasora. A animalização dos querelantes explicita a criação de mecanismos para defender a comunidade contra a suposta ameaça. Entre os mais importantes está a barreira da língua. Impedidos de se valer do próprio idioma, os falantes são condenados à ininteligibilidade, balbuciantes como selvagens na fronteira entre o humano e o animal: como *bárbaros*[53].

"Já ouço suas risadas, vocês sabem que os mortos não pedem mais nada, mas eu ainda peço algo."[54] Quem fala se identifica com os mortos, como já vimos nas peças feministas da autora, e mais tarde com mortos-vivos. O que mostra a consciência da própria exclusão, da impossibilidade de inclusão: não resignação, mas insistência apesar de tudo, *ainda pedindo*. Não pedindo uma coisa ou outra – apesar de às vezes se expressar assim. Ouvimos a demanda por *algo*, mas algo que se traduz em uma impropriedade (lembrando que *propriedade* é tanto *posse* quanto uma característica determinando uma *identidade*); uma demanda de *ser* e não de *ter*. O demandante "não diz: quero ou preciso disso ou daquilo (e tenho,

51. Ver J. Rancière, *O Desentendimento*, trad. Ângela Leite Lopes, São Paulo: Editora 34, 1996.

52. Ver infra, p. 252.

53. Barbara Cassin (op. cit.), citando a mesma passagem de Aristóteles em que se baseia Rancière, aponta a postura "orgulhosamente monolíngue" dos gregos (origem do pensamento ocidental): *hellenizein* significava "falar grego" e "falar corretamente" ou "pensar e agir como homem civilizado", enquanto *barbarizein*, "falar de maneira ininteligível", unia "violentamente o estrangeiro, o ininteligível e o inumano".

54. Ver infra, p. 256.

como ser humano, direito a isso)", mas sim "sou (simplesmente como ser humano) um integrante, uma parte social, uma parte do social"; e se "a resposta é: não aqui e não agora; integrante nenhum, nenhuma parte *de nós*!", isso nada diz sobre o refugiado, mas muito "sobre nós, sobre a comunidade que fala assim": diz que somos "apenas alemães, e não seres humanos"[55]. É o princípio de hospitalidade, fundamento da civilização grega e, por implicação, da europeia, que Jelinek busca em Ésquilo: as filhas aflitas de Dânao, protagonistas da tragédia, fogem do casamento forçado com pretendentes egípcios, apelando ao "direito ao santuário sagrado" – lei anterior às leis que, desrespeitada ou relativizada, revela contradições próprias ao discurso europeu. Para o filósofo Christoph Menke, o "não" aos refugiados é "na verdade um Não da comunidade para si mesma", significa "o emparedamento da comunidade em seu ser-assim (sua identidade, seus valores)". Há que compreender que "a justiça da comunidade para com o refugiado não é a justiça para com o outro, mas para consigo mesmo". A crise que surge com os refugiados é tão profunda porque "não diz respeito apenas a quem pertence a nós, mas quem ou como somos", mostrando "que não apenas temos que ser nós mesmos mais consequentemente, mas que temos que nos tornar outros"[56].

O Nós da peça ocupa uma posição (des)privilegiada para apontar as contradições da ordem que os exclui. A Europa é aquela já vista em *País. nas.Nuvens.*, que exclui em nome da universalidade, deixa morrer em nome da tradição de direitos humanos, discrimina ao exigir do não europeu o respeito pelas diferenças (supondo que um não ocidental seria incapaz disso). O estrangeiro revela a degradação (ou a falsidade da promessa) dos valores europeus de igualdade e liberdade, sufocados pelo individualismo que supostamente seria seu único sustento: "Vocês já sabem, têm toda liberdade para não compartilhar da minha opinião. Bom. Eu não a compartilharia, de todo modo, não com vocês! [...] posso decidir com quem compartilhar!"[57] Nesse sentido, a própria operação desconstrutiva do texto se identifica com a posição bárbara. Pois bárbaro (não por natureza, mas por cultura) é todo aquele que reconhece que o bárbaro não tem de ser avaliado pelos critérios do próprio, da propriedade, dos donos da terra, que sabe que sua linguagem não é inferior ou selvagem. Cria-se uma alternância entre súplica e censura, submissão e desafio, bajulação e ataque, sem saber o que poderá criar algum tipo de identificação, de

55. Christoph Menke, *Am Tag der Krise*, Berlin: August, 2018, p. 112.
56. Ibidem, p. 113-114.
57. Ver infra, p. 261.

responsabilização. Gitta Honegger transpôs essa tensão para o título da tradução da peça para o inglês, dividindo a referência à peça de Ésquilo em duas metades: *Charges (The Supplicants)*, algo como *Acusações* ou *Cobranças (As Suplicantes)*; na tradução, consideramos que as figuras da peça não só suplicam, mas, ao *implicar* (insistir, azucrinar, mas também insinuar), nos forçam a *nos implicar* (comprometer).

No fim das contas, pede-se uma identificação sem identidade: que se veja o que sempre foi invisível (sem submetê-lo a critérios já dados de visibilidade). Que se considere *como igual* o que está fora do horizonte da experiência comum, sem submeter sua diferença. Até porque o *reconhecimento do outro a partir da identidade* (sobretudo racial ou religiosa, no caso) é o maior obstáculo à subjetivação: "simplesmente nos cobrimos, como todos se cobrem, mas sabemos, mesmo se parecêssemos com vocês: Vocês nos reconheceriam, saberiam nos distinguir entre milhares, nos reconheceriam em toda parte. Vocês saberiam que não pertencemos a este lugar"[58]. Por isso mesmo será central para a peça resistir a tal identificação. A indeterminação do sujeito enunciador é a operação central do texto: se há um Nós, ele é tão genérico que pode abranger a todos. Se as primeiras palavras da peça são "nós vivemos", isso "deixa ouvir: todos nós que vivemos, nós viventes"; e, no teatro, abrange "potencialmente o 'nós todos reunidos na sala'". Mesmo que o Nós se diga coro de exilados, para Lehmann "a série de associações e ecos parece ter mais a ver com a história alemã que com as imagens midiáticas dos refugiados de hoje". O *topos* dos refugiados "poderia vir de Hölderlin" (como em *País.nas.Nuvens.*), pois "o Nós está, nós estamos abandonados à distância dos Deuses, como todas as pessoas para esse poeta". A imagem recorrente do trem de refugiados remete menos a migrações atuais que aos tempos do nazismo (de onde também vem o termo "tribunal do povo"). Essa "sobreposição contínua do presente com a história alemã" permitiria "falar dos refugiados sem reduzi-los a um objeto da representação", evitando "a armadilha da tematização" pelo "deslocamento continuado do sujeito falante", isto é, criando uma interconexão entre o sujeito-autor/autora, o "outro sujeito dos refugiados" e "o Nós dos alemães e das pessoas (no teatro)"[59].

A leitura identifica público e figura ficcional, europeus e estrangeiros, identificação que é em primeiro lugar *perda de identidade* propiciada pela indeterminação da voz coletiva. Perto do fim da peça, ouvimos: "todo ser

58. Ver infra, p. 257.

59. Todas as citações desse parágrafo foram extraídas de H.-T. Lehmann, *Ich mache...*, p. 15-17.

humano é ilegal"[60], invertendo o reiterado *slogan* humanitário "nenhum ser humano é ilegal". A condição de estrangeiro, refugiado, requerente de asilo passa a ser oposição a estruturas hegemônicas, à lei do Ser e da identidade. Reforçando a indeterminação, em certas passagens há uma alternância entre a primeira pessoa do plural e a primeira pessoa do singular. Mas a singularidade não tem força para se afirmar plenamente como indivíduo separado; sempre volta a se desintegrar no coro. Que o "nós" às vezes diga "eu" só reforça sua indivisibilidade: "precisariam de um machado para nos separar de novo", esses sujeitos "assados juntos", "nenhum indivíduo mais, um bolo de gente, um bloco grosseiro de gente"[61]. Existências individuais parecem até proibidas ao grupo. O ser coletivo é imposto pelos europeus que tratam os estrangeiros como indiferentes entre si, mas ao mesmo tempo é estratégia de sobrevivência, força coletiva contra a tentativa de separá-los.

As únicas existências realmente individuais na peça são apenas citadas pelo coro, sem falar. Mas bem que poderiam ser personagens, essas, sim, personalidades, indivíduos com direitos e reconhecidos enquanto tal, que "são alguém", têm *valor*, aceitas na Áustria como cidadãs sem esforço: Tatiana Iumacheva, filha do ex-presidente russo Boris Iéltsin, e Anna Netrebko, famosa cantora de ópera e notória apoiadora do presidente Putin. Pois a lei austríaca permite que um cidadão estrangeiro, com um investimento módico de 2 milhões de euros em doações para instituições de caridade ou até 10 milhões de euros na economia austríaca, e contanto que tenha "reputação pessoal e profissional sólida" (mas sem precisar falar alemão), adquira o passaporte austríaco e se torne cidadão da União Europeia. Numa tirada sarcástica em relação à soprano, os enunciadores da peça comparam o fato de ela *ter voz* e eles não (e *Stimme* é tanto "voz" quanto "voto"). Fica óbvio que a suposta "xenofobia" europeia não mira o "estrangeiro", mas certos estrangeiros perfeitamente específicos e racialmente marcados.

A indignação é tamanha que páginas e mais páginas são preenchidas comentando a discrepância de tratamento por parte do governo austríaco entre as celebridades e a massa de imigrantes anônimos. Alguns críticos chegaram a censurar a autora pela preocupação desmedida. Mas os próprios enunciadores se mostram cientes da falha, da "insistência obsessiva" de que são acusados junto com sua criadora, reconhecem que "dissemos tudo pelo menos cinquenta vezes, quem dá mais, sim sim, eu sei, para vocês já deu, e ainda assim não ouviram nada"[62]. A insistência do texto

60. Ver infra, p. 296.
61. Ver infra, p. 264.
62. Ver infra, p. 289.

reflete a obsessão da autora fora dele: "o fracasso do texto em chegar a um acordo com a crise se tornou princípio estruturante", "palimpsesto pós-dramático" disponibilizado *on-line* como *work in progress*, "hipertexto teatral aberto, maleável" por trás da peça "aparentemente impenetrável com sua configuração ameaçadora de bloco"[63]. A poética dramatúrgica de Jelinek é uma poética do fracasso, baseia-se no malogro descoberto ao longo da escrita (mas anunciado desde o princípio).

Isso inclui a falha da identificação do público com o "vocês" interpelado, ou seja, daquilo que chamamos de *dimensão ética* da obra. Ora, se leitores e espectadores chegam a ler ou assistir à peça, é provável que já sejam simpáticos aos requerentes de asilo e críticos do conservadorismo xenófobo. O público *quer* se identificar com aqueles a quem se fala na peça, e com isso expiar sua culpa, isto é, sua impotência, reproduzindo o jogo que o teatro político tem jogado há tempos, e que Rancière descreveu bem: "mostrar ao espectador o que ele não sabe ver" e "envergonhá-lo porque ele não quer ver"[64]. Intuito só realizável com a cumplicidade tanto masoquista quanto narcisista do espectador, que goza em ser castigado por artistas conscientes e politizados, reconfortando-se e reafirmando-se assim como consciente e politizado ele mesmo (o que por sua vez prova aos artistas que a estratégia é eficaz). Mas, conforme o "você" muda de figura ao longo da peça, tornando-se finalmente Deus, o Estado e o Todo, a identificação é bloqueada, rompendo o círculo vicioso do engajamento cênico. Não é à plateia que se fala. Ela é mera testemunha acidental. *As Implicantes* às paredes, pregam no deserto, no fundo do oceano, cruzando montanhas, dentro de um caminhão frigorífico na estrada, numa igreja ocupada de Viena. Ou seja, de lugar nenhum, da dispersão de múltiplos túmulos não marcados, anônimos e invisíveis; falam inaudíveis, inauditos, do começo ao fim.

Jelinek também foi censurada por não fugir aos gestos paternalistas que condena, apropriando-se das vozes dos refugiados. Mas o crítico concedeu que a falha era "sistêmica e inelutável no teatro ocidental"[65], inclusive enfrentada na obra. Como em *País.nas.Nuvens.*, aparece uma dificuldade de atribuição das falas, mais explícita quando nos deparamos com as diferentes encenações do texto – ainda mais porque *As Implicantes* foi uma das peças mais montadas da autora. E o interesse suscitado deve-se também a

63. O crítico que censura é também quem aponta a interessante relação: Ralf Remshardt, Fugitive Performance: Nicolas Stemann's Die Schutzbefohlenen and the Medial Matrix of Refugee Theatre, *Critical Stages*, Paris, n. 14, dec. 2016, [s.p.].

64. J. Rancière, *O Espectador Emancipado*, trad. Ivone C. Benedetti, São Paulo: WMF Martins Fontes, 2012, p. 32.

65. R. Remshardt, op. cit.

como ela lida com um impasse que o teatro europeu não pode mais evadir: sua incapacidade de deixar de exercer formas de dominação que ele mesmo critica e, sobretudo, o próprio eurocentrismo.

As diversas montagens tiveram de decidir por um modo de representar refugiados sobre o palco, a partir de uma mesma questão: integrar ou não à cena os próprios refugiados, fossem amadores ou profissionais. Por um lado, a encenação de estreia da peça por Nicolas Stemann explicitava as questões sobre a autenticidade e a propriedade dos discursos. À presença em cena de atores refugiados (profissionais ou não) se somava a de alemães brancos e negros, criando uma tensão explorada ao máximo. Os homens brancos são questionados por atores negros e mulheres quanto à propriedade do que enunciam. É relatada a dificuldade real que a produção teve em contratar refugiados, que legalmente não podiam ser pagos (ao final se conseguiu uma autorização especial). O coro de refugiados "reais" exige dos alemães uma tomada de ação; estes respondem lamuriosamente (em uma fala acrescentada pelo diretor, que não está no texto original): "Não podemos ajudá-los, estamos muito ocupados fazendo o papel de vocês." Com consciência autodestrutiva, a peça buscava apresentar eficazmente a própria ineficácia, a inadequação da arte em estar à altura da crise humanitária mais premente do momento. O diretor parecia ver a provocação (barata, para muitos), o constrangimento e a mortificação como únicos meios de ressensibilização, a ponto de incluir uma cena de *blackface*[66], mesmo alegando que "o ator que pinta o rosto na minha montagem não está representando uma pessoa negra, mas uma pessoa branca que pinta o rosto"[67], ou seja, representa ou "demonstra o *blackface*" com intuito crítico (outros se pintavam de branco, vermelho e amarelo, com barbas postiças e véus muçulmanos; em dado momento, atores de diferentes etnias usam máscaras brancas). De todo modo, a cena foi cortada. A revista *Theater Heute*, em entrevista com Stemann, sintetizou: "O que quer que se faça, está errado: se fizer refugiados serem representados por alemães, vai parecer condescendente e paternalista; se trabalhar com *blackfacing*, está atualizando direta ou indiretamente práticas racistas; se chamar refugiados 'autênticos', logo fica parecendo exotismo."[68] Desorientação própria ao teatro alemão recente, que insiste em tematizar conflitos do presente,

66. Trata-se de procedimento em que um ator branco se pinta para representar um negro estereotipado, oriundo sobretudo de espetáculos nos Estados Unidos do século XIX e hoje amplamente embargado como puramente ofensivo.

67. R. Remshardt, op. cit.

68. Ibidem.

mas sem abandonar a segurança da reflexão e representação, fechando-se no mundo artificial (artístico) do palco. O que já está no cenário: uma grande cerca de arame farpado, não apenas sugerindo uma fronteira ou um campo de refugiados, mas de fato separando a cena do mundo exterior.

Nesse sentido, a montagem até se aproxima daquela feita no Burgtheater de Viena, por Michael Thalheimer, que recusa a ludicidade de Stemann para tratar o texto com a dignidade de uma tragédia grega. Também recusa os "teatros do real": a própria autora, diz o diretor, ao mudar constantemente a perspectiva de enunciação, não buscaria formar personagens reais no sentido próprio, mas produzir distanciamento; "*As Implicantes* fala menos sobre refugiados de fato do que sobre nós mesmos e, por exemplo, nossa incapacidade de empatia."[69] Thalheimer relata um telefonema em que Jelinek teria dito "imaginar o texto sendo falado exclusivamente por mulheres num coquetel"[70]. A própria sofisticação literária da peça demandaria atores com pleno domínio do ofício e da língua (como se estrangeiros não pudessem alcançá-lo). O foco passa a ser a distância em relação ao tema e uma execução formal perfeita, rítmica e impessoal por parte do coro de dezenove atores com máscaras de sacolas plásticas coloridas. Mas, se não quer refugiados "reais", o encenador também não aceita a "mentira" de que "um ator bem pago do Burgtheater" represente "um refugiado que se afoga, ou mostrar a agonia e o sofrimento dessas pessoas"[71]. A recusa de ambas as opções de identificação dramática (pois mecanismos de identificação do teatro documentário são, em larga medida, os mesmos do melodrama) leva à indeterminação do sujeito falante, à não identidade.

Outra encenação, por Peter Carp, também busca falar mais dos europeus do que dos estrangeiros: apesar de também contar com um coro de refugiados, eles ficam em silêncio; o texto é dito por quatro atores alemães, mas *transposto para a terceira pessoa do plural*. O cenário é uma casa de classe média alemã antiquada; quando confrontados pelos estrangeiros, os protagonistas trocam de figurino, passando a se vestir de fato como num drama do século XIX. O que em Jelinek era a queixa das próprias pessoas afetadas, aqui é o debate público de ideias conservadoras e libertárias em relação à entrada de estrangeiros. Já uma montagem do Teatro Maksim Górki, em Berlim, talvez tenha feito a proposta mais radical

69. Teresa Kovacs; Michael Thalheimer, "Wir" sprechen? Elfriede Jelineks "Die Schutzbefohlenen" am Burgtheater, em Pia Janke; Teresa Kovacs (Hrsg.), *Schreiben als Widerstand*, Wien: Praesens, 2017, p. 446.

70. Ibidem.

71. Ibidem.

e interessante na mistura de atores alemães e refugiados[72]. *In unserem Namen* (Em Nosso Nome) somava ao texto de Jelinek trechos de Ésquilo e transcrições de debates no parlamento alemão sobre o direito de permanência a exilados; tais materiais eram falados não apenas em alemão, mas também nas diversas línguas dos atores de diferentes origens. Além disso, as cadeiras da plateia foram removidas, abrindo um espaço de coabitação entre espectadores e atores, muitas vezes não identificados em meio ao público. Obrigado a se mover constantemente e a ler as legendas (normalmente destinadas apenas aos estrangeiros), o público alemão se via em uma situação de incerteza. Não havia fronteira fixa nem entre atores e espectadores e nem entre refugiados e não refugiados, borrando as linhas entre "Nós" e os "outros", como faz Jelinek.

País.nas.Nuvens. e *As Implicantes* operam um complexo jogo de identificação e desidentificação, oscilação constante e sempre instável, indeterminação própria ao coletivo não unitário. Assim o coro pode "manifestar um corpo coletivo que estabelece relações com fantasmas sociais e anseios de unificação"[73]. Eis uma forma de identificação bem diferente daquela com protagonistas e personagens, que sempre moldaram o que se entende por uma *figura* teatral. O coro, há tanto tempo excluído do teatro ocidental, aparece antes como *fundo*. Para a teatróloga Ulrike Haß, desde o teatro grego o coro é aquele que *sempre já está aí* antes que a personagem surja em cena na tragédia, e estabelece o lugar para que ela entre[74]. O teatro contemporâneo retorna ao coro, mas abandonando todo protagonista. É uma *figuração* (ou um devir-figura) *do fundo*. Mas a inversão pós-dramática da relação figura-fundo faz de toda *con-figuração* sempre também *des-figuração*, de todo lugar *deslocamento*, *desalojamento*. Para Haß, o coro pertence apenas "aos caminhos, às veredas, à viagem", como os "fugitivos e aqueles que buscam proteção"; é "um fora sem dentro", "não tem presença, nem ser"[75]. Polifônico, contraditório, inconstante, desorientado, ele "não perdeu totalmente a relação com a paisagem". Ao final de *País.nas.Nuvens.*,

72. Isso se deve em grande parte ao fato de não se contratar pessoas para uma encenação apenas, mas criar, de modo inédito no teatro alemão, um elenco fixo de estrangeiros, o Exil Ensemble, que atuava ao lado dos nativos em toda a programação que, por sua vez, passou a incluir mais peças lidando com questões da imigração, além de legendas em inglês para todas as apresentações, permitindo a um público diverso do habitual acompanhá-las, inclusive as famílias desses novos atores.

73. H.-T. Lehmann, *Teatro...*, p. 215.

74. Ver Ulrike Haß, Die zwei Körper des Theaters, em Marita Tatari (Hrsg.), *Orte des Unermesslichen: Theater nach der Geschichtsteleologie*, Zürich: Diaphanes, 2014.

75. Idem, *Kraftfeld Chor: Aischylos, Sophokles, Kleist, Beckett, Jelinek*, Berlin: Theater der Zeit, 2020, p. 108-112.

o coro se torna floresta; em *As Implicantes*, voz sem corpo pregando no deserto ou no fundo do oceano.

Mas as próprias superfícies de linguagem de Jelinek, os largos campos textuais criados pela autora, também já sugerem uma paisagem, uma espacialização. "Nesse palco-paisagem, a subjetividade individual tende a tornar-se parte de um horizonte maior", diz Lehmann, e cita Heiner Müller: "em toda paisagem o eu é coletivo"[76]. Assim, o coro admite uma identificação que já é desidentificação, aponta para um *tornar-se fundo* ou *paisagem* que, nas duas peças, é também um *tornar-se estrangeiro* ou um brechtiano *estranhar-se*. Um sujeito que é o *resto* daquilo que já se pode ver como sujeito. A proposição cênica dessa subjetividade sem a *figura* de um sujeito, subjetividade não individual e antidramática, é um modo de imaginar formas de existência que não dependam da nomeação pelo Outro, de sua disponibilidade prévia no campo dado dos possíveis, nas lutas e identidades já conhecidas.

76. Teatro Pós-Dramático, Doze Anos Depois, *Revista Brasileira de Estudos da Presença*, Porto Alegre, v. 3, n. 3, set.-dez. 2013, p. 868. Já em *Teatro Pós-Dramático*, Lehmann se remetia às "peças-paisagens" de Gertrude Stein, comparáveis aos textos de Jelinek.

PAÍS.NAS.NUVENS.

Obrigada a Leonard Schmeiser ("A memória do solo") e Daniel Eckert.

Nós sempre acreditamos estar totalmente fora. E então de repente estamos bem no meio. Santos, que luzem na escuridão. Estamos sempre aturdidos, mesmo que só uma pessoa nos guarde na memória, passado um tempo. Às beiras das estradas falam há anos e anos em segredo sobre nós. Isso não podemos imaginar! Um sentimento bom, dirigir à noite sobre nossas pontes rodoviárias, e lá embaixo a luz dos estabelecimentos locais: ainda mais gente como nós! Um brilho claro. As figuras, como nós estrangeiras, viajantes, desaguam nas rodoviárias, para se dividir, de lugar em lugar, e caímos sobre eles como a chuva, que de manhã cedinho molha os sapatos. Ou um dia numa encruzilhada onde nos represamos, águas humanas. Não há nada ali, mas aquilo transborda de sinais nossos. Depois de nós vêm outros, mas não somos pouca coisa! Nossa cabeça está pesada de tão cheia de nós. Dirigir assim, isso faz de nós pessoas singulares. Podem cruzar aí quantos trilhos forem, claramente colocamos, diante de nós e dos outros andarilhos, estradas boas e sinalizadas. Agora estamos em casa e nos levantamos calmamente.

Se se agita uma tempestade, se esfria o ano, sobre nossas cabeças acendemos a luz, estamos em casa, conosco. Onde mais vive a vida? É belo estar consigo. Como quando, em dia feriado, o lavrador vai de manhã ver seu campo após a noite abafadiça, em que raios refrescantes caíram o tempo todo, e longe ronca ainda a trovoada. Estremecemos diante dos outros. Seguimos por caminhos retos. Não saímos do caminho, pois pertencemos a nós. O rio volta a seu leito, e o solo reverdece. Belo estar e permanecer consigo, e os filhos da terra agora bebem o fogo do céu e vêm até nós na casa vazia. Nós existimos. Nós existimos. Estamos sós, mas é belo aqui conosco. Não nos queima o puro fogo do raio do pai, e, tocado fundo pelas dores do mais forte, permanece na tempestade do deus caindo lá do alto quando se aproxima de nós quando se aproxima de nós. Conosco estamos em casa.

Salvos. A luz brilha também para os defuntos, mas nós nos espalhamos ali embaixo, lindos jardins. A Liberdade a única Verdade do Espírito. Em nós temos nosso centro e estamos em casa. Se o vento do norte também nos ameaça, não caímos dos ramos em folha. Ficamos sentados. Sorrimos em paz. No nosso país. Não temos unidade fora de nós, a encontramos, ela está com e em nós mesmos. A liberdade. A matéria tem sua substância fora dela, mas o Espírito é o Estar-Consigo-Mesmo. Como nós. Como nós. Estar em casa. Estar consigo. Persistir e assistir à vinda! E o que vimos, o Sagrado, é nossa Palavra. E se nos conservássemos na noite, seríamos pacientes em nosso exílio, e sorriríamos para nós. Estaríamos habituados conosco e habitaríamos entre nós. Acreditamos em nós. Estar em casa, quando nutrimos alto desígnio, assim também o novo signo, os feitos do mundo de agora acendem um fogo. E nós, em disfarce de servos, mas senhores, dos quais nasce o grito da dominação, nós somos reconhecidos. Estar em casa, de lá ver os outros com seus rostos apáticos, sepultados no chão como ouro, mortos-vivos, mas nós estamos em casa, onde vagueamos entre céu e terra e entre os povos o primeiro. Lembranças do espírito comum findando-se em paz na nossa alma. Somos nossas testemunhas: estamos aqui.

A nós nós pertencemos.

Estamos conosco. Segundo firme lei, nascido, como outrora, do caos sagrado, sente renovar-se o entusiasmo, o criador de tudo. Arrebata-nos, e caímos, vãos, de volta nas muradas da masmorra, mas aqui estamos. Tanto faz o que pende sobre nossas cabeças. Estamos aqui. Nossa casa, cheia da nossa linguagem, que descansa em nós como a natureza que nos embala. Linguagem e vida, o resto é sem sentido. Sentamo-nos felizes em meio à dor. Levantamo-nos, pois toda a espera e paciência foi em vão, e florescemos como o choupo. Nossa palavra basta. Mas os anos do povo, um olho moribundo os viu? Nós os encurtamos, que agora se curvam mais baixo, que as cordas mais silenciosas se lhes calam diante de nós? Que diante de nós querem acabar com as alegrias? Ou bem viver também pacientes no pavoroso exílio, diante de nós? Quando todos aqueles com quem outrora nos enlutamos, quando nossas cidades estiverem claras e abertas e despertas, cheias do fogo mais puro e o lançarem sobre os outros, onde antes estavam as musas. Nós somos nós. Limitado demais nosso tempo de vida, estreitos demais os limites, jorramos para fora, nascemos como gritos do peito, não concedemos aos outros nem um olhar. Nós somos nós e enxotamos os outros de toda parte. O espírito escorre de nossas frontes. Limitado demais nosso tempo de vida. Os orientais não sabem disso. Eles sabem apenas que só um ser humano é livre, mas por isso mesmo tal liberdade é apenas arbitrariedade, barbárie, embrutecimento e paixão, e a suavidade, um acaso. Mas nós mas nós mas nós. Nós adorados! Também de nós, ao que parece, ninguém pode tirar da nossa cabeça o sonho! Mas nós bons, também nós somos pobres de ações e cheios de pensamentos! Nós! Mas ele vem, como o raio vem das nuvens, ele vem, o ato, maduro e espiritual, talvez dos pensamentos? Segue o fruto, como das folhas escuras do bosque, do escrito silencioso? E o silêncio no povo, será o júbilo ainda antes da festa? Ou a calmaria antes da tempestade? Ou o vento que sopra antes da trovoada? Ou quem nos enxota daqui, aqui estamos em casa! Aqui estamos em casa.

Falamos audivelmente alto, nunca cochilamos. É nosso. Os outros não têm nome nem quem chore por eles. Temos direito de estar aqui! Em nossos vales nos acorda o nosso coração para a vida. Nós viajantes, mas nós voltamos! Fomos mais longe do que queríamos, como sempre, mas voltamos. Olhamos de cima, sem temer o vizinho, pisamos sobre sua cabeça. É bárbara e desmotivada e fria de preocupações a vida dos pobres, e mesmo assim estão em casa. É deles, eles seguem em paz em seus trilhos. E o tempo cresce. Em nossos vales nos acorda o nosso coração para a vida. Nós viajantes. Porém, quando observamos a história como esse matadouro onde foi imolada a sorte dos povos, a sabedoria dos Estados e a virtude dos indivíduos, onde surge ao pensamento, então surge ao pensamento imediatamente a pergunta sobre para quem e para quais objetivos finais esses extremos sacrifícios foram feitos. Quem começou? Quem trouxe a maldição? Aqueles que primeiro passaram do ponto, nossos pais, não sabiam, mas queriam isso, o seu Espírito os movia. Derivam por aí instáveis, como o Caos, os desejos do gênero inquieto. E eles os levam juntos, sorrindo maliciosos. Estendemos a mão ao vizinho, para guiar seus caminhos entre as nuvens agitadas e nos colocar em seu lugar e descansar. Temos que ter espaço. Temos que ser especiais! Ainda não estamos prontos. É nosso, não somos de ontem. De ilhas distantes, logo depois da colheita, volta alegre o marujo ao seu plácido rio. Assim voltamos nós à pátria, e teríamos colhido tantos bens quantos males colhemos. Margens queridas, pertencem-nos inteiramente, e um outono dourado transforma os suspiros do pobre povo em canções. Conosco estamos em nosso país. E o egoísmo descansa, distanciado e seguro, e admira o espetáculo das ruínas. Os outros não têm a palavra no próprio chão. Nós os lavamos para fora daqui com nossas mangueiras. Espertos nos sentamos em seus lugares e nossos olhos são claros. É nosso. Venerandos da pátria, da casa materna, dos abraços carinhosos de irmãos e irmãs, logo vos saudaremos, e vós, sempre leais, envolvei-nos para que, como enfaixado, nosso coração se cure! O teto das árvores envolve nossos pés gregários. Dia e noite nos sobrevoam e passam em silêncio, nós nos juntamos e nos olhamos e àquilo que os outros nos trouxeram. Alegramo-nos com as formas crepusculares dos vizinhos. Então descemos ao fundo do peito como ao fundo da terra, um grito colossal, e de lá extraímos um sentimento destruidor, frio como metal. Aí estão eles, os outros! Caçai-os, até que tenham se tornado lembrança de dias felizes. Eles devem abençoar o temporal. Como garrafas esvaziadas de bebida escorrem sobre o nosso chão, que nos recebe e cospe de volta para fora, mortos-vivos. Longe ronca ainda nossa trovoada. Estamos aqui. Lá estão os outros. Mas nós não, nós não! Nós nos pertencemos. E nossas mãos são, sempre de novo, como crianças, inocentes.

Os negros, olhemos para eles, desinteressados e sem interesse, num estado de ingenuidade imperturbada, devem ser considerados como uma nação de crianças. São vendidos e se deixam vender, sem qualquer reflexão sobre se isso é correto ou não. O mais elevado que sentem eles não guardam, atravessa passageiro suas mentes. Florescem inconscientes em suas praias. Ah, quão frágil é o homem! Ainda ontem, no auge da vida, fazíamos grande alarido!

Jogados na neve, nós, jovens heróis, face a face, soando sem esforço nossa canção. E agora estamos de volta ao lar, nossas ações favorecidas por um sol mais calmo. Os outros estão embaixo, fundo no vale. Mas nós, mas nós! Estamos de volta ao lar, dormimos e congelamos na praia fria, pacientes, mas em casa. Os rebanhos se levantam à voz peculiar do estrangeiro, as florestas se movem, e no fundo da terra se ouve o espírito do rio, e estremecendo o espírito volta a se mover no centro da terra. Mas nós, nós deixamos todos descansarem para sempre. Mas nós voltamos a nos levantar. Aqui é nossa terra e cuidamos de nós com amor atento. Nós não somos os outros. Nós estamos em nós, e mesmo Deus fica lá fora, ele troveja e não é reconhecido. Não precisamos dele. Para nosso espírito, Deus precisa ser mais que um trovejador. Ele anda conosco, nos pertence, ou pode ir embora. Nós só precisamos de nós! Já entre os negros, nada leva à consciência de algo mais elevado. O primeiro objeto qualquer que eles elevam à categoria de "gênio", seja um animal, uma pedra ou uma imagem de madeira, torna-se seu poder. Nós somos nós! Deus, lá em cima, ele nos pertence! Só nossos os lugares de salvação, não dos outros! Ou então ele pode ir embora. Os negros. Nada diferente deles mesmos, mas algo indiferente, o arbítrio permanece senhor de sua imagem. Mas nós, ele nos abençoa, pois conhece e pertence apenas a nós. Por que dormem, filhos dos montes? Não reconhecem os mensageiros do pai! Eles vêm a nós! Mas não éramos nós, não ressoou no peito de ninguém, de toda parte Deus vai embora, mas não por cima de nós! Nós o seguramos, para que nosso sonho não termine. E fundo se nos nasce, quando dormimos no alto dos rochedos. Em cólera nos purificamos, nós cativos. E com braços amorosos aguentamos o céu sobre nossos ombros. E como Fúrias destruímos a vizinhança onde outros cresceram. Eles têm que sair! Só para nós luz a vida sobre o chão firme.

Então se apresenta o mundo germânico, o quarto momento da história universal: comparado à vida humana, corresponderia à velhice. Sempre estivemos aqui! A velhice natural é fraqueza, mas a velhice do espírito é a perfeita maturidade e força, na qual ele retorna à unidade consigo, em seu caráter totalmente desenvolvido como espírito. Satisfeitos, amadurecemos em nosso calor e olhamos diligentes para o céu, para ver o que virá. Sabemos, pois nos enraizamos na terra. E jogamos todos, como crianças, as pedras no abismo, de rochedo a rochedo. Onde mais, procurados em toda parte sobre a terra, poderíamos nos estabelecer senão aqui, senão aqui. A terra faz bem em esfriar. Temos o longo caminho a trilhar. Até que estejamos entre nós, mas então, mas então, mas então, nós somos nossa meta! E nós estamos aqui. Nós chegamos. É nas trevas que moram as águias, e sem medo nós filhos cruzamos o abismo sobre vias estreitas. Por isso, já que se amontoam à volta os cimos do tempo, e os que amamos estão perto, enlanguescendo nos montes mais díspares, dá-nos, água inocente, depressa sobre nossas mãos, para que conservemos o melhor. Nós pertencemos a nós e conservamos tudo. Dormimos esse tempo todo, mas uma hora levantamos. E olhamos em moradas estranhas, tocamos tudo e nos acolhemos. É nosso. Espere só! O que o olho toca nos pertence. A duração do tempo é algo relativo, e o espírito pertence à eternidade. Não existe para ele uma duração real, e nós somos nós e perduramos, ainda estamos longe, mas logo estamos aí, anjos da história. Perduramos, na meia-luz, pois seguimos, no bosque sombrio, através dos riachos da pátria. Ela nos pertence. Nós! Nunca conhecemos as terras, mas logo floresce com fresco esplendor, misteriosa entre fumos de ouro, crescendo a olhos vistos, uma que não conhecemos. E nós a pegamos para nós. De repente somos estrangeiros. Mas nós a pegamos para nós. Nós a pegamos de repente. Ofuscados nos procuramos, os estrangeiros nos fazem sombra. Já estamos aqui! Encontramos também, no leste, a grande nação eslava, que não somos nós! Eles é que não somos! Uma parte dela foi conquistada pela razão ocidental. Todavia, essa massa fica excluída de nossas considerações, já que até agora não se manifestou como um momento independente na série das forças criadoras da razão. Mesmo que isso acontecesse em seguida, não nos diria respeito, pois na história devemos nos ocupar com o passado. Não somos nenhum enigma para nós mesmos. Encontramo-nos adormecidos neste vale, que nos acolhe como um berço. Os ventos nos sopram por aí como plumas, uma deusa parece cuidar de nós, oh, amigos! Fiquem, se forem iguais a nós! Aí acordamos e olhamos para nós mesmos com a felicidade de um recém-nascido. E jazemos diante de nós abertos, como um belo livro que agita suavemente o espírito. E se ainda vamos tão fundo, não podemos apreender a nós e nem ao nosso comportamento. Já faz muito tempo que se incendiou nosso chão, que nos recebe e nos devolve. Não nos foi dado descansar em lugar algum. O chão não nos conserva, nos devolve para fora. Às vezes somos distraídos pelas exigências da vida, pois também os assuntos ordinários exigem um sacrifício, mas sempre retornamos ao espírito familiar, que através de nossos Deuses, nossa linguagem, nos esclarece o mundo. Que nos pertence. E nenhum mistério nos oculta, só o mistério de nossa própria beleza, que tem de ser penetrado. Agora estamos aqui, cartas fechadas, mas aqui. Diante de nós estamos nós, mortos-vivos, no pó. E voltamos a sair do chão, crianças sentadas em cadeiras e bancos, eternamente, sobrepujados por nossa própria voz, balbuciando. O chão não nos apreende. Buscamos a distância e a apreendemos. Nós a apreendemos e ela nos pertence para sempre.

Estamos conosco, arrebatados pela terra. Sobre a terra não podemos descansar, continuamos presentes ainda enterrados, e retornamos, nós retornamos! O chão é nossa passagem para o fim dos tempos. O fim da história fracassou em nos atingir. Ela sempre retorna a nós, frenética sobre seus trilhos. Por que é que ela não morre? O que nós fizemos? O que nós fizemos? Por que sua mão sai para fora do túmulo? E gesticula em nossa direção? Queremos ser esquecidos. Só conosco estamos em casa. Mas os mais cegos são filhos dos Deuses, visto que o homem conhece sua casa, e o animal sabe onde deve construi-la, mas àquele está dado o defeito na alma inexperiente de não saber: para onde? Pois, como começamos, assim seguiremos, por maiores que sejam a miséria e a cultura, de mais ainda são capazes o nascimento e o raio de luz que encontra o recém-nascido. Aqui estamos, felizmente nascidos de colo sagrado, em cidades que nós fundamos. E mesmo assim não podemos descansar na terra. Nossa história é a dos mortos, até que o chão se cale definitivamente. Não amamos, como outras crianças, chorar em nossos lenços. Sorrindo rasgamos as serpentes e nos despenhamos com o despojo e quando, na pressa, um maior não nos amansa, deixa-nos crescer, como o relâmpago temos que cindir a terra, na qual jazemos sem descanso, e os enfeitiçados correm pelas florestas atrás de nós, e as montanhas desabam. Aqui estamos. Chegamos e agora descansamos. Ninguém quer nos poupar a vida miserável. Em seu inferno buscamos o lobo. Não tem erro, acreditem em nós, vale para tudo o que é sagrado e nobre, para a virtude, a honra, a mulher e a criança e a vida. Pois o carvalho doente e murcho aguenta a tempestade, mas o saudável ela derruba, pois pode agarrá-lo pela coroa. O homem não tem que aguentar todos os golpes, e aquele que é tocado por Deus, penso, esse pode afundar. Nós, nós homens não caímos por dinheiro nem para sermos vistos. Estamos aqui para nos infiltrar no chão como água. Atirados, ao longo dos anos, de penhasco em penhasco, até, lá embaixo, o Incerto.

Vá até seus amigos, aqueles que você escolheu, eis um homem que conheço! Mas volte! Ah, leve-nos, leve-nos em vossas fileiras, para que um dia não morramos de morte vulgar! Não queremos morrer em vão, queremos cair no altar do sacrifício, pela pátria, sangrar o sangue do coração pela pátria – e logo estará feito! Convosco, amigos!, vou, que me ensinastes a viver e a morrer, junto a vós descerei! O chão nos recebe a todos, e, ensopado com nossos corpos, tomemo-lo de volta para nós. Deixem-nos gritar, pois queremos nascer de novo! Da terra, que nos pertence, desde que expulsamos a noite. Ela nos pertence! Nós moramos aqui! É fraternal a estância aqui embaixo, conosco, e nos chegam mensageiros de vitória enviados por vocês. Vive lá em cima, ó pátria, nós aqui embaixo cuidamos de ti e chutamos os tesouros do chão em direção à luz com nossos pés cansados. Não conte os mortos! Que para ti não caiu nem um a mais, pátria amada. Já há muito tempo trabalhamos sob os pés dos outros, agora é hora, você nas nuvens escuras, deus do tempo! Agora chegamos e estamos em casa lá embaixo. A terra treme. Nós trememos lá em nosso próprio frio e esquentamos nossos corpos uns com os outros. Aqui estamos todos. E um dia então finalmente aparecemos na claridade plena. Viver o novo ou ao menos deixar o fútil decididamente e ficar aí atentos, para ver se em algum lugar o rio da vida vai nos apanhar ou, caso não tenhamos ido tão longe, ao menos ter uma ideia da liberdade e não odiá-la ou temê-la, mas amá-la. Nós nós nós! Todos esses homens originários como nós, um povo originário, dito simplesmente, o povo, por excelência. Alemães! Alemães! Alemães!

Mas os estrangeiros, que não nos pertencem, barulho esforçado de cidades distantes. Na ramagem se retruca e reme a luz. O chão onde jazemos vacila, um terrível golpe o faz vibrar. Vamos sair! Atrás de nós, outros viajantes, eles seguem nossa lembrança. Não nos custam nem uma lágrima! Resignam-se ser secundários, e derivados. Um apêndice da vida é o que são, que se move por conta própria diante deles, ou ao lado deles, o eco devolvido por um rochedo de uma voz já ela mesma silenciada, eles são, considerados como povo, alheios ao povo originário, e por isso mesmo estranhos e estrangeiros. Não são como nós, não estão em casa aqui em nosso solo e as montanhas não os guardam. A floresta severa não os protege. A tempestade te molha com suas nuvens, ó chão escuro, lugar de repouso, mas o homem te molha com seu sangue. Assim cala, assim repousa, aquele que pergunta por seu igual por todo lado, em vão. Descansa. Onde se expressa o coração, onde repousa enfim? Conosco, no solo estamos em família. Onde se torna realidade aquilo que, dia e noite, há tanto tempo o nosso sonho ardente profetiza? Aqui, onde caem as vítimas em sacrifício, aqui embaixo onde caem sobre nós, aqui, amigos, aqui!

Nós nos vemos em nossos túmulos, não há dúvidas mais. Com uma sílaba falada no infinito, somos uma palavra, um começo, um pensamento ainda, mas já nos erguemos para o ato. Nós! Atrás de janelas, onde a tempestade nos agita as asas, presas sorridentes. Na nação que até este dia se chama o povo por excelência ou o alemão, e é originário nesse novo tempo, pelo menos venceu originário neste dia, e também mostrou poder criador. Novo! E quem acredita em um Ser firme obstinado e morto só acredita nisso porque ele em si mesmo está morto e, uma vez morto, não pode fazer nada senão acreditar nisso. A profundidade nos seduz, o solo fala de rochas em cujos nichos nós jazemos. Conhecemos a profundidade e o que cresce nela. Somos nós. A essa crença na morte, contrária a um povo originariamente vivo, chamamos "coisa de estrangeiro". Essa coisa de estrangeiro, uma vez entre os alemães, também na vida real se mostra como calma submissão à necessidade do Ser, como resignação de toda melhora de nós mesmos ou dos outros pela liberdade. Temos que ficar aqui, na terra, as pedras caem aqui embaixo e matam. Pois não é aconselhável desafiar a nós, heróis. Já baixamos de nossos montes para o vale, onde audazes se alçam os assassinos, seguros de sua arte e de seu braço; mas mais segura vem a eles a alma da gente jovem, pois os justos golpeiam como se fossem mágicos, e seus hinos à pátria paralisam os joelhos dos desonrados. Ah, leve-nos, leve-nos em vossas fileiras! E deixe-nos ficar conosco!

Os alemães pensam por último nos alemães, em geral, seja por modéstia ou porque se guarda o melhor para o final. Ainda somos uma palavra, mas já amadurecemos para o ato. Assim o solo separa aqueles que se aproximam dele ignorantes, estrangeiros, daqueles que conhecem suas leis, os nativos. Só nós moramos aqui! Nosso solo é mortal para estrangeiros. Assim queremos usar o tempo, eles querem agarrar nossas cabeças, querem, agora, então rapidamente agarramos as deles! Como a maré na praia, ondulam mais e mais alto os inconstantes. Ó, gente boa, também nós somos pobres de ações e cheios de pensamentos! Mas ele vem, como o raio vem das nuvens, vem, o ato, maduro e espiritual, talvez dos pensamentos? Segue o fruto, como das folhas escuras do bosque, do escrito silencioso? Irmãos do trabalho, que nos extraem da terra como mineral. Do nada, para o nada. E nós mandrágoras gritamos quando nos tiram de nosso monte consagrado. Todos são irmãos, os que vêm do mesmo sangue e têm um destino comum. E o mais belo é que nós mesmos tornamos nossas palavras realidade. Nós jovens avançamos tateando. E então os estrangeiros não veem na Alemanha o que jaz sob as cobertas. Sob os cabelos do solo, lá embaixo, na terra. Somos nós! E nossa palavra está firmemente presa no solo, em nós. Nós nos sedimentamos em estratos, fósseis da história, formando montanhas sobre as quais se despeja a água em borbotões, como é que nós, as massas enormes, fomos estratificados, onde é que o riacho da montanha vai buscar toda sua água, que jorra poderosa de uma fenda secreta? O que nos mantém juntos antes que jorremos para fora, inundando as planícies? Nunca mais contidos sob árvores e arbustos na floresta, sob penhascos e grutas do deserto. Só é preciso nos dar tempo, ainda não estamos prontos. Avançamos tateando, logo estaremos em casa. Quando você aparecer inteira, alma da pátria, fazendo-nos curvar mais baixo, fazendo mesmo a nossa corda mais silenciosa calar diante de ti, fazendo-nos querer, envergonhados, flores da noite, acabar alegres diante de ti, dia paradisíaco. Quando todos aqueles com quem outrora nos enlutamos, quando nossas cidades estiverem claras e abertas e despertas, cheias do fogo mais puro e as montanhas da terra alemã forem montanhas das musas, como outrora as gloriosas, e a alegria livre brilhar sob o céu dourado da pátria, então estaremos em casa. E os alemães têm coragem, essa totalidade do espírito em relação com a vontade, na qual o homem tem em si, de modo igualmente geral e indeterminado, a satisfação. Nós somos nós e em nós habitamos bem. Lá cintilam luzes. A cidade! Jazemos quietos e não podemos sair. Há que destruir, se o novo deve ser alcançado. Nosso tempo de vida tem mesmo limites estreitos, vemos e contamos o número de nossos anos, mas os anos do povo, um olho mortal os viu? Mas quando o próprio tempo se nos agita a alma, a nós videntes, então permanecemos tristes na praia fria entre os nossos e jamais os conhecemos. E também os futuros, eles, os prometidos, onde, onde é que os vemos, para ao menos uma vez voltar a nos aquecer em mãos amigas? Pois aqui entre nós faz frio. O que é que buscamos entre os mortos? A vida! Nós aguardamos o nosso tempo.

Ó, terra pátria, ceifam teu pensamento, teu espírito. Gostam de colher-te o racimo, mas zombam de ti, vide disforme! Você, terra onde estamos em casa! Presos sob o solo, somos o pedestal que sustenta as estátuas dos vencedores. Terra do amor! Sendo embora nós dos teus, muita vez choramos de raiva ao ver-te, sempre tola, negar a própria alma. Muita vez, de pé no claro monte, do alto dos teus ares, contemplamos o verde do teu vasto jardim e te vimos. Percorremos os rios teus, pensando em ti e estávamos em casa. Enquanto o tímido rouxinol cantava sobre o vime flexível. E nós embaixo, nossa linguagem é profunda, e falamos a linguagem do profundo. Tesouros elevados, de repente nos entronamos no topo da montanha. Olhamos de cima todo o campo, onde nós, sementes sangrentas da história, fomos espalhados para nascer de novo.

A vontade para a essência da universidade alemã é a vontade para a ciência, enquanto vontade para a missão histórico-espiritual do povo alemão, como um povo que se conhece a si mesmo no seu Estado. Ciência e destino alemão devem chegar juntos ao poder na vontade para a essência. E é o que farão se e somente se nós expusermos, por um lado, a ciência à sua mais íntima necessidade e se, por outro lado, suportarmos o destino alemão em sua mais extrema carência. O jardim sagrado de Platão não mais viceje à beira do rio, e um homem pobre lavre entre cinzas de heróis, e chore, sobre uma coluna, a ave da noite. Oh sacro bosque, contigo estamos em casa. E nós? De nossos jovens algum haverá que não esconda um anseio, um enigma no peito?

Quem não quer, pela ação ou pensamento, plantar uma semente que traga o aperfeiçoamento infinito e contínuo de sua raça, lançar no tempo algo novo e que nunca existiu antes, que ali habite e se torne uma fonte inesgotável de novas criações; pagar pelo seu lugar nesta terra e pelo curto tempo de vida que lhe foi conferido com algo que durará para sempre aqui embaixo? Povo e pátria, nesse sentido, como veículos e promessas da eternidade terrena, e como aquilo que pode ser eterno aqui embaixo, excedem em muito o Estado no sentido habitual da palavra. Saudações, pois, a ti, nobre pátria minha, com um novo nome, fruto mais maduro do tempo! Embebido do nosso sangue, o solo perde a memória. Somos demasiados. A pátria não é o solo. Está em nós. O resto pode se esvair em chamas, nelas nos esquentaremos. Nós somos nós! Lava com teu sangue a terra, teu país alemão! E nós, que jazemos embaixo, indícios de nós mesmos, saímos para as colinas e nos dispersamos. O vento nos leva consigo. Jazemos sobre o país e nos perdemos nas profundezas, espíritos da quietude. Ou esses insuportáveis encantos, todos esses enganos, para os quais um homem tem que fugir na sociedade atual – céu, confissão, seita, também porque ele tem uma alma, diferente do macaco ele pensa, e onde podia simplesmente se perder, enganar a si mesmo, se alienar, se tornar um porco, asqueroso. No isolamento da tortura agora totalmente nu e cru: homem e imperialismo, mutuamente excludentes. O que sai daí é essa única força produtiva, que leva à: violência revolucionária, capacidade de exercer contraviolência. Como se a velha água retornasse transformada em outra ira, terrível, para purificar, pois era necessário, assim amadureceu e cresceu e se ergueu de ano a ano a batalha inaudita, sem descanso, e inundou o país ansioso, espalhando longe a escuridão e a palidez no rosto do homem. Você me pergunta como a luta acabará, de modo geral? Respondo: com a vitória. Mas se pergunta especificamente, então respondo: com a morte. E haveremos de, rancorosos, cortar rente à terra as plantas que nós mesmos cultivamos, só porque se lançaram a florescer um pouco rápidas e opulentas demais? Estamos em casa, no país. O solo sobre nós compactado, o vale fechado, mas eis o dia.

Nós nos levantamos. Agora vem do bosque o cervo, das nuvens a luz do dia, alto no céu limpo olha o falcão ao redor. Mas embaixo no vale se estende confortável o vilarejo sobre o prado, abaixo dele jazemos nós. Está quieto aqui, estamos em casa. Um tapete feito de nossos ossos estendido no solo, onde água se infiltra. E nenhum combatente depõe as armas. E também, se você não aguenta mais o barulho, nunca vai poder abandonar essa luta pela política revolucionária. Simplesmente, e isso é o mínimo: porque a luta travada contra você só vai parar se nos trair, sobretudo aqui onde tem que lutar 24 horas por dia pela sua consciência. Estamos em casa? Ó, céu da pátria, nos receberá amigavelmente como outrora? E às mãos que colhem se oferecem os próprios ramos. Assim o tempo reúne e separa as coisas. E assim estamos sozinhos sobre a terra. Inverte-se a relação entre a vida na luz e a morte no subsolo. Nossos cadáveres se aproximam da superfície e lembram da decadência das glórias passadas. E muitos jovens, por isso, têm de ir para as profundezas, onde estamos, a história empurrou seus ossos para longe de si, agora estão quietos, antes do seu tempo. E são cada vez mais. Somos um povo abundante. Tão logo um possa ser liquidado como um cão, só lhe resta ainda restabelecer seu valor como pessoa, por todos os meios possíveis. Vem, amigo, para o aberto, vem para dentro da terra! Fica conosco! Deixa-te amarrar e alimentar com a mangueira! Aqui para baixo, conosco, e o céu nos estreita. Hoje está nublado, as vias e travessas cochilam, e quase quero crer que é como nos anos de chumbo.

As três vinculações – pelo povo à sorte do Estado em uma missão espiritual – são igualmente originárias para a essência alemã. Os três serviços que se originam daí – serviço do trabalho, serviço militar e serviço do saber – são igualmente necessários e de igual importância. Pois pode não ser grande, mas faz parte da vida, aquilo que queremos, e parece ao mesmo tempo adequado e alegre. Mas até as andorinhas sempre vêm ao país trazendo bênçãos, antes do verão. Só nós jazemos em silêncio, em casa. Vê como verdejam para ti as árvores que com amor cultivaste, e abraçam a casa. Tiradas do solo onde estamos e ficamos. Ao mesmo tempo nativos e estrangeiros. Já seus troncos são mais seguros. Estamos no nosso país, e sem suspeitar caminha acima um povo todo-poderoso, até que os jovens lembrem dos pais lá em cima e queiram sair da terra, mas tarde demais. E esse silêncio aniquilador – o corpo naturalmente grita, a mangueira lhe é enfiada na garganta – esse silêncio que aniquila o torturador! Deparamo-nos aqui, digo, com aquela antiquíssima lei que em qualquer parte da existência proíbe permanecer incólume quando o homem ao mesmo tempo exige e afirma a sua humanidade ilimitada. Estejam agora em casa como nós! Astro errante do dia, apareces tu, e tu também, ó terra, na qual jazemos, berço pacífico que és para nós, e tu, casa de nossos pais, enfim respiras novamente! Agora bebeis, pastos de meus arroios! Um momento, e se põem em marcha sendas retas, e como um soberano com esporas e consigo mesmo em casa. Astro errante do dia, apareces tu. Estejam em casa, passeai entre as nuvens dos animais selvagens!

Estamos em casa, nós, as línguas do povo, presos no chão. Gostamos de estar entre os vivos, onde muitos se juntam. E alguns gostaríamos de convidar para vir conosco, mas permanecemos sozinhos. Nosso pai, que segura as rédeas douradas dos descendentes, como crianças. E mergulha suas cabeças na água sagrada e sóbria. Deixem-nos dormir! Vivemos de preferência na interioridade da alma e do pensamento. Nessa solidão de eremita do espírito nos ocupamos, antes de agir, primeiro em determinar cuidadosamente os princípios pelos quais tencionamos agir. Por isso acontece de nos aproximarmos do ato de modo um tanto lento, saindo de nossos santuários, das armas da palavra, que vocês ao partir deixaram para trás para nós, os mais inábeis dos seres. Onde vamos colocar a salvo os feridos? Na UTI – quer dizer, nesse circuito sujo, onde as fases com certeza vão ser cada vez mais curtas, com infusões, maquinário. Então de volta com a mangueira a mangueira a mangueira no isolamento por anos, na traição? A traição? Vitória ou morte era a frase. A outra vitória e morte – o que simplesmente significa: presos, extrema defensiva, totalmente cercados. O conteúdo é luta é luta. Mas os mais cegos são filhos dos Deuses. Visto que o homem conhece sua casa, e o animal sabe onde deve construí-la, contudo, àquele está dado o defeito na alma inexperiente de não saber aonde ir. Já que, como começamos, permaneceremos. Em casa conosco. Mas até a morte o homem pode também trazer na mente o melhor e, então, vivencia o máximo. Apenas cada um tem a sua medida. Pois deve ser carregado pesadamente o azar, mas mais dificilmente a sorte. Mas em nossa casa mesmo esses não são estrangeiros. Vivem em triplo, do mesmo modo que os primeiros filhos do céu. Aqui nos amarram firme. Simplesmente se tornou uma ordem não deixar mais nenhum morrer sem poder neutralizar um tal desenvolvimento com todos os meios através de contrapropaganda. E essa, naturalmente, é a função da UTI na casa. Onde também a imaginação se atola, na agonia, nas últimas horas, talvez se quebraria nossa vontade e com ela a greve. Um prisioneiro que morre em uma clínica morreu como doente, em tratamento médico até o último socorro – e não na batalha.

Nesse meio tempo eles envelheceram, o gelo polar os embranqueceu, e no fogo do sul lhes caíram as madeixas. Estávamos em casa. De longe eles vêm, cansados até a alma, para voltar a ver essa terra. Mais uma vez teriam que se lhes arder as faces, e seus olhos apagados quase voltam a cintilar. Estão em casa conosco. Mas se agora o amor do coração convosco se queixa, água pátria, o que de diferente quererá. Pois a terra coberta de sombras jaz hoje cheia de expectativa, ó saudosos! Estai aqui conosco e habitai bem entre nós e inclinai a cabeça. Queridos nossos do passado! Vinde! Pois vossa bela visão, como se hoje fosse igual outrora, temo que seja mortal, e não é permitido acordar os mortos. Sentai-vos! Vosso bando azul não pousa mais no céu azul. Estai aqui conosco, nesse prelúdio de tempos mais ásperos feitos para nós. Não podemos evitar que matem alguns de vós. Podemos evitar que matem todos. Se mais um prisioneiro morrer, pois o desenvolvimento ainda não está certo, nenhuma negociação será possível. Aqui estamos agora. Entre dia e noite uma verdade tem que aparecer. E sem medo os filhos dos alpes cruzam, sobre frágeis pontes, os abismos. Por isso, já que se amontoam à volta, pela claridade, os cimos do tempo, e os que amamos estão perto, enlanguescendo nos montes mais díspares, dá-nos, água inocente, dá-nos asas para, de ânimo fidelíssimo, irmos até lá e de lá voltarmos.

Ciência como vontade para a missão histórico-espiritual do povo alemão, povo que se conhece a si mesmo no seu Estado, ciência e destino alemão devem chegar juntos ao poder na vontade para a essência. E é o que farão se e somente se nós se nós se nós suportarmos o destino alemão em sua mais extrema carência. Seguimos por conta própria e apressados em direção ao fim. Em casa estamos, jogados na poeira de nossa canção. Despertamos os mortos, que ainda são presa da matéria bruta. Porém esperam ver nossa luz muitos olhos tímidos. Aqui estamos! Servimos à terra mãe e servimos à luz do sol, mas ficamos conosco, internamente em paz. Sentai-vos! Para atingir esse fim, a liberdade natural do indivíduo precisa, é claro, ser limitada de muitos modos, e se essa fosse a única meta e consideração a respeito desses indivíduos, far-se-ia bem em limitar sua liberdade o mais estreitamente possível, de modo a dispor todos os seus movimentos sob uma regra uniforme e mantê-los sob supervisão constante. E sobre o que se apoia nossa segurança? Em casa estamos em casa, e doces tílias exalam perfume ao lado das faias ao meio-dia, quando no milharal murmureja o crescer nas canas alinhadas, então estamos aí!

Também a vontade não é nenhuma posse, e sim o motor. Ela se fortalece, e tem de se fortalecer, à medida que se luta. Você tem que labutar na máquina todo dia. É insuportável e aguentar ao menos os primeiros dias é ainda mais duro que qualquer ação de fato imaginável – porque eles também têm tudo e você nada. Trata-se da despedida do pai. Nós! Os divinos se enfraquecem para que a pureza se reconheça. Estamos conosco. Nós! Porém o ponto final é, sobre escuro relvado, que de um bom peito, o bálsamo da batalha, a voz nos brota da boca. Não queremos guardar silêncio sobre o Altíssimo, ali estamos em casa e falamos o que podemos aguentar. Esse tanto carregamos para casa. Vem dos quatro ventos, ó espírito, e assopra sobre estes mortos, para que vivam! Venham a nós saídos da terra! A nós, eles nos pertencem! Assim o vento, assim tempestades e pancadas de chuva e luz do sol abrasadora terão embranquecido os esqueletos dos mortos, o hálito revigorante dos espíritos ainda não cessou de soprar. A nós! Ele também há de tomar os esqueletos do corpo morto da nossa nação, e juntá-los, de modo que gloriosos se ergam em uma vida nova e transfigurada. E nós entre eles! E nós! Nós abrimos nosso próprio peito e nos despejamos gota a gota na poeira. Aí estamos nós, e aí trazemo-los, nossas vítimas sacrificiais, os mortos. A terra precisa de sulcos e o rochedo de fendas. De outro modo seríamos inóspitos. Mortos em uma alta trilha. Homens errantes, caminhávamos juntos em cólera. Até nós, onde habitamos. Para casa. Para casa.

Para casa.

A antiga e plenamente conservada interioridade do povo alemão tem que realizar essa revolução partindo do coração simples e despretensioso. O que nos amarra às velhas praias da alma? De modo que permanecemos entre nós. Os olhos se nos escurecem. No torrão da terra pátria queremos nos enraizar e já estamos mesmo aí! Ela é a mãe de nossos pensamentos e anseios. Nas ilustres escolas alemãs, trabalha-se muito, mas pouco se faz pelo futuro. São apenas serviços subalternos. Mas nós amadurecemos para o ato. O saber catedrático nunca poderá nos redimir. Esse povo trabalha sobre seu destino à medida que conquista sempre de novo sua história à medida que conquista seu mundo espiritual. Bem queremos nos tornar lembranças dos outros, mas seguimos sendo nós. Em casa. Mas no meio do tempo vivemos tranquilos e de bom grado, para a lembrança daqueles a quem nada falta. Desde o nascimento marcados por nossas estadias onde o raio não queima na sombra do bosque. Queremos dizer que em nenhum outro lugar seria melhor viver. Por isso, ó benevolentes, cercai-nos facilmente! O que é decisivo no liderar não é o mero ir à frente, mas a força para andar sozinho. Não por teimosia e desejo de dominar, mas em virtude de uma destinação a mais profunda e de uma obrigação a mais ampla. Semelhante força vincula ao essencial, produz a seleção dos melhores e desperta a genuína disposição a seguir daqueles tomados de renovada coragem. Vir até nós. E o solo se ergue conosco e sob nós. Ainda dormimos nele, mas logo levantaremos. Luz do amor! Aos defuntos, dourada, também brilha! Murada de masmorra, oco e vão, o céu. Pende-nos um fardo curvo sobre a fronte. Agora nos levantamos. Mas como é pesaroso esse tempo. Juntos nos agachamos para ficar em paz e descansar alegres sob as flores, em casa. Onde nuvens quietas flutuam ao nosso redor, ali nos admiramos e não sabemos interpretar. Num dia de verão em que buscávamos sombras. Em casa. Entre nós. Mas quererão novos titãs tomar de assalto o céu? Mas ficai conosco! Para vós não será o céu, pois sois nascidos da terra. Ficai aqui conosco! Mesmo a mera visão e influência do céu vos serão retiradas, e só a vossa terra vos restará como morada fria, sombria e infértil. Pois pertence a nós. Aqui nos sentamos e não saímos daqui. Nós nos estendemos e podemos fazê-lo. Como os cordeiros no campo sobre o tapete verde que a mãe lhe concede para seu divertimento. Pertence a nós. É verdade que todo dia marchamos, mas aqui permanecemos.

Viver assim a sós com os Celestes, e passa o dia e o rio e o vento e o tempo correm todos no rumo do seu termo, onde pisamos na cabeça dos vizinhos e brigamos pela soberania. Derivam por aí ao nosso redor, instáveis, como o Caos, os desejos do gênero inquieto. Mas bem guardados, e em casa, trilhamos com pés seguros os trilhos serenos. Sobre nós as nuvens espalhadas. E fica no país de bom grado quem no seio fiel do divino habita, e livremente queremos, enquanto pudermos, apontar e cantar todas vocês, linguagens do céu. Ali onde cintila uma luz segura. As dores, não sei bem, elas surgem da resistência. E deixe que você e o processo sejam examinados, o que é que querem provar novamente? O tubo fino por causa dos animais altos que estavam ali, forçados, serão aqueles que ordenam a desidratação. Isso dói! Dói! Nós é que eles não querem! As árvores perdem seu lugar. Mas ficamos aqui, aqui é o nosso lugar. A paz da criança se foi, e se foi a juventude e o amor e o prazer. Mas tu, minha pátria! Tens santa paciência, vê, tu permaneceste. Silenciosos estamos diante do destino. E ficamos. Feitos para amar, para sofrer. Aqui! A salvo do destino, crianças dormindo, vivem os Celestes. E, ditosos, seus olhos contemplam a paz da eterna claridade. Mas a nós não é dado repouso em parte alguma, ou já repousamos faz tempo, no solo que não nos solta? Ou nunca estivemos lá fora? Será que nossa ordem só se funda na memória e nunca estivemos aqui? Arrancam-nos? De onde viemos? Mas ficamos aqui, aqui estamos em casa. Pois se todos os outros europeus tivessem se matado mutuamente em todos os mares e todas as ilhas e todas as costas: no meio da Europa o dique dos alemães teria se mantido firme e os impedido de se atracar, aqui a paz teria permanecido, e os alemães teriam se mantido, e junto consigo uma parte dos outros povos europeus, em paz e prosperidade. Aqui estamos em casa. Mas isso não se conformava aos interesses internacionais que só calculavam o instante seguinte, que isso ficasse assim. Eles viram utilidade na valentia alemã, para guiá-los através da sua própria guerra, e nas mãos deles, para com elas arrancar a presa de seus rivais. E trazê-las ao seu país.

Por isso, terra!, sua petulância te arranca do coração dele, e seus presentes são em vão e seus tenros laços, pois ele busca um melhor, o bravo! O estrangeiro, para ele é mortal o nosso solo. Do nada e para o nada, justo entre o nada e o nada. Estamos em casa, quem poderá nos agradecer? Bem faz a terra em esfriar. Uma luz amigável vem, e nosso forno quente incendeia o ar com sua brasa inofensiva. E à voz peculiar do estrangeiro se levantam os rebanhos. Nós não o vemos, e também se ele se juntasse a nós, ao vento tremeriam as bandeiras. Até hoje seria anônimo, para sempre desterrado, lá fora, na noite. Calado entre nós, vivos. Mas nós. Mas nós. Nós olhamos com olhos abertos e buscamos sempre somente a nós. Crescemos e nos tornamos floresta.

Os textos utilizados são, entre outros, de: Hölderlin, Hegel, Heidegger, Fichte, Kleist e das cartas da RAF de 1973-1977[77].

77. Hölderlin é citado nas traduções de José Paulo Paes (*Poemas*, São Paulo: Companhia das Letras, 1991), Antonio Medina Rodrigues (*O Canto do Destino e Outros Cantos*, São Paulo: Iluminuras, 1994), Christian Iber e Nicole Barbosa (*Hölderlin: O Fragmento Juízo e Ser e Alguns Poemas*, Porto Alegre: Editora Fi, 2014), e Maria Teresa Dias Furtado (*Hinos Tardios*, Lisboa: Assírio & Alvim, 2000). Hegel (*Filosofia da História*) é citado na tradução de Maria Rodrigues e Hans Harden (ed. UnB, 1999). Kleist (*Pentesileia*), na de Jean Robert Weisshaupt e Roberto Machado (disponível na internet), Heidegger ("A Autoafirmação da Universidade Alemã") na de Daniel Pucciarelli (revista *Terceira Margem*, 2007). (N. da T.)

AS IMPLICANTES

Nós vivemos. Nós vivemos. O que importa é que vivemos e também não é muito mais que viver depois de deixar a pátria sagrada. Ninguém olha com piedade aqui para baixo, para nosso trem, mas nos olha de cima para baixo, isso sim. Nós fugimos, sem termos sido julgados por nenhum tribunal do povo, julgados por todos, lá e aqui. Tudo o que dava para saber na nossa vida acabou, sufocado sob uma camada de aparências, nada mais é objeto de saber, nada mais é, de modo algum. Também não é mais necessário apreender nada. Tentamos ler leis estrangeiras. Não nos dizem nada, não ficamos sabendo de nada, fomos encomendados, mas não buscados, temos que aparecer, temos que aparecer aqui e depois ali, pois bem, mas qual terra, mais amável que esta, e isso não conhecemos, qual terra podemos pisar? Nenhuma. Então ficamos por aí repisando a questão. Somos mandados embora de novo. Deitamo-nos no chão frio da igreja. Voltamos a nos levantar. Não comemos nada. Mas temos que voltar a comer, pelo menos beber. Arrancamos pela paz essa ramagem aqui, esses ramos de palmeira, não, de oliveira, sim, e isso aqui ainda, tudo rotulado; não temos mais nada, a quem devemos oferecer essa pilha, escrevemos duas toneladas de papel, naturalmente alguém nos ajudou, seguramos no alto o papel, implorando, não, não temos os papéis corretos, os documentos, só esses papéis… a quem podemos entregá-los? A vocês? Por favor, aqui está! Mas se não forem dar início a nenhum processo com eles, vamos ter que copiar tudo de novo, imprimir de novo, entenderam? Oh, vocês divinos, juntamos as mãos obedientemente, sim, vocês mesmos, só olhem aqui para baixo!, imploramos a vocês, sim, vocês, a quem pertence a cidade e a terra e a água brilhante do Danúbio e também e mais ainda a vocês que nas repartições públicas aplicam punições severas: vocês uma vez nos dizem isso, e então nos dizem aquilo, e nada podemos fazer direito, mas vocês também não estão no direito, vocês anjos, mais você, amado pai que estás no céu. O que haveríamos de fazer contra vocês?, vocês podem fazer tudo, vocês podem tudo. Você aí: pode por favor nos dizer quem, qual deus habita e manda aqui, aqui na igreja sabemos qual, mas talvez haja outros, em outro lugar, há um presidente, um chanceler, uma ministra, então, e naturalmente também há esses que aplicam as punições, já percebemos, não lá embaixo no Hades, todos estão logo aqui ao lado, por exemplo você, quem quer que seja, você quem quer que você seja, você, você, Jesus, Messias, Messiê, tanto faz, você que protege a casa, a raça, todos os fiéis, você não nos acolheu, é verdade que viemos por conta própria, viemos para a sua igreja, na forma de um trem de suplicantes, por favor nos ajude, Deus, por favor nos ajude, nossos pés vieram pisar as suas praias, nossos pés ainda pisavam praias bem diferentes, quando tinham sorte… mas como vai ser agora? O mar quase nos aniquilou, as montanhas quase nos aniquilaram, agora estamos nesta igreja, amanhã estaremos naquele mosteiro, graças ao Senhor Deus, graças ao Senhor Presidente, eles foram apontados, eles nos apoiaram, mas onde estaremos depois de amanhã e depois? Onde nos será negada uma cama, onde poderemos negociar uma cama, onde vão voltar a nos jogar para fora, onde vamos poder enterrar nossos próprios ossos, quer dizer, quem vai fazer tudo isso?, quem vai fazer isso por nós? Quem vai cuidar para que nós, que somos, também sejamos vistos, e sem repulsa? Os escorraçados das margens dos rios, da beira do mar, dos arbustos dos bosques da pátria, lamuriando-se em luto pela pátria perdida, enlouquecidos pela ira da mãe primordial, esses podem ver aqui, ninguém aqui se vangloria de descender de ninguém, também não serviria de nada, e como assim, por favor, como assim vocês aqui também estão irados conosco? Não entendemos. Faz tempo que somos amigos da dor, sim, mas o que fizemos aqui para vocês quererem nos manter com medo, em toda parte medo, medo dos meus, que perdi, de ter que voltar, mas ainda mais medo de vocês, de ter que ficar, de não poder ficar, agora têm que concordar, agora vão concordar: se vocês têm medo em toda parte, vocês dirão, por que vieram para cá então? Para ter um medo novo, já de novo? Só que agora na língua de bárbaros que não conhecemos e não falamos, é sempre assim quando se está no estrangeiro, entre estranhos, o que acontece agora, o que acontece só agora? Chamamos, suplicamos nessa língua que não conhecemos e não falamos, mas que vocês dominam como dominam a si mesmos, a menos que estejam na plataforma da estação e nos vejam, por favor se esforcem um pouquinho para experimentar o que jamais podem saber, por favor!

Olhe aqui, senhor, sim, você!, suplicantes nos voltamos a vocês, alguém qualquer nos gerou e alguma qualquer nos pariu, compreendemos que vocês querem provas, mas não vai dar. Onde é Outro Lugar, lá nada sabemos, pois talvez tudo esteja totalmente diferente e de todo modo sempre em outro lugar, e lá nosso conhecimento não é nada. Mandaram-nos vídeos, para minha família, quando eu ainda tinha uma, agora todos mortos, todos mortos, nem um único sobrou, sou o último, no meu velho horizonte nenhum sol se põe, ninguém se opõe a eles, todos se foram, todos mortos, só eu que não, agora estou aí, e o que é que vocês fazem comigo? Estou aí, o que é que vocês fazem comigo agora? O horizonte não é mais nada, ele termina nas montanhas, o mar é um buraco, um barranco, uma garganta, ninguém mais aí, ninguém mais lá, mas aqui, que eu me lembre, todos mortos, mortos em outro lugar, mesmo assim mortos, sou o último, dura sorte, lamento em voz alta, tirei a mais triste sorte. Vejam, ali dois dos nossos parentes sendo decapitados, depois sobraram ainda uns poucos, fotografado com o celular quando ainda havia tempo para isso, agora não tem mais tempo, não tenho mais eles, só tem eu, mas essa fortuna difícil de decifrar, pois por que é que as pessoas fazem algo assim?, não me permite pouso aqui, vejam, imediatamente rasgo o jeans que me deram, o suéter que me deram, corto na hora a mochila que me deram, devo estar louco, se as coisas pertencem a mim agora!, deixo-me levar por ondas invisíveis, mas isso me serve de algo? Não me serve de nada! Dois dos meus primos perderam a cabeça, fujo para cá, sei que isso vocês não me fariam, não poderiam, mas meus primos não falam a meu favor? Com suas gargantas cortadas e sem cabeça? Não fala a meu favor que eu tenha vivido algo tão difícil, você não nos quer, sim, você? Nosso bando escuro, acostumado ao brilho do sol, então retrocedemos, só que: para onde? Para outros entrevados pela terra, entrevados pelo tempo, de todo modo entrevados todos, tudo perdeu a lucidez, lá onde não estamos, mas para onde devemos ir, também queremos ir, tem esse Senhor Presidente, ou o que é ele, tem o Senhor, o onirecipiente? Não, ele não existe. Não tem ninguém que receba todos nós. Poderiam receber antes todo o universo, do que todos, do que nós, nada nem ninguém nos recebe, é uma vergonha! E nós também permanecemos vergonhosos.

Vamos recordar vocês em discursos raivosos, mas para vocês tanto fará, já sabemos, pois nossa estadia será ilegal, aliás essa é sua palavra favorita, ilegal, legal, ilegal a estadia, podemos gerar filhos, nossas mulheres podem dar à luz, podemos nos matar de trabalhar, vocês não dão a mínima, pois desviam o rosto de nós, apesar de nossas súplicas, vocês desviam o rosto de nós, não faz sentido, vai sujar de novo, mesmo assim suplicamos, suplicamos, vocês lá em cima, olá, se não nos querem, mesmo assim ficamos aqui como uma obrigação para vocês, pelos motivos acima elencados, sim, aí está o elenco, que não deveria estar aí. E sequer nos é permitido definir a direção do nosso recuo, da nossa retirada, que não desejamos absolutamente, vocês que exigiram, o regresso, tanto faz a direção, fora, simplesmente fora! Esse documento, esse documento assinado, ordena nosso regresso para a terra enevoada de que viemos... onde é que vocês estiveram por último? É lá que têm que apresentar seu requerimento! É isso que vocês querem para nós, sempre querem algo! A cabeça, cortaram a cabeça dos meus dois primos, disso não há testemunhas, há um testemunho, hoje todo mundo tem câmera consigo, levada à toda parte, pregada, tudo pode ser provado na hora, podem ver aqui, ver a prova, nesse vídeo, como dois homens têm as cabeças cortadas... não é horrível? Não acreditam que esses são meus primos? Tenho testemunhas. Vocês não acreditam. Mas podem ver, estão vendo aqui, minha família tem o vídeo, mas ela não existe mais, a família, todos mortos agora, mas sobrou o vídeo, ninguém se envergonha por isso, vocês só se envergonham por mim, e a imaginação de vocês não tem força suficiente, nada é suficiente para vocês, e nada é suficiente em vocês, só enxotar pessoas que um dia foram geradas e paridas, mandar embora, isso vocês sabem fazer. E a história da decapitação, isso não é nada comparado aos outros sofrimentos que já houve em toda parte e que, é lógico, duraram ainda mais. Os sofrimentos duram sempre mais que tudo. Só o sofrimento dura, e vocês durões nem ligam. Está todo mundo cagando para isso. Mataram pai, mãe, todos os irmãos e irmãs, mas isso não é nada, absolutamente nada, todas as nossas representações são referidas a um objeto, os sujeitos não valem nada, os mortos não valem nada e não são nada. Não podemos nos reportar aos mortos se queremos conduzir um argumento asseverando um direito à estadia, querem nos conduzir severa e diretamente daqui, nos desviar como rios, para lugar nenhum, rios onde não podem mais entrar nem sair, um mar onde entram fora da lei, onde não pisam mais as praias, onde não pisam nos calos de ninguém e onde também nós não podemos pisar em nada. Desviar, jogar fora, e então fora com eles e fora conosco. Todos mortos, de todo modo, por que então eu deveria, como último, viver ainda? Isso vocês não entendem. Eu também não entendo. Pois se o tempo também inclui o triplo, o trino, se ele também nos inclui, não, Deus não, não é a Trindade, nunca são uma unidade, estou falando do tempo triplo, que nunca unificou nada, que nos reuniu como grupo, um bando de nadas e ninguéns jogados juntos, em que ninguém com certeza tinha nada, mas se o tempo, como estava dizendo, não posso dizer, mas se o tempo é o todo triplo de presente, acontecido e futuro, o pensador, que não conheço, mas ele pensa mesmo assim, o pensador, mas agora ambos, como modos comprovados da síntese formadora do tempo, acrescidos de um terceiro modo, qual, qual?, que ficamos e por isso estamos fora do tempo, que podemos voltar a sair desse tempo?, qual?, um modo, então, um terceiro modo é acrescentado, como assim, se já são três, presente, passado, futuro, tanto faz, se é assim, como eu disse, eu não, como diria se também pudesse pensar assim, não sei o que significa esse Assim, então se e ainda por cima se todas as representações, então também o pensamento – e ao nosso pensamento vocês não dão nenhum valor, ele não lhes serve de nada, não existe, nem está aí –, se esse pensamento, o pensamento de vocês, deve então estar submetido ao tempo, então esse terceiro modo da síntese tem que formar, fazer, constituir o futuro, quem não tem formação não tem futuro, mas quem tem formação também não, não tem nada para ninguém, então o tempo tem que produzir o futuro como uma roupa. E daí? E aí, e agora? Poderão os regentes desta terra, poderão os senhores dirigentes da terra, os que encabeçam as decisões nesta terra e que ainda têm suas cabeças ao contrário dos meus dois primos, poderão os senhores da terra e os representantes encabeçadores dirigentes da terra, poderão eles, atraídos por esta breve mensagem, por esta longa mensagem, tanto faz, poderão eles mesmos se aproximar para nos ver? Não poderão. Aos senhores nessa terra e aos representantes dos senhores nessa terra e aos representantes dos representantes dos senhores nessa terra gostaríamos, não podemos, mas gostaríamos, gostaríamos de, como condiz aos estrangeiros, contar compreensivelmente de nossa fuga, de nossas mãos sem mancha de sangue, contar de boa vontade a qualquer um, nem precisaria ser um representante, nós faríamos isso, palavra de honra, contamos a qualquer um, contamos a todos, todos que queiram ouvir, mas ninguém quer, nem um representante de um representante quer ouvir, ninguém, mas nós contaríamos, contaríamos da nossa fuga inocente, que vocês sempre apresentam como fuga culpada, contaríamos da fuga dos inocentes, na nossa voz não haverá insolência, na nossa voz não haverá insolvência, vamos ser calmos e amigáveis e moderados e compreensíveis, mas vocês não vão nos compreender, e como poderiam, se nem querem ouvir? Não vão entender, e nossos discursos cairão no vazio, sem gravidade, nosso grave destino de repente não terá gravidade alguma, porque vai cair no nada, no espaço sem ar, no absolutamente nada onde então ficará suspenso, permanecerá em suspensão, na água, no vazio, sim. Com nossos olhos despretensiosos olharemos, dóceis, e pediremos um cobertor e algo para comer, vejam, os representantes dos representantes, todos esses que, no entanto, também não estão aqui, representam em outra peça, eles dizem: Seus olhos não são nem um pouco despretensiosos, mesmo que afirmem isso, eles têm, sim, muitas pretensões! Hoje querem cobertores, água e comida, e o que vão exigir amanhã? Nossas mulheres, nossas crianças, nossos trabalhos, nossas casas, nossas moradas? O que vão exigir amanhã? Talvez hoje ainda exijam pouco, ou não muito, mas amanhã vai ser muito, já sabemos, por isso afinal é que somos os representantes dos representantes de representantes, todos sabem, todos sabem tudo, e agora nós também sabemos, embora desde antes já soubéssemos, desde antes. Como? O que estão dizendo? Cuidamos para ao falar não sermos indiscretos demais e nem prolixos demais e nem pormenorizados demais e nem demorados demais e nem rápidos demais e nem lentos demais. Não podemos ser nada disso, infelizmente não falamos a língua de vocês, cadê o intérprete?, onde ele foi?, vocês nos prometeram um, cadê ele, onde está, onde está o homem que lhes diz que não devemos falar demoradamente demais e nem lento demais e nem rápido demais? Quem é que lhes diz isso? Tanto faz, pois seres como nós são muito odiosos para vocês, isso nós vemos, isso está claro. Vocês têm que ceder, como nós cedemos e saímos da igreja finalmente e vamos para o mosteiro, onde é quente e apodrecemos mais rápido, nos decompomos mais depressa, nossos seres debandam dali como ratos. Nós cedemos e agora fomos embora, estamos fora do seu campo de visão, fora das vistas do público, levados embora, nos disseram e após um certo prazo também nós o fizemos: Vocês têm que ceder, disseram-nos, dizem-nos constantemente, dizem-nos ainda agora, têm que ceder, fugitivos, estrangeiros, necessitados aqui, assim, como estão, têm que ceder, vejam, isso vocês sacaram, já cederam, fugitivos, estrangeiros, necessitados, alguém assim não pode falar aqui, alguém assim não pode ficar aqui. Pois discursos descarados nunca condizem aos desafortunados. Senão, onde é que vamos parar? Como é que vamos parar com o descaramento, se nem somos mais nada? Vamos ser razoáveis, e vocês vão arrazoar que nós finalmente somos razoáveis e nos mudamos da igreja para o mosteiro, que está vazio justamente, aqui, já mostram na TV, já dizem no rádio, logo estará nos jornais, é verdade que a igreja também está vazia, mas ela também é estável, ainda melhor aí, lá a qualquer momento poderia entrar o crente em seu Deus, nós o incomodaríamos, compreendemos isso, nós mesmos já estamos em dívida com o nosso Deus que, como o de vocês, ama exclusivamente os que não devem. E daí? O que isso nos traz agora? Tenham compaixão, antes que o perigo nos esmague, por favor por favor por favor! Não? Já imaginávamos. Ali está o Deus todo-iluminado de vocês, ao redor, milhares de estátuas dele, ouro, brilho, êxtase de cores, blim blom, por favor, ensaiamos dizer, talvez ele nos ajude, embora não seja responsável por nós, mas esse representante de um representante de um representante de um Deus, que penduraram ali, simplesmente, para ficarmos pendentes, esperando, não, não foi por isso, simplesmente está pendurado ali, pobre sujeito, também não teve muita sorte na vida, tanto faz, agora somos trazidos a essa água toda-iluminada, não, não está certo, não é águia nenhuma, a águia é a pequena lá em cima, em cima dele, olhem, daqui podem ver direitinho, lá em cima, não é águia nenhuma então, o quê?, é para ser uma pomba?, bem, o que é que se pode esperar de uma pomba? Dá na mesma. A pomba é uma representante de uma representante de uma representante, de todo modo um pássaro, voar ela pode, e a chamo em oração, oro chamando por ela, afinal tenho que chamar alguém, então, depois chamo meu advogado, mas agora estou chamando em oração a pomba lá no teto, suplicamos a ela, suplicamos, olho solar todo-salvador da trindade, pomba trinando, você, sim, você mesma!, você ouviu perfeitamente bem, é justamente a você que suplicamos! Também não tem mais ninguém aqui. Não tem motivo para trinar trincando de raiva! O trinco trincou, os tigres tristes estão sem trigo, é trivial, o que podemos fazer?

Do fato de que todos agora estejam mortos, a família toda está morta, não se pode deduzir nada. Ficamos aqui sentados, cumprimentamos, para nós tanto faz quem, qual Deus, já nos disseram mas esquecemos, mas a boa educação exige que cumprimentemos com devoção todos os altos senhores aqui em suas imagens e aquele ali na frente, sozinho no seu altar, Deus o abençoe ou como é que é para eu falar. Nós nos estabelecemos em locais sagrados como uma revoada de pombas, mas os daqui só conhecem essa uma pomba, aquela lá em cima no teto, que nós com certeza não vamos alcançar, tão alto, ela não precisa temer nenhum falcão, a pomba… e nós? Nós temos que temer a todos e a qualquer um. É simplesmente assim.

Os inimigos, parentes de sangue, maldição da nossa linhagem, todos foram sacrificados... mas quem recebe esse sacrifício? Teria que ser uma multidão de Deuses, para conseguir receber tantos sacrifícios! Não tem mais ninguém aí, ninguém pelo que vejo, ninguém de nós. Mataram todos. Eu fugi, desde então o último, o último de todos da minha grande e querida família, um resistente matou um outro resistente, até que só sobrou um, supostamente isso é costume entre nós, entre nós isso é hábito, que todos matam todos, cada um mata cada um, mas isso é mera suposição, e mesmo assim sobram mais de uns do que de outros, mas acima de tudo os uns e os outros eles matam, mas e quando não tem mais ninguém aí? Bom, agora não vamos poder passar por toda a sequência da imaginação, de todo modo vocês não poderiam imaginar, ninguém pode, a não ser que tenha um vídeo; a sequência da imaginação foi rompida como minha família, como a corrente da minha família, despedaçada, assassinada, e aqui, será que na condição de último posso pelo menos me sentar aqui? Só sentar? Nem preciso deitar. Ou é melhor ali? Se para vocês for melhor eu sentar ali, eu faço isso! Não tenho lugar mesmo, então podem me indicar um lugar, tranquilo, apontar um canto onde possa me encostar. Aqui domina a liberdade de encosto, digo, de residência, mas para nós não. Para nós não. Para os mortos isso também não vale e, fora eu, estão todos mortos, todos mortos. Então podem tranquilamente me contar entre eles. Já ouço suas risadas, vocês sabem que os mortos não pedem mais nada, mas eu ainda peço algo, suplico-lhes habilmente, uma habitação, comida, bebida, uma roupa. Temos mesmo provas de que todos os outros estão mortos, não, ninguém mais vem, não tenham medo!, ninguém mais, fora nós, ninguém fora nós vai importunar vocês, temos vídeos, os assassinos têm aparelhos modernos para tudo. Nós não somos modernos, mas os assassinos são modernos e ao mesmo tempo primitivos, são tudo, porque assassinos sempre são e podem tudo. Estamos em posse de um conhecimento, mas o que é isso, a quem interessa um conhecimento, não é nada interessante, nada que não pode ser mostrado é interessante. Nada para nós também. Olhem só, agora vocês também veem: no horizonte surge uma resistência contra nós. Nós nos escondemos na igreja, no mosteiro, mas não devemos permanecer ou não seria mais nenhum esconderijo. Essa igreja é um esconderijo aberto, a TV já veio aí, lançou luz sobre tudo, luz que ela mesma trouxe. Ali jaz um, mais para lá também, coberto de nomes da eterna fatalidade de ser estrangeiro. Ele não deve permanecer como o único que ainda não está morto, que restou, mas também não deve poder permanecer, diz a resistência, cujos faróis nos cegam, ele deve deixar estar. Mesmo se alguém vier na direção dele na rodovia, na contramão, ele não deve se esquivar, e também não deve se esquivar a nós, deve recuar perante nós. É difícil recuar diante do motorista na contramão. Às vezes só dá para esquivar. Não. Sim. Não dá. Perante nosso enxame de bárbaros todos recuam. Todo mundo, tanto faz onde, recua diante das roupas e véus, diante desse enxame de selvagens que somos, recua involuntariamente, para poder abrir espaço para o voluntarismo, ele também tem que fazer alguma coisa. Agora buscam sua ajuda. Teria sido mais fácil nos ajudar, ainda mais fácil não nos ajudar, mas por favor. Vocês recuam, por favor, arbítrio, tome conta! Não temos véus à medida do seu hábito ou gosto, simplesmente nos cobrimos, como todos se cobrem, mas sabemos, mesmo se parecêssemos com vocês: Vocês nos reconheceriam, saberiam nos distinguir entre milhares, nos reconheceriam em toda parte. Vocês saberiam que não pertencemos a este lugar.

Nenhum apelo é possível mais, nem mesmo aos mortos, não adianta apelar. Uma convivência harmônica é exigida, não, não pelos mortos, eles já se foram, por nós, pois nós devemos contribuir para o bem-estar comum. Como é que isso funciona, como é que funciona? Qual bem-estar? É verdade que já ouvimos falar dele, até já o vimos, também não somos idiotas, olhamos ao nosso redor... mas como funciona isso do bem-estar? Se ele é comum, então nós também tínhamos que estar bem? Pelo menos poder ficar, poder ficar bem! Depois que os monstros assassinos entre nós, não, vocês não têm culpa disso, não estamos jogando isso na cara de vocês, nos jogamos nós mesmos diante de vocês, depois que nos levaram tudo, teríamos mesmo de poder voltar a ter algo, algum bem-estar, não? Algo teria que nos ser acessível, teríamos que conseguir alguma coisa qualquer!, em vez disso vocês nos chamam de maldita praga, praga, praga! Como animais! Praga estrangeira! Assim nos chamam e aplicam os recursos de expiação deste país, onde não houve nenhum pecado a expiar, em um país que não tem mais recursos. Das antigas dívidas de sangue, pavorosas, escorridas do útero da terra, e justo em nossa direção, em direção à minha família, ninguém pode se libertar, não podem ser feitas exceções, exceto por mim, fora eu, eu estou fora de mim, todos mortos, todos mortos, pavorosas dívidas escorridas, mas vocês estão cagando, não dão a mínima, um, agora não consigo ler isso, um gene assassino que aniquila tudo? Não, não sabemos nada de genes, éramos fazendeiros, éramos engenheiros, éramos médicos, médicas, enfermeiras, cientistas, éramos algo, pois sim, o que quer que fosse, e agora temos que seguir esse folheto que existe em diversas línguas, enquanto nós não podemos existir nem uma única vez, agora temos que ler esse folheto de uma vez e então outra vez e mais uma. Por isso celebramos agradecidos nossa memória, à qual servimos, pois vemos sempre apenas os mortos e somos distraídos como motoristas falando no celular, por isso não podemos entender esses folhetos. Nós nos esforçamos tanto, por favor sejam pacientes, alguém nos dirá de quem somos diferentes e quem, sem nunca ser esperado, se mostra aqui e o que é que tanto se mostra em nós que somos estranhos para vocês, que a dívida de sangue cai sobre nós e não sobre a cabeça de nossos inimigos e assim por diante!, mas vocês não querem saber de nada disso, e no entanto com o tempo também isso se apreende, o que quer que seja. Uma hora as pessoas sempre sacam. Ou não, também. Por favor, desculpem, naturalmente sabemos que discursos prolixos como o meu não são populares. Muito obrigada. O folheto é curto e claro, e não é limitado pelas meras relações temporais, é ilimitado, vale para todos, donde sua superioridade em relação a nós. O que vocês dizem vale para todos, para todos, para todos, portanto também para mim, vocês despejaram suas visões nessa fôrma, e agora não conseguem mais tirar suas visões da fôrma. Puxam e puxam e puxam suas visões, mas ninguém vê nada, pois a visibilidade é muito limitada, e o motorista na contramão surge da neblina muito repentinamente. Sentimos muito, verdadeiramente, por vocês! As relações temporais, os representantes, os representantes das suas relações vocês também limitam muito, ao lado das horríveis limitações do código de trânsito. Não se pode empreender nada contra a direção dominante. Isso nós estamos vendo.

Além disso, aqui diz, sim, aqui diz! Estamos deitados no chão frio da igreja, mas isso diz aqui, aqui está dito, irrefutável e irreconciliavelmente despejado nesse folheto como água, que imediatamente volta a escorrer para fora por baixo, como água jogada de rochedo em rochedo, transformado ele mesmo em água, derrubado como estátuas, quase elegante, com as mãos erguidas pro alto, mas não, de barragem em barragem, e para fora, para o indeterminado, para a pequena usina, tanto tempo, anos, nós sumimos, sumimos, mas nos multiplicamos, engraçado, mesmo assim sumimos, embora nosso número suba, nossa coragem não some, nós nos multiplicamos, mas sempre somos menos, muitos nem conseguem chegar, os sofredores caem como a água dos rochedos, sobre as lixeiras, sobre as montanhas, através do mar, sobre o mar, dentro do mar, sempre jogados, sempre expulsos, nadando por anos, se afogando, tombando, sufocando no caminhão-frigorífico, morrendo no ventre do avião, caindo no banheiro de beira de estrada, caindo da varanda, sim, pessoas exatamente como nós!, são todas como nós!, a maioria cai bem, caem no desconhecido, exatamente naquilo que vocês desconhecem, caros anfitriões, valorosos motoristas, frequentemente oprimidos pelo limite temporal, ah, se apenas ele não existisse! Atrapalha tanto! Perdão, já disse isso em algum lugar, com certeza. Igual dignidade, eis a base da ação, mas não, o que estão dizendo? É isso que pensam de nós? Vocês dizem que não queremos dignidade, só queremos vir para cá, vir sempre, nunca ir, é o que vocês dizem: E uma vez estando aí, vivem às nossas custas, isso vamos impedir, e já impedimos, ah, eles caem, são intocáveis, nós não os pegamos, eles se afogam, se tombam, se tremem, terremotos, estão, independentemente da linhagem, de idade, de formação, de modo independente, totalmente independente, a caminho daqui, de nós, tanto faz a aparência e a origem, futuro inútil, passado acabado, mas eis aqui, diz aqui!, mas não, aparência e origem não têm nenhum lugar aqui, onde chegam, e faz sentido!, entre nós não há lugar para aparência, discriminação e racismo, nenhum lugar para procedência, pelo menos nenhum de que ela abriria mão, a procedência não abre mão de nada, não abre mão do que tem, o racismo também não encontrou lugar entre nós e agora tem que ficar de pé, bem feito para ele, bem feito para todos, não importa, quando se está de pé cabe mais gente no vagão, ah, e mulheres e homens estão em pé de igualdade, desculpe, esqueci de dizer antes, seus votos contam igual, uns como os outros, quando votam são contados igualmente, ambos votam, diz aqui, também as crianças têm direitos, mas não contam, não sabem contar, ainda não, mas mesmo que saibam contar não contam nada, são protegidas, são protegidas por nós, a atenção, atenção!, requer um tratamento não violento, elas tropeçam, caem, sim, as crianças também, afinal também se tornam pessoas mais tarde, o que possivelmente deveríamos impedir, se não são as nossas; o importante é: Tudo cai, não tem ninguém para repor a armadilha depois que disparou, para parar a queda, para registrar a queda, embora todos tenham seu smartphone consigo, preparado, o tempo todo, para mostrar tudo e testemunhar tudo, sempre pronto para fotografar, isso vale para o tratamento com nossos companheiros humanos, que nós os possamos registrar a qualquer momento com nossos smartphones, que são mais espertos que nós, o que não é dizer muito; todo mundo pode registrar todo mundo, todos ficam, tudo gruda, tudo fica grudado e é registrado, nós os mantemos no alto, nossos celulares, assim como o Estado mantém em alta estima o tratamento igualitário de todos os cidadãos, todos mantêm algo no alto, o que é isso que vocês têm em alta conta? Ah é, isso que todos empunham, a câmera do celular, é o fundamento da sua decisão sobre para onde ir viajar, ir passear ou ir comer. Muito bem. Diante da câmera todos são iguais, mesmo que nem todos tenham câmeras iguais, mas todos têm uma, sim, também as crianças, e também as crianças têm direitos e mais suas câmeras do celular e mais o touchscreen, a tela sensível ao toque, algum dia todas serão grandes artistas, de tanta sensibilidade, e tocarão as pessoas, e ainda fazem uma foto, atenção, a dignidade humana! Atenção, agora também está vindo a dignidade humana, está vindo!, tirem uma foto, rápido, antes que vá embora de novo! A dignidade, atenção, é preciso prestar atenção nela, na dignidade, prestem atenção na dignidade, senão vão perdê-la, segurem seus aparelhos preparados, a dignidade, sim, ela ali, tirem logo uma foto!, exige ao Estado tratar igualmente pessoas que se encontram em situações também iguais, assim, e como assim agora ele, esse estrangeiro, tem um lugar para sentar no metrô e eu não, como assim ele embarcou antes de mim?, deveria sempre apenas desembarcar!, não é como com os valores?, como com as quedas?, como com qualquer coisa, como com tudo? Então o empurro da plataforma, na próxima oportunidade o empurro lá embaixo, e vai ser como se ele nunca tivesse sido, caso não seja resgatado. Se for resgatado estará de novo em liberdade, mas eu não estarei... ei, será que esse resgate era realmente necessário? Já entendi: a liberdade pode ser um sentimento, eu lhes digo, um sentimento que nem todo mundo tem, o esporte conhece esse sentimento, a natureza também conhece, o esquiador nas montanhas o conhece, isto é, todo mundo conhece o sentimento da liberdade, todos o conhecem, todos a conhecem: a liberdade. Bem, nós também precisávamos dela!, sim, precisávamos dela, deixem-nos fugir, sem coerção, de suas escrivaninhas ordenadas permitam-nos uma fuga ordenada!, precisamos da liberdade para o tempo livre, a liberdade, precisávamos dela, sim, justo dela, precisamos dela, ei, nada sobrou, eu ainda queria guardar um pouco para vocês mas simplesmente não tem mais nada. Pego para mim essa liberdade e também aquela, e de repente não sobrou mais nada, não deixo sobrar nenhuma liberdade para mim, que burro, não, a outra é mais bonita, vou levar aquela, o que, outro já levou? Inaudito! Pego para mim a liberdade ao lado, mesmo que um outro já tenha reservado, sou livre demais para precisar de outras pessoas, não, é, para usar outras pessoas, não, errado, uso a liberdade, e é verdade que preciso dela para me atentar à liberdade dos outros, mas outras pessoas não, não preciso delas, da liberdade sim, reconhecer, atentar e respeitar a liberdade que pode se exprimir como liberdade de opinião, se espremer como um limão, não sobrou nada, uma vez expressa a opinião nada mais sobra, mas mesmo antes já não sobrava muito, peguei para mim a liberdade de ter certa opinião, mas agora não sobrou mais nada, mais nada aí, nada da minha opinião também, ei, desculpe, será que peguei para mim todas as liberdades? Mas ainda tem algumas, que joguei fora antes, essas vocês podem pegar, por favor! Na lixeira também deveria ter mais algumas. Eu não sou assim, podem pegá-las, com certeza ainda estão bem boas. Podem se afogar, sufocar, congelar, morrer de fome ou espancados, todas essas são belas liberdades, mesmo que não sejam de vocês, mas talvez vocês sejam tão generosos a ponto de passá-las adiante? Obrigada. Muito obrigada. Vocês já sabem, têm toda liberdade para não compartilhar da minha opinião. Bom. Eu não a compartilharia, de todo modo, não com vocês! Pois ninguém decide sobre mim, minha opinião e minha vida além de mim mesmo, e eu decididamente não decido que vocês decidam sobre mim e compartilhem minha opinião, não vão receber nem um pedacinho dela, que bem posso decidir com quem compartilhar! Deviam ter esperado isso, quando a luz piscou lá na frente antes de se extinguir. Agora também me vou. Em toda parte sou chamado. Ninguém chamou vocês, vocês eternos entrevados, voltem com seus malditos ramos para o seu Deus, por favor vão embora com seu clã, morram mudos enforcados, em Fortaleza, onde for, ou onde preferirem, se liguem, enfiem algo nas orelhas. Está alto demais, não podem tocar mais baixo? Não podem? Inaudito, vocês Deuses no alto, não dá para ouvir vocês! E o que quer aqui o ódio horrendo? O que quer aqui? Está errado em vir aqui! Aqui diz que aqui está errado. A liberdade termina ali onde a de vocês começa, pois sim, mas a de vocês não começa, vocês cuidarão disso, e a minha não termina. Então. A de vocês termina antes de começar e a minha começa sempre e nunca termina. Assim. Não. Assim não! Por favor, não me venham com essa!

Mas diz aqui, realmente está aí, lá, onde também estamos, então você não nos vê?, não nos vê deitados lá onde caímos?, deitados, mas está aqui, diz aqui, temos que ler que não podemos deitar aqui, talvez em outro lugar, mas aqui não. Aqui é proibido deitar, estraga a grama, estraga a água também, caso houvesse água disponível, estraga o mar, caso estivesse aqui, ele vai se cuidar!, deve estar lá onde deitamos, em algum lugar temos que deitar, e finalmente estraga as pessoas como tais. Vocês escreveram isso, alguma coisa isso representa, e agora também estão aí, amigáveis, não, vocês não têm que ficar de pé, mas também não têm que voltar a se deitar, então, nós nos deitamos no chão da igreja, pois Deus está aí para todo mundo, esse limite foi o legislador que definiu, o Deus de vocês termina lá onde o nosso começa, é bem parecido com a liberdade, ninguém pode mexer nela, e o Estado só pode quando tem uma necessidade, mexer no nosso espaço livre, ei, agora tem justo essa necessidade, quer faxinar o espaço em que estamos, e o Estado abre a torneira e joga a sua água sobre nós, ainda mais água, muito obrigada, precisávamos mesmo disso!, ele sempre tem a necessidade, justo agora necessita muito, muito especialmente, e se precisa então é obrigado, ele tem que, ele respeita a vida em comum, mas determina em comum com quem, diz quem pode ou não viver junto, e então respeita isso, mas só até um certo limite, aí não tem mais que respeitar, é o único que não precisa. Por exemplo, a natação. Esse exemplo foi escolhido aqui expressamente, mas o que quer expressar? Não, agora me parece estúpido demais. O que tem a natação? Uma corrida disputada? Para que depois possamos exprimir nossa admiração mútua? Por que é que para isso temos que primeiro entrar na água, oleosa do diesel derramado, submergir, escorregando de dedos estrangeiros como peixes, para sermos admiráveis? Também podemos nos afogar, ou sermos abatidos ainda no barco, jogados ao mar, adoecer, simplesmente morrer assim, ter um natimorto, e o morto voa para fora, jogado ao mar, sim, essas coisas também acontecem às vezes, empurrados da plataforma, na porrada, de porre, não, isso não, região errada, religião errada, podemos ser espancados de modo comum ou especial, por que é que além disso temos que entrar na água? Por favor, alguns de nós saem da água, onde só por um acaso não morreram de fome, sede ou afogados, mas não querem entrar de novo. Não querem voltar. Quando já se viu tanta água não se quer voltar a mergulhar para lutar pelas mesmas regras do outro que fez as regras, sim, reconheço o desempenho de vocês, não foi ruim, sempre desempenham melhor que eu, admito, no esporte, na família, no cotidiano vocês sempre desempenham melhor que eu, isso é necessário para nossa vida em comum, entendo, por que é que é assim? Porque vocês são simplesmente maiores que eu, por isso o desempenho de vocês também é maior. Viver esse jogo limpo, podendo um morrer a qualquer momento, e o outro também, não a qualquer momento, mas no seu tempo, tudo tem seu tempo, sim, viver assim é pressuposto para a justiça. Estamos prontos para a convivência harmoniosa, de bom grado estamos prontos, trata-se da responsabilidade de cada indivíduo, somos como todo indivíduo e de bom grado estamos prontos para isso, não estamos mortos e por isso estamos prontos para viver sobre uma base comum, caso ela não seja pequena demais, não somos monumentos, não somos bustos, ninguém busca nada aqui, simplesmente ficamos aí, sobre a base comum, só que ninguém quer subir conosco na base comum, é um fundamento dos valores chamados de equivalência, sim, resumem-se assim os valores, por que vou me levantar se todos têm o mesmo valor? Eu me deito aqui dentro da igreja no chão frio de pedra e valho exatamente tanto quanto vocês! Vocês acreditando ou não. Vocês respeitam nossa multiplicidade, eu respeito sua clara unanimidade, mas para mim não está claro que vocês estejam lúcidos, por isso é um por todos aqui, isso é a unanimidade, uma única luz daquela lâmpada ali, só a liberdade da luz, a conta foi paga, o resultado foi unânime e muitas vezes comprovado, no momento ainda estão comprovando, e logo de novo, logo verão!, que está claro, e primeiro a unanimidade do tempo!, que também vale para nós, o tempo, não a clara unanimidade, pois nesse meio tempo já ficou escuro de novo, essa informação é grátis, sim, o tempo também vale para nós, é justo, estou dentro, totalmente dentro quando o assunto é justiça e, mesmo se fosse possível esclarecer a morte do outro estando dentro da situação, não seria apreendido o modo dessa chegada ao fim, vocês não apreenderiam o meu fim, talvez o causariam, mas não o apreenderiam. Podem experienciar a morte nos outros, a própria infelizmente só em vocês mesmos, e aí não é mais uma experiência, bem, não sei, poderia contar a vocês coisas sobre a morte, sobre decapitação, sobre fuzilamento, espancamento, esfaqueamento, aí logo ia passar a alegria com a própria morte, bem, fim das referências à morte do outro, e agora de volta a vocês: Com a própria morte não podem fazer absolutamente nada, não, não podem fazer nada a respeito, com ela não dá para fazer nada, não daria mesmo, e nem poderiam contar para ninguém como é morrer, ninguém acreditaria em vocês. Jamais vocês aí em cima, nesse penhasco, aí em cima, nessa montanha de vocês, poderiam entender como nos colocamos em risco, pois se vocês mesmos se arriscam, ops, já é tarde demais. Vocês não entendem, mas isso constituiria o pressuposto, uma condição de possibilidade da convivência conosco, e isso significa que um teria que poder defender a existência do outro, então. É indefensável que sejamos sempre defenestrados, só porque queriam que entrasse um ar de fora e não olharam se alguém de fato estava na frente da janela. Não temos defesa, nós somos desfeitos, mas julgados pelas mesmas regras, a sentença nos é lida, nós lidamos com isso, respondemos perguntas, assinamos algo, escrevemos algo, tanto faz, todos os homens são iguais perante a lei, ela não diferencia, mas ela mesma é indiferente para vocês, iguais perante ela, só não sabem iguais a quem. Vocês ficaram na iguaria, isso era importante para vocês, era na verdade o mais importante. Vocês não passaram muito daí. O dinheiro de vocês se foi. Que todos sempre queiram tanto ir, isso a gente não entende. A gente queria tanto ficar.

Bem, ninguém quer subir nessa base, nesse rochedo, do qual devíamos ter sido jogados há anos?, ninguém quer partir nesse barco, para não ficarmos tão sozinhos lá, pois estamos inteiramente preparados para subir nessa base feita de pessoas, sobre a qual fomos espremidos juntos, tantos de nós, tão amassados que precisariam de um machado para nos separar de novo, peça por peça do nosso monte. Fomos amassados e assados juntos como um pão, como vão simplesmente nos tirar daí pelas janelas, nos tirar do casco que somos nós mesmos?, nós homens cascudos, nenhum indivíduo mais, um bolo de gente, um bloco grosseiro de gente sob a sua cunha grossa de gente. Para cada coisa que se pode imaginar há uma essência diversa, um ser, mas somos seres essencialmente diversos que se tornaram uma única coisa, que não insiste mais em nada, que tem que persistir aqui, pois nada mais nos separa, nada mais nos arranca uns dos outros. Pois quem passa muito tempo no estrangeiro perde a relação com a pátria? O que isso quer dizer? Quem diz isso? A falta da relação é em si uma intimidade própria a essa relação, isto é, a dor da nostalgia de casa. Que dor? Antes nem sabíamos o que era uma dor, não, só sabíamos isso e nada mais. Em outra pátria, no estrangeiro, nenhuma dor, foi o que pensamos. Foi o que imaginamos. E a falta da ligação com a pátria, na qual ninguém nos enfronha – não somos travesseiros, temos só nossas pobres cabeças sem apoio –, a falta da pátria ainda pode continuar existindo por conta dessa ligação. Só isso. Simplesmente assim. Quem diz isso? Ninguém responde. Os mergulhadores vêm nos buscar. Agora se preocupam conosco, muito obrigada! Ficamos juntos, o que resta de nós, antes de nos separarem. Mas não mais indivíduos, nunca mais, mesmo se nos levarem à tona individualmente. Quando voltaremos a ser alguéns? Somos todos e nenhum. Abraçamo-nos para sempre. É o fundamento da vida em comum, e viver juntos, isso queremos, tanto faz com quem, até com vocês, se tiver de ser, se nos deixarem, quero dizer, se puder ser, isso nós bem que queremos, significa tudo para nós, significa que todos nós somos, que somos algo, que somos um Algo diante desse horizonte claro, sobre essa base, sobre a qual construímos, sobre a qual não podemos construir, mas construímos mesmo assim, a autorização sempre vem só depois. Vocês nos propiciaram o conhecimento dos seus valores, muito obrigado, agora podemos saber sobre eles e subir sobre essa base dos valores comuns, queremos conhecer o fundamento dessa sociedade, por favor nos digam como podemos chegar a esse fundamento, para que de lá possamos subir e pisar na base dos valores antes que os valores cobrados subam e pisem sobre nós. Talvez eles queiram subir ainda mais alto. Precisamos escalar o primeiro rochedo, precisamos nos segurar a ele. Senão seria um passo grande demais para nós ignorantes, ignorados, o degrau entre nós e vocês alto demais; queremos ser parte disso, queremos ser parte dessa sociedade, sim, exato!, queremos ser convidados de coração sem pensar que foi por puro impulso, sermos empurrados da base dos seus valores de volta lá para baixo, como um rochedo, é, como de um rochedo, obrigado, não teria sido necessário, já estamos em outro lugar e mais outro lugar e de todo modo empurrados para baixo de um outro lugar totalmente diferente, já conhecemos o esquema, aqueles emperrados, querem nos empurrar para baixo, claro. Precisamos de um impulso, mesmo que não esse, sim, com uma bola, senão ficamos parados, senão ficamos empacados, queremos de todo modo os seus valores, no trabalho, na escola, nos trabalhos de escola e nas escolas de trabalho, na família, que eu não tenho mais, todos mortos, temos vídeos de dois deles, como foram decapitados, queremos defender os seus valores onde vocês quiserem, pois sabemos que vocês jamais decapitariam ninguém, não nos decapitariam e nem a ninguém além de nós, a não ser que alguém venha até vocês de um jeito muito errado, mas teria que ser realmente muito errado, pois dá muito trabalho, não é pouca coisa, mas no fim vem o sucesso, sem cabeça ninguém pode viver, é um sucesso duradouro, e durabilidade é importante para vocês; também queremos usar as piscinas de vocês, e se não nos matarem a tempo, estaremos lá também, vamos mergulhar de cabeça e então nadar, então vamos respeitar as regras para a competição de natação, então vamos respeitar outras regras, então vamos respeitar a faixa prioritária, também podemos fazer isso, podemos fazer isso, não é perigoso, queremos isso tudo, queremos de verdade, queremos preencher o trabalho, a escola, o tempo livre com vida, mesmo que não seja com a nossa, pois temos pouca e já abrimos mão de muita sem com isso conseguir mover nem um moinho, nenhunzinho, e de todo modo muitos se foram. Nós, os mortos, familiares dos mortos, que viveram entre mortos, queremos agora preencher seus valores com vida, para que pelo menos eles vivam, queremos preencher com vida os valores básicos, que se baseiam na variedade, de todo modo, de todo modo, sim, queremos isso. Todos mortos, mas queremos preencher a base com vida, para ela ter uma base, queremos, queremos, estamos acabados. Queremos ser. Queremos nos livrar de nossa problemática interior, e então queremos nos apoiar sobre seus valores, sobre os quais no entanto já nos apoiamos, sim, também nos apoiamos sobre seus valores, está absolutamente claro. Nós mortos nos apoiamos particularmente sobre valores, já que não temos mais nada. O que nos resta. Quais fundamentos nos restam senão a dignidade humana? Todos mortos. Todos mortos. Iguais em dignidade, mas mortos, decapitados diante da câmera, são pequenas e leves, essas cams, menores e mais leves que a terra de vocês acima ou abaixo de nós, tudo se torna leve para todos, até a terra, até a água sobre nós, da qual nos tiram, não resistimos, tornam tudo leve para todos, caso ainda não seja, por isso nunca deitaríamos aí embaixo, pois o que passar sobre nós talvez possa não ser tão leve quanto pensávamos. Mas nossos familiares enfrentaram isso, colocaram-nos diante de uma câmera, e então filmaram, ligaram e miraram neles, e então cortaram suas cabeças. O barco estava cheio, e então partimos nele rapidamente. De que disposição dependemos agora para encontrar nosso caminho através de toda essa opacidade, desse monte de água? Vocês estão vendo, não, por sorte não estão vendo, mas mesmo assim é verdade: a dignidade humana é importante no começo e no fim da vida, não é nenhuma propriedade, não, nenhuma propriedade, deve-se apenas a nossa existência como seres humanos, e se não somos humanos também não temos dignidade, se não temos dignidade não somos humanos, ei, nenhum ser humano é um de nós, sorte dele de novo!, ei, mas justo isso gostaríamos tanto de ser. Cada um de nós! Não dá. Os olhares mais profundos luzem até na escuridão, e eles veem: não dá. Queremos estar aqui, sim, temos diversos talentos, nós os lançamos como dardos, quero dizer, como dádivas, como as cabeças dos mortos, como os nossos mortos, apresentamos nossos talentos, são nosso modo de pagar vocês, não temos outro modo. Esse já está em desuso faz tempo, não funciona mais como os nossos pés.

Nossa existência é nosso modo de pagamento, não temos outro, curto e grosso, não temos nada, temos nossa existência como modo de pagamento mas não somos o modo de enriquecimento, não, isso não somos, essa é a Sra. Iumasheva, espero que o nome dela esteja escrito corretamente, a filha do Iéltsin, uma filha, sim, uma filha, uma naturalizada instantânea, ela tinha, ela tinha como pagar, ela pagou, e se não pagou alguém pagou por ela, sempre é preciso pagar para respeitar e reconhecer a singularidade de uma pessoa, paga-se por isso, tem que se pagar por isso, paga-se por essa filha, mesmo que não seja ela mesmo quem pague, alguém qualquer já vai ter pago, pela possibilidade de justiça em larga escala, não só na pequena, de modo que agora ela pode morar aqui, essa filha do Sr. Iéltsin, nesse meio tempo ele empalideceu, antes ainda era rosado, talvez, não, antes avermelhado e radiante, mas acho que não, teria que recalcular, não tenho tempo para isso, provavelmente também teria que pagar por isso, para fazer as contas, alguém tem que pagar para montar uma fábrica de automóveis junto com o banco russo, para montar automóveis é preciso pagar, e é preciso pagar de novo para então comprar o carro. Eu respeito todo tipo de pagamento que é realizado para que essa filha possa morar aqui, respeito isso planejando minhas ações de acordo com isso e não pagando, nem poderia pagar mesmo, por isso não tenho direito nenhum de estar aqui, não pago e não posso, não posso pagar e não o faço. Ou a outra, a todos os estrangeiros nós a dedicamos, façam bom proveito dela, apreciem com moderação. Coroada de louros, ela não partilha meios nem medos: Pois um corpo sonoro equilibrado, redondinho, como o dessa outra filha, precisa de muitos votos, muitas vozes falando a favor, mas só um valor, que por sua vez foi pago com a voz; mas queremos todos soar harmonicamente uns com os outros, sim, todos, não é verdade, e para isso não precisamos só ter voz, ter voto, o que não temos de todo modo, mas da voz dessa segunda filha, sim, exatamente ela que vem de longe; o bosque na montanha da pátria não crava mais os olhos sobre ela, agora ela está conosco, ela chegou, ou não? Ainda não? O pedágio dela foi pago, e ela veio, não rodeada de vapores fugidios, não cuspida de nuvens que se entrechocam, não aspergida como orvalho nas florestas, e definitivamente não com barulho, não, isso ela não ia querer, não com esse barulho cansativo. Melhor o silêncio. Agora aqui é sua morada e seu lugar, eis os aposentos, mais um casebre no leste da pátria, nem mesmo o dono jamais a viu, nenhum dia; então, bem depois, algo qualquer turva minha visão, não há de ser o medo, mais tarde o seguro contra roubo para nãoseiquê, casa, apartamento, mansão, tudo pago, mas isso vem depois, quando realmente estiver aí; a princípio habita lá agora, sozinha ou não, com o marido, com filho, sem ninguém, com ninguém, tanto faz, não está aí mesmo, lá vem ela a cavalo, virá a cavalo depois de concluído o litígio de acordo com o costume da pátria e chegada a decisão sobre a cidadania da pátria, lá vem ela surfando sobre os fluxos de capital acumulado do seu país, sem saber se encontraria consolo com o pai, que talvez já esteja morto, parabéns, com toda certeza não ia morrer por isso, antes viria a nós graças a quem pagou, mas agora ainda está lá, por favor paciência um instantinho, primeiro lá, logo aqui, conosco, para onde queria vir, onde queria estar, simplesmente, sempre sobre bases legais, ninguém tem nada contra ela, lá está ela, onde um anseio selvagem a trouxe, não faço ideia do por quê, está sempre lá, mas aqui está ela agora, afinal, e ficamos admirados, não, não é o final, ela ainda é tão jovem, e isso com marido e filha, e nesse meio tempo ela provavelmente nem está mais aqui, tanto faz. Pagaram por ela, e agora está aí e talvez também já tenha ido embora de novo, a perdida, a achada, eu falo para as sombras, eu falo para a água, que por isso cospe em mim, eu sei, eu sei, ela está no bosque sagrado da pátria, que não pode se tornar o nosso, não, não estamos falando dessa mulher, não sabemos mais de quem estamos falando, mas sim, agora sabemos de novo, estamos falando com toda certeza de uma pátria segura, que nós não conseguimos, mas a mulher já conseguiu e já a deixou novamente, simplesmente partiu, talvez sem jamais ter estado aí. Um Deus, fundo na escuridão secreta, não no cárcere, não, lá não, pagou por ela, mas só há um Deus, o nosso não conta, não foi pago, não por nós de todo modo, não por uma pátria, feliz a filha, a sortuda!, que ainda tem a dela, talvez já tenha se mudado de novo, no passaporte o carimbo da nova pátria, pago e carimbado, a sortuda, compraram para ela, a pátria, isso também é trabalho duro!, de todo modo é o trabalho de outros, não importa, o que importa é que é pago, e foi pago. Não fujam de mim! Por que eu deveria, diz a filha, pobres dos que fugiram, que pelo mundo afora se atiram! Terra estranha atravessando, terra natal olvidando, casa materna odiando, bobagem, a esses aí eu não pertenço, com certeza não, se não tivesse tido essa casa materna não estaria aqui agora; e também tenho certeza de que afinal pagaram por mim e pela minha segurança, casa materna? Casa paterna? Florescer sem solo? Objetos que nos fazem objeção? Sem nunca nos fazer jus? Lembranças, colhidas em uma escola, uma sala de ginástica, um centro comunitário, na nave de uma igreja? Singularidade, sem ninguém que a leve em consideração? Nós, sem ninguém que nos leve em consideração, só nos levam cobertores, sacos de dormir e abrigos esportivos? Iéltsin. Um soberano. E é bom assim, e também não a conheço, também não, não, não conheço, nunca ouvi falar, quem será? Amigos abandonando, nenhuma benção, ai!, os segue no seu caminho! Pelo contrário! Não conheço, não posso afirmar nada, mas para mim isso não vale, nenhum Deus impede minha fuga, eu nem sou nenhuma vaca, não sou Europa, não sou Io, nada me impede, uns e outros me fodem, ou não me fodem, podem decidir, foi pago, e aqui estou agora, exatamente onde queria estar. E se não estou enganado, estou sendo ofendido! Não, não sou eu quem diz isso, e ninguém me ofende também.

Vejam, aqui está ela por quem se pagou, aqui está, a nova, ela desceu do céu para a terra, não, desculpem, veio de avião, numa aeronave, sim, da noite escura da sua pátria para a luz do dia da nova pátria, que não pode ser a nossa, mas já é a dela. Nenhuma palavra expulsa de nós a névoa, nós a vemos nitidamente, nítida e clara, essa mulher que desceu à terra com a aeronave, nenhuma palavra nossa expulsa de nós a névoa, toda palavra dela expulsa a todos, só resta o dinheiro, o dinheiro com o qual ela compra, esse fica aí. Mesmo na forma de vaca ainda seria bela, mesmo transformada, transitando dessa forma sobre nossos campos, até como vaca ainda bela, por favor, a qual pasto, a qual pastor você pertence, mulher? Ela diz de bom grado: gerada da terra, mas agora aqui, legitimamente aqui, ela, a cidadania lhe foi agraciada, engraçado! Mas ninguém se importa, a vergonha, que aqui ninguém conhece, sempre cede ao amor, pois foi pago, papo reto, não, arredondado como o valor posto sobre a mesa, e agora está aqui, ela não gostaria de se parecer com uma vaca, e também não é nenhuma vaca, apesar dos flancos macios. Que essa mulher possa cantar conosco, não, não conosco, nós não podemos cantar, clamar ou reclamar, nem mesmo ficar aqui, mas a mulher sim, talvez também pudéssemos cantar, com o corpo sonoro no corpo sonoro dela, talvez pudéssemos, então, vamos experimentar, ensaiar, as massas corporais se empurram como montanhas, a terra treme, as casas desmoronam, os parentes morrem, são enterrados sem instrumentos, só com as mãos e assim voltam à terra, mas essa mulher soa, ela ressoa, a bela seduzida, a quem a terra sucumbiu, ela soa! Soa como que iluminada por centenas de olhos, quero dizer, a outra, as duas filhas de outra terra, ambas claras e por isso mesmo agora aqui, ambas podem confiar em nós, a terra nos assiste vigilante, mas deixa ambas de fora, essas filhas não têm de apresentar nenhum documento, pois têm algo a apresentar, ambas, sim, uma dinheiro, a outra voz, a voz maravilhosa, já está aqui, simplesmente pertence a este lugar, nem dá mais para imaginar ela fora daqui, imaginem só essa voz ressoando em outra terra, o que também faz, mas pertencer só pertence a nós, a filha, vindo veloz com a voz de veludo, pura volúpia, por favor desculpem, isso foi pior que o normal, para mim tanto faz, não tenho que me ouvir mesmo, bom, então ela conseguiu o direito de residência aqui, pode repousar onde quiser, agora entra em toda parte, sim, a outra também, naturalmente. De dia deixamos que ela paste, mas mesmo depois que o sol se põe os vigias não a trancam, não é como nós, as duas filhas podem fazer o que querem, nenhum laço indigno as prende pelo pescoço, de modo que não precisam matar a sede no riacho barrento nem morrer no mar como nós, as queridas, as adoradas!, nenhuma das filhas deve sofrer, devem ficar aqui e devemos deixá-las quietas ou deixá-las cantar, elas que escolhem, já foi pago para elas, pago por uma delas, a outra chega à praia onde a música costuma tocar e ela mesma canta, que maravilhoso, ninguém viu chifres assim, ninguém ouviu uma voz assim!, por favor, aqui, podem sentir se não quiserem ouvir, mas a ela com certeza querem ouvir, garantimos! Ela vocês querem ouvir, alguém se aproxima dela fascinado, mas nós, mas nós, um trem falante para o nada, mas nós, marcas dos pés na poeira, mas não fica nenhum rastro, estamos marcados, marcados na poeira, grudentos de água do mar e combustível, grudados juntos pela estreiteza, soldados juntos pela proximidade excessiva, mas nós, pendurados no pescoço alvo da vaca que suspira, vendo os motoristas corajosos na neve funda, intocada, tudo intocado, tudo mais branco que o branco, mas nós, nós não tocamos ninguém, e ninguém quer nos tocar, então temos que calar, é razoável, pois todos nos negam resposta. A nossa palavra, só suspiros, espremidos do fundo do coração, negam resposta, damos tudo ao porta-voz, damos a ele todas as informações, mas ninguém quer nenhuma, só querem ouvir cantar essa filha e a outra nem precisam ouvir, por ela já foi pago, ah, nós ignorantes!, então. Essa filha canta agora entre vocês, em coro, alegrem-se! Nós nos alegramos por vocês, se não querem se alegrar! Podem ouvir. Magnífico! Aproveitem! Mas nós? Os portões fechados da morte nos estendem da eternidade à miséria eterna. Ouça, curta e clara, ouça a canção, é a nossa, e por isso provavelmente não vão ouvir, e o motivo será: Não podemos nos orgulhar de sermos estrangeiros, enquanto a neta dessa vaca sagrada, ah não, qualquer parentesco já vai servir, só esqueci qual, filha?, arrastada para pastos remotos mas abundantes? E nenhum vigia, sentado, nenhunzinho, observando do topo do monte o que ela está fazendo, o que está tramando, o que está vestindo; mas nós, somos vigiados, somos observados, pois escorregamos por entre os dedos do mar, pois nos enviamos para o endereço errado, onde nunca chegamos, onde teríamos arrumado uma casa, um quarto, que teríamos arrumado e aonde teríamos rumado, estamos sob observação porque amassamos a grama diante da igreja com nossas tralhas, estragamos seu lindo penteado verde, para sempre. Por favor, pelo menos uma vez, só uma vez, prestem atenção em mim, que estou agora mesmo, de verdade, inventando a verdade desse relato, tudo mentira, por um pequeno preço conveniente, e mais não me convém também, acreditem ou não. Naturalmente nisso vocês acreditam. Não tomaríamos vocês por amazonas desintoxicadas dos homens, viciadas no sangue humano, é o que diz alguém que sabe, que já esteve muitas vezes na famosa Babel, um político, ele fala, muitos falam, ele também fala, não sei seu nome, não tomaríamos vocês por mulheres, diz ele, até mesmo porque são homens, também são homens, são o que quer que sejam, se quiserem também são mulheres, se quiserem também são crianças, vinde a mim as criancinhas, habilmente lhes tiramos seu Ser, se gritam pela mamãe nós os afogamos, e colocamos um ursinho no caixão, sim, ainda colocamos um lá! Cinco caixões, cinco ursinhos! Isso deve lhes bastar. Provavelmente nunca tiveram algo assim antes. Nunca tiveram caixões para brincar e nem bichinhos de pelúcia. Nós nos privamos deles e eles de nós, habilmente conseguimos evitar o que nos enviaram. Entrega recusada. Se vocês fossem arqueiros, se simplesmente fossem arqueiros, se essa mulher não fosse a filha do Iéltsin, se fosse uma filha e pronto, qualquer uma, não uma atingida pelo raio ou submersa na água, seria por princípio como nossos parentes, só que diferente, não decapitada como meus primos, é o que quero dizer com isso, uma naturalizada, é assim, é assim, uma cidadã, não uma suplicante por proteção, disso ela não precisa, não precisa de vigilância, não precisa ser perseguida por um pastor em pastos selvagens, já é cidadã, já se tornou cidadã, rapidamente, mas para sempre, a pedido do chefe que no caminho a sequestrou e mexeu os pauzinhos corretos, ele não é nenhum empalador, só mexe os pauzinhos, ele a apanhou, a filha, não a dele, uma filha, não qualquer uma e não a dele, simplesmente: a filha, pois ele quer a empresa automobilística, não a qualquer preço, mas a um certo preço que ele pode pagar. Sua própria empresa, o fornecedor, que de modo algum forneceu ele mesmo, pelo contrário, ela não lhe basta mais, todos querem mais, muitos querem tudo, ele também, sim, ele também, quer tudo, estamos vendo, ele a apanhou e pagou, pois em nenhuma parte é mais viçosa a grama, e ao pastor agrada toda sombra que sobre ele cai, não, isso não lhe agrada, para ele tanto faz, o homem da empresa que agora está sentado e cristalizado, pois sua vida é doce, ele é cândido, não, desculpa, é candidato, uma cereja candidata sobre um bolo enorme que ele mesmo também é e construiu, um homem entre bolos de prédios, dizem, seu apartamento não está realmente na planta, que vaso ia aguentar tanto?, tanto faz, ele está na planta, sim, justo ali, até perdemos o sono, lá está seu apartamento, mas não é nenhuma moradia, afinal ele nunca está lá, seu sono suavemente embalado nunca tem abrigo e cuidado ali, ele não está lá, o homem está em toda parte e em lugar algum, mas lá de todo modo não está, não mais, provavelmente nunca, sobre esse supermercado na planta, lá com certeza não está, nunca foi visto ali, como a filha que deve trazer a empresa nunca foi vista em sua pobre casinha, ela tem uma melhor, é o que me conta um deus, cujos olhos, de entorpecido e entediado, porque sempre acontece a mesma coisa, já estão baixando, sempre o mesmo, sempre o mesmo, embora em outro lugar, é sempre em outro lugar, onde uma outra parte dos olhos vigia, mas não na planta, a planta não tem parte nesse homem, mas ela recebe sua parte, recebe sua partezinha própria, e não a compartilha, pois aqui conosco ele teria que pagar mais, lá menos, perguntem a ele, simplesmente perguntem quem o descobriu, como foi descoberto, ele foi descoberto, mas ninguém se importa, lá onde estamos ninguém se importa com nada. Lá no trem, não, não no nosso pobre trem, no frio, mas lá, no trem bonito, estão muitos, mas lá no apartamento por sua vez não está ninguém, de todo modo esse homem não está, ele deve deixar a terra, pode voltar depois, mas só por um certo tempo, então deve ir embora novamente, também só por um certo tempo, não estamos preocupados pois sabemos que voltará; então ele vem, aqui está, está na TV, está no campo de golfe, está na pista de corrida, correndo, não, mas está lá também, e então foi embora, foi no momento certo, tudo isso deve ser ajustado, justo para ele!, os caras do financeiro querem assim, até mesmo exigem, não importa, dentro, fora, dentro fora, por que não, é bonito quando tem mudança, a justiça é mais importante, mas a mudança também já é importante, uma banda, sim, nossa banda municipal inteira é enriquecida por esse músico incrível, e também é assim em muitos outros âmbitos da vida cotidiana. O homem é rico, e agora também nos enriquece, não, naturalmente não a nós, nem pertencemos a este lugar, não temos direito nem pretensão, nem a suas montanhas, nem aos seus mares, e também não nos querem ver aqui. Ele também poderia fazer outra coisa, esse homem, que apanhou a vaca nas frias montanhas, onde mais eles querem morar, os Deuses, senão no bosque sombrio quando esquenta e nos campos frutíferos quando têm fome, onde então, onde então morar? Ele? Morar? Por favor, aqui ou lá, podem procurar no trem, podem procurar no Canadá, na Rússia, podem procurar em toda parte, ele também estará em toda parte, ele faz tudo isso por nós, bem, não por nós, mas por todos os outros aqui, quer enriquecê-los consigo, para poder se enriquecer, mas não esses, não, não esses que fogem em nossa direção através de desertos inatravessáveis, correntes tranquilas, terras arenosas e mares absurdamente profundos. Mas nós, nós. Nós, sim, nós.

O homem que deve espalhar essas palavras elaboradas, e a quem toda palavra enunciada se espalha como um fogo, ele é tão valioso como concidadão, tão absurdamente valioso, só ele pode imaginar, o que quer que faça vale pelo menos tanto quanto esse chocolate ao leite, tanto quanto um copinho de leite, um bem pequeno, valioso, a questão é para quê e para quem, valioso para todos nós, para a comunidade, toda contribuição é valiosa, e se o homem não foi embora, se está aí, é valioso para nós, em outro lugar é valioso para outros, talvez para si mesmo, quem sabe, por que não, por que não? Não conhecemos nenhum chefe de empresa, não conhecemos ninguém, nem a nós mesmos… quem é que se conhece, quem conhece o caminho? Não basta, nada basta, embora sejamos bastantes e bastante fáceis de contentar, ninguém nos naturaliza, não temos ninguém conosco, ninguém que tenha uma empresa, sequer temos alguém conosco que tivesse uma moradia, sim, sim, talvez isso sim, alguém assim talvez sim, que também quer ter seu papel no ambiente, um momento, ele ainda está buscando esse papel, logo encontra, mas talvez o encontre justo em nós, quem sabe? O empresário tem seu papel no gás natural, digo na naturalização dessa filha de uma vaca, não, de um touro, não, não tem touro nenhum que ambos tivessem encontrado. Ou essa vaca foi criada de qualquer outro modo? Por uma metamorfose? Quem sabe? Só resta espalhar as palavras enunciadas, entregar essa ninfa, se entregar na repartição, para as autoridades, aqui cessamos, como o caminho da vaca interrompido pela água, quando foge… mas por que faria isso? Se já está aqui? Para que fugir? Outrora o broto novo de um útero, agora ela mesma um útero. Vocês! Olá! Vocês fugitivos bem que parecem ter tido parte nessa terra originalmente, ah não, foram outros, agora somos interrogados, e não devemos nos dirigir a outros, desculpem, seriam apenas desculpas, eles interrogam e anseiam por respostas como por oxigênio, pois a resposta não lhes interessa, é como vento que sopra sobre eles, como água que já lhes cobre as cabeças, revoltosa sobre eles, até que voltem a ser descobertos, retirados, torcidos, esticados, nenhum pensamento transmitido por eles, embora existisse um. Agora são coisas, igualadas a outras coisas, reguladas ao vazio, à água, uma luta desigual contra esse elemento, sabendo nadar ou não, eis a questão, e eles questionam: Mas o que lhes fez fugir da casa dos pais? Sim, também nos perguntamos isso. Não são só vocês que nos perguntam isso, nós mesmos já perguntamos, só que para quem? Todos mortos. Agora todos estão mortos, e quando ainda era tempo de perguntar não tínhamos tempo. Agora ainda não temos. Temos tempo, mas mais nada e ninguém. Por favor. Por exemplo, é só um exemplo, nada mais, sequer temos um domicílio-fantasma nesse oásis paradisíaco, nesse paraíso fiscal, sobre o supermercado, onde há muitas pessoas, nenhuma no apartamento, deviam se distribuir melhor! Mas nós nos distribuímos aqui, onde são distribuídas esmolas, não foi assim que imaginamos, mas foi assim que aconteceu. Enquanto um Deus escuta em êxtase a recém-inaugurada arte musical da cantora, que se tornou cidadã, mas já era cantora antes, ela tem uma sorte, o quê?!, nossos suaves sussurros não alcançam seus ouvidos, naturalmente, nossas queixas ciciantes não alcançam sua escrivaninha, e também como poderiam, como é que poderiam? Pois não sentamos diante do fogo em nosso próprio palácio, que era uma barraca, que era uma casa muito engraçada, sequer era pequena, era qualquer coisa, tanto faz, isso não conta aqui, de todo modo não sentamos mais lá onde estávamos, por isso toda a cidade conjuntamente nos põe a culpa por tudo.

A água é que leva a culpa, graças a Deus, culpa, obrigado por me pagar mais do que juros, por me pagar com seu capital, com pessoas que apareceram aqui como modos de pagamento de si mesmos, eu os meto nos bolsos, você não tem mais desses? Ou já teve o bastante deles? Essa pergunta se apresenta a mim, e assim me ponho a caminho, no caminho que me segue, à querida água, ou é o contrário? Sou eu que sigo um curso? Bem que poderia ser, tantos me perfazem e se desfazem e então se extinguem. Acabo com eles e acabou. Eles passam por mim e saem e seguem. A cidade leva a culpa, graças a Deus, querida culpa, eu sou a cidade, que bom que você existe e que bom que posso te levar. Nada se pode tirar disso, nenhuma corrente elétrica e nenhum fio telefônico e nenhum cabo de fibra óptica. Simplesmente não se pode tirar nada disso nem pôr nada nisso e ninguém se dispõe a ser posto nesse caminho, ninguém se dispõe a se deixar guiar. Eu também poderia dizer algo totalmente diferente. Essa mulher se naturalizou há muito tempo, sim, já dissemos isso, e sim, aquela lá também, pois a aproximação com a arte musical deve ser trazida ao povo e deve ficar, sim, também já disse, a quem interessar possa. Transcorrida essa disputa conforme os costumes nacionais, ou seja, sem disputa alguma, ela foi mesmo naturalizada, a outra também e pronto, nós não, isso é certo. Ela se naturalizou, foi naturalizada mediante uma quantia, a outra mediante cantoria, a primeira mediante pagamento e amortização de uma determinada soma, a outra mediante pagamento com bens imóveis e uma abençoada voz. Ela se naturalizou e pagou, a mulher, a filha, não me recordo seu nome de donzela, digo, de solteira, donzela já não sei, acho que nunca soube, o nome, não, soube sim, antes o escrevi aqui, mas não estou mais achando, o lindo nome, tanto faz, agora ela está aí e também pode ficar, o tempo que quiser, embora nem esteja mais aí pode ficar, com passaporte e carimbo, sem afundar diante dos nossos olhos, pode ficar de pé, imóvel, pois nunca moveu ação contra esse país. Nunca mesmo. Não é como nós, nós nos movemos, temos nossos motivos, nossas razões, mas não de direito. Onde começa o direito, acaba a razão, toda razão, trata-se do direito racional à propriedade, e a linha demarcatória é exatamente aqui. Exato! Fiéis ao direito julgai agora sobre mim, sobre a justa proteção dos Deuses, aqui, bem como a dos homens, que podem se ajustar a isso. Nós não. Julgai-nos. Não podemos fazer nada. Não se pode fazer nada. Mas a filha, a filha do Iéltsin, pelo que sabemos, ela, o nome dela está aí, infelizmente esquecemos, ela também estava aí agora há pouco, por pouco tempo, até conseguir o passaporte e um pouco de passatempo, também podem ler em outros lugares o nome dela, se quiserem, cansei de procurar, outros estão me procurando, sim, aqueles de quem se compra o direito de ficar, digo, o direito constitucional, o empresário compra, sim, ele que agora quer se tornar algo, não sabemos bem o quê, mas logo se saberá, você, empresário, você, chanceler?, pode ser, por nós, não temos nada a dizer mesmo, mas sim, seu nome também, Iéltsin, não, excepcionalmente não, você, e é sim, é agora e será no futuro, sim, eu o conheço, você produz som e fúria, mas custa muito, afinal: A produção é difícil e complicada, a venda ainda mais cara, e essa carra, esse carro, essa cantora, de todo modo não vai conseguir, perdão, às vezes me deixo levar, mas a vaca fica, provisoriamente ela fica: Você não quer cuidar do nosso caso? Sim, cuide de nós! Faça um seguro! Traga seus seguranças, se assegure de que tenhamos um sentimento de felicidade, tanta felicidade quanto tem a filha na casa vazia no leste, ela cumpre seu período de espera pela candidatura em outro lugar, mais cândida ou mais dura, ela não é burra, espera onde seria de se esperar, na sala de espera, mas lá onde é mais bonito. Essa é sua circunstância específica em relação à naturalização, sempre lá onde é mais bonito, e se o apartamento na Suíça for pequeno demais, vazio demais, perto demais do supermercado, então não vamos morar ali, mas é claro. E também: por quê?

Você, senhor, senhor na Suíça, no Canadá, na Áustria, senhor das peças de reposição, senhor de toda parte, digo, de todas as partes que fazem parte, já que o todo você infelizmente não conseguiu, não podemos fazer nada se não pôde metamorfosear a moça em uma vaca, é, transformar as peças de reposição, as partes todas, à parte, no carro todo, todas as vítimas pela fábrica, de graça, digo, inutilmente, o inútil é nosso fado, infelizmente, pois a cogestão, a participação não significa apenas que você pode ter voz nas eleições, melhor não ter nenhuma, então nem é preciso ir votar, pois a democracia de todo modo é muito mais do que isso, você já reconheceu isso no seu partido, nós não reconhecemos nada mas tanto faz, de todo modo não podemos votar, sequer podemos escolher onde colocar nossas camas, você, senhor fracassado comprador de carros, digo, senhor da compra fracassada da fábrica de carros, você não conseguiu, não deu para comprar a fábrica apesar de todos os sacrifícios, nenhum deles foi presente, só um, um presente para a filha do Iéltsin, um belo presente, e afinal você é nosso senhor, embora não nos dê nada, você não nos dá nada, não como Jesus, mas sim nosso senhor, de todo modo de um certo modo, sobre o qual não podemos cantar, mas essa mulher sim, pode. Ouça rápido essa que está lá acenando, que acena para tudo, assinando embaixo, também ao tirano, também ao encaixe, ali onde o pescoço faz fronteira com a cabeça, lá se produzem seus sons, seu canto maravilhoso, e nós, sangrando, somos lançados do penhasco, de veneração ao ouvir aquilo, abaixo a gente, para baixo do penhasco, precipício pintado de vermelho, até que estejamos lá embaixo na água. Você, senhor da casa vazia, do castelo em algum outro lugar, aquele que parece um bolo de casamento, onde mora toda essa doçura: Seja justo conosco, como foi com essa filha, que agora é conterrânea nesta terra graças a uma decisão-relâmpago, você senhor de tudo, que cuidou dessa decisão pelo interesse especial da terra, que corresponde perfeitamente ao seu interesse. A terra é você, não, aí não, a terra permite que você introduza a qualquer momento suas ideias, mas só você, não só você, mas você também, sobretudo você, nós não temos essa permissão, não somos nada e nada nos é permitido, embora gostaríamos de participar, é melhor que assistir, não é verdade, para que a justiça também parta de nós, para que a justiça também parta do povo, que então também seremos, mas a justiça não faz parte, e se ela parte não volta mais, está bem lá, à parte, ela se espalha, mas não podemos nos juntar a ela, nem nos deixam entrar lá, não é justo, apesar de a justiça também partir de nós, pelo menos poderia partir se tivesse um tempo livre para passatempo e tivéssemos nosso passaporte há tempos sonhado, nosso passe, ó lá, o Alaba deu o passe, ou preparou o passe?, de todo modo agora já passou, estou falando do passe, da passagem, já se fechou, se foi, não dá mais para pegar, o Senhor Alaba está lá abafando, em Munique, mas a justiça bem que poderia partir de nós, de mim, por mim, de nós, se pertencêssemos a esse povo dos sonhos, que faz os passes dos sonhos, desses que desejamos tanto mas não conseguimos, mas você, senhor, senhor, você senhor você, você também não conseguiu a fábrica, não, não conseguiu, você queria ela com o banco russo, era para ele ter conseguido ela para você, nas profundezas sombrias do sono você ainda ganha dinheiro, mesmo quando não faz nada você ganha dinheiro, mas naturalmente não está certo, você tem que ralar por ele, também faríamos isso, mas não nos deixam. Essa filha de Zeus, não, do Czar, você lhe conseguiu abrigo e depois cidadania, você quis comprar mesmo assim, a gente nem pode comprar um pão sírio, também não precisamos, ganhamos de presente, ganhamos comida de presente, doações boas mesmo se não estão boas, mesmo se estão estragadas, e naturalmente isso perturba os cidadãos, que recebamos comida estragada, claro que não devíamos receber nada, mas você, senhor, já estragaram e perturbaram seus planos de criar, você não pôde criar pois não é nenhum criador, não, não foi por isso, não pôde criar porque aquela que te criou, a mamãe, a mãe querida, a empresa-mãe, a matriz, a General Motors, a general dos motores, a de mais alta patente entre todos os motores militares do mundo, bem, quase, ela não permitiu, ó senhor, está vendo como é e como pode vir a ser, mesmo que a filha agora seja cidadã, você pagou mas não recebeu nada por isso, ah não, você jamais faria algo assim, você não investe em coisas incertas, só em negócios inegáveis, só investe com toda sua ira lá onde vale a pena, a filha talvez também tenha pago algo, não sabemos, não podemos saber, entre as faíscas das suas pedras ela já terá pago, todos pagam, todos que podem, todos pagam por tudo o que podem receber, mas nós não pagamos e nem somos meios de pagamento, ó senhor, você, meio de enriquecimento de tantos, por favor também pague por nós, seja o Estado, conduza-o, pague por nós, mas não, você não faz isso, você consegue realizar uma naturalização-relâmpago mas não consegue a fábrica, vê, senhor, para isso trouxemos sacrifícios, para que você não a consiga, não faz sentido nenhum, sabemos, afinal já dissemos pelo menos três vezes até agora, mas mesmo assim não é justo. O ferrão da loucura entra fundo em nosso peito, ai, isso nos lança novamente selvagens pelas terras desse mundo. Nada é justo, Estado, pelo menos você é justo?, aqui, em nós você teria um objeto para tanto, em nós você teria, você pode praticar a justiça, por favor, a qualquer momento, estamos prontos, muito obrigado, então talvez em algum momento já esteja craque e não precise mais praticar, mas ainda não está e também não quer praticar. Estado todo-poderoso, seja também todo-justo, o quê, um pouco justo já basta, todo-justo seria ainda melhor, pois então seria justo para todos nós, obediente e fiel, querido Estado no qual queremos entrar, abrigo nosso que ainda serás! Por favor nos ajudem!

Não traiam a nós, fugitivos, por favor, por favor não!, assim, sim, assim como você não traiu a fugitiva, a filha, com dinheiro não traiu, sobretudo não traiu o quanto, não revelou, como ela estava lá, o joelho dobrado e o pescoço torcido para trás, mas comprou, com quanto?, você não diz!, queria comprar com o banco a empresa de carro, a fábrica, a melhor de todas, a maior que há, acredite, bem, quase, mas de todo modo bem grande, a querida gigante GM olha de longe sobre você com boa vontade, mas vir aqui ela não quer, diferente de nós que adoraríamos vir, e então ela te deixa cair, a maior, muito maior que você, sempre tem alguém maior, vê, conosco também é assim, só não nos olham com boa vontade, nem nos olham de modo algum, não querem nos ver, não querem ver o pasto com que nos alimentam, os sofás gastos doados, não, também não são sacos de palha, sobre os quais descansamos, não querem ver tudo isso, não querem ver nada, como nos preparamos para participar na democracia, se apenas pudéssemos ver essa democracia, pelo menos dar uma olhada!, ombros e mãos murchos, nossas mãos estão secas de não fazer nada, uma democracia, seus cascos correndo sobre nós e indo embora, mas mesmo assim estaria bem pois saberíamos o que nos aguarda e para que devemos nos preparar, ó senhor, senhor das peças de reposição, pois o todo você não conseguiu embora tenha lhe custado um tanto, junto com a cidadã, a vaca, nada da vaca restou nela agora, só a forma branca em algum lugar, não faço ideia, ó senhor, então não traia a nós, fugitivos, assim como não traiu a fugitiva, a ninfa, agora novamente contente e naturalizada, é natural que gostemos de belas mulheres, também dessa ninfa com pés emergentes, a naturalizada, ela hesita em falar, não a vemos, quem sabe onde estará, cidadã desta terra, mas não sabemos onde aparece e qual sua aparência no momento, seu berreiro bovino ainda não ressoou até nós, mas nós, mas nós, calando por medo as nossas palavras, não nos traiam, nós fugitivos que só estamos fugazmente nesta terra, para nós não se precisa desembolsar muito, também não permanecemos muito, prometemos, embora naturalmente queiramos, nós expulsos, por favor desembolsem também por nós, como outrora desembolsaram por essa vaca, sua fala desengonçada, mas não sua fortuna, por favor desembolsem, não só pela bosta de vaca, por favor paguem o preço também por nós, não é nada para vocês, comparado à fábrica, nem vou falar da sua mamãe, a empresa estadunidense, seria cara demais até para vocês, não podem comprar, mas a nós sim, como compraram o direito de estadia e a cidadania para a vaca, em um curtíssimo prazo, sempre tentando novamente, ó benevolentes, não, funcionou de primeira, tudo sempre rola de primeira quando se paga, assim se traz a deusa para o povo. Mas comparados com a filha, com a filial, tanto faz, senhor, tanto faz, comparados a elas somos baratos, e talvez ainda consigam um desconto massivo, ai conseguimos trazer a massa, ainda estão vindo mais, centenas de milhares estão vindo, já estão todos aí, chegaram, mesmo que ainda não estejam aqui, mas podem vir, talvez venham todos, é o desejado, pelo menos por eles, por favor venham todos, por favor, venham para cá, vinde a mim as criancinhas!, centenas de milhares, venham por favor!, se necessário ali no mar, lá ainda tem lugar, bastante, muitos ainda podem entrar, vinde a mim as criancinhas, diz o mar, que já é bem grande, venham à vontade, um grande encontro, embora não venha ao encontro da vontade dos grandes. A vinda mede o espaço para o encontro, e lá eles se encontram, agora ficam parados, as coisas como coladas todas juntas, como uma coisa toda grudada, um único bloco humano na água, já compramos a cunha grossa para ele; no momento ainda estão vindo, eles vêm em bandos claros, não, escuros, vêm em marcha, não, em massa, o medo ainda os refreia, mas para o futuro não podemos garantir, pois eles vêm, pois aqui há tudo, aqui está, aqui dá, aqui tudo se baseia na participação, tudo vive de falar junto, fazer junto, formar junto, decidir junto e se responsabilizar junto. E para isso muitos são mais que poucos, muitos são muito mais que poucos, isso é bem óbvio. Pois bem, nos EUA decidiram que você não vai conseguir comprar a empresa, ó senhor, embora quisesse, você já empreendeu muito por isso, embora a quisesse, quisesse a fábrica, quisesse tanto, tanto, erguendo o rosto ao céu em oração, mexendo os seus pauzinhos, mexendo na panela com os pauzinhos onde cozinha agora a sua raiva, o senhor, dai-nos borracha, dai-nos carros, sou o senhor certo para isso, assim você falou, compreendemos bem, e você ainda tem uma compreensão fundamental para o mundo automotivo, já nós só para o mundo autoritário, sem motivo, você, senhor, para o mundo automotivo, você que estabelece os fundamentos, que queria ter instalado a pedra fundamental para uma nova fábrica automotiva: De todo modo a vida não é só poder lucrar, só o lucro não bastaria, há muitas fábricas, ainda mais de carro, ainda mais essas, agora estão sendo fechadas, estão acabando, mas não queremos ser fechados, não queremos ser presos e acabados, queremos nos confrontar com antecedentes e conjunturas, antes que sejamos confrontados conjuntamente, porque falamos, porque tagarelamos durante a aula. Não ficamos quietos embora devêssemos, isso aqui é uma igreja!, afinal podemos pelo menos apontar problemas e soluções, não, não podemos, pois ainda não pertencemos a este lugar, e nunca vamos pertencer, já entendemos, embora já tenhamos formado uma opinião. Mas quem é que quer ouvir, e afinal a que é que ela se parece? Embora não tenhamos juízos prévios, vocês acham que queremos prejudicar vocês, por isso nos julgam, por isso somos levados a juízo, muitas vezes, o tempo todo, inesperadamente a maior parte das vezes, somos levados como animais, escorraçados como selvagens pelos caminhos do país que não é o nosso. Mas diz aqui, sim, diz bem aqui!, que devemos nos expressar sem preconceitos, ah bem, sem juízos prévios, não sem prejuízo, que somos alguém, que seríamos alguém que tem uma opinião e a expressa, expressa expressamente, não devemos ter receio de nos expressar, os soluços, as lágrimas, a melancolia aborrecida, isso devemos deixar em casa, agora devemos nos expressar livre e abertamente, pois com uma atitude aberta é mais fácil aprender a entender, e isso significa possibilitar a democracia, mas não significa possibilitar que você compre a fábrica, senhor, nem mesmo com o banco russo, nem mesmo com o BNDES, nem mesmo com a poupança, que poupa nosso dinheiro, aquele que não temos, mas não o dele, não o do banco, esse não é poupado, nem mesmo se tivermos uma poupança russa vizinha que graças a vocês e com a ajuda de vocês foi instantaneamente naturalizada, sim, a cantora maravilhosa, a bela, sim, ela também, que de fato canta maravilhosamente, que nem veludo, ela mereceu de fato, quem se não ela, mesmo para o futuro, ela mereceu para sempre e recebeu também, ah se pudéssemos deitar ali um instantinho, não, não sobre ela, não sob ela, o que é que estão pensando, só teria que ser um pouco macio, por uma hora, pela qual pudéssemos nos acamar até a hora em que talvez conseguíssemos uma cama. Nós aguardamos, sempre só aguardamos, nossa vida é aguardar, incontáveis carros também têm que ser guardados, aguardando a manutenção, desculpa, mas isso encaixa aqui, não?, aguardamos ajuizadamente pela avaliação judicial, nos mostramos de modo prejudicial, é o que dizem, sempre nos dizem, agora dizemos nós mesmos, pois nos foi dito. Se não ouvíssemos o lado errado já tinha acabado a cota de punição para nós coitados, mas não acreditamos nisso, já calamos tantas vezes, e o que aconteceu?, nada aconteceu, ouvimos o lado errado mas não vemos mais esse lado, então também não podemos mudar de lado, querem saber qual é o lado errado, desculpe, senhor, talvez vocês sejam o lado errado, que alguém quer julgar? Não, não podem ser vocês, o senhor é tudo, está em todos os lados, em toda parte, acima de todos, pode ser interpelado a qualquer momento, e também ali nos mostrará o senhor e se apropriará interessada e criticamente de algo, diz aqui, podem ler também!, depois que já tiver se apropriado de tudo, o senhor, também pode se apropriar da arte e da cultura, a quem interessar possa. A ele não. Ele seria o último. Ao senhor não interessam arte e cultura, mesmo se diz que sim. É assim. O círculo dos olhos se estreita, os pés não se erguem mais, o berro não ressoa mais, se a arte ressoasse seria inútil, não se ouviria mais nada nem ninguém. Se de medo a palavra se cala, tentamos mais uma vez, simplesmente. Você, senhor, está aberto ao novo, ao estranho, ao estrangeiro? Não, não está. Mas nós devemos estar, senhor, lá vem, você não é presidente, mas sinceramente lhe dizemos: Pergunte o que você pode fazer pelos outros, não o que os outros podem fazer por você! Diz aqui. Não foi suficiente? Talvez. Mas diz aqui. As palavras nos faltam. Também não precisamos delas, pois está respondido, respondeu-se a si e por si, já foi respondido sem interrogatório nem julgamento, é evidente, de verdade: você naturalizou a princesa-presidente da Rússia, e os outros devem fazer qualquer coisa por isso, não faço ideia do quê, mas os outros estão nos EUA, e não fizeram absolutamente nada por você. Você abraçou e carregou para cá a presi-princesa, cuja presença aqui ainda jamais ouvimos, conseguiu trazê-la, ela ainda hesita em falar, não diz nada, não mora aqui onde deveria morar, só alugou aquele lugar, para isso não teve que aparecer, não está aí, não está nem aí, nunca esteve aí e agora foi embora de todo modo. Ninguém a viu. Se alguém a viu deve se reportar às autoridades imediatamente.

Mas nós, nós poderíamos fazer algo, até gostaríamos de fazer algo, mas talvez fosse a coisa errada, mas faríamos algo pois não poderíamos impedir a fuga dessa jovem, que nesse meio tempo com certeza já está bem longe. Então. Tudo começa com o sol e com a chuva, mas sem casamento de viúva, seria uma bela festa, mas não nos é permitido festejar, não podemos nos agitar de modo algum, justo nós que gostaríamos tanto não podemos nos agitar, nossas viúvas não podem fazer festa, e essa chuva daquela vez, essa água de séculos, foi a prova de que não podíamos fazer nada, de que chuva e sol não casam nenhum espanhol, tanto faz se fazemos algo ou não, então continuamos falando, mas não alcançamos ninguém: alerta de catástrofes, corpo de bombeiros, forças armadas, auxílio da vizinhança, sim, diz aqui, tudo vai se encaminhando, tudo vai de vento em popa, tudo se agita, tudo se move, para impedir as inundações, sim, também as inundações de gente como nós, logo inundaríamos vocês se nos deixassem, mas enxugaríamos as inundações também, se necessário com nossos cabelos, e também arranjamos umas galochas, é sério, se a água descer do éter para a terra desligaremos seu motor e a pararemos, vocês têm razão, tudo, tudo se vai, para impedir inundações e impedir algo ainda pior, nos impedir, impedir que pessoas, trens de pessoas alaguem vocês, um verdadeiro, não, um falso mar, um mar sobre o mar, um mar no mar, onde têm fim, onde finalmente têm fim, e já são alguns poucos que estão aí, por isso sempre vêm mais, em trens varando o país, em barcos vários e já avariados na água, eles vêm, e isso deve ser impedido, compreendemos, pessoas como nós devem ser dobradas, não, dominadas, desculpem, domadas é o que devem ser, essas selvagens, para que não inundemos vocês, não, não, isso não pode ser, isso mostra como é importante a ajuda e a colaboração solidária contra nós, sobretudo nas crises, sim, também no dia a dia, sim, mas sobretudo nas crises, aí nós enchentes humanas precisamos ser impedidas, aí vocês são solidários com vocês mesmos, têm que ser, com quem mais seriam, em primeiro lugar com vocês mesmos, sim, e aí colaboram e se ajudam entre a vizinhança, para que não submerjamos vocês como a água, aí são solidários, prontidão total para o que der e vier, naturalmente, nem precisa dizer, pois ela não é mais natural, não vem da natureza, sim, e eis aí essa prontidão, bravo!, pois vocês sempre estão de prontidão quando se trata de nos represar, nos trancar e finalmente nos finalizar e nos afastar de avião, aquele que balança tanto porque a boca nos foi ameaçada, digo, amordaçada, e então sufoca, simplesmente, aquele um, o outro com certeza também. É assim quando não se pode respirar, é bem simples, na água também não se pode, qualquer um entende isso. Aí vocês têm que ser solidários e estar de prontidão, sempre prontos para lutar por vocês mesmos, e se ainda houver lugar, se ainda houver força e energia em vocês, vocês barras de ferro, vocês barras de cereais nutritivos, vocês mesmos se nutrem, só não vemos de quem ou de quê, se ainda houver alguma força disponível em vocês, então ajudem-se mutuamente a nos escorraçar, é importante para a paz social de vocês e para a coesão da sua sociedade. Também compreendemos isso. Nós sacamos. Vocês já sacaram faz tempo. Agora nós também sacamos. Isso pressupõe prontidão para a ação, e isso vocês têm. Nem precisamos ficar falando sobre isso. E também, quem ouviria? Nem mesmo as águas dos pântanos estígios nos ouviriam, e elas ouvem a todos, a qualquer um que queira entrar, e então o seguram firme lá dentro. Entre vocês: pelo contrário, vocês cospem todos fora. A vaca também deve prestar atenção para não pisar dentro do pântano, com esses sapatos ela não vai muito longe. Mas nem assim suas curvas se tornarão nem um pouco mais humanas, é o que diz aqui, diz aqui nessa revista.

Nós somos muitos mesmo, mas ao mesmo tempo poucos, somos o líquido que mais tarde escorre para fora dos caminhões frigoríficos, quando finalmente congelamos e então derretemos de novo, arrastados, lavados, não, isso não, mas lançados na estrada entre belas construções da cultura de vocês, cada vez mais altas, cada vez mais longe, servindo para proteger do barulho, não para nossa proteção, isso não teria sido necessário, erguer construções que não vemos, mas que pena, esse veículo tem paredes por todos os lados, não dá para olhar para fora, não se vê nada, nadinha, e mesmo assim somos tantos, e mesmo assim também não somos vistos por nossa vez, as pessoas se esforçam por um esforço, mas não por nós, pois sim, diz aqui, está escrito aqui, nesse livro sagrado está escrito, eu sou Deus, seu senhor, não, eu sou o seu Deus, seu senhor, não, também não, você deveria acreditar em um Deus, pois bem, mas em qual? Tem um aí que nos tem nas mãos, que tem nosso caso nas mãos e também causa nossa queda. Um. Bom. Mas nós, nós temos que nos dividir, temos que dividir o senhor entre muitos, pois muitos querem ser nossos senhores e nos expulsar, querem nos mostrar o senhor, de fato ainda nunca o vimos, também não podemos ver, como vamos reconhecê-lo?, esse veículo não tem nenhuma janela dos lados, não, tantos querem mostrá-lo para nós, esse senhor e sim, aquele lá também!, mas é que só tem um, só esse um senhor, e é ele que sempre querem nos mostrar. Como é que ele vai ser suficiente para todos? O que é que ele está dizendo? Entenderam o que ele acabou de dizer? Eu sou o início e o zé-fini, o céu e a terra, perdão, naturalmente a água também!, isso ainda é necessário, precisamos disso para o túmulo aquático, é assim que também gostam de chamar aqueles que estão a caminho na estrada, rumo ao afogamento, nós conseguimos!, agora até conseguimos ainda melhor. Pois nosso belo mar, ao qual tínhamos nos confiado de tal modo, agora se foi, mare nostrum, agora já foi e acabou.

O novo mar de fato ainda não chegou, mas sem medo, logo vem Tritão resolver isso, logo logo, por favor aguardem!, agora sim, quem quer que seja logo estará aí ou até já chegou, muito bem, ouçam: antes ajudar, depois julgar, ajudado – julgado, está claro?, agora primeiro julgar, pois a ajuda é algo supérfluo, isso é novo. As pessoas já estão no fluxo e lá são dissolvidas, sim, somos dissolvidos como sopas de saquinho, e o melhor é que não temos mais que nos preocupar, fomos dissolvidos e resolvidos, não somos mais nenhum enigma para esses que nos recebem, mas nada nos cedem, eles já nos conhecem antes de sermos apresentados, mesmo assim vão nos julgar, por isso mesmo vão nos julgar, rápido como fast-food, e então vão nos soltar na água, e quem não se soltar do barco a tempo eles vão soltar e solucionar, somos café solúvel, finalmente então estamos resolvidos e removidos da velha pátria sem sermos absolvidos e absorvidos, absolutamente sem valor para ninguém, nem para nós; somos dissolvidos, mas ninguém quer nos sorver, nem seria bom, os países não engolem mais isso, ninguém aguenta mais. Mais de nós não dá. Salgado demais! Intragável. Devemos ser solúveis em água, mas por quê?, beber a água conosco dentro, uma bela ideia, com certeza ninguém teve essa ainda. Primeiro julgar, então não ajudar mais, isso lhes poupa muito dinheiro, como não tiveram essa ideia antes?! Já podiam ter feito isso desde sempre! Simplesmente nos dissolver. Teríamos que saber que vocês assim iam se safar de um jeito muito mais barato, mas aí não íamos nos safar mais. Poderíamos ter lhes poupado muito. Faz tempo que poderíamos. Bem. Assim não vão mais ter que perder mais tempo com nossa triagem e colheita de dados, se já nos dizimaram antes, e o mar colhe o resto, que nunca encolhe, é cada vez maior, o mar acolhe tudo e todos, o mar não se queixa, sempre colhe todos e qualquer um, e o Tritão nos espeta com seu garfo, como frutas enlatadas. Não temos que fazer isso nós mesmos, o mar faz por nós, Tritão vai ajudar, com seu tridente, ele nos será útil, o mensageiro do mar, messenger of the sea, mas ele não nos entrega nada, não somos sequer cracas no seu rabo, somos entregues. Os correios é que entregam algo para todos, então o Tritão escarafuncha na água e então nos tem, alguma hora nos apanha a todos! E ele mesmo nos leva, nos leva embora, nos esmaga na água, sai pingando espuma do tridente, lavou tá novo. Próximo por favor. Nós nos barcos lançados ao mar, é muito pouco, ele nem percebe, o Deus, vapt-vupt, pisa, limpa e foi! E vai o correio. Sem mais quem, onde, por que, quantos, mas sim a rápida dissolução no mar, a resolução de todos os problemas para todos. Não vamos deixá-los, já fizemos o despacho na água, tudo certo, tutti buona gente, não vão mais precisar investigar nossas vidas, isso acabou, nossa vida já vai acabar, para quem faz falta? No máximo para nós, e não vamos ter oportunidade para tanto, não poderemos nos enlutar por nós, já teremos desaparecido, talvez não sem deixar rastros, mas mesmo assim desaparecidos na água, como rastro, sem rastro, espuma, escória, com, sem, tanto faz. Partir dói, mas tem de ser assim. Não vão mais nos ajudar, vão logo nos julgar e nos tirar da mesa antes que possam nos olhar e mandar embora de novo. E eles, eles ainda estarão aí, primeiro julgar, depois não ajudar, exatamente!, assim é que é bom, então talvez os deixemos em paz finalmente, foi isso que pensaram, ou não também, tanto faz, seremos menos do que somos agora, seremos cada vez menos, viremos sempre e seremos dizimados, seremos menos do que éramos antes, não seremos nada, é isso mesmo que eles queriam e que agora nos é dado. Paz. Finalmente vamos dar-lhes um tempo e descansar e ficar em paz.

Ter paz é mais importante que fazer, essa é nossa opinião pessoal, pois senão o feito será desfeito de novo em pedaços, também já aconteceu conosco, aconteceu conosco frequentemente nos países dos quais viemos, onde nos matam, porque quem faz pode também desfazer, todos devem fazer sozinhos sua sujeira e limpá-la sozinhos, é lógico, isso até nós entendemos, que tenhamos que ser jogados fora na limpeza, já que nós mesmos nos trouxemos, acusando a dureza de nossos senhores, um pouco arrastados, é, talvez, arrastados para cá até que qualquer coisa nos carregue de volta, uma outra enchente que então nós mesmos nos tornaríamos, e muitas vezes até nos esfriamos bem para chegar fresquinhos e prontos para o consumo. Alguns nem se levantaram mais, e também para quê. Mas o Estado protege todos os direitos, todos, de todos, de todo modo não os nossos. O Estado faz um regulamento legal, mas essa regra não vale para nós, nós não pertencemos a ele, a esse valioso Estado, a que viemos por acaso, mas nada se aplica ao nosso caso, todos implicam conosco, mas nada se aplica ao nosso caso. A mão pública que protege e provê, nós a mordemos, quer dizer, morderíamos se jamais conseguíssemos vê-la, se vocês contribuíssem com a nossa saúde, caso conseguíssemos alguma comida mofada, estragada, apodrecida, nesse pasto, nessa porra, nessa porra desse pasto, mas por favor nos desculpem, estamos em uma igreja aqui, não, agora não estamos mais, estávamos, lá também quase congelamos, como no caminhão frigorífico, mas não profanamos o senhor de vocês, e não o prejudicamos, não prejudicamos o sistema de saúde de vocês, não prejudicamos ninguém e nem conseguimos nada, talvez tenhamos danificado um gramado, mas não prejudicamos a mão pública de vocês, só pegamos o que nos ofereceram: lixo, lixo, lixo, mas o recebemos de bom grado, pois é, meio de bom grado, afinal veio de vocês, reclamamos mas pegamos o lixo, afinal nada mais nos foi oferecido, e congelamos quando o vento passou suspirando pelos canos, não sem semelhança com os lamentos sussurrados, mas sem calor. Vamos começar de novo do começo, não tem sentido vocês gritarem não!, começamos de novo e de todo modo não chegaremos a lugar algum: deve existir coesão e cooperação da base até o chefe de Estado, deve existir, aqui diz, aqui existe, vocês insistem, por nós tudo isso pode existir sem problemas, é o que faz desta terra uma exceção, esta república excelente, excepcional, é uma terra excelente. A água: também excelente! Mas não temos tanto dela para poder deixar tanta gente entrar, um número tão grande não vai dar, se fazem tanta questão de partir vão ter que ir para outro lugar. Mas nós, mas nós, mal tendo embarcado na razão já expulsos de novo para debaixo d'água, expulsos como animais, um atrás do outro, mas nossos senhores não querem ir atrás de nós, nem os conhecemos, não sabemos quem neste momento é nosso senhor, tanto faz, mas nós, nós não pertencemos a este lugar, pois não pertencemos a ninguém, não pertencemos à comunidade, não podemos contribuir, somos responsáveis por nós mesmos, ai. Não somos responsáveis nem por esse extintor de incêndio, ele também nem está aí, o que podemos fazer, se pegarmos fogo não poderemos extinguir nada, ele já foi experimentado tantas vezes que não se pode mais fazer nada, também somos mesmo irresponsáveis, pois não achamos outra pessoa para isso, vocês não acham ninguém irresponsável, também não acham nenhum responsável que se responsabilize de modo que acreditem; teríamos nos alegrado tanto, teríamos nos alegrado como um Deus com a arte musical recém-inventada ou com o recém-inventado rapto de mulheres, teríamos nos alegrado loucamente, todo dia damos a nossa contribuição, feita da nossa própria carne, por sorte não daquela que recebemos, sabemos que vocês não querem nos arrancar nada, pois não dá para tirar leite de pedra, nem o rei Artur vai conseguir tirar nada dessa pedra, sim, nem o senhor presidente de vocês, não vai conseguir nada, mas em compensação todos sempre conseguem algo, todos menos nós, somos muitos mas valemos pouco, contamos pouco e não pagamos a conta, isso nos deixa sem credibilidade, sem crédito, mas vocês, vocês podem pagar, provaram isso no caso daquela que fugiu de vergonha, ímpia, uma vaca, não, isso não pode ser agora, dane-se, ela fugiu, simplesmente fugiu de algo, essa russa, que não conseguiu trazer carro nem banco, nem um nem outro, o banco não trouxe os carros, nem o contrário, claro que os carros não podem ficar fugindo de vocês, eles vão aonde vocês quiserem, é o que a empresa quer também, mas aí ela já era cidadã, não a empresa, não, a vaca sagrada, agradável, se tornou cidadã graças à colaboração desse senhor, juro, agora é concidadã de vocês, de todo modo teria vindo, este Estado a toca suavemente nos olhos lânguidos com seu bastão mágico e ela já é uma de vocês, está pronta para a operação, a cooperação com vocês, se preciso aqui mesmo nesta igreja, exato, exatamente como a cantora maravilhosa, com seu cabelo maravilhoso e sua voz maravilhosa, sempre com o vestido majestoso, com as joias caras, sim, essa é uma que não precisou nos dar o tom, pois já tem o dom, o da voz. Ela não tem que dar para ninguém para conseguir um visto provisório, uma permissão para trabalhar, ninguém tem que dar para ela nenhuma permissão, mas sim implorar para ela, implorar de joelhos, pois ela tem o dom dessa voz única de soprano, que vocês buscaram por tanto tempo, claro que era a única, não, o que é que estão pensando!, não vão encontrar algo assim na bolsa. Nada pode deter de repente essa voz, nenhuma anestesia, ouve-se de todo modo, ela só fica mais forte com isso. Ninguém tem mais voz, ninguém mais tem voz, além dela não existe nenhuma outra voz, e nós também não temos voz aqui. Nenhuminha, nem uma voz fraquinha. Talvez tivéssemos tido uma voz, mas agora se foi, quase já tivemos mas isso ninguém sabe, e por isso não nos dão mais nenhuma, nenhuma segunda voz além da que já temos. Nenhum voto, nenhuma voz. Nenhum de nós, nenhum do nosso bando possui mais o que quer que ele também possua. Ninguém tem essa voz, e nem nenhuma, nem mesmo uma. Bem que gostaríamos de ter, mas não temos; bem que gostaríamos de oferecer com nossa voz uma contribuição para o bem comum da nação, sobretudo gostaríamos de oferecer algo para essa nação que se sente bem consigo mesma como uma porca que chafurda na cova, na lama, chafurda bem, ou como essa vaca que nem está mais aqui, então também não podemos ver o que está fazendo, talvez também chafurde, mas com certeza está bem, descansa em alguma luz qualquer, oferecimento do seu novo passaporte, descansa bem, descansa, brilha, ilumina, e volta a se apagar, e se diverte na noite que ao mesmo tempo encobre os cem olhos, assim, assim, um bem comum assim nunca vimos, agora também não o vemos, ela já partiu em viagem de novo, teria que ter estado de fato aí pelo menos rapidamente, mas agora se foi, quem sabe?, talvez esteja bem do seu lado, quem sabe?, ela deve ser um modelo para nós, e mesmo que possa ter vivenciado coisas terríveis a gente não acredita, mas por favor, não somos só nós que vivenciamos algo ruim, admitimos, mas também poderíamos ser admitidos, seria tão bom, ah, tão bom, admitidos entre vocês, bem, já pensaram nisso, o quê?, já pensaram em algo contra isso, embora queiramos isso pelo menos tanto quanto a cantora fantástica! Queremos exatamente tanto quanto, pelo menos exatamente tanto quanto ela! Ela possui o dom da natureza, nós, não, nós não, a filha, a compatriota, a filha da vaca Europa, ainda preciso pensar em algo para isso, mas infelizmente nada me ocorre, não caiu a moeda, digo, a ficha, Zeus, para os romanos Júpiter, e Io são o mínimo que deveria me ocorrer, e um moscardo que foi enviado como nós não fomos, nós viemos por livre e espontânea vontade, sim, um moscardo, talvez seja isso que nos prende, que nos detém, que não nos deixa entrar, culpa desse moscardo!, ah não, já estou confundindo alguma coisa de novo, a filha, tanto faz qual, vê-la ser arrastada embora pelos adornos em cachos coroando sua cabeça, pelo vestido, pela sua grande e obediente voz, arrastada como nós! Não, agora me confundi totalmente, perdi até essa pobre frasezinha, pelo menos o começo dela, que de todo modo vai ser igual ao fim, por favor me desculpem. Aquilo que eu mesmo posso realizar deveria fazer por conta própria o melhor que posso, é o que lemos aqui, qualquer um pode ler isso, qualquer um que possa, mas eu não posso, o que quer que seja, não posso nada, também não posso incluir todos esses gregos e no fim os egípcios, que já têm suas próprias preocupações, nem Zeus, nem

Europa, nem Io, nem o moscardo que nos segura tão firme aqui e conseguiu que cavássemos esse poço de lama, não, essa cova, não, esse buraco, essa cova no solo, porque esse moscardo, essa mutuca nos refreia tal modo, quero dizer, porque freamos de tal modo essa motoca, que as rodas já giram como nós e já se enfiaram fundo no solo, ai, onde é que vamos conseguir lenha agora, galhos de oliveira, o que for, para poder voltar a flutuar, para nossa frota voltar a navegar, nossa cidadezinha, nosso barquinho, possivelmente de madeira para que o radar não nos veja, mas não vai nos servir de nada, já estamos vendo, antes mesmo dele nos ver; não vai ajudar em nada, logo já estão disponíveis nossos astros, nosso céu está disponível para radares por satélite, aí dá para ver até o que há de menor, o menor barco de madeira, folheado de carvalho, imitação de carvalho no laminado, um barco de papel?, não, de lixo de plástico, tudo junto, vão nos ver, vão nos ver! Vão nos ver em toda parte. Nós nos escondemos, mas não dá, nos encolhemos para o golfinho não ver, esse DOLPHIN querido, brincalhão, atento, que deve nos farejar, vigiar, para que nós pobres não possamos ser mostrados e desmontados por ground positioning systems, para que também nos detectem clara e nitidamente nos open seas lá dos Earth Observation satellite-based systems, ai de nós, pode dar merda, mas sem pânico, eles cuidam de nós, de que nós pobres possamos ser salvos em caso de acidentes estúpidos no mar. De fato só viemos para ele poder nos localizar, quem quer que seja, para ele nos apanhar, nos ver claramente, afinal alguém deve poder nos olhar nos olhos, alguém lá em cima, que sempre otimiza os services in the area of Border Surveillance da combinação das informações dos cooperative positioning systems (VTS/AIS, VMS, and LRIT) e remote sensing observation systems (radar in particular), sempre com sucesso. Com ele não tem erro. Que bom que temos ele, que bom que temos todos eles, sim, também os drones zumbindo, que nos vigiam, observam, velam por nós, sim, é isso, velam por nós em nosso caminho por todo o Ser? O mar não tem peneira para o nosso Ser, nenhuma triagem nos segura quando temos que descer, nenhuma grelha de ralo, simplesmente escorremos, assim simplesmente, de outro jeito não dá; o mar logo volta ao normal depois de nós, até que venham os próximos, sem demora e sem problemas, ou ele lançou suas ondas, não, não estou dizendo que nos aliciou com suas curvas, para que nos perdêssemos em suas vagas, seria muito infame, humor barato, seria ir muito baixo, e já afundamos tanto, já chegamos no fundo do mar, mas o que há para mim, para nós, senão o mais baixo, o mais infame, o mais barato, faz tempo que não há mais nada, tanto faz!, as pessoas são ainda mais baratas, dá para comprar baratinho e levar para casa, isso vocês não fazem. Não nos compram e não nos recebem, porque não podemos pagar por nós, nosso nome está sujo, e porque nem temos nome, e porque também ninguém mais paga por nós. Claro que temos nomes, mas de que é que nos servem? Vocês não querem saber quais são, e vocês são nossa régua. E não nos trocam por nada, nosso Ser não tem liquidez, faz sentido. Enfrentamos as correntes, como moeda corrente, mas nessas águas não temos liquidez. Estamos na clareira do Ser, diz o pensador, não, digo eu: da água, que é ela mesma clareira, que é uma clareira imensa, sem nenhum limite além da nossa morte, do nosso Não-Ser, sim, pode-se dizer, pode-se ver assim; lá nadamos, sem sermos mencionados, sinceramente ousados, audazes, mas sem sermos mencionados, não temos escolha, somos os indesejados, os desviados, enviamos o barco trôpego, tonto, sim, tantos de nós jamais chegarão, nunca vão poder cortar lenha na clareira do Ser. Estamos na clareira infinita do Não-Ser, os enviados, os empilhados no tempo-espaço livre, um ínfimo espaço no infinito. Do que estamos falando? Mas diz bem aí! É só olhar!

Os filhos ajudam a mãe na velhice? Outra mulher? Não, obrigado! Também nenhuma mulher nos basta. Mesmo a vaca já nos bastou. E nossa mãe também já mataram, faz tempo, nossos irmãos, nossos parentes mais distantes, e mais os nossos parentes totalmente distantes, todos, todos, e dos nossos primos cortaram as cabeças e nos enviaram os DVDs disso, será que já dissemos isso? Já dissemos tudo pelo menos cinquenta vezes, quem dá mais, sim sim, eu sei, para vocês já deu, e ainda assim não ouviram nada. Mais uma vez pedimos desculpas. Antes estávamos e ainda estamos ao lado das mães e dos filhos na velhice, não, dos filhos que nunca envelhecem e com as mães que estão mortas, não, nos debatemos aqui com nosso limite espiritual e precisamos considerar a necessidade de ajuda profissional, isto é, dos funcionários desta igreja e agora os do convento onde vocês nos viram deitar, sim, boa gente, pronta para ajudar, podem espalhar! Divisão de tarefas e apoio são importantes, isso não vale só para a responsabilidade pela família que não temos mais, não admira que nos chamam de irresponsáveis, parasitas no corpo de vocês, que está sempre pronto para denunciar sanguessugas, espalhando sua sujeira por toda esta linda terra, sim, nos denunciar, ainda nos denunciam mesmo quando já afundamos, nos denunciar só porque estamos aqui, presentes, embora teríamos responsabilidade pela família, mas tudo o que temos de família está aqui, aqui conosco, ou seja, nada nem ninguém, e também não temos nada. Estrangeiros por estrangeiros. Medida por medida. Uma lanterna pela noite.

Adornos em cachos, isso também já dissemos muitas vezes, de novo vezes demais, como sempre demais, tanto faz também, essa senhora cantora que mostra o senhor a outros que não nós, ela mostra ao senhor Putin o senhor, quero dizer, ela demonstra e diz que o senhor Putin deve ser o senhor, ela diz isso com seus adornos em cachos cativantes, e seus dentes brilham tanto que temos medo de sermos atingidos ou cegados por um raio. Então vê-la arrastada pelo vestido, isso jamais íamos querer, sequer poderíamos imaginar, isso que aconteceu com nossa mãe e nossas irmãs sequer queremos imaginar para essa mulher incrível que nos dá sons, onde o pescoço faz fronteira com a cabeça, já falamos disso, não podemos dizer o bastante, e sequer podemos imaginar isso. A princesa e a outra princesa, tudo em russo, por ordens nossas tudo agora será falado totalmente em russo, a gente embarca nessa, para conseguirmos a marca de carro, e chegamos aqui em um carro que funciona, ou então só aqueles que sabem falam, e todos sabem, até nos campos de golfe tiroleses, em toda parte falam russo, nós sequer falamos a língua daqui, as pessoas nos censuram por isso, e com razão, obrigado por nos dizerem isso mais uma vez, nós também dizemos tudo vezes demais, e não sabemos nada novo. Essas princesas naturalmente sabem por natureza falar russo, não é preciso mais, embora muitos ainda saibam muito mais, bom para vocês, ficamos contentes. As duas! Naturalizadas como um relâmpago, desde o começo elas eram bem-nascidas, então ficaram sendo como que nascidas bem aqui. Por favor esclarecer, mas vocês não precisam disso, já têm isso, e até muito disso: Essas são duas mulheres diferentes, por favor, e ainda temos mais, temos ainda mais, no Tirol, em Viena, em todo o mundo temos estoque, mesmo que não sejam centenas de milhares como nós, estão simplesmente em todo lugar onde é bonito, e isso são muitos lugares, e estão em toda parte, talvez até mais, muitos, chamam atenção sobretudo suas condições, quero dizer suas companhias, suas companhias russas, que as acompanham, não ao piano, não, os acompanhantes das filhas, naquela casa naquela rua movimentada e poeirenta à beira-mar, lá não há sinal de vida, ela não está lá, a mulher, nunca lhe daria na telha morar nessa barraca, mas mesmo assim ninguém morreu, isso garantimos, nenhum morto, tudo vive, ninguém acorda sozinho, tudo isso é em outro lugar, em outro lugar também ninguém acorda, o sinal de vida aqui, o nosso, não interessa a ninguém, lá não há sinal de vivos, no mar também nenhum sinal, na casa desgastada, que não precisa mais de ninguém morando lá, pelo contrário, seria prejudicial, talvez desabasse, quem ia querer morar aí, bem, elas com toda certeza não!, de todo modo ela não está morta, com certeza não, juramos pelas nossas vidas, senão como poderia se naturalizar?, então garantimos que ninguém morreu lá, nessa espelunca, nem a filha, a vaca europeia, perdão, isso ela só se tornou agora, uma residência foi oficialmente registrada, uma dessas que nós não temos, mas ela sim, mas lá também ninguém mora, ela também não mora lá, vocês têm o voto, vocês têm a voz, vocês têm a nação, pelo menos têm a caução com vocês, mas nem sinal delas, deles, agora nem mesmo sei de quem estou falando. Os outros. Eles. Elas. Lá onde deveriam estar, lá não estão, simplesmente foram embora, as russas, sim, é como as chamam, se escafederam, provavelmente quando viram a casa, não, nunca viram, nós as perdemos, também não precisava, foram embora e fim. Nós estamos aí, mas também não estamos mais, não temos nada, mas também não estamos mortos, ainda não. Essa divisão de tarefas é importante. Mortos ou vivos, cada um precisa fazer a sua parte, compreendemos, quer dizer, alguns estão mortos, outros não, nós ainda não, mas muitos de nós, talvez vocês consigam ainda mais se trabalharem direitinho, pois a distribuição de tarefas no Estado exige que não estejam mortos, mas nós possivelmente sim, então a gente finalmente estará acabado ou pelo menos dizimado, o que os olhos não veem o coração não sente, de todo modo seremos menos do que éramos, então a luz, brilhando, vai dar para mais gente, para mais, a luz vai dar para mais se nós formos menos, mas é claro. Nós nos esforçamos, estamos nos esforçando, por favor um pouco de paciência, esse moscardo infelizmente nos atazana tanto que a gente não consegue continuar, não ousamos, é como a picada de um deus, ele tem sempre as cartas certas na mão, sim, você, senhor, estamos falando de você!

Essa casa vazia, também nenhum morto dentro, a casa está alugada, mas fica vazia. Esse apartamento em cima do supermercado, na Suíça, está alugado, mas também vazio. Cheio e vazio ao mesmo tempo. Parece ser um costume que ainda não conhecemos. Prontos para dar parte a qualquer momento, mas ninguém caído aí que se possa olhar nos olhos. Mas e o locatário, e o arrendatário, o que Deus diz sobre isso?, agora não consigo procurar, não tenho tempo, preciso escrever. Mas o arrendatário, então, agora estou vendo o que ele faz. Mas o arrendatário, que não é pastor, a quem as ovelhas não são próprias, vê o lobo, ah, ótimo!, isso do lobo a gente bem que pode usar, João 10,13, mas o arrendatário foge, pois é um arrendatário e não cuida das ovelhas, pois é um arrendatário e não se importa com as ovelhas, o estrangeiro não se importa com as ovelhas, ele as come talvez e enterra seus ossos ao lado da asa, onde infelizmente são encontrados, mais tarde, mas não se importa com elas, as ovelhas, não, com seus ossos também não, pois aceitou o serviço de pastor pelo pagamento. A nós ninguém paga nada, embora nos cairia muito bem esse serviço com as ovelhas, ah, não, com todos que queiram um serviço, mas quem se importa? Também não se trata do serviço, nem do arrendamento, ah, mas como gostaríamos de ter alguma renda!

Então aquela na casa no mar, a locatária, a naturalizada, a localizada e então nacionalizada, sem que sequer tivesse que mostrar seus olhos profundos, a vaca russa e a outra, esqueci os nomes, agora ela também comprou sua residência, bem a tempo, antes dela desabar, estou falando da casa, o que é que eu queria dizer?, então não paga mais, ela reside, já mora, mas ainda não vive, quero dizer, na verdade: Vocês já moram ou ainda não vivem?, o que essa gente, essas mulheres, têm que nós não temos? Elas têm o fato de serem mulheres? Mas se também são homens, bem, não as mulheres, mas homens também podem vir, pois chamam-nos de empresários e então também vêm, sequer podemos falar seus nomes em voz alta, dá azar. O corredor agora corre às suas custas, digo, ele pilota, ai, já não pilota mais, essa atração especial foi rápida!, acho que ele nunca sentou na cabine, nunca sentou, e de fato foi o empresário que pagou por isso, não pagou por nada, mas está aí, e agora ninguém corre mais, e ninguém mais habita o estádio de fudi---, de futebol é o que eu queria dizer, eles têm a bola sempre diante dos pés mas nunca sabem o que fazer com ela, e ninguém habita mais, pode até viver, o quê, não vive mais?, ah, que pena! Se alguém deveria viver, então essa pessoa é ele, viva!, mas agora de repente não mais, agora sua mão poderosa caiu do volante, da bengala? Nem o corredor corre mais? É uma pena, mas a questão se impõe: Por que eles podem e nós não? Eles têm algo e não estão aí. Nós não temos nada e estamos aí. E também não há recibos, por mais que nos recebam, não estão vendo?, por favor, mesmo assim não há recibo algum, não dão comprovante para nada, porque não se trata de nós, e não vamos precisar de recibo, também nenhum comprovante do compromisso do condomínio, desta casa, daquela lá, da outra casa, naturalmente não a casa de Deus, só uma casa simplesmente, nenhum comprovante que prove que a filha mora nessa residência que ela usa, pois sim, uma assim, como nós não temos, nenhuma prova de que ela sequer tenha se detido por lá. Ela não pode ser detida! Ninguém a conheceu, nem mesmo o proprietário, ninguém a conhece, ninguém sabe os nomes, perdão, seus nomes são conhecidos, só os nossos é que não, ninguém conhece nossos nomes, lá na nossa terra agora todos estão mortos, e agora aqui também, que estúpido!, mas isso é realmente idiota! Ninguém mais nos conhece, e realmente isso não fala a nosso favor, não fala nem um pouco a nosso favor, pois somos aqueles que falam por último, não somos aqueles que riem por último. Pela filha fala uma voz, mas basta, ela não está aí mas uma voz fala por ela e por isso ela também tem voz, ela tem voto; além da voz que já tem, ela tem voz e voto. Ela não é vista mas tem voz e é instantaneamente naturalizada, é cidadã com todos os direitos e deveres, podendo configurar e desfigurar e transfigurar, perdão, é só figura de expressão, mas caso alguém seja mulher e bela tudo imediatamente é mais fácil, é uma bela sensação, mesmo que não para nós, e agora também não sei de que sensação estou falando, mas toda colaboração e toda contribuição, eu já disse, com prazer!, pois diz aqui, é valiosa para nossos companheiros, mesmo que não sejam vistos, é importante para nossa comunidade, tudo é valioso, tudo se enriquece, todos enriquecem, claro, essa voz foi comprada e aquela lá também, agora está entre nós, uma entre muitos, mas uma que conta!, ela habita entre nós. Habitou entre nós mesmo que nunca tenha sido vista, agora habita sobre nós, num loft, e continua não sendo vista. Mas tem uma voz, de todo modo tem uma voz, está valendo, mas não é verdade que toda carne também tem uma data de validade como a grama diante da igreja? Vocês veem que essa mulher tem até duas, tem uma voz e uma voz, um voto e uma voz, ela tem validade, então simplesmente vale tudo. Valendo. O que eu digo vale. Pois ser um participante é melhor que ser um espectador.

Nós escolhemos uma igreja, e depois um convento nos escolheu, então, agora realmente moramos aí, podem tranquilamente vir olhar, bem, afinal também poderíamos morar em outro lugar, podemos escolher um. Podemos morar no fundo do mar, na água, no deserto, sem água para variar, nossas experiências nos serão enviadas a tempo para que já as tenhamos quando as fizermos, e então terão se tornado supérfluas. Não precisamos mais delas. De todo modo na água qualquer experiência é completamente supérflua! Hoje talvez não possam mais vir, hoje talvez já não estejamos mais aqui novamente. Não estávamos habituados a habitar, e agora habitamos aqui um pouquinho, o que não interessa a ninguém, somos os esquecidos, já não nos conhecem mais, depois de termos aparecido fomos alojados e fomos embora, fomos embora da igreja, é o principal, todos realmente trabalharam nisso, muitos saíram de seu caminho por isso, e conseguiram!, também não moramos em uma acomodação de fachada em uma casa, não moramos em um domicílio-fantasma na Suíça, o que é que estão pensando, é verdade que dissemos isso mas não moramos lá, lá mora Deus, o novo senhor, o naturalizador, o nacionalizador dos carros, o da multinacional de carros, o aparafusador, que senta à mesa e gira, tanto faz o que ele faz: o quadro tá torto, sabemos. Ele mora em vias movimentadas, mas não mora lá, naturalmente, não mora sobre o supermercado com milhares de pessoas e mercadorias dentro, todos sem ele, pobrezinhos!, sentem-se talvez órfãos sem ele, quem sabe, mas não, lá ele naturalmente não mora, tudo vazio, apartamento vazio, casa vazia, endereço completo, diz aqui, aqui está o endereço completo na Suíça, a residência na Suíça, no Cantão de Zug, assegurada, bem guardada e assegurada, naturalizado na casa assegurada em segurança, na mais absoluta segurança, onde nada de seu cabelo ainda abundante é despenteado nem arrancado, pois nunca ninguém viu vivalma ali, mas foi naturalizado sim, não, habituado, habitando ali, habitante, mesmo que não seja visto habita, e além do mais habita tão rápido, tão rápido se habituou a esse lugar onde não está, que acreditamos que no fundo só há habitantes naturalizados ali, desculpem, queremos dizer habitantes naturais, pois ele não tem tripla naturalidade; a tripla natureza só Deus tem, três em um, então ninguém, quem é que abraçaria um pântano?, infelizmente não sabemos mais o que queríamos dizer com isso do pântano, com certeza não aquilo que vocês entendem com isso; quem é que desaparece ali?, quem está aí e não está aí?, sem recibo para comprovar, a mulher simplesmente naturalizada, sim, ela mesma, a russa impropriamente apropriada, mesmo que com os impostos apropriados, até mesmo duplamente naturalizada, é melhor prevenir do que remediar, processo iniciado pelo chefe da empresa, que agora começa seu partido, um só seu, não importa, devem imperar a empresa e a presteza, afinal alguém deve imperar, até mesmo sobre nós mortos vivos é preciso ainda imperar, na igreja, no convento, tanto faz, lá deve simplesmente imperar, o que impera pendurado na parede, mas há muito tempo ele já não tem mais nada a dizer. Contudo nos perguntamos de quem vem o domínio, não o domínio próprio, o outro, e também já recebemos aqui a resposta, pois tudo é partilhado, como as pessoas enviadas a toda parte para espalhar a palavra de Deus já que não tinham nenhuma delas próprias, como as pessoas distribuídas em todos os países, como esse país é dividido em estados, assim também a gente daqui tem seus lugares divididos onde podem fazer lucros ou dívidas, depende totalmente deles, de nós não depende nada, mas depende deles se ficam ricos ou não. Têm todo direito, todo dever e tudo de tudo, pois leva-se em consideração suas capacidades e propriedades particulares. As nossas não são conhecidas, talvez também tenhamos capacidades, nós mesmos não sabemos. Fomos cegados por vocês e atormentados por nós mesmos, porque nossas capacidades brotam em algum lugar onde não temos acesso a elas. Não ficamos quietos, mas não querem nos ouvir. Se vocês hesitam em entrar em campo sozinhos, então é só acampar em outro lugar! Podem escolher. Nenhum Deus segura o cetro celeste diante dos narizes de vocês, até aqui e nem mais um passo, esse que não reside lá onde procuramos por ele. Procuramos por ele no mapa da cidade, com o GPS, com aquele aplicativo que sabe calcular até os caminhos a pé entre os trilhos, de acordo com como você anda, devagar, médio ou rápido, e você anda e anda, ou nada e nada, dirige e dirige, você afunda e já está quase no fundo, aí é resgatado, não, você morreu! Não foi salvo. No fim, trata-se do que você é, se seu destino é ou não, e você não precisa mais ser tratado, qualquer tratamento seria supérfluo como a água sobre você, qualquer ação, a resposta é não. Você procura Deus, mas lá onde vocês o procuraram não está, o senhor não julgável, que é a cidade, o povo como um todo, tudo de um modo geral, ele chama o altar o seu fogo, o do país, bom, bom, não duvidamos, só lá onde diz no envelope é que ele não está, não mora, não reside, não resiste, a isso podemos atestar. Estamos no nada, e esse maldito moscardo infelizmente continua nos prendendo, ele pica e pica, e a Europa sai daí, não, preciso procurar isso de novo, foi totalmente diferente, poderíamos dizer a vocês se não chafurdássemos na cova, sempre tão preguiçosos. Mas digam logo!, não dizem?, embora possam googlar isso tanto quanto a gente, teriam os aparelhos para isso, esses que vocês de fato têm, pois é, pois é. No mar não precisam de Waze, lá ninguém sabe o caminho, nem mesmo uma máquina, ou sim, só as máquinas sabem o caminho!, mais ninguém, o mar é grande demais para vocês? Vocês experimentaram, mas era grande demais para vocês? Ora, isso a gente já podia ter lhes contado. A gente sabe disso por experiência própria. É simplesmente grande demais. Não dá para ver o outro lado. Um mar que fosse do tamanho certo para vocês não existe no mundo inteiro. Agora sabemos disso por experiência própria, pois tentamos experimentá-lo todo. Não se conformou a nós, o mar, e também ele mesmo foi feito conforme o projeto. Não, sem ladrilhar, seria desnecessário, de todo modo para nós não tem chão. É assim, como tudo é assim. Firme ali onde se pode construir, pois a nação sabe melhor com quem pode contar e com quem pode construir, e é o que ela faz, pois é necessário construir espaço para moradia aí. Comer também, mas não queremos ir tão longe a ponto de pedir por comida. Estamos cansados, fomos até a capital, nos deitamos em uma igreja, nossas poucas coisas, nossas tralhas doadas, nossa sujeira, que também somos nós mesmos e que devemos jogar fora, pelo menos uma parte dessa pobre sujeira, a escavadeira juntou em poucos segundos e pronto. Nem tivemos que fazer nada. Nem tivemos que ajudar. Pronto, acabou.

Nenhuma tarefa de nenhuma área que ainda pudesse ser realizada. Nenhuma área mais para nós, que o gerente da área nos concedesse. Nós devemos ceder, confessamos: todo ser humano é ilegal. É verdade. Todos nós. Nenhuma garantia em que pudéssemos acreditar, nenhuma especialidade regional que pudéssemos provar, nenhuma influência que pudesse promover a diversidade, bem, isso vocês vão impedir, está claro, nenhuma única diversidade e nenhuma mínima unidade individual. Isso já seríamos nós se necessário, poderíamos ser isso, sim, exato, poderíamos fazer nosso dever, mas vocês não entendem, nenhuma tarefa que pudesse ser realizada, talvez por nós, mas vocês estão cagando, nenhuma divisão de tarefas, e então também não podemos assumir nada nem empreender nada. Ao contrário de vocês e das suas relações, agora não sei o nome dessa dama, acho que Europa, não, Io, eu, o homem do sul, o sulista, eu então, só eu, mas não basta, meu valioso nome não basta. Pobre de mim, diz ela, picada e emprenhada, não presa pelas picadas, mas perseguida, emprenhada por um Deus, não, não está certo, o Deus emprenha todas, mas não a mim, não a vaca, o que é que ia sair disso! Queremos antes entrar do que sair, mas não dá. Fora sim, dentro não. Vocês ouvem o barulho e a briga no apartamento vizinho? Tem um conflito? Nós chegamos e fazemos isso, fazemos barulho, briga e conflito, fazemos isso sem esforço. Pois a qualquer momento vocês podem pedir ajuda e chamar a polícia, que está aí para vocês. Para nós não, para nós não. Para nós também, mas de outro jeito. Ela está aí para nós também, mas vinda de outro lado, pois conseguiu nos alcançar, antes derrubou a porta, antes atravessou a água, que não oferece um apoio firme, mas não importa. Por muitos discursos aprendemos que a polícia está aí para nós, veio especialmente para nós. Só que para nos levar embora e evitar o pânico, óbvio. Falta-nos a permissão para intervirmos nós mesmos, nunca somos aqueles que fazem a intervenção, somos o alvo da prevenção, da intercepção ou da intervenção, olhem aqui por essa escotilha, por essa braguilha, podem pôr a mão! O que encontrarem podem levar. Nós não podemos, a retroescavadeira já vem! Essa mesa bamba foi uma doação! Não é nossa! Mas a retroescavadeira não se importa. Não evitem esse conflito por medo, então qual?, bem, aquele lá!, podem intervir no conflito, podem se servir! Vai valer a pena para vocês. Se virem alguém passando necessidade, tenham colhões, façam alguma coisa! Se nos virem, recolham-nos! Apanhem-nos, recolham-nos e consigam segurança, um pouquinho de segurança para seu Estado, para seus concidadãos, para seus vizinhos, e nos joguem fora daqui. Removam-nos como uma mancha de gordura. Removam-nos, mandem-nos embora! Salvem-se de nós! Sim, assim está bom. Só assim uma sociedade na qual os direitos humanos sejam varridos, juntados, jogados num monte e recolhidos por uma escavadeira, quero dizer: onde os direitos sejam respeitados, será uma! Como? Será uma sociedade, naturalmente, deve se tornar uma. É o que querem, não? Ser um só com vocês e consigo mesmo, então também não precisam fugir, não sobre desertos e não sobre montanhas. Nós simplesmente não somos nenhuma sociedade, ou só uma bem pequena, o que significa nenhuma ainda, talvez esse seja o problema do pastor arrendado? Que ele não pertence ao seu rebanho? Que só foi alugado? Até para os animais, só contratado? Somos muitos, simplesmente, não tantos quanto os animais, mas até que muitos também, pelo menos mais, mas nenhuma sociedade, e só assim podem fazer de vocês mesmos uma sociedade segura, nos afastando. Fora conosco! Nós nos perguntamos como é que sequer fomos descobertos, foram cães que nos descobriram, os amigos dos pastores, os ajudantes fiéis! Ajudem vocês também! Nossas coisas já foram jogadas fora mesmo, nós as seguimos de bom grado, também seguimos vocês sem demora, já fomos. Vocês têm que garantir a segurança nacional, a polícia também tem que fazer isso, vejam, vocês já têm companhia, cuidem da segurança e nos levem embora. Tanto faz como procedem nesse sentido, tanto faz se há processo ou não, tanto faz se há qualquer coisa ou não, simplesmente nos escorracem! Nos tirem daqui! Tanto faz como vai o processo contra nós, façam-nos partir! Ou simplesmente façam-nos deslizar para a água. Sim, lá onde já estamos. Façam-nos ir, não é difícil, lá se vai o correio! Ou talvez não? Façam-nos partir juntos de uma vez, seria bacana também, fujam junto conosco!, mas não, isso vocês não querem, querem partir, mas não assim, mas não desse jeito em que não conseguem imaginar de onde. Nosso espírito perturbou vocês, estranho, se não temos espírito algum, nossos pés danificadores de grama, esquecemos disso, não, sim, já muitas vezes, provavelmente vezes demais, com certeza centenas de pessoas chamaram, informamos que também a grama diante da igreja agora se foi, amassada, destruída, aí não vai crescer grama nova mais, e olha que tinha acabado de ser plantada na primavera passada, fresca e viva!, aí de todo modo não cresce mais grama nenhuma, ninguém mais colhe, nossos pertences doados levados pela retroescavadeira, tudo se foi, não podemos pedir que vocês olhem nossas terríveis deformidades humanas, nossos corpos meio-animais meio-gente, como essa Europa ou Io, mas qual delas duas agora?, meio donzela, meio vaca, as gentes admirando o milagre. Hoje as pessoas não fazem mais isso, mas veem pela televisão, tranquilas, pois ao lado delas está sentado o Deus atlântico, não, não o Atlântico, também não precisamos de um mar tão grande assim de novo, um pequeno já está bom para nós! Dá e sobra para todos nós, esse Deus promete e os protege, com sua fala ele salva o dia e nos tira a vida. Querem nos mandar embora? Por favor, é para já! Fora. Ah, deus, quem se compadece do nosso, quem se compadece de nós pobres enlouquecidos, meio animais, meio gente, sem nada de humano, nadinha mesmo, quem se compadece? Bem, vocês também querem carregar um fardo e talvez se compadecer um pouquinho? Não querem? Entendemos perfeitamente.

A filha, a jovem desavergonhada, não, com certeza ela também não tem vergonha, na casa, na casa abandonada, naturalizada vapt-vupt, meio de qualquer jeito, a locatária russa nunca vista, nunca conhecida, mas a nós eles podem ver, vocês podem sempre vir nos olhar, se quiserem, mas não querem. Não temos valor, estamos fora dos valores que os outros conseguiram, que geraram a empresa, que a empresa gerou, a naturalização da filha que canta na empresa, não, queremos dizer da outra, que não sabe fazer nada, mas isso talvez seja uma vantagem, já temos nosso veredito, então por que não julgar os outros?, de todo modo temos juízos de sobra, sempre, não importa. A firma de carros não foi comprada, mas o homem queria comprar, a fábrica-matriz impediu, a empresa, que por um tempo eterno infinitamente impera sobre nós todos, não o redimiu, não redime Deus, nosso senhor, de seu hálito divino, ainda precisa dele, precisa dele para fundar todo um partido, já que já não pode produzir todos aqueles carros, o fornecedor, mas só nós é que somos entregues; essa fábrica, um peão da empresa, do Deus, um Deus ainda maior que Deus, algum é sempre maior, até maior do que todo Deus, e o desejo de mais, esse maior desejo dos homens, aquele que faz eles serem algo, bem, nós não, mas todos os outros, faz eles fazerem mais de si, esse peão de Deus que se trouxe sem truque no útero como Io carregou Europa, como o mar não nos carrega mais, ele simplesmente não quis, o barco também não quis, o que é que se pode fazer?, não fazemos nada, o barco não nos carrega, não nos suporta, o mar também não nos carrega, fermentamos nele como massa de pão, nossa gordura incha, se ninguém vier agora nós ficaremos para sempre escondidos como Io com Europa, já não era sem tempo!, e as duas sequer existem!, nunca existiram! – tudo bem também!, o que não existe não pode se perder ou algo assim, não, com certeza não tanto assim – algo é gerado, algo é produzido, que infelizmente não pode ser produzido ou já se perdeu antes da criação. Ou só foi dividido em partes, foi repartido, de todo modo não para nós. Então nada vai sair daí. Nenhum carro. E carros são o que de mais elevado existe, o barco é o mais baixo, mas mesmo assim necessário, também para nós. Só que não nos serviu de nada. Nossas coisas, nossos trecos se foram, nossas coisas doadas foram juntadas, quebradas e jogadas fora, só nós ainda restamos, e por toda parte os países vibram de alegria e agora dizem a verdade, palavra de honra! Mas não precisam dizer, já sabemos de todo modo, mas dizem mesmo assim.

O filho de Deus não podemos ser, outros têm de ser ele, não sabemos quem, pois já temos que ir embora, talvez não assassinados, mas embora, fora, assim. Essa raça aqui pode se gabar: Enfim foram embora, e agora também não tenho mais vontade, não precisam me agradecer, não é necessário. Talvez eles também não tenham mais vontade de entrar, de arrombar a porta, de fazer um buraco no muro, de partir o mar, mesmo que só passando por cima, não, não a pé, jogar gás lacrimogênio, verter lágrimas, jogar fora toda a porcaria, nenhuma vontade mais, simplesmente não querem mais, pois a boa vontade valeu para a fábrica, e já faz tempo que naturalizaram outras; naturalizada a filha do Iéltsin, magnífica, nem teríamos acreditado que era possível, só que infelizmente não vai adiantar para nós! A firma naturalizada, o banco já estava aí, o banco disponível, senão nada de naturalização. Mas não deu certo. Não tem problema. Bem, não tem problema para vocês, nisso bem que acreditamos, mas talvez não seja justo com o senhor da empresa. Essa naturalização já está completa, cedo demais, mas mesmo assim, infelizmente não trouxe nada, um investimento equivocado, a naturalização da filha do Iéltsin contudo perfeitamente completa, já está aí, no seu campo, onde nenhum animal selvagem ousa entrar e nenhum caçador, não, lá não, ela está em outro lugar, tem que estar em outro lugar, não sabemos onde, as cortinas fechadas, o conhecimento sobre isso estreitamente transcrito só preencheria poucas páginas, e quem é que escreve sobre isso, quem é que canta sobre isso, quem faz qualquer coisa, quem faz alguma coisa, quem força as pessoas aqui e seus olhares bobos confusos, confusos de tanta bobagem que nos contam, quem os força a se juntar aos outros assassinados, teríamos nos ajustado direitinho a eles, achamos, talvez não direitinho, mas mesmo assim? Não importa, não importa. Formamos o horizonte para algo que também poderia acabar alegre e feliz, mas não é o que acontece. Não formamos nada, não imaginamos nada, já estamos mortos, ao menos parecemos. E diz aqui também, não, não diz, não diz aqui que mortos podem ser naturalizados, não, também não diz nada de mortos vivos, nada, nada daqueles cujos mortos ainda vivem e cujos vivos estão mortos, nada disso, não queremos ouvir isso. Ao último não vem nenhuma luz, não tem luz no fim do túnel, o último apaga a luz. E somos nós.

Mas não podemos fazer nada! Nós mostramos respeito, demonstramos respeito, aí vem o respeito, e também mostramos o nosso, eles se encontram no meio do caminho, mas o nosso não é colhido, demonstramos diversos talentos e forças, mas infelizmente não são colhidos. Nada é colhido, de todo modo não da nossa parte. Somos apenas recolhidos, é claro. É o que faz a retroescavadeira. Não somos acolhidos, não há se se tomar a parte pelo todo, por toda a empresa, a empresa está aí ela mesma, mas não pertence a ninguém, nem a nós, o que quer que tenhamos feito, antes, agora está oculto na escuridão, e ninguém mais nos segura em suas mãos poderosas. Não tomamos nenhum banco russo, não tomamos partido de nenhuma indústria automobilística, sequer damos a partida em algum carro, nem numa motoca, sempre freados pela mutuca, não podemos nos livrar dela, senão estaríamos em lugar nenhum, pelo contrário, senão talvez poderíamos dar a partida, mas nos enfiamos fundo demais no solo materno de vocês, essa maldita mosca, a única que funciona, senão sequer ficaríamos aqui, a gente já teria partido; não fujam de nós!, nós mesmos fugiríamos se pudéssemos. Não temos credibilidade nem crédito, também temos fraquezas, temos apenas fraquezas, não somos nem nos tornamos compatriotas, também não temos compadre para ser nosso fiador, não temos nada, ninguém fala por nós, também não falamos nós mesmos, não, nossos mortos também não falam, e muito menos por nós, do mesmo modo nossos atos, talvez eles falem, mas não por nós, e como deveriam, já se foram faz tempo, nossos atos e nossos mortos já estão longe, mais longe impossível, suas cabeças foram cortadas, não, não dos atos, isso acabou de se dar com meus primos, não por acaso registrado em vídeo, um vídeo ou foto sempre está por perto hoje. A princesa russa não se pode deter, em lugar algum, não nessa casa na rua movimentada no leste do país, não é detida, ninguém a viu, talvez ela nem exista, não, tem que existir, pois agora é cidadã, o senhor Deus providenciou, todo-poderoso ele domina tudo de mais elevado e não tem que olhar servilmente para ninguém acima dele, só seus princípios olham para ele, e aquilo que ele principiou, quem empreende algo tem princípios, mas eles não pertencem a ninguém, e também o senhor, sim, esse aí, que queria principiar algo que trouxesse altos valores, digo, princípios, ele não conseguiu, claro, o que quer que lhe brote na ideia já está feito, não, dessa vez não, pena!

Nós não somos providenciados, por ninguém, só estamos aí, simplesmente estamos aí e só, e todos estão mortos, nós também em breve, vocês verão, podem se alegrar desde já, de fato sempre há tempo o bastante para se alegrar depois, pois quem ri por último realmente tem que ter algo de que rir. E se fomos embora vocês podem se alegrar de novo e voltar a se alegrar por termos ido, por terem resolvido esse conflito sem usar a força, pois outra força o resolveu por vocês, mas isso não querem admitir. Nós mesmos assumiríamos isso, mas aqui há sempre, sempre mesmo, um substituto para fazer o trabalho de pisar nos direitos dos outros, de cortar essa mesa doada com os copos de plástico, de pisotear as cadeiras de praia, também doação, de destruir nossos pertences, os poucos, que nem são nossos, e jogá-los fora, a retroescavadeira faz isso, ela ajuda vocês, e mesmo que não esteja viva: Isso é coragem moral viva, vivida, mesmo se vocês mesmos tivessem desvantagens a temer com isso. Mas não têm, vocês não têm nada a temer, e muito menos desvantagens, não têm nada a temer, por favor podem entrar e pisar e pisotear tudo, isso tem um efeito a curto prazo que podem facilmente alongar se também nos pisotearem, nem somos tão duros quanto essa mesa bamba de plástico, nem tão duros quanto esses móveis de jardim que alguém não quis mais usar porque já estavam muito usados. Se fizermos tudo isso, se nós todos fizermos tudo, viveremos em um país seguro, pois bem, de todo modo seguro contra nós, mas já é alguma coisa. Às possibilidades de Ser do Ser-com-o-outro, já dissemos isso, agora repetimos caso não tenham acompanhado, pertence a insubmissível substituibilidade de uma existência por uma outra. Mas vocês naturalmente não querem ser substituídos por nós, compreendemos, nem querem que pisemos na grama, isso estraga o belo gramado ainda mais, cada vez mais, já dissemos isso, porque vocês nos disseram, o gramado que justo agora (quem é que disse: na última primavera?) foi posto fresquinho como o filho no seio da mãe, pois, ouçam, a ampla multiplicidade dos modos substituíveis do ser-no-mundo, isso também já dissemos, mas nos diverte tanto!, estende-se não só para as possibilidades desgastadas no com-o-outro público, mas diz respeito igualmente aos limitados a ambientes determinados, limitados em tudo possível, diz respeito também a nós, sim, também respondemos a isso, pois também somos possíveis, mesmo que não acreditem, também somos pessoas, é verdade que somos outros, talvez sejamos os uns e os outros, mas também temos profissões, não, agora não mais, posições, não, agora não estamos mais bem posicionados, pois onde estaríamos?, e expectativa de vida, sim, expectativas nós temos, pois sim, então as possibilidades, podadas a isso tudo, de cuidar, o que tem, ah é, sim, isso diz respeito a tudo o que acabo de mencionar e pronto, ela se estende e se aplica. Podem escolher! Essa frase não termina nunca, não é minha, o domínio de vocês também não termina, mas ele vem de vocês e volta a vocês, ele sabe a quem pertence, por favor afastem-se, favor se afastar, aqui vem a corrente, por favor afastem-se das beiradas!

Nós demonstramos respeito e jogo limpo aos outros, isso nos é exigido, devemos tratar os outros assim, como nós mesmos queremos ser tratados. Por favor, fazemos isso, mostramos, demonstramos respeito, ele até mesmo vai à nossa frente, o respeito, então faz a volta e vem na direção contrária, isso nos deixa muito contrariados, pois nós também contrapomos algo, contradizemos, demonstramos mais uma vez respeito a ele, pois também recebemos respeito mais uma vez, não nos lembramos quando foi a última vez, mas recebemos algo, acho que foi uma garrafa térmica, porque na igreja é tão quente, e queremos ser tratados do mesmo modo, assim queremos que nos tratem, não como a filha do presidente russo, que não precisa de nenhum respeito mas consegue tudo, mas nós o demonstramos por livre e generosa vontade, mostramos respeito, onde podemos colocá-lo, fomos tão decorosos e demonstramos respeito, porque respeito também nos foi oferecido, agora onde podemos colocá-lo, onde devemos colocar o respeito? E então onde devemos nos colocar a nós mesmos? O respeito se espalhou demais. Não sobrou mais espaço. Onde devemos o e nos colocar? Devemos colocá-lo ao lado dos nossos talentos e forças, para que também o tenhamos quando quisermos recorrer aos nossos talentos e forças? Então estará bem ao lado, o respeito, que nós compramos, ou não? Não o roubamos, palavra de honra! Sim. Compramos honrosamente. Sim, nós fazemos isso, fazemos isso! Fazemos agora! Também mostramos jogo limpo, demonstramos respeito e jogo limpo, sim, lá também já estão nossos talentos e forças lado a lado, já os guardamos antes, queríamos ter as mãos livres, não precisamos disso aqui, não precisamos dessas coisas, da mesa dobrável precisávamos, as pessoas também querem poder sentar juntas, não?, mas agora ela se foi, ninguém precisa disso aqui, do jogo limpo, não, do respeito também não, de nós mesmos também não, mas talvez traga algo, nós deitamos juntos, assim, deitamos tudo isso junto, então ocupa menos espaço. Deitamos juntos o que temos, talvez então possamos comprar algo com isso? Tomara! Tomara que nos deixem entrar nesse Lá que nos foi preparado, Acolá, onde estão Aquele lá e Aquele outro, onde supostamente devemos ir todos, onde devemos nos juntar a eles. Mas não podemos. Não podemos. Deitamos junto o que temos, e então a escavadeira, se esquivando do frio gelado diante da igreja, na grama congelada, ela mesmo congelada, todos nós congelados, mas pelo menos dentro, na casa de Deus, então tudo isso é levado embora e pronto. Foi e pronto. Queríamos ser habitantes deste reino, mas não podemos. Uma moradia, impermeável e silenciosa, que tivéssemos junto com os outros, isso seria incrível, mas não agrada vocês. Não há nenhuma casinha pronta para a gente morar, só esse convento, aí podemos ficar, pois podemos ser mandados embora a qualquer momento, talvez já tenhamos sido, pois mandar embora para nós significa ficar, só que em outro lugar, e sim, também estamos a serviço de vocês, podem eleger, podem eleger talvez até mesmo nós! Elejam a qualquer momento! Para que vocês têm eleições?! Vocês não querem ser nosso abrigo. E todos os cidadãos que tomaram essa decisão de nos afastar, de nos tirar das vistas de vocês, agora estão bem diante da urna e elegem seu bem-estar; com balanças igualitárias nos olham os partidos, eles querem ser justos, não, não querem de fato, e ninguém é justo conosco também. Estão esperando amigos ainda melhores do que nós? Quem estão esperando? Melhores que nós? Não teríamos envergonhado vocês, teríamos nos envergonhado, de bom grado, sempre, se nos tivessem pedido, pois rapidamente tudo o que sai da boca cai na boca do povo, e facilmente o falado se torna famigerado e odiado. Assim é. Assim é. Advertimos vocês de que teríamos nos esforçado, teríamos nos queixado de nosso duro fardo, mas então teríamos nos esforçado muito, prometemos que íamos nos esforçar, só não sabemos para quê, para quem, pelo quê, fazemos o que podemos, não teríamos machucado nem mesmo um animal, nem uma pessoa, isso não nos pertence, mas não podemos pertencer a esta terra, vocês se protegem de nós. Vocês toleram tudo, só a nós não toleram. Não evitam xingamentos, nos tornamos alvo de gozo e troça dos nossos inimigos, bem que gostaríamos de ter evitado isso, acreditem, não foi possível. Perdoem-nos. Bem que gostaríamos de uma moradia pronta, o que quer que a cidade quisesse nos dar. Encargos e deveres teríamos assumido de bom grado. O que quer que o pai Estado nos tivesse aconselhado teríamos resguardado, fiéis e confiantes, pois decoro e vergonha nos são mais caros que a vida, que de todo modo não podemos continuar. Então. E agora também elogiamos algo, pode ser o Deus de vocês também, estávamos na sua casa mesmo, tinha boa aparência e estava bem arrumada, pelo menos até que chegamos montamos acampamento e apanhamos uma pneumonia e algumas greves de fome. Elogiamos a cidade, que jamais seja inundada, nunca acontecerá pois não tem mar, mas tem essa corrente, está precavida, a cidade tem corrente e rede elétrica próprias e uma área de várzea, possivelmente até outras áreas e outras redes, mas só um gerente de área, infelizmente não o conhecemos. Ele não veio, também não precisou, já estava aí. Precavida para tudo, para tudo e não só para a gente. Bom, compreendemos, vocês não podiam saber que viríamos, não nos reportamos às autoridades, aparecemos sem sermos anunciados. Somos os não-anunciados. Os suplicantes. Os crucificados, não, isso não, algo assim não deixaríamos fazer conosco. Por nós o Deus de vocês pode fazer isso, nós não fazemos. Poucos olham para nós com compaixão. Outros se entronam sobre nós e não nos veem, embora estejam bem em cima da gente, deveriam nos ver, até de um avião deveriam nos ver, até como águias. Mas não. Dão as costas! Olham para outro lugar, mas olham atentamente como sempre. O desejo de caçar é mais forte, sempre mais forte, mas não nos veem, a balança balança, ela afunda conosco, somos pegos da geladeira, a caçada já acabou faz tempo, então estamos aí, uns pedaços de carne, nada mais. E agora acontece, talvez já tenha acontecido enquanto vocês veem isto, o que nos foi imposto pelo destino, isto é, o fim. O desaparecimento. O virar o rosto para nós, e de fato as duas faces, depois de uma face virar e oferecer a outra face, virar as duas faces. Isso nos mantém em movimento. Bom. Permanecem sem comoção os comovidos, facilmente comovidos por vídeos de gatos, comovidos por filhotinhos de cachorro, o futuro já se aproxima de nós, disfarçado, sim, mesmo disfarçado o vemos, também já nos enfiamos no fundo do poço, do abismo, não foi tão ruim assim, mesmo não tendo fundos para isso, quando até o oceano tem um, em algum lugar, só queríamos olhar, simplesmente, sim, também já vemos o futuro, sim, ele ali, ainda oculto na escuridão, digam-nos de que é que ainda devemos fugir e sobretudo: por quê? Para quem? Que nos seja feita a justiça, rezamos por isso, que a isso conduza minha reza por um salvo-conduto, pela sorte grande, por uma sorte melhor, mas não vai acontecer. Não vai acontecer. Não é. Nem estamos aí. Nós viemos, mas sequer estamos aí.

Ésquilo: As Suplicantes
Ministério do Interior, Secretaria da Integração: Conviver na Áustria
Ovídio: Metamorfoses
E uma pitada de Heidegger, tem que ser, sozinha eu não consigo.

3

O GRANDE TEATRO DO FIM DO MUNDO

As críticas frequentes a Jelinek (citadas e rebatidas nos blocos anteriores) giram em torno dos mesmos eixos: um feminismo antiquado, baseado no ódio e na animosidade entre os sexos, sem perspectiva de reconciliação; a recusa da personagem como falta de sujeitos individualizados que se responsabilizem perante estruturas anônimas; a mimese linguística de uma totalidade sistêmica caótica, gerando incompreensão e desespero sem um vislumbre de esperança. Sempre variações da mesma acusação de niilismo ou pessimismo. Ao responder às censuras, talvez seja o caso de começar perguntando não pelo que há de positivo nessa dramaturgia, mas pelo sentido da acusação. O que o pessimismo tem de tão ameaçador ou "perverso", por que a palavra "pessimista" se tornou expressão de ofensa política ou intelectual?

Para avançar, proponho associar o problema a outro tema recorrente. O trabalho de Jelinek com as palavras liga-se intimamente a uma crítica (desconstrução, não desvelamento) dos modos como a linguagem não só expressa, mas produz normatividades de gênero ou de identidade nacional e política, cria tanto o *eu* que se crê seu sujeito quanto o outro que lhe é oposto. Eis o que Judith Butler e Barbara Cassin chamaram de *performatividade*, contra uma ontologia no sentido habitual. Porém, daí não decorre automaticamente uma solução ou caminho propositivo, como às vezes se pretendeu. Tornou-se comum, por exemplo, ver a cena contemporânea como a de um "teatro performativo", que se inspiraria na *performance art*, para abandonar o campo da mimese em prol da intervenção eficaz na realidade, passando da representação à ação[1].

Mas Lehmann já havia antecipado e criticado essa ideia, que introduziria "um movimento em falso no esquema", ao ver no teatro uma "força de oposição, como contraposição e ação"[2]. Seus defensores, embora "raramente saibam o que instituem, acomodam-se em uma certeza de que em todo caso instituem algo, uma certeza de que aquilo que fazem *é* de todo modo um fazer"[3]. Teria o teatro força performativa, isto é, comparável à que garante as normas sociais, porém no sentido de transformá-las? Jelinek certamente não crê nisso, como temos visto. O teatro seria antes *aformativo*: Lehmann se vale do conceito de Werner Hamacher, que o define como negação ou suspensão dos performativos dados e ao mesmo tempo aquilo que possibilita toda performance, justamente ao assinalar que nenhuma é definitiva. Atuando não no campo das posições, mas das pressuposições, esse aformativo só pode aparecer em "elipses, pausas, interrupções, deslocamentos etc."[4]. O teatro parte da "dúvida sobre o fato de algo ter sido representado ou não", "incerteza quanto ao fato de se tratar ou não de um ato", contrapondo "a cada tese, cada posição, cada obra, cada sentido uma indeterminação e um potencial cancelamento"[5]. Donde a preferência – tanto do teatrólogo quanto de Jelinek, ambos criticados por isso – por certa *negatividade* encarnada cenicamente na não compreensão e no trágico.

Eis o que investigaremos neste último bloco, tentando ler como trágico o teatro de Jelinek, sem concordar com certa recusa moderna da tragédia, desde Brecht. É evidente que o projeto brechtiano se insere num contexto histórico marcado pelo horizonte aberto pela luta revolucionária: a transformação radical da sociedade parecia ao alcance das mãos. Há que perguntar não apenas se isso hoje ainda é possível, mas também se seria, afinal, desejável. Pois "reconhecer o bloqueio de um processo" (e cabe esclarecer que "o bloqueio da solução revolucionária e a esterilidade da política eleitoral são

1. Ver Josette Féral, Por uma Poética da Performatividade: O Teatro Performativo, trad. Lígia Borges, *Sala Preta*, São Paulo, v. 8, n. 1, 2008. A própria Butler parece deduzir da performatividade do gênero um passo prescritivo (possíveis "atos corporais subversivos") e uma crítica à posição lacaniana (aliás, próxima à de Jelinek), por totalizar o campo do simbólico, bloqueando a transformação.

2. Hans-Thies Lehmann, *Teatro Pós-Dramático*, trad. Pedro Süssekind, São Paulo: Cosac Naify, 2007, p. 416.

3. Ibidem, p. 417.

4. W. Hamacher, Aformativo, Greve: A "Crítica da Violência" de Benjamin, em Andrew Benjamin; Peter Osborne (orgs.), *A Filosofia de Walter Benjamin*, Rio de Janeiro: Zahar, 1997, p. 140.

5. H.-T. Lehmann, op. cit., p. 417.

diagnósticos, e não preferências", dos quais "pode-se discordar, mas as razões para concordar são consideráveis"[6]) "não significa abandonar a defesa de sua necessidade", mas "complexificar seus esquemas de efetivação"[7].

No atual contexto de paralisia, a verdadeira alteridade "precisa se colocar na forma do impossível para não se reduzir a uma possibilidade imanente da atualidade". Mas "esse 'impossível' não é um não realizável", é uma estratégia para "colocar a situação atual em movimento sem, com isso, reiterar mais uma vez aquilo que se reduziu a ser apenas um possível das normatividades atuais". A acusação de niilismo contra pensadores e poetas da negatividade é cega para o esforço de "forçar a imaginação social a recusar todo compromisso com a situação atual". Jelinek recusa a versão dramática da transformabilidade, equivalente a um modelo de autonomia moral. Pois só ao "generalizar politicamente os modelos fornecidos pela autonomia estética" escapamos ao risco "de preservar aquilo que [se] deveria ultrapassar, a saber, a adesão às formas atuais de existência encarnada em figuras específicas do sujeito e de deliberação, fundamentos da adesão às formas atuais de reprodução social"[8].

De modo semelhante, o frankfurtiano Christoph Menke propõe o retorno a certa ideia de *necessidade* em uma filosofia *trágica*[9]. A oposição absoluta à tragédia é idealista: faz "*toda* necessidade não dominada aparecer como ilusão, *toda* objetividade não posta por si como falsa", falhando em ver a *prática* "situada em uma história e uma cultura, e materializada em um corpo e um meio", conservando, pois, "uma dimensão de necessidade intransponível, de objetividade irredutível". Se materialismo é consciência da "precedência da 'existência material', da 'práxis', do 'mundo da vida', do 'inconsciente'", então "não se pode mais manter a ideia de que o devir social se reduziria à sua livre produção", exigindo "um conhecimento transparente da sociedade por ela mesma". Não se deve "interpretar negativamente a compreensão materialista da diferença incoercível da práxis", lendo-a "como impedimento que não podemos impedir". O filósofo não vê o trágico como "metafísica para embelezar o sofrimento", oposta à teoria

6. Vladimir Safatle, *Dar Corpo ao Impossível: O Sentido da Dialética a Partir de Theodor Adorno*, Belo Horizonte: Autêntica, 2019, pos. 4396 [digital].

7. Ibidem, pos. 4264 [digital].

8. Todas as citações desse parágrafo foram extraídas de Vladimir Safatle, op. cit., pos. 939, 2283, 5550 e 6159.

9. Ver C. Menke, Théorie critique et connaissance tragique, *Rue Descartes*, Paris, n. 23, 1999. Ver também Artur Sartori Kon, Mímesis, Contemplação, Autonomia: Experiência (e) Estética na Releitura de Adorno Por Certa Terceira Geração da Escola de Frankfurt, *Dissonância: Revista de Teoria Crítica*, Campinas, v. 3, n. 2, 2019.

crítica, mas como consequência e corretivo necessário dela[10]. É com isso em mente que devemos abordar as peças deste bloco, onde se enfrenta o fracasso trágico de quaisquer horizontes de expectativa e transformação, o qual assume a forma de *catástrofe*.

(Não) Mate o Mensageiro

Vimos o embate de Jelinek com o nazismo como *passado que não passou*, guardado como marca na sociedade e, sobretudo, na língua. Ao longo de toda a trajetória da autora, sua maior obsessão talvez tenha sido a "infinita ausência de culpa" em seu país. Pois a Áustria do pós-guerra não teria reconhecido de fato sua responsabilidade para com os horrores do nazismo, dos quais se afirmou a "primeira vítima" (devido à anexação pela Alemanha, em 1938). Donde a necessidade de abordar o modo como o passado ainda influencia o presente, mesmo que "tanta coisa já tenha sido superada ou reconciliada"[11]. Por um lado, diz Jelinek, "foram as vítimas, não os criminosos, que 'elaboraram' o passado"[12]; por outro, as novas gerações seriam capazes de "ainda por cima ter orgulho do próprio remorso (ritualizado)"[13], fazendo-o girar no vazio. Esse "orgulho dos pecados"[14] (*Sündenstolz*) será onipresente em *Rechnitz*.

Jelinek já havia se ocupado do caso aqui abordado desde 1994, quando do lançamento por Eduard Erne e Margareta Heinrich do filme *Totschweigen* (algo como "silêncio de morte", expressão que não poderia deixar de ser aproveitada pelo faro linguístico de Jelinek). O documentário abordava pela primeira vez o massacre ocorrido no município de Rechnitz, onde, em 1945, cerca de duzentos judeus foram mortos em circunstâncias até hoje não totalmente esclarecidas[15], e se tornaria uma das principais fontes de Jelinek para a escrita de sua peça sobre o caso, ao lado do livro *The Thyssen Art Macabre*,

10. Todas as citações desse parágrafo foram extraídas de Christoph Menke, op. cit., p. 35-37, 45.

11. Elfriede Jelinek em entrevista a Pia Janke, Austria's False and Mendacious Guiltlessness Has Always Really Been My Topic of Interest, em André Bastian, *Elfriede Jelinek Goes Australia: Indigenising an Austrian Nobel Prize Winner*, Melbourne: Australian Scholarly Publishing, 2017, pos. 2682 [digital].

12. Ibidem.

13. E. Jelinek apud P. Janke, Die Täter in Elfriede Jelineks Rechnitz (Der Würgeengel), em Pia Janke; Teresa Kovacs; Christian Schenkermayr (Hrsg.), *Die endlose Unschuldigkeit*, Wien: Praesens, 2010, p. 252.

14. Ibidem.

15. Em março de 2019, uma nova operação fracassou em mais uma tentativa de encontrar os restos mortais.

publicado pelo jornalista britânico David R.L. Litchfield, em 2006, com a controversa tese de que o massacre não fora cometido por soldados nazistas, mas por civis, numa sinistra caçada esportiva organizada como parte de uma festa oferecida pela Condessa de Batthyany, no seu castelo. Graças a essas obras, Jelinek já estava obcecada pelo assunto quando recebeu a proposta da Münchner Kammerspiele e do diretor Jossi Wieler para criar uma peça a partir do clássico filme de Buñuel, *O Anjo Exterminador*. A combinação permitia explicitar o "mais escandaloso desse massacre", isto é, "sua conexão com o orgiástico": a bacanal que misturou sexo (a condessa teria sido amante do oficial que a ajudou a organizar o evento), embriaguez e violência assassina na forma esportiva e lúdica de um tiro ao alvo. Se tal horror pareceria se diferenciar de qualquer diagnóstico de "banalidade do mal", note-se que a célebre expressão de Hannah Arendt é repetida muitas vezes na peça: podemos ver no caso uma *decorrência* da normalização nazista, pois, se o Estado estava louco, o crime privado era mera consequência.

Assim Jelinek desfamiliariza o conceito arendtiano já banalizado, devolvendo-lhe o caráter espantoso, "além não apenas do teatro, mas da razão e compreensão humana", na verdade "além de qualquer imaginação, mas ao mesmo tempo instigando-a"[16]. A tensão entre imaginação e inimaginável é constante nos debates sobre a literatura que lida com a Schoá, mas aqui soma-se uma particularidade: *não há testemunhos* sobre o acontecido, apenas especulação mais ou menos embasada em fatos. Essa dialética dá ao texto um mote e uma estratégia: a enunciação por um coro de mensageiros, figuras tão conhecidas quanto subestimadas das antigas tragédias gregas. Se "é impossível vislumbrar o inconcebível, só é possível suportá-lo quando relatado por mensageiros"[17]; ao mesmo tempo, essas figuras conectavam a peça ao filme de Buñuel: "Os serviçais, que vão embora, tornam-se os mensageiros da Tragédia Antiga, que chegam"[18]. Para isso, parte-se de *As Bacantes*, de Eurípides, cujo eixo é a relação entre o que se vê, o que se relata e o que se acredita que é[19]. Escrita perto do fim da Guerra do Peloponeso, a peça

16. E. Jelinek em entrevista a P. Janke, op. cit., pos. 2574.
17. Ibidem.
18. Ibidem.
19. Sêmele morre ao dar à luz o filho de Zeus; sem crer em sua origem divina, suas irmãs o rejeitam e por isso são punidas, induzidas ao delírio extático que faz delas bacantes. Filho de uma delas, o rei Penteu não crê no novo deus e proíbe seu culto. Dioniso o convence a assistir à bacanal disfarçado de mênade; o rei é visto pelas mulheres, que o despedaçam no ritual. Só ao passar a loucura sua mãe Agave vê que tem nas mãos a cabeça do filho, que ela mesma matou. Como é regra nas antigas tragédias, todo o sanguinário rito dionisíaco tem lugar fora de cena, e é relatado justamente por um mensageiro. Ver Eurípides, *Ifigênia em Áulis, As Fenícias, As Bacantes*, trad. Mário da Gama Kury, Rio de Janeiro: Jorge Zahar, 2005.

refletia um contexto de convulsão (antecedendo a queda de Atenas menos de dois anos após a estreia): é "a tragédia da loucura da Grécia, a loucura dos governantes e do povo"; o fim é "a derrota da ordem e da vida pela esterilidade, pela negação e pela decadência"[20]. O que começa como oferenda ao deus (a palavra grega "Holocausto", afinal, remete justamente a esse *sacrifício*, donde a recusa do termo por grande parte da comunidade judaica)[21] é revelado como catástrofe sem sentido. "Deus partiu. Tebas está vazia. Tudo o que resta é o corpo insepulto do Rei."[22]

Sobre essa tragédia, René Girard afirma: "A violência sempre triunfa, seja face aos que a ela se entregam de bom grado ou a ela resistem." Mas a leitura conservadora do francês não é a de Jelinek: não há para ela "cólera legítima contra uma *hybris* blasfematória" ou experiência religiosa que "liberta verdadeiramente a humanidade"; não se pode falar em "um linchamento que reconcilia todo mundo, porque todos participam dele". Se o deus do delírio "se retira silenciosamente" depois da chacina, aqui ele não se mostra "tão favorável em seu afastamento quanto foi terrível em sua proximidade", mas na verdade foge para se pôr em segurança, lavando as mãos do horror que causou. Se "os mesmos seres são capazes de dilacerar uns aos outros na crise sacrificial e de viver após, como antes, na harmonia relativa da ordem ritual"[23], é que a desordem violenta subsiste na ordem. A violência orgiástica da peça clássica é relacionada à festa macabra de Rechnitz. Ambos são imaginados pelo espectador a partir de um relato. Não porque os mensageiros poupariam os espectadores de coisas terríveis: a imaginação do ausente é *mais impactante* que fatos visíveis, eis um ponto central da peça.

Vem daí a polêmica contra a visão limitada dos historiadores que criticam a versão de Litchfield. Não que a autora creia no relato da festa macabra como fato histórico. Mas, ao adotá-lo mesmo sabendo-o duvidoso, torna sensível o horror do desconhecido, de não se saber o que houve. Por isso, diz: "amo fofoca, torna as coisas tangíveis mesmo que amiúde não tenha o menor traço de substância", como se se permitisse "tomar uns *drinks* com o Barão e ouvir suas histórias das mulheres e da família"[24],

20. Jan Kott, *The Eating of the Gods*, trad. Boleslaw Taborski e Edward Czerwinski, London: Eyre Methuen, 1974, p. 229.

21. Nem por isso é unânime a preferência por *Schoá*: o poeta, linguista e tradutor Henri Meschonnic nota que a palavra hebraica indica um desastre meramente natural, apagando o fator humano.

22. J. Kott, op. cit., p. 222.

23. Todas as citações desse parágrafo foram extraídas de René Girard, *A Violência e o Sagrado*, trad. Martha Conceição Gambini, São Paulo: Editora da Unesp, 1990, p. 163, 171-172, 175.

24. E. Jelinek em entrevista a P. Janke, op. cit., pos. 2604.

único modo de entender algo. Contra o sensacionalismo, os próprios mensageiros se afirmam "instrumentos" da história, alegando objetividade. Mas a "tranquilidade" do observador imparcial revela o "deixá-la tranquila" de quem não quer se comprometer. Sem testemunhos factuais, a única posição segura e objetiva é não narrar. Então tudo passa a ser inseguro, um ouvir falar ou especular, e mesmo fofoca. A história não esclarecida só pode aparecer em fragmentos, fora de qualquer ordem que ajude a compreender os fatos: começamos pelo fim, pela fuga dos criminosos, e só depois ficaremos sabendo algo, ainda vago, do massacre em si. Mas, em vez de completar a descrição, os mensageiros passam a discutir sobre a possibilidade de o crime ter mesmo ocorrido. O relato é marcado sobretudo pela confusão, os poucos fatos conhecidos são privados de uma narrativa linear e embaralhados, acrescidos de especulações e comentários, digressões e trocadilhos, repetidos com variações contraditórias, tornando-se meras alusões difíceis de entender por quem não conhece bem o caso de que se fala – e a questão é, afinal, que *não se conhece bem o caso*.

Ao misturar passado e presente, a autora se insere na discussão. É comum em Jelinek que vozes e fontes diversas se encarnem na mesma figura, justapondo opiniões contraditórias e até lançando reproches à posição da escritora ou ao que é dito na peça. Aqui, um "mensageiro excepcional" admoesta os demais pela irresponsabilidade diante do conhecimento histórico. Sua consideração, a princípio ponderada, logo se torna ataque contra "certa mulher" que está fornecendo os relatos aos mensageiros. Contra a autora, seria preciso assumir uma posição mais complexa, sem julgar fatos e atores do passado. Jelinek se refere a declarações feitas à época da escrita da peça pelo escritor Hans Magnus Enzensberger, que via nos horrores do passado nazista uma indiferenciação entre vítimas e perpetradores, verdadeiro e falso. Se o faz, porém, não é para polemizar com o outro escritor, mas antes refletir sobre si. No programa da encenação de *Rechnitz* pela Schauspielhaus de Zurique, Jelinek escreveu: "queria colocar em questão também minha própria posição. Talvez também para não me expor a essas acusações de que eis aí de novo um bom samaritano de esquerda requentando esse tema"[25].

Curiosamente (ou seja: como é estranho numa obra dramática, mas comum em Jelinek), nada no texto indica o fim da fala do "mensageiro excepcional"; ele acaba se confundindo com o resto do coro, perdendo qualquer capacidade de se firmar de modo independente, mas também de ser

25. E. Jelinek apud Gerhard Scheit, *Kritik des politischen Engagements*, Freiburg: Ça Ira, 2016, p. 674-675.

separado de alguma outra posição defendida. Por outro lado, a submersão do discurso do escritor no meio de tantos outros é variante da sobreposição de tempos praticada por Jelinek e criticada por Enzensberger, contaminando até os tempos verbais da enunciação. A confusão narrativa, a ida e vinda na cronologia, a alternância entre a perspectiva do passado e a do presente atingem a própria linguagem com que se tenta relatar. Se para os mensageiros é decisiva a incapacidade de apreender presente e passado como distintos, é que já não se pode sequer falar de "nascidos depois", todos estão implicados. A condição de possibilidade de um juízo sobre o passado é justamente o embate entre camadas temporais, e mesmo uma negação do conceito de tempo. No teatro de Jelinek, como no inconsciente, tudo é presente (mais um motivo para a negação da forma dramática pela austríaca), o nazismo e a sociedade posterior coincidem, o traço totalitário da sociedade pós-nazista persiste. O inconsciente a céu aberto dos discursos jelinekianos remete em *Rechnitz* à sobrevivência do fascismo no interior das sociedades democráticas após o fim da Segunda Guerra Mundial. Ideia recorrente desde pelo menos a reflexão de Adorno sobre a elaboração do passado e o célebre imperativo moral de que Auschwitz não se repita. Batalha que estamos constantemente perdendo, não cansava de insistir o filósofo, e que nos últimos anos, infelizmente, teve sua relevância renovada.

É certo, porém, que os mensageiros do texto *não são testemunhas do acontecido*. Quem fala não pode ter presenciado o massacre; lá só estavam as vítimas (nenhuma restou), e os assassinos (com motivos e o poder para seguirem calados). A *instabilidade* torna-se o atributo mais marcante do mensageiro. Por mais comovente que seja a mensagem, sua neutralidade seria fundamental, ele teria que se retirar ou recuar, pondo em primeiro plano a mensagem: "Por favor, o mensageiro só relata, não pode se intrometer"[26], insistem, mas talvez porque sempre contrariam essa imparcialidade, oferecendo a opinião pessoal que não deveria existir. Como confessa um: "Como mensageiro, eu sempre deveria dispor de várias palavras, que teria que ter na ponta da língua, mas as palavras se amontoaram e se amassaram e se amalgamaram tanto, como já relatei, que agora não consigo mais separá-las."[27] A preocupação com o modo e a possibilidade de narrar o massacre de Rechnitz é para Jelinek tão ou mais importante quanto os eventos. Ou, melhor dizendo, um dos princípios da obra é a inseparabilidade de ambos. O *ruído* na transmissão é parte integrante do projeto.

26. Ver infra, p. 381.
27. Ver infra, p. 353.

A preocupação com a transmissibilidade reaparece adiante de modo notável, tratando do possível registro dos crimes nazistas não em relatos e testemunhos (preocupação central da escritora e da "literatura do Holocausto"), mas em imagens, citando uma foto onde "ainda dá para ver a moldura escura"[28]. Não havendo registro de fotografia feita em Rechnitz, há que buscar em outra parte a referência. Trata-se de um dos pouquíssimos registros fotográficos do campo de Auschwitz por dentro e em operação; na verdade, duas fotos semelhantes de um total de quatro, tiradas em agosto de 1944 por um membro anônimo do Sonderkommando (hoje expostas no Museu de Auschwitz-Birkenau). Elas documentam a incineração de cadáveres tirados das câmaras de gás, e são marcadas justamente pela moldura da porta que permitiu ao fotógrafo se esconder para fazer o registro. As imagens foram pivô em uma polêmica entre Georges Didi-Huberman, de um lado, e Gérard Wajcman e Elisabeth Pagnoux, de outro. O primeiro defendia a relevância das fotografias, sobretudo do que, nelas, escapa à representação objetiva, *sua imperfeição*, a moldura negra que ocupa quase tanto espaço quanto o que se almejava registrar, *traço* da própria impossibilidade de produzir as fotos, tão relevante quanto o registro. Foi criticado por crer nas imagens, na representabilidade da Schoá, numa "lógica funesta" de fetichismo e perversão. Contra o inimaginável (ou *porque* o horror dos campos é inimaginável), Didi-Huberman afirma o *dever de imaginar, apesar de tudo*[29].

É esse imperativo que creio também mover a peça, mesmo sem ser objeto de uma afirmação simples, inequívoca, pois a confusão dos mensageiros corre o risco de se tornar silêncio: quanto mais se fala, menos se diz; ao mesmo tempo, gera uma descrença generalizada favorável aos culpados. É certo que há bons motivos para calar, como o medo de sofrer as consequências por romper o silêncio. Mas há também outro problema: se, por um lado, o discurso dos serviçais seria uma alternativa ao dos senhores, quem fala sem ser vítima nem carrasco não dispõe de linguagem própria. Jelinek diz que a peça mostra os "dominantes como senhores da linguagem" ou "os senhores da linguagem como dominantes e determinantes do discurso público". Na falta do discurso das vítimas, totalmente apagado, só sobra a linguagem dos carrascos, a qual só com muito esforço pode ser voltada contra eles – o constante esforço de Jelinek de *torturar*

28. Ver infra, p. 391.

29. Ver G. Didi-Huberman, *Imagens Apesar de Tudo*, trad. Vanessa Brito e João Pedro Cachopo, São Paulo: Editora 34, 2020. Para uma discussão desse ponto, ver meu artigo "Apesar de Tudo: Didi-Huberman, Ética e Estética". *Paralaxe*, São Paulo, v. 4, n. 1, 2016.

a língua, o que requer tomá-la em sua materialidade, remetendo àquela outra materialidade, a do "conhecimento trágico" de Menke[30]. Em ambos os casos, trata-se de reconhecer que "os momentos da práxis revelados pelo materialismo, que se subtraem tanto à captura reflexiva quanto à produção planificada, não são – ou ao menos não somente – obstáculo, mas também o que torna possível"[31]. Há, na práxis social (incluindo aqui a prática do *dizer*) "uma autonomia irredutível"[32] em relação ao conhecimento (ao que pode ser *dito*). Só essa autonomia pode romper "o idealismo do conceito de liberdade", encarná-la na "relação ao necessário", que é, "enquanto condição de possibilidade da práxis, ao mesmo tempo a de sua impossibilidade – a impossibilidade de uma *garantia* de sucesso"[33]. O que torna possível a ação também a faz fracassar, donde o caráter *trágico* do descentramento materialista.

O mensageiro-narrador foi visto como resquício da épica na tragédia grega. O retorno ao narrar era um dos princípios de um teatro épico que propiciaria o conhecimento não só das estruturas da sociedade, mas também de como transformá-las, passando da representação para a ação. A narração objetiva, não estetizante, foi também vista como único modelo adequado para descrever os eventos ligados à Schoá. Mas em *Rechnitz,* Jelinek faz recuar o "eu épico". Não que ele esteja ausente: *assistimos ao processo de sua retirada* diante dos impasses da atividade de narrar. Quanto mais fala, menos diz, mas também mais se expõe. Um pouco como Édipo, o mensageiro da peça descobre a *si mesmo* como conteúdo de seu relato. É ao tentar colocar os fatos históricos em ordem e embasar um julgamento sobre eles que o narrador se vê enredado ali, sem distância possível do passado. Para Menke, a tragédia contemporânea (depois de Brecht) é a tragédia *da representação*, é o teatro refletindo sobre os próprios limites perante a realidade, sem poder se transformar em práxis bem-sucedida[34].

30. Ver C. Menke, op. cit. Para Sybille Krämer, *Medium, Messenger, Transmission: An Approach to Media Philosophy* (Amsterdam: Amsterdam University Press, 2015, p. 82), a questão é sempre "se o mensageiro manterá seu *status* heterônomo e a neutralidade implicada ou se vai 'se rebelar' [...], omitindo, distorcendo ou inventando", o que pode significar "semear a discórdia, criar intrigas, pôr as pessoas umas contra as outras, trair e agitar". Essa "delinquência diabólica está sempre inscrita como opção na função do mensageiro", na sua materialidade, que resiste a uma transparência total e idealista da comunicação.

31. C. Menke, op. cit., p. 37-38.

32. Ibidem.

33. Ibidem, p. 40-41.

34. Idem, *La Actualidad de la Tragedia: Ensayo Sobre Juicio y Representación*, Madri: Machado Libros, 2008. Ver meu artigo "Tragédia e Comédia em Christoph Menke: Teoria Crítica e Estética Contemporânea", *Rapsódia: Almanaque de Filosofia e Arte*, São Paulo, n. 12, 2018.

É o que Jelinek reitera: "aqueles que eu quereria alcançar simplesmente não ouviriam", isto é, "devido a meus posicionamentos me tornei uma figura negativa há muito tempo", ao menos "para aqueles que precisariam ser convencidos", que "tudo o que eu poderia dizer seria pregar para convertidos"[35]. Mas "também não posso calar. [...] Talvez até preferisse", até porque "me traria muito mais simpatia, é o que me dizem sempre"[36]. Os textos de Jelinek trazem sempre certa resignação: "escrevo a futilidade da minha própria escrita, da qual estou plenamente ciente"[37]. Noto que a autora não diz que *não se pode falar* ou que *se pode/deve falar*, mas numa dupla negação expressa a posição mais complexa de que *não se pode não falar*; para ela, escrever não é questão de vontade, mas de necessidade ou *pulsão*[38]. Por mais que não queira, que não disponha da linguagem adequada, que tudo pareça confuso e ninguém esteja ouvindo, o mensageiro segue falando, apesar de tudo.

▪ ▪

Uma breve nota sobre o epílogo da peça, cujo caráter enigmático o fez ser excluído de muitas análises e encenações. Aqui não há blocos de texto, mas diálogo (sem indicação de quem fala o quê). Duas pessoas marcam um encontro; logo passam a descrever, de modo detalhado e explícito, um ato de canibalismo curiosamente consensual. O texto adapta um *chat on-line* real, publicado em livro, sobre o caso policial do "canibal de Rotenburg"[39]. O sentido da cena em relação ao resto da obra não é fácil de apreender. Não é a primeira vez que o tema do canibalismo é usado no teatro em justaposição à história alemã do século XX, como para indicar o máximo do horror de que o ser humano é capaz[40]. Mas aqui diríamos ouvir o oposto: um diálogo perfeitamente civilizado e um ato sexual que, por horrível que

35. E. Jelinek em entrevista a P. Janke, op. cit., pos. 2718.
36. Ibidem.
37. Ibidem.
38. A autora diz ser "uma *Triebtäterin*", termo para criminosos sexuais derivado de *Trieb*, pulsão. A filósofa eslovena Alenka Zupančič (*Ethics of the Real: Kant and Lacan*, London: Verso, 2000) pensa a "ética trágica" da psicanálise lacaniana como próxima à pulsão, àquilo que me tira do eixo e me move apesar de mim. Ver meu artigo "Tragédia e Comédia em Alenka Zupančič", *Anais do III Seminário de Estética e Crítica de Arte da USP*, São Paulo: FFLCH/USP, 2017.
39. David Crossland, Canibal Pega Apenas 8 Anos e Meio de Prisão, *Folha de S.Paulo*, São Paulo, 31 jan. 2004, disponível em: <https://www1.folha.uol.com.br>. Acesso em: out. 2024.
40. Como mostram as peças *Die Kannibalen*, de George Tabori (1968), *ÜBERGEWICHTIG, unwichtig: UNFORM. Ein europäisches Abendmahl*, de Werner Schwab (1991); *Tetom und Tuba*, de Libuše Moníková (1987); *Germania Tod in Berlin* (1971), *Die Schlacht* (1974) e *Germania 3. Gespenster am toten Mann* (1995), de Heiner Müller.

soe, ocorre com consentimento, entre sujeitos adultos (e sem aparente dissimetria de poder, sequer a diferença de gêneros que Jelinek tematiza em outras obras). Uma chave possível para ler a cena é dada pelo caso da encenação em Düsseldorf por Hermann Schmidt-Rahmer, onde causou incompreensão e revolta. Parte do público deixou a sala ainda durante a apresentação e um espectador chegou a cuspir na assistente de direção. Consultada sobre o escândalo, Jelinek declarou: "a maior parte da peça trata da monstruosidade do assassinato de quase duzentos homens indefesos. Os assassinos vão da bebedeira direto à caça humana. Que justo um assassinato por prazer chocaria mais as pessoas eu não poderia imaginar". Escandaloso é que o "pequeno e artesanal assassinato sexual choque" enquanto "a matança em massa torna-se normal"[41].

Jelinek parece aludir à sensação de que os horrores da Schoá "são coisas que viemos a conhecer, talvez, bem *demais*, ou pelo menos ao ponto de não sermos mais suficientemente surpreendidos ou perturbados por elas"[42]; caberia "nutrir ou renovar, na recepção desses testemunhos, algo como um desconforto cognitivo"[43]. Sobretudo porque logo "o destino do testemunho dos sobreviventes do Holocausto dependerá inteiramente da recepção por aqueles que 'não estavam lá'"[44]. Jelinek atribui a essa ansiedade a escrita da peça: "As testemunhas contemporâneas dos crimes estão lentamente morrendo. Logo, todos dependeremos de relatos de mensageiros."[45] Mais um modo de ler a ética trágica da peça: fidelidade ao evento que não nos ocorreu, mas do qual *ouvimos falar*. A experiência de "ter de ouvir a voz do outro que lhe informa seu destino" é a situação do protagonista perante o mensageiro, que Hans-Thies Lehmann coloca no centro do fenômeno trágico[46]. E é a do público de *Rechnitz*: "o mensageiro não interpreta nada. Disso vocês mesmos vão ter que cuidar. Vocês mesmos têm que cuidar de ter cuidado"[47].

41. E. Jelinek apud Stefan Keim, Zuschauer bespucken aus Wut Theaterangestellte, *Die Welt*, Hamburg, 13 out. 2010, disponível em: <https://www.welt.de>. Acesso em: out. 2024.

42. Thomas Trezise, *Witnessing Witnessing*, New York: Fordham University Press, 2013, p. 38-39.

43. Ibidem.

44. Ibidem, p. 1.

45. E. Jelinek em entrevista a P. Janke, op. cit., pos. 2645.

46. *Theater und Mythos: Die Konstitution des Subjekts im Diskurs der antiken Tragödie*, Stuttgart: J.B. Metzler, 1991, p. 46.

47. Ver infra, p. 389.

O Nascimento da Comédia dos Espíritos da Música

O filósofo Jean-Luc Nancy vê a história recente assombrada por eventos calamitosos (tantas vezes chamados de "trágicos"), e chama a atenção para como o fim da Segunda Guerra, "longe de ser figurável como a conclusão e a paz que deveriam pontuar o fim de uma guerra", havia sido marcado por uma funérea associação entre Auschwitz e Hiroshima. O suposto cessar-fogo aparecia "antes como dupla inauguração: a do projeto de aniquilar povos ou grupos humanos pelos meios de uma racionalidade técnica sistematicamente elaborada e a do projeto de aniquilar populações inteiras e mutilar seus descendentes". Ora, um evento "no início do século XXI reaviva medos e interrogações que o século XX havia desencadeado pela primeira vez em grande escala", desde o "privilégio sinistro que o faz rimar com Hiroshima". Mas, quando em 11 de março de 2011, um *tsunami* gerado por um grande maremoto na costa do Japão atingiu a Central Nuclear de Fukushima I, causando o derretimento de três dos seis reatores nucleares da usina e a subsequente liberação de quantidades significativas de material radioativo – no maior desastre nuclear desde Chernobil, em 1986 –, fizeram-se prementes questões diferentes daquelas normalmente associadas aos enormes crimes dos anos 1940. Justamente porque dessa vez não era indiscutível o caráter criminoso do evento. Afinal, para além da "poesia estridente dessa rima infeliz", Nancy insiste em contrastar Hiroshima e Fukushima: "o átomo militar não é o átomo civil, o ataque por um inimigo não é a produção elétrica do país". E mesmo assim vemos "um estado de 'guerra sem inimigo'", que afinal só poderia ser "uma guerra contra nós mesmos". Além disso, apesar do imprevisível da natureza, por toda parte a escala do desastre revelava traços de responsabilidade humana, levando à pergunta: "civilização ou irreparável?" ou ainda "civilização do irreparável ou civilização irreparável?" A conclusão que parecia se impor era de que "não há mais catástrofes naturais: não há nada mais que uma catástrofe civilizacional que se propaga em toda ocasião"[48].

Meses após o desastre, em setembro de 2011, estreava, na Schauspiel de Colônia, *Sem Luz*, escrita a pedido da diretora Karin Beier, colaboradora frequente de Jelinek. Em dezembro, houve uma leitura da tradução para o japonês (por Tatsuki Hayashi), em Tóquio, onde, em outubro de 2012, estreou a encenação de Motoi Miura. Não demorou para críticos encontrarem os temas recorrentes na obra da austríaca: o lugar vazio da

48. Todas as citações desse parágrafo foram extraídas de Jean-Luc Nancy, *L'Équivalence des catastrophes (Après Fukushima)*, Paris: Galilée, 2012, p. 19-57.

culpa (como em *Rechnitz*), a dessolidarização dos discursos dominantes, o esquecimento, o fato de as corporações nucleares não apenas saírem ilesas, mas ainda buscarem compensações do Estado para seguir expandindo. Viu-se ali a crítica às condições humanas e sistêmicas que geram a catástrofe, visando revelar a desresponsabilização por parte de governos, empresas e demais envolvidos. Mas tal leitura dificilmente se sustenta no confronto com essa obra que, pelo contrário, parece *desviar estranhamente* de temas e posturas próprios à escrita explicitamente política da autora. Não se trata apenas de notar que Fukushima sequer é nomeada – curioso em uma escritora que jamais evitou dar nomes aos bois. O fato é que, para além de trechos menores em um prólogo e um epílogo, somados à peça só depois da estreia, em 2012, as responsabilidades e as críticas diretas a quaisquer agentes e instâncias *simplesmente não aparecem* nesse texto, que pode ser descrito como um dos únicos em que Jelinek não faz literatura engajada. Compreender esse caráter excepcional não é sem dificuldades.

Sugerindo um cenário de blecaute, o título anuncia a desorientação onipresente na peça. Não há rubricas iniciais. Não sabemos quem fala. Apenas as letras "A" e "B" indicam os interlocutores; qualquer interpretação sobre quem são as figuras deve partir do que dizem. O texto também é provavelmente o mais dialógico escrito por Jelinek nos últimos vinte anos, embora aqui a adjetivação seja bastante relativa: mesmo as elocuções mais breves da conversa são, ao estilo da autora, longas o bastante para perturbar qualquer noção tradicional de drama. E, ao lado do obstáculo formal, há outro, ficcional, perturbando a troca intersubjetiva: "um ruído" onipresente impede que se ouça qualquer coisa, sugerindo "uma falha no sistema".

Para o frankfurtiano Martin Seel, o ruído (já visto em *Rechnitz* como perturbação da comunicação) seria um "fenômeno fundamental de suspensão estética", ou seja, "o processo sensorialmente perceptível de algo acontecendo sem um sentido claramente identificável do que seja"[49]. Trata-se de uma "experiência da realidade *amorfa*", gerando "perda de coordenadas" e, na percepção, "perda de coordenação e orientação"[50]. Ora, Seel liga o ruído não só à literatura moderna (Virginia Woolf, James Joyce, Thomas Bernhard), mas vê na prosa de Elfriede Jelinek exemplo privilegiado: "um encontro de linguagens incompatíveis, a partir das quais se alinhava o texto", pois "Jelinek muda de voz várias vezes na mesma frase, sem preferir

49. Martin Seel, Standstills in Motion, em Reihold Görling et al. (eds.), *Aesthetics of Standstill*, Berlim: Steinberg, 2019, p. 275.

50. Idem, *Estética del Aparecer*, trad. Sebastián Pereira Restrepo, Madrid: Katz, 2010, p. 239.

nenhuma e sem querer produzir a princípio um efeito paródico ou satírico", criando "um alemão monstruoso"[51]. Não se trata de "uma linguagem que se possa examinar para comprovar se suas descrições são adequadas", pois "em tudo aquilo a que se refere ela fala da inadequação inerente à linguagem", própria a "todas as formas de fala que a sua toca sem nenhum tato"[52]. E ela "toca todas" as formas. É por isso que "deriva em ruído, apesar de dizer algo determinado, palavra por palavra e frase por frase – deriva em um ruído composto de milhares de vozes obtusas, que se lê como uma imprecação estrondosa, incompreensível e que não quer acabar, uma imprecação contra o poder fatal de uma fala que enterra qualquer objeto concebível debaixo de si com a mesma impassibilidade da natureza"[53].

Em *Sem Luz*, além da prosa ruidosa, há a tematização de certo ruído, tão indeterminado e ensurdecedor que é descrito como total silêncio e, ao mesmo tempo, como um grito ou uma profusão de gritos, vindos de "todos", quem quer que sejam, ou também de ninguém. Só aos poucos obtemos mais informações sobre o cenário pós-apocalíptico onde se trava o diálogo. De todo modo, "alguma coisa está diferente"[54]. Há menção a "outros", indeterminados e invisíveis, que de algum modo antagonizam com as figuras falantes: "embaixo luzem as risadas"[55]; e logo: "Todos vocês se fazendo de surdos, queiram agora ficar de pé, por favor"[56]. Serão esses outros os próprios espectadores presentes no teatro? Isso explicaria que estejam *embaixo*, assobiando e *rindo*. A "luz própria" da risada seria emitida pelas figuras no palco, de modo que o público "rouba sua energia". Mas essa é uma *plateia de mortos*, que não falam ou ouvem.

Apesar desses outros, mortos mas responsáveis pelos ruídos, ou justo porque eles não respondem, a maior parte do tempo A e B se ocupam do próprio som e de sua inaudibilidade. A princípio, trata-se de suas vozes, mas eis que surge outra fonte: o violino. Eles parecem ser dois músicos de orquestra e ao mesmo tempo zumbis, cadáveres vivos, contaminados e à deriva. A referência ao acidente nuclear surge aos poucos, num vocabulário científico que *se infiltra* na conversa, inicialmente como metáfora para os sons perdidos. Ao mesmo tempo, o som como fenômeno físico é metáfora para a energia atômica (em detrimento da imagem mais usual para falar da radiação, a da *luz*, aqui negada desde o título). Na montagem

51. Ibidem, p. 238-239.
52. Ibidem.
53. Ibidem.
54. Ver infra, p. 419.
55. Ver infra, p. 418.
56. Ver infra, p. 419.

de Beier, o som de um metrônomo batendo para um ensaio de orquestra gradualmente se torna o de um medidor de contaminação. De todo modo, nada se ouve. Mas não fica nítido o que as figuras acham disso; por vezes a inaudibilidade parece mesmo *desejável*: "É isso que você quer afinal. Que alguém intervenha no último momento e arranque seus sons de você"[57]. Como se houvesse uma *alienação* entre sujeito e voz, na "sensação de que um corpo estranho entrou em mim"[58].

Eis a ocasião para um importante mote da peça, introduzido mais por associação que por lógica argumentativa (como é próprio a Jelinek): tal corpo estranho corresponderia ao mecanismo físico das lágrimas, que jorram quando algo triste acontece, mas "ainda mais se um grão de poeira entra no nosso olho"[59]. Se a menção ao choro sugere lamento pela situação, há aí uma dubiedade, pois se nota que o processo é bem semelhante no caso da risada. As referências no fim do texto informam a origem da ideia: o livro *A Voz Desconhecida do Real*, de René Girard, especificamente o capítulo "Um Equilíbrio Perigoso: Ensaio de Interpretação do Cômico", onde o pensador expõe uma teoria da comédia derivada de sua conhecida interpretação do trágico (já brevemente mencionada na discussão sobre *Rechnitz*)[60]. De fato, para o francês comédia e tragédia "estão muito próximas", tanto no ensejo ou conteúdo ("o padrão básico de uma presunção que volta para acertar o presunçoso") quanto nos efeitos: "lágrimas e riso são ambos fenômenos físicos; no nível físico, a comparação é fácil"[61].

Na peça, as imagens ganham outra proporção. Jelinek não necessariamente concorda com Girard ou coloca em prática sua teoria. Trata-se de *material* para uma aproximação entre catástrofe e fenômeno teatral: riso e lágrimas se confundem, talvez devido à incompetência desastrosa de atores que "riem quando deviam chorar"[62]. O elemento metateatral é ainda mais forte em *Sem Luz* do que em *Rechnitz*, e marcado pela recorrência e centralidade do verbo *spielen* – de difícil tradução, incluindo as ações de tocar um instrumento, representar uma peça de teatro e jogar (como *play*, em inglês), todas relevantes aqui. O diálogo gira em torno desse *spielen*, as figuras seguem tentando tocar seus instrumentos (e fazendo seu papel no teatro), sem efeito. A sensação é de total impotência e isolamento.

57. Ver infra, p. 419.
58. Ibidem.
59. Ibidem.
60. Ver *A Voz Desconhecida do Real*, trad. Filipe Duarte, Lisboa: Instituto Piaget, 2007.
61. Ibidem, p. 201. (Trad. modificada.)
62. Ver infra, p. 420.

Porém, é preciso ler o discurso da impotência, em *Sem Luz*, em chave dupla. Por um lado, obedece à situação representada, a catástrofe e a *temporalidade* específica que ela inaugura. Eis um tema central na discussão das duas figuras, em diversas formas: tempo em vias de se esgotar e, simultaneamente, tempo *depois do fim, irreversível*. O tempo é agente e palco da catástrofe, mas também há certa *atemporalidade* ou *suspensão do tempo*: "Música é tempo, e isso não temos mais."[63] Por outro lado, a suspensão ligada à impotência parece corresponder ao próprio tempo da obra de arte, sobretudo se compararmos o discurso de *Sem Luz* com o de outras peças de Jelinek, nas quais se explicita uma fundamental *inoperância* da atividade de escrita. Vimos o que há de trágico aí, na impossibilidade de realizar o projeto vanguardista, isto é, de passar do jogo da cena (do *spielen* tantas vezes repetido) para a *práxis* política, como diz Christoph Menke acerca da *tragédia da representação*: "no princípio do teatro pós-dramático encontra-se a experiência do fracasso das vanguardas históricas", isto é, o "reconhecimento da diferença estrutural que separa o jogo da ação, o teatro da práxis"[64]. Mas, se esse teatro é trágico, é porque não *desiste simplesmente* dos propósitos políticos em prol da "liberação meramente estética do jogo teatral", da "autolimitação ao que o teatro realmente consegue". Ao assumir a suspensão do tempo, Jelinek se inscreve no interstício trágico entre jogo e ação, fenda aberta pela *obstinação* que faz a ponte entre a impotência e o impossível.

O tempo de um mundo pós-catástrofe passa a corresponder ao tempo de uma arte pós-vanguardista e de um teatro pós-dramático. Ora, se em Aristóteles *catástrofe* era todo desfecho de drama, temos aqui um tempo *literalmente depois do fim do drama*, como se assistíssemos a figuras que seguem no teatro vazio depois de o público ir embora. Esse tempo alterado está longe da catástrofe hollywoodiana, cheia de ação e suspense. É antes a suspensão de um *tempo morto* no qual deixa de existir qualquer horizonte de futuro: "Talvez nosso futuro tenha sido desviado para um lugar qualquer"[65] ou então "rebaixado, demovido para uma mera mesa de informações: por favor, ainda vai sair algum trem hoje? Qualquer coisa ainda sai hoje? Já estou pregado aqui faz quatro horas, mas nada sai"[66]. Se esse pós-morte seria "algum tipo de castigo", os penitenciados se

63. Ver infra, p. 426.

64. Práxis e Jogo: Comentários Acerca da Dialética de um Teatro Pós-Vanguarda, *Urdimento*, Florianópolis, v. 1, n. 14, 2010, p. 16-17.

65. Ver infra, p. 427.

66. Ibidem.

queixam: "para isso vocês não precisavam ter enviado o mar todo, quem quer que vocês sejam. Foi demais"[67]. É *cômica* a desproporção entre o futuro e a "mera mesa de informações", bem como entre o maremoto e a queixa com que a fala termina. O apocalipse é decepcionante[68]. Vivemos uma catástrofe banal, ou a banalização da catástrofe.

Diante da confluência entre catástrofe e tédio, não surpreende que *Sem Luz* tenha sido descrito como o mais beckettiano dos textos de Jelinek: "sonata de espectros pós-beckettiana"[69], ou "um *Fim de Partida* ao modo de Beckett"[70]. E, inversamente, descrições da obra beckettiana parecem falar da peça de Jelinek: em ambos não há tempo, passado ou futuro, apenas a espera, tempo do fim ou além do fim. A aproximação é produtiva e vale desenvolvê-la[71], pois Samuel Beckett é um dos mestres da "tragédia da representação", de uma dramaturgia onde "o fracasso do jogo teatral perante a práxis pode se tornar o objeto e o conteúdo do jogo teatral"[72]. Karin Beier compara o jogo de A e B em *Sem Luz* com as duplas de *Dias Felizes*, *Fim de Partida* e *Esperando Godot*[73]. Esse par, sempre em assimetria, é de "atormentador e vítima", para Alain Badiou[74], ou "senhor e escravo", na dialética hegeliana relida por Menke. Entre os músicos da peça, o primeiro e o segundo violino, o que comanda e o que acompanha. Mas também é a tradicional dupla de palhaços, branco e augusto: para Badiou, "Beckett deve ser representado com o mais intenso humor" para

67. Ibidem

68. A. Zupančič, The Apocalypse is (Still) Disappointing, *S: Journal of the Circle for Lacanian Ideology Critique*, n. 10 e 11, 2017-2018.

69. Sarah Heppekausen, Auf der Orchesterzerreißprobe, *Nachtkritik.de*, 29 Sept. 2011, disponível em: <https://www.nachtkritik.de>. Acesso em: out. 2024.

70. Sinopse da peça, disponível em: <http://www.rowohlt-theaterverlag.de>. Acesso em: out. 2024.

71. Trechos de *Sem Luz* até parecem ressoar passagens do irlandês: se no cenário pós-apocalíptico de *Fim de Partida* Hamm lamentava que "A natureza nos esqueceu", aqui A reclama: "a natureza nos passou para trás ainda antes de qualquer um ouvir qualquer coisa" (infra, p. 428), ela "nos tirou de campo, ela pensou para si, esses brutos selvagens não vou mais alimentar!" (ibidem). E se Clov respondia que "Não existe mais natureza" e Hamm retrucava "Não existe mais! Que exagero!", em *Sem Luz* A se pergunta: "A natureza existe. Mas para onde ela foi?" (infra, p. 430) e B, adiante, diz que "a natureza exagera quando reage a tudo, mas a nós ela não reage nem um pouco" (infra, p. 435). Ver Samuel Beckett, *Fim de Partida*, trad. Fábio de Souza Andrade, São Paulo: Cosac Naify, 2010.

72. C. Menke, Práxis e Jogo: Comentários Acerca da Dialética de um Teatro Pós-Vanguarda, *Urdimento*, Florianópolis, v. 1, n. 14, 2010, p. 17.

73. Ver Karin Beier, Dionysos und Apollon zugleich: Über die Uraufführungsinszenierung von Kein Licht. Karin Beier im Gespräch mit Christian Schenkermayr, *Jelinek(Jahr)Buch 2012*, Wien: Praesens, p. 78.

74. O filósofo tira os termos do romance *Como É*, de Beckett. Ver Alain Badiou, *On Beckett*, Manchester: Clinamen, 2003.

efetivar "a verdadeira destinação do cômico", isto é, "um poderoso amor pela obstinação humana, pelo desejo incansável, pela humanidade reduzida a sua teimosia e malícia"[75]. Também Beier se valia de dois palhaços para quebrar os blocos de texto e realçar a espirituosidade agressiva de Jelinek, seu humor maldoso e cinismo[76].

É sintomático que só duas referências sejam dadas ao fim: o ensaio de Girard sobre o riso e a peça *Ichneutai* (Os Sátiros Como Cães Farejadores), drama satírico de Sófocles onde audição e sons, voz e música são centrais: Apolo ordena que o coro de sátiros procure seu rebanho desaparecido; eles seguem o rastro dos animais até uma caverna, mas são assustados pelo som que vem de lá (é a lira, que o deus recém-nascido Hermes acaba de inventar). Jelinek transforma tal procura na *busca dos sons* por A e B, também cômica, graças aos jogos de palavras da autora, mas também ao absurdo da situação descrita. Sem saber ao certo o que se passou, os dois só podem ignorar que encontrar seus sons é missão impossível; na insistência teimosa em tocar (*spielen*) os instrumentos, produzem involuntariamente o jogo (*Spiel*) teatral. São tão comicamente implacáveis quanto as personagens de Beckett "ao perseverar em seu ser, ao manter, haja o que houver, um princípio de desejo, um poder vital que as circunstâncias pareceriam tornar ilegítimo ou impossível a cada e todo instante"[77].

Aproximando *Sem Luz* do teatro beckettiano, devemos ler ambos como tragédias (com Menke) ou comédias (seguindo Badiou)? Prefiro não escolher, mas somar cômico e trágico, vendo-os como *inseparáveis* no teatro contemporâneo. Aqui a tragédia é exposta em tom cômico, não só diagnosticada como catástrofe, mas desmontada como farsa (ainda que sem a distância segura implicada na farsa). Para esse caminho parece apontar também Theodor Adorno na *Teoria Estética*: "a arte avançada dedica ao próprio trágico a comédia; o sublime e o jogo convergem"[78]. Isso se dá quando o sujeito caído "empertiga-se como se, portador do espírito, fosse apesar de tudo absoluto"[79], apego ridículo do antigo herói trágico à pretendida dignidade, não tão distante da teimosia dos "zumbis" de *Sem Luz*. É justamente em *Fim de Partida* que Adorno nota tal junção: após "a catástrofe parcial telúrica, a mais sangrenta das palhaçadas de Beckett" e "seu pressuposto temático e formal", todo movimento se dá "no mesmo lugar e declara-se como tal"[80].

75. Ibidem, p. 75.
76. Ver K. Beier, op. cit.
77. A. Badiou, op. cit., p. 74-75.
78. *Teoria Estética*, trad. Artur Morão, São Paulo: Martins Fontes, 1982, p. 224.
79. Ibidem.
80. Ibidem, p. 279-280.

A dimensão metateatral de *Sem Luz* lembra que esse limbo tragicômico não abarca só as personagens, mas a própria arte, obrigada a confessar "seu caráter de aparência, seu vazio interior"[81]. Em Beckett "o sujeito se desintegra", restando apenas "esgares clownescos pueris e sangrentos", que, no entanto, expressam "sua verdade histórica"[82]. Também Menke aproxima o palhaço e o herói trágico: se o segundo cai "uma vez, mas de modo definitivo", e aí tem sua desgraça, o primeiro "cai uma e outra vez tropeçando em si mesmo", e essa é sua felicidade; um "não pode aprender", o outro "não quer fazê-lo"[83]. Ambos agem de modo a destruir a possibilidade de êxito e de aprendizado. As figuras de *Sem Luz*, incapazes de aceitar a morte apesar de todos os sinais apocalípticos ao redor, são tanto trágicas quanto cômicas. Seu choro é uma piada, e seu riso é terrível em meio à ruína.

Se também Girard ligava riso e choro, comédia e tragédia, para ele a semelhança era, sobretudo, de efeito ou função: gerar uma catarse, uma purificação, explicada pela sua teoria do bode expiatório: "um linchamento sagrado realmente capaz de restaurar a ordem e a paz da cidade, pois reunifica todos os cidadãos contra uma única vítima"[84], cuja expulsão ritual elimina a própria violência. A predominância da comédia nos tempos atuais adviria de que hoje "o riso é a única forma socialmente aceitável da *katharsis*"[85]. E Jelinek também prefere sublinhar a comicidade de suas peças, insistindo com uma tradutora: "entre o sério e o cômico, sempre fique com o cômico"[86]. Mas e se tal primazia for só aparente? É verdade, diz Zupančič, que hoje se produz "enormes quantidades de 'comédia', bem embaladas para agradar públicos diversos", mas isso se deve a um imperativo ideológico de "distância em relação a toda ideologia", impondo "uma 'atitude positiva'"[87]. Contra toda negatividade, aliás. Eis a (per)versão "romântico-humanista" e conservadora da verdadeira comédia, rara e subversiva.

Um exemplo clássico pode explicitar a diferença entre Girard e Zupančič e nos levar de volta a Jelinek. O francês fala do "homem que perde o equilíbrio sobre o gelo" e se torna cômico "proporcionalmente à sua segurança de si ou sua prudência, nenhuma das quais, por mais absolutas, alcança

81. Ibidem.
82. Ibidem.
83. *La actualidad...*, p. 181.
84. Op. cit., p. 203. (Trad. modificada.)
85. Ibidem.
86. Ruth Bohunovsky, "Em Caso de Dúvida, Sempre Cômico!": O Teatro de Elfriede Jelinek, *Pandaemonium Germanicum*, São Paulo, v. 23, n. 39, jan.-abr. 2020, p. 4.
87. A. Zupančič, *The Odd One In: On Comedy*, Cambridge: The MIT Press, 2008, p. 4.

preservar o equilíbrio com dignidade"[88]; rir dele (contanto que não seja "eu mesmo") é "afirmação de superioridade"[89]. Sobre a cena análoga do nobre que escorrega na casca de banana, a filósofa eslovena diz que engraçado mesmo não é o tombo, "mas, muito mais, que ele se levanta dali e segue a vida como se nada tivesse acontecido"[90]. *O que é risível é ao mesmo tempo o que é indestrutível.* Algo bem próximo à pulsão que, na teoria da tragédia de Zupančič, leva o herói rumo ao Real impossível (e não ao conformismo).

É o que vejo em *Sem Luz*. Por um momento, a peça sugere um fim conservador, resignado: "Somos os últimos? Então apague a luz!"[91]. O desfecho aliás, sempre foi central à poética de gêneros: trágico e cômico se distinguiam sobretudo pelo final calamitoso ou feliz. Mas, contra o estereótipo, Zupančič já dizia que nem sempre a comédia acaba bem, ou melhor, o final feliz "acompanha certa decepção, pois implica o fim da comédia e de seu prazer específico"[92]. Já a tragédia, ao mostrar um desejo "inflexível até o fim, tudo demandando, nada cedendo, absolutamente irreconciliado", não é "tão 'trágica' assim", pois por uma inversão "a renúncia dos bens e do poder, que deveria ser uma punição", torna-se um "tipo de liberação"[93]. Aliás, no tempo suspenso e não linear do pós-dramático, nunca podemos ter certeza de onde está o fim da história. B pede que apaguem a luz, mas A rebate: "de onde a luz devia vir?"[94] Curiosamente, comicamente, *é o próprio fato de não haver luz que impede que a luz seja apagada*, assim como "não dá para pedir mais luz, se não há nenhuma aí para começo de conversa"[95]. Justo porque não há esperança, nenhuma luz no fim do túnel e "nenhum túnel no fim do qual ela possa surgir"[96], não pode haver um abandono final das esperanças.

O que resta? As figuras respondem: "nós mesmos vamos brilhar!"[97] A contaminação pela radiação nuclear ganha algo de surpreendentemente positivo. Não que seja uma solução propriamente. Assim como com as lágrimas e o riso (e a escrita de Jelinek, já vimos), não se trata de *poder*, da afirmação de uma capacidade, mas de dupla negação: "não vamos poder fazer nada senão brilhar, sequer teremos opção, então brilhamos

88. R. Girard, op. cit., p. 203. (Trad. modificada.)
89. Ibidem, p. 210.
90. A. Zupančič, *The Odd One In*, p. 30.
91. Ver infra, p. 452
92. A. Zupančič, *The Odd One In*, p. 130
93. Idem, Ethics and Tragedy in Lacan, *The Cambridge Companion to Lacan*, Cambridge: Cambridge University Press, 2003, p. 179.
94. Ver infra, p. 452.
95. Ibidem.
96. Ver infra, p. 453.
97. Ibidem.

simplesmente porque não podemos fazer mais nada"[98]. Inverte-se a teoria de Girard: a partícula (atômica) a ser expulsa na catarse passa a ser fatalmente irremovível. Porém com isso o ato de expulsar, o riso, na forma mortal da *radiação*, passa a ter valor em si; torna-se *finalidade sem fim*, isto é, uma forma de *beleza*. A e B, que a peça toda procuraram o som, acham em si aquilo que não buscavam: a luz, radiação nuclear, aquilo mesmo que os destruiu. Não por acaso tantos comentadores viram algo de terrível nesse fim, contudo o reduziram apressadamente à crítica política direta. Entretanto, a peça não está "enfrentando o apocalipse que se aproxima, mas já *dentro* dele"[99]. Um apocalipse decepcionante, não o hollywoodiano, "otimista demais": "não vamos nos safar tão facilmente, morrer muito provavelmente será gradual, lento e doloroso"[100]. Quiçá emitindo luz da radiação nuclear. Mas, sem aceitar "plenamente que não há saída, nada pode mudar de fato"[101]. Final feliz ou catastrófico? A peça termina em aberto: "Seu veredito por favor!"[102]

98. Ibidem.
99. A. Zupančič, The Apocalypse is (still) Disappointing, op. cit., p. 24-25.
100. Ibidem.
101. Ibidem.
102. Ver infra, p. 454.

RECHNITZ
(O Anjo Exterminador)

Um castelo na Áustria. Troféus de caça nas paredes. Mensageiros e mensageiras chegam de todos os lados, em parte com trajes de noite acabados, em parte vestidos como carteiros de bicicleta, entram correndo em intervalos cada vez mais curtos, até que em algum momento a sala esteja lotada. Ninguém deixa essa sala. Todos estão vestidos de modo completamente contemporâneo. Por favor, nenhum eco do passado, no máximo pequenas citações no penteado etc.! Um homem de cueca (da Calvin Klein ou Hugo Boss) é revistado por dois mensageiros enquanto seu chofer assiste. De vez em quando, alguém chega armado, com seu grande traje de noite um tanto quanto desarrumado, embora muito elegante. Essa pessoa se acotovela entre os mensageiros, que são empurrados do caminho. Essa pessoa chega assim até uma janela e, de vez em quando, dá tiros para fora.

De vez em quando, sobretudo quando se fala da Alemanha ou dos alemães, um ou outro mensageiro realiza uma representação de tentativa de suicídio que, no entanto, deve ser imediatamente reconhecida como não sendo séria. Talvez essa pessoa coloque um saco plástico na cabeça e tente amarrá-lo no pescoço ou algo assim; enfim, irônicas tentativas de suicídio.

Só os mensageiros e mensageiras falam (também pode ser só um ou só uma, fica por conta da direção). Um de cada vez, tentam deter o homem armado ou empurrá-lo para a frente, para a janela, para que ele possa atirar para fora. Naturalmente também se pode, como sempre comigo, fazer tudo totalmente diferente.

MENSAGEIROS E MENSAGEIRAS, UNS AOS OUTROS OU SOZINHOS: Você quer nos dizer que viu alguém que foi tirado da fortaleza do ventre materno pelo relampejar de um raio como se tira um osso de uma galinha? Não se dê ao trabalho, eu jamais acreditaria! Você viu as ruínas de uma fortaleza, um castelo, fumegando, mesmo antes de vir, e apesar de ser proibido fumar, o que nos pesa tanto sobre a alma? Não? Então ainda está por vir! Incendiado, como tudo o que foi incendiado desde Hefesto e Prometeu ou os russos, por mim tanto faz, afinal os russos foram os últimos que ainda nos trouxeram um pouquinho de fogo, que ainda nos acenderam um fogo no rabo. Então lhe digo: Se ainda não estiveram aí, é que ainda virão. Virão e será mesmo logo, diz um mensageiro, como você também é, bem sabe como se pode acreditar em nós. Nos russos há agora o orgulho dos conquistadores, mas sempre estragam tudo o que conquistaram, e o resto roubam, e aí acabam com isso também. Os russos são os deuses do fogo, mas de onde vem esse chamado insistente? Seu júbilo à distância nos soa como gritos, de onde é que isso ressoa, quando é que estarão aqui? Quando? Espera só, logo logo! Quem vai tocar o órgão de Stálin com todos os registros?, que enxame furioso, envolto nas peles dos uniformes e dos relógios alheios e das vidas alheias e do sangue próprio e da própria carne destroçada, nas peles dos próprios cavalos destroçados e dos próprios sapatos destroçados, correndo sobre a própria terra destroçada, passando sobre mulheres alheias estupradas, pois é, as próprias eles deixam em casa para serem estupradas pelos alemães. Uma mão lava a outra. Mas, fora esse único caso, os russos sempre fazem tudo eles mesmos e têm de fazer eles mesmos. Marcharam através de si próprios, pois o russo só conhece a si, como agradecimento sempre voltará a estuprar nossas mulheres, sempre voltando a marchar e enquanto isso sempre olhando no relógio que roubou de nós, que horas são e será que ainda dá tempo para mais uma: e se dá! E se daquela vez, fugindo furioso, o Reich gastou as solas do sapato? E os bárbaros do Reich, pois é, Marianne, você descobriu, os bávaros, obrigado!, os bárbaros do Reich, os raios dos bávaros, os bárbaros bávaros pelo menos tinham sapatos mais ou menos decentes. Você nunca viu nada assim, sapatos bons! Ainda não viu como é que é quando o russo vem, e ainda por cima todos os russos de uma vez, uma correnteza enorme que faz tanto barulho que parece uma manada batendo os cascos numa chapa de metal. Todos ao mesmo tempo. Uma aglomeração enorme de gente. Daqui umas décadas você só vai vivenciar uma coisa assim numa estação de esqui suíça, onde os cavalos jogam bola e as pessoas deslizam por canais de gelo em vez de correr. Não estou querendo dizer que todos de repente têm medo e fazem as malas e se mandam, mas com um golpe, quero dizer, de uma vez, só uma vez, de repente bem dessa vez! É o tipo de coisa que só acontece uma vez. Com certeza não vamos vivenciar algo assim de novo por toda a vida. Depois tanto faz, podemos esquecer imediatamente. Além disso não adianta nada eu dizer: Ninguém poderia imaginar que ainda sobrou alguém depois da vinda do russo. Estão todos aí? Não! Mas muitos sim. E no fim ele ainda vai derrubar os preços. O russo vem para a estação de esqui, quando está são, no dia de são Nunca, santo santo santo! – vamos embora. Correndo. Somos tão cativantes que poderíamos mesmo ficar aqui, mas ligeiros corremos, apenas corremos, pedindo socorro, com um sorriso ligeiro por conta dos cativos.

No fim será a nossa última refeição, é para servir aqui ou entregar? Intrigar, mas contra quem? Isso não serve de nada, aí você está mal servido. O Senhor Professor de História lhes serve, pelo acesso traseiro – pois durante a fuga só se vê as pessoas por trás –, via supositório, suas suposições, de que as pessoas que têm que salvar as próprias casas das chamas do infortúnio enquanto fogem em enxame não têm tempo para orgias e bebedeiras para todo lado nessas terras cristãs, desde o ocidente, onde o sol se põe, até a terra do sol nascente, até o crepúsculo da humanidade numa foda matinal e noutras besteiras onde a gente toma no cu e acaba na merda, ou tem que tirar o cu da merda, ou tem que tirar o cu da calça do paletó todo ensanguentado. Numa casa onde todo tipo de gozo e vício se sente em casa, aí dá para ficar um bom tempo, daí você não vai simplesmente embora só porque o estrangeiro chegou cedo demais, na nossa opinião todo mundo sempre chega cedo demais, antes que estejamos prontos. Pelo menos você fica até o último momento. Não tem mais nada a perder e ainda gostaria de ganhar alguma coisa até o último instante, mesmo que fosse uma experiência única na vida, que, no entanto, desde então se repetiu milhares de vezes. E sussurram para você: Será que nós todos já não estivemos aqui antes, para agora ficar tanto tempo, até o último momento, e ainda saboreá-lo, lambendo-o de um ou mais dessas pessoas pingando aí? Foi uma festa para seguidores fiéis, claramente uma festa para seguidores, um se seguindo ao outro, até que às onze da noite se seguiu o chamado, no meio da festa. Então quinze pessoas saíram. É o que diz o mensageiro. É só soltar essa língua enquanto ainda dá! E lamber, ser mal-entendido e voltar a cuspir. Bom apetite! Um professor de histórias, que todo dia desembrulha o embrulho do lanche vegetariano e procura alguma coisa de comestível ali dentro, naturalmente não pode imaginar isso. Deve mesmo ficar horas pensando onde ainda poderia ter carne e como vai conseguir limpá-la da sua lancheira térmica com soda cáustica. Aí a cal tem que ficar lá, não vai sair mais. Não vão sair mais. 27 vezes o caminhão passou de lá para cá, aí todos foram entregues. A carne tem que sair. A lua tem brilho próprio. Dá para ver o gado durante o abate. Alguma hora toda diversão tem que acabar, e aí você volta a sentar em casa comportadinho. Sem tempo para ganir gritos de gozo. Sem tempo para ficar atirando para fora da janela sem sentido nenhum. Só há tempo para fazer as malas e se mandar. É o que imagina esse Professor Historiador no seu tupperware hermeticamente fechado, que tomou espontaneamente a forma de uma Mercedes-Benz, ele imagina isso depois de ter lido muito, e escrito ainda mais, a respeito. Mas eu também já fui um pote, podem me reciclar também! Quem vai me querer? Eu poderia virar um relógio de pulso! E isso antes de o Senhor Professor ser burro como uma porta, mas que também deveria ser reciclada! No entanto, quando alguém tenta, não tem mais nada aí. Caso o russo venha de fato, e isso é mesmo inevitável, todos correm, isso é certo, isso ocorre a todos, isso é recorrente ao longo da história mundial: O russo é um inferno para os pensamentos solipsistas, pois sempre vem no atacado, e ataca sem pensar duas vezes, porque a primeira já lhe basta. Aquele ali tem uma foto do Gogol, não, do Górki na carteira. Ele não é um, um dos russos, há muitos dele, são por princípio muitos, pois não têm tantas máquinas que pudessem lhes poupar o trabalho. Não é notável que sejam tantos, let me be no nearer!, sim, esse é o lugar para fugas em massa, mas na outra ponta, de onde tudo vem, fora o gás. O gás vem só depois, depois que tiver sido adestrado como um cão e destramente encanado numa tubulação de nome Nabucco ou seja lá o nome disso que ainda nem existe. E depois até os gasodutos vão se dispor uns contra os outros, pois só pode haver um condutor. Sobre o semicondutor Irã eu estou avisando expressamente, e só essa única vez. Mas agora a guerra acabou, é fato, ela lambeu a saliva dos nossos queixos, e são sempre os mesmos que ganham mesmo, também são os mesmos que perdem, não entendo por que então travar guerras para começo de conversa, o Espírito se torna um jogo de palavras, o Capital uma doação de armas para os desprivilegiados, seus donos se encontram num país estrangeiro neutro, afinal é por isso que o estrangeiro ficou neutro esse tempo todo. Enquanto deixaram e aprovaram, ele apenas aproveitou a deixa: valeu a pena. Tudo o que ainda se move agora se move para lá, para onde deixaram, pois na terra natal tudo deve ser abatido, não só os primogênitos, só porque nasceram primeiro, os nascidos depois também, todos os nascidos, só não os bem-nascidos. Elas já prosseguem, as massas, se perseguem e nem sabem para onde. Então, o comboio dos senhores já vai seguir viagem. Encheram o tanque como sacos de supermercado antes de o exército chegar, como puxa-sacos diante dos seus tanques, que encontram os mercados vazios. Tudo o que ainda pode ir vai indo, mas não vai longe, pois é só devagar que se vai ao longe, e nós temos pressa. A aristocracia, refúgio dos grandes sentimentos e das grandes façanhas, escapa de limusine, eu como mensageiro sou sempre ultrapassado, eles me escapam e me fazem engolir os gases do escapamento. Pelo menos é uma limusine grande, afinal a Senhora Condessa também tem que levar junto seu amante e ainda mais um senhor, que também é amante, amante de vinhos caros, alguém que carrega a responsabilidade e ainda mais alguém que carregue não só responsabilidade, mas também as malas. Não, é o contrário: Eles têm que fugir à responsabilidade, hoje chama-se essa responsabilidade de imposto, há que agarrar, assumir a responsabilidade, ela não vai sumir, o que te permitiria resgatar o seguro de vida, antes vai te consumir, ela nos agarra se não nos encarregamos dela imediatamente e assinamos o recibo do mensageiro que a carregou até nós, e então se consome e ficamos devendo tudo a ela. Sempre podemos pagar da próxima vez.

Com olhos fixos à frente eles cruzam o Reino da Morte, esses cruzados da quinta-feira santa, quero dizer, viajam num cruzeiro, ou cruzam mesmo? Lembrem de nós, se é que vão lembrar, não como almas violentas perdidas, mas pensem em nós apenas como os hollow men the stuffed men, eles estão cheios, nós nos enchemos, então por que eles, então por que nós estamos ocos, cavados, mas por que eles têm essa caverna dentro de si e nós não? Homens cavados? Homens das cavernas?, sei lá o que é isso que somos. E também precisamos levar os senhores P. e O., tudo no mesmo pacote, pois são esses os verdadeiros homens ocos, cabe tudo dentro deles. Ou são os outros que são ocos, porque já quase morreram de fome? Oco contra oco. Sua estrada os levou à necrópole. Se o russo não consegue se comportar, a gente vai ter que descontar de antemão do salário todas as pessoas de que ele poderia precisar, para que depois não fique matando elas em vão. The stuffed men. Os empalhados. A árvore deles balança ali, mas eles não balançam numa corda pendurada nela. O dinheiro deles descansa tranquilo em outro refúgio, onde a mãe preocupada não tem que buscá-lo sempre no fim do dia, só se vai buscar quando se precisa dele e quando se tem tempo. O dinheiro não fede, o dinheiro não grita. Os horários de funcionamento não precisam ser respeitados. Afinal, o banco nos pertence, os horários não nos escapam, não precisamos ter medo. O banco é nossa fortaleza, nosso castelo, não, não esse aí que acende o céu com a luz vermelha do fogo que o incendeia, agora que a Senhora Condessa e os cúmplices da sua arte já se foram.

Mas antes vamos acender direitinho esse fogo, para que o russo tenha aquecimento quando chegar. Sobre isso os pobres silenciam, sempre. Já estão ocupados o bastante com a própria salvação, desperdiçam o tempo com coisas assim, não é de estranhar que continuam pobres e vão continuar para sempre e sempre. Os ricos não precisam se salvar de todo modo, já estão a salvo, de qualquer perigo possível, na fuga se dirigem aos estoques preventivos do próprio sangue, que em tempos de crise são deixados lá junto com seu dinheiro sangrento, para que os donos não sejam vistos lá, alguma coisa poderia lhes acontecer. Como se debatem fora d'água e abrem bem as guelras, porque lhes faz falta agora o seu elemento natural, o Capital, o Capital aberto e o Capital dos terrenos abertos, e ainda não podem pedir a restituição! Logo o receberão de volta, só um pouquinho de paciência por favor, resolvemos cada solicitação de uma vez. Suas almas esperam, infelizmente impacientes, não, naturalmente não as almas dos bancos, esses não têm alma, não são pródigos, e nem têm próstata, mas bem que gostam de uma apóstata, digo, uma aposta, e funciona, eles se apoiam e logo já estão a postos, novamente de pé, os bancos, por sorte o dono é paciente e pode esperar e é humano e é húngaro e temporariamente é holandês ou sueco e por isso não vem até a Sibéria, que por sua vez se dá ao trabalho de vir até nós. Como se já não tivessem neve suficiente lá. Bem, esse membro da direção do banco aqui está indo na direção contrária, muito sensato, tem que ir para lá de qualquer jeito, tem que chegar na Sibéria, enquanto a maioria vem na sua direção, quero dizer, a maioria dos siberianos, mas são muito mais os que têm que ir na direção contrária. E na Sibéria, onde a gente congela até as artérias, o diretor fica lá uns anos, vai aonde mandam. Não, o dinheiro fica aqui, naturalmente. E as almas dos mortos? E as almas mortas dos vivos? Quem é que os manda no ônibus escolar, no da escola da vida?, bem, o que é que há com eles? Elas pendem para fora das suas bocas como trapos sujos, enquanto o chofer limpa as velas de ignição. Então, agora notaram nossas línguas, e nos cortam fora mais esses trapos. Não estamos aqui para ouvir essas piadas de religião, estamos aqui para dar um jeito de ir embora daqui. Por isso essa história não pode fazer sentido, diz o historiador, que planejou uma colonoscopia na história, pelo menos planejou, e quase conseguiu ver a história pela outra ponta, mas estava escuro ali no átrio, não, na Áustria, aqui é assim faz tempo, tanto faz, por qualquer lado só teria visto sombras. Não veria nada mesmo que lhe mostrassem numa foto, pois está acostumado a saber de tudo por fotos. Será que ali veria enfim o nada, depois de já ter visto o fim? Não. A história ainda não começou! Pelo menos ainda não terminou, caso tenha começado. Voltem amanhã, aí talvez já tenha! Aí talvez ouçam: This is the way the world ends This is the way the world ends This is the way the world ends Not with a bang but a whimper. E se perderem o começo também não tem problema, é bem verdade que o começo é um poema, mas não tem problema, a história começa de novo especialmente para vocês a todo instante, mas dessa vez, furiosa, ela ataca outras pessoas e, na falta de outras pessoas em quem pudesse fazer uma falta, outras cidades. Em cada história que se preze o proprietário, the stuffed man, o empalhado, tem pelo menos um representante, que toma no cu no lugar dele, digo, que toma cuidado de tudo no lugar do senhor. Ela sempre só afina o instrumento, a História, mas raramente chega às vias de fato. Life is very long. De todo modo, hoje é um desses dias em que ela chega às vias de fato conosco, como se a vida nunca fosse acabar. Somos seus instrumentos. Tocamos em consonância. A História toca em consonância conosco. Nossos testemunhos devem ser tocantes e nenhum pode ser dissonante. Não. Não tocamos ninguém, afinal ninguém nos ouve. Então é melhor observar a História retrospectivamente, com tranquilidade, e enquanto acontece também seria melhor deixá-la tranquila, melhor nem olhar para ela, ou logo se vira pedra sob seu olhar de basilisco. Ou talvez seja melhor arrastar a História para um quarto aquecido para descongelar, para o júbilo geral, nós mesmos devíamos finalmente descongelar, não dói nada, ali é quentinho e aconchegante. E é uma bela visão, quando as pessoas finalmente se descobrem e descongelam. Sentimos falta delas. Mas mal chegaram e já estragaram nossa vida. Aqui a História teve a oportunidade, que não vai se repetir, a oportunidade, a História sim, ou não também, tem a oportunidade de ser ouvida tranquilamente. Ela profere uma palestra, afinal ela própria deve ser quem sabe melhor. Between the conception and the creation between the emotion and the response falls the shadow. Não necessariamente é preciso vê-la enquanto fala, pois qualquer coisa que pode ser vista também pode ser perdida. Pois existe. Logo vem a luz do fogo, brilhando para dentro da nossa cama, e então a cama se foi, e nós vamos em seguida. Esses arrombados, digo, os convidados dessa festa de arromba querem jogar as pernas para o ar rapidinho, mais rápido, corre, corre. Quinze pessoas deixam o castelo depois de distribuídas as armas e recebidos os mortos, não, a distribuição dos mortos só pode ser feita depois. Não pode ser que a coragem, a melhor matadora, que mata imediatamente qualquer covardia, de repente se expresse tão grosseira e de fato exultante, afinal já tiveram oportunidade suficiente para isso pelo menos mil anos antes.

Nunca tinha imaginado que ainda receberiam esses últimos pelados aqui!, até os pelos caíram, sem que tivessem que limpar a sujeira, ah, não, pelo contrário, deu até para fazer um pulôver com eles – já que já estavam despidos, despedidos da Hungria e despidos da cidadania, tinham-lhes ordenado explicitamente – por favor, tirem tudo!, é o que diz essa ordem branda, não foi preciso mais do que isso, não precisavam de mais do que isso, afinal não tinham como se defender, e o corpo já se recusa faz tempo a ficar recluso esse tempo em casa. Só queriam sair. Não aguentaram mais. Simplesmente caíram! Nem precisavam de ajuda, nem era preciso o esforço das armas de fogo – matar esses últimos indefesos em vez de pensar primeiro em salvar a própria pele, que afinal vale muito mais in death's twilight kingdom, e também o tempo vale muito, e já não era sem tempo, é bom comprar créditos de tempo para não ficar no débito temporal! Livrar-se dos maus feitos! Rápido, para longe desses mercados! Se manda! Não, antes de pôr esse castelo em chamas e mandar o sol para umas férias, não precisamos dele agora, o que ele pode a gente também pode faz tempo: mais brilho que conteúdo, brilho tão ofuscante que nem se vê mais o conteúdo; enfim, enquanto os outros já se desfazem em sono e descansam os ossos, ainda temos algo a fazer. Temos alguns afazeres. Acabou a alegria, o fogo sai do tubo oco, os seres celestes rejubilam de alegria porque finalmente venceram os corretos, mas não são ouvidos, só se ouvem os homens, como agora não rejubilam mais, e já faz tempo que não. Caem calados como castelos de cartas. Também não têm mais muito peso, e nunca tiveram. Quem sente falta deles? Hão de passar para a eternidade, mas antes ainda precisam de um trato. Vontade de poder, sim, temos, em ordem, em estoque. Mas se os de cima anseiam por descer até o poder, à vontade! Não tem nada de doente nisso, realmente. Melhor eles mesmos resolverem isso, os poderosos, pois amanhã provavelmente já não serão mais isso: poderosos. Terão que se acostumar com essa possibilidade de se isolar aqui nesse plano, sem amigos para convidar para tomar um vinho e atirar no ar com uns canos ocos, até que a montanha venha até o vale e as folhas do alto caiam até os de baixo, que folheiam os jornais do partido para se preparar. Nessa situação nada aprazível que se aproxima só se pode confiar em si mesmo, e isso é preciso poder. Nós também sofremos, para valer! Fomos os valetes do Führer furioso! Perdemos tudo, no fim até o próprio Reich. Na hora de dividir tivemos que riscar o Reich, mas não sabíamos de quem ou de qual ou para qual conta. Que algo assim tenha acontecido! E aconteceu pela primeira vez e com certeza não vai se repetir. Prometemos. Nos comprometemos. Perdemos tudo fora aquilo que por sorte ainda tínhamos. A sorte é só do forte. Ele não tem outra escolha senão ser forte e afortunado. Ou conhecem algo melhor do que conservar aquilo que sequer se perdeu? Afinal não se pode perder mais do que tudo. Então só se pode conservar. A escolha é sua. A culpa é deles, estúpidos mortos – então não tinham voz para ordenar nem força para obedecer? Ah, enfim, teríamos matado eles de todo modo, não importa quanta vida ainda houvesse neles, era uma liquidação total. Da face o último rubor tem de ser tirado (um tira-gosto?), o sono tem de ser afastado antes de sequer chegar, e se chegar então que seja direito!, então: sono eterno. Também não é tão diferente do adormecer diário. Não nos dá trabalho nenhum, dormir, então por que não morrer logo, se o sono é tão aconchegante?, bem, muito obrigado. Essa poderia ter ido com um aceno de mão. Para que o trabalho de erguer o cano? Mas o encanador, digo, o caçador faz isso com prazer para os proprietários, de todo modo também para o próprio prazer, para qualquer proprietário, de preferência eles próprios, que são donos de si. Os senhores têm de ser bem estudados. Só é preciso dizer quem é que manda, e fazem de bom grado, aqueles nomeados guarda-caça, erguem qualquer cano ainda antes que alguém possa encanar, e depois negarão tudo, vão negar até mesmo a própria propriedade e todas as outras também, vão negar jamais terem sido donos ou sequer terem conhecido pessoalmente ou terem visto de longe essa propriedade, de nada, não há de quê. Baixando ao chão esses membros trêmulos, marchar! O russo se aproxima, o grande, ainda que não único filho do Stálin, ele tem milhões de filhos em um!, e vai derrubar esse castelo aqui e aí pôr fogo ou as duas coisas ao mesmo tempo dos dois lados ao mesmo tempo.

Onde foi que deixaram a presa? Suas presas ainda estão enfiadas na carne? A coroa, digo, a coroa dentária, a húngara, aguentou? Não tinha mesmo, como garantido, nenhum metal dentro que pudesse causar uma reação enérgica, digo, alérgica? Os húngaros são especialistas nisso, e por que não, a fronteira finalmente caiu, melhor para nós, o tempo também foi renovado, várias vezes até, na terceira vez mudamos um pouco o ponto de vista, e agora não estão mais tão proeminentes, os dentes da frente. Além do mais já faz tempo, já desde que estourou sua segunda troca de história, que não se vê mais diferença nenhuma em relação ao seu próprio dente com sua própria história de retenções de traços faciais! Vamos fazer para vocês um preço especial incluindo hotel e uso do nosso spa, não, não o spa para quem sofre de espasmos, aquele para quem está saudável é claro, com sauna e jacuzzi. Se quiserem, os húngaros ainda podem fazer para vocês um rosto novo extra ou dar uma esticada no antigo, naturalmente essa nova aparência menos natural tem um custo extra, mas vale a pena. Por enquanto. Espero que possam ver aí uma diferença clara em relação ao seu próprio, à sua própria natureza! Vejamos se essa coroa dourada de condessa ainda dá para o gasto ou se também aceita dinheiro de plástico, sim, fazer o gasto nesses cartões que agora são aceitos e sempre são bem recebidos, vamos ver se um outro não vai ter que assumir os gastos pela viagem de volta! Ah! A gente acabou se acostumando a esse agastamento! Com um gasto adicional são oferecidos: implantes para os seios, transplantes para a história, implantações de dentes e plantações de gente para o cultivo de peças avulsas. Que afinal têm que vir de algum lugar. Garantimos que essas plantações são sempre replantadas e repostas, sim, como o seu maxilar superior, esculpido do osso da bacia ou todo criado artificialmente a partir de algumas células. É construído do zero, o maxilar. Ou conseguiram outra presa? Ou usaram suas próprias presas? Ou atiraram nesse homem que teria visto e também contado tudo? Então também atiraram no cachorro dele? Por favor, mas isso realmente não era necessário, o cachorro não sabe falar, não é, não, não é. Essa testemunha estaria perdida agora. Ainda tem outra? Ainda tem mais um candidato a ser presa na caçada? Sim, aquele ali no carro, o único que sobreviveu. Podem se livrar dele com calma, agora têm todo tempo do mundo. Naquela ocasião vocês se deram tempo, foi uma pressa louca, era uma presa boa, sim, naquela ocasião, mas sobrou esse um, e agora o matamos no carro dele, então não pode dizer mais nada. Não, cachorro ele não tem, tem carro. Matamos todos, um mais cedo, outro mais tarde, e agora não tem mais ninguém aí para a gente caçar e matar. Só sobraram os turistas que vieram comprar dentes e rostos. E são muitos. Não admira, nosso dente está enfiado na carne de um estrangeiro, então precisamos de um novo! Não admira que não tenha aguentado, o cimento dentário já estava soltando, é a única explicação que posso imaginar. Mas vocês mesmos também têm culpa. Por que têm que morder tão forte? Já explicamos claramente que deviam preservar essa presa por um tempo, até que o esqueleto seja esquecido, porque não dá mais para diferenciar do resto do seu corpo! Nisso vocês deixaram para trás um rastro claro, e deveriam desaparecer o mais rápido possível, enquanto ainda é tempo! Não admira que já precisem de dentes novos de novo! Não admira que tenham que se livrar das últimas testemunhas da sua caça para ter lugar para novas presas, vamos proporcionar os dentes necessários, e muito mais barato do que você conseguiria com aqueles austríacos estúpidos. Mas não dá para continuar nisso para sempre, sem fim, em algum momento toda essa história acaba engolindo a própria saliva venenosa, e aí seu maxilar nunca mais vai aguentar, nenhum deles mais, nem o artificial mais, o pobre maxilar, tão paciente, totalmente passivo, agora só aguenta carne moída coberta com purê, no fundo nem isso, pois os fundos da casa já estão cobertos de carne. A carne jaz no fundo da terra se ninguém resolveu ainda desenterrar e voltar a enterrar em outro lugar. É bem possível. Ainda hoje nessa região austríaca o presidente precedente conhece todos os construtores condutores, conheceu até o próprio Führer, mas faz tempo que já não estão com ele, com ele não tem mais ninguém faz tempo. Nada fica muito tempo com ele. Ele expulsou manadas inteiras de gente, mas sempre vinham novas. Um fenômeno, esse homem. Havia que acreditar que em algum momento a terra estaria toda vazia, mas nem sombra! Nem sombra do vazio! Não vai esvaziar, pois agora estão enterrados em outro lugar. O Senhor Governador e o Senhor Presidente da região e o Senhor Capitão da Legião de Honra e o Senhor Capataz da Região de Horrores, todos numa só pessoa, todos uma só pessoa, eles não aguentam o vazio, só aguentam tudo de uma vez, um fenômeno, esse homem, que veio como se fosse mais de um, como se fosse muitos, eu digo, faz tempo que esse Senhor Governador não aguenta mais governar sua região, seus correligionários desgovernados, devia comandar outra região, mas não importa, também mandava nessa daqui, sem ser comandante, como os dentes não aguentam mais muito tempo nessa cova bem cuidada, tão chique, nesse chiqueiro, embora cuidasse tão bem deles. Ou não. É possível ele ter que ir para a Hungria também? Até seria compreensível, com essa presa que não aguenta. Ou sua presa foi levada a outro lugar pelas escavadoras da empresa Mengele, cavaram algo em outro lugar? Quiseram a cova em outro lugar? Posso imaginar perfeitamente, de todo modo é bem possível tecnicamente, com umas boas máquinas de construção é um nada, cascalheiras temos de sobra, e o Senhor Governador Regional é um amigo querido da construção. E os construtores, não, eles não, as construtoras são amigas queridas suas. Agora ele só sente falta da presa, o Senhor Ex-Governador Regional, seu dente canino, esse lhe faz falta. Ele pode desenterrar tudo, pode voltar a enterrar tudo, mas o dente faz uma falta danada, e como não? Apesar de só usarmos a melhor cerâmica e o melhor ouro da Áustria, da empresa Ögussa, antes chamava Degussa e levava gás para pessoas, ou estou me confundindo?, com certeza, sempre confundo tudo, no fundo, ou no raso também. Mas logo me apontam o erro, sempre. Lógico que apontam para mim, sempre. Apontando para a saída, me expulsando. Mas com os húngaros nunca dá para ter certeza, o que usam, confundem as duras moedas que colocam nas nossas bocas, muitas vezes não fica, o que enfiam ali. Nem mesmo usando o martelo. Quem é homem conhece o problema, pode se colocar no lugar deles, ou então colocá-lo no seu lugar, mas a mulher também conhece, esse problema tão difícil, muitas vezes ela teve que experimentar, e nós, e com isso quero dizer todas as pessoas, devemos então dar um jeito de deixar cada coisa no seu lugar, sendo que nem um dente fica no lugar mais! Devemos ordenar tudo, senão ordenam nossa expulsão, os vencedores, que já faz tempo que são perdedores, mas ainda agora seguram nas mãos trêmulas nossos freios, só não conseguiram frear nossos trens. Chegaram tarde demais para isso. Do que é que estão reclamando? É o modo mais sofisticado de aquecimento, com gás, naturalmente, pensam o que, para que é que a gente teria construído todo esse encanamento, parte em território que na época era inimigo, parte em território que no futuro será inimigo, o que é que deveria ser encanado aí? Pois bem, simplesmente não dá mais para melhorar esses fornos, e simplesmente não cabe mais nada neles, colocam lá por cima, como tabletes, o gás, e aí sai embaixo, mesmo, não é mesmo, não poderia ser mais simples, não, não poderia passar mais nada, não passa mais nada nesses canos, não adianta encanar, os cães passam por vários países, dos quais voltamos a ser amigos ou pelo menos queremos ser, pois lá é mais barato, e oferecemos também – we are from Austria! – garantia pela sua coroa, para os húngaros não poderem passar também! São mais baratos, por favor, tenho que admitir, não admira, mas não admito que tenham mais nada e não tenho mais nada para dar, pelo menos não dou muita coisa, dou ainda menos, não, mais nada. Não oferecem garantia por nada, os húngaros, eles são assim, excepcionalmente oferecem garantia para a cidadania de um herói de guerra alemão, mas não tem nenhum, pois os alemães não venceram a guerra, como bem sabem, vocês têm minha compaixão, mas alguém que primeiro queria ser vencedor e depois não queria ser perdedor, existe esse tipo de gente, mas não é assim que o jogo funciona. Embora até que seria uma boa!, só esquiar é ainda melhor, ganhar no esqui é o melhor, por isso é melhor morar na Suíça ou na Áustria e poder ir ganhar em Adelboden ou Grindewald ou Arlberg, se gosta de esquiar, mas mesmo que não goste é bem confortável lá, mesmo no verão. Sim, no verão também. Sempre, aliás. Não importa se não conhecem mais o lugar, dá para aprender rápido, cinzas são cinzas, ruínas são ruínas, sujeira é sujeira, tem gente que conhece bem, e de bônus ainda vem um título de nobreza junto com esse vinho ótimo feito de uvas nobres, mas isso é pouca nobreza para esse magnata, cuja coleção de quadros magnetiza as massas famintas, não, desculpe, errei totalmente, essa coleção de arte atrai as massas bem-alimentadas, pois a arte não gosta de ser colecionada, prefere ser dispersada, como nós, também prefere dispersar os outros, primeiro é preciso ter o trabalho de prendê-la, para as massas, cujos olhos por sua vez nem estão aqui, os olhos não estão nem aí, vagueiam por aí mas não olham para a arte, não, não há olhos aqui, negamos tudo, os olhos não vieram junto com toda essa beleza que veem, os olhos simplesmente não vieram porque estavam embevecidos, porque beberam toda a beleza que os cílios podiam aguentar, e ninguém mais vem junto, não, olhos aqui não temos nenhum, não. Negamos tudo. Se perguntarem, negamos logo, antes de terminarem pergunta. Notem que eu não disse: de ter minado. A arte é algo para as massas, mas não dá para explicá-la a elas. A arte é por princípio inexplicável. Só duas ou três pessoas entendem. É um fenômeno, ela é cega, inútil e sem sentido. Os olhos sempre voltam a passar por ela, mas em vão, querem ver algo, mas não veem nada, pois a arte se recusou a ser colecionada, sightless, unless the eyes reappear as the perpetual star multifoliate rose of death's twilight kingdom the hope only of empty men. Os vazios. Sim, os vazios que foram enterrados em algum lugar, está tudo claro, mas na verdade não era necessário. O que está vazio está vazio e não precisa ser enterrado. O que é oco é oco e não pode ser arte. Ser oco não é arte nenhuma. E não é arte nenhuma ser vazio.

Claro, isso permite que alguém se torne cidadão por meio de casamento, morte ou transfiguração, mas de outro modo não vão conseguir garantias dos húngaros, para nada, podem fazer o que quiserem, não vão conseguir, embora a Hungria tenha voltado a ter sua plena independência faz tempo, em suas planas dependências, as planícies cheias de planos de saúde com direito a dependentes, se o pagamento não estiver pendente, mas de preferência apenas para pessoas saudáveis e independentes, cheias de um egoísmo saudável e pleno, nesse país saudável e plano, em plena luz da lua cheia. Por que é que lá seria diferente daqui, onde há escuro ou claro, onde você é claro ou escuro? Por que é que lá deveria ser melhor? Em nenhum lugar é melhor. Só aqui conosco é que nunca é bom. Vão para outro lugar! Aqui conosco não é bom e nunca vai ser bom. É o que digo!

Se aqui não é diferente de como é em lugares diferentes, digo, diferente de quando estávamos em lugares diferentes, lugares distantes onde éramos distintos, digo, por que é que então esse homem, um verdadeiro alemão, deveria se tornar justamente húngaro, o que é que ele tira justamente disso, para que isso lhe serve, que bem isso lhe faz? Pode ser húngaro ou holandês ou belga ou sei lá o quê, mas é melhor não ir para a Hungria ou

Holanda ou Bélgica, pelo menos não enquanto o tempo ainda não é propício, pois quando o tempo for propício, aí esses países te cospem fora, de repente não gostam mais do nosso gosto, mesmo assim têm que nos engolir. Não lhes caímos bem, mas somos tudo o que lhes cai no prato. Temos os recibos disso tudo, trouxemos as notinhas. A história acabou de me ornar mais uma pilha! A história não nos honra, seria melhor ser húngaro ou holandês, então agora somos, também. É mais tarde do que pensamos, mais tarde do que planejamos. Agora estamos na África do Sul. Agora estamos na Argentina. Tanto faz, pois quando chega o alemão, podem estar em toda parte, só não ali onde está o alemão, qualquer alemão, como somos, pelo menos éramos, mesmo que não sejamos agora, não sejamos mais, e naturalmente também não devemos ir para a Alemanha, na Alemanha menos que tudo: em primeiro lugar em qualquer outro lugar, em último lugar lá. Suspiros, sem estrondo. Mas se a Alemanha também suspira, é algo estrondoso. Mas se logo duas Alemanhas desabam uma sobre a outra com um leve murmúrio, um gemido de milhões de vozes, então não há estrondo, há justo esse suspiro, e depois ninguém mais ousa suspirar. E muito menos ousam falar alto. Não, não está certo. Ouço os alemães falando alto em toda parte, eles berram a plenos pulmões. Então percebem que ainda há pessoas a uma curta distância deles, e então usam sua fala contra eles como um cortador de grama. Nem uma folha vai ficar de pé depois disso. E também mais ninguém. Não se fala mais nisso. Por que é que ele vem então, o alemão, se gosta tanto da terra dele? Por que é que ele vem e simplesmente fala em toda parte, sobretudo sobre coisas que não são simples, em vez de sussurrar? O alemão é o viajante e falante mais fervoroso que conheço, só para depois poder voltar para a Alemanha. Justamente. Ele viaja e fala por toda a vida. Viaja e fala pela própria vida. Mas, quando vem, é melhor estarmos em outro lugar. Senão vai voltar com essa história de guerra para cima de nós. Foi assim com todos os outros. Então, quando está aí, o alemão, devemos estar lá, lá onde não seja esse aí, mas isso só vale durante o período do perigo, é o que quer a consciência alemã, essa consciência pesada. Se a virem, não tentem segurar, senão acabam se quebrando e não dá para se curar, deixem cair, aí todo o resto dele também quebra! E quando o resto também se foi, então suas ruínas jazem por todo o mundo e dão trabalho para arrumar, sempre dá trabalho, o diligente alemão, ele entrega em pedacinhos, dos quais se pode fazer um todo, um todo com um bom tamanho, não necessariamente um todo formado ou uma forma, mas entrega o trabalho, sempre, estou falando bobagem, obrigada, como sempre, por esse aplauso tão desejado, pelo menos uma vez!, o alemão então jaz aí, quando foi todo formado e de novo despedaçado e de novo construído pela viagem, pela enésima vez, então está aí com óculos de sol e calção de banho e biquíni, está por aí, em toda parte, onde quer que seja mais bonito do que na casa dele, com restos de roupas, é o que restou da humanidade, o alemão, pois ainda tem em si um restinho de humanidade. Não conseguimos tirar isso dele, do alemão. Desse oficial alemão, esse oficial da palavra ariana, sob essa tormenta verbal, pois todo alemão é atormentado pelas palavras, só não aceita nenhuma palavra de interrogação, nenhuma dúvida, jamais. Ele treme diante do bem feito aos demais. Também estremece diante de tudo o que poderia se passar. Ele aprendeu. Que devem ter medo dele. Tudo o que pode passar através dele e tudo o que passa para dentro dele. Ele aprendeu. Então fiquem calmos aí na Alemanha, não na tormenta, na calmaria, pois se o alemão também está aí e finalmente pode ser deixado quieto e também pode ficar quieto, então garanto que não há perigo. Então todos se sentem no sétimo céu, se sentam lá em cima, então são fáceis de encontrar, de lá veem tudo menor do que veem os de baixo. Uma situação desconfortável para nós que sobramos, que eles deixaram sobrar para trás, os alemães, mas não ficam com as sobras. Somos nós que jazemos no chão, não eles. Mesmo que a Alemanha esteja no chão, ainda está aí, grande e de pé, o que é bem estúpido, pois assim é um alvo fácil. Todos os alemães são um alvo e não desviam a mira. A voz deles, essa voz do pensamento, de grandes pensadores, soa bem, ressoa sempre antes que o alemão, que completa seu poder com violência em partes iguais e então ainda mistura um pouco de moral, antes de enfiar milhões no forno, sequer possa pensar.

UM MENSAGEIRO EXCEPCIONAL: Um momento! Um momento! Um momento! Afinal hoje podemos ter uma distância cognitiva em relação a essa era de extremos, e não deviam apostar essa distância no cassino do pensamento simplesmente assim. Agora que aprenderam o pensamento e a ação independentes, finalmente. Pelo menos não deviam apostar tudo no mesmo número, na mesma distância, nem o conhecimento sobre essa distância, como que era, apostar isso assim. Fiquem contentes por finalmente terem conseguido, o conhecimento! O que estou falando? Infelizmente mesmo um mínimo de imparcialidade é impensável para mim, já é um esforço tremendo lembrar de tudo o que tenho que reportar. Foi uma mulher totalmente cheia de si que me encheu a cabeça com isso. Sorte que vocês antipatizam tanto com ela! Enfim, não lembrei de tudo. E sobretudo se ninguém governa e só cada um governa a si mesmo, aí é um caos, não dá para cobrar isso dos mensageiros. Para mim não se trata aqui, para começo de conversa, de converter ninguém, de uma convicção ideológica, como vocês sempre acusam em relação a mim e a essa mulher, que sopra o texto para mim, mas das pessoas e das suas relações, até porque a maioria das pessoas age contraditoriamente e porque com os anos suas visões se transformam, de acordo com a situação. Então as pessoas podem transformar suas visões, tranquilamente, por mim tudo bem, mas como repórter eu tenho essa visão, mesmo que atrasada, afinal não posso reportar algo antes de acontecer, não é mesmo, já calibrei essa visão para vocês, seguindo o desejo de uma mulher que, no entanto, por sorte não conta, e podem ficar com ela, essa visão, assim, estou dando ela, de mim para vocês, podem ficar com meu caráter também, por mim tudo bem, pois meu caráter é mais resistente que minha opinião, que de todo modo não posso deixar interferir com o relato, foi o que a mulher pediu expressamente, ela não sabe cozinhar então sempre pede algo em casa, mesmo assim você sempre sai da casa dela com fome. Vocês sempre me acusam de só recitar falas decoradas, assim como acusam essa mulher de só reciclar declarações falaciosas, e o que ganho com isso? Ela pediu de volta o guarda-chuva, minha guarida? E como fico agora? Agora eu me vejo com a guarda baixa. Pois essa visão originalmente era só um empréstimo dessa mulher, eu tinha que devolver antes de poder ver direito a minha origem. Ela, essa mulher, e algumas outras mais, que não contam mais, me deram suas visões, e agora quem é que vemos aí? Vocês mesmos, protegidos da chuva, sob a minha guarda e o meu guarda-chuva, que eu mesmo só peguei emprestado! Nunca tive uma guarida própria, nem mesmo para o mais fraco dos meus membros. Vocês me acusam de ódio contra os alemães? É sério isso? Germanofobia? Mas afinal posso lhes dizer, não importa o que eu disse antes: Tenho orgulho de ser alemão! Nós alemães com nossos limões, os limões corretos, é claro, deveríamos nos limar de toda vergonha, devíamos enfim ter a coragem de alimentar um sentimento patriótico, mesmo que não sejamos alemães de verdade, é o que digo aqui e agora, não só porque me deram essa tarefa, mas porque essa coragem estará perdida por um tempo e as vítimas, os mortos, os que ficaram para trás dos mortos, sim, eles também, as vítimas, como estava dizendo, as vítimas então vão trabalhar mais que as outras pessoas com certos golpes baixos para conseguir o que querem. As vítimas sempre querem alguma coisa afinal, mesmo quando não são mais vítimas faz tempo e não são trazidas outras. Mas sabemos que justo em condições extremas alguns indivíduos podem desempenhar um papel enorme, cada indivíduo com seu papel conta, é importante, e aqui também desempenham algo, numa grande ópera, um tenor, digo, um terror, um papel de vítima, grande papel que desempenham até que seus papéis fiquem grandes demais para eles e precisem ser reciclados. Até que estejam com a barriga cheia de tanto poder sobre os outros. Até que estejam cheios de tanto foder, digo, fazer. E então fazem o que todos os outros fazem. Sim, agora também voltam a fazer isso, antes que o futuro tenha começado. Os alemães não têm medo de si, eis sua grandeza. Eles têm uma bússola interior que sempre seguem, os alemães, mesmo que seja arriscado. Seguem a agulha da bússola interior. Quem sou eu para julgá-los, não posso mudar onde fica o norte! Eles se aproximam dos outros, os alemães, mas não os atormentam mais. Aprenderam com a História, aprenderam de bom grado, pois queriam ser felizes, e quem não quer? Tudo o que terei dito sobre o massacre vai estar certo, mas não atualizado. Se soubéssemos então o que hoje sabemos! Não teríamos acreditado. Tivemos que aprender na marra. Não teríamos acreditado que nos fariam perguntas típicas de quem nasceu só depois. Mas agora já pretendemos nos voltar contra a pretensão moral da posteridade. Agora estamos nos voltando, agora já nos voltamos, agora voltamos e nos voltamos a vocês e falamos com vocês, nossa atenção não está voltada para vocês, mas não adianta se revoltar, é um caminho sem volta, mas sim, nós nos voltamos, mas não estamos muito envolvidos. Vocês exigem receber de volta o nosso envolvimento, não podemos lhes voltar as coisas nem por um instante, não acredito! Como é que se poderia voltar e evitar o que já aconteceu? Vocês exigem envolvimento! Exigem que digamos que isso aconteceu assim e assado, mas se isso que aconteceu acontecesse hoje poderíamos dizer: é claro que teríamos escondido pessoas perseguidas ou qualquer outra gentalha assim. E é o que fazemos. Faríamos. Teremos sabido como pais e avós deveriam ter se comportado, hoje somos enfim capazes de chegar ao nosso próprio julgamento e enfim, enfim!, como mensageiros, não precisamos mais papagaiar o que nos ditaram, o que nos encomendaram. Não temos mais que nos esconder. Não estou pronto para lhes poupar do esforço de pensar por conta própria! Acima de tudo, como mensageiro, não preciso pensar por minha própria conta. Agora está na conta de vocês. Muito bem. Onde estávamos? Aqui. Não nos cabe o papel de juiz, e nem a vocês. Nós sempre, um momento, só preciso me aliviar dessa minha bagagem histórica tão pesada, colocá-la em algum lugar onde não fique no caminho, será que não têm um quartinho para ela, pode ser um bem pequeno? Obrigada, um momento, obrigada, um momento, não me empurrem assim, não me puxem assim, antes só tenho que pousar minha bagagem, como podem ver. Bem sei que estão hipnotizados pela história desses tempos horríveis, já não se interessam por mais nada, estou vendo, e conforme cravam os olhos no terror que esse país cometeu vocês fazem com que a Alemanha volte a ser o umbigo do mundo! Isso já não está claro para vocês? Por favor, para mim, como mensageiro, tanto faz, só vai aumentar minha importância afinal, mas não é bom que a Alemanha volte a ser um umbigo, seria melhor que fizessem dela uma bunda, pelo menos poderiam sentar nela, por favor me desculpem, pois muito bem, umbigo, mas agora umbigo num sentido negativo. Não é bom. Seria melhor bunda, muito mais prático também. Quando nós mensageiros podemos nos sentar e descansar em paz?, entendo bem a Alemanha então. Mas umbigo não é tão bom. Bom, por mim também, todo mundo tem umbigo, e alguns acham que o mundo gira em torno dele, valsando, que absurdo, mas por mim. Mas para evitar essa fixação no passado deveriam no futuro, caso vivam para vivenciá-lo, passar umas décadas em outro lugar, talvez na África do Sul, na Argentina, sim, Argentina é o melhor, lá estarão bem, não importa o que acham da Alemanha, não importa quem foi achado na Alemanha, e depois vocês continuam reportando. Sempre podem ir aportar na Argentina. Esperem por lá, e só então reportem! Sim, eu sei, eu devia cuidar da minha vida, da minha casa, mas tem tanta merda ali, trazida pelos mensageiros dos correios, principalmente folhetos de propaganda, embora eu tenha proibido terminantemente. Enquanto jogo tudo no lixo reciclável, ouço recitar uma voz lá em cima, que provavelmente não vem de um mensageiro autorizado, e a voz clama: Vocês também jamais deveriam se pôr no papel de legisladores alheios! Não, não deveriam. A voz está certa, a voz da mulher e a voz do homem, as duas estão com a razão, são a voz da razão. Conheço mais alguém que sempre faz isso, produz leis, ainda enquanto fala, cada voz é uma lei em si, mas agora sente muito remorso. Há décadas remói o fato de tudo o que fala virar lei. Tem muito a remoer, inclusive o fato de ser uma mulher, sim, ele também remói isso, é bem desagradável, mas sobretudo remói ter feito por tanto tempo as vezes de legislador do que os outros devem pensar. Não cabia a ele. Como ele é uma mulher, nada lhe cabe, é claro, mas que ele queira fazer leis, isso não lhe cabe mesmo. Pois na Alemanha pululam apóstolos morais em seus postos de vigia moral, pululam como num formigueiro, papéis são encontrados e jogados fora de novo, também já joguei fora uma tonelada de papel aqui, nem olho mais, já antes sei que é material publicitário, chega mais rápido do que se consegue jogar fora, o material populacional também é feito e distribuído mais rápido do que se consegue jogar fora. Somamos a isso nossos próprios papéis, nos quais lemos sobre tudo isso, assim simplesmente, para o lixo tanto faz, ele nem nota, não sente, de todo modo não o bastante para nós, cujos sentimentos ainda valem algo; de fora não dá para ver se esse papel no lixo foi grátis ou se foi colado um selo, será que doeu para colar o que estava quebrado, perdão, segui a linha errada, bem sei que não me desculpam. Ainda mais papel! Mesmo que vocês, muitos de vocês, não queiram admitir: Já há mostras de cansaço. Depois do trigésimo anúncio que jogo fora, porque o futuro transcorreu de modo diferente do anunciado, faço uma pausa. Se em algumas décadas perguntarem ao formando o que é que mais lhe atormentou na escola, vai dizer que foi esse período aqui, que nem vivenciei e só conheço por meio de relatos de mensageiros. Esses anos terríveis dos quais fala o mensageiro, se é que chega a isso, pois não pode mais ver nossa porta de tanto papel e não vê a abertura na qual introduzir sua mensagenzinha, então o mensageiro tem que admitir que esses poucos anos tomaram, na distribuição de suas mensagens, um lugar desproporcionalmente grande. Agora, se elevamos um pouco esse lugar, pois ele tem lugar sobre trezentas toneladas de papelada, é um pesadelo, um papesadelo?, não, uma papelada que não foi arrumada, então sabemos cem por cento como é que outros teriam se comportado e como nós mesmos teríamos nos comportado, isto é, como uma exceção. Faça você mesmo, é cada um por si. Isso ainda não é resistência, excede a resistência, e com certeza é o que você teria feito naquele tempo. Se sequer tivesse feito algo, então teria sido uma exceção. Moralmente não é tudo preto e branco, temos que admitir!, mas nesses anúncios tudo é bem colorido, é verdade que não dá mais para ver quem era o algoz e quem era a vítima, mas nem é preciso ver, é só uma fronteira que pode ser mudada a qualquer momento, peguem uma caneta ou uma canetinha, e mudem! Nem têm que pintar dentro das linhas que desenhei, tanto faz, hoje tanto faz, isso já se sabe, quem foi liquidado e quem liquidou, mas nesse anúncio vocês também podem ver em cores todos os tons intermediários, e em liquidação. É só comprar, todos têm que ir, têm um compromisso para comparecer. Lá onde vivem os homens saudáveis, têm que ir para lá agora, se comprometeram, e quem promete tem que cumprir, os tons intermediários. Não, vocês mesmos não têm que comprar nem cumprir nada, nenhum compromisso com a verdade, pois também não tem mais verdadeiro e falso, só uma área cinza no meio. Fora com os tons intermediários, fora com os meios-tons, também não tem mais rico e pobre, o que mais não tem eu esqueci, e o que tem agora também já foi. Então.

A voz que ouvem agora, essa voz é a voz do motor, não, do promotor, do poeta que só quer se promover, não nos avisaram para tomar cuidado então agora a voz dele ressoa nos restaurantes, se eleva nos elevadores e se aloja nas lojas, sim, vem soando a plenos pulmões de todos os lados pelo ar, essa voz, não dá para escapar dela, e a sua hora, a voz da hora, ahn, a hora da voz é a toda hora, e sempre acabou de chegar. Talvez para falar com palavras de bem e mal, para fazer disso um tema para as próximas gerações, que já estão por aí trabalhando duro para levar um pouco de amor ao próximo para seus próximos, incansáveis como a chama de velas com as quais não é necessário vacilar, pois não podem ser necessárias em casa, então, o amor pelo vizinho atrás de cercas de alambrado, o que é que eu queria dizer, o que é que eu, como mensageiro, posso lhes dizer sobre os alemães, os grandes criminosos dos velhos tempos? Mas em nosso novo tempo temos criminosos novos, melhores. Os alemães dizem que hoje não podem vir mais, porque justo agora se encontram no pico mais alto, de onde não querem descer tão cedo. Têm que aproveitar a visão do vale, onde os outros estão, e só então querem voltar a descer de velho pedestal nos ares, onde têm ar de quem sabe o que seria bom e o que seria mau para as pessoas, e por isso sempre é sua hora, a hora dos alemães, o programa dos alemães acontece sempre e sempre é transmitido. É só girar o botão e já ouvem uma transmissão alemã. O alemão emite, o austríaco bem que gosta de ser remetido pelo alemão, só precisam indicar o endereço do remetente e do destinatário, o enviado é o abençoado, que aprecia ser destinado ao seu destino, até ser mais destro que aquele que lhe trouxe o destino e torceu o pepino, quer dizer, o pescoço, e naturalmente mais destro que aquele que ele enfiou em seu destino, então, os fios já estão escondidos, estou confiante de que não vai dar para ver, os fios já foram enfiados, então você vê os bonecos se movendo sem ver o que os moveu e o que é que se enfiou neles, talvez contra a vontade deles, pelo trabalho de muita gente, gente demais. Dos fios da trama do destino não vão querer saber nada, pois nunca querem saber nada, no melhor dos casos vocês depois, mas antes também, não sabem de nada, então o que há de importante, que não querem saber, já estará enterrado, eles estão enterrados, estão na terra debaixo de nós, mas não sabemos disso, não é mesmo, não, não é, não, é mesmo, tanto faz se é ou não é, tanto faz mesmo, o austríaco tem mais destreza em se adestrar que o alemão, que percebe tudo e fica sempre repetindo e repercutindo para não esquecer. Para que não se perca no percurso e possa enfim ter repercussão. Mas o alemão também nota tudo e anota tudo, por exemplo todos os destinos em que já esteve de férias, e foi tão lindo que bem que gostaria de ficar lá para sempre, mas nada do que anota é para sempre, só nota que gostaria de ter férias para sempre, mas então nota mais rápido que os outros o que tem de errado ou injustamente distribuído nesse lugar.

Ele quer distribuir de novo. Quer destruir tudo de novo. Já o austríaco sempre esquece tudo, mas não esquece que é contra, por princípio, contra esquecer qualquer coisa. Isso é divisão do trabalho. Quem esquece é feliz, mas só se esquece que esqueceu. Se esquece sem saber, então também nada mais acontece. Hoje pediram para lhes dizer, mas infelizmente esqueci quem foi que esqueceu o quê: É claro que terão uma garantia para as águas termais, para além da próxima hora, sim, nos negócios o alemão cresce para fora de si, se propaga, procura respirar e paga pelo ar quanto quer que custe, o campeão mundial de exportações, in this last of meeting places we grope together and avoid speech, não, isso agora não, os alemães, eles falam e negociam, conseguem fazer as duas coisas ao mesmo tempo, conseguem até falar inglês, quase sempre. Aliás, ele não vai ser campeão mundial de exportações por muito mais tempo, o alemão, logo vão alcançá-lo, não, dessa vez não o alcançamos, nós austríacos, dessa vez ficamos onde estamos, ficamos bem como já somos, não temos mais que virar alemães para estar bem, já estamos bem de certo modo, e sempre estivemos, já desde nossa língua, que foi criada para que pudéssemos falar em inglês nos outros lugares, e dessa vez até a China vai entrar no jogo, agora é a vez da China, o Império do Meio, e ela acaba de vez com nosso Império da Mediocridade, a China não fala, mas age e negocia tanto mais. A China é que está dirigindo os negócios agora. Com certeza querem saber mais sobre essa garantia da Europa, que acrescentamos no pacote para que não precisem ter medo: Ela garante que as águas termais dentro da Europa, que mencionei há pouco, funcionem sem germes estrangeiros prejudiciais, mas claro que só se não deixarem entrar nenhum estrangeiro, podemos garantir também o spa, embora o calor faça germinar os germes nas áreas úmidas e mornas de Regina Coli, rainhas e reis do céu, foi o que ouvi falar, eles crescem sem limites, for theirs is the kingdom, por mim tudo bem, de todo modo estamos todos na merda, por que então não germinar, se queremos gerar uma raça superior, isso em princípio qualquer um pode ser, um superior, e castigar seus escravos, esses em princípio qualquer um pode ser também: escravos, até acabar? Mas é um tiro no pé! Estúpidos!, não conseguimos concordar nisso, só conseguimos concordar sobre quem é senhor e quem é escravo, mas com esses germes é preciso começar cedo, combater e enxotar. Afinal, para que os compramos e trouxemos para casa? Não fizemos isso, não! Então. Agora já sabem. Perdemos o comprovante da garantia, não temos provas de sequer termos comprado e levado para casa esses escravos. Já apagaram todos os rastros, é lógico. As vítimas foram jogadas ou caíram em covas em zigue-zague, parte delas com certeza ainda vivas, pois matar dá muito trabalho, nem imaginam quanto trabalho, então jogamos as vítimas mortas ou vivas lá dentro, umas sobre as outras, uma massa de gente, se amassando, mas a pergunta era: como enterrar, não, enfiar a maior quantidade possível de pessoas no menor espaço possível, e não são só as companhias aéreas que estão se perguntando isso. O que é certo é que essa cova em zigue-zague pode ser esvaziada de novo a qualquer momento, de preferência à noite, mas com máquinas pesadas o trabalho é leve. Aí não vão voltar a encontrar as covas, pois nós p. ex. reciclamos covas de cascalho como covas de gente, qualquer construtora saudável conhece essas covas, toda construtora tem ou conhece uma pessoalmente, senão de onde tirariam esse material tão importante para construir o futuro? O cascalho, a bufunfa? Toda economia saudável quer fazer o máximo possível de cascalho, o máximo possível de bufunfa, e naturalmente gastar. O pão de cada dia. Poderia até ser que jazessem ali, mas não sei. Não tenho garantia. Bem, até a Degussa oferece garantia nos produtos, mas onde foi que coloquei?, quero dizer a Degesch, vimos que os produtos funcionam, experimentamos milhões, queríamos ter plena certeza de que não poderiam continuar vivos, mas nada mais é garantido. Não tem garantia se o produto não é o nosso, não é alemão, não é da Áustria alemã, mas de outros, da Hungria ou outros desses países recém-formados, que antes não existiam, é o que quer dizer recém-formados, ou estavam malformados, na forma de serviçais ou criadas, essa gente precisa de um fórum!, esses países eram totalmente dependentes de nós, ora de uma coisa, ora de outra, outra hora ainda de quotas de exportação, e então de cotas para imigração, só para poder conceder ou negar a cidadania, de modo que as pessoas então são diferentes daquelas que nasceram e diferentes de como eram quando nasceram. Por favor, me digam: Que alemão se torna húngaro de livre e espontânea vontade? Da Hungria só se vai embora, voluntariamente ou não. Todas têm motivo também. Mas também são buscadas sem motivo, pelo menos parte delas, levadas até a estação de trem, seu fim é vigiado, estão no fim, estão acabadas, aí acabam na cova. Só alguém que com isso quisesse permanecer alemão iria visitar a Hungria nessa situação tão precária! Melhor trazermos os húngaros para cá, aí não temos que nos deslocar. Quem poderia de todo modo ficar, esse é que vai para o estrangeiro, ou fica também, não teria sentido ir. Não seria abrigado. Seria uma briga e seria obrigado a trabalhar até morrer e ser enterrado e acabou. Alemão no estrangeiro: é o melhor de tudo. Assim se distancia de si e vai para outro lugar, quem ele quer ser? Quem o alemão quer ser? Seu dinheiro fica na Alemanha, onde pode ir fazer compras sozinho, é bem prático, estando ali num belo banco sem ter que ter medo de nada que possa acontecer com ele. Tudo isso outrora nos pertencia, sim, e agora de novo tudo, sempre tudo de novo, sempre a Áustria de novo também, e isso é e continua até o fim para sempre alemão, agora sabemos por quê, sim, os dentes também, outrora todos também nos pertenciam. Quando éramos mais jovens e ainda tínhamos dentes. Naquela época tudo era regulado e centralizado. Simplesmente é preciso haver uma central, a pessoa de repente está numa pradaria em algum lugar como se fosse a terra prometida, mas não era a terra programada. De repente a pessoa é húngara e ela mesma nem sabe por quê. A pessoa não tem absolutamente nada a ver com a Alemanha, talvez tenha vindo ver a Alemanha, mas justo durante a guerra, aí a pessoa perde a sacola de ginástica, daí a escova de dentes, daí a raquete de tênis, daí os bastões de esqui, daí a vida, sempre tem alguma coisa faltando, de modo que a pessoa tem que faltar, e acaba sentindo falta de si mesma. Sentimos falta de algumas pessoas. Já encontramos! Encontramos todos. A central é em Berlim, outra em Düsseldorf, o diretor logo estará na Sibéria, já no próximo trem, mesmo assim vai demorar um tanto até que chegue lá. O dono da porra toda, ou pelo menos metade da porra, está na Suíça e ficará lá por ora, não vai embora, pois naquela época a viagem ainda era perigosa. Nós terceirizamos o bom e o mal para lá onde não estamos. É assim que deve ser, é o que se chama outsourcing, pelo menos acho que é, os bons na sua panelinha, cada um puxando a sardinha, mas sou só o mensageiro. Às vezes esqueço disso. Preciso vomitar. Então tombam as sombras, e volto a saber onde estou, vejo no chão o que pus para fora.

Até eu consegui para mim, quando já estava quase congelando, um aquecimento central, só que o mensageiro infelizmente não costuma estar em seu apartamento com aquecimento. Sempre tem que correr ou pedalar, o que também aquece. Vá lá e faça o mesmo! Quê, não têm carro? Até na Hungria tem carros, até na guerra, mesmo que não muitos. Devia cuidar melhor desse dente, senhora condessa, diga-se de passagem, mas também como assunto principal, senão vai precisar de uma nova coroa, possivelmente vai ter que rodar um pouco para conseguir, pois a coroa do conde você já adquiriu com o casamento. E olha que era um condezinho bem pequeno, mesmo assim um conde. Os húngaros são e sempre foram mais baratos, por que pagar mais?, se já dá para conseguir uma coroa húngara, coroa é coroa, e as húngaras sempre foram mais baratas e ainda são!, mas não mais, e também não é de graça. Fomos agraciados com ela pela União Europeia, o que nos alegra muito. Mas ainda não chegamos aí, isso ainda está longe na névoa. Ainda reinam preconceitos mesquinhos e privilégios medíocres e pensamentos mofinos, todos querendo ser empregados. E os empregamos, mesmo que não queiram.

Devo relatar que as espingardas foram trazidas para a sala, onde podem pegá-las desde já. As armas serão entregues e se destravarão e se entregarão até que os canos brilhem quentes. Devo informar-lhes por meio desta que ofereceram as mãos voluntariamente, que suas faces coradas, acima mencionadas pelo caro colega de botas pretas, não perderam a cor, na verdade não vimos nenhuma face corada, fora a da senhora condessa, condessa, como já dito, única e exclusivamente pelo casamento, que cuida para que a pessoa se torne única e exclusiva, e tudo isso na Hungria, onde a pessoa sequer queria morar, se ainda existe Hungria, quero dizer, existe a Hungria em múltiplas formas e muitos lugares, sim, na Áustria também, mas lá ninguém quer viver, melhor na Suíça. Como húngaro na Suíça, isso é o melhor, mas, como dito, só podemos ostentar uma coroa de conde bem pequena, por isso foi barata, o preço foi reduzido, não foi retirada, nunca pode ser retirada, o preço é que foi reduzido, ela mesma já era reduzida, não se trata da linha principal, mas de um trem secundário, que vai ser abandonado, se apenas tivéssemos os selos corretos, mas mesmo assim é uma tarefa grandiosa, não faço ideia de qual, com que as pessoas serão confiadas. De todo modo, não queremos fazer dívidas por uma coisa dessas, preferimos dividir as espingardas e as pistolas, não, as pistolas não, essas trazemos conosco, presas firmemente, distribuímos as armas, as armas longas, não dividimos, distribuímos, e a cor nas faces coradas da senhora condessa talvez fosse tão artificial quanto seu batom, essas faces reluzindo de fato com brilho interior ou outra coisa?, sim, creio que era ela, pelo menos foi como a chamaram, senhora condessa. Não deu para localizar claramente no meio de tanta gente alta armada vestida de preto. Não é brincadeira. E você? Armada também? Bom. O preto, qualquer um pode te dizer isso, deixa a pessoa maior e mais assustadora, como um quadro negro em branco, digo, sem nada escrito. Tudo o que se poderia escrever nele parece menor, digo, o quadro logo parece menor quando algo é escrito nele. De todo modo o preto é indescritível, mas sempre algo é inscrito nele, parece mesmo pedir isso. Algo arranha o quadro. Tudo alemão aqui, tudo alemão, e ainda por cima nesse preto elegante, com botas, mas para sua sorte não estão na Alemanha, onde os primeiros quadros já se quebram ou só podem ser preenchidos pela metade, como cacos de cerâmica. Relíquias de homens das cavernas. De homens cavados, ocos. Não dá mais para ler nada. Não dá mais tempo. O novo tempo está acabando, então o que fazer?, gastamos o velho precipitadamente, quando recebemos o novo, logo que foi anunciado.

Mas chegou uma coisa diferente. Logo que a senhora condessa pegou ela mesma uma arma soube que era ela. Convinha a ela. A arma vinha e convinha a ela. Naturalmente, também queria atirar. No tiro há uma ordem hierárquica, o superior atira primeiro, na presa superior, que não é o homem, é o cervo real, com dois chifres que acabam em seis extremidades cada, o homem só acaba uma vez por mais extrema que possa ser, e quando o primeiro acabou sua caça, então os próximos podem acabar com as outras presas. Tem suficiente para todo mundo. Só vi muito mais tarde, quando a revi depois de anos, que devia ter sido então uma mulher tímida, reservada. Terá sido afinal a banalidade do mal, da qual já ouvi falar tantas vezes, mas de todo modo só tarde demais, senão poderia tê-la reconhecido pela sua banalidade, essa mulher, não? Na verdade sequer cheguei a vivenciar isso, que o mal pudesse ser banal. Deitar-se de costas, fingindo estar confortado e conformado e acovardado, dependendo do que querem as mãos que tateiam, mas desprezar a sabedoria humilde e adestrada e piedosa e conformada – bem que gostamos disso, mas isso já temos! É o que parece, quando os poderosos se diminuem. E sempre sabem quando têm que se diminuir, sem de fato se apequenar, claro, senão não teriam que fingir. Se desaparecem por completo, como se estivessem mortos, pois muito bem, é o que querem, e desaparecem sempre somente enquanto querem. Diferentemente dos mortos, sempre reaparecem, aparecem no hiato entre ideia e realidade, entre o movimento e o ato, sim, justo lá aparecem, ali onde a luz não chega, onde tomba a sombra, podemos ficar ali. Podemos pelo menos tirar uma foto ali. Muitos de nós acreditam serem eles, os poderosos, pois deles é o reino, a vida é tão longa, mas não percebemos a maior parte do tempo. A humildade também pode ser sábia! Só desaparecem para retornar novamente, os donos do poder. Seu dinheiro já desapareceu antes, para mais tarde poder reaparecer, quando precisarem. Por sorte pode ser posto no micro-ondas a qualquer momento, o dinheiro congelado. Para os donos do poder é a vida é para a vida é esse o seu modo, que esse mundo é o modo que acaba, esse mundo é o modo que acaba, o mundo que acaba não com um estrondo, mas com um vocês já sabem o quê.

Por sorte não somos humildes, o mensageiro pode lhes relatar, digo o que é, digo o que me disseram, palavra por palavra: Odioso é para nós aquele que nunca quer se defender, e são justo essas pessoas que agora enfileiramos. E nós mensageiros, enfim, leremos essa mensagem. Nós, corajosos, deixamos que os humildes nos sirvam, com prazer, deixamos que eles se sirvam. Já se entregaram, e agora se servem para nós. E depois ainda servem para tirar a mesa. Naturalmente nos repugnam, mal podemos engolir uma garfada, porque nem se defenderam quando nos servimos deles. Esses homens nus realmente engoliram tudo o que fizemos a eles, o cuspe venenoso, o olhar maldoso, foi esse seu modo servil, anulados pelo trabalho, meu gosto prefere outras vítimas, mas não as consegue, só consegue essas que já estão meio mortas e apodrecidas, e justo assim é que as queremos, também. O que mais cedo fervia de raiva agora está cozido. Mesmo assim não queremos comer essa carne. Nem encostar! Surrar, por mim, atirar, tudo bem, abater, não me importa, mas não encostar! E a mera quantidade basta para compensar a falta de qualidade humana. Entre minha concepção da massa e a criação da massa (quero dizer a criação do mundo?), entre a emoção e a reação tomba a sombra, da qual falei antes, já no escuro. Ficamos de lado para ela não cair sobre nós. De repente, fazemos brilhar o fogo das nossas mãos, das armas que carregamos nas mãos, que foram carregadas antes do disparo, brilhando em disparada para o céu e para a terra e sobre essas pessoas, é maravilhoso. Uma palavra frequentemente usada para isso, no momento não me ocorre outra. Como mensageiro eu sempre deveria dispor de várias palavras, que teria que ter na ponta da língua, mas as palavras se amontoaram e se amassaram e se amalgamaram tanto, como já relatei, que agora não consigo mais separá-las. É que usamos argamassa de secagem rápida. Naquele tempo tudo tinha que ser rápido, rápido, rápido! Matar duas, três pessoas, não precisa ser um Michelangelo, mas duzentas! Um momento, me disseram aqui: 180, quase duzentos indefesos, deveria antes dizer: perfeitamente indefesos, para enfatizar a perfeição disso tudo acertando a conta e o que conto, não sobrou nada nem ninguém, todos caem como pinos de boliche, esses homens ocos, não, não eram homens poucos, são homens ocos, sendo que nós somos os homens cheios, plenos, recheados de palha, pelo menos a cabeça. Infelizmente, o maldito computador não traduziu tão bem o poema, até eu poderia ter feito melhor, mas dá para entender a mensagem, é como um mensageiro que vem anunciar o poema antes que ele chegue. Tudo perfeito como um poema! Na verdade, esses homens cavados parecem homens de verdade, só que ocos, porque nunca comeram nada, suas vozes dessecadas, quando juntos sussurram, são quietas e inexpressas como o vento na relva seca ou pés de ratos sobre cacos em nossa adega evaporada sem sentido. Então agora estourou o fusível do computador. Não dá para fazer mais nada com essa gente. Por isso os trancamos lá, no nosso sótão. Mas era um lindo sótão, pintado de branco até, na verdade era onde ficavam os cavalos, sim, exato: branco e lindo e limpo, o sótão onde foram detidos, um antigo celeiro enorme que foi pintado de branco, whitewashed, e isolado, pusemos lá os homens ocos e, embora ocos eram completamente humanos, com tudo dentro, fôrma sem forma, sombra sem cor, força paralisada, gesto sem vigor, foi o que fizemos com eles, e mesmo assim: humanos completos, como nós, no fundo completamente iguais a nós – completo, isso é só uma palavra, como o amor é só uma palavra, mas dessa vez a palavra está completamente certa, melhor que nunca, acompanha bem muitas coisas, obrigada, tanta completude já me basta, tem que ser tão completo assim, tem que ser tanto tempo assim, não dá para demorar tanto mais! De todo modo, não compensa atirar em todos, mas temos que fazer, agora já estão aí, onde nunca pensaram parar nem passar, mas foram obrigados, nascidos para o trabalho, não, não nascidos, feitos para o trabalho, não se nasce mulher, faz-se mulher, assim é a vida, cada um cospe no outro se tem a oportunidade de encontrar alguém. Mas atiramos e do mesmo modo acertamos, não precisa ser um Michelangelo, infelizmente, não é tão difícil, pois os homens foram trazidos até nós especificamente para esse fim, houve um chamado, e então, à uma e meia, duas horas: gritos. Aí por mais que se fechassem janelas e portas e ouvidos: gritos gritos gritos, berros horríveis, será que não podem ter um pouco de consideração, estamos querendo dormir essa hora, todo mundo essa hora quer dormir, fora aqueles que não querem ou não podem, o chamado veio, as armas foram distribuídas, vai demorar décadas até os trocados políticos poderem ser coletados, e sem juros, pois não foi planejado, foi simplesmente feito, e podemos eliminá-los, estão aí, precisam não estar mais, simples assim, não tem muita coisa aí, mas aí estão, encomendados e entregues, eles que cruzaram conosco com olhares diretos, lembrando de nós até o outro reino da morte, mas não terão essa oportunidade, foram-nos dados, confiados, para atirarmos, e praticamos o tiro, eis nosso privilégio. Eis o privilégio dos que não são ocos, que estão tão cheios de palha, stuffed, ao contrário dos outros que não estão recheados, pelo menos não com palha. Não são animais empalhados, cujas peles servem de suporte! Um momento! Eu os vejo, eu os vejo, os homens, os homens ocos! Eles que cruzaram conosco com seus olhares diretos, lembrando de nós até o outro reino da morte, e depois não mais, se de todos, se lembram de todos, então de nós também. Fora com eles. Fora fora fora. Embora não seja divertido. Só é divertido se você antes se embebeda corretamente, tem que demorar tanto tempo assim e demora, chegou a hora. Mas então tudo nos diverte, até foder, é como a luz do dia em uma fenda defeituosa que se fecha, é uma árvore que cresce, não, uma árvore que balança, e há vozes no vento, que canta mais longe e mais grave que uma estrela apagada, agora não sei, estamos falando de uma estrela do rock ou de quem ou de quê?

Vocês acabam de ouvir nossa transmissão diária da banalidade do mal, já a conhecem, de ontem e de anteontem, e agora voltamos com um pouco de música. Essa música é mesmo de anteontem, não conhecem nenhuma nova, não têm nenhuma nova, a mais nova? Então coloquem. Então se coloquem. Também temos ainda outra música do ano passado, é mais nova que essa, mas já tem aquela de amanhã e de depois de amanhã, já as baixamos hoje. É exatamente igual à que passou, toda música está aí e já passou, quando é colocada a tocar, música é tempo que a gente ouve, em geral o fato precisa primeiro ser feito, primeiro precisam fazê-lo, mas há fatos que não devem ser feitos e também nem podem mais ser feitos. O que aqui cometeram, seria melhor que desaparecesse, deveria ser omitido, mas nunca mais cometido, devia ser apagado para que nunca mais ninguém pudesse cometer. Por favor, de novo não! Mas amanhã também voltarão a poder ver e ouvir uma transmissão bastante banal, que sequer trata mais do mal, mas mesmo assim será incrivelmente banal. Não dá para acreditar! Quem puder acreditar que acredite, mas é inacreditável. Fora com os olhos! Joguem fora seus olhos! Como assim? Nesse buraco não tem olhos nesse buraco aqui nesse buraco oco. Mesmo assim fora com os olhos! Joguem fora! Mesmo assim continuem assistindo!, justo agora vai ficar interessante. Não, na verdade não. De novo nada. Então vão se catar!

Essa é a festa em que é morto o verdadeiro cordeiro, cujo sangue protege as portas dos crentes. Ora, nada faz sentido nessa fala. Não só eu não tinha que ter falado, para começar, também nem tem sentido. Pois quem espalhou essa tinta vermelha em todas as janelas e até na porta? O mensageiro deveria olhar antes de pôr a mão. Estou me sujando todo, só de bater na porta, toc toc! O que acham, em quantas portas e janelas tenho que bater diariamente? Se todo mundo espalhar sua porcaria aí, como é que vou ficar? E afinal que matança é que se deve prevenir aqui? Nenhuma, ué. Antes o contrário é o caso, a matança deve ser prevista e então praticada, pois o homem não sacrifica Deus, não, Deus também não sacrifica Deus, e Deus também não se sacrifica ao seu pai, não não não, já vi muitas vítimas sacrificiais, essas aí de fato não, mas tantos mensageiros me contaram sobre isso que tenho que acreditar. Mas não faz sentido. Deus não se sacrifica nem se vitimiza. Deus se dá de presente. Não vejo a diferença, mas entendo Deus muito bem. Antes de me espancarem e me crucificarem, também prefiro me dar de presente! Não posso ver o que está por trás de Deus, muito menos acima dele. Mas antes de mandarem me espancar poderiam me ter mesmo de graça. Poderiam me receber grátis como brinde que vem junto com Deus. A senhora condessa também se sacrifica, mas não sei por quem. Creio que se sacrifica pelo seu cavalo, foi o que me disseram. Logo vai embora com o carro, seus dois adjuntos, não, ajudantes, não, agitantes, não, agitadores, com certeza não, para que tanta agitação, o que teriam para festejar? Quase duzentos já foram, ok, 180. Só aconteceu uma vez e acabou, acabou de acontecer. Então não tem comemoração, no mínimo daqui dez anos, quando já vão ter outras preocupações e outros motivos para comemorar. Os aniversários só virão muito mais tarde e não serão motivo para comemoração, os olhos não estarão lá, os olhos nunca estarão lá, na rememoração do cometido, na comemoração do arrependido, na cova desse maxilar oco quebrado, do osso quebrado. E ainda temos que enterrar tudo isso também, enterrar nesse fundo, nessa fossa, nesse último dos pontos de encontro procuraremos sessenta anos depois ou algo assim, talvez setenta, oitenta, 180?, estimo uns sessenta anos, mas também pode ser mais, procuraremos esse último dos pontos de encontro, vamos procurá-lo, tateando juntos, falando sempre e de novo para evitar falar, até ser carregado por esse rio da memória, na margem desse rio túmido, sightless hoje, sightless amanhã, a não ser que os olhos reapareçam, mas nem mesmo em sonho esses olhos nos aparecem. Sem sacrifício – sem sagração! Consagrações depois, e então paradoxalmente os sacrificados é que serão comemorados, e não nós, não nós. Vamos comemorar com as vítimas, pois a vítima é o dom é o sacrifício é o filho. O pai é liberado, o pai é liberado do sacrifício, graças a Deus que em algum momento o pai foi liberado, pelo menos sabe como é difícil. Sangue tudo bem, mas por favor não aspergir na porta e nas janelas, alguém pode pôr a mão sem olhar, sempre sem olhar, e muito obrigado! Então Deus não sacrifica Deus, a si mesmo não, ele se oferece, se dá de presente, é uma doação de si por amor, não é nenhum sacrifício. O cristianismo não sacrifica nada vivo, por princípio, vê se aprende de uma vez por todas! Isso ele nunca fez, sacrificar vidas vivas, e aonde é que a gente ia chegar? Íamos chegar exatamente aonde estamos! Com esse monte de ruínas aí, acabou de chegar. Uma vítima a mais ou a menos, melhor uma a mais no Reino em sombras da Morte, só a esperança dos homens vazios se levanta, dos homens vazios, qual a diferença? Estavam vazios e ainda estão.

Então o que a senhora condessa faz para mim não é nenhum sacrifício, não, para ela também não, ela faz de bom grado! E o que a pessoa faz de bom grado é bem feito, ahn, não feito, ahn, não, mas simplesmente é melhor do que o que se faz contra a vontade. Por favor, foi um prazer. Não há de quê. Mas mais tarde haverá de quê, e não será prazeroso. Engraçado.

A esperança dos homens vazios não permite que se levantem, por mais que seja leve e frágil como uma pipa.

Sim, a senhora condessa! O tempo todo não falou nada, mas fez muito. Já sua família fala tanto mais e tanto mais alto, ela ainda tinha décadas diante de si, para serem preenchidas com alegria e alarde, mas de modo algum com aflição, depois de preenchidas as covas, agora fala a senhora condessa, silêncio!, quanto mais morta essa mulher estava, não se preocupe, isso foi anos depois!, tanto mais alto falavam seus parentes, facilmente cobriam a voz da senhora condessa. Mas hoje ela tem voz novamente, e quer ter voz em tudo, mesmo sem entender nada, e também hoje, e também no dia que devemos relatar, e então no dia que não podemos relatar de modo algum, ela era e é muito atraente, pelo menos para os senhores P. e O., os homens de preto, Men in Black, recheados de palha, agora separo os homens ocos dos empalhados, dos espantalhos, que ninguém pode responsabilizar, pois são justamente espantalhos, quer dizer, não são recheados de carne debaixo da pele, e não sabemos como chamam. Sem carne. Com palha. Palha. Os ocos sem nada. Os outros com palha. A condessa sem nada, então, para mim é o bastante. Ela é sem corpo, uma dessas sombras que sobram, como sua sobrinha mais tarde, décadas mais tarde, será algo, vai ser alguém, não pode fazer nada, mas será mais do que nós, estará melhor e em outro lugar em relação a nós, por acaso estará lá onde também estamos, será tudo, será tudo para si, será tudo para os outros também, uma estrela perpétua, uma star, a multifoliada estrela do reino em sombras, mas dessa vez não da morte. Sim, sua sobrinha, décadas depois, sobrinha da senhora condessa, nem toda sobrinha é da senhora condessa, só se levanta a esperança dos homens ocos, uns vinte centímetros, imediatamente, não, a deles também não, ninguém mais se levanta aqui, outrora uma estrela dos não nascidos, a sóbria sobrinha, a sobrinha sombria ainda não vista, uma star entre outros não nascidos, é até mesmo o contrário da sobrinha, ela não é nada, não, é o contrário de nada, o contrário da sombra, é o mais alto que existe, bem, talvez não tão alto, mas o mais alto que conseguimos imaginar, mas sem galho, não é um galho alto que se pudesse serrar, ela entrou na árvore genealógica só pelo casamento, mas ela mesma também é um galho em que ela mesma se senta, mas em algo que pudesse serrar ela não se senta, não, jamais sentaria, ela se assenta na árvore genealógica alheia, assim, está tudo no jornal, aí vai ela, e lá vamos nós e olhamos a foto, no jornal, olhamos a bunda nua dela, na revista, essa bola de espinhos bola de espinhos, bola de demolição?, que damos a volta nessa bola de espinhos às cinco horas da manhã, e às seis tudo já foi feito. Nessa revista.

Está aí, a mulher está aí, a mãe não está aí, a tia está aí, ainda não vejo quem é, em todo caso uma irmã, tia, mãe? Não, não está aí a mãe, sim, a mãe também está no jornal!, agora vejo que ela também é mãe, e com certeza também filha, não?, não tem outro jeito, está aí, está no jornal e olha entre o desejo e o espasmo entre a potência e a existência entre a essência e a descendência, onde tomba a sombra, olha de um lado para o outro, olha e olha, mas não vê onde deve se estabelecer, não tem uma árvore genealógica onde pudesse trepar ainda mais alto, quando fica muito quente lá embaixo, mas ninguém deve perceber isso, que primeiro ela ainda tem que chegar lá em cima. Então agora já achou uma, agora já subiu. Está bem lá em cima. Nesse meio tempo conseguiu uma, uma árvore, um cacto um cacto. Ela se senta no galho mais alto, uma arquiduquesa, se esse tipo de coisa existisse mesmo. Não, não existe. Não temos. Uma parte-duquesa? Não, uma duquesa à parte? Uma biscate duquesa? Uma educada princesa? Edulcorada? Condecorada? Arrancada com alicate? Qual parte? Mas é impossível! Parcialmente? Que isso não exista, isso também não existe! Provavelmente só foi arrancada, retirada, realocada e rebaixada na selva da imprensa, não é muita coisa essa selva, nem é uma selva, pelo contrário, é um espaço onde se pode ver bem longe, muitos querem vir para cá. Muitos querem ser duques e se mudar para cá e para mudar as coisas um pouco, mas poucos são acolhidos, digo, escolhidos, para poder vir. Fixar residência aqui, conseguir uma autorização de residência. Senão, o que seria dessa bela mulher? Pois é, ela queria ser bela, e é. E é. Isso basta. Seria o bastante para mim. Para mim já seria suficiente. Já que não há mais aquela arquieducação, também não há mais os arquiduques em suas peles douradas, e quem é que os esquenta agora, pois um animal simplesmente tem que se esquentar com seu pelo, senão se resfria ou se resseca como um cacto no deserto. Hoje não vão mais encontrar nenhuma pele decente, pois o meio ambiente foi envenenado e os animais têm que comer grama poluída, e se encontrarem alguma pele, depois de muito viajar, então não presta mais nem para o animal que a vestia antes e de quem foi tirada, o animal não aguentou, mas a pele também não, e sobretudo: Então antes só se caçavam animais, antes um homem pegou para si outra mulher, então pegou dois exemplares de crianças, daí três, depois levou tudo isso embora de novo, daí pegou outra mulher e mais outra, mas por princípio tudo sempre é levado embora, de um jeito ou de outro, e trabalhamos contra esse princípio. Esse animal que teve a pele roubada outrora pulava sobre riachos e rochas e covas, lindamente animado por um espírito, não, nada de espírito, tanto faz, animado por alguma coisa, que fosse só um pensamento, só pensar na Alemanha, mas também pode ser qualquer outro pensamento, quase qualquer outro pensamento serve, quase qualquer outro pensamento funciona, está aí, daí se vai, quero dizer, os pensamentos sempre se vão, não posso segurá-los, provavelmente nem são pensamentos, aliás tenho certeza disso. Mesmo não estando lá ainda se pensa na Alemanha, nessa terra morta, nesse deserto, onde se erguem imagens de pedras, de tão fortes que são aqui. Um momento, estou vendo, não é nenhum animal, o mensageiro deve primeiro olhar o que está aí antes de dar o tom com um diapasão, é um grande dom, encontrar o tom certo, não, é um diminuto, e um tom que depois de algumas décadas ninguém mais retoma. Mas claro que seria muito melhor se a Alemanha ficasse na Hungria ou na Suíça, ficasse lá deitada, não, de pé, para permanecer ereta e para ninguém poder fazer nada contra ela, o que todos sempre tentam, mas não conseguem, não conseguem diminuí-la, dizimá-la, esse reino da morte, não conseguem, só a própria morte consegue, por último, é quem melhor consegue, mesmo assim, só o mero pensamento sobre a Alemanha faz a pessoa se erguer, mesmo que a Alemanha deva cair. Então não precisa que a Alemanha inteira venha até nós apresentar seu caso aqui, deve lamentar seu caso em casa, no próprio país, e se por acaso quiser lamentar seu caso que seja para si mesma, por favor sem mais esse encontro no reino em sombras, no crepúsculo! Também pensamos assim, que o crepúsculo dos deuses já aconteceu e depois alguém voltou a acender a luz, e quando você salta, quando ousa dar o grande salto, não, não a longa marcha, isso demora muito, e também tem muito pouca gente para isso, e no país errado, mas o grande salto, esse sim, o salto dá, e quando você ousa dá-lo, pousa no presente, do passado para o presente em um único salto, e afinal também precisamos dos alemães no presente, alguém tem que fazer o trabalho afinal, não é mesmo, e alguém tem que ter o trabalho feito no lugar dele, quer dizer, alguém tem sempre que trabalhar, ser bem trabalhador, e não vão ser os alemães que vão construir, vão ser outros que não foram destruídos, que não foram varridos da face da terra, mas que serão destruídos só agora, quando uma crise ameaça, tanto faz qual, então vão esclarecer tudo, os alemães vão nos esclarecer tudo, os alemães podem aclarar tudo melhor do que quaisquer outros, podem até declarar guerras, não, esse salto não dá, talvez pela terra, em zigue-zague, essas covas podem ser evacuadas facilmente em uma noite, com máquinas pesadas, mas não dá, o salto, não vai, sim, esse aí na terra, em zigue-zague, ele salta, seu nome já diz, ele mesmo não diz nada, não se expressa, esse salto do homem ao animal é inexpressivo!, e faz tanto tempo!, e o salto do animal ao homem também não diz muito, então, estávamos querendo saltar, e no mesmo momento vemos alguém sentado num pinheiro, naturalmente também era um nativo, um estrangeiro não ia crescer aqui, e então algo nos segura, e olha que ainda agora nada nos segura de tão seguros que somos, vimos o sangue na porta, imperativo como um sinal vermelho: Anjo, por favor circulando! Aqui não há nada para ver, circulando por favor, atirando e circulando, e agora repetimos isso umas duzentas vezes, não, mas o sangue diz sim, não, o sangue não diz sim, o sangue diz não, por favor não atire, não precisamos de mais sangue, já temos o bastante, por favor, achamos o pinheiro pro Natal e um outro tronco pro pau de sebo na festa junina, são velhos costumes, mas o que fazemos com eles? E o que fazemos com o sangue? Afinal não podemos fazer uma transfusão com qualquer sangue. Todos os lenços estão sujos, então vamos simplesmente passar nas portas e janelas, ah, que nojo! Se alguém põe a mão sem olhar! É a nós mensageiros que vai acontecer primeiro, para mim está claro, infelizmente vamos ser os primeiros a ter que sujar as mãos. Mas esperamos que ninguém olhe e que ninguém mais ponha a mão na sujeira ainda úmida. Nós nos encarregamos disso, está nas nossas mãos. Jogamos pedrinhas com efeito, mal alguém se senta na árvore e já jogam umas porcarias nele, então simplesmente arrancam os galhos dessa linda árvore, que cresceu aqui com tanto esforço, e lançam ao ar seus braços como bastões, os braços com os ramos, senão por que haveriam de se erguer?, para reger o trânsito?, por que erguer os braços balançando as armas como um tenista, digo, como um tenente, se não têm nada contra essas pessoas, essas 180 pessoas nuas, nada que deponha contra eles, nada que teríamos que relatar?, um momento, se contra nós não há nada!, primeiro erguem as mãos assim, simplesmente, tanto faz quem, simplesmente assim, tendo algo na mão ou não, não faz diferença, erguem as mãos, mas aquele a quem erguem os braços simplesmente assumiu uma posição muito elevada e muito firme para que possamos entender, não podemos mudar sua posição de modo algum, isso entendemos logo, mas a senhora condessa entende essa posição, as mulheres sempre entendem tudo, é a profissão delas, e se não entendem alguma coisa, então pelo menos querem entender. Lá em cima senta-se ereto o espião, temo que não vai poder me dizer mais nada, temo que agora estou na peça errada, por favor me desculpem, mas me deixo levar, não posso fazer nada, as presas fugiram com pressa para o bosque, que bosta, agora estão no nosso campo, no nosso campo também se encontra a Áustria, mas esses animais também entram lá, aqui, onde não são vistos, bem aqui estão as presas, não querem ser vistas, para não serem abatidas, mas tem que ser assim, então é preciso conduzi-las até a árvore ou até a clareira, para serem apanhadas, assim, e agora muitas mãos tocam as armas, e não são as armas do espírito, são armas para fazer espíritos! Logo farão. E então ainda vão acabar com o que sobrar do espírito. Agora disparam, os brotos são aparados, separados do tronco, que não para, não pode ser arrancado, pelo contrário, continua gerando vida, germinando até apodrecer, até perecer, parece que sim, esses homens vão perecer antes que apodreça o ventre que germina a semente, temos só um cada uma, um único útero, o último, que perdurará mais bastante tempo, mas não produzirá mais aquilo para que foi previsto, mais um caso da falta de empatia no coração das mulheres, que são capazes de tudo, do mais extremo, até com seus órgãos, não podem fazer nada, têm que fazer isso, ir até o extremo, pois as pessoas não têm mais coração, e para que precisariam de empatia? Coisa de empata-foda! Mas se não é o coração, de onde vem essa batida? Dos ouvidos delas, de onde escorre música como o veneno espumoso das cobras, não, não como chantilly, sobretudo se o ouvido não fica parado, quero dizer o fone de ouvido, tem que ser plugado no aparelho previamente, um lado no aparelho, o outro no ouvido, que se espera que fique parado, senão toda essa bela música se espalha por aí sem sentido algum. Não. Senão nada sai dali. Não dá em nada! Não. Não existe mais nada desse tipo. Não existe mais. Eles já têm tudo. Mas a respectiva mulher, que clama aos céus, mas não recebe mais de lá nem um relampagozinho, na boca dela também tem uma espécie de espuma, acabei de ver, não, também não é chantilly, olha lá, e os olhos dela estão virados e vazios, temo que esteja inconsciente, mas ainda é melhor que estar morta. Com as mãos ela, a senhora condessa, quero dizer, a senhora Margit, a senhora condessa Margit, com certeza não se deve falar assim, enfim, ela pega seu braço esquerdo, o braço esquerdo daquele homem ali, não é mesmo, não, não é!, também poderia pegar o direito, mas já faz tempo que ele não tem direito nenhum, então ela pega o esquerdo, coloca o pé nas suas costelas, pode fazer isso, afinal já atirou nele mesmo, e puxa o braço até sair do ombro, da articulação do ombro, mas por favor, que desnecessário! Não foi pelo poder dos músculos que ela acabou com esse homem, não, também não foi pelo poder do coração, mas por poder usar uma arma de fogo, o poder de fogo de nenhum deus, nenhum deus estava presente, adoraria poder contar a vocês sobre um deus presente ou ausente, mas não vi nenhum, no meio da confusão dos homens, todos bêbados naturalmente, por que é que a gente deveria recolher toda essa merda pros russos, se a gente nem os acolhe no nosso castelo?, então, o que é que eu queria dizer, agarramos e arrancamos a carne e pronto e fim. Claro que as balas também dão uma bela mãozinha, mas também temos que pôr a mão na massa, sem nossa mão as balas não fazem nada. Do cadáver destroçado ressoam gritos, gemidos e lamentos, ai, deve doer, isso também deve doer, mas com a arma de fogo vai rápido, relativamente, os homens ocos ainda tiveram sorte nesse quesito. Se já não tivessem sido anulados previamente pelo trabalho, as balas teriam acabado com o que sobrasse deles, mas quando acabou só ficaram as sobras para nós, eles foram trazidos ocos para nós, antes que pudéssemos acabar com o que sobrou deles, e agora naturalmente estão completamente cheios de nós. Ocos de fome, mas cheios de nós, já sabemos. Sempre cheios de nós. Como se todos nós alemães tivéssemos algum tipo de responsabilidade coletiva, só porque fomos nós que fizemos isso. Mas nada acontece com a gente. Tudo passa por nós como se não fosse nada. Deveríamos, enfim, parar de nos insultar. Os gritos se confundem todos, eu mesmo ouvi, senão como saberia?, ele ainda respira, não, se me perguntam, já não respirava há muito tempo, não importa, e uma levou o braço embora, outra o pé, nenhuma roupa mais disponível, tiveram que se despir antes, talvez ainda dê para fazer alguma coisa com isso, isso nos excita, as pessoas totalmente peladas e nós totalmente embebedados. As janelas totalmente aspergidas com sangue, as portas também, nós também, por favor, agora também poderíamos atirar por aí os membros dos mortos, feito bolas, não, não: feito balas, bobagem!, ou poderíamos fazer outra coisa totalmente diferente com eles, pois Deus dá destreza aos nossos braços, o Deus que fizemos só para isso, saúde!, mas sim, já estamos saudáveis, e sabem o que eu ainda poderia lhes dizer? Ainda poderia lhes dizer onde é que, nas profundezas da densa floresta ou na terra lá pelos estábulos, mas mesmo esses são dois, dois estábulos, não dava para ter menos, onde estão enterrados, onde poderiam estar enterrados, onde teriam que estar enterrados, pelo menos ao lado de um deles, mas de qual?, pois bem, agora não eles não tem que nada mais, antes sim, depois não, então em qual estábulo estão? Falem logo, ou calem-se para sempre! O que estão falando sobre minha teoria da cova de cascalho, para a qual não tenho nenhum apoio, mas não tenho que me apoiar, consigo ficar de pé e andar, livremente, mas talvez não por muito tempo. Não é possível que tenham comido todos, os 180 homenzinhos, assados no fogo do castelo? Desenterrar, enterrar, desenterrar, enterrar, até os cadáveres acabam se aborrecendo!, eu ainda poderia lhes dizer onde não vai ser fácil achar esses corpos, não vai ser nada fácil, mas não digo nada, senão seria fácil demais e seria o fim.

Então, agora esses 180 homens finalmente também caíram. Esse seria o fim, então. Eu nunca soube como deveria relatar isso. Agora também não sei, mas continuo relatando, embora não tenha continuação para a história. Eles arrancariam as vendas do rosto, mas nós não os vendamos, só os desertores são vendados ou um promotor adversário ou um adversário no processo geral dos adversários de processos. Ou a própria Justiça, ela também tem uma venda. Foda-se. Esses homens não recebem nada de nós, não pediram o direito à vida, não entregaram o pedido de direito à vida no prazo certo, não têm direito a pedir a vida e nem uma ida para nenhum lugar, só têm direito aos nossos galhos, paus, balas e tiros, isso podem receber. Aí esse homem nu fala: Mãe, sou eu, seu próprio filho, que você mesma gerou! Também sou todos os outros, que você gerou também, não, que não gerou, desculpe, me confundi, te confundi com outra pessoa, se tivesse dado à luz a todos esses seria uma bela multidão. E o que não foi gerado, pelo menos não por você, mãe, seriam ainda mais. Por que histeria? Que exagero! O que é que tem as armas? Fora com elas! Abaixo as armas! Não, nada a dizer. O filho não é morto pelos seus malfeitos, afinal ele também é um filho, mas não da senhora condessa. Ele é todo filho. Ele é um filho. Mas não dela. O que é que você tem?

Por favor, posso dizer uma coisa também? Ela não precisa mais disso, desse título, pois já tem um, mesmo que tenha ficado pequeno nela. Uma reputação a precede, mas ainda pode ficar sozinha, ajudada pelo título, arruinada pelos comunistas, não mais pelos senhores austríacos da foice e do martelo, os grandes filhos da pátria, mas também com verdadeiro talento para o belo, só elogios. Ela morde com uma boa mordida, a duquesa morde com uma boa mordida, como um pastor que corta com os dentes o cordão umbilical de uma ovelha. Acho que sou eu a ovelha, pois sempre tenho que correr e comer e me corrói a sede, pelo menos me rói. Ah, pobres de nós, mensageiros! Ah, pobres de nós! E do meu lado a fome também, a fome pela vida, que outros conseguem aplacar mas eu não, não a minha. Ao meu lado só outras ovelhas. Nós todos apenas ovelhas. Ainda melhor que os humanos, pois os animais são muito melhores que todos os homens. Mas isso de todos os homens não existe mais, estão faltando alguns, sempre faltam alguns, ou estão vendo homens por aqui? Sim? Ainda? Mas sentem falta de alguém? Ah, então! É porque faltam que são homens, pois homens sempre nos faltam. Mas, de todo modo, não deveriam ser muitos. Estão sentindo falta de algo, para estarem vendo coisas que não estão aí? Então fiz alguma coisa errada. Ora, eles ainda existem, sabia que tinham mentido para mim! Como mensageiro eu seria mesmo supérfluo se não tivesse mais mensagens para ninguém. Só teria enigmas e amargura no coração quando fosse de novo a algum lugar qualquer para trazer minhas mensagens. Não sei mais o que está acontecendo, pois os que aí estão, vitoriosos e firmes, não são aqueles a quem eu tinha que relatar alguma coisa. Não, talvez não existam afinal, o que estou vendo?, não, não é nada nem ninguém, estou sozinho de novo e quero estar, sozinho com o céu limpo e o mar aberto, e de novo entardecerá ao meu redor, e de novo não terei relatado nada a ninguém, e amanhã tentarei de novo, quando terei achado meus amigos, mas aos meus amigos não tenho nada a relatar, eles sempre já sabem de tudo previamente. Enfim, a luz agora fica mais parada, isso é bom para o inanimado, existe isso, o não animado, e existe o não amado, isto é, a arte: mal-amada porque não é animada o suficiente, só amamos a animação, nós que só de olhar já podemos incutir vida, enquanto ainda e sempre temos que matar outras pessoas, para que enfim fiquem paradas de acordo com nossa concordata, com nossa moratória, um momento, afinal um momento não conta quando se fica parado, já vi muitas vezes essa arte, mesmo que de longe, ela existe, pode ser comprada, pelo menos por quem pode comprá-la, mas as pessoas ainda existem também, e naturalmente também podem ser compradas. Sempre haverá pessoas, é só procurar bem, ainda haverá milagres, sim, eles também, enquanto a arte só pode ser encontrada, nunca procurada, por favor, também sempre vai haver arte, que sempre poderá ser comprada, mas haverá mais pessoas, e as que não existirem mais naturalmente não poderão mais ser compradas. Em todo caso, com isso não terão mais valia, e sim menos, é o que apontam os indicadores, que depois de apontar apertam o gatilho. Os vivos sempre estarão em excesso, mas sempre podem ser sobrepujados pela arte, até cair, por favor, não vão ser os mortos que vão perturbá-los, pois já se foram definitivamente, são impotentes, saíram do caminho definitivamente. Do nada, nada sai. E há mortos que vivem, eu mesmo os vi, embora na verdade devesse ter relatado obre eles, você só tinha que empurrá-los com o dedo mindinho e já caíam, essas pessoas, sim, principalmente essas aqui, 180 cabeças, jazendo aí, e nada mais nelas, horas de trabalho sovaram essas pessoas, como pães, mas nem por isso cresceram melhor. Quem não consegue sujar as mãos não presta para governar, e também não sabe dar ordens. Uma casa sem sangue nas janelas não presta mais para ficar, falta-lhe a coesão interna que só um banho de sangue oferece. Mas aqui abrimos uma exceção. Essa casa tomba, essa mão tomba, as mãos não se erguem em súplica, as mãos que naquele tempo se agitariam como folhas no bosque agora não emitem nenhum som, nem mesmo um de animal. Esses homens que sequer espionam com os ouvidos alertas, para quem nada disso importa, que não lançam mais o olhar de um lado para o outro freneticamente, não erguem mais as mãos, esses homens estão cagando, estão caindo, já caíram, não são nada de especial, isso é para todos, todos no fim seremos anulados pelo nosso trabalho, por que esses homens também não seriam? Mas vão ser anulados de um jeito diferente para variar. A senhora condessa acerta o que é certo e direciona o que é direito, o que lhe é de direito, direitinho, ela endireita o direito, que no entanto não precisa de direção, só eu não entendo o Direito e por isso não julgo ninguém, nunca, não julgo para também não ser prejudicado, não posso avaliar e aquilatar, só relatar o que os outros enlataram, não tenho habilidade para o estrelato, eu só relato, querem que eu relate, e cão que relate não morde, porque ainda sou mensageiro, até há pouco ainda era mensageiro, e já estava relativamente bom, eu posso relatar e retaliar, mas os outros preferem realizar alguma coisa, o mais das vezes, uma refeição, sendo que não conseguem referir nada mais, essa é a tarefa do mensageiro, então fazem e refazem uma refeição, essa é a sua tarefa, nós pagamos a tarifa, mas os outros também não são melhores, se eu apenas soubesse quem são naturalmente lhes diria: eles não vão segurar, não conseguem assegurar nada, por isso são baratos como essas próteses húngaras, e sequer vale a pena recolhê-los. Lá de onde vêm ainda há muitos mais, só nós não teremos mais enquanto eles ficarem lá. Pois bem, nesse meio tempo é claro que é possível pegar o próprio carro e ir para lá. Não há mais fronteiras. Sempre é possível conseguir algo de novo, consumir algo novo, mensageiros, próteses, dentes, o acervo é inesgotável, mas não o acervo de obra de arte, só na Hungria elas ainda são mais baratas, lá tem substituto para tudo, lá tudo é provisoriamente ainda mais barato, então levamos para a Áustria esses mortos vivos, pagamos e levamos, pagamos para que venham para a Áustria, os mortos, que outrora viveram, por isso nos são caros, se ainda vivem são mais baratos, precisam simplesmente vir, por vias secundárias, nas vias principais, podemos tranquilamente autorizar a vinda, em compartimentos com janelas vedadas, em trilhos sem impedimentos, passagem livre para os impróprios!, é necessário fazerem as necessidades na tigela da comida, arrancamos tábuas do chão e esvaziamos a tigela lá fora, podemos tranquilamente autorizar o que está vindo, não vai nos fazer mal, liberar o caminho para o que está vindo e nos livrar dos que já vieram. O que quer que façamos será invisível e seguiremos invictos, e até esses mortos, que um dia não terão existido nunca, vão pousar literalmente no nada, temo dizer, vindo da Hungria para lugar nenhum. Já estão se recolhendo sozinhos para chegar a algum lugar, nem é preciso ajudar, é só dar uma ordem e a luz fica paradinha de tanta alegria, porque de novo apanhamos tantas pessoas lindas, sim, claro, nem todas são lindas, mas pessoas em si já são algo lindo, não acham?, sim, as outras também, não, com toda certeza é melhor, é melhor e mais certo, é absolutamente melhor, de modo geral e especificamente melhor, e mesmo mais certo, não, é incerto, é possível errar a mira, mas em princípio é mais seguro, colecionar arte. Depois ninguém vai poder jogar isso na sua cara. A não ser que tenha sido roubada, aí vêm as acusações, elas tardam, mas não falham. Aí vem os mil ais e uis de que essa arte foi roubada. Também não é fácil, não é fácil colecionar arte e apanhar homens, apanhar arte e se recolher diante dela, pelo menos uma vez por dia, não é fácil tudo isso, mas dá. Tudo dá. Onde procuro homens só encontro arte, onde procuro arte só encontro homens, ficam perambulando por aí, são difíceis de apanhar, você não consegue, simplesmente não consegue, nem por todo o dinheiro do mundo e, no entanto, não valem nada, é um enigma. Não admira que não consigamos resolver o enigma da existência humana, esse sudoku para os prósperos e proficientes, não, para profissionais, enfim, para desenvolvidos, não, para desprovidos não, esses não precisam de enigmas, não admira que no fim tenhamos nos voltado para a arte, não, não no nosso fim, por favor, a duquesa também acha isso, ainda hoje acha isso, ontem mesmo me afirmou, quando achou isso em Nova York, anteontem, quando achou isso na Croácia e na Eslovênia, onde ninguém jamais achou nada, de onde ninguém jamais achou nada, devo relatar-lhes sobre ela, sim, ela acha arte lá onde está, e não lá onde não está, quero dizer lá onde ela e a arte por acaso estão juntas ao mesmo tempo, ambas as duas, ela e a arte, e se não está lá, não sei mais quem, então ela a procura até achar. Procura o que acha belo. Acha algo. O que acha? O que acha disso e daquilo? Bem que gostaria de saber. As pessoas ficam perambulando por aí, pessoalmente isso me perturba, mas fico aqui, embora anseie muito pelo riso humano, um riso que não se move, isso poderia me acalmar um pouco, a duquesa também com certeza também sente um anseio, uma excitação, uma incitação, e até tem seu próprio, seu próprio riso, criado especialmente para ela, ontem mesmo voltei a vê-lo numa revista, faiscando e relampejando inconfundível entre seus lábios como algo atirado por Zeus, um tiro, uma instalação luminosa, ali, mais um!, lá, projetado sobre a montanha, toda essa linda luz, meu Deus, como você se esforça para que haja luz!, isso tudo tem que vir de alguém. E você diz, vem de ti, Deus. Certo, certo. E é para a gente acreditar? Essa dama pagou por isso! E de você, Deus, não recebemos ainda nem a conta de luz. Essa gente é fogo, sim, nunca vi mais fogosos. E o animal mais repugnante, o parasita, de algum modo sempre no meio, em toda parte. A elite dos nossos mais dedicados, dos desditosos, que ainda têm que esperar, que só tiveram uma opção: serem maus animais ou maus domadores, naturalmente optaram pelo segundo, eu que não ia querer construir minha cabana ali, onde as pessoas querem domar e dominar, os de preto com suas caveiras e suas copeiras e suas botas e seus lambe-botas, ainda precisam esperar, mas não por muito tempo, então vem sua presa, que eles mesmos deviam ser, mas claro que não querem. A presa já está disponível e disposta no curral. Estão acima de tudo, os homens-caveira, que fumaram as pessoas correspondentes em seus cachimbos, que andam, correm, sobem, dançam, depois disparam. Depois disparam. Alguém tem que ter se encarregado das armas e carregado as armas. Fui encarregado de fazer este convite. Sim, isto é um convite, caso ainda não tenham percebido, sim, naturalmente, se não arregarem vamos carregar as armas. Quem primeiro ensinou os homens a voar, para Nova York, para Londres, para Bombaim, para Tóquio, tanto faz para onde, essa pessoa embaralhou todos os marcos de fronteira, agora tem que se dedicar à arte, que é a única que não conhece fronteiras e jamais conheceu, a arte pega os marcos de fronteira e joga todos no ar, então, agora temos que ir lá, temos que tê-la na mira, temos que admirá-la, temos que superar nossas fronteiras interiores, para chegar à arte, que é ilimitada, e nos atirar nela, mas só precisamos de uma espingarda ou uma pistola para nossos tiros chegarem em algum lugar onde têm algo para procurar e obviamente encontram. É preciso que se estabeleçam fronteiras, onde?, não faço ideia, de todo modo, um dia serão removidas novamente. Melhor desconhecer fronteiras desde já. Vejam, devo lhes relatar que a arma de cano longo tem muitas vantagens, pois alcança longe, como o mensageiro também, mas ele às vezes não tem muito alcance, mesmo com botas de cano longo, pois pode estar cansado ou doente ou sei lá, não é disso que estamos falando agora, desencana, nesse cano longo o projétil fica exposto mais tempo à, como posso dizer, à força da explosão, à força explosiva que deveria acelerá-lo, sim, a explosão é desencadeada, a mistura explosiva, esse gás ou o que quer que seja, empurra o projétil pelo cano e o acelera cada vez mais, no cano longo o gás tem mais espaço para fazer efeito, é como num carro, que às vezes acelera mais rápido, às vezes mais devagar, e depois que se completa a aceleração, o projétil corre o mais rápido possível, o quanto pôde ser acelerado, para fora do cano e acerta como um relâmpago, vejam, a velocidade no bocal (já lhes digo isso agora, pois depois de desembocar o projétil é tarde demais, e tudo vai rápido demais, por isso já dizemos previamente, porque o projétil sempre vai me alcançar, a mim, pobre mensageiro), enfim, a velocidade, bem como a energia no bocal, depende de muitos favores, como o comprimento do cano, o tipo e o peso do projétil, a quantidade e a qualidade da pólvora, e o respectivo cartucho. E sequer estou favorecendo algum tipo de cartucho, sou a favor de todos os tipos, de acordo com as características desejadas da munição, querem uma listinha curta? Não, não querem. Para nossos fins já é o bastante. Não, o clarão não vão ver, que pergunta estúpida, seria um desperdício de energia, clarão vocês veem numa pistola, não com uma espingarda, pelo menos acho que não, mas o que quer que se dispare do cano, em disparada, o mensageiro enquanto isso permanece calmo, espera até que a carne dos indefesos se rompa, a carne dos desamparados, dos exaustos, dos esvaziados é estraçalhada, efeito quase colateral, pois quem acredita que o Pai está neles e eles no Pai?, neles não há mais ninguém, nos homens ocos, neles há agora a munição de ponta oca, lá onde tem que estar, agora seria bom munir os ocos de uma manta, não acham?, mas estão nus, a munição, qualquer que seja, foi toda atirada, todos atiraram, eu vi, só nós mensageiros não, só temos que sentar e esperar o que nos dizem, o que nos encomendam, e então correr, contar os caídos e contar sobre eles, mas os indefesos não podem ser contados entre os caídos na guerra, não é mesmo, seria uma desonra para os caídos, que não eram indefesos, e o alemão precisa de honra, olha, realmente, deixem o alemão em paz, agora! E aquele que é atingido sabe que chegou a sua hora, a sua sina. Por quem os sinos dobram. Alguém é deixado para trás, órfão, e podem ir para casa, para o pai. Feito, foi, fim. Mas ele sabe tão rapidamente, na verdade quase antes de nascer, que não vai mais poder fazer nada a respeito. Pode regozijar e gozar em tantos dias e noites, numa mulher também, por mim ok, por mim podem até ser os dois juntos, pessoalmente não quero ser a mulher, mas agora é preciso partir novamente, o que é que se pode fazer. Outros virão e também partirão novamente.

Os caçadores já estão esperando com o aglomerado extasiado de mulheres sagradas, à frente naturalmente a senhora condessa, que já tinha uma nobreza natural antes mesmo de poder casar com um conde, mas que não é todo um aglomerado, essa mulher, não, também não é um arado, se bem que parece, a multidão se abre sozinha diante dela, como a terra lavrada, não como o mar vermelho, esse foi um erro de tradução, o mar de terra se abre, o que não precisa ser um Michelangelo, talvez um Moisés; essa mulher traça um enorme sulco onde quer que vá, então, agora carregou as armas, as de cano curto e as de cano longo, e seu Sistema de Segurança, para abreviar ss, sua tropa está ao lado dela, pelo menos dois soldados, mas outros também, um certo Senhor P. e um certo Senhor O., estão aí, então já devem ter sido umas trinta pessoas, mas só quinze delas receberam armas e puderam atirar nesses ocos, sim, a senhora condessa também, por mim tudo bem, tudo ótimo, e o que é que eu poderia fazer se não fosse tudo bem? Então: tudo bem por mim. Como mensageiro terei perdido a voz e o valor. Não vão me liberar. Está falando aí um senhor que quer liderar o assalto, para isso costurou uma caveira extra na jaqueta, ou só pregou, e também precisa de uma boina, a boina dá a impressão de que você é maior, e serve para que ninguém te tome por delicado: Agora vamos abater todos, berra o homem, sua voz já desequilibrada faz tempo, então também corta o cordão que o une à humanidade, um acórdão contra a natureza, um acordo dar um tempo de qualquer carinho, e durante esse tempo precisamos de um passatempo, nós os abatemos, podemos dar cabo deles, não, naturalmente não dos carinhos, só daqueles que queriam trocar carinhos, mas não possuíam nada que ainda pudessem trocar. Com certeza absoluta nenhuma mulher jamais os carregou no ventre, pela aparência que têm agora. E se foi uma mulher que os carregou, então não dá mais para ver isso neles, feito esqueletos ainda em vida. Feios e desfeitos na morte. Mas tenho que olhar, senão mesmo um mensageiro profissional não poderia descrevê-los. Isso não vai te matar, é o trabalho que vai. Só o trabalho faz do homem um animal, nisso Marx tinha razão, se me perguntam. Obrigado por não perguntarem, senão teria que explicar mais a fundo, e não quero me afundar nisso, de modo algum. Nem quero saber exatamente. Já me basta agora. Agora é hora de arrumar. Não precisamos de um sexto sentido, não precisamos de nenhuma insensatez sem sentido, não temos que nos esgueirar até a mamãe natureza, a condessa já distribuiu as armas, por favor, podem pegar, não precisam fazer cerimônia, mais uma arma para você? Mas é claro! A pele de visom pendurada no ombro, ou é do amante, ou é ela que está nos ombros dele?, não, senão como ia manejar a arma?, talvez no outro ombro?, não, ele também é necessário, o homem totalmente bêbado, se me perguntarem, mas ainda pode atirar, talvez não acertar o alvo, não, eu também não ia querer me acercar dele ao vivo, nem mesmo sob a alva luz da lua, como hoje, eu ia querer dar com ele no escuro, pode me encontrar no claro, mas não faz, pois se está tão claro não há mais escuridão, por favor, a lua alva está fazendo a sua parte, mas como esse homem nesse estado ainda vai conseguir acertar o alvo?, bom, de 180 cabeças pelo menos consegue atingir uma, mas atinge várias, mesmo que não bem na cabeça, não bem no alvo, vários deles ainda vivos quando são levados até a cova, para dar uma olhada nas covas firmes, nas escavações da firma Thyssen, interessante o que se passa numa dessas covas, obrigado por não me perguntarem, lá fora está frio, preferimos atirar lá fora, aqui dentro não precisamos de toda essa porcaria e de todo esse fedor, aplainamos os montes e elevamos os vales, cavamos uma cova que ninguém acha, que ninguém vê, eu vejo, vejo desde antes, não vai ser nas nuvens nem nos ares, a cova fica bem aqui, fica ótima aqui, bem aqui conosco, fica conosco, a cova. Mensageiro na montanha, nada mal, poderia avistar tudo melhor do alto desses pinheiros, poderia vigiar melhor esse alvoroço vergonhoso, mas alegre. Está bem, vou fazer um milagre então. Dobro o tronco de um pinheiro enorme, assim, e o que é que faço com isso agora?, dobro e puxo o galho mais alto com as mãos até o chão e sento nele, ninguém mais senta nele, nada mais se assenta nele, sento-me nele e deixo o topo voltar para cima de novo, lenta e cautelosamente, para não me lançar longe antes da hora como a arma lança sua bala, no alvo, pois sem um alvo seria contraproducente, eu devo assistir um tanto, e me ergo num instante de tontura nessa altura, e vou ficar tonto sempre quando falar disso depois, é natural, naturalmente vou ficar tonto, melhor, não vou falar disso absolutamente, não vão permitir que eu fale mesmo, então para que me dar ao trabalho? Não é possível mais do que atirar com toda a munição que se tem, e nem é necessário. Agora vá, vingança, ardendo furiosa. Rasga em duas a garganta dele!, trucida sem dó, filha deste solo! Assim. Mas agora calminha de novo, ok?

Agora o mensageiro faz ouvir sua risada, que não é um riso de gente, ele mesmo não ouve, senão teria medo de si mesmo, teria medo ainda enquanto ri, e acabaria se engasgando. Os cães perseguem um cervo, que corre levando um homem amarrado. Enfim, ele se pendura, esse homem. Não dura muito, mas se pendura. Não pode ver nenhuma deusa nua, esse Acteão apressado, que quer tirar tudo o que der dessa ação, pressionar para fora tudo o que tem aí dentro, não pode olhar em quem atira, são tantos que de qualquer jeito alguém vai ser atingido, mesmo que o alvo fosse o cervo, mas o homem é que é atingido, um alvo difícil, inquieto, se me perguntam, e como recompensa ele não vai ser estraçalhado como se fosse o cervo pelos seus próprios cachorros, animais burros e bobos, mas bons farejadores. Antigamente ainda se permitia essas extravagâncias, e nem tinha que ser na Antiguidade grega, hoje isso é feito rápido e indolor, sem toda a bobagem de riachos cristalinos, cervos e deusas e ninfas ninfomaníacas e um caçador sexy, hoje você só junta as pessoas num embrulho e põe fogo direto ou atira vários ao mesmo tempo com uma só bala, tantos quanto possível, são bem moles mesmo, e se depois alguns continuarem vivos também tanto faz, pois bem, não em toda parte, mas nas partes decisivas já deveriam estar mortos, seria melhor para eles, senão vão entrar ainda vivos para essas covas, mas têm que entrar, senão para que teriam sido cavadas as covas? Pegamos esses homens como vieram, vivos ou mortos, e o que quer que implorem em seus próprios nomes vai ser deplorado, não vai ser atendido, quem quer que venha a gente leva, então eis o cervo, sobre ele o homem, não é mesmo, um antigo criminoso ambiental, mas não tem mais ocasião para crimes nesse cervo, em cima dele, sem decência nem distância do alvo, afinal isso devia ser uma punição, mas uma coisa assim ainda suscitou a compaixão dos condes e príncipes, não se preocupem, mais tarde eles não se importaram, os arquiduques também não se importaram nos seus castelos ancestrais, heranças matrimoniais ou calabouços matriarcais, ou masmorras de casais ou casas mortas e mortais, ou o que quer que seja, de todo modo alguma morada no bosque. Casa no bosque. Casa murada no bosque. Castelo no morro do bosque. Casa acastelada no bosque. De todo modo tem que ter um castelão, alguém tem que cuidar desse bosque afinal. E o que diz o príncipe? Quem atingir o cervo sem machucar o castelinho, perdão, sem machucar o castelão, esse que acaba de afrontar toda a civilização, que ficou meio louca, quero dizer inteiramente louca, tão louca quanto se pensa, não, bobagem, não pode ser tão louca quanto pensávamos, é só meio louca, meio não, mas nesse caso não muito louca, o que se pode fazer?, e o preso não devia se apressar para ir para a Prússia, antes que a presa viesse para ele, espera, me perdi, então o caçador se coça, não, se caga, não, ele caça, o atirador atira, o cervo tomba, e o ladrão de caça, arranhado por alguns espinhos, de resto saiu ileso. E quem sou eu? Aposto que nem vocês sabem isso, embora possam me ver claramente aqui, ou estou errado? Desde então os aristocratas cumprem pontualmente todos os seus deveres, sem contar as contas de táxi, pois é claro que não se trata de dívidas de jogo, é uma tarifa mais fixa, arredondada para cima, posso lhes relatar por experiência própria. Eles não pagam, preferem coletar. Coletam um quadro e então mais um e então mais um. Por que não coletam também o dinheiro? Sim, coletam o dinheiro também. Isso posso relatar porque vi com meus próprios olhos. Também coletam dinheiro, mas não se vangloriam disso como o cidadão ordinário, pelo menos dessa vez ele não quis ser tão ordinário. Já houve uma coleta de dinheiro, outras devem acontecer ainda, e agora foi coletado tudo o que ainda não foi abatido. E para as famílias dos abatidos ninguém coleta nada. Ou sim? Temo já estar me confundindo de novo. Acho que recolher dinheiro é mais fácil do que recolher-se a si mesmo. Quando você se recolhe acaba de repente numa pocilga como Purkersdorf ou Mauthausen, onde hoje nem tem mais pedágio para pagar, mas a entrada é paga sim, acho, sim, não, não, sim, de todo modo em um lugar onde as celebridades cantam e tocam alto na estalagem por uma boa causa e tentam passar uma impressão de gente ordinária, sem jamais terem sido extraordinários ou impressionantes. Ficam diante de uma parede com seus desejos, uma parede mole, uma parede de gente que não tem o que quer, mas recebe o que merece. Essas pessoas são exatamente o que queremos, mas não merecemos. Vêm direto para nós e nos servem direitinho. Esse também é o motivo pelo qual seus rostos fizeram uma expressão tão inexprimível quando nos viram. Bateram contra essa parede, por sorte foi só na volta para casa, pelo menos é o que parece. Eles se reuniram e se acolheram, mas não se recolheram. Isso vem só depois, a coleta. Mas a colheita dos escolhidos é afinal o sentido disso tudo, de todo modo ainda falta muito para o fim. Ainda tem tempo depois a meia-noite, até as primeiras horas da manhã. Então, o dinheiro já foi coletado e colecionado também na forma de pinturas. Que forma o dinheiro tem, isso é o proprietário atual que determina. Como imagem o dinheiro é mais belo do que a imagem impressa no dinheiro. Sem discussão. Ponto.

E quanto ao resto... para que se tem uma equipe? Ela olhou para fora da janela sobre os seus vales e perguntou ao vizinho, que também já havia se despido completamente de suas roupas e responsabilidades, e mais de uma vez, que portanto também trazia uma espingarda e mais nada: Você sequer sabe a altura dos meus picos? Pode olhar para eles, meus picos, também posso tocar os sinos, como essa Heidi K., que nos sorri tão atraente e atrevida e animada e absolutamente alegre nesse espelho que mostra o nosso futuro. Também ficamos bem nele. Então ele responde: Quais picos? Heidi deu nomes a eles, e os chamou de sinos! Só me diga por favor qual é qual, para eu não confundir os dois quando o senhor me chamar para a missa, o senhor que é o caminho a verdade e a vida, é coisa demais de uma vez, não?

Por outro lado, também há que admitir que não é com um sorriso no rosto que se deixam atar e prender, esses homens, que vieram como forasteiros e não necessariamente queriam se despedir como companheiros, mas em todo caso com certeza não queriam se despedir da vida, e no final foram abatidos como caça. Deve ter sido um mal-entendido, não, aqui ninguém é mal-intencionado, aqui é a senhora condessa que tem interesse de ir à caça e depois tenciona repousar, então por gentileza vão criar tensão em outro lugar! Antes eles mesmos tiveram que cavar uma cova, os homens nus, não, não são cervos, por favor, olhem de novo!, ainda antes de perderem todo o sangue e a própria forma, lentamente, embora teria sido tão mais prático, digo, seria mais prático se de algum modo, como posso dizer, fossem menores, mas de todo modo não tem mais nada dentro deles mesmo. Não têm que ser subtraídos só para isso, já são zeros, sem nada na frente, sem nada em cima, sentem tanto frio, esses zeros, é horrível, porque não têm nada além dos corpos nus para apresentar. Eles mesmos têm que se responsabilizar por si próprios e se representar a si próprios. A terra estava particularmente dura, grande ou pequeno, tudo tem que caber, ou tudo tem que acabar na liquidação?, bem, em algum momento é claro que tem que acabar, vão ter que cavar e carregar tudo para longe, senão vão acabar sendo encontrados, os mortos, 180 cabeças, não é pouca coisa fazer a mudança deles todos, mais tarde podemos pensar nisso tranquilamente, agora vamos primeiro colocar todos dentro, bem que antes o sangue poderia ter amolecido um pouco essa terra dura, realmente, ali está aparecendo uma mão saindo para fora e lá um pé ou o que quer que isso seja, sim, a terra, mas não nós, nós não nos deixamos amolecer, nem mesmo pelo sangue, mas em algum momento a cova está pronta afinal, não tem que ser feita com tanto cuidado, em zigue-zague, uma forma propícia para quem não quer ser descoberto e ao mesmo tempo precisa armazenar o máximo possível em um espaço estreito, pois depois ninguém mais poderá saber onde ela está, a cova, só uns poucos, mas esses não vão dizer nada, e se disserem matamos eles também, sem problema, é até mais fácil matar uns poucos do que 180 cabeças, quem dá conta de 180 dá conta de mais um ou dois. Já que não devem ser reencontrados, não há que gastar muito esforço com eles, com ela, com isso de cavar, com essa cova em zigue-zague, guerreiros com guerreiros cavam zigue-zigue--zá, e está pronta a cova, na qual naturalmente logo caem, todos juntos, em grupos, que seja, mas para dentro!, ainda que desajeitados, e deveria formar uma trincheira! Por favor, não tem sentido, mas tem que cavar. Nem todas as covas são sem sentido, pelo contrário, são necessárias, mas muitas covas são simplesmente sem sentido e não vão deter o inimigo, enquanto algumas covas sequer conseguem deter a deterioração, outras por sua vez sim, depende do solo. De todo modo não teria dado em nada, esses homens nunca teriam sucesso na cidade grande, esses macacos de Zaratustra, esses bobos espumantes, que não poderiam ter escolhido uma descendência melhor, a culpa é deles mesmos. Isso eu já podia ter dito a eles antes, que daqui não vão mais poder sair, por que é que a senhora condessa e os senhores P. e O., sobre os quais a história vai ter que calar por tanto tempo, até que estejam mortos, e continua calando, sempre, talvez um deles ainda viva, ou até ambos, não, acho que já estão mortos faz tempo, pois a vida deles era um trabalho árduo, e no fim seu trabalho foi em vão, pois também poderiam ter deixado os 180 viver, talvez estejam mesmo mortos, e só a história é que não foi informada a respeito, nós mensageiros não podemos ficar fazendo hora-extra, de modo algum é injusto, pois a história cala de qualquer jeito, não importa quanto se cave, quão fundo, quão raso, ela cala, ou fala sem parar, orgulhosa dos próprios pecados, ninguém pecou tanto quanto esse e esse e esse, e é deles que falamos, e assumimos uma parte da culpa com prazer, não, não assumimos, naquele tempo nem tínhamos nascido afinal, por que é que deveríamos?, e no entanto temos orgulho de nossos pecados e falamos sobre eles, pois que sentido teria pecar se depois você não pode falar sobre isso, e não importa quanto tempo se faça cavar, ela cala, a história, ou fala conosco, fala que deveríamos nos envergonhar, tanto faz quem somos, eu digo: Foram eles, e tenho tanto orgulho como se eu mesmo tivesse levado os tiros disparados por eles, é muito importante, esse orgulho da penitência e do arrependimento, senão por que os moradores do castelo teriam feito essa gente cavar?, se depois não pudessem se sentir orgulhosos e penitentes e arrependidos? O que aliás não é o caso, vocês sabem como é possível as duas coisas ao mesmo tempo, orgulhosamente penitente e orgulhosamente arrependido? O que é? Não ouço nada! Alguém bate no chão com um bastão oco, e se mesmo assim nenhuma fonte de vinho austríaco autêntico jorrar, então achamos o lugar certo, onde nos arrependeremos de ter vindo até aqui. Mas se tem vinho aí, não temos mais nada a lamentar, íamos até preferir, mas sem chance. Então vamos cavar aqui, poderíamos perfeitamente cavar lá também, de todo modo ninguém vai achar a cova, e ainda menos os homens nus, we are the hollow men we are the stuffed men leaning together headpiece filled with straw. Ai!, até os nus na cova já devem ter entendido as regras do jogo, e que não faz sentido cavar, não faz sentido caçar se é em outro lugar que está a presa, que no entanto são eles mesmos, e que ainda precisam ser abatidos, e eles só sabem que não podem mais ir a nenhum outro lugar, o que não é motivo para se penitenciar orgulhosamente e se arrepender orgulhosamente, precisamos voltar a isso e é o que fazemos, nós os rememoramos com orgulho e contrição e nem sempre com discrição, mas não por muito tempo, o relógio da torre do vilarejo acaba de bater, mas sem abater, só bateu a hora e nem foi a certa, gostaria de saber, e como mensageiro também deveria, onde tudo isso vai parar. Não pode ser, e não pode ter sido, mas eles continuam cavando, não acredito! Que simplesmente não escavaram nada, mesmo tendo cavado tanto tempo! Mas enquanto cavam no lugar errado, estou me lixando. Tudo aconteceu conosco, não, sempre só com os outros, senão daríamos pela falta de algo, nos faltaria a penitência e o arrependimento, e só nos restaria o nosso orgulho. Sei que todos os lugares onde se cava estão errados enquanto não se encontra o certo, talvez um segundo estábulo? É comum se confundir ao fazer o sinal da cruz, os próprios cruzados queriam chegar na Palestina e acabaram na Faixa de Gaza, de onde naturalmente foram expulsos, é que lá já estava bem cheio, o barco lá já estava cheio, ou algo assim, mas faz sentido, de lá todos são expulsos, até aqueles que têm que continuar lá sempre ou derrubar a cerca, e quando a pessoa se confunde nem sempre pode apagar seus erros como essas covas aqui, na linda Áustria, pois é, aqui não tem só montanhas, tem buracos também, esses escavadores sondam as mais profundas profundezas, então podem ficar no fundo e se enterrar, por mim. E então apagar as pegadas, enquanto o jovem pastor se contorce de vergonha por não conseguir reencontrar a cova que antes conhecia. Ninguém a encontra, ele não tem que ficar acanhado. Essa cova não quer ser encontrada e não será. Pois, pois é, todo mundo já percebeu: Do jeito que estão cavando hoje, de novo não vão escavar nada, nada mais pode ser escavado, ou só muito rapidamente, e então de novo enterrar, muito bem, de novo e de novo, sempre de novo, tudo sempre de novo, e sobretudo cavar, os cachos exuberantes balançando ao vento, infelizmente no lugar errado, eu já disse. Como mensageiro digo o que me encarregam, e bem vi que ali jaz um homem, e ali também, e lá também. Essas pessoas já me viram vindo de longe, em geral é assim mesmo com os mensageiros, sempre são vistos já de longe, então gritam e também caem mortos, possivelmente, e antes mesmo de sequer poder receber as más notícias, quanto mais passá-las adiante, um tanto precipitado, se quiserem saber minha opinião; aí uivamos, aí esbravejamos, aí escrevemos novamente, pelo menos eu escrevo novamente, será que isso nunca vai parar?, e aí finalmente dizemos o que temos a dizer, o que nos disse uma pessoa que não existe mais, mas mesmo que exista, já está gritando por ajuda como um cão, então todos gritamos uns aos outros, de todo modo estamos mais acostumados com pessoas gritando por ajuda do que com cães. Mas esse cão aí também bem que gritou. Todos gritaram uns por cima dos outros, como é que o mensageiro sequer vai conseguir entender alguma coisa nessa barulheira? Como é que vai se concentrar? Deve relatar sobre a ajuda de que o cão precisa ou primeiro sobre a ajuda de que o homem precisa? Ele não sabe. Ele hesita. Não devia fazer isso, ou uma cobra pode vir e morder seu calcanhar, e então não vai poder mais dizer nada. Estranho. Mas depois nunca vou dizer-lhes o lugar certo, só para que esses homens continuem cavando!, elas não têm nada melhor para fazer mesmo, as futuras gerações, na sua solidão árida, da qual se destacam em seu orgulho pecaminoso, digo seu orgulho do próprio pecado, esses homens destemidos, no seu lugar eu nunca ia querer desenterrar mais nada, mas me arrepender tranquila e orgulhosamente, mas eis que já estão cavando de novo, cavando no lugar certo como no errado – só dá para perceber depois, qual é certo e qual é errado –, de onde querem escavar alguma coisa, e seriam essas covas, que no entanto já foram cavadas, não precisa mais escavar. Eles cavam pelas covas. Lá os homens tiveram que engolir o orgulho, coisa que não faremos, naturalmente teremos orgulho dos nossos pecados, da nossa natureza. Afinal é nossa natureza. Para elas terem algo de que falar, as futuras gerações, que futucam geral, que gerenciam fundos, que só geram futrico. Para elas terem algo de que calar. Ou para elas terem algo de mau para falar sobre nós, para isso não precisam mais de mensageiro, pois todos adoram falar mal de nós, faz tempo, até o rádio e a TV, e nós mesmos somos quem fala pior de nós, nisso ninguém nos supera. É tão desagradável que os outros sequer tentem, que sequer queiram começar a atacar o nosso remorso! Esses homens continuam sem desagravo, não é possível!, nenhum desagravo, até hoje! Justamente esses tagarelas corredores curativos, quero dizer, quando começam a correr logo têm que colocar curativos no calcanhar e nos dedos do pé, porque são tão sensíveis, as gerações futuras, muitos até fazem o curativo antes, antes mesmo de ir correr, para não se desgastar na corrida da História, que serve à memória do passado, do qual ninguém sabe o que terá sido, por isso é que passou também, simplesmente, sem que ninguém o impedisse, pois bem, também não foi tão simples, o que é que eu queria dizer, foi-nos dito que aqui hoje vai ter uma festa, pessoas vão ser mortas e depois o melhor é acabar com tudo!, acabar com o castelo também, e o banco por sorte fica em outro lugar. Afinal isso não é gado, são pessoas, arrancadas de suas casas e arrancadas as suas roupas, como animais, de qualquer jeito já foi, já vieram, para nos servir de alimento, só falta agora tirar a pele, digo, apelar para o tiro, digo, desacoplar os pelados e copular com eles, não, a gente não come gente, pelo menos ainda não, enterramos essa gente, talvez aí fiquem mais tenros, e então tombam como bois pastando nas nossas mãos armadas, não, nas nossas mãos amáveis, abertas, sim, fazemos isso com as mãos nuas, não, continuamos tendo as espingardas, o que é que eu queria dizer, ninguém escapa desse nosso estraçalhar e perfurar e esvaziar e escavar ou como é que devo dizer, como mensageiro eu devia saber, já devia por princípio conseguir diferenciar os diversos tipos de morte, devia ter aprendido isso no curso de massagem, não, de mensagem, onde há um nó sob a pele e como ele se mostra na superfície, se é que se mostra, nós mesmos estamos vendo um ser humano malnutrido (eis a diferença em relação ao bezerro, entre o homem e o bezerro eis a diferença, que o bezerro é alimentado, essas 180 pessoas, porém, não tiveram isso: alimento) nas suas vestes de carne, pois bem, de carne e osso e sangue, como encomendado, e uma vítima deve estar viva antes de ser imolada, a faca bem amolada, menos carne, mais sangue, pois então estamos vendo como o escolhido, digo, o que escolhemos, é estraçalhado pela força dos nossos músculos, que são minúsculos, mas ficam maiúsculos pelo uso dessas armas másculas, vemos a carne se descolar dos ossos, costelas, pés, sem a proteção de cascos bífidos, infelizmente, e então jogados na cova, que eles mesmos cavaram e cavaram e cavaram. Cada um se deita na cama que faz, em outras palavras, eles cavaram a própria cova, são velhas expressões populares, não dá para tomá-las literalmente, senão eu não teria nenhum valor como mensageiro, tudo seria como sempre, não seria necessário ouvir novas velhas expressões, as feridas seriam produzidas como sempre. Então. Já viemos até aqui. Essa bala voa para dentro da carne, sim, por mim pode voar tranquila, não precisa ir a pé como alguns pobres mensageiros, e aquela lá também, tem licença para pilotar, tem uma energia que é medida em joules, a massa do projétil m em quilogramas e a velocidade do projétil em m/s. Mas o valor calculado da energia não é motivo de alegria, quer dizer, não explica o efeito de um projétil (aqui diz algo que não posso escrever no meu computador, é um v com um zero em baixo, será que estão falando de mim, um zero com o moral lá embaixo? Mas se fui laureada e elevada! Só que ninguém percebe. Engraçado...), então um projétil a uma certa distância, pois é claro que a bala perde energia enquanto voa, não é verdade, e seu possível efeito de deter gente, estou falando da sua eficácia contra nós, nós que somos alvos blindados contra tudo, ou seja, não somos nenhum alvo que traz algo a alguém, mas os alvos devem pelo contrário receber algo, e sem esses dados não dá para querer pormenores, só sei o número de 180, é muito ou pouco, depende, não é o mensageiro que dá os pormenores, embora: Ninguém terá visto fora eu, um desses mensageiros distintos que vêm de terras distantes, mas um que não diz tanto mais. Então fico quieto. Com certeza não serei eu a jogar a primeira pedra, pois pode muito bem pode cair de volta em mim, pois é bem verdade que consigo correr bem rápido, mas no momento decisivo simplesmente não ia conseguir escapar. Ia errar o caminho, e eles matam qualquer um que saiba alguma coisa, e o resto já mataram antes. É o que todo mundo por aqui pensa. Podem perguntar a qualquer um. Primeiro morrer, depois falar. Acho que os serviçais também ficaram de boca fechada, afinal têm que saber e sabem que têm que se portar corretamente. Nós ficamos ainda mais fechados, hermeticamente, sim, por mim, eles suportaram pintores, pois seus produtos têm algum valor, e dariam suporte também aos poetas, os mais herméticos, se é que conheciam algum, mas não conseguem suportar os poetas, esses senhores, que foram destacados para compor um pelotão, eles mesmos compõem, compõem, não faço ideia qual pelotão, talvez seja só um postilhão, um portador que passa a tocha adiante porque sua honra é a lealdade? É também por isso que ninguém deixa cair a tocha, exceto nessa casa, e é por uma boa causa, para os russos não encontrarem nada mais, nem mesmo a casa. Para mim isso é claro como o fogo. Eu também bem que gostaria desse fogo todo. O russo encontra a cova e a tapa de novo imediatamente. Um pouco mais tarde já não vai dar para encontrar cova nenhuma. O castelo logo vai poder se acender no próprio incêndio. Não encontramos nada aí, e o que encontramos nós levamos. Senão o russo leva. E a senhora condessa, com seus leais seguidores, eles também não vão achar. Só vão achar o castelo como ruína. Quem consegue fazer desaparecer milhões, não vai ter problema com uns dois idiotas. Afinal não se trata de provincianos, como disse nosso líder provincial Portschy, esse homem ameno e amigo, que é claro que não é tão estúpido a ponto de morrer cedo demais, prefere morre tarde demais e na própria cama. E o que diz a esposa? Diz que não deviam ficar nessa escavação sem fim pelos mortos, mas sim pelo ouro que eles enterraram antes e que naturalmente tiveram que imitar, porque não queriam viver sem ele. Eles se agarram ao ouro, já se sabe. O judeu e seu dinheiro, eis uma unidade indivisível. Onde há judeus, há também ouro, todo o ouro. Embora seja anti-higiênico apodrecer ao lado do próprio ouro. Bem, pelo menos não danifica o ouro. E eles cavaram, e cavaram, e cavaram. Mas isso não me concerne, sou só o mensageiro do que passou, é verdade que vejo o que está por vir, mas não digo nada, mais tarde já vão querer ouvir um passado totalmente diferente, isso posso lhes confiar, até mais ver, digo, ouvir. Vão virar a coisa de um modo, que vão se arrepender e se penitenciar, mas poderão se orgulhar de terem podido ser orgulhosos ainda que culpados. Assim demonstramos que o passado é o presente, até que o presente também seja passado, e então, justamente, volte a ser igual ao futuro, que então por sua vez será presente. O que mais posso dizer?

O emissário do futuro em breve vai trazer sua mensagem, por favor deixem seus telefones na caixa postal se não quiserem estar aí quando o mensageiro do futuro vier lhes profetizar, o que a princípio não tem o que fazer, pois o futuro vai ser como o presente e também o passado. Se de todo modo ainda tiverem um tempo, pelo menos umas três horas, para esperar até conseguirem ouvir isso, então apertem jogo da velha e depois um. Aí é só esperar essas três horas e, quando pedirem, apertar o número certo. Podem escolher o seu preferido!

Eis aqui a voz de um outro distinto mensageiro, que vem de uma terra ainda mais distante e que talvez não consiga mais sair daqui. A campainha já foi desligada, obrigado, estou pronto. Senhoras e senhores, por favor um momentinho, vamos parar de atirar, sei que é divertido, mas antes é preciso que o homem, o animal mais corajoso de todos, faça os preparativos para os outros animais menos corajosos, que não ousam saltar no abismo. Não é um abismo de verdade, é só uma cova!, é mesmo ridículo, nem dois metros de profundidade, já tem uns N milhões jazendo aí dentro, bem, talvez não exatamente nessa, mas numa outra, em várias outras, em muitas, mesmo assim jazem, mesmo que não nessa, não tem que ter medo, todos vão caber, por favor sem empurrar! Por favor esperem a hora certa e então para Sim apertem o um, por favor, para Não por favor o dois. Vão ter que esperar, não tem jeito. Pois primeiro têm que ser cavadas as covas, para começo de conversa, pois abismos não vão conseguir cavar, para que nossos bravos rapazes, nossos jovens de sangue azul, não, não os azuis, eles estão do outro lado do mar, estou falando dos outros, com seus olhos videntes e armas cegas, não, com os olhos cegos e as armas videntes, para poderem celebrar esse novo Deus, quem quer que seja, pois bem, todo mundo sabe quem ele é, só esses homens não saberão até apertar o gatilho, esses rapazes simplesmente esplêndidos mais uma dama, uma verdadeira lady, com seu marido, criaturas que jamais serão criadas, afinal não existe nada grande o suficiente, o criador teria que ser maior que elas, que ousam perscrutar esse matagal denso e escuro, como só os mais obscuros escritores ousam, e então já não sabem mais por quê, não sabem nada, e, com essa amargura no coração, eles, que tiveram que suportar a dor, que porém não sentiram, pois naquele tempo, sim, naquele tempo, eram jovens demais para isso, uma dor que tiveram que suportar ignorantes e inconscientes, como ilhas abençoadas num monte de farrapos, enfim, com essas lembranças amargas, no entardecer de suas vidas, é que tiveram que ser, não, puderam ser bibliotecários ou carteiros ou professores ou médicos. Mas todas são belas profissões. Essas pessoas também serão úteis, sempre serão úteis. Os mortos naturalmente não podem mais ser usados, mas essas, sim, ainda estão vivas, de modo que vamos poder arder em penitência e voltar a ter orgulho de nós mesmos, pelo menos tanto quanto tínhamos outrora. Podem continuar sendo médicos, por exemplo, por muito tempo, até quarenta anos depois ainda tem procura, e olha que custa uns 50 mil euros ou algo assim, mas isso não vale mais a pena, a gente naquele tempo desempoeirou bem mais, e mesmo assim aquilo afundou de novo na poeira como Atlântida no mar. Um médico tão velho assim não pode mais praticar o assassinato para o qual se formou originalmente! Agora ele é inofensivo! Aposentado faz tempo! Pode ficar com seu dinheiro, Estado! Assassino e médico, médico e assassino, Dr. Jekyll e Mr. Hyde: provei os dois – nem comparação! De noite com frequência nos sentamos juntos e bebemos uma cerveja, nossa sociedade não mista, com certeza sem mistura, a gente cuidou bem disso, de não se misturar com esses tais, mas quais? Povo, que povo?, o mensageiro vê: Aqui já tem um encolhido e ali o outro na praça pública, se oferecendo aos homens por prazer, sim, esse povo é tão rico que tem prazer para dar e vender, dar essa riqueza para esses lindos tanto faz quem, de modo que podem rechear bem as covas, mesmo que não seja o melhor recheio. Esse não firma. A gente segue firme. Senão vamos trabalhar por tempo indeterminado, sendo que ainda temos que terminar essas duzentas cabeças e naturalmente ainda exterminar algumas antes, para não poderem resistir a essas acomodações tão estreitas. Não sei o que dá mais trabalho, com certeza cavar as covas, quer dizer, das covas de cascalho, claro, naturalmente deixamos eles mesmos cuidarem disso, já que suas cabeças desventuradas caíram nas nossas mãos. Também queríamos ter alguma parte nisso. Em casa não tem mais lugar, mas esses possuídos destruíram a terra lá fora totalmente. Cavaram buracos como loucos, cavaram e cavaram. Qual o sentido de cavar se depois você não encontra mais o buraco? Tanto faz, agora os buracos estão acabados, nós não nos acabamos neles, deixamos cavar aqueles que precisavam deles. Lá estão eles, entrando. Poderiam mesmo entrar lá, não acham? Mas não é assim que é. Já que já estão nisso, também podiam tirar as peles e amarrá-las em torno dos seus corpos, antes de enterrar esses animais, pois gente eles não são mais. Nunca mais serão gente. É verdade que também poderíamos enterrar gente, mas só quando não precisássemos mais dela. Ou se nos deixassem de livre e espontânea vontade, quê, mesmo? O que querem? Ah, que conveniente! Não precisamos mais deles, e eles não aguentam mais, então juntamos a fome com a vontade de comer. Que conveniente! Por favor, o mensageiro só relata, não pode se intrometer, quando no canto do bode as chalaças sagradas se fazem ouvir e as bolachas salgadas se esfarelam na cama, até que ninguém mais consiga dormir nela. Ainda ouvi meu colega dizendo ao primeiro que caiu na cova: Estrangeiro, não tenho prazer em te prender, mas tem de ser, pois recebi ordens de fazê-lo. Naquela época ainda havia ordem e se ouviam ordens! Pois hoje quem protege quem no caso de um acaso infeliz? Pois é! Alguém tem que ser responsável, a liberdade cabe mal em mãos sacrílegas, mas é necessária, ou se é levado à pequenez na noite escura e solitária do cárcere. Mas tanto faz como se é levado, o que importa é que se chegue lá dentro. Não, melhor empurrar os outros lá dentro e ficarmos nós mesmos aqui fora por toda a eternidade. Temos que acostumar a mão à arma, temos que acostumar a água ao manancial, pois até a água de vez em quando quer dar uma escapada, para nosso próprio bem. Meu colega encontrou da parte de sua vítima plena compreensão. Afinal de contas, era uma ordem. Mas outros que foram recolhidos parece que desapareceram, sumiram sozinhos sem sinal, tanto faz, de todo modo se foram. Primeiro os vi, depois de novo e depois não mais. Provavelmente foram em júbilo atrás do seu Deus, quem quer que seja, tanto faz, de todo modo ele é o que é. Fala uma única palavra e parte. Mas não diz nada. Por favor, só por um instante, parem com isso de não falar nada! Além do mais é cedo demais para atirar! Mais tarde podem fazer isso! Estou falando. Já dou o sinal, mas por favor me dá só um mínimo sinal de impaciência, por favor! Eu sou o sinal! O mensageiro pensa consigo: Aquilo que entre todas as coisas PODE acontecer, será que não TEM que ter alguma vez acontecido, sido feito, se passado?

Então o seguinte: Vocês mesmos já veem como eles enlouqueceram. Não se pode fazer mais nada. Também não se pode fazer nada se o sol nasce ou se põe. É uma força da natureza, eu lhes digo! Só faltam coros de mulheres no pé do morro, mas a senhora condessa sozinha não é nenhum coro. Mesmo assim tem que cantar junto, até que jorre dela um brilho quente, mais claro que mil sóis, não, desculpem, peça errada, quero dizer mais claro que uma lâmpada de 40 watts. Hoje ela não dorme, a senhora condessa, não se deixa dissipar no sono, descansando a cabeça num tronco de carvalho sobre o solo, é assim que prepara o gatilho, e começa a se rejubilar, e rejubila um pouco mais, puxa e atira. E atira. Eu a alerto para não se machucar. Depois já não vai ter sido assim, que ela mesma também tenha atirado, não se preocupem! Nós mensageiros cuidamos para que depois não tenha sido assim! Vamos nos contradizer uns aos outros, alguns nem dirão nada, mas sem nós vocês não saberiam absolutamente nada, sem os outros saberiam mais, então fiquem contentes por não saber, de todo modo não por nós, mas por outros, que a senhora condessa sequer esteve aqui, pois logo terá ido embora. E então todos os fios da vida terão um corte limpo. Ela varre das pálpebras a sonolência, sem hesitar, abre mão de dormir, totalmente, deixou de lado qualquer pressão, necessidade, objetivo, vontade, bom e mau, afogou tudo na bebida, pisoteou tudo dançando, pois toda essa leveza exigiu que o mais grave também estivesse pronto e presente, sim, o grave e duro também fazem parte, e então também atirou, a senhora condessa, é verdade que agora os relatos se contradizem, como isso pode continuar e sobretudo: com quem?, e ela atirou, e atirou, ou nunca atirou ela mesma? Só atirou de dentro para fora do castelo? E então teríamos nos confundido por causa da sua aparência e da nossa ausência?, afinal não estávamos lá. Ela deixou o lindo cabelo cair no ombro e atirou para fora da janela ou de onde quer que seja, os homens caem, caem como que à distância, de onde vieram, mas a Hungria nem é tão distante quanto poderia ser, não é nada distante. Essa mulher antes ainda põe sua pele de corça no lugar, põe seus cavalos de corrida em segurança, põe seu amante em segurança, mas só depois, naturalmente os outros também, não, isso só mais tarde, é bem depois, agora ele ainda deve estar inseguro, o amante, sem saber se ela ainda o ama, e ela só atira depois que lhe assegurou, atira só quando os cavalos estão em segurança e seus amantes na insegurança, na incerteza, no escuro onde ficarão a não ser que alguém os tire de lá, para que possam voltar a atirar, e que berrem as trombetas militares, não, melhor sem esses berrantes, de chifres já bastam os do senhor conde, seguimos sem chifres e sem corrupções, digo, interrupções, agora vamos! Nas montanhas e penhascos arde amanhã a afortunada guerra, mas hoje queremos nós mesmos gozar da fortuna, não queremos deixar na incerteza esses homens-pedra, esses homens-perda, esses hollow men, pois não vão encontrar nenhuma certeza tão cedo, antes têm que merecer. Apesar de já termos revirado tudo, ainda não a encontramos, a certeza, não, muito menos na nossa consciência, afinal não fomos nós. Quantas vezes vou ter que dizer: nós só relatamos. A senhora condessa franze a testa. E tudo o que ela podia ver era o prêmio do seu cano certo. De noite ela trouxe rica presa e, como devido à própria sorte, ameaçador para o assassino, se acendeu seu olhar amoroso. Ou algo assim. Quando de novo a noite desterra e renova o terror da manhã, já pela segunda vez, o eco e o penhasco hão de ressoar, um momento, de manhã começamos, aí vai ser o dia todo, e continua de noite, daí paramos, então melhor dizer, quando de novo a manhã desterra, nenhum de nós verá essa manhã. Então a senhora condessa decide que não precisa mais de nenhum terror e que em outro lugar seria melhor do que aqui, na Suíça seria melhor. Lá ela não tem que ser medida pela humildade, nem humilhada pela mediocridade, não tem que ficar tímida, pode ter esse ser efervescente e irascível, é até esperado, ela tem que ter uma mente orgulhosa e dominante, assim como nós mensageiros temos uma mente dominada pelo pecado, mas não deixam. Só nos deixam relatar, somente com isso podemos ocupar nossa mente, sem isso não temos sentido. E se a chuva e a neve se derramam sobre nossas cabeças, somente um guarda-chuva tem sentido.

Também não tem que ter sentido. Ela tem que sentir e ser sensata, a senhora condessa. Ah, o que é? O sentido é ela ter estado aqui. Tem que bastar. Tem que ser isso. Tem que demorar todo esse tempo. Se não tem mais ninguém aí, ela não tem razão para ter estado aqui. Ela adorna seu vestido de noite com umas cobras ou o que é que é isso, parece uma cobra, não fica procurando com a língua a pele malhada dos animais, atira direto nos homens, um momento, sim, já!, agora!, ela pula de alegria, só acena para a folhagem, para a folhagem a saudação amorosa. Nenhuma força sinistra a enreda, nenhum desespero a encontra, nenhuma troça a importuna, também nenhum raio de luz atravessa essa noite, só o disparo das armas, então é o destino cego que comanda aqui? Não, olhamos dentro do cano, através do visor, mas as vítimas estão bem à vista, foram trazidas diante da espingarda, da pistola, nenhum Deus vive? Essa pergunta posso responder com um inequívoco não. Um ser irascível, essa condessa, não quer fazer nada, não quer fazer nada de grande nem de pequeno, não quer fazer absolutamente nada, não quer fazer nada mas faz, não, ainda não foi feito, mas logo, em breve verão como algo é feito, faz-se a si mesmo, é como se se fizesse sozinho, as pernas brancas balançam, avançam, atiram, para ela não é nada, já está acostumada de caçar veados, andar distâncias no crepúsculo, não, ainda não veio o ímpeto, a nenhum de nós, de informar sobre isso. O mensageiro cala. Outros mensageiros o dirão, mas não vão acreditar neles. Ninguém informa isso. Nenhum mensageiro está aí quando você precisa dele. Então. Isso vale para todos os tempos a partir da data de hoje. Mas de onde pode vir o orgulho dos pecados, se ninguém sabe? Vem bem do fundo de nós, acho. É algo muito profundo. Essas covas não são nada em comparação.

Devo informar que há lugares em que não há nada a ser arriscado e tudo a ser ganho. Vieram da Suíça até aqui, como o colega antes de mim já disse, e então voltaram, bela viagem, não, eu diria: bela vantagem, ouvi dizer que na Suíça há regras específicas para brigas, mas não regras para abrigos. A Suíça não se obriga com nada nem ninguém. Ela desobriga, qualquer valor abaixo de 100 mil, mas não se obriga. Os negócios precisam de tranquilidade para poderem prosperar, silêncio, silêncio, silêncio, que a criancinha quer dormir! O dinheiro dorme na Suíça, essa aranha lenta que só se move quando uma nova presa se aproxima, mas aí é super-rápida. O dinheiro também dorme em Frankfurt, em Düsseldorf, em Berlim e assim por diante, tanto faz em qual cama, pode dormir em qualquer lugar, sem ser perturbado, enquanto todos os outros estão longe ou mortos ou tão machucados que o dinheiro não lhes pertence mais, não podem mais ampará-lo. A lei bancária é que têm que dar amparo ao dinheiro agora. Durma na mais sagrada paz, meu dinheiro, meu amor, que me ampara na alegria e na tristeza, se preciso. Mas não dá para chamar isso de dormir, pois para a reprodução os envolvidos precisam estar acordados, é sabido, o desejo sábio dos proprietários explode para fora deles gritando e rindo e rindo, esse desejo não nasceu nos mais altos cumes, nasceu nos cofres e nos cofres foi acumulado. Ele se alastra, ele tem lastro. E depois as largas asas dos bancos já se cerraram novamente, que dureza. Nem parece que jamais estiveram abertas para o que der e vier. Fechadas. O gozo e a inocência são as coisas mais envergonhadas, adoram se esconder: Ambas não querem que as procurem, pois quando as achamos só atrapalham. É preciso tê-las sem procurá-las. É preciso procurar dor e culpa, mas não gozo e inocência. Há que amar os que caem, mas eles não percebem mais. Vem um trem, vai vir um navio, e a porta volta a se fechar. E logo a lua aflora atrás das macieiras em flor, num silêncio de morte, sobre a casa, agora há pouco ainda estava parada, agora se foi, todo o castelo ardeu, queimou por muito tempo, e agora se foi, agora vocês não o veem mais, o castelo, ele se foi, para ouro lugar, para o Ticino, não, naturalmente essa é a mansão, uma verdadeira favorita, favorecida pela fortuna, ainda hoje está lá e faísca por todos os canos, não importa, então: O castelo é grande, e agora não é mais nada, podemos concordar nisso? Assim me poupam muito trabalho como mensageiro, enfim estava lá, o castelo, no qual alguns queriam entrar mas não podiam, já outros não queriam entrar mas precisaram, marchando, no porão, no celeiro, no estábulo, é lá que moram, os hollow men, é lá que ele estava, o castelo, ficava em torno das pessoas, ocioso, bem, agora naturalmente não fica mais, ficava parado como se fosse uma propriedade, o que no fundo era mesmo, pois quem tem fundos pode ter propriedade, inclusive na forma de um terreno, e no caso quem tinha tudo isso era a senhora condessa. A família dela comprou especialmente para ela, e agora é propriedade dela. Essa família compra mesmo muita coisa, com muito gosto. Só o peso poderia ser um limite, apesar de que não se compram quadros por quilo, mas por aquilo que os tornam ilimitados. Mas se der a gente compra os mais limitados também. Essa é a lição da história: limitar-se na hora certa. O cão aterrorizado lá onde estava, tão imóvel quanto o próprio castelo que, depois de arder, descansa agora, como se nem fosse mais uma propriedade, o cão atende pelo nome de Nero e aguarda a ordem Nero, não segue outras ordens, e o céu fica claro como o dia com o incêndio, mas se me perguntam eu mesmo não vi, e como mensageiro correto que se recusa a ficar se corrigindo – outros devem cuidar disso – por isso não posso confirmar, então se me perguntarem, se já me perguntam, então lhes digo: nada. Se me perguntam diferente, lhes digo: Eles mesmos é que puseram fogo, de acordo com essa ordem de Nero, que foi inventada por cães para cães e que entendi originalmente como uma ordem que se referia somente a cães, sim, entendi assim, sinto muito, os animais só atendem a essas ordens curtas e diretas afinal. A ordens feitas sob medida para eles, por assim dizer. Nós mensageiros compreendemos missões mais complexas também. Pobre Nero, é horrivelmente maltratado e, no entanto, só o que fazia sempre era cantar e tocar violão. Se não tivesse medo de se afogar, teria pulado no rio e até mesmo continuado a cantar ali. Só entendem esse tipo de ordem, os animais. Que é para pegar alguém. Até que entendi, mas não peguei de fato. Mas queria ser culpado e ter orgulho disso também.

Ora, ouvi que deveria haver certas estações do ano, são chamadas de defeso, em que não é permitido isso, atirar, caçar. Deixem os cachorros chorarem pela casa do chefe, só porque se foi ou porque brilha a lua, mas não deixem a casa para mais ninguém. A casa desconhece defeso, tanto faz seu tamanho, ela atira quando quiser, ela por exemplo se atira nas chamas, ou simplesmente se retira, é tão bom quando alguém se atira no fogo da paixão, naturalmente também vale para castelos. Aqui não existem essas regras de defesa do meio ambiente, e, se existissem, de qualquer jeito só valeriam para animais. Aí está um que perdeu a razão, e outro ali, e mais outro lá, o resto por sorte foi amarrado a tempo, antes que também pudessem sair procurando uma razão. Não, uma vez que já estão perguntando: para esses animais o defeso não vale. Estão indefesos, de fato, diferente de outros animais. Então em seguida você vai residir nas montanhas na Suíça, interessante, e tem certeza de que lá é de fato melhor que aqui? Foi o que pensei! Devo lhe transmitir o recado do senhor barão, outras montanhas só moderadamente lhe interessam, pois estão parcialmente em terras inimigas, em mãos inimigas, de um inimigo sobre quem não se sabe o que vai acontecer, talvez em breve amigos em terras amigas, vamos esperar para ver, temos tempo, o dinheiro já está entediado, mas vamos esperar, quem sabe, sim, quem sabe quanto tempo vai durar até que volte a ser uma terra amiga. Não creio que seja em tempo recorde. Vai demorar um bom tanto. Mas já estão morando aqui, os amigos, no castelo dos sem razão, perdendo a razão em razão do som da flauta, cheirando a incenso e jorrando como leite do solo, ou não tem leite? O que é isso que jorra do solo, descobriram uma fonte de champanhe?, quer apostar que vão poder comercializar em no máximo cinquenta anos? Mas agora vamos deixá-los em paz. As provisões de champanhe são o bastante, se canalizadas, para pelo menos um ano ainda, ou seriam o bastante. Não bastariam para nós, mas seriam o bastante para os abastados, que são inquietos e não aguentam muito tempo em nenhum lugar. Quando partem em viagem, a fonte de champanhe também voa para outro lugar. Entendo. As últimas provisões precisam ser gastas afinal, antes que essa casa, esse castelo, esse castelo com cave e homens das cavernas, homens ocos, cavados, que se curvam em conjunto como um combinado, baixando a cabeça cheia de palha, os homens empalhados, até que tudo se acabe em chamas. A palha pega fogo tão fácil, qualquer resistência é tão fútil. Foda! Suas dessecadas vozes, quando juntos sussurram, são quietas e inexpressivas como o vento na relva seca ou pés de ratos sobre cacos em nossa adega evaporada sem sentido. Mas isso tudo todos já tramitamos, traduzimos e transmitimos! Essa mensagem sobre os homens ocos já transportamos, e agora não tem mais nada a transportar. Na cave. Os homens da caverna, os homens ocos, sim, ali dentro, na cave, pelo menos até que o castelo seja incendiado, mas aí já se foram, quem não tem cave não vai a lugar nenhum, quem não tem boca que vá embora, fora, fora! Nada como viajar! Fora com os invejosos.

É frequente a pessoa se sentir mais solitária em dupla do que sozinha, por isso ainda enfiamos mais umas pessoas aqui no carro, é um Daimler? Está ocupado, meu senhor, por favor dirija-se ao trem de carga, que nos encarregamos de repartir! Não, agora não tem mais ninguém na cave. Nenhuma dessas almas perdidas violentas ainda está presente na cave. O carro está presente, mas não por muito tempo mais. Temos que partir. Tenho que olhar para trás, para ver o que me espera adiante.

Em algum momento não vai existir nada além desses homens ocos, mas por ora não existem mais. Não estão mais disponíveis. Também não conseguimos trazer nenhum novo. Fôrma sem forma, sombra sem cor, força paralisada, gesto sem vigor, agora fora! Aí eu levo um susto, porque digo fora e eles de fato saem! Agora não lhes digo mais absolutamente nada. Senão provavelmente correria perigo, sendo que já tenho que correr bastante, como mensageiro, sem precisar de mais essa, correr perigo, até mesmo de voltar a encontrar um monte de palha mofada no meu trilho, que sequer perdi. Só saíram dos trilhos por um instante, os trens. A palha poderia ter tido um efeito sobre o andarilho, brilhando em chamas. Sua centelha de vida poderia ter me acendido. Por isso ralho, por isso me talho, digo, tolho a minha língua que fervilha, melhor parar o estribilho, sim, melhor. E sim, também descarrilhamos, não, descarregamos o trem. Tem que demorar tanto assim, para encurtar o tempo desses homens. Se a pessoa conhece pessoas como eu com certeza depende também do seu próprio sistema de valores e da sensibilidade em relação a esse tipo de coisa. Posso imaginar muita gente que nunca na vida ia ficar pensando sobre essas coisas. Então também não fico. Todo mensageiro sabe quando tem que calar. Isso ele aprendeu. Isso ele aprendeu neste país. Neste país todos sempre fecham o bico, até as bicas, pelo menos essa é a prescrição, para que a agricultura ainda possa ter água por mais um tempo, pois não temos canalização, por favor, tínhamos caves, não canos, nenhum canal. E para que o meio ambiente fique protegido das nossas emissões, as fossas, nas quais afundamos tudo, afinal também têm um solo hermeticamente vedado. Nosso solo não precisa da sua poesia hermética, já somos herméticos o suficiente. Então querem dizer que ainda não tinham ouvido tudo isso que lhes relatei já faz tempo de outro mensageiro? Ora, nunca ia acreditar nessa história de História se um outro não me relatasse, e ela também nunca conta a ninguém a verdade. Então quem diz isso que não pode ser a verdade? O mensageiro! A última instância do poder arrebatador da verdade. Exatamente! Nesse aspecto vocês estão à mercê dele. Por favor aguardem, se merecerem receberão em breve seu mensageiro. É esse com os jarros cheios em torno, mas nenhum é para ele, é esse que partiu em viagem prevendo voltar e se pronunciar, é esse imprevidente que toma as providências e nos providencia sempre novos relatos absurdos, o mensageiro, estou falando dele, antes mesmo de saber do que ele próprio está falando, é esse que viu com os próprios olhos como a senhora condessa, na noite antes do Domingo de Ramos, enquanto todos provavam umas salsichas para se aprontar para as chacinas, deu uma festa para a qual foram convidadas entre trinta e quarenta pessoas destemidas, não, nós não, somos só os mensageiros, fomos encomendados aqui e ninguém nos buscou, encomendados mas mandados embora de volta, o serviço secreto local e a juventude do partido e a juventude da liga da juventude, mesmo que meio desligada, todos já estão presentes; todas já estão ensanguentadas, as ligas. É o mensageiro que relata que há personalidades importantes da direção do clubinho entre eles, do Serviço de Segurança, os Sinalizadores da Sina, correio sem nada para entregar, cuja honra é a lealdade, se sequer soubessem o que isso é, e se todos acabaram sendo ileais ainda teriam lealdade ao clube, balançando os punhos e berrando como animais no metrô, indo para um subúrbio a oeste, onde eu infelizmente moro. Xingando sem parar qualquer estrangeiro, é assim que vão para lá, o trem vai também, pois é sua função, o mensageiro não pode ir embora antes de chegar, é verdade que deve ser objetivo, mas às vezes dá um golpe meio baixo nos fios do destino, para eles não poderem se enrolar no seu pescoço antes de ele sequer poder desembaraçá-los, a velha mamãe Terra amarrou seus fios nos pulsos dele, para tramar um destino, para enrolar fazendo, como é a palavra?, uma novela, não, um novelo, de todo modo é uma enrolação, resultando num futuro todo embolado, de cujo embalo ninguém mais consegue sair, e então se envolver fica impossível, impossível se implicar, simplesmente, quer dizer, não é nada simples, e agora ele os arranca fora, o mensageiro, os corta no meio, os fios, as linhas do destino, as cordas do destino, ele luta, esperneia com as pernas apertadas pelas calças do destino, skinny como dita a moda. E assim lá foram eles, foram e foram, e para ser exato até o dia 29, ou melhor, 30 de maio do mesmo ano, quando encontraram surpreendentemente pouca resistência, sem que devolvessem os golpes e empurrões, o que o mensageiro viu perfeitamente, o que eu vi e até ouvi clara e perfeitamente, antes da chamada para a parada final, estação Hütteldorf, minha estação final, mas não só a minha, chamada por uma voz invisível, quem me chamou aqui? Eu te sigo!, uma gravação, não da minha voz, nem da do condutor? É o mensageiro que testemunha que a festa durou das nove horas da noite até o amanhecer, ora, a esse respeito eu tinha antes, mais uma vez, como muitas outras vezes antes, relatado a vocês algo errado, é que eu acreditava que a festa já tinha começado antes do meio-dia e só tinha terminado depois do fim do dia seguinte, não admira que nunca fui convidado, e agora estou aqui com meu ingresso, que eu mesmo tive que comprar, ainda essa!, e nada começa, na manhã seguinte, é quando devo voltar supostamente, enquanto isso no centro da cidade se estilhaçam os ossos podres e os olhos vítreos, inocentes que antes ainda olharam para nós com carinho e que nos eram caros, mas não viram mais nada. Não havia nada a se perder, agora eles sabem, pois já perderam tudo muito antes, e todos os outros não tinham perdido nada aqui, a única coisa que podiam fazer era justamente: perder. E foi assim que só houve perdedores então. Perdedores todos fora nós. Vocês ouvem nossa mensagem, mas falta-lhes a fé? Como diz o filósofo: Creio porque é absurdo. Não importa. Se são surdos, simplesmente não podem nos ouvir. Não importa.

Não, não faz sentido. Loucas pelo deus do destino, não, enlouquecidas pelo deus do deslumbre, as pessoas não ouvem mais a nós, mensageiros, que falamos e falamos, a boca espumando, ninguém nos ouve embora nosso relato esteja afiado, nossos instrumentos afinados, os que nos foram dados e não afanados, tudo está acertado, tudo correto e verdadeiro, e enlouquecidos pelo deus do destino eles não ouvem nada. Os que têm posse, digo, os possuídos pelo deus do destino, deles ninguém tira nada. Sobre eles faz-se relatos. Deles nada é tomado, fundamentalmente, ou não teríamos nada a relatar. Ou seriam um nada. Eles se esconderiam, embora não tivessem nada a esconder. Teríamos todos as mãos ocupadas em escolhê-los, recolhê-los, mas não iríamos acolhê-los. Eles não têm capacidades, mas têm atos e ocorrências, e agora estão correndo para a Suíça. É exatamente esse seu destino, que esse deus lhes destinou. Que devam se tornar objeto de nossas investigações explanatórias e interpretativas, mas o mensageiro não interpreta nada. Disso vocês mesmos vão ter que cuidar. Vocês mesmos têm que cuidar de ter cuidado.

Ouçam, fiquem todos juntos, que ninguém se afaste de mim! Que ninguém saia levando um braço, um pé com sapato, que ninguém me arranque as costelas e leve embora! Tudo isso faz parte do mesmo conjunto e tem que ficar junto! Os hollow men primeiro ainda parecem bem vivos, como se ainda fossem providos da nossa respiração intensa, mas não pode ser, pois já faz tempo que não são providos nem deles mesmos, e também não têm mais nada, e agora jogamos todos, sim, todos nós, seus membros, como bolas, por aí, sim, é o que fazemos agora. E aliás é supérfluo, eles mesmos já estão quase fluidos, de tanto que atiramos neles, mas fazemos mesmo assim. E mesmo que antes tenhamos que colocá-los num recipiente, para não se desmontarem totalmente. E é só um boato isso de que a senhora condessa teria pego a cabeça de um dos homens das cavernas que abatera e fincado num bastão de caça e levado consigo como se fosse a cabeça de um animal selvagem. Eu teria que ter ficado sabendo! Ela não ia ser tão idiota de ainda levar consigo triunfante essa presa sacrílega, justamente para a Suíça, para onde só o dinheiro caminha, pois é demais dele, pois é demais para ele ficar só deitado, ele quer praticar esporte, o dinheiro, quer foder, talvez até possa se multiplicar sem trabalhar. Então o mais tardar na fronteira nada vai se passar, eles, a dona condessa e seus dois homens, vão passar onde ninguém vai pará-los, essas crianças grandes que querem se divertir e sempre se divertiram, se não os pegarem então depois não pega nada, se os pegarem depois, enquanto tudo seguir seu curso, enquanto ninguém conseguir um recurso, onde é que vão parar sem serem parados, isso eu não sei. Essa caça miserável, uma cabeça humana aqui, outra ali, with direct eyes, to death's other kingdom, o que é que vocês querem, se estão lá faz tempo, remember us – if at all – not as lost violent souls, but only as the hollow men the stuffed men, o que é, ninguém se lembra, na fronteira suíça, o mais tardar lá, alguém com certeza teria lhe tirado a cabeça, teriam confiscado. Teriam confiscado seu troféu, mesmo que ela dissesse que era um troféu de golfe. A entrada de homens ocos e cabeças recheadas é proibida. Só a entrada de dinheiro é permitida, mas esse já está lá. E os companheiros de caça, os Sócios no Sistema, enfim, os dois senhores com ela no carro, que ela trouxe junto, para quem pagou uma viagem para a Suíça, para não poderem dizer mais nada na Alemanha, para não poderem falar na Alemanha, mas só no exterior, esses homens assustadores, que sustaram os homens das cavernas, cavados, ocos, afinal não iam sustentá-los para sempre, e assim tudo fica mais leve, todos ficamos mais leves, como antes, tão leves quanto antes, o que é que eu queria dizer? Sim, seus companheiros de caça, responsáveis pelo sucesso da empreitada, os vencedores, não, agora os perdedores, não, mais tarde os vencedores, agora só os perdedores, tanto faz, a longo prazo os vencedores, mesmo que ainda demore um tanto, desviam todo olhar choroso e chegam a um apartamento na Suíça. Um mora num apartamento em cima de um bar em Lugano. O outro: sei lá, mas com certeza há quem saiba onde viveu quando ainda era um perdedor. Como vencedor esteve num lugar diferente, pois vencedores têm uma aparência diferente. Então a gente não o encontra. Porque o tempo todo procuramos um vencedor. Mas estou me antecipando, porque ali onde estou não achei nada. Não posso dizer nada. O que é complicado para um mensageiro. Ele corre e corre, anda e anda, e o tempo passa, com o tempo tudo passa, é o melhor remédio, não é nenhum médico, mas também não pode contar qual é a sua formação. Foi formado para contar, para os velhos contos de fada, que contam sobre nossos pecados. Podemos nos orgulhar, tanto faz de quê. Eis a senhora condessa, e lá onde está é a Suíça ou um haras perto de Bad Homburg, ou tomando uns ares em outro lugar para purificar o sangue, mas isso vem só depois. Mas isso vem, nós não mais. É mais confortável deitar na palha do que na boa mãe terra, mas não precisamos da palha, não precisamos dela para rechear e nem para deitar confortavelmente. Os homens ocos foram embora. Não precisam de mais nada, muito obrigado. Modéstia e uma devota aversão a tudo o que é santo, e se o santo grita tão alto não é coisa deles, nem coisa dos homens cheios, que são homens ocos, que são homens recheados, embora essas características, modéstia e aversão, repito, são a coisa mais linda e ao mesmo tempo a mais sábia para as pessoas deste mundo.

Pois bem. Então ela que cale, a senhora condessa. Noite feliz, dorme em paz, e cala. Ela cala na Suíça e ela cala na Alemanha e ela cala na Inglaterra e ela cala na Hungria e ela cola onde quiser, porque ela tem aquilo que importa, vários quilates daquilo.

Logo as sombras dos verdes pinheiros tombarão sobre o oco descoberto do castelo incendiado, logo nada mais tombará, pois o próprio castelo já terá tombado, melhor que ser tomado, sabe lá por quem seria. Lá os homens nus, são só uns duzentos ou por aí, a gente dá conta deles, para eles não precisamos de uma câmara escura, sobre a qual ninguém fala, da qual não há fotografias, da qual não há nem um nome, pois se não há rosto também não pode haver um nome correspondente, vocês acham que tem que haver pelo menos um nome?, porque não há luz e, sem luz, sem foto, o que eles também fazem é morrer, isso eles fazem na escuridão, na obscura escuridão, calados, ninguém deve entrar mais nesse escuro, e ninguém mais deve entrar nesse assunto, nem tem onde entrar, nenhum vagão para levá-los para a floresta, como um de nós aqui será levado, e ainda mais um ou outro, mas esses homens conseguem andar por conta própria, de todo modo não por muito tempo mais. Só mais um pouquinho. Não precisa de mais. Eles têm sorte, não têm que ficar para sempre na fila da câmara, nessa foto ainda dá para ver a moldura escura, a foto foi tirada justamente olhando para fora dessa abertura aí, aí tiraram, atiraram?, por muito tempo, por favor façam fila, não, não por favor!, façam fila para entregar suas vestes e sua vida, uma coisa depois da outra. Vocês já sabem. Depois voltam para a luz, mas aí ninguém os vê. Eles também não veem mais a luz. Não podem se sentar entre nossas visionárias, mas com isso também não precisam ter a visão desses muitos se contorcendo e engasgando como pastorinhos, os rostos distorcidos tremendo, todos esses muitos com as línguas pretas pendendo pesadas para fora da boca. Não temos que ver o horror no rosto e podemos acreditar que seria tecnicamente impossível. Mais fácil acreditar nisso do que em Deus. De cada um deles, nus como estão, pende a língua preta como uma cobra para fora da boca, eles arrancam as cobras, arrancam um a língua do outro, as cobras, devem estar dormindo para não perceber!, enfim, as mãos arrancam as línguas, há um contorcer e engasgar generalizado, arrancam mas a língua não sai, não dá. Aí vem um grito do mensageiro: Morde! Morde! Mas a língua serpentina não vive mais, a cabeça entalou e ficou parada no meio da garganta, não, ficou parada no meio do caminho, não, sim, agora estou vendo, é no meio da garganta, pois o caminho acaba aqui, não tem mais para onde caminhar ou saltar. Morde! Morde! Arranca a cabeça! Morde! Soa o grito da garganta do mensageiro, do fundo do seu coração, podem acreditar em mim. Quem viu algo assim não se amansa mais, é uma coisa imensa, mas ninguém viu. Ninguém. Ninguém. Ninguém. E quem viu hoje está em outro lugar e orgulhoso disso, embora pecaminoso e de algum modo criminoso, não sei como. Por favor finjam que não viram esse incidente. O que viram de fato não era verdade. Disseram às pessoas que fossem para o chuveiro, mas então foi tudo ao contrário, pessoas esperando diante de uma cabine de chuveiro que não é isso, é pequena demais, não dá para entrar tantos, não, errado, pessoas esperando diante de um vestiário que é uma cabine, as vestes entram, não saem, os homens também entram e não saem mais, o que é que eu queria dizer, no filme vocês viram tudo ao contrário: as pessoas aguardam a câmara, essas pobres pessoas, como até o guarda pessoalmente disse, eu mesmo ouvi com meus próprios ouvidos, eu não tinha outros, mas não foi nada pessoal e nada penoso, embora as mulheres estivessem todas nuas, então agora estão aguardando a câmara, as mulheres já despidas, os homens já vão também, mas mais tarde, esperam diante da câmara, que na verdade é um chuveiro. Como isso não existe, não aconteceu, por isso não me esforço muito no relato. Afinal também não se refere a nada, o relato.

Vi com meus próprios olhos, pelo menos suponho que fossem os meus, afinal foram tantos!, e então mais tarde mais nenhum, eu mesmo vi e ouvi também como esses homens foram levados, sendo que nenhum dos convidados e nenhum dos serviçais do vilarejo e nenhum dos guardas florestais do bosque e nenhum dos lírios do campo foram levados dali, só aqueles que estavam lá para isso, levados no pelo de sua humildade, e o que mais deveriam ter feito? O que poderiam ter feito? Aqueles com línguas pretas na cara, as cobras na boca, quem é o pastor que ainda tem que vir? Quem é o senhor que é o meu pastor, isso eu não sei. Mas quem é o pastor com a cobra da língua, a língua de cobra, não, com o fogo e então a coisa mais preta e pesada pendendo da boca? Como mensageiro tenho que me informar e pedir para soletrarem os nomes, de tão complicado que é seu modo cacofônico de escrever. Muitos nomes sequer conhecemos, são indizíveis, mas não indizivelmente valiosos, mas gostamos de aprender. Nas suas câmaras os pastores de preto mordem, mordem com uma boa mordida, aquilo que cozinhou a cozinheira preta, e a cobra cospe longe a cabeça deles, não o contrário, o pensador viu errado, a maioria dos pensadores veem tudo errado, porque só olham e veem as coisas invertidas ou nem veem, os culpados se tornam inocentes, os inocentes culpados, pois na verdade os pensadores não querem ver absolutamente nada, mas só pensar a respeito, o mensageiro porém as retifica e relata corretamente. Porém ele não viu, o mensageiro porém não viu como os pastores cuspiram fora as cabeças de cobra, as línguas, o mensageiro novamente não vê nada, mas lê e relê, e relembra, e relincha, e relata, não sabe nada mas despreza os pensadores e relata, e afinal só relata, ele não tem culpa, nós não temos culpa, poderiam vir aí centenas de nós e não teriam culpa, pois ninguém vê nada, não tem ninguém lá que poderia ver algo, todos estamos aqui afinal, e daqui não dá para ver nada, não, ninguém volta de lá, onde viu alguma coisa, a morte não transforma ninguém em alguém transformado, que no último momento terá algo de que rir, o melhor seria ele rir, quero dizer, ele vai rir melhor, por último, e então vai para um lugar melhor, como consultor, e então ele – quem quer que seja, terá sido um de nós – vai pendurar um céu provisório sobre as pessoas provisoriamente criadas, e então vai ver se isso é bom, e então tenta transformar sua poesia, pois é isso que é, em um relato factual, ele coletou todos os fatos direitinho, sim, e então pode determinar o que é que, no homem, é fragmento e enigma e acaso terrível. Quem faz diariamente o mal pode ser absolvido se combinarmos a mentira direitinho, não é difícil, provavelmente todos conhecemos esses homens (ou mulheres) ocos no seu próprio círculo, não acham? Bom, eu conheço um, não, dois homens, não conheço mais homens de todo modo. E por isso não faz sentido isso, o que foi, agora soa vazio, trata-se dos homens ocos, nesse último ponto de encontro, nós procuramos lá, juntos, procuramos os homens, tateando e evitando falar, não devíamos ter feito isso, devíamos ter relatado, nós mensageiros, nós mensageiros afinal também podemos redimir o passado perfeitamente tão bem, não, melhor!, e transformar tudo, não, transtornar, contornar?, não, até que só nossa vontade tenha voz. Foi assim porque eu quis assim! Foi assim porque nós mensageiros quisemos que fosse assim! Alguma coisa até o mensageiro pode querer, algo de belo, só não deveria ser pesado demais. Quem ri por último ri melhor, e seremos nós, mensageiros, que sabemos tudo, dizemos tudo, mas é em vão, pelo menos também é grátis. Nós mensageiros temos todos desejo desse riso que virá depois que as pessoas tenham engolido suas próprias línguas no escuro completo. E então o riso certamente não vem. Não conseguem cuspir de volta as línguas. Eles não riem, nem gritam, ou sim?, e que não riam, isso nos corrói, a nós mensageiros, eles nem riem por último, sendo que poderiam até atrair alguma coisa e se tornarem atraentes com a risada, mas não temos culpa. Não aguentaríamos isso de morrer, mas vemos isso todo dia, vemos todo dia como é. Não temos mais nada a relatar. Está escuro demais. Não conseguimos ver nada. Ninguém conseguiria ver algo. Dessa vez não temos o que relatar. Em algum momento qualquer vou até essas pessoas pela última vez. Mas já estou por aqui com elas! Elas já não estão por aqui.

Enfim, nunca vi algo assim, só se foi com outros olhos, o mesmo. Aquele que vi falou: está preso. Ainda não está humilhado o suficiente, ainda tenho que te tirar da rua, e as pastilhas do freio já estão totalmente gastas, vai ver a próxima vez que frear o que acontece, sim, vai ouvir também, certeza, está enferrujado o chassi, não funciona mais o farol, como quer dirigir isso de noite, e a noite sempre chega? E as cordas segurando a carga têm uns cinco centímetros sobrando na caçamba, e você caçoando enquanto a carga sai voando para a rua e pode matar várias pessoas que ainda querem chegar lá, depois de você, mas mesmo assim. Tenho que apreender seu carro, só repreender não adianta com você, não é o que eu queria, mas a placa já vai ser desaparafusada, o veículo vai ser confiscado, em todo caso para todos os casos suas paredes e chão são finos demais. Mas sua humildade é o casaco mais duro, apesar de não ser casaco nenhum, agora já vi, você diz que esse caminhão é sua única fonte de renda, e se eu o tirar de você, você vai se enforcar? Não sei, talvez essa humildade seja mesmo como um carro, será que vai ter um upgrade para uma categoria superior? Mas por outro lado, se é um carro, não pode ser a humildade. Ambos simplesmente não se dão. A não ser que a pessoa tenha que viver do seu carro, aí é bem precário. Mal a pessoa tem um carro, já fica presunçosa. E se então alguma vez o carro é vistoriado por conta de avarias, aí ela fica humilde novamente. De fato a humildade quer um mundo saudável e solar, mas o carro quer assolar o mundo. O seu fará isso sem o menor esforço, se eu não o apreender imediatamente e tirar da rua. Quem tem carro não é mais humilde, pois logo quer algo maior e mais potente. Você já estaria contente se pudesse continuar com o seu, sei, e pode continuar, mas não conduzir. O condutor gosta de humilhar os outros com seu veículo potente, mas você não pode mais fazer isso, embora sua posse, não, o seu possante fosse o mais potente de todos. Ainda vai ser nossa ruína, o carro, de todos nós, junto com muitas outras coisas, junto conosco também, mas de todo modo estaremos arruinados, e não temos a sorte de ter uma câmara específica para isso, a não ser que alguém nos coloque no banheiro do hospital, porque você teve um acidente merecido e todos os outros leitos estavam ocupados. Mas são os outros, os que têm mais espaço para isso, que perecem, mesmo se não merecem. Por que tão cedo?

A senhora condessa e seus espertos arados humanos é que devem saber, com uma jogada ressoante superam todos os pudores e todas as dores, mas nada os machuca. Por favor, seria melhor que por um momento não fosse esse carro a conduzir o caminho, ele nem consegue, pois prefere lançar as pessoas para fora do caminho. O carro é nosso infortúnio. Ele também nos tira o fôlego. Antes outra coisa era nosso infortúnio, mas agora por sorte é só o carro. Como mensageiro, que tem que andar ou pedalar muito e por isso mal tem fôlego, falo demais, se o dia é longo e o fôlego curto, minha palavra ainda não moveu montanhas nem rodovias, mas estamos contentes de estarem aí, o que faríamos sem elas?, todos ficaríamos parados, embora nós mensageiros não possamos usar as rodovias. A despeito disso. Por despeito sempre voltamos a tentar. Sem chance. Nenhuma roda rodaria. E o que faríamos sem crianças? Todos sairíamos correndo, pois não teríamos responsabilidades. Conosco o presente chegaria ao fim. De um jeito ou de outro, sem elas nada vai, sem elas tudo vai, sem roupas a morte vai duas vezes mais rápido, porque ela não nos pesa mais. Mas eu também iria, e de fato totalmente nu, até os homens, para relatar-lhes aquilo que os nus têm a dizer, um homem nu não tem bolso, não tem por onde segurar, mas também não pode esconder nada, tem que relatar o que viu, tudo depende do contexto. Se tudo ficasse parado, nós correríamos, o relógio correria, os ponteiros dos segundos continuariam andando sozinhos, mas mesmo correndo não chego, mesmo se corro não há socorro, o tempo também não chega, embora o ponteiro gire e gire, enquanto a bateria ainda tiver carga. Só estou aqui para fazer o relato. Deixem-me entrar! O chefe me mandou dizer que aceitou o dinheiro de vocês, só respondeu: O que é que você sabe disso? O orvalho cai sobre a relva quando a noite é mais quieta.

Vi pessoalmente como os homens nus, os outros, não os mensageiros, esses têm a roupa de ciclismo, é melhor que nada, melhor que nude, pelo menos tão bom quanto, nu como esses homens nus, sofreram a avacalhação mais grosseira, de mãos grosseiras e pés grosseiros, não vi motivo para isso, mas mesmo de noite encontraram o caminho sem esforço, os caçadores e a senhora condessa, e diante deles eram conduzidas algumas vítimas desempregadas ou inválidas ou beneficiárias da previdência ou de direitos trabalhistas, esses sempre são vítimas, todos!, se arrastavam protocolarmente, agora nós também, não dá, não dá para todos serem vítimas!, alguém também tem que querer ser o bandido, por favor um passo à frente, precisamos de qualquer criminoso que pudermos conseguir, pois então podemos nós mesmos nos incluir nessa conta, sem que ninguém perceba, precisamos urgentemente de criminosos entre os quais também possamos estar, se apenas nos esforçássemos um pouquinho mais, sobretudo depois que acabou o sacrifício, e então é se retirar, se estirar, atirar, então dizem que da próxima vez mas com certeza vão querer estar aí, mas como criminosos entre as vítimas abundantes, para terem algo de que se arrepender, por favor, não sei bem de quem querem ser vítimas dessa vez, mas da última vez que os vi, uma outra vez, cavaram direitinho, naturalmente um trabalho totalmente clandestino, naturalmente o empregador não os registrou, e por isso perderam todos os direitos, e o empresário vai ser indiciado, mas antes disso dissolve a empresa e nada mais resta. Não lhes resta mais nada, querem lhes negar até o salário-mínimo. Acreditaram finalmente ter encontrado o próprio caminho, esses trabalhadores clandestinos das covas e das trincheiras, construções semelhantes mas diferentes, eu sei, mas não encontraram o caminho, ainda não, para cavar a própria cova, até que então, como dito, no fim tiveram que cavar essa coisa com essas dimensões estranhas. De todo modo, esses ocos que vi lá não eram mais aproveitáveis para o trabalho. Na realidade suas pernas provavelmente tremiam, eles estremeciam de medo, posso imaginar, isso se não estivessem cansados demais até para isso, mas atestar eu não posso. Quando já se tinha atirado algumas vezes e alguns já haviam desaparecido nas covas, mas ainda faltavam muitas covas, ainda tinha pessoas demais, o que é que foi então?, quando se atirou, alguém gritou pela primeira vez, mas sempre alguém grita, acho que agora é a vez dos próximos cavarem, o próximo grupo, por favor um passo à frente, no total são quase duzentos, acho que 180 ou algo assim, já é um bom tempo para cavar, e ainda mais nesse solo duro, que produziu homens igualmente duros, já faz séculos, força, força!, quem é que se admira, são uns cabeças duras, eu pensei, se alguém depois me perguntar poderei lhe dizer: eles esqueceram o caminho, aí esqueceram também como caminhar. Trabalhar já não conseguiam faz tempo. E foi assim. E assim ainda lhes fizemos um favor, que caminho terrível lhes esperava se não tivessem caminhado para a cova na hora certa! Mas eu me calo por um momento, um momentinho!, embora seja mensageiro e na verdade falar seria minha tarefa. O mais calado dos homens serei eu, e isso então será minha fala, um momentinho!, não é isso que se espera do mensageiro. E no entanto eu ainda teria algo a dizer e algo a entregar, alguém mandou embora cerca de dois quilos de dentes de ouro e esqueceu o endereço pelos próximos cinquenta, sessenta, cem anos, vi perfeitamente, ele endereçou para si mesmo, para nosso estúpido orgulho dos pecados, que no fim vai colar, é tão certo quanto dizer que no fim da reza vai colar o amém, porque em outro lugar não acha colo nem colocação, mas não sei mais quem é ele, o mensageiro, foi assim que se nomeou; tudo é de fabricação própria e nomeação própria, sei como tudo foi, como tudo é, como tudo será, e vejo também: a mãe Terra, a natureza eterna, te adverte. Três das filhas, incriadas, gerou seu útero. O que vejo os jornais nos dizem diariamente, quero dizer: dizem noturnamente as Nornas, não, as normas da União Europeia não nos dizem nada, só indicam a magnitude do tremor, um momento, eu disse Nornas, não normas!, pois é, depois da previsão do tempo elas chegam, as mitológicas Nornas, o informe meteorológico é verdade, o mito só vem depois, não, pessoalmente ainda não ouvi nada, talvez ele tenha ficado com ele, com o ouro, com aquele ouro todo? Vamos esperar pelo meu informe, pelo meu relato, mas não sei o que devo dizer. Não sei o que posso dizer. Eu tenho tanto para lhes falar, mas com palavras não sei dizer, e de todo modo todo mundo só ataca o mensageiro. Então peguem enfim minha mochila, sou andarilho e alpinista no fundo do meu coração, não amo as planícies, e parece que não consigo mais ficar parado por muito tempo! Mal posso esperar até que enfim meu próprio ser volte para mim e eu também possa voltar à vida de civil, sem essa malfalação toda, para mim é importante, eu mesmo tenho culpa e orgulho da minha culpa, não precisam me dizer, o que me resta senão dizer isso eu mesmo, mal posso pagar os impostos que me cobram, sim, agora quem está falando sou eu, o mensageiro, que sempre segue e fala tão bem, nunca fala mal de ninguém, ele relata e então retorna novamente. Eu gostaria de sempre permanecer eu mesmo nisso tudo. É muito importante para mim, pois tanta gente foi tão diferente por tanto tempo que nem conseguem mais lembrar de si. Comigo não vai acontecer. Sempre vou ter esse tempo na memória como o mais emocionante, e a memória é tudo o que fica. A memória e o amor, e no amor não se deve ser modesto. Tem um povo aí que quer arrastar gente pelada pela floresta usando de violência e armas, pelo menos foi o que ouvi, mas não pode estar certo. Mesmo assim devo transmitir, sem emitir julgamento. Não vejo floresta nenhuma, só todas essas árvores indiscretas. Por favor, vejo as covas, mas não vejo floresta. Provavelmente desmataram a floresta por conta das covas. Tinha um que queria se revelar como Deus ou se revelar para Deus, não deu para distinguir direito. Não roubarás! Não matarás! Essas palavras foram sagradas outrora, e não precisaríamos de mensageiro, e não precisaríamos de julgamentos, se até hoje ainda fossem. Mas onde no mundo jamais houve melhores ladrões e assassinos do que justamente essas palavras sagradas? Ao sacralizar essas palavras, não foi assassinada a própria verdade? Não, não foi. Pois admitimos tudo mesmo, admitimos que fomos ladrões, homicidas e omissos, e é tudo, tomara, definitivamente, e tomara que definitivamente. Depois de termos admitido homicídio e omissão de cadáver e roubo, podemos finalmente quebrar as velhas tábuas onde isso está escrito. Não precisamos mais delas. Podemos ter orgulho de nós mesmos. Somos os novos homens, que não precisam mais de tábuas, pois lembram as coisas de cabeça. Somos os mensageiros dos tempos vindouros, oferecemos ainda mais, oferecemos ofertas. Temos compaixão para com o passado, pois como mensageiros somos os primeiros a ver como o que passou foi passado para trás. Justamente pessoas como nós. Cada mensageiro conta uma coisa diferente. Um grande tirano teria vindo, mas também teria partido de novo, depois de ter visto os presságios de que em algum momento ele iria embora. Com os presos, que haviam feito de presas, não teriam podido fazer muita coisa, se esse novo tempo tivesse vindo. O passado é passado para trás ou é passado adiante, mas primeiro temos que determinar o que afinal ele é. O que foi feito? Qual a finalidade? Pois somos nós que relatamos. Atirar é prático. Quem retorna do tiro vai ser arrastado de volta à matança pela senhora condessa e seus adjuntos, pessoalmente. Agora que já estamos nisso, não vamos mais parar! Todo mundo vai ter sua vez. Sem empurrar! Mas procuramos um país onde não cresça a pior de todas as árvores: a cruz. Num país desses não haveria nada para louvar. A sombra dessa árvore cobriria tudo o tempo todo. Só as armas de fogo levam a algo. Nenhuma árvore nos leva a nada. Nenhuma árvore conduz nada. Nenhuma árvore move nem produz nada. No máximo dá para produzir móveis com ela.

Retirada para a Suíça! Se atirando na Suíça! Dos bancos ninguém escapa e o banco de sangue precisa ser reposto. Tudo é de uma organização fantástica. O que diz o porco, com o celular numa pata, na outra o palm para anotar compromissos? Diz: sexta? Não, na sexta é bem ruim! Na sexta vou ser sangrado no abatedouro. Antes ainda queremos arrasar, e depois também vai ser um arraso, tudo arrasado. O importante é não fazer dívidas com a vida! Nem em dinheiro nem em si mesmo, quer dizer, consigo mesmo, nesse caso a pessoa fica pertencendo ao banco. Então voltam a vestir formas humanas como quem veste a camisa, digo, uma camisa, como se nunca tivessem sido animais devorados, mas estou me adiantando, ainda não posso relatar isso.

A cultura ainda não chegou. Olho o relógio, agora era para chegar a coleção de pinturas. Certo. Já está aí. Nós também estamos aí, mas ainda tem que chegar o museu para abrigar essa arte, o abrigo do ser, por assim dizer, mas ainda vai ser construído. É preciso dar tempo ao tempo, e dar abrigo à arte. E dar arte ao abrigo, e construímos um abrigo, e até lá pegamos esse, já está bom, ela ainda tem que entrar, a arte, esse abrigo vai ser seu lugar favorito, é uma poupança, lá enfiamos o dinheiro e a arte, primeiro o dinheiro, depois vem a arte. Não, ele não chama Orestes, o irmão, que por sorte não pereceu, muito pelo contrário, ele persiste, não desiste mesmo durante todo o tempo horrível na Suíça, ele existe e até mais do que antes, cada vez mais, ele insistiu e investiu e isso ninguém pode dizimar, não teve que perecer, não foi sepultado nem suspeitado, sabemos onde está, onde gasta seu tempo e seu dinheiro e se desgasta, Orestes não é seu nome, para ser preciso se chama Heinrich ou algo assim, dele ninguém tem medo, obrigado, não tem por quê. A meu ver ele não faz nada direito. Mas agora vem uma barulheira lá da direita. Vocês mesmos podem ver, não tenho que relatar muito. As armas atiram com um estampido claro para fora do castelo e assustam os cavalos, o haras todo, estão ouvindo, ouvem os passos e gritos, veem o branco dos olhos deles, não, isso simplesmente não veem, para isso precisam de mim de novo. Ou podem imaginar. Poderiam imaginar se quisessem. Pelo amor de Deus! Só isso não! Sem assustar os cavalos! Então, agora o estampido percorre o espaço, estão ouvindo, também isso não preciso relatar. As outras senhoras e senhores por favor entrem na dança e na comilança e na bebedeira.

Eu, por exemplo. Quarto de hotel, Capri, noite, lua, estrelas, uma sangrenta, digo, sangria. Não, Cuba, igualmente quarto de hotel, uma mensagem enviada ao endereço errado, os mensageiros lá não são tão bem treinados, imagino que os envelopes tenham sido confundidos de algum modo, em algum lugar. Uma mensagem para o papa, o senhor barão o recebeu, não, a recebeu, e dentro um extrato bancário, Banco di Roma, quinhentos dólares de dividendos para um produtor estadunidense de preservativos, que Deus me proteja, isso significa que Deus guarde, e não que Deus preserve. Preservação é uma coisa, preservativo é outra. O papa deve ter entendido mal, pois também tem seu senhor, como todo mensageiro por princípio traz o seu consigo. Pois bem, talvez prevenir um acidente. Não é tanto dinheiro. Em uma hora, o senhor barão ganha mais, em um minuto. Acho que se pode desculpar o papa, mas não foi para achar nada que me tornei mensageiro, mas sim para transmitir algo, isto é, entregar um relato que me foi confiado. O senhor barão me disse que estudou no ETH em Zurique e no MIT em Cambridge, mas mesmo assim, embora também tivesse muito a relatar, a partir de agora não vai mais deixar seu quarto de hotel. E nem precisa. Já tem tudo aqui, já tem tudo lá, praias cubanas, pinturas, objetos de arte, o sem fim, o fio solto, que ninguém vai juntar, espera, por favor, eu mesmo não vi, também só me foi relatado, mas o mensageiro também deve passar adiante o que um outro lhe confiou, mas sua fala, a fala do senhor barão no telefone já foi de certo modo uma pressão, causou uma impressão, fiquei contente quando consegui sair da linha sem nenhum arranhão. Mas o senhor barão não foi cobrado. A ligação foi cobrada, ele não. Não ligo para posições de liderança, se me perguntam, essa cobrança prefiro não sofrer, não sou a pessoa certa para isso. Mais tarde poderiam me obrigar a prestar contas. Não. Não poderiam. Só o pessoal da limpeza tem acesso a esse quarto de hotel, mais ninguém. O senhor barão, um outro barão, obrigado, já temos, já temos o bastante, já temos barões demais, por favor barões não precisam mais se apresentar!, enfim ele vivia, quero dizer, vivia lá com mulher e filha adulta e um baú bem fechado com uniforme da ss e cruz de ferro, sempre bem passado a ferro, e foi passado mesmo depois de ele passar dessa para a melhor, a equipe morreu de tanto passar esse uniforme, pressionando a prega, para não passar vergonha, o uniforme duro como um caixão, duro como o prego que prega o caixão, como se ele tivesse acabado de passar a foice em pelo menos vinte pessoas, habilmente, o senhor barão, não, naturalmente não passou pessoalmente, por que vocês insistem nessa pergunta, quem fez o que pessoalmente?, isso fica acobertado sob um grosso cobertor, que também pode ficar sem passar, tranquilamente, e mesmo assim sempre totalmente liso, o senhor barão, impressionado ele mesmo de conseguir passar batido, mas: do que tem medo? Não tem causa. Não vejo causa em parte alguma, vejo calor. Doze anos em Havana, no hotel. Não lhes relato isso para que vocês imitem, o que nem seria possível para vocês, e talvez nem tenham mais doze anos. Nem teriam se lhes dessem de presente, os anos que foram roubados de outros. Teriam que fazer quinhentos anos de idade ou algo assim. Não poderiam simplesmente deixar tudo pendente e ficar lá, com suas filhas, totalmente dependentes de suas doações de sêmen mesmo antes de nascerem. Não é tão simples. Vocês precisam de alguém que conduza seus passos, e encontraram aqui esse alguém. Mas eu também infelizmente sou só alguém cujos passos são conduzidos. Azar o de vocês! Pelo menos já tenho meu marca-passo, todos os mensageiros receberam um. Também pode ser implantado, aí ninguém mais vê quem ou o que move esse mensageiro. É uma descarga elétrica no momento certo, satisfação garantida para seu coração. E todas essas três pessoas, o senhor barão, a senhora baronesa e a senhorita filha, cada um deles tem seu próprio corretor, e todos jogam todos os dias na bolsa, de novo, impertinentes e pertinazes, apostam quem é que vai ter o maior lucro nas apostas. Voltaremos a isso mais tarde. Não, nada mais sobre isso mais tarde, infelizmente não temos tempo para isso. Agora o tempo pertence a outra pessoa, que não gosta de compartilhar.

Por que não compartilho o relato, que, no entanto, produzi especialmente e então conduzi de volta para cá? Vi como um deles tremia e dizia: Eu não quero! E houve uma risada em torno dele. A senhora condessa pisou com sua espingarda diante dele, mas vejam vocês mesmos!, a embriaguez produz verdadeiros milagres, os portões e cadeados são feitos por mãos humanas e também podem ser incendiados ou desmontados a qualquer momento, para não caírem em mãos estranhas, sobretudo os castelos, são desmontados, os donos têm que levá-los embora, senão um outro pode se instalar ali; vejam vocês mesmos que mãos tombam aí! Pois é! Justo essas! Nenhum cadeado a segurava. E aquela ali também. Quem é que não gosta de incendiar castelos? Quem não gosta de pegar doenças? Quem não gosta de tirar a tampa do ralo do tempo? E por isso o tempo ficou ralo, raso. É assim com a água: ou inunda tudo e não se vê mais nada, ou desaparece no solo sem deixar rastros, exatamente como o tempo. Mas depois tudo mofa. Depois nunca mais se pode ser mofino e ficar mofando no sofá, porque precisa começar de novo a trabalhar nos alicerces. Esse mofo fedorento precisa ser tirado daqui de algum modo para podermos viver de novo em ar limpo e saudável. Vejam! Ouçam! Podem me dizer por favor o caminho para a grandeza, ah, está lá, deve ser esse, já que não é caminho nenhum. Qual caminho afinal não tem nada atrás de si, mas só adiante? Quê, você alega que foi meu próprio pé que apagou o caminho atrás de mim? Ele se desencaminhou, o caminho, e por que, isso vocês não sabem? Merda! Então isso aí não é mais caminho nenhum, se só você mesmo consegue caminhá-lo. Porque você já o trilhou, ou o quê? Porque o traçou de modo que ninguém possa segui-lo, como o agradecimento que deve seguir você para sempre, mas mal você olha para o outro lado e o agradecimento já se tornou mal-agradecido? Então agora aquilo que em você é mais brando tem que se tornar o mais duro, e então já temos, então também não precisamos mais do maldito caminho, então podemos atirar diretamente da janela, a espingarda acabou de sair do fogo, quentinha, recheada e pronta. Mas também podemos mandar embrulhar e levar para viagem.

Quem se preservou demais acaba cansado de tanta preservação. Louvado seja aquilo que endurece. Esse milagre as pessoas, sim, mesmo a senhora condessa e os seus dois capangas, os senhores P. e O., seus amantes, um depois do outro?, um ao lado do outro?, tanto faz, o amor não faz perguntas, não pergunta para onde e para quê, não pergunta pelo que é seu, nem ganharia nada com isso, ele pergunta: Por favor onde estão P. e O.?, e onde é o banheiro por favor?, então não sei se é um depois do outro ou ao mesmo tempo, e que palavra, capanga! Capaz de ninguém entender. E ambos têm que vestir um uniforme negro. Ou não têm. Tanto faz. Uma rainha sempre tem isso, um desses capatazes, um desses capazes de tudo, ah, que excitante!, uma ou duas cabeças, melhor duas, vamos levar duas, me vê duas, não se pode fazer nada, às vezes até para mim, como mensageiro, me faltam as palavras, e quem ainda haveria de ter palavras se nem eu encontro nenhuma?, vejamos onde pus a lista de palavras para mensageiros? A palavra para o mensageiro diz que a senhora condessa teria ficado no castelo para gozar da atenção dos oficiais, para gozar da reputação lendária de uma coleção de arte, para gozar de si mesma, para gozar de suas riquezas, que no entanto já se encontravam em outro lugar há muito tempo, foram realocadas bem a tempo ou então sempre estiveram, deixa eu pensar, não, nunca estiveram aqui, a arte ficou na Suíça, não quis vir junto, pois o que é que o russo não poderia fazer com ela?, nossas riquezas nem trazemos, o russo não saberia o que fazer com elas, a não ser surrupiá-las, algo que nós alemães jamais faríamos, pois temos a possibilidade da reflexão e do reflexo a respeito de como os músculos flexores podem ser ainda mais inflexionados, digo, dobrados, todos nos dobramos e dobramos todos e bem na hora!, então, somos os únicos no mundo a alinhavar uma linha de raciocínio, com toda a força, e o que é que essa força-tarefa aí, por exemplo, ainda teria para nos reforçar? Que tarefa eles podem realizar que possa nos interessar? Que tarifa podem oferecer? Lá está ela, bem diante do castelo, essa força, essa tarefa, essa tarifa de solo escavado, lá onde as tormentas atormentam o lago de Neusiedl, não, por favor me desculpem, é outro lugar, mas também não é tão longe, onde a fralda da montanha se banha nas ondas, não, por favor me desculpem, não é lá, lá cada qual deverá estar de sentinela dia e noite, para SUA prova e reconhecimento, não, por favor me desculpem, ganhar conhecimento não é tarefa do mensageiro, é tarefa do destinatário, está escrito claramente no envelope. Desistir é a tarefa e o destino do destinatário, por favor assine aqui. Então a coleção de todo modo é uma segurança, senão para que alguém teria colecionado obra por obra? Pois colecionar significa justamente: trazer para segurança, o que de todo modo não vale para o transporte de pessoas, durante o qual sempre pode acontecer um acidente, e o que vem depois é melhor nem perguntar! E a arte está em segurança, posso imaginar que estavam preocupados, não, onde, isso não vou dizer, a coleção também não lhes diria, para que suas partes não possam ser apartadas de novo. Desde o começo essa coleção só podia se desenvolver à medida que, com as próprias capacidades de conhecimento de si, ó Deus, estou falando de uma coleção totalmente diferente, me desculpem, troquei as anotações, na minha dizia que ela mesma se forma com o saber-de-si, a reflexão sobre si mesma, até entrar na incondicionalidade da identidade enquanto tal. Mas essa coleção não se formou sozinha! Essas formas pintadas não se formaram sozinhas! Se recolher cuidadosamente e segurar a respiração é previsto para todos os objetos de valor que precisam respirar, e também os que não precisam mais respirar deveriam talvez pensar melhor e se recolher. Com as pessoas poderia se dar, sem nem se oferecer antes, o caso de que elas mesmas têm que se colocar em segurança, só para poderem continuar respirando. Para obras de arte vale a lei da integridade, que para seres humanos tem a menor validade. Por isso a arte vale e dura para sempre, com frequência, ela nos vale mais e mais tempo do que a data de validade dos seres humanos. Nas minhas muitas andanças como mensageiro me encontram esses selecionados, que em si não têm nada de tão seleto, eu, respirando eu mesmo com dificuldade, eu, rasgando o ar, tenho sempre que saltar pro lado, se me encontra alguém que segura a respiração e então puxa um novo ar. Escapo dessas pessoas o mais depressa que consigo, esquivo, senão ainda vou acabar levando um tiro ou uma paulada ou sendo inalado no lugar do ar, não, peça errada, salto pro lado o mais depressa possível, me abaixo num arbusto, me encolho numa cova, subo uma montanha, não, isso não, não precisa tanto, basta se encolher quando os carros passarem voando por mim no caminho para a Suíça, na fronteira terão que parar rapidamente, mas só rapidinho, ainda não tem União Europeia, falta um bom tempo para liberarem as fronteiras, isso é só no presente, mas quase, para os corretos é quase, para os outros nem um pouco, não, claro que também não é de presente esse país, lá ainda vamos ter que mostrar o documento, que esperamos que valha e prove quem somos, mas depois já podem acelerar de novo e mandar gás. Digo, gasolina. É só um salto. Por aqui e por mim, podem ir direto para Lugano. Mas quem será por mim? Eu, pobre mensageiro, infelizmente não tenho carro para seguir esse rastro, e por isso vou perdê-lo, porque vou demorar demais para conseguir chegar a qualquer lugar com meu infeliz fardo de mensageiro. Vou perder o rastro antes de tê-lo encontrado. O rastro vai continuar perdido. A arte, no entanto, vai sempre permanecer na coleção. Por que me chamam, e como se chamam mesmo?

Posso tomar conta, espero dar conta, ah, enfim, logo vão me apresentar a conta. Só um dia antes esses entusiastas extasiados se divertiram atirando relâmpagos de suas armas, e de fato estavam reluzentes, vejam só!, lá embaixo dá-se um último suspiro, não é possível, tanto ar desperdiçado, simplesmente jogado para o ar, do ar ao ar, só para viver, eles também respiram ar usado, que em geral evitamos, não são tão frescos, o que importa é ter ar, nem precisa ser ar fresco. Mas antes já não precisavam disso, respirar, se me perguntam digo que só achavam que precisavam, e como mensageiro sou especialista em respiração, isso posso lhes sussurrar, pois eu mesmo estou meio sem ar, e acabei de sair do forno, não, do castelo, que se foi, cinzas às cinzas, mas eis-me aqui agora, um Deus morando na Suíça, onde tradicionalmente moram os deuses desde sempre, isso se não moram em outro lugar, esse é o endereço que consta no cadastro, porque lá podem ficar entre iguais sem serem perturbados, já vão ver!, já vão ver, estão todos na Suíça agora, onde mais, como?, a maioria já estava lá antes?, então eu também poderia ter ficado lá, aí não teria que ter corrido tanto. Esse outro mensageiro, que não conheço, ou também é um Deus?, tem algo a esconder no lombo, não vi o que era, mas ele tinha que colocar a uma distância segura da sua mulher, com quem vive em uma constante separação, não admira, nunca está em casa afinal, e com alguns outros, por outros motivos, também em separação, até que esteja cansado demais até para se separar, enfim, esse mensageiro tem que esconder de sua mulher o que possui, pois no seu caminho passando por terras e fronteiras os mensageiros podem perfeitamente trazer algo, mas esconder ele não consegue, pois não dá para esconder nada da mulher, o senhor barão com seus pequenos mensageiros, que excepcionalmente dessa vez não tinham nada a transmitir, porque a entrega foi feita por um outro, um outro, sim, o esperma também era de um outro, não, não sei o nome, mas sei que é alguém que se gabava orgulhoso por conta da sua presa, que no entanto não pode mostrar, porque ainda está nascendo, é algo que não compreendo. Se a presa ainda está nascendo, como ele já a cravou na presa? Como pode ter ficado cravada, a presa? Antes ele a enterrou como ouro, para ninguém encontrar, sua boa presa. Sim, ele pegou mais uma presa! Não, isso de que um deus em forma de touro teria vindo ao mundo, cujo pai com certeza não é o senhor barão, mas um outro, isso é tão habitual aqui, que o trabalho sobre para outros, um certo senhor conde deve ser o pai verdadeiro, mas é só um boato, isso não nos preocupa. Que o filho teria uma cabeça de touro é um boato, e mensageiros não lidam com boatos, por princípio, pois então o que é que não teriam para dizer, seria infindável, ainda estaríamos falando até hoje, ainda agora, se ainda tivéssemos que transmitir boatos! Simplesmente não dá. Assim não dá. Também que a senhora condessa teria enfiado o cabelo dos alvejados por ela dentro de um travesseiro, isso é um boato com o qual não me ocupo, também que a senhora condessa teria mandado trazer uma escada para pendurar a cabeça de um dos agravados, que ela trouxe da caçada especialmente para isso, ele deve ter lhe agradado, isso também é um boato, não teria sentido nenhum, afinal o castelo logo ia ser incendiado. Eu vejo e relato: a senhora condessa botou, digo, vestiu brancos tufos de arminho, um colar de brilhantes, brincos de brilhantes e uma pulseira de brilhantes, para não falar do anel de brilhante, antes de finalmente vestir, digo, botar fogo no castelo, dez anos bem vividos, para muitos já é o bastante. Aqui podem ver a terra dos mandantes, que vão se mandar imediatamente, naturalmente, assim que os russos vierem, mas antes o sangue tem que sair, senão vai sujar os bancos do carro, senão vai sujar as janelas e portas, senão vai sujar as mãos, se por engano botarem a mão ali, então nos mandamos, primeiro mandamos ver, mandamos bala, depois nos mandamos, e assim acabam os mandachuvas, os desmedidos, foi uma medida emergencial, provisória, mas que logo se tornou definitiva. Os desmedidos foram feitos sob medida para si mesmos, e os desaparecidos buscam uma paragem que nunca encontram. Tanto faz. Afinal quem quer segurança? Salve-se quem puder. Essas pessoas podem querer o que quer que seja. Se assim quiserem o mensageiro pode guiar os bondosos patrícios, o bando de patrões, pelo bosque, para a montanha, onde talvez espere um bando feminino. Mas por ora ainda estão aqui, no salão de baile. Devo dizer que, embora ninguém possa imaginar, ainda dois dias antes da vinda dos russos, teve lugar essa orgia, cujos participantes não são vocês, os nomes de vocês não estão na minha lista, sinto muito!, na lista de convidados vocês não estão, e recebi a lista de convites, talvez estejam na lista de vítimas?, mas isso com certeza não querem saber. Ninguém pode esclarecer de onde vem esse júbilo luxurioso diante da ruína. O mensageiro sabe que os ricos são diferentes, mas uma coisa ele não sabe: diferentes de quem?

Desgraça desmedida! Lástima que lágrima alguma aplaca! Ó sangrento assassínio levado a cabo por mãos infaustas! Sacrifício sem igual, vitimado para os deuses, para cuja celebração você quer convidar toda Rechnitz, que exagero, metade de Rechnitz?, bem, uma boa parte dela, mas não a melhor parte, isso é certo, metade como serventes, a outra metade como outros serventes, e a mim, não, não toda Rechnitz, uma parte deve servir, a parte maior, toda Rechnitz tem que servir e acabou, enquanto nós que sobramos só somos servidos. O resto já foi tirado da mesa. Ai, ai, o infortúnio, primeiro o teu, depois o meu, não, primeiro o meu e depois o teu! O Deus nos aniquilou, foi cruel e infelizmente barato, a nós parentes próximos, o trovejante. Ora, nada disso é verdade. Estou na peça errada! Por favor, um rápido aplauso! Os videntes cegos nós precisamos diante da televisão, onde também estão aplaudindo, a cada três minutos mais ou menos, às vezes com mais frequência, naturalmente não pode ser cega a televisão, ela precisa da visão. Mas de qualquer jeito aqui não precisamos das suas imagens. Por favor coloquem a TV mais lá para baixo, abaixem o volume e vejam se conseguem uma imagem constante e um som minimamente decente, pelo menos condizente, qualquer coisa que nos mostre as condições é bem-vinda, se forem boas condições, condições decentes, condições dignas, que com isso enfim poderemos conhecer. Não vai ser difícil, diferente de antes, pois essa tem receptor digital. Se antes também tinham só uma recepção muito limitada, com a transmissão digital podem ver tudo diferente, até o que antes não viram. Então podemos tranquilamente nos omitir do emitido, para ver muito mais, ver muito, e inclusive onde nos reunimos por acaso, só não se preocupem, o castelo logo vai ser só um mito, livre desses montes de mentecaptos, mas logo outros montes virão, livres estarão as mãos para tudo pôr em segurança, ainda não é na Suíça, e para o resto... o resto... como é aquela palavra especial para mensageiros, que precisaram inventá-la e só eles podem usá-la? O resto: devastar. É uma sentença devastadora. Então, devastar o resto, mas tudo mesmo, foi o que a senhora condessa me ordenou, mas creio que o castelo foi incendiado para que não sobrasse nada que contasse a história, as contas estavam mesmo todas negativas, quem ia querer?, a promoção para cliente premium seria impossível se alguém visse essas contas. De todo modo, não temos que trabalhar, nos apresentamos como um conto da carochinha, e acreditam em nós. Para que contador? Como mensageiro obviamente teria prazer em lhes fornecer provas contando o que testemunhei, mas então seria uma testemunha, e não um mensageiro, e possivelmente me tornaria eu mesmo passível de punição, pois só seria mais um que teria visto essas coisas, ênfase no mais um, pois havia também outros lá, vocês mesmos podem ver que outros também viram aquilo, e aliás foram pessoas muito mais visadas e vistosas que eu! Eu talvez sequer receberia o relato, então para quem poderia repassar? E para quem deveria transmitir? Não tem mais ninguém aí. Não dá, no fim tenho que conseguir provar quem sou. Para poder reprovar os outros, você mesmo tem que ter uma prova válida, que vale para um e não vale para os outros. Ser mensageiro prova que a pessoa tem uma origem não muito próxima, mas distante, como a senhora condessa, senão você logo alcançaria o fim, o fim do caminho, e não se tornaria um mensageiro, alguém que tem um objetivo, que naturalmente tem sempre que estar antes do fim, senão não daria nenhum trabalho, e nesse caso o objetivo é justamente um belo trabalho, uma obra, de arte por assim dizer. Se não tivesse objetivo em mira, o mensageiro não poderia dizer mais absolutamente nada e jamais chegaria. Ou erraria a mira, se não visse o alvo. Sua origem seria o chão, seria um dragão, criado num instante milhares de anos atrás. Mas nós mensageiros infelizmente fomos criados por seres humanos, the hollow men, sim, mais ou menos, isso nós também somos, a esperança só nasce aos homens vazios, pois estão justamente tão vazios que ficam leves, têm que ser amarrados numa cordinha, com uma cordinha, mas como não poderíamos ver nada nessas cavernas, já que somos nós mesmos totalmente cavados e também não podemos acolher nada, não podemos acolher ninguém, como a Suíça. Que no entanto já acolheu tantos, talvez até demais, que não olhou direito antes, não, não olhou nos olhos vazios, olhou em olhos cheios, em olhos cheios de esperança, mas como não podemos acolher mais ninguém nos levantamos sozinhos, e podemos testemunhar que foram cavados buracos na terra da nossa mãe, quero dizer: na mãe terra, no solo materno, para poder empilhar pessoas lá dentro, na terra, sobre a terra infelizmente não cabe mais, afinal existem as más mães, e a terra é uma delas, mas mesmo as piores mães têm que enterrar seus filhos, só que onde? Quem souber ganha um prêmio. Em malas, caixas, sótãos, vasos de flores?, sua imaginação é limitada, mas as possibilidades também, e com certeza também não querem ficar lá, os filhos da terra, onde o ambiente já é tão venenoso, quando nasceram ainda não faziam ideia, essas crianças, de que um dia haveriam de ser envenenadas, mais isso devo lhes transmitir, resumindo, tiveram que abandonar seus amigos, essas criancinhas!, não faço ideia de quem eram esses amigos. Meu dever é só transmitir. Não posso dizer o que vai ser, só o que vi, isto é, o que foi feito. Não o que é fato.

No meu caminho, como mensageiro, ainda notei o seguinte: Era possível ser criança, era possível ter se tornado jovem tarde demais, era possível ter envelhecido tarde demais, era possível se envergonhar ao ter que se despir, ou não, o orgulho de uma pessoa jovem, o cansaço de uma pessoa velha, a beleza de uma pessoa do sexo feminino, a juventude de uma pessoa insegura, que só deverá ficar segura quando tiver tempo para isso, pode estar dentro de si, tanto faz, vergonha ou não, quem quer se tornar criança tem que primeiro superar sua juventude. Então, como mensageiro, ouvi um riso estrondoso, parecendo vir de toda parte, e então tiros, um riso de rasgar as entranhas, se já não tivessem sido rasgadas pelos tiros. A senhora condessa tinha visto ainda antes de mim que esses frutos estavam maduros, as entranhas rasgadas e o coração perfurado. Seus frutos estavam prontos, e ela estava igualmente pronta para seus frutos. As pessoas estão sempre fermentando por dentro, e quando fermentaram o suficiente, então estão maduras, ou é o contrário?, primeiro amadurecer, depois fermentar?, e então pode-se fazer algo com elas. O álcool jorrava. Eu mesmo vi. E de novo a condessa riu e fugiu, vi isso também. Vi como ela riu antes de fugir. Então houve um silêncio geral, mas antes estava bem barulhento, e eu não soube mais onde estava. A senhora condessa me parecia ser a empregada dos embriagados, mas ela mesma estava bêbada como um gambá. Ninguém consegue dela o que ela não quer, mas ela sempre faz isso com seus cavalos, no entanto essa é minha observação pessoal, minha opinião não conta aqui, num relato de mensageiro a opinião própria não é bem-vista. Até me revistaram na porta, procurando especialmente isso, alguma opinião pessoal que eu pudesse estar fazendo passar despercebida, no meu cinto por exemplo, e se eu tivesse uma, então já me teria sido arrancada lá fora diante da porta, para que eu não a trouxesse aqui para dentro como uma sujeira nos sapatos. Ainda vi com meus próprios olhos, mas não sei se devo dizer: Na escura força do cárcere a senhora condessa e os jovens alegres se apresentam na forma original dos homens, chamada por muitos de informe, pois é só o uniforme que dá forma ao homem, mas não chamo assim, não me permitem tanta liberdade, não posso, não posso olhar ao mesmo tempo para frente e para trás, mas não vejo nenhum fim, nem à frente nem atrás, e acabam com outros, outros são reenviados a um estado inacabado, senão como poderiam acabar com tanta gente, se eles mesmos não estivessem acabados faz tempo?, eles não são da minha conta, os jovens homens, esses disformes desimportantes, obrigado, Werner!, não tem de quê, Elfi, já estou morto mesmo e não posso me defender, homens a quem ela se rende de bom grado, a senhora condessa. E se isso render, então ela manda buscar esses outros homens nus, que mantém presos no castelo, afinal nunca se sabe quando podem ser necessários, amarrados na casa, no porão empoeirado, ou sem celeuma no celeiro, mais não digo, isso dos tiros já falei, muitas vezes já, provavelmente já até demais, isso vocês já sabem. Mais não digo, pois na mesma escura noite do cárcere já tinham prendido os companheiros das minhas fileiras, que também eram mensageiros, mas não conseguiram chegar até o relato, e agora lutam pela vida. Senhora condessa, pode se elevar ao Olimpo suíço, pode levantar a bunda e levar para lá, afinal é onde todo mundo investe, sua veste você ainda vai achar!, mas vamos logo, corre!, senão eu mesmo vi o que te espera, onde está o russo nada mais prospera, então por favor coopera, vamos impedir a teimosia do russo ainda antes de poder vê-lo, pois quando o vir vai ser tarde demais para qualquer esperança, então esse ano não vai mais dar frutos, e portanto nada de vinho. Não, nem um malbec, e aliás nem um bom beque. Mas sou só o mensageiro. Por favor sem bater! Meu papai já dizia isso, e para ele adiantou tão pouco quanto para mim.

Os senhores e proprietários por aqui por favor, ali perto do coro de mensageiros, lá estarão seguros, e vão ter que gritar se quiserem se fazer entender. Só a cova está sempre silenciosa, tão silenciosa que nunca será encontrada. Todo o vilarejo silencia, a gente na taberna com seus claros rostos, o chão na madrugada com seus claros astros, o pélago, o lago, desculpem, não, esses dois não, não dá para vê-los de lá, ah, essa noite grave e grávida, alguém tem que fazer algo a respeito! Precisamos submergir! Para o mais fundo da dor onde jamais se foi na tocaia, de onde vêm as mais altas montanhas? Quando eu descobrir vou encomendar umas para mim, assim podem estar lá para a gente não só na Suíça, mas aonde mais haveríamos de ir? Precisamos dessas montanhas para que do lado delas possamos parecer menores do que somos. Afinal é guerra, não dá para ficar neutro, mas a Suíça fica, ô se fica! Mais negra maré, não, mais neutra maré, maré da Suíça! Guerra! Também é guerra na Áustria, que só depois vai ser totalmente neutra, mas que por sorte, pelo menos a sua, para sua sorte por ora ainda nem existe. Já existiu uma vez antes, só que muito maior, então muito menor, então não mais. Curto e grosso. Pequeno, mas meu. Não temos nada, não damos nada. Depois sempre vai poder afirmar isso, esse país, e vai ter a beleza da verdade, o que quer que afirme. Sim, vai ser perfeitamente verdade. Por isso é o país mais inocente de todos, pois quem não existe não pode pecar, obviamente. Pode talvez vir a nascer, uma Áustria livre com certeza algum dia vai nascer, surgir das cinzas, mas por enquanto ainda não a vejo. Do passado não se pode contar nem prestar contas se não há propriamente nenhum contador ou se o contador agiu de modo impróprio. Esse conto está lavrado em pedra na paisagem austríaca, digo, no passado da Áustria, como uma censura, gravado para que nunca mais possa farejar o perigo e se esconder nos arbustos, caso em algum momento um país mais forte apareça e queira devorá-la, minha Áustria, minha Pátria, o que você fez com meu papai, filha da puta? Mas agora aceito isso completamente. O que mais me resta? Demorou muito, mas de algum modo agora consigo aceitar. É verdade que, andando por esse país, estou sempre cansada e ainda mais ansiosa que antes, mas como o país existiu por tanto tempo e depois não existiu mais e eu também logo não vou mais existir, como esse pais insiste em não me assistir, também não posso simplesmente ir embora. Mas sim, agora já posso. Por mim o país que fique onde está. Por mim pode ficar. Agora consigo aceitar. Também, o que mais me resta? Por isso não quero ficar. É um paradoxo. Para mim ele não dá assistência, não me assiste, para mim ele não tem existência, mas também não consigo simplesmente ir embora. Tenho que ir, mas não posso, tenho que abandoná-lo, mas se nem existe, quê? Bem, para mim não. Ah, nesse meio tempo já voltou a existir? Pois bem, talvez agora me suporte, me dê suporte, teve tantos que não suportou, mas talvez me suporte se vier sem meus parentes mortos, venho só eu, não peso muito, por favor me aguente, pátria querida!, oh, que lindo!, finalmente!, pena que agora não quero mais! Não quero esse país, mesmo sendo tão legal comigo, com o hálito quente, posso sentir, mas quem está respirando, isso não sei. O que está respirando é um país verdadeiramente vivo, é o que me dizem. E agora não respira mais. Ai ai ai! Olha que a longo prazo isso é um tédio, ficar ouvindo as pessoas não respirando. Melhor ajudar as pessoas na sua inatividade. Mas temo que minhas mãos não sejam fortes o suficiente para não fazer nada. De todo modo: não procurar nada, esse era meu sentido, era o mais sensato, mas também não sou tão sensível, nem tão sensual. Pena. Talvez algum dia isso volte para mim.

Do lado de lá, na sociedade de caça dos senhores, ficaram um pouco inseguros agora, temos que fazer alguma coisa. Como senhores do castelo deviam saber quando é hora de escapulir, melhor antes de incendiá-lo, o castelo, que vai para os russos, mas não consegue ir para lugar nenhum. Do contrário seria bem estúpido: pôr fogo ainda antes de se mandar. Se apenas ainda voltasse a viver, o lindo castelinho! Viver, como a Áustria toda, que fez o pedido de troca de nome, mas depois de uns anos já quer reverter o processo! Então vir seria dispensável, se aqui está pegando fogo! Mas então... Por favor, antes, isso devo lhes transmitir da Suíça, onde vocês todos, vejo, já chegaram novamente, por favor uma contagem!, um, dois, três, três pessoas então, não precisamos de mais do que isso na Suíça, mas nós três chegamos, pois na guerra entre dois lados esse país é um terceiro absolutamente seguro por princípio, um país para terceiros, primeiro a nação austríaca, que não existe, nem mesmo um terço dela, depois a nação suíça, que por sorte existe por mais tempo do que sequer existirão as pessoas, porque é tão totalmente segura e por isso as pessoas se amontoaram lá, tantos quantos couberam, se permitíssemos viriam ainda mais, nós três também já entramos, no primeiro e segundo país mais seguro, pois é um terceiro, que terceirizou todo conflito, ninguém mais sabe como meu relato de mensageiro começou, mas aconteceu nessa ordem cronológica e hierárquica, infelizmente não conheço bem nenhuma das duas, nenhuma dessas duas nações onde se está sempre abrigado, sempre em segurança, a não ser que se seja uma vítima, aí não, naturalmente, de todo modo não sempre, e por isso também é bom que não perguntem se também estão em segurança ou não, senão vão ficar ainda mais inseguros, enfim, entrando na Suíça não dá para ver as tochas relampejantes que a senhora condessa atirou na casa, no castelo, para depois prontamente botar na conta dos russos, o incêndio, dos russos que também queriam entrar, bem feito, quando finalmente chegaram, entraram no país, armados, porque não tinha ninguém mais na porta para revistá-los, isso já estava claro desde antes, que eles viriam, os russos, então o lindo castelo já estava totalmente queimado. Depois de entrarem os alemães, é claro que os outros também quiseram entrar. Depois de saírem os alemães, todos ficamos queimados. Mas não demora para limpar. Faça algo e não tema ninguém, é o que sempre digo. A senhora condessa queria, é claro, compreendo perfeitamente, destruir o palácio, depois dela o dilúvio, quero dizer o incêndio, é uma bela mulher, e é original, inteligência, isso ela tem e sempre provou, depois dela o incêndio do castelo, célebre por seu efeito, sempre eficaz, até um mensageiro pode dar o braço a torcer, especialmente se tiver um sobrando, e o palácio, o castelo vai ser totalmente destruído, isso posso dizer antes mesmo que aconteça, embora na verdade o mensageiro deva primeiro ver e só depois relatar, como se tivesse acabado de acontecer, mas o que acham, quanto tempo demora até a Suíça, e no meio tem a fronteira!, nesse palácio não viveu nenhum Deus, mas a condessa foi endeusada pelos seus comparsas, endeusada, é o que digo, mas tudo foi incendiado então. Lançaram as brasas. Não sei como poderia dizer de outro modo. Atiraram naqueles senhores nus, não, seus nomes não me disseram, e então, como se suas mãos covardes quisessem tatear um fio para ver se ele os tiraria daquele labirinto, simplesmente pegaram os carros e se mandaram. Lugano, um apartamento em cima de um bar, muito bem, o contrário disso seria soltar a língua e descongelar o coração ouvindo a história, como nós mensageiros sempre fazemos.

O que querem ouvir de mim? Ser transformado em dragão, a mulher tornada animal, assumir essa forma réptil, o vagão de gado, acho que era um Daimler, mas não o vejo em lugar nenhum, quero dizer, não vejo em lugar nenhum que tipo de carro é esse com o qual se mandaram, que leva todos os três, a senhora condessa mais Podezin mais Oldenburg, P. e O., o Podezin era terrível, disso há indícios. Esse indecente era levado, e foi levado. Deixou-se levar por um entusiasmo passageiro. Então, agora o entusiasmo já passou. Faz tempo, já foi. O castelo foi incendiado, quase no fim!, até que enfim!, vocês saquearam o sagrado oráculo de Febo, ah sim, nem sempre foi isso, só depois Febo o incendiou, como fez com nosso desejo, o oráculo saqueado e então incendiado, o oráculo jamais terá um miserável regresso. O melhor é ficarmos todos longe dele. Mas os senhores do castelo, a senhora, os senhores na Suíça, os senhores em geral e os senhores específicos também, que sempre mudam, que sempre se mudam para a Suíça, que emudecem, os senhores que se alternam e desertam, como vamos lembrar de todos esses senhores?, os respectivos senhores são salvos junto com sua gaita, digo, suas gaitas, de fole e de boca, ambas em harmonia, tudo tem que ser feito em harmonia, são salvos antes mesmo de estar em perigo, são salvos antes de sequer ver o perigo, seu Ser é transportado para a morada abençoada, antes mesmo de morrerem. Falo como mensageiro, não, como filho de um pai humano, não, como filho de um deus, mas os humanos são filhos de deus, e de fato todos, todos, todos. Fora eu. Pena. Não se pode fazer nada. Estou fora de mim, mas isso tem suas vantagens, já que fora eu não tem ninguém aqui. Todos estão dentro de mim e querem sair, e ainda por cima todos de uma vez. Mas fora eu: ninguém. Ninguém escuta. Ninguém está aí para poder escutar alguém. Pobre de mim, mensageiro. E se esses senhores, e se a senhora condessa, não gostando dessas belas paisagens, tivessem escolhido a humildade, ainda lhes restaria a fortuna, e poderiam ser afortunados! Quê? São afortunados, esse tempo todo afortunados? Algo não está certo nesse conto, e não só isso. Um momento, estão me passando um bilhete, pois o mensageiro também pode dar uma lida quando esqueceu alguma coisa. Aqui diz: é preciso não reconhecer nada para não ser duramente punido. É preciso não reconhecer absolutamente nada. Eles vão bem e se vão e isso não é impossível para eles. Pois a qualquer momento podem ir para outro país onde não vão ver os monstros e os monstros não vão vê-los nem usá-los para fazer um bolo, e as montanhas não os veem e eles não veem as montanhas, e onde nenhum olhar os vê e eles não têm nenhum olhar para ver.

Mensageiros todos saem, tudo é desmontado.

Uma cabana de caça nas montanhas.

Aqui pode-se fazer várias coisas diferentes. Proponho o seguinte, sem compromisso, é claro: Um presépio alpino é enfeitado por pessoas com trajes de festa bastante desfeitos, mas os animais não são bois e burros e carneiros, mas animais selvagens. Arrancam os chifres de cervos e corças e penduram na parede junto com pássaros empalhados etc. etc. Quando querem voltar a abrir as portas e sair, os animais em roupas de pelúcia lhes barram o caminho e não os deixam partir. Mas claro que também se pode fazer totalmente diferente. Seria ótimo usar o canal austríaco de previsão do tempo (TW1), com a música regional que sempre tocam como trilha para as belas paisagens e os respectivos pacotes turísticos.

Então os atores, eles mesmos, se voltam uns para os outros em tom de conversa.

Por favor, esteja à meia-noite na garganta do lobo.

À meia-noite na garganta do lobo? Não! A garganta é mal falada, e à meia-noite se abrem os portões do inferno.

Me perdoe se ficou acordado por minha causa!

Você parece mal-humorado. De novo sem sorte?

Não não, pelo contrário! Olha! Acertei a maior ave de rapina lá no meio das nuvens. Agora não vai mais bicar meus olhos!

Desculpe! Mas o que é isso? Seus cachos estão cheios de sangue. Jesus Cristo! O que te passou?

Nada. Já está melhorando. Já melhora.

Ouviu? O relógio da torre do castelo lá em cima da montanha mal começou a bater, e já parou. Mal deu para notar que bateu. O mais das vezes noto quando algo me acerta ou eu acerto alguém. Como se tivesse se acanhado com a própria batida. Mas normalmente não é tão acanhado!

Curioso. Deve ter sido bem na hora que atirei na águia lá no alto. (*Mostra uma cabeça humana cheia de sangue, que tirou de uma mochila de alpinismo.*) Acertei a águia lá no alto. Não posso voltar atrás, meu destino chama!

Bem, então venha!

Já estou aqui. (*Tenta pregar a cabeça da parede.*)

Viu como se juntaram as nuvens de temporal? Viu a previsão do tempo? Viu o abismo – que horror! E as nuvens do céu estão olhando, não faço ideia onde, mas de todo modo lá para o alto. Afinal todo mundo quer subir. O que seus olhos acreditam ter visto? Por favor me diga!

Bom, se quer mesmo: Viram como as nuvens escuras se juntaram, como a lua perdeu um pouco do brilho, como formas fantasmagóricas de névoa tremeluziram, como a pedra ganhou vida, mal seria possível acreditar sem ver com os próprios olhos, como eu vi, e eu mesmo não acreditaria. O que acredito mais e também vi é em todos esses pássaros noturnos voando para o arbusto.

Eu bem que sabia que tinha algo no arbusto!

Exato. E vi como os galhos retorcidos vermelho-acinzentados esticaram para mim seus enormes braços. Meu coração se apavorou de verdade. Mas tive que seguir, apesar do pavor.

Foi bem malvado da sua parte, me deixar tão só!

Desculpe, mas teve que ser assim, simplesmente. E não foi simples.

Você teria preferido que o sol tivesse ficado parado no alto do céu, excepcionalmente, que excepcionalmente uma vez não tivesse anoitecido? Que o mundo não servisse ao acaso cego? Que o olho, eternamente limpo e claro, percebesse amoroso todos os seres? Teria preferido isso?

Bobagem! Eu queria exatamente como é.

Saltar no abismo? Mas nunca! Seria o fim.

Calado, calado, para ninguém te alertar!

Alguma vez você já ficou tão excitado que pegou uma seringa e tirou o próprio sangue para beber?

O gosto do teu sangue te agradou, penso. Ou não teria feito isso.

Foi delicioso. Uma vez, usando a minha Black & Decker, a furadeira escapou e cravou na minha mão, é uma iguaria.

O sangue afinal é o néctar da dívida.

Da vida.

Contém tudo o que se precisa na alimentação.

Também se pode comer gente. Esse pensamento já te ocorreu?

Já me escorreu. Mas carne viva é algo mais resistente do que assada ou cozida.

Mas eu consigo. E depois ainda sobra um lindo enfeite de parede. É um brinde.

Seria bom se isso fosse legal.

Mas o quê? Já entendi. Só tenho que fazer umas compras. Tenho que comprar seus acompanhamentos. Quero dizer, tenho que comprar algo para acompanhar você.

Não estou nem um pouco nervoso, só com um tesão animal. Mal posso esperar.

Imagino como vai ser te morder o pescoço, o ombro, a barriga, a coxa. Que então você vai comer junto comigo, essas carnes nobres.

Mas não só morder, por favor, quero ver e sentir como você arranca com os dentes esses pedaços do meu pescoço, dos meus ombros, da minha barriga, do meu peito.

Sim, mas não tudo de uma vez!

Também pode devorar minhas bochechas, para ter acesso direto à minha boca, que então poderá abrir bem. Então por favor coma minha língua inteira até a raiz! Pegue e coma minha carne, esse é meu corpo, aceite-o e coma! Esse é meu sangue, aceite-o e beba! Também vou aceitar um pedaço. Aceito tudo. E com certeza me dá um enorme prazer.

Adoraria provar um pouco de você. Poderíamos talvez cozinhar ou assar algo e então comer juntos?

Deveria ser o suficiente para um bom tempo. Estou partindo desse princípio.

Eu mesmo também gostaria de comer um pouco de mim, talvez um pedaço de coxa ou uma maminha. Se pudesse escolher. Se me fosse permitido querer.

Mas em geral não se debate com animais de abate.

Tem razão. Então deixo isso com você.

O mamilo não, ele é protuberante, mas sangra muito, aí acaba rápido demais. Melhor pegar um pedaço mais para baixo ou mais para cima.

Mamilo. Ok. Claro. Se bem que não vai ser difícil de tirar e engolir.

Caso não queira comer algo cru, na minha boca encontrará um cliente ávido. Caso queira me alimentar com minha própria carne. Bem que poderia ser o caso, que você quisesse isso. Para mim é muito importante realizar a sua vontade.

Claro que também teremos que fazer um buraco para tirar os miúdos. Se morder algo, deixe ainda pendendo no corpo pelos últimos ligamentos, enquanto come isso devagar, ainda pendurado em mim. Não engolir imediatamente. Primeiro mastigar, então devorar. Só no fim cortar a ligação.

Quando uma pessoa mastiga, gosto quando deixa os lábios o mais abertos possível em cada mordida, para também poder ver bem seus dentes mastigando. O ideal é ver como os dentes trabalham. A carne crua tem uma firmeza muito maior do que a cozida. Estou falando em geral.

Mas também com os olhos se come, não esqueça! Tem que ser bonito. A visão deve agradar. Então talvez deixar para depois o preparo, que pode deixar a carne pior de ver, mas melhor de comer.

As costelas precisam ser assadas separadamente. Seria bom se a caixa torácica ficasse inteira. Mas vai depender do tamanho do forno disponível. Numa cozinha de hotel daria. Então depois de descongelar, a caixa torácica é assada ou cozida inteira.

Será que vai sobrar alguma coisa para o enterro?

Sim, e pode ser uma bela festa, não tenho nada contra. O que quer dizer? Como quer que seja? Imagino assim: uma cova é cavada e tudo o que não foi comido é colocado lá dentro. E então enterrado.

Uma cova é cavada no escuro e tudo é colocado dentro. Então é lido o salmo 23. Esse é bonito. Creio que você também vai gostar. Depois rezar o pai nosso. Então tapar a cova de novo com a pá.

Depois a cova vai ser marcada de algum modo?

Não, daria muito nas vistas. Talvez fosse possível pôr uma flor, mas fora isso mais nada, não. Os outros ossos que ainda sobrarem podem ser enterrados em outro lugar. Mas depois não vão saber onde, e é melhor a própria pessoa esquecer também.

Esses lugares vão ser marcados de algum modo?

Não, daria muito nas vistas e nem seria necessário. Sei o lugar. Em algum momento não vou mais saber. Eis o curso do tempo, um momento, deixa eu olhar o relógio, e sim!, o tempo já está correndo. Se ainda quiser entrar na corrida, é melhor se apressar! Enterrar os ossos sem cerimônia então. Os corredores, toda a corrida, vão passar correndo por cima deles. A galera toda. Não pode ter nada lá para tropeçarem! Então certeza absoluta: Os ossos vão ser enterrados sem rezas.

Os proprietários mencionaram alguma proibição, algum espaço não pode ser usado?

Bom, os espaços no subterrâneo não encontramos de todo modo. Mas em casa sempre pudemos nos mover livremente. Isso nos foi permitido. Só devíamos cuidar porque a casa do pai tem muitos quartos, ele nos disse que devemos tomar cuidado, porque alguns deles têm o piso podre e podem quebrar sob o nosso peso. Com isso deviam querer dizer os tetos da casa. Por esse motivo ficamos quase sempre no térreo e no primeiro andar.

Creio que o certo é: Na casa de meu Pai há muitas moradas. Se não, eu teria dito: Vou lá preparar um lugar para você? E se for lá e preparar o lugar para você, aí volto e tomo você para mim, para que também esteja onde estou. E onde vou, lá você sabe o caminho. E se alguém diz: Não sabemos para onde você vai. E como poderíamos saber o caminho? Então diz o senhor: Eu sou o caminho e a verdade e a vida. Ninguém vem ao Pai, senão por mim. Estão todos convidados. E aí a festa tem lugar, e foi até de noite, e assistimos àquele filme Armagedon. Os proprietários da casa nos disseram que por eles podíamos passar lá a qualquer hora e também, por exemplo, assistir a filmes de noite com eles.

Em cada um desses apartamentos, creio, é preparada especialmente uma mesa contra os inimigos. Os assados vão ser besuntados com óleo, e os copos vão ser enchidos como um presente. Tudo vai ser dado de presente. De presente. Tudo presente. Isso vai me acompanhar por toda a vida. Vai me acompanhar por vontade própria. Não, não vai me acompanhar. Não vai me acossar minha vida toda. Não, infelizmente não vai me acompanhar, pelo menos não por vontade própria. E se pedirem algo em meu nome, não o farei.

A ação de graças começa agora:
Então.
David R.L. Litchfield: The Thyssen Art Macabre
Günter Stampf: Entrevista Com um Canibal
Friedrich Nietzsche: Assim Falou Zaratustra
Eurípides: As Bacantes, *tradução da internet*
T.S. Eliot: The Hollow Men[103], *traduzido por um simpático computador, muito obrigada!*
Friedrich Kind: Der Freischütz
Obrigada a Hans Magnus Enzensberger pela bela entrevista!
E mais umas ninharias a que também tenho muito a agradecer e que também ainda tenho que digerir. Mas tem tempo. Por ora, ainda estou mastigando.

103. Foi consultada e eventualmente citada a tradução de Ivan Junqueira para *Os Homens Ocos*, de T.S. Eliot. (N. da T.)

SEM LUZ

A: Ei, não ouço bem sua voz, não pode fazer algo? Não pode fazê-la soar mais alto? Gostaria de não ouvir a mim mesmo, você tem que me abafar de algum jeito. Aliás já faz tempo que acredito que também não posso me ouvir, embora tenha a orelha colada no painel de controle, onde tento apreendê-los, os sons. Você bem que pode me fazer esse favor de amigo! Tocar mais forte, não pode ser tão difícil. Aqui só tem esse ruído, sei lá, de um matadouro? Foi uma falha no sistema? Se o sistema falhou, por que gritar tanto? Interrompido no auge da força? Automaticamente desligado? Mas não significa que tudo esteja em silêncio. As forças, que não podem desaparecer, porque nunca nada desaparece, gritam ainda na barriga do monstro, como cigarras, muito tempo depois de terem sido comidas, nas barrigas dos gatos.

B: Você assim sem fôlego, não admira, ofegando já abafa o som que quer caçar. Vai fazer esse animal fugir! Aí você corre atrás dos seus sons, mas esses são os meus. Está correndo na direção errada! Como uma saída deveria ser possível? Esse caminho da floresta não leva a nenhuma parte, as paredes têm metros de altura, íngremes e escorregadias, e embaixo luzem as risadas em sua própria e bela luz, que no entanto nós, só nós, jogamos nelas. Bem que esperamos que isso também jogue uma boa luz sobre nós. Mas luz, raios, calor não se pode ouvir. Que tipo de assobio é esse? Estão roubando nossa energia! Os mortos irradiam, eles não apelam e a eles não se pode apelar. Eu te empresto meus sons, assim não tem que ouvir os seus. É isso que você quer afinal. Que alguém intervenha no último momento e arranque seus sons de você. Seus sons não funcionam como gostaria? Acredita que os meus conseguirão penetrar? Mas eu só toco o segundo violino, eu te acompanho, mas não vejo para onde, por isso vou tanto mais empenhado e mais rápido. Para lá. Mas não sou o condutor, quer dizer, não estou falando do hardware, o condutor do ônibus, me refiro antes a um condutor de coração mais mole, como o dos animais que não caçamos. Eles acham que ele é o seu pastor. Mas não é. Ele entra nas casas e põe fogo em seus traseiros. É isso que eu chamo de Energia! E os outros também chamam.

A: Eu também queria ter uma máquina de expulsão. Ainda quase não ouvi minha voz, logo quero ouvir só a sua, para ela me manter afastado da minha. Agora todos gritam e ninguém mais ouve nada. Talvez a sua consiga de algum modo se esgueirar no meio disso tudo? Com a minha tenho sempre a sensação de que um corpo estranho entrou em mim. É igual com as lágrimas, sim, exatamente! A gente chora por coisas tristes, por exemplo se alguém morreu. A gente chora ainda mais se um grão de poeira entra no nosso olho. Mas é um choro involuntário, sem tristeza, sem desespero. Um choro que expulsa do olho algo que não devia estar ali. Será que não daria para fazer isso também com os meus sons? Não estou fazendo nada, nem ouço a mim mesmo, mas mesmo assim na plateia agora todos choram, porque joguei areia nos seus olhos, mas também nos ouvidos! Enquanto isso eles se deitaram na areia sob o sol escaldante e olharam o mar, brilhando dourado, mas não é o crepúsculo que o faz brilhar! Alguma coisa está diferente. Até agora não vieram ao mundo muitos dias assim, mas esse dia grita particularmente alto, me parece. Mais alto que nós, de todo modo, que não somos ouvidos.

B: Todos vocês se fazendo de surdos, queiram agora ficar de pé, por favor, para uma contagem aproximada. Agora é o momento de expulsar os sons também da cabeça. Seria bom. Os sons queiram agora abandonar suas casas, pois senão não podemos mais lhes garantir alimento e segurança. Ninguém quis ouvir, agora são obrigados. O estranho no ninho, que aí começou a assobiar como o fogo dos infernos, ainda bem pequeno, mas vai querer ter tudo o que nós, por outro lado, não queremos guardar, embora pudéssemos ter sabido. Esse estrangeiro recém-chegado tem que ser expulso, mas nossa expulsão revela clara fraqueza. Como jogá-lo no mar e depois tirá-lo do mar novamente? Dentro, fora, dentro, fora. Sons são invisíveis mesmo. Mas o que também se vê e ouve são os preços, que ultimamente sempre aumentam, e sobem ainda, como podemos jamais escalar até o topo? Com essa escalada dos preços acabamos perdendo eles. Não são os nossos, mas se tornarão nossos por força. Pois bem, o estrangeiro sempre esteve entre nós, ele nos aquecia: deixe, apenas para isso nenhuma mulher tinha que ter sido estuprada. Não, parir ela também não precisa. Flutuar aí sem membros, nada mais é exigido.

A: Sim, exato, quando a gente se faz de surdo naturalmente é difícil expulsar os sons daí. Então esses corpos estranhos no ouvido incomodam terrivelmente. Do olho precipita-se a enchente, dos ouvidos a inundação com seus sons bem próprios, então tudo se choca desimpedido com a terra firme, que não é nenhum impedimento. Para nada e ninguém. É como se não houvesse mais nada de firme. Movem-se aí milhares de pessoas que se puseram em perigo, ou não, creio que o perigo os fez desaparecer completamente. Mas isso não ajuda em nada! Não ouço nada. Está alto demais. Não quero meus ouvidos também aí no meio! Desse barulho! É uma hiperexcitação terrível. Aí esses raios, esse calor produzido quase involuntariamente, nada mais que um efeito colateral, nem reparamos nele!, já bastaria. Agora os ouvidos estão zangados, indispostos, não querem os sons. Comoção? Fala sério. Uma excitação é como o grão de poeira no olho. A gente chora mais do que com a morte da mãe. E como é então com a risada, o processo inverso? Se seus ataques não são neutralizados então ela nos sacode involuntariamente, como que de nojo, horrível! Não riríamos se não tivéssemos internamente a sensação de podermos a qualquer momento voltar a expulsar o que nos faz rir, transformar essa ameaça em uma piada. Alguns atores até riem quando deviam chorar. Para eles não faz diferença. Não conseguem diferenciar quando precisam profissionalmente, como o mar às vezes não consegue mais diferenciar seu leito da terra.

B: A natureza também não precisava reagir sempre tão exageradamente, eu acho, afinal ela mesma também tem culpa, não posso aliviar para ela. Ela me destinou ao segundo violino, de todo modo ela também não fala alto o suficiente para ainda se poder ouvir através dessa água, mesmo abafado. Mas originalmente a água devia apenas esfriar e com isso nos dar uma pequena alegria. É sua única tarefa. O resto do tempo pode dedicar à diversão. Deve esfriar o que já foi abandonado, mas como demorou até que abandonasse sua tarefa! Devia trabalhar ainda, algo ainda devia funcionar aí. Agora não mais. Também o meu instrumento está quieto faz tempo, embora eu toque como louco, mas em algum lugar os sons ainda se refletem. Tem que ser assim, a natureza não perde nada. Em algum lugar simplesmente têm que estar, embora essa melodia que você toca não seja simples. Eu me aconchego a você, mas você nem percebe. Água, pela qual foram conduzidas palavras por um guia turístico verbal, conduzidas para o vivente, no qual depois não se vê mais o que houve. Vivente, siga seu caminho! Sons. Queixas. Estou ouvindo. Você não ouve os seus? Como assim?

A: Só minha opinião. Algo inaudível me acompanha. Não confundir com o inaudito! Devia ser mais alto. Então de repente ouço algo inaudível: Sou eu mesmo! Sou a primeira voz, que é acompanhada por você. Todas as outras vozes, fora a minha, podem gritar tão alto quanto quiserem, seriam só acompanhamento. Sim, você também! Todos acompanham algo que não ouve a si mesmo, mas também a mais ninguém. Tudo está tão silencioso justo porque está tão ruidoso. Já não ouço a segunda voz, só ouço a minha, me aproximei um pouco de mim. Mas não quero. Ou é você que não ouço? O que soa aí que não posso ouvir? Não pode ser eu? Só não ouço o acompanhamento, só não ouço você.

B: Mas de repente você pode ouvi-los, mesmo que só na língua das notícias terríveis. Para elas precisamos de tradução simultânea. Que sons você tem! Você tem ainda mais sons? Também não mudariam mais nada. É tudo tão horrível. Eu toco aqui minha voz, mas não a ouço, só ouço a sua. O que ela diz? E o que você diz? Você em troca não ouve a minha? O que diz esse pastor, minha voz, que sigo como se eu fosse meu próprio rebanho? Ai, por que ela está me batendo? Por que me chamou para o meu bosque? O que volta a mim? Como assim só ouço você com seus produtos de fissão de vida curta, a meia-vida abaixo do limite do audível? O que ouço já é a próxima voz, pois a primeira já se desintegrou. Você não me diz quem a cindiu. Ninguém me diz nada. Não me ouço mais, não ouço nada mais, socorro! Quem é que diz alguma coisa?

A: Devo tocar mais baixo? Devo talvez me conter um pouco? Por mim tanto faz, de todo modo não ouço. Então, se eu só te ouvisse e você só a mim, quem se eu gritasse me ouviria?, isso eu já disse muitas vezes, e antes de mim um outro disse isso, então, quem é que ouve qualquer coisa que não mero ruído difuso? Você não, eu também não. Então nós dois talvez nem estejamos tocando. Pode ser. Então para que trabalhamos? O que é que não ouvimos como sons, mas como outra coisa? O socorro? Por acaso vem aí socorro contra o mar? Contra a terra? Contra o grito que seguiu um chamado, mas que também não ouvimos? Nós dois gritamos no bosque porque nada volta a nós? Quem sonda nosso som invisível-ornamental? Quem vem, se gritamos? Quem vem, o que quer que façamos?

B: Os físicos, não, os fisiologistas dizem que as lágrimas de algum modo lubrificam os olhos. Ou não? As lágrimas molham as mãos dos olhos para que funcionem? Será que também tem algo assim para nossos ouvidos? Quero só dizer... Também tem algo nos ouvidos que engole o que falamos, o que tocamos e o que gritamos. Tem que ter algo! Se estabeleceu aqui por muito tempo? Sim, fez seu puxadinho, mas me puxou por engano, o que quer que seja. O que acontece ali? Não ouço nada.

A: Então. Então. Então. Aí eu sou agora o primeiro violino, e o que ganho com isso? O que ganho com esse cofre, essa caixa-forte em mim? Agora eu preferia um forte para me abrigar. Nenhuma dominação, de nada. Tudo transborda. Não acredito nesses números. Deve ser um erro de digitação, de outro modo não posso explicar. Meu som antes tinha uma meia-vida de uns cinquenta minutos, então eu tinha que ouvi-lo ainda, até mesmo em meia hora eu ainda tinha que ouvi-lo. Ainda tinha que durar, eu ter tocado meu som. Mas o que há com os outros sons? Eles também já desintegram depois, não, antes, não, depois de cinquenta minutos? Isso significa cinquenta minutos antes de sequer serem tocados? A ressonância corre de trás para frente? Então você só pode encontrar meus sons enquanto meu reator-gerador-de-som ainda funciona, enquanto minhas turbinas ainda giram em seus atalhos, onde ninguém as vê e nas quais o inaudível se torna audível e finalmente chega, mas o criador, os reatores, enfim, os reagentes, pois criador não há nenhum, só reagentes a algo que não se vê, reatores que não são criadores, mas só reagem a algo, isso já diz o nome, tanto faz, eles eu já desliguei faz dias. Não, devem ter se desligado sozinhos. Então como é que não há silêncio? Ou já é parte do silêncio que não nos ouçamos e nem aos outros? Então como é que você ainda ouve algo? Ah é, não, você não ouve nadinha. Como assim como assim como assim? Nos contiveram, mas como assim? Não entendo nada. Você não ouve nada, eu não entendo nada. Obrigado.

B: Sou só o segundo violino mesmo, mas que não pode fazer é nada, se não escuta chamar o arauto que é o primeiro, acordando-o: cinco compassos para a cifra C, com prelúdio, só as cordas por favor. Sou acompanhamento, mas de que acontecimento? Pois você não é nenhum evento! É o efeito de um evento, que produziu uma abóbada oca que armazena o som, mas das fendas não escapa nada. Os acontecimentos vêm sempre de fora e nos cobrem. Não quer finalmente me fazer o favor dos seus sons?

A: Já estou tocando por todo esse tempo que chamam de Finitude, só que no fim nada vem. Como assim eu toco e ninguém me ouve. Como assim não te ouço? Sempre só esses gritos. O que viram de tão belo para gritar assim, ou de terrível? E afinal quem está gritando? Não consigo mais me orientar. Pelo menos você, meu acompanhamento, deveria sim me ouvir! Julgo que deveria se dirigir por mim. Para que não sejas julgado! E que fosse por atalhos, pelos quais ponho meu corpo em segurança. Sim, sou aquele que fica na varanda e acena. Sou o cachorro no telhado, resgatado depois de cinco dias. Não sou o cavalo que passa fome, emagrecido até as costelas, ali no pasto onde sempre foi tão lindo. Sua voz agora poderia, por exemplo, infiltrar-se em mim sem impedimentos, sem que ninguém percebesse. Tudo já está cheio com a sua voz, e ninguém percebe. Tudo já está cheio com a minha voz, e ninguém percebe também. Como se um espírito dirigisse nossos carros. Como se um espírito acionasse nossos radiadores. Como se um espírito ligasse nossos motores. Como se um espírito desse as ordens, mas ninguém mais está aí para segui-las. Como se fôssemos nós mesmos espíritos.

B: Pois bem, de todo modo é possível chorar. E é só entrar no olho um corpo estranho, pequeno como o alvo na mira apontada para nós, que as lágrimas despejam em cascatas, em volume maior que todas as notas publicadas após algum acontecimento terrível, notas trocadas por moedas cada vez menores depois do grande já ter sido perdido. Até que o acontecimento se foi, trocado vezes demais, ninguém mais se dá ao trabalho de contar. As lágrimas têm a tarefa de expelir o estranho que nem vemos. Esse uivo! E tudo só para expulsar alguém! Que ainda é invisível. Por que sequer se dar ao trabalho? Expulsar alguém que veio em silêncio e já escapou de novo. Mas algo dele fica sobrando. Tem algo aí, não percebe?

A: Sim, tem algo aí, agora também percebo. Mas não é o que você toca. Pois isso não ouço. Tenho que tocar sem acompanhamento. Em compensação, você também não me ouve. Farejo com o nariz para o alto. Nada a cheirar, nada a ouvir, nada. Mas tem algo aí. Tem que ter algo aí. Os fugitivos perdem a vida, os viventes perdem a conta e acabam perdendo a cabeça. O enfermeiro nessa hora está ocupado com as fraldas, porque deixamos tudo escapar, deixamos tudo, só não podemos deixar tudo estar. Não podemos impedi-lo, tanto faz de quê.

B: Tem que entrar em cena aí alguma coisa em grande quantidade, mas não percebemos para onde escorre sua água. De todo modo a água está aí, sem dúvida. Ou o que está aí, que veio aí. O que entra aí, por Deus?

É algo que só evapora em altíssimas temperaturas, como se diz, mas antes ainda se infiltra em nós e na terra e na água e no ar. O que o que o que? Pegadas de animais invisíveis, de manadas que correram por sobre nós? Como nos comportamos? Por que nos curvamos até o chão quando caçamos, ficamos deitados? Não se nota nem mesmo o vento, mas ainda vai se notar, com isso podemos contar, nós coitados. Tudo para lá, por onde nossos sons trilharam antes de nós, mas perdemos a trilha de novo e de novo, para que existe então a trilha, se a gente sempre acaba caindo nos arbustos? Então temos que voltar e segui-los, seguir seus rastros, se for preciso forçá-los a uma melodia. Até que não possamos notar mais nada. Mas em algum lugar têm que estar, os bons sons! Se não nos ouvimos, talvez alguma outra pessoa os ouça, não, tem que haver alguém que os ouça! Sem falta! As pessoas, agachando--se com as duas pernas atrás de árvores, na partida, ao partir-se, seus narizes cheiram o ar, farejando uns aos outros, se tem algo aí que ainda seria aproveitável. Mas nós somos inodoros, insípidos e impermeáveis como nossas roupas. Antes e depois. Não se vê nenhuma diferença. Nem mesmo podemos diferenciar fumaça e vapor, uma preta, o outro branco, mas não faz mais nenhuma diferença. Eles não ouvem, não veem nada, não semeiam, não serram, mas sabem que tem algo aí. Tem algo aí. Lá, para onde nossos sons fugiram, lá tem que ter algo. O que é que calamos? Não tínhamos razão? E de que adiantou? Nada. Não temos nada a decidir, pois não vamos ficar. É outra coisa que fica. Isso é outra coisa! Se tivéssemos podido decidir, então não teríamos isso que temos agora. Não teríamos nada, mas então também não teríamos o Nada. Quando quisemos conseguimos levar alguma coisa, que agora consegue nos levar tudo embora. Como poderíamos decidir sobre aqueles que vêm até nós? Mas talvez agora ninguém mais venha até nós? Tínhamos tanto tempo para isso! Eu poderia chorar se parasse para pensar em quanto tempo tínhamos daquela vez, infelizmente só uma vez por vez. E então de repente mais nenhuma. Agora daríamos nossa casa se pudéssemos voltar o tempo, o vagar desde longe, o ar tóxico, o grito dos afogados, o fedor dos queimados, de tudo isso abriríamos mão só para poder viver tudo mais uma vez, pois então nós também ainda estaríamos vivos, por uma fração de segundo em que o tempo corresse ao contrário. Mas não deixam, também isso é tirado de nossas mãos. Abriríamos mão de tudo, mas tudo já nos foi tirado, é o que faz o tempo. Vagam por aí loucos de medo, terrivelmente doentes da cabeça, mas nós tocamos. Nós tocamos. Já vão nos dizer o que aconteceu, mas também isso não vamos ouvir. Vamos nós mesmos ser as causas, pois não vamos ouvir o que causamos. Infelizmente também não ouvimos o que tocamos, simplesmente, talvez não toquemos nada? Senão ainda teríamos espaço para tocar, se tocássemos algo. Isso ainda nos teria sido dado, não é? Lá com certeza iam nos ouvir, não é?

A: Como primeiro violino eu assumo a busca, essa é mesmo minha tarefa. É preciso prestar atenção para não perder a divisão, o solo, a cadência, a última repetição no desfecho, o que quer que seja que é produzido e imediatamente dobrado para dentro. Para que possamos então ficar com isso para nós? Então para que é que o ruído perdeu tempo nos assustando? Mas nós sim temos tempo. Pare! Acabam de me dizer que não teríamos mais nenhum tempo, no máximo uns milissegundos. Não pode estar certo. Eu ainda estou tocando, e antes acertei a afinação, como sempre. Então tem que estar certo! Seu segundo som soou muito mais alto que o primeiro, se é para ser condescendente, também estava certo, mas depois disso não ouvi mais nada, absolutamente nada. Só os dois. Eles se encolheram, ou foram engolidos? Foram postos em superposição, ainda que só por uns milissegundos? A posição do meu som no ar já está fixa? Já tão fixa que você pode pegá-lo? Podemos (ou um outro já fez isso?) pôr nossos sons em superposição, para que não se perceba mais sua sobreposição, seus brotos em forma de vermes, seus brotamentos, seu apodrecimento? Seria lindo se finalmente voltassem a se enroscar uns nos outros graciosos como os braços dos desocupados, não, descontentes como os dos desempregados, que de todo modo não têm nada a fazer senão ver TV ou ouvir música. Mas essas pessoas reagem como tudo o que produziram de fluido bem como de supérfluo, especialmente, muito especialmente sensíveis a perturbações. Sinto que logo os enroscamentos serão destruídos novamente, nossa música, nosso soar junto, que sempre parece terminar inevitavelmente, como uma cadência, uma decadência na piscina de decaimento, ahn, na piscina de resfriamento. Um ressoar que sempre é ao mesmo tempo um rescindir. Exato, tem que ser assim: Quanto mais sons, tanto maior a sensibilidade para perturbações. E nesse meio tempo nós dois parecemos ter nos tornado uma única perturbação, como assim?, até mesmo o sol agora volta a aparecer! Para ele tanto faz. No meio tempo alguém nos informou do que aconteceu. Por que deveria fazer diferença se quando tocamos sabemos quem, por que e para onde? Tanto faz, não te ouço mais. Talvez a terra abafe nosso som com seu carrilhão apoteótico? Nem uma palavra sequer nos alcança. Talvez o tempo tenha nos atropelado, na sua pressa de ir embora? Não consigo encontrar essa palavra, que deveria ter nos tocado e agora toca a terra, mas tocar não lhe basta, ela quer beijar, quer penetrar, eu não conseguiria escrever certo essa palavra, o que ela quer, nem que eu lembrasse. Não posso dizer isso. E se o pronuncio, ninguém me ouve, pois o tempo me tirou da minha própria boca. Ele tirou a palavra da minha boca, porque ela queria dizer o que eu ainda não podia saber. Música é tempo, e isso não temos mais. Talvez seja isso? Talvez debaixo da terra, que balança como um sino, alguém faça soar esse glorioso carrilhão? Só que o Deus teria ido embora faz tempo. A terra para de falar e para de balançar como se quisesse semear a si própria, sem chão, em seus próprios sulcos, que antes riscou com muito esforço. Esses sulcos não têm mais chão e nem oferecem um. Em algum lugar soa um apelo, que imita o som de um animal. Alguma rês qualquer deveria mesmo entrar em cena agora. Não ouvimos nada, não tiramos nada disso. Não conseguimos cortar para nós nenhum pedaço disso. Nem mesmo os animais ainda estão à escuta de algo, seja amigo ou predador. Provavelmente, uma teoria completamente nova: nós ouvimos uns aos outros, só não sabemos e por isso acreditamos que não ouvimos mais também a nós mesmos? A música parou de tocar, agora nós mesmos tocamos a correr... mas para onde? Nossos sons não nos acompanharam... então quem? Embora os tenhamos produzido, eles só queriam ir para longe de nós. Mas em algum lugar eles se espantam, não, estancam agora, traçando outros sulcos com seus cascos, que também não servem para nada, sim, em algum lugar têm que gastar suas longas meias-vidas biológicas. Essa pele animal agora seria excelente. Poderia nos proteger das ameaças e da violência, valeria a pena, não, penas seria ainda melhor, talvez um pássaro, poderia simplesmente voar por cima disso. Com os pássaros tudo parece bem fácil, mas nós não poderíamos fazer isso. Onde e quem quer que seja, não teremos sido nós, não teremos estado lá, não teremos feito parte.

B: Como não ouvimos nada, nem os que gritam, nem mesmo os suplicantes, eles podem ainda não ter partido, podem ainda não ter começado a atingir essa meia-vida, seja de frente para trás ou de trás para frente. Se música é tempo, então agora é o tempo da meia-vida, mas ninguém nos diz qual é, não está em nenhum painel, e ninguém nos tira de campo, não, a meia-vida não está escrita aí, mas não ouvimos sequer metade dos sons, não confundir com os meios-tons!, que produzimos. E nossas semínimas, e nossas colcheias: então o que elas devem fazer? Elas não entram mais no arranjo, qualquer que seja. Em comparação com o valor, o tempo da meia-vida, o nosso tempo de vida não tem nenhum valor. Sim, talvez seja por isso que não ouvimos mais nada, porque a meia-vida já nos levou em meias porções para longe no futuro? E além? Talvez nosso futuro tenha sido desviado para um lugar qualquer, porque não foi desviado por causa de palavras estúpidas, provavelmente só uma palavra a mais. Então talvez tenha sido rebaixado, demovido para uma mera mesa de informações: por favor, ainda vai sair algum trem hoje? Qualquer coisa ainda sai hoje? Já estou pregado aqui faz quatro horas, mas nada sai. Por que nos tratam assim? Bem, o trem não pode sair do caminho, ele trata de seguir os trilhos, então temos que fazer isso, encontrar um novo caminho, e antes que possamos sair dos trilhos, somos tratados assim, mas a gente não toca mais, quer dizer, tocamos sim, mas não nos ouvimos, por favor, talvez outros sim nos ouçam, olá!, isso era para ser algum tipo de castigo que nos foi imposto? Ora, para isso vocês não precisavam ter enviado o mar todo, quem quer que vocês sejam. Foi demais. Ouça: por quanto tempo você sustentou a mínima há pouco? Você nunca sustenta essa nota o mínimo que tem que sustentar, e essa é só uma mínima! Uma semibreve estaria (em breve o arco simplesmente acaba!) fora de nosso alcance, tanto do seu como do meu. E é exatamente o que acontece! Toda uma nota ruim, uma nota toda ruim. Nossa vida já não alcança sua meia-vida. Tudo isso está ao longe, todas as placas apontam para isso, que nossos sons, que se adiantaram muito a nós, antes que ainda pudéssemos tocar nossas melhores cordas, esses fios feitos de intestino, essas hérnias, bem, simplesmente as melhores cordas de carneiro, enfim, que eles não podem ser ouvidos em parte alguma. E antes que se tenha que ouvi-los em qualquer parte, eles pulam voluntariamente do penhasco, de vergonha, porque não servem para nada, esses sons covardes, que já estavam no próprio caminho antes mesmo de poder partir. Ou se deixam voluntariamente afogar, não, não têm vontade de viajar. Não se pode afirmar isso sobre eles. E eles mesmos não podem afirmar-se contra nada e ninguém. Nós também não recebemos nenhum feedback de um outro reino de outros sinais, onde também não se reconheceu esses outros sinais, que afirmam que talvez lá nossos sons possam se harmonizar, mas só por pouco tempo, e em um aparelho portátil, nessa sala portátil de interrogatório aí, não, lá, para a qual os sons seriam transportados porque precisam deles lá, mas só por pouco tempo, lá eles poderiam ser ouvidos, nós mesmos seríamos mais portáteis, pois o MP3 player logicamente sempre está lá, onde quer que estejamos. Sozinho ele não vai embora. Mas talvez sejam então sinais demais para um lugar tão pequeno, ou os sons já não encontraram os postes com os sinais, que de todo modo não poderiam ler sozinhos, nossos sons, eles já têm que ler a si mesmos, frutos de uma batuta invisível, não, estou certo: não somos só nós que não os ouvimos. E nós podemos ler partituras, podemos controlar os sons, eles têm que passar pela nossa inspeção final! Ninguém nos ouve. Nós posicionamos o arco, tocamos, passamos o arco pelas cordas e para fora delas, mas a natureza nos passou para trás ainda antes de qualquer um ouvir qualquer coisa. Inaudito! Nós os produzimos, os sons, mas não os ouvimos. Acreditamos poder ler em todos os sinais que também ninguém mais os ouve. A natureza nos tirou de campo, ela pensou para si, esses brutos selvagens não vou mais alimentar! É óbvio onde isso vai acabar.

A: Sempre se acaba em algum lugar, mas não se encontra mais a saída. Em algum lugar se chega. Chega, emperra, emudece, embora tenhamos tocado, embora nos tenhamos tocado por tanto tempo, não ouvimos um ao outro. Você não a mim, eu não a você. Veja só! Escute só! O corpo pode trocar nossos sons com alguma outra coisa e então incorporá-los até os ossos, é o que se diz. Então teremos nos tornado nossos sons! Talvez nossos corpos já tenham armazenado isso que produzimos como sons em seu esqueleto, e nem notamos nada. Absorvemos sem notar. Que algo se despejou aí, selvagem, isso já notamos, por um instante a água se tornou totalmente sólida, um muro, mas então já foi embora novamente. Agora ninguém mais nos faz esse muro. A água estava dura como concreto, a água talvez tenha se enganado, pois ali havia o muro de uma barragem contra o qual rebentou, foi a própria água, pois ela mesma teve que construir um para si, feito dela mesma. Exato. Quem mais poderia se despejar de modo tão selvagem como a água, antes de matar alguém? Tenho o maior medo da água, mais do que do fogo, mas o fogo também pode se tornar bem desconfortável, seu pensamento se dirige à destruição, e a destruição está sempre inclusa nesse pacote barato de viagem de ônibus que é nossa vida, está escrito claramente no folheto. Inclui um dia livre na praia para lazer. Só nós não sacamos. Mas não dizia que um muro viria na nossa direção quando chegássemos à primeira parada. Mal juntamos ou jogamos no lixo as peles de salsicha, papéis, cascas de queijo, caixas de isopor, bonzinhos como sempre, logo vem aí esse muro e nos engole. Também nossos sons foram embutidos ali faz tempo, possivelmente, nossos sons vêm até nós retrospectivamente como uma muralha e nos esmagam. Nem notamos mais, e é porque já morremos antes e o mar voltou do futuro em nossa direção, de novo e de novo, pois o tempo está suspenso, eu só ainda não consigo ver onde. Então música é tempo, mas onde ele foi?, não ouvimos nenhum dos dois, em algum lugar ele foi embutido antes que pudesse dar um pio, acho, essa opinião se fortalece em mim, e nós mesmos também temos cabeças de concreto, temos em oferta, é claro, pois acreditamos que com elas tínhamos que conseguir absorver a música. Cabeções de concerto, duros como botões de concreto, saem de nossos players pendurados em nós como se eles mesmos fossem membros, e vão direto, sem atalho, aos ouvidos. Mas de audível, também aqui: nada. O que ainda volta a escapar da audição, o que escapa para os outros, é tão baixo, como se nunca tivesse sido tocado. E nós também não temos nenhum direito a esses sons, se apenas nós os tivéssemos!, então teríamos que deixá-los ir novamente, e faríamos isso também, mas aonde foram? Gostaríamos de saber. Talvez baixa qualidade?, então reclamem com o vendedor, que no entanto não vai reagir. Antes reagem outras coisas umas com as outras, que não vão nos fazer bem. Que talvez nos deixem doentes. Nós produzimos sons, mas não temos o direito de ouvi-los também. Eu ainda volto lá atrás, mas agora tudo é um Lá Atrás, e não vamos lá, e temos que ficar lá na frente, como vanguarda de algo que não compreendemos.

B: Não são audíveis porque estão em outro lugar, como outra coisa. Foram embutidos em nós como tijolos ou argamassa, mal tendo ressoado. Talvez também nós já estejamos em outro lugar? Quem sabe? Talvez ressoemos lá onde ainda estávamos. O lugar agora se foi, órfão. Devíamos tê-lo detido, em vez disso ele quis nos reter. Como corremos! Devíamos talvez ligar esse emissor de raios beta, encostado ali no canto, inútil, para não passarmos tanto frio tocando com as mãos congeladas pela inundação? Algo deve ter decaído aí, acho, decaído em si e conosco sem esperança, fugiu ligeiro como um elétron do núcleo, que contudo não estava aí antes, só surgiu com o decaimento. Não como nós. Nós: antes disponíveis, agora desaparecidos. Nossa música? Também nos abandonou, junto com algo incomensurável. Tudo sai do núcleo! Ninguém sai da sala! Para podermos tocar mesmo nessas condições? Assim sem proteção? Vejo que nossos dedos se movem, as mãos também, segurando o instrumento e conduzindo o arco, cada mão idiota faz uma coisa!, e uma como se não soubesse o que a outra faz. O importante é que fazem algo, ferramentas estúpidas do corpo. Até vejo as notas: eu, segundo violino, você, primeiro. Mas talvez não toquemos nada? Tudo é invisível, porque não vejo nada. Tudo já se foi.

A: Melhor não ligar o emissor!, ele não nos faz nada, espero, mas não temos nenhum aparador, e então os raios nos encontram despreparados. Talvez nós também sejamos o produto de uma produção de par, fracos como somos, como a trindade, três de um, três em um e, no entanto, o número de partículas se mantém, bom, se é assim devemos ter perdido totalmente nosso terceiro na terceira partida! Ou foi na partida que o produzimos? Então onde está? Talvez tivéssemos que conseguir ouvi-lo? Nunca saberemos. Talvez nossa antipartícula, a negativa, também tivesse sido contada negativamente, dois mais um, que está contra nós mas disponível, para que nossa trindade pudesse se manter? Bem, tanto faz, mas um agora desapareceu, ou você o vê em algum lugar? Nós dois lepidópteros, não, léptons, nós nos mantemos juntos tanto mais firmes, nós dois, e esperamos por um vento favorável! Então por favor deixe em paz o emissor! Não fique mexendo nele o tempo todo. É só uma sensação, quem sabe, por que tudo amolece? Melhor congelar, não é? Pois se o ligarmos seus raios possivelmente decairão, faz tempo que não é ligado, já teremos ido embora quando isso acontecer, possivelmente, e então sairão raios fortes, raios fortes demais para nós, possivelmente, e então danos pesados, possivelmente. Melhor não ligar o emissor, tenho certeza: melhor irradiarmos nós mesmos, em dupla, para nos divertirmos em nossa sociedade de sons malcriados. Isso nos deixa de bom humor, isso forma nosso tamanho futuro tão certo, que nos tornaremos como fomos pensados, possivelmente. Criaturas radiantes, descansando no braço dócil da natureza. Mas também a natureza não é isso que nos disseram antes, antes de a estragarmos assim; é como com nossos sons, que produzimos, mas que não querem nos seguir e, se o fazem, claramente não nos alcançam. Alguém esqueceu de dar à luz a eles, provavelmente, pois gerados eles foram, isso é sólido como esse muro. Está aqui em nossas vozes, primeiro na minha, depois na sua. Ou não? Nada é sólido. A natureza existe. Mas para onde ela foi?

B: Se até agora não ouvimos nossos sons, o que fala por eles? Por que seguimos tocando? Você tem ideia? Algo justifica seguirmos tão firmes? Que nossa casca exterior ainda aguente? O que fala a favor, e contra? Ainda estamos firmes ou não?

A: Bem, essa é minha grande esperança, que a casca aguente. Sem casca os dedos não se movem, sem a casca, que somos nós mesmos, sim, até a casca precisamos ser!, escorreríamos até o último resquício. Ninguém mais escuta, se ouve a voz de alguém. Precisam simplesmente acreditar em nós, que há aí uma voz, não, duas vozes, eu e você, que ninguém ouve. Mas na caçada por nossas vozes nos deixam agora de fato completamente sozinhos.

B: Lágrimas, minhas lágrimas, que falam tão alto! Por que gritam assim? Quietas! Ao menos falem mais baixo! Não faz sentido, de todo modo não ouvimos vocês! Vocês só mancham o radiador, sua sombra cai sobre ele, o emissor fica molhado e quebra numa chuva de faíscas. Por que choram? Não tem fundamento. Já se foi o fundamento. Se você as absorve, terra, para com elas se adubar, em algum momento ficará bem cheia, e corpos são lavados aos milhares na água, que flui radiante graças a eles. Até vir algo novo. O mar pegou uma grande presa. Lágrimas, o que vocês ganham? Da água à água. Subir e cair. Ganhar o quê? Subir e cair, como o curso dado aos homens para que soubessem quantos são, quanto têm e quanto ainda têm que aprender. Onde está o vazamento de onde vocês correm, lágrimas, onde está a fonte do que não se ouve? Tem que vir de algum lugar!

A: Lama. Lixo. Gemidos. Ganidos. Em nós, não ouvimos o que estava fora, e lá fora nada mais se ouve do que ocorre em nós. Farrapos por toda parte. Pedaços de tecidos humanos, de gente que pereceu em plena atividade. Com os quais não poderão abafar as risadas. Isso aqui, e tudo mesmo!, trata-se desde já de nossa vida excessiva, arrancada da fluidez, da vida no lixo, na lama, no vazamento de gasolina, diesel, água potável, pelo menos puderam todos vazar daqui na hora certa, de todo modo não foram longe. Sim, de algum lugar tem que vir, voltar, o que quer que seja, não, a água, engarrafada em nós frascos, não recebemos hoje, a água acabou, a água está em outro lugar, e não, também a vida nunca vai voltar, se acaba de partir, mas não somos nós que ainda vivemos, então não podemos contar o que sempre fomos, sempre ocupados, cheios de assombro e espanto, agora cheios de escombro e, não, não pano, algo mais duro, agora não me ocorre nada, apenas potável? A água normalmente sim, mas essa não, mesmo que pareça, ou que pareça água, de algum modo. Sim, isso a água parece, se esconder, como nossos sons, sim, exatamente, a água está perdida para nós, perdida dentro do chão, embora esteja em toda parte, se dividiu por toda parte, mas nós ficamos sem nada. Por isso estamos sempre criando algo, sem resultado, mas agora já faz horas que tocamos!, mas continuamos sem nada. Com direito nos chamamos de pobres, mas há mais pobres. Em algum lugar algo nos é tirado, mas não vemos onde é produzida a nova panela em que se pode cozinhar, para que pelo menos sejamos mais aproveitáveis para nós; já começaram a construir nessa bacia, tornam a terra permeável para a própria água, à qual dão mais sabor com suco de frutas, é o que ela queria, a água... mas o que quer a terra? À terra não se pode recusar nenhuma água, nenhum veneno, nenhum nada. Mas não nos apoiam na caçada por nossos sons. Na verdade, deveríamos ser muito mais que dois, não? Nossos sons agora são o grande vazio. Nossos sons são o vazamento. Onde está? E para onde veio? Aonde chegou? Eis a questão. Um buraco não pode se mudar, como um morto não pode mudar. O que estão dizendo? Ele pode sim se mudar? Vocês chamam isso de fatos, incontornáveis, mas vocês sempre entornam tudo! Então e agora? Se muda ou não? Pode se mudar. Ok. Por mim. Se é o que ele quer. Um buraco que transporta uma carga elementar? Todo um buraco condutor à nossa disposição? E onde algo está faltando, onde surgiu um buraco, o que falta, o elétron, é substituído por um outro chamado Elétrica? Ótimo! Tudo isso deixa para trás lacunas dolorosas, mas esse buraco que nos foi deixado, porque o elétron se foi, produz logo a Elétrica. Mas isso é positivo! Não, negativo! Não, positivo! Essas cargas pulam por aí como se não tivessem mais nada a fazer depois que foram carregadas, não, convidadas. Como se não fossem encarregadas de nenhuma tarefa. É uma migração de cargas. E nós somos uma migração de gente. Então. Em toda parte onde há um buraco assim, surge um excesso positivo de carga, e se esse lindo buraco se muda, chamam isso: estar energizado. Então isso é a famosa Elétrica, que permite que a música saia berrando das caixas como numa largada de Fórmula 1, sim, justo a elétrica que vocês também têm em casa, para permitir que a música grite como o canto de maus espíritos sobre a água, enquanto vocês podem viajar em paz. A elétrica é tudo o que precisam para que algo espere por vocês em casa enquanto estão fora. Se um buraco migra, então vem a corrente, mas se uma corrente marítima migra ninguém mais vem, todos correm para fugir, embora o mar sempre lhes pudesse ser útil. Fizeram bom uso dele. Tantos chegam, tantos e tantos chegam ao fim da vida. E se nós mesmos migramos, não se sabe onde estamos, e se nós mesmos não nos ouvimos mais, tudo é possível, até mesmo que a corrente volte a cair e que por isso a turbina se desligue de medo. É sabido onde as coisas estão; apesar dos buracos migrantes, tudo tem sua ordem. O vazamento aqui, os mortos ali, nós no meio, mas não a esfera terrestre, ela não é mais uma esfera, há agora muito pouca gente para conseguir desenhar uma esfera. Isso que vem não é música, por favor, se vem de alguma outra pessoa, de alguma outra coisa, então não somos responsáveis: é antes um uivo, é possível que venha de nós, não sabemos, ouvimos outra coisa, não sabemos o quê, não, não ouvimos nada, o blecaute nos atropelou, não sabemos mais nada. Onde estão nossos sons? O que é que gritamos um no ouvido do outro? Esse uivo pode mesmo vir de nós? Isso foi verificado? Não pode ser, de nós só vinham os sons, não somos responsáveis por mais nada. Nossos dedos dobrados tateiam pelas cordas, eles têm que estar ali, os sons, foi o que aprendemos, mas tudo o que se ouve é uivo, rugido, gemido, choro, soluços de pessoas preocupadas consigo e com muito mais. Eles só estão preocupados ainda – não é uma boa condição para escutar a música, mas de todo modo ela se foi e parece que não vai voltar. Talvez também ela tenha se enervado demais, para não produzir mais nenhum som? Bom, de todo modo de nós é que não vem nenhum. Bem que gostaríamos, mas não se pode fazer nada. Essa gritaria ninguém pode chamar de música, pela qual éramos tão valorizados. A música é a autonomia controlada do seu criador, mas logo ela está aí escapando de nós, se despindo de nós, ela se torna incontrolável, embora tenhamos aprendido e praticado como controlá-la. É como com a risada ou as lágrimas de antes, ambas não podem ser reprimidas, nem o chorar ou o migrar pela areia, nem o riso que pode nos assinalar como superiores: quem ri imediatamente tem razão. Não é que abafem nossos sons, aqueles que gritam aí, é que de fato tocamos, mas não ouvimos nada. Essa inaudibilidade, que produzimos tão diligentemente, mesmo assim já começa com o buscar dos sons, o tocar das cordas. Sons, aonde foram? Algum lugar aí embaixo, sim, debaixo do uivo, debaixo do barulho, aí é que devem estar, pelos meus cálculos. Você já tem os seus? Já tem pelo menos um deles?

B: Sim, eis a grande questão. Ainda não se achou o lugar onde agora nossos sons estão?, aonde foi nossa linda música não interessou a ninguém, ou não se procurou por ela? Com certeza não somos só nós que nos interessamos por isso, voltar a encontrar nossos sons. Mas você toca o primeiro violino. Diz você! Deixe-me saber se está pronto para alcançar minha grandeza, embora eu ainda seja o número dois! Sei o meu lugar. Mas o maior não permanece o maior, enquanto o pequeno permanece pequeno como uma pedra no rio.

A: Ninguém procura exatamente os nossos produtos. Talvez seja por isso que eles se foram? Outro motivo possível por ora não vejo. Então venha agora, musa, não, ventania, venha, filha do vento, não, antes da terra, não, agora já sei: da água! Você mercadora de espuma! O que fez com nosso solo? Onde pisamos hoje? Será que foi deslocado para outro lugar pela ação remota de algum fantasma? É mesmo espantoso! Você revolveu tudo, musa, faça tocarem as cordas, você sabe fazer isso tão bem, tem até dois arcos para escolher, lhe emprestamos de bom grado, comece, comece enfim, comece novamente seu lamento melodioso! Vocês vêm, ventos, de bem longe, ah, do rapaz... o que estou falando! Venham, de onde quiserem, ventos, mas não abafem o tempo todo nossos sons, ou quem quer que possa vir, pode vir agora e levar de nós a sombra, a assombração que sufoca nossos sons, puxe para cima, terra, puxem para cá, ventos, ah é, a terra já puxou para si? Lá de baixo, não? Puxar as cordas! Juiz, ao telefone! Sabemos onde você estacionou seu carro! Pois bem, dessa vez ela também pode trabalhar, mas o que aconteceu que nos encheu de assombro e espanto?, só porque a boa terra é tão grande, o que de outro modo não teríamos percebido. Ventos, que pressão doce fazem sobre esse coração, não, não são vocês que fazem! Não até chegar o homem, ele nem pode chegar para isso, antes já sofre pressão, quando ainda está nascendo. Mas talvez o homem também nem exista? Muitos objetos teoricamente postulados mais cedo ou mais tarde se provaram inexistentes, como o éter eletromagnético por exemplo ou a concepção do calor como um tipo de matéria. Talvez também nós não existimos? E de fato, suponho, porque nossos valores são tão contraditórios. Algo assim como nós não pode existir. Se parâmetros ordinariamente em funcionamento também apontam valores inverossímeis, então é uma violação, uma violação dos valores que nos criaram, também uma violação da sensibilidade estética do nosso criador e ainda uma violação contra nossos intérpretes, que finalmente querem nos dizer quem somos e o que fizemos, para que nossos produtos possam ser avaliados e ordenados novamente. É inverossímil que algo como nós possa sequer existir! Estúpidos demais! Nós que nos alegrávamos tanto conosco! Mas o que se deseja nunca basta, em contrapartida a terra é mais do que o bastante, ela chega para todos, e então ela chega ainda mais, ela não tem vergonha, chega tão longe, se espalha, empurrando tudo para fora de seu caminho a cotoveladas, provavelmente também engoliu nossos sons, que sussurramos nas cordas, na verdade queríamos tocar baixo desde o começo mesmo. Mas inaudível – isso é ir longe demais! Só me pergunto quão longe é. Mas tanto faz, mesmo que pressionemos o arco tanto que ele quebre, não nos ouvem. As pessoas têm outras coisas a procurar e outras coisas a encontrar que não a nossa música. Em algum lugar em uma parte do corpo, nessa alma repleta de complexos e nesse corpo decadente, certamente já infectado, deve estar esse órgão de expulsão, de que se falava no lado da terra por uns minutos, não mais. Algo terrível se passou e alguém chora sem que um grão de poeira tenha penetrado em seu olho. Deve ser uma necessidade expulsar algo de nós, lágrimas, sons? Lama, lama! Lamentável! Lixo. Merda. Mistura estúpida com água. Para nossas lágrimas, uma fração disso já teria bastado.

B: Acredito que o corpo mobiliza seus órgãos, que de fato, tendo igualmente se transformado em lama faz tempo, são totalmente inadequados para absorver ainda mais daquilo que não se pode ver, exato!, exatamente daquilo que não se vê, mas que lhes foi servido de colher maternalmente, embora não queiramos mais ser crianças e a lama já nos escorra do queixo pro babadouro. Mas ela é obrigada a comer mesmo assim, a pobre criança. Embora crianças hoje não sejam mais obrigadas a nada. Elas obrigam seus pais a reagir. A cobiça obriga todos a reagir. Mas a terra não nos obrigou a nada, e veja o que ela fez sozinha! Inaudito, como nós! Inaudível, também como nós. Tudo precisa entrar, tudo precisa sair, não o contrário. Ou sim? É impressionante quantos órgãos o corpo pode ter quando precisa deles, mas são completamente inadequados para tudo, de todo modo para aquilo que lhes é exigido, e apesar disso tentam, bonzinhos, dar sua colaboração, com sua burla em ação. Decididamente a natureza exagera quando reage a tudo, mas a nós ela não reage nem um pouco, mas que estranho, na verdade algo de nós tinha que dar para ouvir, não acha?

A: Não acho, e não acho nada. Mas de repente o vento sopra mais violento, como a terra também se debate mais violenta, como nós sopramos no chifre, ahn, batemos nas cordas, tanto faz, um belo grito é emitido por alguma coisa, até os ossos, como poderíamos ouvi-lo quando todos aqui ficam gritando em consonância?, como, como como?, repete com terror tão doce a repentina agitação da minha alma? Ah, quê! Não, não da minha alma. Alguma coisa que também não se vê. Já mencionei isso várias vezes. A terra se agita sob mim. Não fui eu, palavra de honra, não fui eu que a agitei! Alguém regulou errado, mas nada se agitou. Ou o errado. Eu só toquei. Nós dois somos tocadores. Não seguradores de cordas, mas tocadores. O que foi que fizemos? Somos os intérpretes inaudíveis, inauditos, mas também não ouvimos o solista. Somos acompanhamento de nada. O solista nem veio para começo de conversa. Ou já deixou sua obra, de algum modo, em algum lugar, mais cedo, uma obra que ainda não atingiu sua meia obra, não, sua meia vida em obras.

É como querer nadar nessa lama! Por que não, ali já nadam milhares de carros novinhos, saídos da fábrica, também de fabricação própria, ainda que não seja a nossa! Em dez mil anos talvez se ouça o meio tom do solista e os meios tons das nossas meias porções, da orquestra, como acompanhamento, e só como eles somos autorizados, por favor prestem atenção nos nossos números! Sim, os valores das notas, que nos mantiveram ocupados sem descanso, como se não houvesse nada mais importante – sua publicação não pode ser exigida, para não serem perturbadas de novo. Aos valores das nossas notas as pessoas simplesmente reagiriam de modo exagerado. A reação nuclear aos valores das nossas notas estava totalmente em ordem no núcleo, mas uma reação exagerada por ora não podemos abrandar. Em 24 mil anos talvez ouçam os sons inteiros, produzidos desde Plutão, desde debaixo, pisados contra sua vontade, pegadas de uma enorme horda de migrantes. Tudo o que vem de baixo é ruim. A terra fez algo aí que não se deve dizer! Indizível. A terra vai tirar os chãos dos prédios, e então vai afluir uma quantidade insana de água, depois que a terra já tiver vazado tanto que nunca mais poderá parecer vazia. Essa reação exagerada e apaixonada na natureza revela pela primeira vez a necessidade, que outrora tínhamos, mas não podíamos nomear. Recebemos o que precisávamos. Só temos a ver com o que foi usado e precisado. Mas talvez já tenha sido usado dez mil anos atrás, mas só nós o vemos agora pela primeira vez. Nossos sons talvez já tenham sido produzidos uma meia vida de 24 mil, 40 mil anos atrás – o que é que sei disso, sou míope, não vejo longe – desde Plutão, agora teriam mesmo que poder vir de nós lentamente, isso teriam que ter aprendido nesse meio tempo, nossas Sônias, nossos Antônios, não conselheiros, não, esses não. De todo modo, por mais que toquemos, vem exatamente: nada. Somos a consequência da consequência da consequência. A continuação também não nos segue. Nada mais nos seguirá, e também nada mais se seguirá a nós.

B: Você quer dizer que devíamos ter pensado nisso antes, que talvez não fossem nos ouvir? Talvez nunca? Pois se agora já não nos ouvem, como deveriam nos ouvir no futuro? Por que devemos tentar nos superar, e quem é que diz que devemos fazer isso? Há outras coisas aí que também não podemos fazer, mas o vento pode, ele pode passar por cima de nós, passar por tudo, e só nos damos conta vinte anos depois que nos tocaram, não, nos destacaram, não, antes nos atravessaram, porque seguíamos um rastro que nos prometia uma presa, mas na verdade era o rastro de ladrões. Eles nos roubaram tudo! Atrás deles! Vamos logo!

O vento se ergue com esforço, mas, uma vez que já está aí, então não para mais de passar-por-sobre-nós e passar-pra-além-de-nós. Passa por nós, por cima, mas para além de nós. Nada mais deve acontecer para que nada mais possa acontecer. Onde não há nada, o rei perdeu seu direito. E a terra? A terra fez algo que nos fez perder, desaprender o domínio sobre nossos instrumentos? Bom ou mau? Nossa autonomia e nossa maestria crescem muito mais, não, não crescem muito mais, não se preocupe!, mas na medida em que outros, não nós, outros, como acontece com a risada ou com o choro, perdem o domínio sobre si, ela cresce, nossa paixão por fazer algo que não conseguimos, não, não nós, outros, sempre outros! Os outros não conseguem nada, nós não podemos fazer nada a respeito, e aliás onde estão, esses outros? Você vê outros aqui? Suas pegadas, como nossos sons talvez, foram invertidas de algum modo, talvez tenham ido para lá, de onde vieram, mas voltar é que não voltam, eles andam para trás, nos próprios rastros, quer dizer, simplesmente param, olham para trás, e então vão para lá, atrás de si mesmos, só que invertidos. Mas isso é bem próximo de nós. O que ia para frente agora foi para trás. Loucura, incurável, nos mantém presos. Fomos nós mesmos que roubamos nossos sons? Teríamos que saber, se tivéssemos sido nós! De todo modo cresce nosso domínio imperioso, também, praticamos bastante mesmo. Quem é que ganha alguma coisa com isso? Que nossos elementos, com os quais ardemos pela arte, a partir de agora chamados combustíveis, possam ser danificados tanto que nossos sons não consigam mais parar de rir, porque alguém lhes faz cócegas, e essas cócegas são sempre uma ameaça! Os sons se quebram de tanto rir, porque ataques contra eles são conduzidos, de todos os lados, como em uma guerra, com a maior velocidade e imprevisíveis. Não admira que nossos sons estejam ocupados em esquivar-se e procurar cobertura! O que quer que seja, agora foram embora, eliminados para fora do nosso círculo. Foram cozidos com agulhas quentes, isso perceberam logo; cozinharam um combustível quente para alimentá-los, e se alguém não esfriá-los logo, vão estragar, e nós com eles. Não. Eles vão nos estragar. Vão nos estranhar. Aí há um fogo, provavelmente é com ele que ardemos pela arte, pois bem, então tudo arde, agora simplesmente tudo arde. Antes ainda estava frio, porque estávamos tão estragados que nossos elementos provavelmente tinham se estragado junto conosco. Nunca poderíamos ter sonhado que iríamos queimar pela arte, e então nada sai daí! Antes era diferente. Quando nos alegrávamos tanto em ressoar! Quando nossos corpos estão sob uma tensão tão terrível, como se nós mesmos fôssemos as cordas afinadas porcamente, que são tocadas por um arco. As cravelhas para afinar caíram de nós. Domina uma tensão que vai até a crosta terrestre, até as raízes dos cabelos da terra, na grama, nos legumes, nos cogumelos, na carne dos animais selvagens, sei lá o quê, de todo modo está valendo: simplesmente não comer mais nada!, em hipótese alguma!, ela puxa não só por nossas cordas boas, essa tensão, que não pode mais ser detida com autodomínio e habilidade. Não produz nada. Não é nenhuma alta-tensão! Pelo contrário, a tensão alimenta a corrente que passa voando por aqui, sim, também em direção ao mar. Mas então, antes de finalmente deixá-la ir, ela se esquenta e consigo todo o resto também. Aliás, é assim com você também? Você fica escutando o tempo todo para ver se alguém está vindo, alguém que você tem que manter afastado do seu corpo? Mas sempre vem, você ouvindo ou não. As pessoas armazenam logo seus preciosos filhos no estrangeiro, por favor não atrapalhem o caminho deles, eles passam direto por cima de vocês, isso aí precisa ser preservado! Não, não tudo, só eles precisam ser resgatados, antes que o resgate possa sequer começar! Estão certos! Fazem exatamente o certo! O único certo! Devem morrer aqueles que não fizeram o certo no tempo certo. Rapidamente avançam, o voo reservado, o quarto de hotel alugado, rápido, rápido, ceifar tudo o que houver no caminho! Os raios sobre a pele não se pode notar, tuitar sobre eles sim, ainda é possível, mas melhor, o melhor de tudo é que nos colocamos em segurança. Segurança: a única saída desse tempo. Segurança em primeiro lugar. Só a segurança ajuda a longo prazo. A segurança deve então permanecer, incondicionalmente, uma vez que estiver aí finalmente. Aí só a fuga para a segurança adianta, junto com todo o bando de filhos. Aqueles que já estão aí se tornam um fardo para eles, porque estão tão carregados. Mas aqueles que ficam, que não vão ajudar, precisam voltar a sua produção nuclear, quero dizer, ao seu trabalho central, a produção de novos homens. Por atalhos secretos, para que ainda não sejam pegos também, só porque são tão novos. Naturalmente todos querem isso, o mais novo!

A: Como primeiro violino, para mim já está claro desde o princípio que sou o caminho que a melodia abre para si, mas ela fica comigo por apenas um piscar de olhos, e no entanto nele se produz água, que é dirigida através das turbinas das minhas pálpebras para a esfera ocular, para expulsar os corpos estranhos. Ela também vai embora levada, lavada pela água, a melodia. Por ora ninguém ouve nada, nem mesmo nós ouvimos um ao outro. Ninguém ouve nada de nenhum outro. Todos ouvem nada.

Equipamentos ouvem uns aos outros, nós não. O que eu queria dizer. Sim, comigo é bem assim, mas então todos voltamos à teoria da emoção, cuja fonte não é o corpo, cujos sons há muito já não se ouve, como deveria ser possível reconhecer aí emoções, não, nossos corpos não são as fontes de duas emoções, o primeiro e o segundo violino, que tocamos, antes são acompanhamento. Não, não acompanhamento nosso, também, têm que vir sempre conosco, mas no sentido musical acompanham algo inaudível. Mas tanto faz, não somos ouvidos mesmo, e o invisível inaudível também não é ouvido. O corpo acompanha no piano, para isso já tem que poder mais do que apenas vir conosco, simplesmente. Então também acompanhamos assim sentimentos com lágrimas, com nossas lágrimas quentes, que saem do frio, do circuito de refrigeração, e então ficam quentes. Porque esse circuito não funciona mais.

B: Se nossas lágrimas correm, esse elemento deveria poder ser encontrado, o elementar, sim, isso ainda tinha que estar seguro aí. Sempre segura a mão. Tudo em quantidade. Somos nosso próprio e único estoque. Ou nossos sons ainda estão estocados, ou estão direcionados a algo distante de nós, ou: retificados?, alguma coisa tem sim que ter culpa. É como com o rapaz, o soldado, o soldado universal, múltiplo, com mil e uma utilidades, que traz consigo mil e uma pílulas de viagra. Isso lhe deram para que na terra conquistada ele pudesse violar as esposas e outras mulheres dos vencidos, que pena. Não, não é: pena dele! Pense nisso, faça estoque! É assim com nossos produtos também. Temos um estoque ilimitado, e para além do nosso estoque há ainda mais, é infinito quantos sons existem, e chegam novos o tempo todo, atrás dos quais tateamos, como um cego atrás do seu cão. Muitos se recusam a ficar conosco, infinitamente muitos nem sequer conhecemos, os poucos que conseguimos tocar, já uma quantidade desprezível, mas sempre um após o outro, um atrás do outro, por favor em fila, também vêm aí, cada um desses sons que esperam, não só esperados, mas desejados, agora é maltratado. São propriamente tensionados. Nem sempre os encontramos direito, mas apesar disso desmoronam atrás de nós, o que quer que toquemos, bom ou mau: O tocado imediatamente volta a se desmontar atrás de nós, e os próximos já se colocam aí, vemos nas partituras, não seria possível vê-los mais claramente, preto no branco estão aí e esperam. Empurram, se acotovelam, num golpe duplo ou num acorde às vezes se atravessam, mas sua direção é inevitável: para frente, então ressoam, e então os deixamos para trás e podemos cuidar dos próximos. Estão parcialmente cobertos de lama, apesar disso ainda podemos distingui-los bem, antes que possam nos desligar; mas agora se tornam cada vez menos claros, não dá para comparar com o grão de areia no olho, a pálpebra, o corpo estranho ali, os sons deslizam para fora de nossos corpos como água, e nós os dominamos também, melhor do que a nós mesmos. Mas o que ganhamos com isso? Sons, meus sons, onde estão agora?, você os tem, não sei, nós os tocamos, mas onde estão, têm que estar aí se os tocamos! Por favor, sou só a segunda voz, mesmo assim, isso são sons? Não podem ser sons, se não podemos contatá-los e nem concordá-los, digo, harmonizá-los. Tocamos, mas não fazemos contato com nada. Nenhuma impressão digital em nenhum banco de dados. Não rende nada, embora tenhamos investido tanto. Talvez não se desfaçam atrás de nós como de hábito, mas sim já na nossa frente, se os tivermos sob os dedos. Mas também poderia ser que fossem o efeito de algo que fizemos com a mão, um efeito que não vemos mais e não mais queremos ver. O que se foi se foi. Não é por aí.

A: Os meus com certeza ainda estão aí, não sei onde, de todo modo não me servem. O que eu seria sem acompanhamento? Uma vozinha fina, um vento assobiando quase inaudível, nada mais, e você sem a primeira voz, isto é, a minha, seria muito menos ainda! Os sons estão mortos, eles morreram? Estão contaminados, doentes, chafurdam no próprio lixo, no próprio molho? Podem ser recuperados? Podem ser pescados para fora desse armazém enorme onde estão estocados? Difícil resgate. Quem nos ajuda? Socorro! Socorro! Eles pulam como carpas! Os sons devem ser resgatados, mas parecem não poder ser resgatados, ou alguém já teria aparecido com umas ferramentas, não? Nessa área restrita até a busca por eles é proibida, ouvi falar. O que fazer? Não fazemos ideia, só pelos efeitos – inaudibilidade – vemos que nossos sons ou não vieram ou não foram, pois só ao ir-se talvez fossem ouvidos, e fora isso: Como nós que ficamos poderíamos tê-los ouvido? E então aqueles que poderiam tê-los ouvido não teriam sido os que ficaram. O que fizemos sai de nós e só depois faz efeito, para que não ganhemos nada disso, não? Ou quer dizer que só nós não os ouvimos, mas outros sim? Por ora não temos nenhum sinal de nada. Sorrimos para nossos sons, mas talvez não dê certo? E não devíamos antes aumentar, não, adubar esse sorriso? Aí, acredita, esse é um deles, era um, era um agora?, afundando inaudível, ou talvez só inaudível para nós, na direção de sua caminhonete, com a qual queria carregar fertilizante, o pobre bom som, mas não pode fazer nada a respeito do fato de ser só um som, passageiro, em vias de desaparecer, mas até que bem carregado, se me perguntarem, não pode mesmo fazer nada a respeito, mas também não sabemos exatamente o que devíamos poder fazer. O som sentou então, como todo dia, ao volante da sua minivan ou da sua picape Toyota, um instrumento testado em diversas guerras, por isso nosso som valente, de que nos valemos muitas vezes antes, comprou usado o seu companheiro, a caminhonete amiga na qual tinha carregado terra para o jardim, sim, ouçam bem!, e então o próprio som, junto com seu companheiro bem carregado, foi arrancado antes que eu pudesse tatear por ele, pudesse trazê-lo à vida sob meus dedos, nenhuma ressuscitação possível, nem mesmo uma busca é possível. Ele estava realmente lá? Como assim agora se foi? Se foi na nossa frente ou atrás de nós? Onde essa sequência foi interrompida? Onde está agora o cadáver sonoro? Quem o traz embora? Quem busca por ele? Não poderíamos cuidar de mais isso ainda, nós pescamos nas trevas, não, nas tristezas, e são tão entrevadas que não vemos mais alegrias, tocamos inabaláveis, mas não ouvimos se algo veio daí e voltou ou foi antes de vir. Não ouvimos nada, mas trabalhamos nisso, ainda trabalhamos em nossa audição, no tocar já trabalhamos o bastante, por favor paciência um instante, mas também pode demorar mais. Alguém nos ouve? Alguém está prestando atenção? Seria de grande ajuda para nós se soubéssemos! Talvez não nos ouçam de propósito, para não podermos capturar ninguém com nossa presença musical, para então não ser preciso resgatar mais ainda se possível, milhares, dezenas de milhares? Mesmo se nossos sons já se encontram em abrigos sobrecarregados, talvez já contaminados conosco; agora nós os contaminamos ou eles a nós?, não, nós a eles, pois eles têm que passar através de nós, não nós através deles!, é assim que eram outrora, outrora se levantaram plena e simplesmente, com suas bagagens culturais na mão. Sim, naquele tempo eles ainda a tinham na mão! Com barulhos que nenhuma pessoa jamais escutou, essa pessoa desapareceu. Nossos sons lhe foram dados como provisões para o dia, do seu toca-fitas, do CD player, do seu MP3 player, do iPod, de um aparelho de som tão minúsculo que é quase invisível, e mesmo assim toca música, e bem alto também se necessário, para fora desse negócio quase invisível. Essa pessoa se foi, o aparelho de som ainda guarda seus sons, ou guarda rancor dela por causa deles. E esses sons com certeza não desaparecem. Mas não podemos ter certeza disso, não com nossas consciências incertas e nossas certezas inconsistentes. Como assim nossas? Como assim nossos produtos? Como assim justamente nossos sons e não outros? Foi? Fodeu? E também não podemos saber ao certo se em algum lugar ainda há outros, dispersos, isolados. Que medo temos de um barulho, já que não podemos ouvir nossos próprios frutos, que de fato causamos? Qual barulho? Animais covardes que somos! Mas não tenhamos medo de nada. Só tenhamos medo do inaudível e invisível! Ainda produzimos sempre alguma coisa, mas isso não leva a nada, é o que vocês dizem? A menor das miudezas já nos intimida, mas para onde deveríamos ir? Talvez para lá onde se ouve algo? Não faço ideia onde é isso. Só nos disseram que um deles foi encontrado, irreconhecível de tão desfigurado, não se viu mais nada, se era um som, nem a altura, nem a nota, nem a duração, nem o volume, não se viu nadinha mesmo. Supostamente o trouxeram para um prédio abandonado na vizinhança, lá deve ficar por agora, o pobrezinho, de todo modo não se pode fazer nenhum contato com ele. Mas isso foi só o que eu ouvi. É um rumor. Qualquer contato com ele poderia ter efeitos imprevisíveis. Só nós não vemos os nossos efeitos. Outros sim. Talvez.

B: Em nós mede-se valores elevados, temo dizer.

A: O que você teme? Logo vai estar tocando sem ímpeto e sem estilo e sem sentimento de honra, só porque não ouve mais a si mesmo. Isso é o que você deveria temer! Não é para relaxar! Pois o que já está perdido não se pode mais perder. Deveria, pelo contrário, demonstrar zelo redobrado, radiações elevadas, sim, deveria trabalhar no seu brilho! Vale a pena! Com mais brilho também vai poder fazer mais efeito, talvez até mesmo poder tocar alguma vez o primeiro violino! Senão ainda vão nos ver como estômagos, como línguas e rabos. Dirão de nós que ao tocar éramos muito zelosos, mas que evitamos as ações. Mas você não quer que digam de nós que nós evitamos as ações?

B: Que ações? Se tudo já foi feito faz tempo! Alguma outra pessoa cuidou disso para nós. Já desistimos de tudo faz tempo, o destinatário não paga, e agora podemos dormir. Não é? Dormir nos abrigos frios e úmidos que recebem as massas de sons, ao lado do que produzimos, eu como segundo violino sou apenas uma nota auxiliar, por assim dizer, mas necessária, necessária para te auxiliar. Mas minha autonomia cresce à medida que outros perdem o domínio sobre si. Vamos nos deitar agora? O que ainda há a fazer? Tantos já estão deitados aí. Vamos nos deitar com nossos sons?

A: Para isso teríamos primeiro que encontrá-los! Tem alguma ideia? E se os encontrarmos – em que condições estarão? Também não sabemos. Mas já que parecem se esconder de nós, depois de terem passado por nossos dedos e nossos arcos como flechas, disparados como caça, antes que pudessem se levantar, sim, também contra nós? Poderíamos desintoxicá-los, se os encontrássemos, mas não é mais possível averiguar quais sons são. Não terão mais rosto, de todo modo não aquele que estava na partitura. Não terão mais valor, nenhum lugar nas cinco linhas, sim, aquela com a clave colocada ali do lado de modo bem prático, e os sons recebem o que merecem, esperando pacientes com suas cumbucas, por quaisquer dois morangos, mas será que eu poderia por favor pegar mais uns dois para uma filha minha e para outra filha e para a sogra na cadeira de rodas e aí também a nora e aí também as outras noras?, se aos sons já foram distribuídos os valores, por que não consigo também? Fizemos tudo, só não trancamos tudo com essa chave, não, charada popular para crianças: Que chave não fecha nenhuma fechadura? Que arco não abate nenhum animal? Às crianças de hoje não se faz mais essas perguntas, em vez disso agora exige-se delas mais do que nunca. Seus pais fazem esforços sobre-humanos só para chegar até elas. Mas nós já somos grandes ou pelo menos aspiramos à grandeza. Não somos nós que estamos fechados, e muito menos contra nossos sons, pelo contrário, fazemos tudo!, apesar disso alguém tem que ter fechado ou pelo menos batido, pois, já estamos dizendo o tempo todo, por favor acreditem em nós. Não ouvimos nada, então possivelmente não vão mais se encontrar, esses sons estúpidos. Tememos por eles, embora não saibamos mais se sequer existem ainda. Um retorno a nós, talvez para tocá-los mais uma vez?, isso envolveria novos riscos que ainda não conhecemos também. Talvez fosse melhor que ficassem lá onde estão agora, é isso que quer dizer? Por outro lado, as notas, que colocamos e fixamos no cavalete, para o vento não as arrancar de nós, e que com isso deixamos queimar, embora não deixemos queimar mais nada, sim, mesmo que uma parte delas ainda desse para usar, apesar disso temos que queimar as notas atrás de nós, quando marchamos adiante através da terra queimada, destruí-las totalmente, senão empesteiam o mundo. Elas podem ainda por cima espalhar seu veneno, articulando os raios de suas partículas radiantes. Podem sofrer fissão, uma semínima em duas colcheias em quatro semicolcheias? Isso não estava previsto. Não. Provavelmente estão em toda parte, só aqui, onde as produzimos, não vejo nenhuma. Quando precisamos delas, não estão aí. Mas estão em toda parte, seguramente, mesmo que não estejam seguras em toda parte, nos carros, nos trens de passageiros, nos rios, sob os destroços, nas ruas. Estão em toda parte. Talvez outros as ouçam, talvez elas ouçam outros, só nós é que não, só nós é que não. E se as encontrássemos, já que as produzimos, se as encontrássemos não estariam mais disponíveis quaisquer sinais de identificação. Sequer saberíamos de que peça vieram, elas vêm em muitas, em todas, múltiplas, diversas, como aqui por exemplo, e com frequência também elas, as menores partes de uma melodia, não são mais divisíveis e, no entanto, estão mutiladas! Muitas vezes nem estão mais disponíveis. Nem mesmo mais. Sequer uma única vez. Mas não podemos saber. Nem sabemos o que não sabemos. Vamos nos pôr a caminho e procurar no necrotério, talvez reconheçamos algumas nossas? Mas então nos dirão talvez que não se pode buscá-las, porque o perigo que emanam seria muito grande. Pois bem, mas como algo que nós criamos pode se tornar grande demais? Não entendo. Como pode se tornar tão maior que nós, se fomos nós que o fizemos! Gostaria de ter isso sob controle. Mas por onde pegar? Esses sons não têm alça pela qual pudéssemos apanhá-los e enfiá-los de volta nos nossos instrumentos! E nossos controles não nos trazem nada, claramente. Não trazem. Nossos sons não são palpáveis. Depois ou antes? Em que ponto se tornaram impalpáveis? Em que ponto do caminho? Impalpáveis? Em que ponto? Gostaria que os buscassem. Mas não dá. Não dá aqui nessa sala de ensaio em que nada se ouve, questão de acústica talvez, talvez em outro lugar nos ouçam sim!, mas já ensaiamos tantas vezes aqui e nunca aconteceu nada. Pois bem, mas não no mar, onde não podemos procurar, pois também lá também estão sendo medidos valores elevados, e nós nem alcançamos nossos próprios valores, que nós mesmos estabelecemos, como as notas não alcançam mais os valores que foram estabelecidos para elas, sim, e nem os valores das notas que nos foram estabelecidas! Foram estabelecidas só para nós! Não, só para nós não foram, não faz sentido. De todo modo nós os retocamos na mesa de som, nas nossas vozes, correto, como sempre. Nota por nota. Mas também as notas não alcançam mais seus valores, e transmitem isso aos sons, mas: nada! Nada. Deveríamos ter estabelecido valores mais baixos como objetivo! Senão vamos ter que incorporar em nós esses valores, mais cedo ou mais tarde, para que não se percam mais, mas com isso também não vamos ressoar, quer apostar?

Então. A partir daqui, esse longo trecho até as vozes voltarem a se separar, ambas devem gritar juntas – ou elas que dividam seus textos elas mesmas. Também podem se sobrepor, de modo que em alguns trechos não se entenda mais nada.

A/B: Pois bem, quando tivermos incorporado nossos valores, ninguém mais vai poder falar nada da gente. Então não voltaremos mais a cair para baixo desse nível em dez mil, não, em quarenta mil anos. Ainda irradiaremos, é mais do que a maioria dos outros pode fazer. Nossas espinhas e ossos são todos estruturados de modo bem parecido, então poderíamos esperar que também os animais que comemos tivessem nossos valores. Os animais, como os sons que tocamos e que talvez tenham se igualado tanto a nós que se tornaram nós, que se tornaram seus próprios criadores, se deitarão pacificamente nos pratos e nas tigelas, mas vai ser como se nem estivessem aí, e tem alguns entre esses criadores que são pequenos como nossas unhas, nós em comparação somos grandes até, mas em compensação perecíveis como toda carne, como a grama, como o espinafre vindo de um solo totalmente sem som, sem um único grito, alagado e contaminado, como vegetais em folhas que balançam os bracinhos de desespero, destinados ao consumo, inadequados ao consumo, talvez não perecíveis, mas já perecemos ainda dentro do prazo de validade. Dentro do prazo de matrimônio. E tudo isso vai ser como se não fosse nada. Só o que se pode fazer é jogar tudo fora. Mas não vamos ter jogado fora nossos próprios sons, né? Isso ainda seria uma possibilidade, mas antes teríamos que tê-los ouvido, descartado e eliminado! Então só tem aí a preocupação se eles se igualaram a nós e nós a eles. Tudo ou nada, né? Sim, não se preocupem: tudo e nada. E se nós dois e todos os nossos sons temos que desaparecer, se temos que ir para onde nossos sons já estão, se temos que ir embora, para onde então finalmente alguém ouve alguma coisa. Ou se nós mesmos nos tornamos nossos sons e por isso inaudíveis, pois ninguém nos ouve, talvez nem existamos, se nós mesmos somos nossos próprios sons? Sons, que sempre ainda grudam nos sapatos das crianças, mas ainda não podem andar. Ouviu alguma coisa? Eu não. Mas sou mesmo só o acompanhamento de nada, pois também de você não vem nada. Nada, nada, nada. A combinação de você e eu, de nós dois um com o outro, faz tempo já não produz nenhum sistema. Primeiro e segundo instrumentistas, uma sequência hierárquica, sem dúvidas, sempre assim, e isso tudo agora se dissolveu, não só a hierarquia, mas também a sequência, e também esse instrumento detector de radiação não vai poder nos ajudar, temo dizer, bem sabemos que somos só dois, sozinhos. Nós violinos traseiros agora perdemos nosso sentido, nosso objetivo e nosso objetivo de vida. Mas talvez a vida não tenha mesmo nenhum objetivo? Então estaríamos certos, justo aqui. Então estaríamos certos. Então. E isso tudo agora, tudo o que não se ouve, ou seja, tudo mesmo, em silêncio, sem martelo, serrote, furadeira, reator nuclear, vai ser incorporado em nosso sangue. Então isso vai até nossos ossos. Para que nos dê nos nervos até sangrar. O que ainda não é o caso, porque não nos ouvimos mesmo. Todos aceitamos tudo o que está aí de uma vez. Também aceitamos os colecionadores de autógrafos, que vieram com a ideia equivocada de que nós seríamos stars. Mas era só por acaso a mesma sala, e éramos no máximo, se tanto, estrelas em ascensão, ainda em confecção, na verdade incompreendidas. De fato não ouviram nada de nós, no entanto sempre nos viram, éramos até mesmo tudo o que viram, pois sim, nesses tempos é melhor coletar autógrafos do que cogumelos ou frutas silvestres! Isso já lhes bastou, aos coletores, bastou que qualquer um estivesse ali. Onde há stars vêm os coletores, não os coletores de cadáveres, não os coletores de sons, simplesmente: os coletores. Não os comedores, os coletores. Buscam o superstar, e se temos azar acham que em nós os encontraram. Hora do autógrafo. Justo agora! Só nós dois somos os únicos que ainda restaram de todos os outros, e então acreditam, porque não veem mais ninguém e nada, que éramos as estrelas de que no entanto só por acaso ninguém tinha ouvido falar ainda. Creem que nós ganharíamos porque não tem mais ninguém aí de quem ainda – agora não por acaso – não se tenha ouvido falar. Exato. Não tem mais ninguém aí. Não se ouve nenhum som da nossa parte, e contudo creem que nós, justo nós, seríamos stars! E a multidão atrás de nós, únicos restantes, seria tão grande que seria esmagadora, mas seríamos os primeiros a serem esmagados, infelizmente, só me pergunto: De onde então vêm todos, se só há nós dois?, não podemos saber, já dissemos isso, de todo modo a multidão, caso ainda existíssemos, como únicos, seria tão grande que causaria pânico. Pânico por nada. Por absolutamente nada. Por nós. Por nada. E mesmo assim, pânico. Pânico em massa por causa de músicos que não dão nada de si e também não conseguem ouvir nada! Não, eles visavam outros músicos, só pode ser, esses que aparecem com uns cantores. Com crianças cacarejando, com outras crianças gritando, descendentes de pais cultos ou elites incultas, que arrancam um volume inacreditável de suas pequenas caixas incubadoras, não, de suas caixas torácicas. Sons inacreditáveis, nunca ouvidos, que jogam longe os sapatinhos de criança, a criança nelas permanece apesar disso, aprendendo a andar grosseiramente, um formando em andar, cambaleando em nossa direção mal lhe estendemos uma mão, para apoiá-lo um pouquinho em seu voo para a amplidão. Praticaram por muito tempo diante do espelho, e agora batem-se por eles e suas paixões tocadas desajeitadamente, das quais ainda não querem saber nada. Jogam os bracinhos no ar, como se pudessem construir casinhas ali. Como se pudessem fazer algo interessante. De onde todos eles vêm? De outra forma não são vistos, pois de pura curiosidade não saem de seus quartinhos! Bem, de algum lugar devem vir. Ridículo! E contudo: causando pânico, pelo menos em moderação. Um pequeno pânico, comparado ao pânico em média, quero dizer o pânico em massa. Quem somos? Quem é que somos mesmo? Ninguém. Para que praticamos tanto, se essas aparições ondulantes nos escondem completamente, como se estivéssemos atrás de árvores? Mas um nada já pode causar pânico, se ainda restarem participantes suficientes para isso. Pelo menos três pessoas com ossos quebrados! Quem ainda está contando! Por nossa causa! Não, não por nossa causa, nós nem contamos, mas por causa da música e desses mimadinhos berrando, esses filhotes de ratinhos luxuriosos, que antes ainda viraram de uma vez um rum-cola, para que pelo menos alguma coisa descesse pelo cano certo, e dos quais toda a grande música sempre nos separa, dois oceanos costurados juntos, pelo menos, antes que ao menos pudéssemos de algum modo juntar esses viciados em entrar em cena. Ei, as massas sonoras estão vindo! Estão vindo, estão vindo! Contusões de muitos de nossos jovens fãs, só por nossa causa! Não, isso não. As portas poderiam ser fechadas, porque a multidão seria tão grande, e de fato já logo antes do começo de nossa apresentação, nossa representação, por favor, permitam-nos nos apresentar, mas não chegaríamos tão longe, a emissora privada para a qual tocamos esperava no máximo cinco mil pessoas, mas eram muito mais, eram incalculavelmente muitas! Aqui a música é enviada, um momento!, ainda não tem nenhum endereço nisso! Muitas fãs, predominantemente mulheres, elas são mesmo as mais desinibidas, se jogam com seus pãezinhos ensopados (cada uma tem o seu, mas um carro ainda não têm!), que tiram de uma pobre salsichinha, mas para isso parecem ter se equipado com amplificadores adicionais, imediatamente, no primeiro contato visual, justo quando a energia começou a correr, sobre esses insonoros, inofensivos, impotentes, nós, por enquanto também inominados, mas logo com fotos e vídeos, sent from my iPhone (o racional ainda é só um sistema entre muitos, esse provedor também é só um entre muitos, que todos sempre são melhores que o meu), nós que representamos começar, não, começamos a representar. Sim, exato, nós dois! Ou veem mais alguém aqui? É terrível, sempre esses olhos, bocas, vozes, cabelos! Sempre os mesmos, só que diferentes! Mas não, também não somos nós que vocês têm em mente! Mentes tão cruéis, que nem nos tinham em mente? Ou éramos sim nós? Não podemos acreditar nisso! Vocês têm que nos ter em mente! Quem mais? Não tem mais ninguém. E para que a realidade seja dominável, alguém tem que estar aí, senão não há nada, pois sem um sistema, mesmo que fosse tão ilógico (e nada poderia ser mais ilógico do que alguém querer um autógrafo justo nosso!), complicado ou notavelmente dividido em si e em desacordo conosco, teríamos que improvisar, conseguir fazer algo em que só nós ainda nos reconhecêssemos, e mais ninguém, um caos de sons, tanto faz quais, não os ouvimos mesmo, também não os fazemos, e essa mistura de caos e sem-sentido estaria ligada a todas as possibilidades da reprodutibilidade técnica ilimitada, qualquer Nada pode ser repetido à vontade e repetidamente produzido, continua sendo um nada, mas poderia sempre voltar a ser repetido com aparelhos técnicos, o caos repetível, e não se saberia mais nada, se ainda dura ou se já é um outro caos, improvisações bem sucedidas com frequência são extraordinariamente duradouras, sim, então nós teríamos que improvisar sem parar, e a técnica teria que reproduzir isso também, e logo voltaríamos a produzir de novo, a técnica já está à espera, ela arranca isso de nossas mãos, toma tudo e não olha para trás, para ela tanto faz, ela repete o que lhe jogamos, o que colocamos diante dela, e então repete alguma outra coisa, mas que seria igual a antes, para a técnica tanto faz o que repete, até que tudo seja igual, completamente igual, o mesmo, um e o mesmo. E assim todos se jogam do mesmo modo sobre nós, gritando, e não podemos fazer nada a respeito, não fizemos nada, queríamos fazer alguma coisa, mas não deu em nada, nenhum som, talvez um tenha sim aparecido, pode ser, mas no meio do pânico geral ninguém o reconheceu, ninguém percebeu, senão talvez tivessem pedido um autógrafo dele, dele, do único som audível (e identificável, pois infelizmente os outros sons eram todos errados!), um conseguiu se salvar, o único que teria escapado de nós, acho, um sol sustenido, embora nenhum de nós o sustenhamos, talvez o tivessem cercado por um autógrafo, e antes tivesse esse único som entrado aqui do que esses milhares de fãs com seus desejos, pode acreditar em mim! Não, prefiro que você acredite em mim! Não, você em mim! Acredite em mim como eu em você! Então teria sido assim. Temos que parar, porque vieram mais do que pensávamos. Cuidados rápidos em tendas de enfermagem, ferimentos banais, curativos, bombeiros, polícia, resgate, mas nossos sons, pelos quais essa gente correu para cá, deles naturalmente ninguém cuidaria.

A: Sentimos muito que tenha chegado a tanto, mas não podemos fazer nada a respeito. Vamos refletir sobre como podemos fazer as pazes com os feridos, que pisotearam uns aos outros por autógrafos, as pazes com eles mesmos e conosco. Como podemos consolá-los. Atualmente a série de sucesso segue temporada após temporada, já está na oitava temporada, ela nos segue, corre atrás de nós, para nos prender, nós, por causa de quem foram espancados, os últimos músicos dessa terra, não, provavelmente não os últimos, nunca se é o último, simplesmente porque não se vê mais ninguém, em outra parte ainda devem ter uns sobrando, talvez até se possa ouvi-los!, então a temporada segue, a temporada é transmitida, a temporada é vomitada, já vai na oitava temporada... quê? Tanto faz! O quê? Tanto faz! O que é que é isso?, um jantar comum, de todo modo um tipo de pão branco, mas de um tipo diferente, como na comunhão cristã, nós todos levamos tudo exatamente assim, ávidos, sem jamais descansar, tudo o que as estrelas fazem dá no mesmo, não somos nós, são outros, dá no mesmo, e talvez seja até mesmo um cadáver pingando sangue, o corpo de Deus?, sim, bem que poderia ser, só que isso dá para ver tão bem quanto dá para ouvir nossos sons.

B: Já disse isso muitas vezes, mas talvez seja isso mesmo? Talvez nos ouçam em outra parte, onde se recusam a ver, mas não se recusam a ouvir? Eu sei, já fiz essa reflexão muitas outras vezes, apesar disso não deixa de ter seu charme. Assistimos aos resultados desse show de talentos, no qual ao que parece também nós tomamos parte extra, embora não soubéssemos nada disso, não temos mais que provar nada e nem há nenhum outro competidor, e também nós já acabamos, e vemos por esse show que alguém tem que ter ouvido algo de nós. Antes. Nossos sons entraram em cena em algum outro lugar sem sabermos, e lá encontraram amantes? Ou todos esses são fãs de alguma outra pessoa, cujos sons talvez ainda se possa ouvir? Não faço ideia. De todo modo, quatorze jovens amigos da música tiveram que ser levados ao hospital. Mas lá não são nem percebidos, efetivamente toda a população já está lá. Apinham-se em leitos com colchões sem lençol, só sobraram trapos como cobertas, só roupas de papel para vestir. E muitos nem se reconhece mais. Talvez nossos sons estejam no meio deles? Eles se escondem entre os ouvintes? Não neles, mas no meio deles, entre eles? São tantos! Infinitamente muitos! Provavelmente nossos sons procuraram esse lugar onde não se pode mais diferenciar os vivos e os mortos, as caixas de som, que as pessoas encaixam no pescoço, como os próprios sons.

A: Alguém aí? Estão ouvindo algo? Para nós pode ser um problema se não ouvem nada! Então não ouvem nem mesmo o que já se depositou na carne de vocês, sem que percebessem? Não ouvem nadinha? Podem medir uma radiação, quero dizer um raio, mas não ver? Podem medir os sons, mas não ouvir? Alguma coisa aí não faz sentido. Olhem aí em vocês, se não se trata de covardia! Olharam por que tantos reclamam sem motivos disso que nos faz brilhar pela primeira vez? Encontraram algo? É isso que encontraram?

B: Foi um apito o que acabei de ouvir? Ora, não posso ter ouvido o apito, se nem sequer ouço minha própria tentativa de soar, meu tatear por sons. Não pode ser. Alguém aqui está engolindo tudo. Não podem ter dado início à formatação de um sentimento, não, isso nos teria sido informado. Reboot? Olhos, lágrimas, fora com isso, logo, corpo estranho ou sentimento, tanto faz, as lágrimas vão correr! Temos essa necessidade de processos de purificação, que na verdade são também processos de eliminação, não é verdade. Queremos que algo que está aí vá embora. E isso já aconteceu com a nossa música.

A: Sim, o que está aí deve ir embora, exatamente isso se chama purificação! Lágrimas, puras, marchar! Queremos que tudo seja purificado, sim, também pelos nossos raios. Limpeza: já não era sem tempo! Onde está o raio de água que nos decompõe, determina, descontamina, descomposta? Bem, acabou…

B: Se estamos vestidos, vai ser difícil nos achar depois. Fato. Nenhum braço que nos segura, que balança o nosso berço, fiel dia e noite. Assombro e espanto é o que vão ter aqueles que nos acharem. Se estamos vestidos, vamos nos ocupar então dessa pergunta fundamental, que de todo modo logo nos faz descer até o fundo, se estamos vestidos, confessamos, acontece o seguinte: A chance de nos encontrar boiando na água não deveria ser muito grande. Pela regra, corpos descem na água até o fundo, essa é uma regra de ferro. Soa confiável, como temos que fazer soar nossos instrumentos, mas ainda mais precisos, pois tudo isso é natureza! A regra diz: Ainda nos agarraremos ao desejo de algum pai, que sempre explorou e admirou nosso som invisível-artificioso. Ainda nos agarraremos, mas algo já se esgueirou aí, o arco do nosso interior atraiu ela, a besta. Somos como animais mortos repletos de desejo, receptáculos para o uso dos invisíveis, enfim, o que eu queria dizer: o invisível usa e abusa de nós, não o contrário.

A: Somos a coisa mais próxima de um animal quando estamos nus, só. O que é que ressoa em nós então, realmente não tem mais nada aí? Agora nós estamos aí! Tanto faz. Se a água está particularmente fria ou se estamos muito fundo, digamos mais que vinte metros, pelo menos, então por causa do frio não emergem mais os gases da decomposição, então nossos corpos não são empuxados para cima.

B: Eu ouvi que em águas mais quentes ou mais rasas nossos corpos depois de poucos dias podem voltar a emergir, então ficamos dois, três dias na superfície e fedemos e afundamos então para todo o sempre. Foi o que ouvi. Repito: O que ressoa em nós? Tinha algo aí? O interior ou o exterior? Ou vem de fora para dentro? De onde vem o perigo? Não de dirigir, nesse caso. Também não de andar. Mas com certeza de fora, isso é certo. De nós não pode vir. Sentamos aqui e tocamos, mais nada, e não se ouve nada também. É como com os joguinhos de computador. Na rua nunca nos espancaríamos por aí como no jogo. Só quando os riscos reais são reduzidos a um mínimo, mas parecendo ainda consideravelmente perigosos, é que sentimos, já que só está acontecendo na tela (não desviem os olhos!, a mão no joystick não tem nada a ver com isso, nadinha, ela já sabe por conta própria o que faz!, seu punho quase sonâmbulo é de um outro, enquanto nós com o nosso também temos que minimizar os riscos para que mais nada aconteça, de todo modo nada de sério, mais não deve haver, então deve haver menos, o que quer que seja), então se os riscos estúpidos foram enfim reduzidos a um mínimo, porque um mais não é mais possível, sentimos o maior deleite, como num jogo, quando brincamos de ser espancados e espancar os outros, até que estamos chorando de rir, pois não era nada de sério, não, o que é que eu queria dizer sobre a risada, um processo involuntário, que não se pode dirigir? Esqueci.

B: E o que é que você queria dizer sobre para onde nos dirigimos? Como corpos vestidos nos dirigimos para lugar nenhum, pois então seremos particularmente difíceis de achar, já que as roupas molhadas vão empurrar nossos corpos pro fundo. Lá estaremos difíceis de encontrar no meio dos sedimentos, plantas e outros objetos desagradáveis, mesmo com sonares e câmeras subaquáticas.

A: Mas a água vai estar quente!

B: É possível, mas ninguém de fora vai perceber nada na água, já nós sim.

A: Então num raio de trinta quilômetros nem se vai poder procurar por nós, nem mesmo se pregarem pregos pesados em nós e mandarem ímãs para nos encontrar. O que não se procura também não se acha. Nossa música já foi embora, e logo nós também vamos embora. O que ainda poderia ressoar em nós, já que os violinos não ressoam? As vértebras dos bois que ninguém mais pode comer? As peles dos sapos, que vamos ter que evitar? As tripas estendidas das nossas cordas, ao lado das quais as nossas entranhas não serão nada além de lama? Um buraco cheio de lixo? As vértebras com as quais nós ressoamos, embora nada mais soe certo? Os nós que alguém nos atou? O quê?

B: Se vamos passar por isso novamente, que o som se erga ruidoso de seu lugar? Que rostos nascidos da terra floresçam do som radiantes? Que voltem, aqueles que não se veem mais e não se salvam mais? Porém a ação que nos conduziu neste caminho, mas que não concretizamos, outros concretizaram, não nós, não nós, quem quer que tenha sido praticou a ilusão aqui, quem, quem?, essa ação, esse feito agora é fato, gerado há muito tempo em um buraco que nesse meio tempo foi transformado numa sala confortável na qual a luz arde. Então não pode estar vazio. Mas não tem ninguém aí que a tenha acendido. Nunca tem ninguém aí. Ninguém além deles é um ladrão de gente! Quem quer que seja! Eles! Eles! Sim, exatamente: eles!

A: Mas não fiquemos com raiva ou irritados com isso. Mesmo que não nos procurem. Não vão sentir nossa falta mesmo, pois nossos sons não são mais ouvidos faz tempo, não nesse ginásio, não nesse asilo, não nesse teatro. E para que mais seríamos úteis? Mas não éramos mesmo nem bons nem úteis. Somos supérfluos. Algo irradiou mais forte que nós, mas dessa vez não vieram os colecionadores de autógrafos, atrás dos radiantes, para os quais ninguém vem. Pelo contrário.

B: Seria irresponsável nos procurar, e ainda mais irresponsável trazer para a terra nossos corpos radioativos. Somos só dois nesta zona onde se estima haver pelo menos mil outros. Dois tocando entre muitos, movidos por mãos invisíveis, tocadores que são na verdade tocados, e ainda por cima inaudíveis.

A: Mas então o que ainda se ouve? Tocamos mais cedo sim!, agora estamos reduzidos ao status de ouvintes e espectadores, o que nunca quisemos ser. Ouço trabalhadores buscarem algo, há dias, mas alguma coisa não funciona. Ah, agora funcionou! Vejo que agora finalmente funcionou. Nossas cordas vocais são espessas. Nossos poetas vociferam e concordam.

B: Acha que alguém impediu nossos sons de alcançarem o meio ambiente incontrolados, e então impediu que nós mesmos alcançássemos o meio ambiente? Somos os últimos? Então apague a luz!

A: Então o que você acha, de onde a luz devia vir? Acha que ela surge sozinha, acha que vem da casa da sua mãe e foi roubada da natureza? Acha que a luz simplesmente nasce, é criada e então vive de algum modo entre nós na lâmpada vazia?

B: Nem ideia sobre a luz. Mas não a vejo. Nada aí. Não dá para pedir mais luz, se não há nenhuma aí para começo de conversa. A luz talvez continuou criança, fraca demais, não pode se levantar, não consegue se vestir, se afundar até o solo vai ser mais fácil de achar, a pobre luzinha nua.

A: Não a vejo, a luz. Também não vejo nenhum túnel no fim do qual ela possa surgir. Talvez devêssemos cavar um túnel para nós, para poder ver a luz no fim?

B: Mas nós mesmos vamos brilhar! Imagine! Eu previ isso! Então também não nos ouvirão, seremos ainda menos que inaudíveis, se é que é possível. Sim, mas vamos brilhar. Vamos poder dar luz! Vamos emitir luz azulada radiante! Não é ótimo! Talvez melhor que ficar tocando sem sentido. Nem tem ninguém aí para quem tocar.

A: Vamos explodir de orgulho e brilhar com as faces coradas. Se você diz! Vamos mesmo brilhar! Não vamos poder fazer nada senão brilhar, sequer teremos opção, então brilhamos simplesmente porque não podemos fazer mais nada, pois temos, teremos isso em nós, é como a guerra das cócegas: quando nos fazem cócegas, não se pode resistir, começamos a rir sem parar, como uma guerra que um outro trouxe para dentro de nós.

B: Nada pode ser saciado. Nada ainda pode ser saciado, mesmo roubando a mãe. E se algo foi roubado, o leite da mãe por exemplo, então dê uma olhada debaixo dos pobres comensais, se eles engoliram esse leite luzente do impensável! Veja e você o encontra! Revire tudo, sim, mesmo como primeiro violino também não deveria ser bom demais para isso! Procure a origem do que te rouba! O rico não vai roubar. Ele vai te envenenar, contaminar, radiar, mas não te roubar, pelo contrário, te dará algo. Te dará luz. Mas logo você vai ser independente dele, exato, vai brilhar! Você mesmo vai dar luz como a mãe dá leite!

A: Sim, vamos ser ao mesmo tempo filhos e pais da luz. Idiotas radiantes. Bom. O filho um ladrão? Nunca mais. Seremos filhos e mães igualmente. Vamos dar luz e usar luz ao mesmo tempo. Somos os filhos que foram trancados aí dentro e passam algo pela fissura brilhante da porta e com isso notam: É de nós que vem o brilho!, os de fora ainda vão notar.

B: Somos a luz. Nos expulsem se puderem! Lá no fundo. Luz? Nós! Olá! Olá! O que éramos e dizíamos nós?

A: Então ajudamos aqueles que dão algo, e nós mesmos damos. O leite da alvorada. Alguma bebida do crepúsculo: bem-vindos em toda parte! E somos nós mesmos a luz, nós a fazemos e somos! E ajudamos as vacas com o leite e a luz, iluminamos o estábulo para elas, somos a fenda radiante, somos a fissura na porta, fizemos a fissão de algo, e agora luzimos por essa fissura, sim, eu cumpro... eu cumpro... o quê?

B: Eu acompanho, tanto faz quem. Acompanho aquele que foi cumprido, e eu mesmo cumpro, cumpro minha parte do acompanhamento, acompanho a luz para fora. O pagamento? Então devíamos ser pessoas livres no futuro, não é?

A: Encolher. Ficar curvado. O quê?

B: Um veredito por favor. Seu veredito por favor!

Entre outros, Sófocles: Perseguindo Sátiros.
René Girard: A Voz Desconhecida do Real.

A AUTORA ESTÁ
MORTA–VIVA A AUTORA!

Em Busca de um Teatro Raso

Elfriede Jelinek não apenas é um dos mais importantes nomes da dramaturgia mundial, como também tem consciência singular do que significa escrever para a cena hoje, no contexto de um teatro "pós-dramático", onde o texto não é autoridade absoluta, e muitas vezes nem sequer é necessário. Daí não resulta a subserviência em relação aos encenadores. O gesto de humilde submissão da escritora (desde as rubricas onde oferece aos diretores a liberdade de ler e levar ao palco suas palavras como bem entenderem) compõe, na realidade, uma autoencenação: apresentar-se absolutamente fraca, impotente e até mesmo morta apenas para impor com maior veemência o desafio de sua densa escritura. Sua obra ao mesmo tempo evidencia o que está em jogo no que se chama genericamente de "teatro contemporâneo" e avança uma poética dramatúrgica inédita e radical, uma cena contemporânea muito particular.

Tal poética antecipa a "virada pós-dramática" com *País.nas.Nuvens.* (1988). Em 1983, Jelinek publicava na revista *Theater Heute* o ensaio "Quero Ser Rasa", considerado central ainda hoje para pensar a exigente posição da escritora em relação ao teatro em geral e à encenação das suas peças em particular. Ali ela recusa toda pretensa ilusão de vida, em prol de uma cena comparada a um desfile de moda, à mera exibição de roupas bidimensionais sem indivíduos profundos para vesti-las e preenchê-las com uma dimensão psicológica. Mas se negar a psicologia não exclui uma referência importante à psicanálise, as entidades que aparecem sobre o palco, e que "não são senhoras do próprio destino, não são inteiras", são descritas como enunciadores que "não têm nenhum eu, mas são todas isso – também no sentido freudiano". Contra a ideia do psicanalista como um desbravador das profundezas do íntimo – senso comum com sua contraparte teatral no *Method acting* estadunidense, atrelado à "psicologia do ego" –, encontramos aqui uma leitura muito mais próxima à de Lacan, que insiste na "característica de superfície" do sistema do inconsciente: "pode-se apenas ficar surpreso que isso tenha engendrado a metáfora da psicologia das profundezas"[1].

Aqui seria interessante recordar também a topologia sugerida por Jacques Rancière, propondo buscar a verdade não escondida atrás das aparências e esperando ser "desvelada": não o "lugar de um chão ou ideal", mas "sempre um *topos*, o lugar de uma subjetivação em uma trama argumentativa"[2]. A isso corresponde, na arte, "uma nova ideia da superfície pictural como superfície de escrita comum", no chamado regime estético: "a revogação da ilusão perspectivista da terceira dimensão" na arte abstrata não seria "descoberta pela pintura de seu 'medium' próprio" na superfície bidimensional (segundo certo discurso modernista), pois "essa superfície não tem nada de 'própria'"[3]. É, antes, "parte integrante de uma visão de conjunto de um novo homem", expressão de um "paradigma da página" onde imagens e signos se entrelaçam de maneira igualitária, revogando uma "lógica representativa": se esta separava a arte "dos interesses vitais e das grandezas político-sociais", ao mesmo tempo apresentava uma "organização hierárquica análoga à ordem político-social"[4].

Ora, é curioso que se descreva essa mudança como "vitória da página romanesca" justamente "sobre a cena teatral"[5]. A referência ao teatro como paradigma conservador (a ser) superado nos interessa, pois remete àquilo que nossa autora recusa: a produção da vida como desejo ou objetivo. Contra o "ato de palavra 'vivo', conduzido pelo locutor ao destinatário adequado", a planaridade da escrita e da pintura apresenta apenas "signos mudos,

1. Jacques Lacan, *A Identificação*, trad. Ivan Corêa e Marcos Bagno, Recife: Centro de Estudos Freudianos do Recife, 2003, p. 134.
2. J. Rancière, Politics, Identification, and Subjectivization, *October*, Cambridge, n. 61, Summer 1992, p. 60.
3. Idem, *A Partilha do Sensível*, São Paulo: Editora 34, 2005, p. 21.
4. Ibidem, p. 22-23.
5. Ibidem.

privados do sopro que anima e transporta a palavra viva"[6]. Ora, é notável a semelhança em relação ao discurso da própria Jelinek: "é uma certa hostilidade para com a vida que me trouxe ao teatro, como eu disse: ler e escrever em vez de viver"[7]. Concluindo querer "expulsar a vida do teatro", a escritora chega à fórmula mais concisa e radical: "eu não quero teatro algum"[8].

A imagem do teatro raso retornará nas *superfícies de linguagem* pelas quais Jelinek é conhecida. Mas já em 1989, discutindo seus "esquemas de linguagem" sem pessoas que os enunciem "a partir de si", "daquilo que são", mas que constituem pela fala figuras que "se opõem à vida, à encarnação, ao fazer-como-se", ela diz que "talvez por isso as peças sejam mal vistas e até agora não se firmaram"[9]. Podemos estender essa reflexão para pensar por que seus textos – mesmo hoje já bem estabelecidos na cena de língua alemã, mesmo que não sem opositores e detratores ferrenhos – parecem não repercutir muito para além do contexto de origem. Deixando de lado por ora as dificuldades de tradução, há que levar em conta que, até na Alemanha e (ainda mais) na Áustria a aceitação desse teatro insólito não foi imediata. O mais das vezes foi visto como impossível de encenar (quando não simplesmente pobre em teatralidade), e só incorporado ao repertório à medida que algumas montagens excepcionais mostraram que podia não só ser feito, mas até transformar o que se entende por teatro.

Vale começar pela estreia de *Begierde und Fahrerlaubnis*, em 1986, com direção de Ulrike Ottinger. No monólogo, uma mulher fazendo aulas de direção prefere olhar não a rua à frente, mas o corpo do instrutor a quem dirige a fala, recusando agressiva e cinicamente o papel passivo a que o desejo dele a destinaria[10]. Na versão de Ottinger, que Jelinek disse ser "o teatro mais perfeito", o texto é projetado atrás da atriz surda Ingeborg Podehl, que traduz palavra por palavra para a língua de sinais alemã. "A linguagem textual extremamente metafórica foi contraposta a uma linguagem gestual extremamente rígida, que não é ilustrativa, mas puro signo", comenta a autora. "O corpo não interpreta o conteúdo do texto [...], mas

6. Ibidem, p. 21.

7. E. Jelinek em entrevista a Anke Roeder, Ich will kein Theater. Ich will ein anderes Theater, em A. Roeder (ed.), *Autorinnen*, Frankfurt: Suhrkamp, 1989, p. 153.

8. Ibidem.

9. Ibidem, p. 143.

10. A peça faz a ponte entre a juventude de Jelinek e a maturidade "pós-dramática"; o bloco de texto não dialógico ainda se justifica dramaticamente como monólogo interior. Mas para a autora "não é apenas monólogo, mas um espectro de linguagem onde se pode fazer ouvir os entretons da troca de papéis [...] de modo mais fino do que numa estrutura dialógica que me parece grosseira, [...] velha estética que não está à altura da posição rapidamente cambiante do eu" (Ibidem).

serve apenas como linguagem, como linguagem morta" num "processo de tradução" que desperta a "capacidade de associação livre" do espectador, que não vê exatamente o que ouve, mas elementos disparatados: "é isso que o teatro deve ser"[11].

Infelizmente, essa encenação austríaca não teve muita visibilidade. Só em 1994, com a montagem de Frank Castorf para *Raststätte oder Sie machens alle*, o potencial cênico da escrita de Jelinek chegou a ser reconhecido mais amplamente. Aliás, o texto já fora levado ao palco no mesmo ano pelas mãos de Claus Peymann, no renomado Burgtheater de Viena (embora relegado à sala menor), mas sem sucesso: ao tratar a peça como "comédia crítica de boulevard", o importante diretor austríaco (criador de históricas estreias de Peter Handke nos anos 1960) a teria neutralizado. Já Castorf aguçou o potencial crítico do texto ao enfatizar o caráter violento e pulsional do tema do sexo como mercadoria com alegria lúdica e absoluta falta de respeito, encarnada na grande boneca inflável retratando a autora[12]. A comédia pastelão virtuosamente executada gerava um riso que se tornava horror grotesco, como na cena de um ato sexual a princípio desejado pelas mulheres, mas logo vivenciado como chocantemente violento e até sangrento. Esses procedimentos de direção teriam como objetivo a quebra da pretensão moral, mas como resultado paradoxal a salvação, pela sátira cortante inclusive em relação à autora, de sua ambição iluminista para o teatro.

Castorf abriu caminho para o tratamento do texto de Jelinek como puro esboço para o jogo teatral. Como reação à provocação, ela mesma passa a se inscrever nas peças como autora, mas também a permitir liberdade total aos diretores. A frase "façam o que quiserem", com que se costuma resumir sua atitude, seria uma estratégia de *autodestruição preventiva*. Mas a liberdade da encenação de Castorf se deve também à habilidade de análise textual. Algo reconhecido pela escritora, para quem sua versão, "apesar de absolutamente ofensiva, estava absolutamente correta para a peça". O comentário não demonstra apenas seu senso de humor próprio, mas se alinha à concepção de um teatro raso. Pois, como ela já dissera alguns anos antes, se no seu teatro as figuras "afirmam algo sobre si, em vez de viver no palco", essa mesma relação também "domina o autor, que só vive durante a leitura e escrita"[13].

11. Todas as citações desse parágrafo foram extraídas da entrevista de Jelinek a A. Roeder, op. cit., p. 153.

12. Ver, supra, A Artista Está Ausente, p. 25.

13. A. Roeder, op. cit., p. 143.

Em Busca de um Teatro Texto

Se Rancière opõe a página à cena da palavra viva, o texto teatral pós-dramático de Jelinek não só nega a ação viva e tridimensional, mas também assume a oposição como contradição refletida. Ao se desfazer dos principais marcadores formais do drama – primeiro o diálogo e a ação, logo as indicações de personagens ou figuras e até as rubricas que já refuncionalizara quase totalmente –, toda separação prévia entre prosa e dramaturgia é desafiada. Ainda que insista em destinar alguns textos ao teatro e outros ao livro – aqueles destinados à fala e à recepção coletiva, estes à leitura silenciosa e individual –, a autora não se limita ao que seria *dizível* em um palco (ao que supostamente "cabe na boca" do ator e, ao mesmo tempo, não seria complexo demais para um público sem a possibilidade de pausar, refletir e reler). Aliás, falar um texto em voz alta não é a única forma de encená-lo, como provou Ottinger.

Próxima da prosa, a dramaturgia de Jelinek ao mesmo tempo explicita e explora a dificuldade de apropriação pelo aparelho teatral, cujos artistas o mais das vezes se formaram pelo trabalho com textos mais convencionais. Por isso, a figura do *dramaturg* é essencial para compreender essa obra em seu contexto. A função – um conselheiro ou editor literário, pesquisando, selecionando, interpretando e adaptando os textos encenados – se firmou no teatro alemão no século XVIII, inaugurada por Lessing. Ora, as peças de Jelinek requerem mais interpretação e alteração que dramas convencionais (mesmo os clássicos cuja dimensão parece proibitiva hoje). Estes, centrados em uma ação e em algumas personagens principais, ou ao menos em temas e questões principais, já indicam o que se pode ou não suprimir na adaptação: as cenas, falas e figuras que escapam a esse cerne, *secundárias*. Já diante de peças que se pretendem inteiramente secundárias, cada encenação tem de decidir o que é essencial, escavar as montanhas de palavras em busca de linhas de raciocínio, associações de imagem, lógicas de personagem ou outro caminho dramatúrgico. Podemos dizer que a austríaca escreve *para* promover o corpo-a-corpo com esses textos monstruosos.

Esse esforço, porém, só é possível e produtivo quando se aceita mergulhar na torrente de palavras sem colete salva-vidas, sob risco de submergir. Há que se entregar ao trabalho da *escritura* ou do *texto*, como dizia Roland Barthes: não mais a obra como organismo "que cresce por expansão vital, por 'desenvolvimento'", mas uma *rede* que se estende "sob o efeito de uma combinatória". "Nenhum 'respeito' vital" é devido ao Texto, que "pode ser *quebrado*" ou "lido sem a garantia de seu pai". E se o Autor "volta no texto" é "a título de convidado". Nessa trama, "tudo está para ser *deslindado*, mas nada para ser *decifrado*", ela "pode ser seguida, 'desfiada' [...], mas não há fundo", não há "um 'segredo', isto é, um sentido último". A obra não é produto, mas "jogo, trabalho, produção, prática". Isso exige uma leitura que aceite "fragmentar, distribuir, pluralizar, despegar, dissociar o texto de um autor conforme a lei do Prazer"; uma leitura dialética, pois "a dialética é um gozo"[14].

Isso permite reler a relação entre Jelinek (que tem o francês como referência maior) e Brecht. A poética brechtiana é lida por Barthes como "prática do abalo", visando a "deslocar o que é dado"; ensina a "abalar a massa equilibrada das palavras, rasgar o forro, perturbar a ordem das frases, quebrar as estruturas da linguagem", recuperando a "arte crítica" como "aquela que abre uma crise: que rasga, que fissura a camada envolvente, fende a crosta das linguagens" e "quebra a continuidade da trama das palavras". A imagética brutal para redescrever a obra de Brecht permite reaproximá-la de Jelinek, apesar das diferenças: também esta critica "o discurso encadeado (conservemos o jogo de palavras)" com a força e sua "pseudológica" ("as ligações, as transições, o forrado da elocução, em suma, o contínuo da fala"); ambos procuram então "pôr em pedaços, literalmente, o escrito errôneo", não tanto "retirar o véu como despedaçá-lo"[15]. Mas também oferecem o próprio texto como *material* a ser quebrado e remontado de acordo com as circunstâncias políticas e históricas.

Aproximo Jelinek também ao trabalho das formas, segundo Georges Bataille (outro autor essencial para Barthes): "uma abertura, uma laceração", condenando algo à morte e, "nessa mesma negatividade", inventando algo novo. Assim "as formas 'trabalham' na própria transgressão", investindo "contra outras formas", *devorando-as*, ou ainda colocando "processos contra resultados" e "insubordinações materiais contra subordinações à ideia". É essa negação *dialética* que Bataille chamava *informe*, adjetivo que vale para o texto de Jelinek: ela parte da mesma pulsão de "tudo mostrar, não importa quanto os homens venham a fremir", pulsão que "supõe que reinem o disparate, a discórdia e a desconveniência" e cria "por toda parte relações visuais e significantes, isto é, com muita frequência, semelhanças irritantes, semelhanças que rangem e, para terminar, *semelhanças que gritam*". "Contra todas as noções tradicionais da forma, da semelhança ou do antropomorfismo" (pilares do teatro dramático, aliás), o informe qualifica

14. Todas as citações desse parágrafo foram extraídas de Roland Barthes, *O Rumor da Língua*, trad. Mario Laranjeira, São Paulo: Martins Fontes, 2012, p. 63, 72-73, 268, 280.
15. Ibidem, p. 270-271, 274.

um processo em que a forma "*se abre*, se 'desmente' e se revela". A forma "*se esmaga*" e, "desfeita, termina por *se incorporar* a sua forma de referência – que desfigura mas não revoga –, para invadi-la monstruosamente"[16].

A histórica e monumental versão de Einar Schleef para *Ein Sportstück* (1998), uma das mais belas e complexas obras de Jelinek, parece ter sido determinante para o posterior tratamento cênico dos textos da autora nessa chave. Listada por muitos entre as grandes encenações das últimas décadas, a peça tinha duração de mais de sete horas (cinco, em versão reduzida), e um elenco de quase 150 atores e atrizes formando coros imensos como há tempos não se via nos palcos alemães. Sem cortar as muitas páginas numa versão manejável de poucas horas, Schleff encenou o teatro todo, com cenas na plateia e no balcão. Diversos elementos dessa encenação mais tarde foram nomeados e descritos em relação ao "teatro pós-dramático" – o livro de Lehmann foi publicado um ano após a estreia. Há que observar, porém, que a duração não era mera adequação ao tamanho do texto, pois Schleef não se privou de mudá-lo ou de acrescentar suas próprias cenas, tiradas de diferentes fontes, gerando leituras e conexões próprias e exigindo formas de encenação diferentes a cada cena. Mas também ele aliou transgressão e fidelidade, dizendo que só fazia diferente porque lia os textos (com suas contradições, polissemias e inconsistências) mais precisamente que outros.

Preocupação semelhante move Nicolas Stemann, diretor cujo nome chegou a ser quase inseparável do de Jelinek. Partindo sempre do encontro nada harmônico com os textos, suas encenações lembram uma sala de ensaio onde formas são experimentadas e descartadas continuamente. Os atores seguram o texto impresso, alterado entre apresentações (às vezes pela autora, que envia adendos escritos especialmente), tornando quase impossível o trabalho habitual de decorá-lo e enunciá-lo de modo "natural", como se pensado no instante presente. *Wut*, feita na Kammerspiel de Munique em 2016, começava com o diretor anunciando que até a duração da peça era incerta, uma vez que nunca havia sido feita nessa versão. Schleef e Stemann fazem da própria batalha com o texto o princípio de encenação, confessando sobre o palco a dificuldade em compreendê-lo. Jelinek os obriga a ir o mais longe possível das normas tradicionais do teatro, parecendo rebentar com os limites do palco e da plateia.

16. Todas as citações desse parágrafo foram extraídas de Georges Didi-Huberman, *A Semelhança Informe: Ou o Gaio Saber Segundo Goerges Bataille*, trad. Caio Meira e Fernando Scheib, Rio de Janeiro: Contraponto, 2015, p. 29-30, 53, 148-149.

A escritura, para Barthes, se opõe ao imperialismo do "pleno" na obra orgânica; é "o *resto*, não assinado". Eis a marca da dramaturgia de Elfriede Jelinek. Vimos seu caráter *secundário*, sempre parasitando um depositório preexistente de linguagem: a língua alemã, o discurso político ou o repertório teatral, que infiltram o texto em citações e clichês exaustivamente repetidos, estruturas dramáticas arruinadas (mas não totalmente abandonadas), figuras que só podem ser fantasmas ou mortos-vivos. Nesse sentido, se Jelinek é caso modelar para o teatro pós-dramático, não é possível entender essa produção como simples superação de um paradigma anterior e proliferação positiva de formas novas, originais. Como diz o professor Celso Favaretto, "embora frequentemente a criação alegue o novo, não é difícil verificar que onde a experimentação apresenta interesse nela se reconhece não as promessas do novo, mas o tensionamento de signos, processos ou dispositivos modernos, ainda ativos" mesmo que "projetados em novas condições de produção, circulação e crítica"[17]. O drama sobrevive na obra não só como pressuposto e expectativa, mas toda a história de sua crise e transformação (de Ibsen a Brecht e Beckett). O pós-dramático não é *superação*, mas *reelaboração*.

Não se trata de "apenas repetir o processo moderno", mesmo na "impossibilidade de ultrapassá-lo": cabe ao contemporâneo deslocar as experiências do passado "para além da circunscrição histórica que validava as invenções, as rupturas, a negatividade"[18]. Porém, se Favaretto fala da "reinscrição do que permanece ativo *num campo aberto de possibilidades*"[19], em Jelinek a repetição parece se dar antes *no espaço estreito, sufocante, de um impasse, de uma impossibilidade*, no qual se pode no máximo abrir frestas ínfimas. A própria autora diz usar citações para construir "portas na paralisia, pontos de apoio e virada saídos de uma língua estranha [...], na qual então volto a me atracar com minha própria linguagem"[20].

Como encenar o resto? Se o repertório de ruínas se opõe à ação e à palavra vivas, como pode vir a habitar o corpo vivo de atores e atrizes? Essa parece ser uma questão central para Jelinek: como os atores podem, mesmo ficcionalmente, ser *mortos-vivos*, ainda mais se foram treinados exatamente para o oposto? "Eles nos irritam com sua pretensa aptidão",

17. C. Favaretto, Por Entre Rastros e Restos, *Cadernos Benjaminianos*, Belo Horizonte, n. 7, 2013, p. 71.

18. Ibidem.

19. Ibidem.

20. E. Jelinek, Fremd bin ich, *Elfriede Jelinek*, jul. 2011, disponível em: <https://original.elfriedejelinek.com>. Acesso em: out. 2024.

diz ela, que "aprenderam, e por isso acreditam sempre ter que fazer assim", "incorporam o contínuo". Donde os restos linguísticos, "farrapos de Heidegger, Shakespeare, Kleist, tanto faz quem, pendurados nos cantos das bocas" dos atores, de modo a "confundi-los, separá-los, contrabandear um dizer estranho". Há que sobrecarregar o ator "com o desafio da minha linguagem" e "demandas incontáveis de pelo menos duzentos outros autores", a "autoridade de seres fantasmagóricos, estranhos, espíritos, que citei, somei ao bloco, na lista de compras, e então pressionei no corpo do ator" e dos quais "ele nunca mais vai conseguir se livrar". Mas não cabe aos atores "fazer aquilo que devem se tornar harmonizar com aquilo que já são"; antes, o desafio é perceber "que eles mesmos são sua própria mensagem", eles "SÃO o falar, eles não falam". Tais descrições obviamente não oferecem orientação objetiva para encenar os textos de Jelinek. Os artistas terão de descobrir (ou decidir) por conta própria o que significa concretamente "ser a própria mensagem" e carregar no corpo "a autoridade de seres fantasmagóricos" sem "incorporar o contínuo" ou "harmonizar com o que já são"[21].

A pergunta por *quem fala* nas peças da austríaca costuma ser uma das primeiras e mais recorrentes. Jelinek ocupa os lugares de cada fala sem os comentar, misturando fontes para, no conjunto, gerar um inaudito. Talvez se deva *deixar transparecer na encenação a pergunta por quem fala*, central ao texto, e não buscar respondê-la. Diz a autora: "Não aguento quando um ator ou uma atriz diz algo que pode lhe ser atribuído", e se o texto "tinha que ser dividido entre os atores", é só "para enganar vocês". Há uma dissociação entre atores e falas: "nenhuma figura acerta na mira, ninguém acerta figura nenhuma, isso aqui não é tiro ao alvo, afinal"[22]. Mas há modos de encenar Jelinek que, mesmo parecendo contraintuitivos e até conservadores, têm efeito surpreendentemente interessante, sendo aprovados pela própria autora. É o caso de Jossi Wieler, que busca encaixar as superfícies informes em estruturas dramáticas aparentemente convencionais. Sua versão de *País. nas.Nuvens.* teve papel semelhante ao das encenações de Ottinger e Castorf: demonstrar, já em 1993, quando ainda não se sabia como lidar com os textos de Jelinek, a possibilidade de levá-los aos palcos, e até mesmo sem dispensar tudo aquilo que pertence ao teatro normalmente, personagens e uma espécie de narrativa. Esse trabalho teve sequência com versões de *er nicht als er* (1998), *Macht nichts* (2001), *Ulrike Maria Stuart* (2007) e *Rechnitz* (2008).

21. Idem, Sinn egal. Körper zwecklos, *Elfriede Jelinek*, disponível em: <http://original.elfriedejelinek.com>. Acesso em: out. 2024.

22. Idem, Es ist sprechen und aus, *Elfriede Jelinek*, Nov. 2013, disponível em: <https://original.elfriedejelinek.com>. Acesso em: out. 2024.

Wieler parte da percepção de que essas obras, ainda que abdiquem da forma exterior do drama, são gestuais e pensadas para a cena. Por isso, mesmo sem figuras explícitas, seria possível ouvi-las, haveria ao menos *rastros* de personagens, de vozes, que permitiriam criar um *dramatis personae*. Mas talvez não se trate, como se pode imaginar, de regressão em relação à poética pós-dramática de Jelinek. O objetivo seria antes produzir uma *fricção* que tornaria o texto mais audível e compreensível, tensão que *depende* das "superfícies de linguagem", estimadas pelo diretor em detrimento das peças de juventude da austríaca. Pois é justo o contraste entre figuras aparentemente dramáticas e um texto que não se encaixa nelas que impede que Wieler recaia em algum naturalismo, criando antes peças estilhaçadas e com algo de surreal. As quebras enfatizam o trabalho do resto, entendido como o que escapa *ao* drama e, ao mesmo tempo, o que subsiste *do* drama. De todo modo, tensionando as palavras com personagens ou forçando-as sobre coros de mortos-vivos, "é sempre um outro que tem que criá-los, um diretor, uma diretora", diz Jelinek, pois não podem ser tirados ou deduzidos dos textos: "só ofereço o meu caos, minhas invenções queridas, bastante desordenadas, nem está separado o importante do desimportante", desordem descrita como uma sopa com "letrinhas de massa que nada amolece a não ser o calor empregado nelas, [...] um caos quente, do qual sai tudo, e isso deveria ser preservado, ou produzido sempre de novo". Caos que "se escancara" e "cospe algo fora, mas nunca são pessoas. É fala, e fim"[23].

Em Busca de um Teatro Tosco

Insisti na relação íntima entre a dramaturgia de Jelinek e o contexto do *Regietheater*, cuja força se tornou necessidade para suas peças. A postura da autora em relação à cena, resumida no imperativo "faça o que quiser", só é possível graças à história do teatro alemão (inclusive o sistema de financiamento público que vê arte e cultura como direitos), sobretudo nos últimos trinta anos de ênfase na figura do diretor, muito diferente do que aconteceu algures. Pode-se criticar, questionar o conceito de *Regietheater*, mas não ignorar sua existência e a decorrente problematização da relação texto-direção. O filósofo estadunidense Fredric Jameson, por exemplo, discute um julgamento negativo que vê na *Regie* ou "encenação pós-moderna" mero *Eurotrash*, lixo europeu. As objeções estéticas (no fim

23. Todas as citações desse parágrafo foram extraídas de E. Jelinek, Es ist sprechen und aus, op. cit.

"morais e políticas também"), indicam "desagrado dos modernistas tradicionais pelo triunfo histórico do mau-gosto pós-moderno e da cultura de massas"[24]. Porém Jameson – e isso deve até soar estranho para quem se vale de seu pensamento (grosseiramente simplificado) para justificar a rejeição completa e prévia de todo "pós-moderno" – rejeita tal avaliação, associando-a a "uma cultura anti-intelectual como a dos Estados Unidos"[25], que vê na experimentação artística puro elitismo, e insistindo que eventuais excessos do teatro alemão não podem ser usados para desmerecer o que ele "pode realizar no que tem de melhor e mais intenso"[26], ali onde desenha "uma estética pós-moderna, para a qual é a articulação de contradições que conta, e o registro de tensões, formais tanto quanto ideológicas, dentro da obra [...], é a luta pelas interpretações que é vital, e trazer à superfície os impulsos e forças contraditórios dentro do próprio texto"[27].

Talvez ninguém tenha encarnado esse ponto mais tenso e intenso do *Regietheater* como um dos encenadores mais afins a Jelinek: Christoph Schlingensief. Quando de sua morte prematura, pouco antes de completar cinquenta anos, em agosto de 2010, a austríaca disse que nunca mais haveria alguém como ele, "um dos maiores artistas que já viveram", não só um diretor, mas "tudo: ele era o artista enquanto tal", criador de "um novo gênero fora de toda classificação"[28]. Em junho do mesmo ano, ela já lhe dedicara um breve ensaio, discorrendo sobre seu tratamento dos textos ao criar "algo que pode ser apresentado no teatro, mas não era teatro, era alguma outra coisa"[29]. Pois ele "nunca usou realmente meus textos", nem na estreia de *Bambiland*, onde "poderia ter encenado a mesma performance sem uma única frase minha, com frases completamente diferentes, não importa de onde", sendo que os trechos que de fato usou "funcionavam de outro jeito, não como textos de teatro encenados por um diretor"[30]. Schlingensief fazia "arte, e não teatro"[31].

De fato, mal se podia falar da encenação de uma obra de Jelinek, sendo antes uma obra de arte intermídia de Schlingensief, unindo ação ao vivo com imagens de televisão e filme projetadas sobre múltiplas telas, trazendo

24. F. Jameson, Eurotrash or Regieoper?, *The Ancients and the Postmoderns: On the Historicity of Forms*, London: Verso, 2015, p. 188.
25. Ibidem, p. 191.
26. Ibidem.
27. Ibidem, p. 196.
28. E. Jelinek em depoimento ao *Süddeutsche Zeitung*, disponível em: <https://www.sueddeutsche.de/>. Acesso em: out. 2024.
29. Idem, Schlingensief, *Elfriede Jelinek*, Juli 2010, disponível em: <http://original.elfriedejelinek.com>. Acesso em: out. 2024.
30. Ibidem.
31. Ibidem.

para o palco não só a Guerra do Iraque, tema da peça (em gravações de bombardeios em Bagdá e operações médicas em soldados feridos), mas inúmeras cenas criadas pelo diretor (também cineasta) que davam um tom geral de caos e brutalidade para além da referência à realidade, mesclando linguagens do vídeo à ópera (o *Parsifal* de Wagner) e à *performance art* (citando Joseph Beuys e Hermann Nitsch) realizada pelo próprio encenador. Se a dramaturga um dilúvio verbal fizera da inundação midiática sobre a guerra, Schlingensief o transpõe de volta ao campo visual; traduz o texto em imagens, sem ilustrá-lo. Como num vídeo filmado com atores pornô: duas atrizes usam uma bandeira estadunidense para levar um homem ao orgasmo (mais tortura do que luxúria), enquanto um casal da alta sociedade representado pelos respeitadíssimos Udo Kier e Margit Cartensen gritam "Look at his picture!", como que tentando desesperadamente se excitar. A cena traduzia a imagem linguística de Jelinek de uma bomba-George Bush explodindo em um orgasmo.

Mesmo só sobrando rastros do texto, ouvidos com dificuldade entre ruídos numa gravação com voz sintética (eliminando o ator vivo), seu espírito foi encenado plenamente, talvez até de modo mais consequente do que nunca: Schlingensief adota estratégias lúdicas e abertas iguais às de Jelinek. Ainda que muitos críticos e pesquisadores se recusem a ver ali a obra "*Bambiland* de Elfriede Jelinek", em vez de algo como "as fantasias de Schlingensief sobre *Bambiland*", a própria autora (como era de se esperar) se diz perfeitamente de acordo com esse modo de ver e encenar seus textos, tornando-os "ruído, ruído branco, de modo que não são mais o que eu pretendia, o que eram para ser originalmente", mas barulho "a respeito de nada". Ela nomeia Schlingensief seu "assistente de desaparecimento". Pois sumir é "algo que eu já sabia e queria desde antes", não mera estratégia "para reaparecer de modo diferente, mas sem reaparecer absolutamente, encolhendo [...] no sentido de uma total autodissolução"[32]. O diretor dizia que "encenações de Elfriede Jelinek são encenações contra Elfriede Jelinek"[33]. São resultado de observações "às quais normalmente não nos expomos", encarando margens "das quais na verdade nos afastamos enojados"; mas a autora "se expõe", ela "vai lá", sádica e masoquista confessa, mostrando-se "patética, trivial, despudorada" e desafiando o diretor a fazer o mesmo[34]. O resultado é bem diferente de uma montagem clássica: uma

32. Ibidem.

33. Christoph Schlingensief, Unnobles Dynamit, Elfriede Jelinek, *Bambiland; Babel: Zwei Theatertexte*, Reinbek: Rowohlt, 2004, p. 9.

34. Ibidem.

obra de arte total, instalação, acontecimento único. Eis por que nunca mais foi apresentado, não entrou na programação recorrente do Burgtheater, como sói acontecer com encenações de sucesso.

Isso nos obriga a repensar o pressuposto de que o lugar "natural" do teatro de Jelinek seria o *Regietheater* alemão. Pois este parece indissociável de uma lógica de repertório, em que grandes textos do passado são recuperados e novos textos apresentados ao público à medida que se provam dignos de figurar ao lado daqueles, numa programação planejada como política cultural de Estado. Trabalhos como o de Schlingensief são ali muito mais exceção do que regra. O mais das vezes, o teatro estatal alemão traz uma cena grandiosa e inventiva, muitas vezes absorvendo o estilo dos diretores e obras mais radicais, mas que nem por isso abandona pontos maiores de um teatro dramático: a centralidade do texto e de sua compreensibilidade, ainda que revelada através da interpretação do diretor; a execução clara e virtuosa por grandes atores formados na melhor tradição dos mestres (de Stanislávski a Brecht), visando ao aplauso do público burguês e culto. A rica espetacularidade oferecida por essa cena oficial muitas vezes não pode se desvencilhar do caráter de mercadoria, numa reacomodação das experiências mais interessantes a um sistema oficial. Ainda é, ao menos em certa medida, teatro literário e não plenamente teatral ou pós-dramático. Talvez por isso Stemann, comentando sua relação com Jelinek, descartou o conceito de *Regietheater* como "fundamentalmente superado", já que em suas encenações "a questão do poder não está previamente esclarecida", mas tem de ser investigada, disputada e, mesmo assim, "no final não está claro quem ganhou"[35]. E "fico contente quando perco"[36].

Já a diretora Eva Brenner vai além: para ela, Jelinek "não é compatível com o teatro tradicional", "quer rebentar com ele"[37]. Seria "absurdo" tentar combiná-los, e as produções aqui comentadas "mostram a desorientação dos encenadores", seus limites[38]. Mesmo as de Schleef e Stemann, que ela diz forçarem ao máximo tais limites, não seriam adequadas. Para ela, é no *freies Theater*, na cena "livre" experimental fora dos teatros estatais, que "Jelinek deveria se sentir em casa"[39]. Diferente da estagnação de boa parte

35. Nicolas Stemann em entrevista a Teresa Kovacs, Sie nerven, die Texte!, em Pia Janke; Teresa Kovacs (Hrsg.), *Postdramatik*, Wien: Praesens, 2015, p. 380.

36. Ibidem.

37. Eva Brenner em conversa moderada por P. Janke, Elfriede Jelinek – Eine Autorin für das Theater?, em P. Janke (Hrsg.), *Elfriede Jelinek: "Ich will kein Theater"*, Wien: Praesens, 2007, p. 181

38. Ibidem.

39. Ibidem.

do *Regietheater*, a produção alternativa tem ganhado relevância, e cada vez mais coletivos se destacam entre os principais criadores na Alemanha de hoje – como percebe Lehmann ao discorrer sobre as modificações surgidas no panorama teatral desde a publicação de seu célebre livro, em 1999. Justamente "a morte precoce de Christoph Schlingensief", essa "personalidade altamente provocadora, radical e radicalmente idiossincrática", sinaliza o fim de um tempo, uma mudança de ênfase "do gênio individual para o trabalho colaborativo ou de grupo" de coletivos como She She Pop, Gob Squad, andcompany&Co e Rimini Protokoll[40].

"Mas ali ela [Jelinek] não está", reconhece Brenner[41]. Há uma divisão bastante estrita entre o que cabe ao *Regietheater* e o que é do *freies Theater*. É raro este segundo montar grandes autores, criando antes colaborativa e processualmente dramaturgias próprias, ligadas diretamente à cena, aos criadores e *performers* (sequer chamados de *atores*, visto que não têm como tarefa interpretar personagens dramáticas). Mas não seria justamente esse trabalho de (re)criação dramatúrgica e cênica uma importante condição para dar vida aos textos da austríaca? Num contexto onde a separação entre dois tipos de teatro dificilmente pode ser transposta, estará a obra da austríaca condenada a um tratamento por demais respeitoso, literário e canônico? É o que boa parte das montagens a que pude assistir parece indicar.

Mas isso também pode significar que, longe de estar para sempre restrita às fronteiras da língua alemã, a dramaturgia de Jelinek pode muito bem encontrar terreno fértil em outros contextos, onde o teatro experimental e colaborativo (cuja potência não se dá só *apesar*, mas muitas vezes *por conta* de certa precariedade) não se furta a enfrentar e encenar textos já existentes, e nem a oferecer sua contribuição autoral a essas encenações. Quero crer que o teatro de grupo tal como desenvolvido no Brasil desde os anos 1990 pode oferecer esse contexto – e talvez essa seja a função maior deste livro. Não cabe, porém, uma defesa puramente teórica da eficácia ou legitimidade de encenar esses textos no contexto brasileiro. Essa é uma possibilidade que não existe *a priori*, só pode ser construída na concretude das traduções, da sala de ensaio e das encenações resultantes, numa verdadeira transcriação. Como tenho tentado fazer em meu próprio trabalho teatral, desde *Peça-Esporte* (2015, com a Cia de Teatro Acidental, direção Clayton Mariano),

40. Algunas Notas Sobre el Teatro Posdramático, una Década Después, em Manuel Bellisco; María José Cifuentes (coord.), *Repensar la Dramaturgia: Errancia y Transformación*, Murcia: Centro Párraga, 2010, p. 311.

41. E. Brenner em conversa moderada por P. Janke, Elfriede Jelinek – Eine Autorin für das Theater?, op. cit.

seguida por *Dramas de Princesas* (2016, com a ciadasatrizes, direção Maria Tendlau), *Sem Luz* (2018, Teatro do Fim do Mundo e Pérfida Iguana) e *O Caso Meinhof* (2022, Teatro do Fim do Mundo, direção Maria Tendlau e Clayton Mariano, adaptação de Ulrike Maria Stuart). Ainda espero que outros nos sigam, criando suas próprias encenações.

Em Busca de um Teatro Torto

Central à relação entre texto e cena na poética dramatúrgica de Jelinek é a ideia de *liberdade*. A autora dá a diretores e atores a liberdade de ler e encenar as peças como bem entenderem; de modo propositalmente excessivo, chega a provocar: "sinta-se livre para foder comigo"[42]. Uma libertação em relação à autoridade do texto também é constatada por Lehmann: o teatro pós-dramático "se liberta de tal ordenamento centrado em *um* logos", é "lançado no difícil e arriscado campo da liberdade de experimentação contínua" por "sua libertação da submissão ao drama", podendo realizar a "combinação livre (libertada) não só de texto e palco, mas de todos os signos teatrais"[43]. A isso corresponde o "abandono da totalidade" visto "como possibilidade libertadora – de expressão, fantasia e recombinação – que se recusa à 'fúria do entendimento'"[44]. Donde certa potência política: a "realização teatral da liberdade", contra toda "submissão a hierarquias", "obrigação de perfeição" e "exigência de coerência"[45].

Mas sabemos o que é essa liberdade, o que é *a* liberdade? Lehmann lembra que a "autonomização do teatro" foi vista de forma banalizadora como "resultado da autossuperestimação de diretores (pós-)modernos ávidos por notoriedade"[46]. Bernard Dort fala da "representação emancipada": não só o encenador, também "os outros criadores do teatro reivindicam uma responsabilidade paralela e uma relativa autonomia", de modo que "texto, espaço, interpretação se emancipam"; não há mais soberania, nem do texto, nem do diretor[47]. Mas temos insistido na curiosa potência do texto de Jelinek, sua capacidade de, justo ali onde se declara impotente e até submisso aos

42. E. Jelinek apud Gitta Honegger, Bodies that Matter: Ulrike Maria Stuart by Elfriede Jelinek, *HotReview*, New York, 2007, disponível em: <http://www.hotreview.org>. Acesso em: out. 2024.

43. Hans-Thies Lehmann, *Teatro Pós-Dramático*, p. 49, 82, 97.

44. Ibidem, p. 147.

45. Ibidem, p. 139.

46. Ibidem, p. 81.

47. Bernard Dort, A Representação Emancipada, trad. Rafaella Uhiara, *Sala Preta*, São Paulo, v. 13, n. 1, jun. 2013, p. 53-55.

caprichos do encenador, puxar-lhe o tapete e se impor como eixo para toda a encenação, polo magnético atraindo para si todos os elementos supostamente emancipados. O passe livre para o diretor é antes desafio, exigência e fardo: ele será *obrigado* a criar a própria peça, sem perder de vista a de Jelinek.

Não admira que Jelinek busque "tornar visíveis as rachaduras" entre texto e teatro: "quero, se ainda sigo escrevendo para o teatro, um outro teatro", isto é, "escapar do teatro, que até agora só me empurrou para trás, e ver se ele me acompanha"[48]. Se ele o faz, é aos tropeços, sem nunca alcançar. Mesmo no mundo alemão, poucas encenações correspondem à teatralidade radical da obra da austríaca, mesmo suas "cascatas de linguagem" já sendo aceitas como "funcionais", e mesmo que sua dramaturgia já tenha transformado o teatro[49]. Não representação emancipada, portanto, mas representação que tende ao *impossível*. Heiner Müller elogiou os textos de Jelinek pela "resistência que exercem contra o teatro tal como ele é"[50]. Na verdade, o dramaturgo atribuía à sucessora o que já havia imposto a si ao dizer que "a literatura existe para oferecer resistência ao teatro" e, portanto, "um texto só é interessante ou produtivo para o teatro quando não pode ser realizado"[51]. Recordo que, para Jacques Derrida (retomado na teoria da tragédia de Christoph Menke), às vezes a condição de possibilidade de algo é justamente a impossibilidade: só se pode verdadeiramente traduzir o texto intraduzível, o perdão só tem sentido diante do imperdoável. Só um texto impossível pode ser de fato encenado, justo porque ainda não está dado o caminho da transposição.

Estamos longe do que Sarrazac vê no pós-dramático, suposto "cenocentrismo" tratando o texto "como um material reduzido à sua expressão mais simples"[52]. Em Jelinek, a soberania do texto não é autoridade ou dominação[53]. Ela ao mesmo tempo flerta e rompe tanto com o "textocentrismo" quanto com o "cenocentrismo", gerando o movimento de uma cena

48. E. Jelinek em entrevista a A. Roeder, op. cit., p. 156.

49. André Barz, "...muß nach drei Seiten Jelinek-Lektüre schreiend aus dem Fenster springen...": Elfriede Jelinek und das Theater, *Zeitschrift für Literaturwissenschaft und Linguistik*, Juni 2009, p. 106.

50. H. Müller, *Schriften*, Frankfurt: Suhrkamp, 2005, p. 311.

51. Idem, *Gesammelte Irrtümer 1*, Frankfurt: Verlag der Autoren, 1986, p. 18.

52. "Szondi e a Sobrevivência do Drama no Teatro", entrevista ao jornal *O Estado de S. Paulo*, São Paulo, 14 mar. de 2012.

53. Assim como para Bataille a soberania está para além da dialética de senhor e escravo: "Não há em mim nada soberano a não ser a ruína. E minha visível ausência de superioridade – meu estado de ruína – é a marca de uma insubordinação igual à de um céu estrelado. [...] a soberania de cada um de nós, análoga nisto ao céu estrelado, só tem por expressão um silêncio impotente". G. Bataille, Pegar ou Largar, trad. João Camillo Penna e Marcelo Jacques de Moraes, *Polichinello*, Belém, n. 15, Jan. 2014, p. 12.

radicalmente *descentrada*. Podemos parafrasear Lacan sobre a revolução copernicana: não há nada verdadeiramente revolucionário em passar de um geocentrismo/textocentrismo (visão dramática que gira em torno de uma figura idealizada e individualizada do humano como doador e dominador do sentido do universo) para o heliocentrismo/cenocentrismo (visão que busca estabilizar a novidade da "ferida narcísica" de que falava Freud, reduzindo-a a um movimento circular tão perfeito e ordenado quanto o supostamente abandonado)[54]. O passo fundamental é o de Kepler, que propôs um movimento elíptico em torno de dois polos, um deles vazio. E não seria o texto de Jelinek esse centro que, quanto mais vazio – isto é, esvaziado de qualquer poder – mais atração exerce?

É importante frisar que esse polo gravitacional não precisa ser o texto. Diversas obras cênicas contemporâneas se organizam em torno da irresistível força de atração exercida pela música (posso citar Heiner Goebbels e Christoph Marthaler), pelas artes visuais (área de formação de Bob Wilson ou Romeo Castellucci), pela performance (em grupos como Forced Entertainment ou Gob Squad), pelo cinema (Katie Mitchell), pelas novas tecnologias e mídias (no Wooster Group ou no Ex Machina de Robert Lepage), pela arte relacional ou participativa (Rimini Protokoll, Roger Bernat). Também há artistas cujas trajetórias são marcadas por um nomadismo, errância por alguns ou muitos campos de atração (Angélica Liddell, partindo de certa proximidade com a performance, mas movendo-se cada vez mais na direção da pintura), ou obras que nascem em outros campos, mas ganham espaço no teatro (como a de Pina Bausch, na dança, ou Meredith Monk, na música). Nesse contexto, um teatro centrado no texto pode ter sentido bem diverso do habitual, dramático: não uma relação de complementaridade necessária entre o que propõe o texto e a realização cênica, mas um teatro de fato textual, que apresenta o texto como texto, em sua materialidade e não só pelo potencial de representação ficcional, o texto como suplemento que perturba toda pretensa unidade orgânica da cena autossuficiente. Nem a *propriedade* intelectual do dramaturgo, cujos direitos autorais impõem uma dominação sobre o teatro, nem a *apropriação* do texto pelos artistas da cena. Como insiste Vladimir Safatle, a "propriedade é, acima de tudo, um afeto: o afeto da segurança das coisas que estão completamente submetidas ao meu domínio"[55]. Aqui temos um teatro *impróprio*.

54. J. Lacan, *O Seminário, Livro 20: Mais, Ainda*, trad. M.D. Magno, Rio de Janeiro: Jorge Zahar, 1985, p. 59.

55. Vladimir Safatle, Crítica da Autonomia: Liberdade Como Heteronomia Sem Servidão, *Discurso*, São Paulo, v. 49, n. 2, 2019, p. 31.

Eis o que significará, pois, a liberdade desse teatro. Não a autonomia moral de quem dá a si mesmo suas regras, que faz o que quer; essa cena ensina antes que "liberdade é saber que há sempre uma alteridade profunda que me afeta e me transforma, que por isso minhas ações nunca são completamente minhas", o que "nos deixaria mais aptos a ouvir aquilo que nos atravessa sem nunca adquirir a forma de nós mesmos"[56]. Não à toa é no campo da arte que o filósofo brasileiro busca essa liberdade como "heteronomia sem servidão"[57]. Na experiência estética "me implico com aquilo que, mesmo não me sendo próprio, mesmo não se definindo a partir do exercício das potencialidades da minha pessoa, também não é vontade de um Outro", um Autor cuja intencionalidade se inscreve na obra[58]. A poética teatral de Jelinek, assim como seu feminismo, não se baseia no empoderamento, mas em uma impotência que, na verdade, para seguir falando com Safatle, é "forma de expressão do desabamento de potências que produzem sempre os mesmos atos, sempre os mesmos agentes"[59]. Assim se compreende que "talvez a única função real da arte seja [...] nos fazer passar da impotência ao impossível", isto é, "lembrar que o impossível é apenas o regime de existência do que não poderia se apresentar no interior da situação em que estamos, embora não deixe de produzir efeitos"[60]. Essa não é só a liberdade dada por Jelinek aos artistas do palco, mas a que ela mesma toma para si: não a de poder dizer o que se quer dizer, mas a de não poder calar, não poder não dizer o que a atravessa e a põe em movimento. Por isso mesmo, esse teatro contemporâneo não é mera abertura de possibilidades, libertação da linguagem cênica para todas as possibilidades imagináveis (como no discurso pluralista pós-moderno). Ele é, antes, um teatro que *não pode não se abrir*, que não consegue mais se submeter aos ditames do paradigma dramático, que não sabe mais calar. Eis por que seus opositores não deixam de ter alguma razão em se defender tão veementemente dessa liberdade.

56. Ibidem, p. 34.
57. Ibidem.
58. Ibidem.
59. Idem, *O Circuito dos Afetos*, São Paulo: Cosac Naify, 2015, p. 26.
60. Ibidem, p. 44.

E vocês têm que ouvir tudo isso. Sinto muito. [...] *Eu vejo que vocês já querem aplaudir faz tempo, mas eu os constranjo com meus gritos estridentes. Meu berreiro sufoca as massas. Vocês já se calaram por tanto tempo, e eu ainda querendo que todos me ouçam.* [...] *Eu digo isso aqui para que vocês saibam. Quando alguém está morto, então não volta mais. Agora já falei que chega. Refletir um pouco sobre as palavras, mas isso já é depois do fim e silêncio, silêncio, nenhum ruído mais.*

ELFRIEDE JELINEK, *Ein Sportstück.*

AGRADECIMENTOS

Este livro tem origem em minha tese de doutorado, realizada na Faculdade de Filosofia, Letras e Ciências Humanas da Universidade de São Paulo, e defendida em julho de 2021. Tive o enorme privilégio de ser orientado por Celso Favaretto, a quem agradeço quantas vezes puder. Agradeço também a Christoph Menke, que me recebeu num estágio de pesquisa na Universidade de Frankfurt. Não poderia haver prazer intelectual maior do que dialogar com essa dupla de pensadores que tanto admiro.

A ideia aqui, porém, foi apresentar, para um público não apenas acadêmico, a obra teatral de Elfriede Jelinek, ainda praticamente inédita entre nós, apesar de se tratar de um dos nomes mais importantes da dramaturgia mundial.

É fundamental, então, agradecer a todos os meus companheiros não acadêmicos que toparam o desafio de enfrentar junto comigo estes textos tão difíceis. Sobretudo, é claro, minha amada Cia. de Teatro Acidental, que formou todo meu modo de pensar e criar.

Por fim, agradeço também à Fapesp e à Capes pela concessão de bolsa de doutorado no país e bolsa Bepe para estágio na Alemanha, sem as quais isso não teria sido possível.

FSC
www.fsc.org
MISTO
Papel produzido
a partir de
fontes responsáveis
FSC® C133282

Este livro foi impresso na cidade de São Bernardo do Campo,
nas oficinas da Paym Gráfica e Editora, em março de 2025,
para a Editora Perspectiva,